三蘇年譜

孔凡禮 撰

第四册

中華書局

三蘇年譜卷四十七

元祐八年（一〇九三）癸酉　蘇軾五十八歲　蘇轍五十五歲（上）

元日立春，秦觀、王欽臣有詩。軾次韻。

次韻見《蘇軾詩集》卷三十六（一九五三頁）。觀在館。

王詵（晉卿）奉詔押高麗宴射，賦詩。軾次韻。

次韻見《蘇軾詩集》卷三十六（一九五四頁）。詵詩佚。押高麗宴射，在正月初三日，見《東京夢華録》卷六。蘇軾此略後有《戲答王都尉傳柑》詩。

正月丁亥（初九日），哲宗御邇英閣，吕大防進論致太平之法在盡行祖宗家法。蘇轍嘗與大防論祖宗家法。

據《長編》卷四百八十。大防有「前代宫室多尚華侈，本朝宫殿止用赤白，此尚儉之法也」之語。《長編》注引陳天倪録蘇轍語云：「元祐間，吕相爲哲廟言祖宗有家法，禁中墻壁惟是赤白泥，尚儉如此。公進言曰：祖宗别更有家法，殊不殺人，大辟則按條，疑獄則奏上有司，不若唐之州縣得專殺人也。因論《孟子》『不嗜殺人者能一之』，引漢、唐爲證。」

十四日，慶上元節，侍飲宣德樓上，軾賦詩呈同列。

詩見《蘇軾詩集》卷三十六（一九五五頁）。《長編》卷四百八十本日紀事：「御宣德門，召從臣觀燈。」元祐七年本日記載同。《東京夢華録》卷六謂本日駕登宣德樓。知提前一日慶祝上元節，已成定例。《詩集》卷三十九《上元夜》「前年侍玉輦，端門萬枝燈。璧月挂罘罳，珠星綴觚稜」。

《淮海集》卷十《次韻東坡上元扈從三絶》其一：「赭黄纖底望龍章，不斷惟聞蠟炬香。一片韶音歸複道，重瞳左右列英皇。」其二：「端門魏闕鬱峥嶸，燈火成山輦路平。不待上林鶯百囀，教坊先已進新聲。」其三：「仗下番夷各一群，機泉如雨自繽紛。細看香案旁邊吏，却是茅家大小君。」

癸卯（十五日），轍《次韵子瞻上元扈從觀燈》詩。

《年表》著録此事，但誤「癸卯」爲「癸巳」。軾原韵見《蘇軾詩集》卷三十六。轍詩乃《欒城後集》卷一《次韵子瞻上元扈從觀燈二首》。

十九日，文勛爲福建路轉運判官。

據《長編》卷四百八十四本年五月壬辰注：是日引黄慶基奏，謂太府寺丞文勛，以篆字游蘇軾門，初不以公正吏才稱，「軾既援引，轍遂除爲福建路轉運判官」。

太常博士陳祥道賜緋，來謝蘇軾。祥道旋卒。

《濟南先生師友談記》：「國朝面賜緋，即四䄠義，襴衫寶瓶銀帶，例服三日。元祐七年春末，陳祥道學士進《禮圖儀注》，已除館閣校勘。明年用爲太常博士，乃賜緋，衣四䄠袍銀帶往謝禮部蘇尚書。公爲言：『頃石參政中立爲館閣時，亦賜緋，仍繫銀帶，石滑稽，服之無怍色。過司天監，馬驚墜地，銀帶頗傷。衆吏曰：何星也？石曰：吾不善推步，但怪土犯寶瓶爾。一時士人莫不以爲笑也。』祥道聞之亦甚笑。祥道許少張榜登科，禮學通博，一時少及。仕宦二十七年，而官止於宣義郎。」以下云祥道嘗爲《禮圖》一百五十卷，《儀禮説》六十餘卷，「内相范公爲進之，乞送祕閣及太常寺，故有是命，没齒困窮而不遇賞音也，自賜緋不餘旬而卒」。少張，安世字。内相，范祖禹。中立，《宋史》卷二百六十三有傳。《長編》卷四百八十本年正月庚子（二十二日）紀事：「翰林侍講學士、國史院修撰范祖禹言太常博士陳祥道注解《儀禮》三十二卷，精詳博洽，非諸儒所及，乞下兩制看詳，并所進《禮圖》付太常，以備禮官討論。從之。」故繫祥道見蘇軾事於此。

二十六日，李廌來見，軾爲言講筵爲哲宗論進學須好樂中有所悟入事。

據《濟南先生師友談記》。《談記》引蘇軾言：「近因講筵，從容謂上言，人君之學與臣庶異。臣等幼時驅率讀書，初甚苦之，漸知好學，則自知趣向，既久則中心樂之，既有好樂之意，則自進不已，古人所謂知之者不如好之者，好之者不如樂之者。陛下上聖，固與中人不同，然必欲進學，亦須自好樂中有所悟入，且陛下之學，不在求名與求知，不爲章句科舉計也。然欲周知天下章疏，觀人文章事實，又萬機之政，非學無所折衷。上甚以爲然。退見宰輔，誦其語，且曰：『上天性好學，某將自漢至唐，擇其君臣大節政事之要，爲一書以備進讀。今讀《三朝寶訓》，林子中所編也。』」

與錢勰（穆父）、王欽臣（仲至）餞蔣之奇（穎叔）帥熙州，軾有詩。

《蘇軾詩集》卷三十六《送蔣穎叔帥熙河》引謂之奇出使臨洮，與勰、欽臣同餞之，各賦詩一篇。同卷《再送》、《次韻穎叔觀燈》，亦送之奇。《蘇軾文集》卷五十一與勰第二十四簡叙錢之奇事，云「元日殿門外更議之」餞行爲正月。《長編》卷四百七十八：元祐七年十月乙亥，户部侍郎蔣之奇知熙州。

錢勰（穆父）、王欽臣（仲至）同賞田曹梅花，蘇軾次韻。

軾詩見《蘇軾詩集》卷三十六（一九六〇頁）。錢、王之詩未見。

詩云：「寒廳不知春，獨立耿玉雪。」謂梅。詩云「眉斧真自伐」，女色斲人，蘇軾已一再言之。末云：「惟當此花前，醉卧黄昏月。」此乃真賞梅。

張敦禮（君予）爲龜山長老奏海照之號，軾作簡報之。

《蘇軾文集》卷六十一《答龜山長老》第二簡敍之。

軾以墨及端溪硯贈范祖禹(純父)，祖禹有詩爲謝。

《范太史集》卷三《謝子瞻尚書惠墨端溪硯二首》其一《墨》：「禹平洪流錫玄圭，班於羣神朝會稽。遼東飛烟過滄海，徂徠古氣臨天齊。丹砂化出黄金鼎，雄麝焚身何噬臍。魚膠清堅豈易致，燕支山北隨佩觿。雙龍蛇蟠戲缺月，吴軍破甲光水犀。黑雲如輪起端溪，揮灑倏忽奔鯨鯢。先生海内文章伯，窮年蒿目憂黔黎。玉堂新製自心巧，想見星象躔奎。落毫無脛走珠玉，雨雹霽止垂虹蜺。陋儒窮經脣欲腐，石室汗簡空沈迷。眼昏畫紙僅存字，何異月闇投玻璨。唯當藏作篋中寶，併荷蓑笠歸鋤犂。」其二《端溪硯》：「端溪清冥幾千尺，玄潭噴雲噓紫石。層空飛溜瀉珠璣，大古陰崖摧霹靂。剪裁巖屏作風字，琢磨水鏡成月魄。似聞松上颼颼聲，一洗塵埃傾七澤。先生每思窮禹穴，東叱天吴掛帆席。山祇水若獻幽寶，贈我不啻千金璧。玉堂金井汲寒泉，坐視青天浸虚碧。豈知來從海嶠外，鳥道穿雲下絶壁。嗟我本是山中人，慚無詞藻對卿客。鄉人子雲思奇古，終老漢庭長執戟。至今舊宅有墨池，何怪著書玄尚白。行當提攜返敝廬，更廣牢愁弔遺迹。」

范詩編年，此二詩前，爲《送蔣穎叔赴熙河》、《和王都尉押高麗人燕射北園》，知作於今年，今次此。

軾送襄陽從事李友諒歸錢唐。

《蘇軾詩集》卷三十六有詩(一九六〇頁)。題下「施注」謂友諒字叔益,《侯鯖録》卷三謂字仲益。《侯鯖録》謂爲「襄陽時同官」,則詩題所云之襄陽從事乃在京師新得,得後歸錢唐並由錢唐赴任也。《姑溪居士後集》卷一有《送李仲益赴濠梁司户》詩,有「人物南州龐士元」句。龐統(士元)乃襄陽人,此處以仲益比統。謂字仲益,是。

元符二年十一月乙亥,友諒以宣德郎特追一官勒停,以友諒以銀錢遺鄒浩,且致簡叙别也。見《長編》卷五百一十八。時鄒浩以諫官論事得罪。

吴安詩(傳正)作《枯木歌》,軾次其韻。

次韻見《蘇軾詩集》卷三十六(一九六一頁)。詩云:「龍眠居士本詩人,能使龍池飛霹靂。君雖不作丹青手,詩眼亦自工識拔。」知此枯木爲李公麟所畫。安詩時爲秘書少監,見《長編》卷四百七十九元祐七年十二月壬子紀事。

黄寔(師是)爲兩浙刑獄,軾有詩送行,以浙民瘡痍爲憂。

詩見《蘇軾詩集》卷三十六(一九六二頁)。中云:「哀哉吴越人,久爲江湖吞。官自倒帑廪,飽不及黎元。」末云:「比我東來時,無復瘡痍存。」以爲祝。

《柯山集拾遺》卷一《次韻蘇翰林送黄師是赴兩浙》：「昔見君納婦，今見君抱孫。先公方種德，子合大其門。何爲亦如我，有抱不得言。峥嶸胸中氣，默默自吐吞。誰如東坡老，感激論元元。欲將洛陽裘，盡蓋江南村。既係海若頸，又鞭江胥魂。意令仰天民，不隔頂上盆。我獨乞禪牀，一氣中夜存。」附此。

是月，朝廷論河事，蘇轍有奏。

《龍川略志》卷七《議修河決》：「（元祐）八年正月中，進呈臺官言河事十章。李之純、董敦逸、黄慶基乞回河東流。楊畏乞差官相視。又都水吴安持乞於北流作土堰，闌定河流，以免淤填。時微仲在告，子容以下皆言商量未定，轍奏曰：『河事至大，議論久不決，須至具奏本末。昔先帝自河決導之北流，已得水性；堤防未立，每歲不免決溢，此本黄河常事。只爲數年朝廷要回河，故王孝先、吴安持等横生河事。昔者北京已南，黄河西岸有闞村、樊村等三斗門，遇河水泛溢，即開此三門，分水北行於無人之地，至北京北，却入合大河，故北京生聚無大危急。只自建議回河，先塞此三門，築西堤，又作鋸牙、馬頭，約水向東，直過北京之上，故連年告急。東流既久，故今之東流遂多於往歲。見今大臣力主分流之説，然分流有利有害。何者？每秋水泛漲，分入兩流，一時之間，稍免決溢，此分水之利也；河水重濁，緩則生淤，既分爲二，不得不緩，故今日北流淤塞，此分水之害也。然將來漲水之後，河流向東、向北，蓋未可知。臣等昨於都堂問吴安持，亦言去年河水自東，今年安知河水不自北。』太皇太后笑曰：『水官尚如此言，他人又安敢保。』轍又奏：『臣今但欲徐觀夏秋河勢所向，水若東流，則北流不塞自當淤斷；水若北流，則北河如舊，自可容納。似此占穩而行，方是朝廷處置。若要行嶮，徼幸萬一成功，此則水官之意，臣不敢從。乞令安持等結罪，保明河流所向，及土堰既成，有無填塞河道，致將來之患，然後遣使按行，具可否利害。』太皇太后笑曰：『若令結罪，須道執政恐持他。他水官由不能保河之東、北，時暫遣使，又安能知？且可重別商量。』轍曰：『臣迫於異同之論，故乞遣官；出自聖斷，只朝廷商量亦可。』太皇太后曰：『縱令結罪，事敗然後施行，何補於事？』臣曰：『誠如聖旨。昔條六塔河，責李仲昌狀，其後敗事，隨加責降，此昔富弼等之失，今不足復用。』時微仲在告。」

《長編》本月丁未（十九日）紀事略云「蘇轍面奏安持所言，決不可從」。

蘇軾與王欽臣（仲至、仲志）簡，叙及妻王閏之病情。

簡乃《佚文彙編》卷三《與王仲志》第三簡。

簡云：「搡晝之會，固常接待。但老婦疾勢，未分安危至今。若稍減，當趨赴也。」搡有擲擊、投落之意，搡晝意者或爲某種活動，或有游戲性質。謂老妻「未分安危至今」，知王閏之纏綿病榻已有時。此簡約作於本年之初。參元祐七年十月紀事。

二月初一日，軾上劄子論高麗買書利害，乞不得賣與。

劄子見《蘇軾文集》卷三十五（九九四頁），此爲第一首。《軾墓誌銘》：「高麗遣使請書於朝，朝廷以故事盡許之。公曰：『漢東平王請諸子及《太史公書》，猶不肯予，今高麗所請，有甚於此，其可予之乎！』」意爲不可許。「漢東平王」云云，在此劄子中。

四日，於吕陶（元鈞）之家，見文同（與可）《槎竹圖》，軾爲題贊。

《壯陶閣書畫録》卷四《宋蘇東坡題文與可槎竹圖八大幀》：「友人文與可，既歿十四年，見其遺墨於吕元鈞之家，嗟歎之餘，輒贊之。」以下爲贊，末云：「元祐七年二月四日東坡居士書。」此題贊，見《蘇軾文集》卷二十一，題作《文與可畫贊》，脱去「元祐七年」云云十三字。按：此「七年」乃「八年」之誤。據《宋史》卷三百四十六《吕陶傳》，陶元祐七年此時爲給事中，蘇軾在潁，無由至其家。文同卒於元豐二年二月，至元祐七年二月，爲十三年，亦不合。《畫繼》卷八謂「成都吕給事陶元鈞家」藏有文同「六幅《槎竹圖》」。《壯陶閣書畫録》謂此即蘇軾題贊之圖，《畫繼》誤八爲六。

己未（十二日），轍上《論黄河軟堰劄子》，謂軟堰不可施於北流；軟堰之請，不宜復從。

己未云云，據《長編》卷四百八十一。劄子見《欒城後集》卷十六；《長編》亦載，然略有删節。

《龍川略志》卷七《議修河決》叙本年正月論河事，謂「時微仲在告」，以下云呂大防（微仲）：「二月方出，予具述上件所奏。微仲口雖不服，而意甚屈，即曰：『軟堰且令具功料申朝廷，更行相度。』予曰：『如此，終未得了當，然亦且可。』初八日，予在式假，不預進呈。三省得旨批云：『依都水監所奏，候下手日，具功料，取指揮。』予謂非商量本意，即入劄子論其不可。至十二日入對，奏曰：『臣近論河事，今日呂大防不入，不敢進呈。然自去年十一月後來至今百日間耳，水官凡四次妄造事端，搖撼朝廷，容臣一一敷奏。第一次，安持十一月出行河，先有狀，乞一面措置河事。臣記得舊有朝旨，馬頭不得增損，知安持意在添進馬頭，即商量行下：除兩河門外，許一面措置。安持姦意既不行。第二次，乞於東流北添進五七埽緉。臣又知安持意欲得此指揮，因而多進埽緉，約令北流入東。即商量指揮：令轉運司進埽緉不得過所乞數。安持姦意復露。第三次，即乞留河門百五十步。臣又知安持意在回河，改進兩馬頭之名爲留河門，以欺朝廷，即又商量，不行其言。安持知説又不用，第四次，即乞作軟堰。大抵安持四次擘畫，只是一箇回河意，度朝廷必以其言爲是。前來三次因何不行，至今不見患害，末後一次顯是不消行遣。兼臣已令中書工房問水官兩事。其一，勘會北流：元祐二年，河門元闊幾里，水面闊幾里，逐年開排，直至去年只闊三百二十步，有何緣故？其二，勘會東流：河門見今闊幾步，每年漲水東出，水面南北闊幾里，南面有無堤岸，北京順水堤不没者幾尺，今來北流若果淤斷，將來漲水東行，係合并北流多少分數，有無包畜不盡？今來理合候取到上件二事，方可予奪。若不候此文字，即便施行，實大草草。』太皇太后皆以爲然。二十四日，同微仲等進呈。微仲曰：『蘇轍所議河事，今來軟堰已不可作，别無可施行。』蘇轍曰：『軟堰本自不可作，然臣本論水官，百日之間，四次妄造事端，動摇朝聽，若今依舊供職，病根不去，今後準前妄作，萬一朝廷照管不到，行其所言，河朔生靈被害不小。蘇頌所乞差官按實是非，明示賞罰，此言極當，乞依此施行。大抵安持小人，不可信用。』微仲曰：『水官弄泥弄水，别用好人不得，所以且用安持。』轍曰：『水官一頭項利害不小，奈何以小人主之？《易》曰：開國承家，小人勿用。未聞小人有可用之地也。』」以下云：「此後是非終不能决。」「二十四日」云云，《長編》本月辛未（二十四日）紀事亦載，今據《龍川略志》，并叙於此。

十五日，軾上劄子再論高麗買書利害，乞不得賣與。

劄子見《蘇軾文集》卷三十五（九九九頁），以朝廷本月十二日命高麗使者曾經收買者可依例收買也。劄子引《元祐編敕》，以熟鐵及文字禁物與外國使人交易，罪輕者徒二年；立此法蓋以防意外之患。

丁卯（二十日），轍生日，轍有謝表。

據《年表》。《謝表》見《欒城後集》卷十七，首云「伏蒙聖恩，特遣中使降詔書，賜臣米酒米麫者」。

二十五日，軾奏《上圜丘合祭六議劄子》，論合祭天地乃古今正禮。詔令集議聞奏。

劄子見《蘇軾文集》卷三十五，稱「三月空日」上，今從《長編》卷四百八十一、《宋會要輯稿》第十一册《禮》三之一二至一八。詔令云云據《輯稿》。《文集》謂此奏乃應元祐七年九月二十二日詔書上；而《宋史·哲宗紀》謂詔書下於上年九月戊戌（十八日），《長編》亦以此爲疑。《容齋隨筆·四筆》卷十五《北郊議論》：「三代之禮，冬至祀天於南郊，夏至祭地於北郊，王莽於元始中改爲合祭。自是以來，不可復變。元豐中，下詔欲復北郊，至六年，唯以冬至祀天，而地祇不及事。元祐七年，又使博議，而許將、顧臨、范純禮、王欽臣、孔武仲、杜純各爲一説。逮蘇軾之論出，於是群議盡廢。當時諸人之説有六。一曰今之寒暑，與古無異，宣王六月出師，則夏至之日，何爲不可祭。二曰夏至不能行禮，則遣官攝行，亦有故事。三曰省去繁文末節，則一歲可以再郊。四曰三年一祀天，又一年一祭地。五曰當郊之歲，以十月神州之祭，易夏至之方澤，可以免方暑舉事之患。六曰當郊之歲，以夏至祀地祇於方澤，上不親郊，而通爟火於禁中望祀。軾皆辟之，以謂無一可行之理。其文載於奏議，凡三千言。」《五筆》卷七《敘西漢郊祀天地》：「郊祀合祭、分祭之論，國朝元豐、元祐、紹聖中三議之矣，莫辯於東坡之立説，然其大旨駁當時議臣，謂周、漢以來皆嘗合祭，及謂夏至之日行禮爲不便。」

二十六日，軾三論高麗買書利害，以高麗使者書已買到，恐遂成定例。

劄子見《蘇軾文集》卷三十五（一〇〇〇頁），謂所憂者，其書「流於北虜，使敵人周知山川險要邊防利害，爲患甚大」。《軾墓誌銘》謂乞不賣書與高麗之請，朝廷不聽。

《長編》卷四百八十一本月辛亥（初四日）注：「詔高麗買書，自有體例，《編敕》乃禁民間，令依前降指揮。《新録》繫三月六日，今并附此。」《編敕》乃《元祐編敕》。按：詔云云當爲朝廷就蘇軾本月初一日奏事所降之旨。《長編》以下云：「元符元年四月十二日：《宋球傳》，《舊録》云：副陳軒館伴。高麗使求《册府元龜》、樂譜、金箔。蘇軾爲禮部尚書，以先朝柔遠非是，乘此沮之，且誣館伴規其私遺。陳請勿與。球曰：先朝蓋嘗賜之矣，此非中國所秘，不與，何以示廣大。朝廷是其議，卒與之。《新録》辨曰：按蘇軾奏狀，論高麗使買書籍、金箔利害甚詳，未嘗詆先朝柔遠爲非是，亦未嘗謂館伴規其私遺也，不知史官何據而書，誣誕明矣。館伴人使者，陳軒也，球爲之副爾。買書等事主議，亦不在球，今削去七十二字。」球，開封酸棗人，《宋史》卷三百四十九有傳。削去文字，當爲此處所引《舊録》中之文字，所云新舊録，乃謂實録。

《長編》卷四百八十二本年三月紀事引御史董敦逸奏：「高麗買書之事，是陛下已降之命，因衆臣共爲之議，得旨而後行，尋以蘇軾見拒而罷。」與蘇軾劄子及《軾墓誌銘》所叙不同。

本月，吕希哲（原明）除右司諫，蘇軾嘗戲之，希哲言受除命後當首論楊畏。蘇軾嘗爲希哲言食河豚之美，又爲希哲言慶曆三年李京事。

《三朝名臣言行録》卷八《崇政殿説書滎陽吕公》引《家傳》：「公既除諫官，累辭未獲。蘇公子瞻在邇英，戲謂公曰：『法筵龍象，衆當觀第一義。』公笑而不答，退謂范公淳夫曰：『若辭不獲命，必以楊畏爲首。』時畏方在言路，以險詐自任，頗爲子瞻所厚，公故及之。蘇公名重一時，在邇英直舍，凡寫一字，畫一竹石，必爲同列争求去，雖吴公安詩方嚴，猶争取之，公獨未嘗起觀，蘇公亦不樂也。」《宋史全文續資治通鑑》卷十三入此事於二月。《太平治迹統類》卷十八亦載此事。吕公，希哲也。二書謂所除者爲右司諫。法筵龍象乃佛語，喻高僧有大力負荷大法，以度衆生也。

希哲乃公著子，《宋史》卷三百三十六有傳。

《宋大事記講義》卷二十《小人進而君子退》條，有「蘇公悦於楊畏」之語。此蘇公，乃軾。畏字子安，其先遂寧人，父徙洛陽。《宋史》卷三百五十五有傳。時爲侍御史，參本年五月壬辰紀事。

《能改齋漫録》卷十《東坡知味李公擇知義》：「東坡在資善堂中，盛稱河豚之美。吕原明問其味如何，答曰：『直那一死。』李公擇尚書，江左人，而不食河豚，嘗云：『河豚非忠臣孝子所宜食。』或以二者之言問予，予曰：『由東坡之言，則可謂知味；由李公擇之言，則可謂知義。』」

《邵氏聞見後録》卷三十以下尚云：再會，蘇軾又稱猪肉之美。范祖禹（淳甫）曰：「奈發風何！」軾笑呼曰：「淳甫誣告猪肉。」

《厚德録》卷二：「蘇子瞻云：慶曆三年有李京者爲小官。吴鼎臣在侍從，二人相與通家。一日，京薦其友人於鼎臣，求聞達於朝廷。鼎臣即繳其書奏之，京坐貶官。未行，京妻謁鼎臣妻以叙别。鼎臣妻慚不出，京妻立廳事，召鼎臣幹僕語之曰：『我來既爲往還之久，欲求一别，亦爲乃公嘗有數帖與吾夫禱私事，恐汝家終以爲疑。』索火，焚之而去。」涵芬樓《説郛》卷九十四《厚德録》亦收。二書均云出《吕原明語録》。

《侍講日記》（涵芬樓《説郛》卷五十一，吕希哲撰）：「蘇子瞻嘗見文、富二公，言以武人爲樞臣最非計。因彼讀書不知義理，臨大節不知所守。（下略）」兹附此。

軾與龜山長老簡，謂新命慰衆意。

《蘇軾文集》卷六十一《答龜山長老》第三簡：「奉命忽半年。」元祐七年秋經龜山至此適爲半年。又云「餘寒」，知作於二月間。「新命」乃指奏海照之號。

軾嘗作簡質謝邁（幼槃）取官稿事。

《蘆川歸來集》卷九《跋東坡墨帖》：「在東都，見王丈樂道出示汝陰所藏歐陽文忠公雜書盈軸，多用片紙問事於宋景文諸公，不以前輩自居而恥於下問，此其爲儒宗也。觀東坡先生帖尾所質謝幼槃取官稿事，諄覆尤審。乃知三蘇游文忠公門，同一關鍵，可爲後生文字輕脱妄發之戒。」軾簡已佚。樂道名陶，見本年「辟王寔爲屬」條紀事。薖，臨川人，與兄逸齊名。同學於吕希哲。吕居仁稱逸詩似康樂，薖似玄暉。《直齋書録解題》卷二十著録薖《竹友集》七卷，《宋元學案》卷二十三有傳。軾簡不知作於何時，今以述吕希哲事附此。

蘇軾賦《青玉案·和賀方回韻送伯固歸吴中》。

詞見《東坡樂府》卷上。

《彊村叢書》本《賀方回詞》卷一《横塘路·青玉案》：「凌波不過横塘路。但目送、芳塵去。錦瑟華年誰與度。月橋花院，瑣窗朱户。只有春知處。　飛雲冉冉蘅皋暮。彩筆新題斷腸句。若問閑情都幾許？一川煙草，滿城風絮。梅子黄時雨。」

《全宋詞》修訂本編者案：「此首（按，謂《青玉案·和賀方回韻送伯固歸吴中》）别作蔣璨詞，見《樂府雅詞·拾遺》卷上。《苕溪漁隱叢話·前集》卷五十九引《桐江詩話》謂姚進道作。《陽春白雪》卷五作姚志道詞。」

《唐宋詞人年譜·賀方回年譜》本年引《中吴紀聞》卷三謂横塘在吴下。以下云：「葉《傳》（按，謂葉夢得所撰之《賀鑄（方回）傳》）、程《序》（按，謂程俱所撰之《賀方回詩序》）皆謂方回居吴在晚年，是方回《青玉案》必非此時之作，蘇軾不應此前先有和章。」

曹樹銘《東坡詞》卷二《校注》，據詞意「斷定非蔣氏所作」，並「疑志道即進道之誤傳」。又云：「宋人筆記、詩話及詞總集所傳，必須個别玩味衡量，不可盡信。」故斷定此係東坡詞，不宜以互見詞論。以上云云，據劉尚榮校證《傅幹注坡詞》引。

按，曹氏之言是。元祐七年九月至八年九月，蘇軾、賀鑄皆在京師。見《唐宋詞人年譜》之《賀方回年譜》并參《慶湖遺老詩集》。

既居一地，創作交流自便。鑄詞作於暮春，軾詞亦作於暮春。蓋鑄詞既成，軾知之，贊其立意、用語均臻妙境，適蘇堅（伯固）自京師歸吴中，遂次鑄之韻爲詞以送之。理或如是。此其一。其二，崇寧元年（一一〇二），黄庭堅知太平州，晤郭祥正，賀鑄亦來，晤二人。鑄寡髪，祥正指其髻曰「真賀梅子」。蓋賀鑄以此詞得「賀梅子」之譽，祥正戲之也。見周紫芝《竹坡詩話》。時鑄年五十一。鑄居蘇州（吴）爲五十八歲時事，卒於宣和七年，享年七十六歲。鑄之《青玉案》之作，與晚年居吴並無必然聯繫。

其三，《注坡詞》卷十二首載此詞。據傅共所撰《注坡詞序》，《注坡詞》注者傅幹爲此書，嘗致力於考辨，其誤入之詞，「皆削而不取」。「敷陳演析，指摘源流，開卷爛然，衆美在目」。此詞之題「送伯固歸吴中」六字，决不可替代。

三月丁亥（初十日），監察御史董敦逸言蘇轍及范百禄差除不當事，留中不下。轍上奏，乞降敦逸章疏付三省施行。

據《年表》。轍奏首云：「臣近以御史董敦逸言川人太盛，差知梓州馮如晦不當，指爲臣過，遂具劄子及面陳本末。尋蒙德音宣諭，察敦逸之妄而以臣言爲信。」此處所云劄子，見《長編》卷四百八十二，其全文參見劉尚榮《蘇轍佚著輯考》之奏議《因董敦逸章疏乞早賜施行劄子》，《欒城集》《欒城後集》失載。又此奏以下云：「臣忝備執政，知人言臣過惡，而默然不辨，實難安職。」故乞降敦逸章疏。《長編》本月末紀事，謂敦逸之奏不傳，是終未降下也。轍此奏未及范百禄，因疑轍此奏之前另有一奏，已佚。《年表》作者或見敦逸之奏，或見蘇轍此奏之前之另一奏。

《長編》謂董敦逸留中之奏後，復上一奏，云：「臣近具奏乞減殺川人太盛之勢。……訪聞蘇軾、蘇轍、范百禄輩各有奏舉，及主張差除之人，惟蘇軾爲多，或是親知及其鄉人，有在要近，有在館職，有爲教官，有作監司，有知州軍，不可以數考，致仕路有不平之嘆。」云云，可參。

敦逸字夢授，吉州永豐人。《宋史》卷三百三有傳。

己丑（十二日），轍有《北流軟堰劄子》。

據《年表》。

按，本譜本年己未（十二日）紀事，已繫見於《欒城後集》卷十六之《論黄河軟堰劄子》。不知《北流軟堰劄子》與《論黄河軟堰劄子》是否爲一文？如果爲一文，則《年表》偶誤；如非一文，則《北流軟堰劄子》已久佚。姑録此，待考。

十三日，軾繳連元祐七年十一月劄子，乞免五穀力勝税錢。

劄子見《蘇軾文集》卷三十五（一〇〇一頁），謂去年十一月七日所奏乞放免五穀力勝税錢，「蒙降付三省，遂送户部下轉運司相度，必無行理」，乃再請。劄子並乞：「今後不問有無舊例，並不得收五穀力勝税錢，仍於課額内除豁此一項。」

十四日，太中大夫、中書侍郎范百禄罷爲資政殿學士、知河中府，事涉蘇軾、蘇轍。

據《宋會要輯稿》第一百零六册《職官》七八之二七。《輯稿》云：先是蘇頌「以稽留詔書罷政，言者論百禄實位中書，豈有同罪異罰之理。且百禄援引親黨，與蘇軾、蘇轍結爲朋比，徇私害政，故有是命」。

疑此事與董敦逸奏章有關。

四月甲子（十八日），以李清臣爲吏部尚書。給事中范祖禹封還詔書，進呈，不允。與轍有涉。

據《年表》。《長編》卷四百八十三亦繫清臣爲吏部尚書於本日。《潁濱遺老傳》詳述始末而未紀日，只言「比轍爲執政」時事也。

給事中范祖禹封還詔書云云，《宋史》卷三百三十七《范祖禹傳》、卷三百二十八《李清臣傳》、晁補之《雞肋集》卷六十二《資政殿大學士李公（清臣）行狀》俱不載，《長編》亦不載。祖禹字醇夫、純夫、夢得，華陽人。

此事與轍有涉，故《年表》書之，詳本年此下五月己卯紀事。

同日，過柳子文（仲遠）試墨，軾盛贊第一綱龍團茶。

文見《蘇軾文集》卷七十，題作《書柳氏試墨》。

二十二日，軾上《請詰難圜丘六議劄子》。

劄子見《蘇軾文集》卷三十五（一〇〇九頁）。《長編》卷四百八十一本年二月壬申注文：「《范祖禹家傳》云：『朝廷欲從蘇軾之請，令議者相詰難。祖禹遽白呂大防曰：當自朝廷酌其可否行之，若使相詰難，必致紛争失體，於事何補也。大防以爲然。』」參四月十一日紀事。時呂大防仍爲左僕射。

二十四日，軾與錢勰、范純仁、王欽臣等會於信安西園，餞范子奇（中濟）帥慶，與錢等賦詩。

軾詩見《蘇軾詩集》卷三十六（一九六四頁）；據該卷校勘記第一百三十九條引《寶真齋法書贊》，當日送行賦詩者，除錢、范、王外，尚有兵部侍郎王覿、刑部侍郎沈孝錫、吏部尚書彭汝礪三人。按：查《長編》、《宋史》及有關別集，無沈孝錫其人。「沈」當爲「杜」之誤，杜純字孝錫。子奇乃雍之孫，宗傑之子，太原人。事迹見《宋史》卷二百八十八本傳及《詩集》送范詩題下「施注」。傳謂卒年六十二，《長編》卷四百八十九謂卒於紹聖四年，與蘇軾同齡。蘇軾數日後，有簡與子奇。簡在《佚文彙編》卷三（二四八六頁）。簡以「留別之作」一本爲請。此留別之作，當指衆人送行詩。兹附志於此。

餞送范子奇歸，軾爲李廌言五代時某僧事。

《濟南先生師友談記》：「東坡言：普安禪院，初在五代時，有一僧曰某者，卓庵道左，蓺蔬丐錢以奉佛事。一日，於庵中晝寢，夢一金色黄龍，來食所蓺萵苣數畦。僧寤驚曰：『是必有異人至此。』已而見一偉丈夫於所夢地取萵苣食之。僧視其貌，神色凛然，遂攝衣迎之，延於庵中，饋食甚勤。復取數鐶餞之，曰：『富貴無相忘。』因以所夢告之，且曰：『公它日得志，願爲老僧只於此地建一大寺，幸甚。』偉丈夫乃藝祖也。既即位，求其僧，尚存，遂命建寺，賜名曰普安，都人至今稱爲道者院。元祐八年因送范河中是院，閑言之爾。」永興軍路有河中府、慶州。此處所云之「河中」，當包括慶州。

又：「東坡云：郭子儀鎮河中日，河甚爲患，子儀禱河伯曰：『水患止，當以女奉妻。』已而河復故道。其女一日無疾而卒。子儀以其骨塑之於廟，至今祀之。惜乎此事不見於史也。」因河中事附於此。

御史黄慶基、董敦逸連疏論蘇軾等。

據《施譜》。《施譜》謂爲夏間事。今據下引《長編》，定爲三月事。《長編》卷四百八十二本年三月戊子紀事注文：「《本傳》云：『慶基論（范）百禄與蘇軾、蘇轍朋比。』」此「本傳」，當爲宋史《黄慶基傳》。同上三月甲辰紀事引董敦逸奏云：「臣近具奏乞減殺川人太盛之勢及乞廣爲體訪等事，已塵聖覽，今采衆言，有合開陳下項。一、訪聞蘇軾、蘇轍、范百禄輩各有奏舉及主張差除之人，惟蘇軾爲多。或是親知及其鄉人有在要近，有在館職，有爲教官，有作監司，有知州軍，不可以數考，是致仕路有不平之歎。（下略）」（《長編》注：《編類章疏》繫三月二十日）《長編》卷四百六十八元祐六年十一月己酉紀事：「左朝請郎、梓州路轉運判官董敦逸，左朝請郎黄慶基並爲監察御史。」原注引吕公著《掌記》：「黄慶基，袁州通判，王荆公表弟。荆公執政時，深欲引用，以論議不改，沈隱至此。近時運判，未有能逮此人者。又云鴻臚丞，又云慶基，人多知之。」慶基乃臨川人，見《鐵網珊瑚》卷一《蘭亭定武本題跋》。

本月，軾乞改居喪婚娶條貫。詔從所請。

狀見《蘇軾文集》卷三十五（一〇〇九頁）。

狀乞削去元祐五年秋頒條貫：諸民庶之家，祖父母、父母老疾（原注：謂於法應贖者），無人供侍，子孫居喪者，聽尊長自陳，驗實婚娶。狀謂「人子居父母喪，不得嫁娶，人倫之正，王道之本也」。狀又謂近世始立女居父母喪及夫喪而貧乏不能自存，並聽百日外嫁娶之法，猶或可以從權，「今又使男子爲之，此何義也哉」！

從請見《長編》卷四百八十四本年六月癸卯紀事；謂狀上於六月壬戌。今仍從《蘇軾文集》繫入。

爲晁説之（以道、景迂）《考牧圖》作詩。説之嘗與范正思同訪蘇軾，軾爲二人論武宗元畫；説之嘗難軾所作《廣成子解》，軾許之；説之嘗與軾論軾所作《易傳》，軾爲説之論文。

詩見《蘇軾詩集》卷三十六（一九六六頁）。

《郡齋讀書志·後志》卷二：「《東坡廣成子解》一卷。右皇朝蘇軾撰。軾取《莊子》中黄帝問道於廣成子一章爲之解。景迂嘗難之，其序略曰：『某晚玷先生薦賢中，安敢與先生異論，然先生許我不苟同，翰墨具在。』」《廣成子解》見《蘇軾文集》卷六。云「翰墨」，知軾有簡與説之，其簡已佚。

《邵氏聞見後録》卷二十：「晁以道爲予言：嘗親問東坡曰：『先生《易傳》當傳萬世。』曰：『尚恨某不知數學耳。』」

《嵩山文集》卷十八《東坡先生畫像》：「壯而見公中都兮，知其雖合而必不久容也。」「中都」疑應作「都中」。

《過庭録》：「光禄侍居相府，同晁以道往見東坡。頃有從官來，東坡揖坐書院中，出見良久，光禄於坡書笈中見一小策，寫云：『武宗元中岳畫壁，有類韓文《南海碑》。呵呵。』光禄與晁再三繹之，不曉。坡歸，疑不已。晁輒發問，具告曲折，云不知何義。坡曰：『此戲言耳。武宗元，真廟朝比部員外郎也，畫手妙一時。中岳告成，召宗元圖羽儀於壁，以名手十餘人從行，既至，武獨占東壁，遣羣工居西，幕以幃帳。羣工規模未定，武乃畫一長脚幞頭執撾者在前。諸人愕然，且怪笑之，問曰：「比部以上命至，乃畫此一人，何耶？」武曰：「非爾所知。」既而武畫先畢，其間羅列森布，大小臣僚，下至厮役，貴賤形止，各當其分，幾欲飛動，諸人始大服。《南海碑》首曰「海於天地間萬物最鉅」，亦何意哉！其後運思施設，極盡奇怪，宗元之畫，是以似之也。』」光禄即范正思，純仁第三子。《六硯齋筆記》卷二亦記此事，文同，不録。

《皇朝仕學規範》卷三十四引王立之《詩文發源》：「晁以道言：近見東坡説：『凡人作文字，須是筆頭上挽得數萬斤起，可以言文字也。』余曰：『豈非興來筆力千鈞重乎！』」

《山谷内集詩注》卷六《次以道韻寄范子夷子默》（原注：正平、正思。二范蓋范文正公諸孫）：「鼓缶多秦聲，琵琶作胡語。是中非神奇，根器如此故。范公秉文德，斷國極可否。至今筦樞機，大度而少與。蟬嫣世有人，風壑嘯兩虎。小心學忠孝，鄙事能壠畝。持論不籧篨，奉身謝誇詡。頗知城南園，文會英俊侶。何當休沐歸，懷茗就煎去。」

作《吕與叔學士輓詞》。

輓詞見《詩集》卷三十六。與叔名大臨，《宋史》卷三百四十有傳，末云：「元祐中，爲太學博士，遷祕書省正字。范祖禹薦其好學修身如古人，可備勸學，未及用而卒。」祖禹薦大臨，乃元祐七年四月，見《長編》卷四百七十二。朱熹《伊洛淵源録》引大臨兄祭大臨文「以方暑之始，將卜辰祔於先塋，乃擇明日遷於西郊之僧舍，以待時」云云，知大臨卒於元祐七年五六月間。《籀史》卷上有大臨傳。其所撰《考古圖》，今傳，自序作於元祐七年二月。輓詞據《詩集》編次次此。

是月，轍上奏辨董敦逸所言非是。

奏見《長編》本月紀事。奏言董敦逸所言「川人太盛，顯是中傷」，「况馮如晦係東川人，臣係西川，鄉里隔遠，全非交舊」。此奏《欒城集》未收。其全文參見劉尚榮《蘇轍佚著輯考》奏議《辨董敦逸所言劄子》。

四月戊申（初二日），中書舍人陳軒知廬州。以蘇軾劾軒館伴高麗使臣失體也。

四月云云，據《長編》卷四百八十三。軾劾見《宋史》卷三百四十六《陳軒傳》。《蘇軾文集》卷三十五《論高麗買書利害劄子》其一及軒失體事。

丁巳（十一日），命南郊合祭天地，罷禮部集官詳議。

據《宋史·哲宗紀》。此乃從蘇軾請。《哲宗紀》今年八月辛未，有「禱於天地、宗廟、社稷」之記載。

《曲阜集》卷二《上哲宗皇帝乞分祭》一文之後附有以下文字：「初，詔集議，顧臨、蘇軾、范祖禹等八人主合祭，范純禮、曾肇、劉安世等二十二人主分祭，肇又獨上此奏。至九月，宰臣呂大防進呈，卒從顧臨等議。」附此。

《齊東野語》卷五《二蘇議禮》：「《禮》家如聚訟，雖兄弟亦不容苟同。其大者，無如天地之祭分合一議。自昔諸儒之論，不知其幾，今姑摭二蘇之議言之。東坡則據《周頌·昊天有成命·序》云：『郊祀天地也。』以爲此乃合祭天地之明文。潁濱乃據《周禮》爲説，謂冬至祀天於圜丘，夏至祀地於方澤。其後朝廷迄從坡説，合祭以至於今焉。」

本月，軾上《奏馬澈不當屏出學狀》。

狀見《蘇軾文集》卷三十六，謂太學内舍生馬澈進狀論《禮部韻略》有疏略未盡事件，以未經國子監「長貳看詳」，依條被屏出學。狀乞删去上條，依舊令馬澈充内舍生。狀謂諸色人苟有所見公私利害，皆得進狀，所以達聰明、防壅蔽。

五月己卯（初三日），李清臣罷吏部尚書新命，以蘇轍於簾前極論之也。

《年表》四月甲子紀事「進呈不允」句後，尚有「轍於簾前極論之，己卯罷」十字。按，己卯屬五月，《長編》卷四百八十三四月甲子亦繫「資政殿學士、通議大夫、知永興軍李清臣爲吏部尚書」事，注文云五月三日罷吏部尚書，與《年表》合。《年表》當因輾轉傳鈔致誤。蘇轍於簾前極論李清臣，《長編》未載。《年表》作者早於《長編》作者，獲見此項資料，并采載之，可貴。其可貴處，不僅在研究蘇轍，更爲重要者，則在考察當時整個朝局。

庚辰（初四日），趙令時以潁州簽判爲光禄寺丞。

據《長編》卷四百八十四。以蘇軾薦，見《蘇軾詩集》卷三十六《沐浴啓聖僧舍與趙德麟邂逅》「施注」。

初七日，軾與吕希哲、吴安詩、豐稷、趙彦若、范祖禹、顧臨上進所校正之陸贄奏議。

奏見《蘇軾文集》卷三十六（一〇一二頁），謂陸贄奏議「實治亂之龜鑑」。《文集》卷五十九《答虔倅俞括》叙侍講時進陸贄奏議事。豐稷，字相之。《宋史》卷三百二十一有傳。

初十日，雍丘令米黻（元章）來書，言縣有蟲食麥葉而不食實，金部郎中張元方論其理，軾乃記之。蘇軾時與黻、馬正卿（夢得）交往頗多。

文見《蘇軾文集》卷七十三，題作《記張元方論麥蟲》。文引元方言：「方蟲爲害，有小甲蟲，見，輒斷其腰而去，俗謂之旁不肯。」其不食實，蓋以此。

《文集》卷五十八與黻第五、六、七各簡叙與黻、正卿交往。第五簡云「元章想旦夕還縣」，乃指雍丘，雍丘乃京畿。第七簡「馬髯且爲道意」，髯乃正卿，雍丘人，其時來往於京師、雍丘之間。

米黻（元章）專送來《太師行》，軾稱之爲雄篇。

《蘇軾文集》卷五十八《與米元章》第八簡：「昨日詩發一笑爾，慎勿刻石。《太師》雄篇已領，紙軸亦且留下。」

黻所撰《寶晉山林集拾遺》卷二有《太師行寄王太史彦舟》，即軾所云《太師》。彦舟乃涣之之字，常山人，介之子。王介，嘉祐六年與軾、轍同登制科而入四等者。《宋史》卷三百四十七有傳。程俱《北山小集》卷三十有墓誌銘。元祐中爲太學博士。歷守洪、越諸州，入黨籍。宣和六年卒，年六十五。涣之殁葬丹徒，《京口耆舊傳》卷二亦有涣之傳。《太師行》乃叙王涣之十八歲，「招客同延貴客星」，米芾與其會；王涣之於此盛會之末，出《東晉十三帖》。米芾以其卓越之藝術鑑賞力，爲之鑑賞，滿座賓客皆爲之一振，「精神焕起光相射」，無不爲此稀世之珍叫好。《太師行》末云：「我生辛卯兩丙運，今歲步辛月亦然。丙申時宣辛酉日，此帖忽至庸非天。」此帖即謂《東晉十三帖》，距於王涣之盛會上初見時，據詩中所云，已十四五年。米黻生皇祐三年辛卯。據詩中所叙，「今歲步辛」乃元祐六年辛未。詩意乃謂，於元祐六年辛未逢辛之月，當辛酉日丙申時，出人意料，得見此帖。米黻以爲，此乃上蒼安排。喜悦之情可以想見。此以後，《東晉十三帖》當爲黻所收藏。《太師行》乃作於元祐六年。程俱所撰之王涣之墓誌銘稱，元祐七年，王涣之校對祕書省黄本書籍，直至紹聖元年丁母憂奔喪。祕書省屬於史館，故米黻以太史稱之。黻以此詩寄涣之，爲此二年間事。軾此簡作於本年。細味此簡，乃米黻專人送《太師行》與軾，軾草此簡覆之。簡中「留下」一詞，透露此中消息。

《慶湖遺老詩集》卷五《謝米雍丘元章見過》（題下原注：「米名芾。癸酉八月京師賦。」）《留别米雍丘二首》（題下原注：「米辨博有才具，著《山林集》數十卷，爲人知者特水滛、書學而已。清狂多忤。……癸酉十月雍丘賦。」）詩其一首云：「明釭通夜語，累塊寫胸中。水癖推劉令，書名浼魯公。」知《山林集》中有論水之文章。

十一日，李廌（方叔）、李之儀（端叔）、秦觀（少游）來訪，爲言祖父序事。時新遷東闕之第。

據《濟南先生師友談記》；祖父序事見本譜卷首。

辛卯（十五日），監察御史董敦逸、黄慶基皆罷，坐言尚書右丞蘇轍、禮部尚書蘇軾不當。

據《長編》卷四百八十四，敦逸罷爲荆湖北路轉運判官，慶基爲福建路轉運判官。《長編》云敦逸四狀言轍，慶基三狀言軾。慶基之狀曰：「蘇軾天資凶險，不顧義理，言僞而辨，行僻而堅，故名足以惑衆，智足以飾非，所謂小人之雄而君子之賊者也。陛下擢之於罪廢之中，置之於侍從之列，出守大藩，固宜奉法循理，而乃專以喜怒之私，輕廢朝廷之制。」以下論知潁州失入尹真；論知杭州刺配顔益顔章兄弟；論自進用以來，援引黨與王鞏、林豫、張耒、晁補之、秦觀等；論拒違詔旨，極言不可賣書與高麗。以下着重言：「二聖陛下臨御之初，以軾爲中書舍人，軾因行制誥，公然指斥先帝時事，略無忌憚，傳播四方，士大夫讀之，有識者爲之痛心，有志者爲之扼腕。考軾之意，特欲刺譏先帝，以攄平日之憤爾。軾行《李之純除河北都轉運使誥》曰：『乃者役錢貸息之弊，民兵馬政之勞，萃於北方。』又云：『河溢爲災，老幼奔走，流離道路，十年於此矣。嗚呼，其孰能爲朕勞來安集，使復其舊乎！』夫宣王承厲王之後，萬民離散，不安其居，而能勞來安集之，故見於《鴻雁》之詩。先帝時，北方安得有老幼奔走流離道路之事，謂緣役錢貸息、民兵馬政以致天災，必待陛下然後能遣使以勞來安集，是以先帝方何代乎，乃以厲王之亂相擬也。軾行《蘇頌除刑部尚書誥》云：『乃者法病於煩，官失其守，盜賊多有，獄市紛然。』夫先帝明慎用刑，哀矜庶獄，始復大理寺、刑部詳定及三省點檢獄案之制，安得『法病於煩，官失其守，至於盜賊多有，獄市紛然』！惟漢武帝暴征遠戍，於是盜賊競起，至遣直指之使以督捕之，此乃可謂紛擾，先帝時何嘗聞有此也。軾爲此言，是以先帝方何代乎，乃以武帝之暴相擬也。軾行《劉誼知韶州誥》云：『汝昔爲使者，親見民病，盡言而不諱，阨窮而不憫，安知有今日之報乎！』夫劉誼得罪於先帝，自以職在奉行法度，有所不至，當公論之，而乃張皇上書，用此罷江西提舉，安得爲『盡言』乎！至於『安知有今日之報』，此語尤不忍聞。陛下奉承宗廟，當有以顯揚先帝之鴻業休德，豈欲報先帝得罪之人乎！軾行《唐義問河北轉運使誥》云：『朕修賦役之法，黜聚斂之吏，去薄從忠，務以養民。』夫先帝立法，豈不欲養民耶！先帝用人，豈不欲去刻薄而從忠厚耶！今以爲『務以養民』，是指先帝之不能養民也；今以爲『黜聚斂之吏』，是指先帝用聚斂之吏也。軾行《貶呂惠卿誥》云：『苟可蠹國以害民，率皆攘臂而稱首。』夫先帝立法，乃欲與天下同利，豈有先帝之聖神英睿冠絶百王如此，而乃肯從蠹國害民之謀乎！軾所行制誥，皆在舍人院，願陛下試取而觀之，蓋有聲述不盡者。」以下言蘇軾自擢用以來，無毫髮功，行己貪污積惡，靡所不有，并云：「如結托常州宜興知縣李去盈，强買曹姓人抵當田産，致其人上下論訴進狀者凡八年，方與斷還，其穢惡之迹，則未敢上瀆聖聰。」最後乞「令中書省削去軾所行誥辭言涉刺譏者」。慶基又言「蘇轍懷邪徇私，援引黨與，怙勢曲法，務與其兄相爲肘腋，以紊亂朝政」。以下舉附其兄弟者姓名，計有呂陶、趙令畤、文勛、馮如晦、王鞏、程之邵；並舉不附者，有陳軒、趙挺之、趙卨，謂皆遭沮抑。

參以下本月壬辰（十六日）、十九日、二十四日紀事。

按：如晦字叔明，普州安岳人。慶曆六年進士。歷晉原令，累官知梓州。熙寧末范純仁帥環慶，時有訟純仁不法者，詔繫寧州，命如晦往訊之，力辨其誣。富弼、韓縝有詩述其事。事迹參《鶴山先生大全文集》卷三十九《綿州通判廳二賢祠堂記》、《宋元學案補遺》卷十。卨字公才，邛州依政人。《宋史》卷三百三十二有傳。卒年六十五。入黨籍。

壬辰（十六日），吕大防、蘇轍奏黄慶基以軾毁謗神宗爲詞，意極不善。董敦逸及黄慶基再責。

《長編》卷四百八十四此日紀事引吕大防、蘇轍等奏，曰：「慶基言軾所撰李之純等六人誥文，涉譏毁先帝。其間陸師閔誥一道，係范百禄詞，非軾所撰。臣竊觀先帝聖意，本欲富國强兵，以鞭撻四夷，而一時群臣將順太過，故事或失當，及太皇太后與皇帝臨御，因民所欲，隨時救改，蓋事理然耳。昔漢武帝好用兵，重斂傷民，昭帝嗣位，博采衆議，多行寢罷，明帝尚察，屢興慘獄，章帝改之以寬厚，並當時天下悦服，未有以爲謗毁先帝者也。至於本朝真宗，即位弛逋欠，以厚民財，仁宗即位，罷修宫觀，以息民力，凡此，皆因時施宜，以補助先朝缺政，亦未聞當時士大夫有以爲謗毁先帝者也。近日，元祐以來言事官有所彈擊，多以毁謗先帝爲詞，非唯中傷正人，兼欲摇動朝廷，意極不善，若不禁止，久遠不便。」以下，又引蘇轍奏曰：「臣昨日取兄軾所撰吕惠卿誥觀之，其言及先帝者，有曰：『始以帝堯之仁，姑試伯鯀；終焉孔子之聖，不信宰予。』兄軾亦豈是譏毁先帝者耶！臣聞先帝末年，亦自深悔已行之事。但未暇改耳。元祐初改正，追述先帝美意而已。」以下，《長編》云：「太皇太后曰：『先帝追悔往事，至於泣下。當時大臣數人，其間極有不善，不肯諫止。』」於是得旨，敦逸、慶基並與知軍差遣。本月丙申紀事詳之。

《宋史》卷三百五十五《董敦逸傳》亦詳載此事，文略同，不録。

《年表》紹聖元年六月甲戌紀事引右正言上官均奏：「李之純、楊畏、來之邵希附軾、轍等，反指慶基、敦逸以爲誣陷忠良，不當除監司，遂謫守軍壘。」「監司」參本月辛卯紀事。之邵，字祖德，開封咸平人。《宋史》卷三百五十五有傳，謂其資性姦譎。《朱子語類》卷一百三十：「子由深有物，作《潁濱遺老傳》，自言件件做得是。如拔用楊畏、來之邵等事，皆不載了（原注：『當時有楊三變兩來之號』）。」知上官均之言實有依據。

《長編》云：「吕大防奏曰：『敦逸言轍，應三省同簽文字，皆以爲轍之罪。』」按：《龍川略志》卷九《董敦逸黄慶基言事不實并出知軍州》謂吕大防奏曰：「敦逸四狀，言轍多不應實，三省同簽文字，皆以爲某之罪。」《長編》文字，當原於《龍川略志》，當以後者爲是。

《長編》引黄慶基論蘇轍之言，云：「竊見門下侍郎蘇轍，懷邪徇私，援引黨與，怙勢曲法，務與其兄相與肘腋，以紊亂朝政。」

《長編》引吕大防、蘇轍之言，謂黄慶基言軾者非是。《龍川略志》卷九同上條則謂爲吕大防一人之言。《龍川略志》同上條又云：「臣轍奏曰：『臣昨日取兄軾所撰吕惠卿告觀之，其言及先帝者有曰：「始以帝堯之仁，姑試伯鯀；終然孔子之聖，不信宰予。」兄軾亦豈是譏毁先帝者耶！然臣聞先帝末年，亦自深悔已行之事，但未暇改耳。元祐初改正，乃爲追述先帝美意而已。』太皇太后曰：『先帝追悔往事，至於泣下，當時大臣數人，其間極有不善，不肯諫止。』微仲曰：『聞永樂敗後，先帝常曰：兩府大臣，略無一人能相勸諫。然則一時過舉，非先帝本意明矣。』太皇太后曰：『此事皇帝宜深知之。』微仲曰：『皇帝聖明，必能照察此事。』於是得旨，敦逸、慶基并知軍事差遣。」《龍川略志》與《長編》略有不同，故重録之。

十九日，軾辨黄慶基彈劾，上劄子。

劄子見《蘇軾文集》卷三十六（一〇一四頁），謂：「臺官黄慶基復祖述李定、朱光庭、賈易等舊説，亦以此誣臣，並言臣有妄用潁州官錢、失入尹真死罪及强買姓曹人田等。雖知朝廷已察其姦，罷黜其人矣，然其間有關臣子之大節者，於義不可不辨。」劄子詳叙各項事原委，不録。參元豐七年「買莊田於宜興」、元祐七年「嘗陳尹真事於朝廷」條。

丙申（二十日），董敦逸知臨江軍，黄慶基知南康軍。

據《長編》。《長編》云：「敦逸、慶基既有旨與知軍差遣，而御史中丞李之純及侍御史楊畏、監察御史來之邵亦言二人誣陷忠良，朝廷容貸，止令出使，臣恐後人觀望，得意任私，敢肆狂誣，故遽責之。」(原注：據蘇轍《龍川略志》，進呈二人疏曰，已有旨與知軍差遣，不緣御史章也。李之純等時亦有言耳，今據《略志》，稍加删修。」)

《欒城集》卷二十有黄慶基鴻臚寺丞制。

二十二日，蘇轍宣太皇太后高氏旨意，令兄軾且須省事。二十四日，軾上疏稱謝。

據《蘇軾文集》卷三十六《謝宣諭劄子》：「臣伏准今月二十二日弟門下侍郎轍奉宣聖旨，緣近來衆人正相捃拾，令臣且須省事者。」蘇軾感激涕零，遂於二十四日呈此劄子。轍所宣聖旨，「緣近來」云云，及太皇太后令轍諭軾者，見《長編》本月己亥(二十二日)紀事及《太平治迹統類》卷二十三。

癸卯(二十六日)，軾上劄子乞增廣貢舉出題。詔依，今來一次科場未得出制度題目。

據《長編》卷四百八十四。劄子見《蘇軾文集》卷三十六(一〇一七頁)。劄子引《元祐貢舉敕》：「諸詩賦論題，於子史書出；如於經書出，而不犯見試舉人所治之經者亦聽。」劄子謂如此，則所取者狹。劄子乞詩賦論題，許於《九經》、《孝經》、《論語》、子、史並《九經》、《論語》注中雜出，更不避見試舉人所治之經。

《宋會要輯稿》第一百八册《選舉》三之五四載此事，謂爲五月二十七日，并謂從之。

道人姚安世來訪，軾贈以詩。

詩見《蘇軾詩集》卷三十六（一九六九頁）。參本年七月一日紀事。《欒城後集》卷一有《次韻姚道人》，可參。

王欽臣（仲至）惠穲稏，種之禮曹北垣下，軾喜作詩。范祖禹（夢得、純夫）、韋驤有和。

詩見《蘇軾詩集》卷三十六（一九七〇頁）。祖禹和詩乃《范太史集》卷二《和子瞻尚書儀曹種稏》。《蘇軾文集》卷五十六與祖禹第七簡：「和篇高絶，木與種者皆被光華矣。」即謂此篇。驤和詩乃《錢塘韋先生文集》卷三《和禮部蘇尚書穲稏》。驤字子駿，錢塘人。皇祐五年進士。事迹詳《錢塘韋先生文集》附録陳師錫所撰墓銘。《長編》卷四百七十七元祐七年九月戊戌紀事：「左朝奉大夫韋驤爲主客郎中。」參墓銘，和詩時，驤在其任。

《能改齋漫録》卷十八《夢人送喜雪》：「東坡元祐末爲禮部尚書，夢人送喜雪詩云：『是王仲至所與。』覺後唯記一聯，仲至因是以成章云：『曉雪誰驚最後時，土膏方得助甘滋。歲功已覺三元近，春事何憂一覺遲（原注：此一聯乃得於夢中）。不著寒梅容觸冒，半留紅杏惜離披。神交彼此無勞辨，更爲公題述夢詩。』」兹附此。蘇軾與欽臣文字聯繫止此。欽臣入黨籍。徽宗時卒，年六十七。見《宋史》卷二百九十四傳。

范詩云：「蘇公滄洲趣，日夕懷山陰。公堂植珍木，寄夢天姥岑。亭亭碧玉幹，氣象俯喬林。雷霆已難拔，霜雪何敢侵。蒼皮卷鱗甲，細葉抽鋒針。稍出珊瑚枝，中含笙磬音。鸞鳳待棲息，詎肯容凡禽。西風蕩積雨，畏日方流金。潭潭宗伯府，窈窕巖谷深。北窗卧羲皇，笑語合朋簪。蒼生望安石，出處本無心。萬象入毫端，四溟納胸襟。文房俎豆列，武庫矛戟森。甘棠愛召伯，勿使螻蟻尋。世俗多貴遠，豈知古猶今。他年老東山，應記梁父吟。」韋詩云：「淵明植五柳，萬古清風傳。子猷種脩竹，幽況亦飄然。峥嶸韓退之，甘受庭楸牽。由來高爽姿，氣欲凌雲烟。嗜好脱凡近，孰能窺後先。嶽嶽尚書公，聲華天下賢。儀曹經晝閒，春日方暄妍。不思葩蘤妖，惟喜操節堅。呼工斬惡木，買松種堂前。培溉勞朝夕，霜雪期千年。北垣有餘地，虛鍤徒自憐。名卿送珍材，類至誠所緣。穉栝僅踰尺，標致懷參天。拱把念所養，扶持必周旋。孤根舊土隨，不使知其遷。逡巡十旬浹，生意何鮮鮮。棟梁他日功，顧遇此辰偏。清詩爲題品，光芒耀星躔。栝榮詩不朽，流芳共綿延。後來戒翦伐，當繼甘棠篇。」

吴復古（子野）來京師，求度牒欲出家，屢勸不從，爲求之。軾乃贈以扇山枕屏，有詩。

《佚文彙編》卷四《與友人》：「子野出家之議。前年在都下，始聞其言，私心亦疑之，屢勸不須如此，在家出家足矣，而子野意堅決不回。僕猶恐其難遂，再三要審，而子野確然自誓，欲僕與發言，求一度牒。難違其意，故爲求之。」作於紹聖二年。

詩見《蘇軾詩集》卷三十六（一九七四頁）。

《蘇軾文集》卷六十一《與參寥子》第八簡作於本年九月，有「吴子野至」之語。第九簡云「吴子野至，辱書」，「畏暑，伏惟法履清勝」。則復古之來爲夏季事，其來，攜有道潛與蘇軾之書，或來自杭州。

《參寥子詩集》卷八《贈吴子野先生》：「麻田老仙心炯炯，少有高風慕箕潁。枕流漱石三十年，眸子瞭焉神更静。忽然杖策海上來，至人道妙同塵埃。達官貴侯競招致，往無所欲誰嫌猜。邇來一志從吾黨，跡與孤雲共天壤。曹溪有路更攀躋，徑躡毗盧高頂上（自注：子野將出家，事見東坡詩中）。」

蘇軾與趙令時（德麟）簡，以病辭赴其宴。

簡乃《蘇軾文集》卷五十二《與趙德麟》第十七簡。

簡云：「拙疾猶未退，尚潮熱惡寒也。來日必赴盛會，未得，後日猶恐當謁告也。辱意甚寵，適會如此，非所願。」叙欲往而實不能往，出之以誠。

簡云：「子由固當馳赴。」知令時邀請之賓朋甚多，故云盛會。又云「穆公且喜漸安」，知錢勰（穆父）時亦有疾。

六月甲寅（初八日），軾乞知越州，詔不允。

據《長編》卷四百八十四。乞越狀已佚。

《范太史集》卷二十九《賜端明殿學士兼翰林侍讀學士守禮部尚書蘇軾乞越州不允詔》：「昔汲黯願拾遺補過，漢武帝終出之淮陽；魏徵每犯顔諫争，唐太宗不使之一日離左右。後世視武帝、太宗之得失，豈不相遠哉！卿望高一時，名滿四海，正直之節，冠於本朝。方以道學輔朕不逮，乃亟欲引去，兹所未諭也。所請宜不免。」

《蘇軾詩集》卷三十七《次韻滕大夫三首·同前》：「我頃三章乞越州，欲尋萬壑看交流。」

戊午（十二日），梁燾自尚書左丞以資政殿學士同醴泉觀使。涉蘇轍。

據《長編》卷四百八十四。

《宋史》卷三百五十五《楊畏傳》：「（章）惇入相，畏遣所親陰結之，曰：『畏前日度勢力之輕重，遂因吕大防、蘇轍以逐劉摯、梁燾。』」

燾字况之，須城人。《宋史》卷三百四十二有傳。前已及。

己未（十三日），賜知潁昌府范純仁詔書，召赴闕。涉蘇轍。

據《年表》。《長編》詳載此事，云，先是侍御史楊畏七疏以爲召范純仁命相不當，監察御史來之邵以爲純仁於國無補，太皇太后皆不聽。《長編》：「或曰：畏與軾、轍俱蜀人，前擊劉摯，後擊蘇頌，皆陰爲轍地，太皇太后覺畏私意，故復自外召用純仁。畏尋又言，轍不可大用云。」（原注：「此據邵伯温《辨誣》，畏爲轍地，恐未必然。」）

《辨誣》已佚。

壬申（二十六日），《長編》書禮部尚書、端明殿學士、翰林侍讀學士、左朝散郎蘇軾除知定州。據該書卷四百八十四。《施譜》謂除定爲六月。參本年九月戊子紀事。

錢勰（穆父）馬上寄蔣之奇（潁叔），蘇軾有次韻。

次韻見《蘇軾詩集》卷三十六（一九七一頁）。勰詩，附《淮海集》卷十一《次韻出省馬上有懷蔣潁叔》後。

六月。

《蘇軾文集》卷五十一與勰第二十二簡：「寄潁叔詩，和得，納去。」即叙此事。簡末云「某一章未允，方再上也」，謂乞越，見《蘇軾詩集》卷三十六詩題。知和錢勰寄蔣之奇詩，作於本年六月。

蘇軾詩乃《蘇軾詩集》卷三十六《次韵錢穆父馬上寄蔣潁叔二首》。

《淮海集》卷十一《次韵出省馬上有懷蔣潁叔》附唱首詩其一：「春雪京城一尺泥，並鞍還憶蔣征西。碧幢紅旆出關去，一路東風送馬蹄。」其二：「不論埃壒與塗泥，封印還家日已酉。豈比元戎碧油下，貔貅繞帳馬千蹄。」《淮海集》未注唱首者姓名，據蘇軾詩，知爲錢勰（穆父）作。

軾與錢勰（穆父）簡，以響答詩筒爲樂。時勰再知開封府。

《梁溪先生全集》卷一百六十七《宋故追復龍圖閣直學士贈少師錢公墓誌銘》謂除龍圖閣直學

士，再知開封府。以下云：「視事不數日，滯訟一空，羣盜奔走。蘇軾時爲禮部尚書，每俟公治事時，送詩求和，公不廢決遣，即次韻答之，辭意贍麗。軾大驚，以簡謝曰：『電掃庭訟，響答詩筒，亦數年來故事也。』」簡在《蘇軾文集》卷五十一，爲與勰第二十五簡。簡云「伏暑」，約作於六月。

《長編》卷四百八十四本年五月甲午紀事：權户部尚書錢勰爲龍圖閣直學士、知開封府。《蘇軾詩集》卷三十六《次韻錢穆父王仲至同賞田曹梅花》題下「施注」謂本年二月十八日勰再知開封，與《長編》不同。《文集》卷五十一與勰第二十三簡：「伏承蒞事之初，雖稍勞神，而吏民欣悚，實爲盛事。」謂勰再知開封也。

程之元(德孺)生日，軾賀詩。

詩見《蘇軾詩集》卷三十六(一九七二頁)。詩首云「仗下千官散紫庭，微聞偶語説蘇程」，時同列。之元時以右朝奉郎爲主客郎中，進金部。見題下「施注」。

七月丙子(初一日)，以范純仁爲右僕射兼門下侍郎。

據《年表》。

姚安世復傳其所得李白詩《人生燭上花》、《朝披雲夢澤》二首，十日軾爲之跋。

跋見《佚文彙編》卷五(二五五三頁)。《蘇軾文集》卷六十七《記太白詩二首》其二即記此二詩。

《式古堂書畫彙考·書》卷十《蘇文忠公書李太白詩卷》，即録此二詩，以下録軾之跋（即作於七月十日之跋），以下有蔡松年跋：「老坡平生多與異人遇。此詩帖云『傳於丹元』，丹元者，道人姚安世自號也。先生將赴定武，前兩月與姚相會於京師，出南岳典寶東華李真人像及所作二詩，言近有人於海上見之，蓋太白云。雖事涉荒怪，然決非烟火食肉人所能贋作。」末云：「正隆四年閏六月，西山蔡松年題。」正隆四年，當紹興二十九年（一一五九）。松年，字伯堅，真定人。宣和末從父守燕山，兵敗留金。事迹見元好問《中州集》卷一。安世又號真隱翁，見《清容居士集》卷四十六《書東坡寄真隱詩》。

《避暑録話》卷上謂蘇軾：「晚因王鞏，又得姚丹元者，尤奇之，直以爲李太白所化，贈詩數十篇，待之甚恭。姚本京師富人王氏子，不肖，爲父所逐去，事建隆觀一道士，天資慧，因取道藏徧讀，或能成誦，又多得其方術丹藥。大抵有口才，好大言，作詩間有放蕩奇譎語，故能成其説。浮沉淮南，屢易姓名，子瞻初不能辨也。後復其姓名王繹。崇寧間，余在京師，則已用技術進爲醫官矣。出入蔡魯公門下，醫多奇中。余猶及見其與魯公言從子瞻事，且云海上神仙宫闕，吾皆能以説致之，可使空中立見。蔡公亦微信之。坐事編置楚州。梁師成從求子瞻書帖，且薦其有術，宣和末，復爲道士，名元城，力詆林靈素，爲所毒，嘔血死。」《蘇軾詩集》卷三十六《次丹元姚先生韻二首》題下「施注」「元城」作「元誠」。《次韻王定國書丹元子寧極齋》「願挂神虎冠，往卜飲馬橋」句下引「趙次公注」：「蘇州有飲馬橋，丹元子蓋蘇州人也。」

軾爲内殿崇班馬惟寬作《法雲寺禮拜石記》。

文見《蘇軾文集》卷十二：石，惟寬所捨也。記作於本月中旬。

二十四日，軾乞改知越州。

據《長編》卷四百八十四本年六月壬申注。《乞越州劄子》見《蘇軾文集》卷三十七，云及「近者蒙恩知定州」、「辭定乞越，於義無嫌」。《施譜》：「七月，再乞越，不允。」又云：「先生雖補外，自此至九月尚留京師，行禮部事。」《范太史集》卷二十九《賜端明殿學士兼翰林侍讀學士守禮部尚書乞改知越州不允詔》（原注：元祐八年）末云：「眷吾北圉，雖無一日之虞，而中山巨屏，實難其帥，藉卿之重，姑輟以行。」又云：「以越爲請，非朕所望也。所請宜不允。」

本月，以吕大防薦，秦觀以秘書省正字充編修官。軾與道潛簡，報大防爲奏得妙總師號。

本月云云，據《山谷詩集注·目録》紹聖元年引《實録》。《淮海先生年譜》謂爲八月十二日事。簡乃《蘇軾文集》卷六十一《與參寥子》第十簡，云：「吕丞相爲公奏得妙總師號，見托，寄上。」又云：「秦少游作史官，亦稍見公議，亦吕公薦也。」

曹焕來，軾爲言過蔡州壺公觀晤老道士劉道淵，道士爲叙歐陽修異事，弟轍有詩，軾有文。

詩乃《欒城後集》卷一《蔡州壺公觀劉道士》，其叙云：「元祐八年七月，彭城曹焕子文至自安陸，爲予言過淮西入壺公觀。」以下叙晤劉道士，道士言歐陽修異事。文乃《蘇軾文集》卷七十二《記神清洞事》，與轍詩略同，然不及轍詩之詳，並易蔡州壺公觀爲嵩山。蓋轍詩作於當時，軾文作於以後，遂有所不同，然皆得之曹焕。

八月一日，軾妻王閏之卒。明日，作文致祭。殯於京師。轍與張耒有祭文。與楊濟甫簡，報閏之喪。友人慰疏，覆簡。

八月云云，見《蘇軾文集》卷二十一《阿彌陀佛贊》，時閏之年四十六。祭文見《文集》卷六十三（一九六〇頁）。

《欒城後集》卷二十《祭亡嫂王氏文》有云：「兄剛而塞，物或不容。既以名世，亦以不逢。轍驟而從，初未免憂。嫂以婦人，處之則優。兄坐語言，收畀叢棘。竄逐郴城，無以自食。賜環而來，歲未及期。飛集西垣，遂入北扉。貧富慼忻，觀者盡驚。嫂居其間，不改色聲。冠服肴蔬，率從其先。性固有之，非學而然。族人咨嗟，觀行責報。」又云：「兄牧中山，始殯而往。謂我在兹，屬以時享。」其殯地「距城半舍」。作於本月十八日。同卷有再祭文，作於崇寧元年四月，見該年紀事。

《柯山集》卷四十八《祭蘇端明郡君文》：「嗚呼，人生萬殊，之死同科。其間疾徐，相去唯阿。作嬪大賢，克宜厥家。婦也有兹，萬一則多。顯允夫人，簡儉純明。相其君子，險夷屢更。穆穆愉愉，何易何艱。能俾君子，即居而安。象服委蛇，亦既輝光。云何不淑，乃折於强。蘇公執喪，盡禮致哀。曰予德思，匪媾之懷。某等受學師門，義等族戚。矢詞殯前，侑此酒食。」

《文集》卷五十九與濟甫第八簡謂閏之「此月一日以疾不起，非老人所堪」，又云因見王箴「亦爲道此」。

《蓴輝堂法帖》第一册收蘇軾與友人簡一首，茲録於下：「軾頓首頓首。自拜違後，老婦卧疾，竟不起，臨老遇此災，懷抱可知，摧剥衰羸，殆不能支，曲蒙仁念，特賜慰問，伏讀感愴。本乞會稽，今乃愈北，牢落可量。冗迫中，不盡區區，但恃知照而已。」

十一日，軾夢歸眉山縠行宅，坐於南軒，覺而記之。

文見《蘇軾文集》卷七十一（二二七八頁）。

十五日，軾爲吴復古作《北海十二石記》。

文見《蘇軾文集》卷十二。

同日，范祖禹薦張舉。蘇軾亦嘗力薦張舉。

《范太史集》卷二十五《薦馮山張舉劄子》，作於本日，云：「臣於去年四月具劄子奏舉，未蒙施行。舉有節行文學，登科二十七年，年已五十，不爲世用，二人者，皆可爲朝廷惜也。」以下乞不次進用，置之清要。范去年所上劄，見《范太史集》卷二十三。《范太史集》卷五十五《手記》：「張舉：子厚。□志趣高節，詞學清贍，甲科登第二十餘年，侍親終養，屏居不仕。安恬之節，臣實不如。」

張舉，《咸淳毗陵志》卷十七有傳，謂舉乃武進人。傳叙登甲科後，云：「親老，不忍朝夕去左右，閉門讀書四十餘年，多所論著，於古律詩尤清新。家藏書至數萬卷，工書，精真、草、隸三體，皆造古人妙處。以大臣薦，起爲潁州教官，三辭不就。其後孫莘老、范純夫諸賢交薦，曰：某樂死草萊，後世必謂朝廷失士。東坡亦力薦之。以秘省校書召，將大用，舉迄不出。崇寧間，朝廷賜處士號。卒謚正素。郡守徐中表其里曰正素坊。」

光緒《滁州志》卷七之三《張次元傳》謂次元「子基有學行，舉進士，調睦州簿，以親老不赴，孫莘老、胡完夫、范祖禹交薦之，蘇子瞻亦時時爲言，詔趣郡縣勸駕，終不出，卒贈金紫光禄大夫，謚正素先生」。據此，是基即舉。次元卒於紹聖四年，年六十七，事迹詳《道鄉先生文集》卷四十行狀，《滁州志》所云，疑有傳聞因素，録之以備參考。

辛酉（十六日），太皇太后高氏有疾。軾與范祖禹（純夫）簡，及問候高氏疾事。

辛酉云云，據《長編拾補》卷八；本月壬戌、丁卯，有吕大防、范純仁、蘇轍、鄭雍、韓忠彦、劉奉世問疾記載。

《蘇軾文集》卷五十答祖禹第九簡：「所示連日入問聖候，極是！極是！見説執政逐日入問，宗室亦逐日問候也。」簡末云「已將簡報錢尹，令府中差人遍報諸公矣」。錢尹謂勰，時知開封。是相約問疾也。

壬戌（十七日），吕大防、范純仁、蘇轍、鄭雍、韓忠彦、劉奉世入問太皇太后聖體。

據《年表》及《長編拾補》卷八。後者云：「大防等言，元豐五年，神宗皇帝服藥，常降在京及畿内罪人。太皇太后曰：『莫不消如此。』大防曰：『元豐中，神宗皇帝自以聖躬服藥，降此指揮，今上爲太皇太后，於體尤順。』上曰：『依故事。』前此凡奏事，上未嘗處分，至是上以太皇太后意在謙抑，故有此宣諭。」

十九日，軾與顧臨、趙彦若申省讀《漢唐正史》，上狀。

狀見《蘇軾文集》卷三十六（一〇一八頁）。

據狀，《漢唐正史》蓋將漢、唐正史内可以進讀事迹鈔節而成。狀稱此書「已鈔節繕寫，稍成卷帙」。

丁卯（二十二日），吕大防、范純仁、蘇轍、鄭雍、韓忠彦、劉奉世入崇慶殿後閣，問太皇太后聖體。

據《長編拾補》卷八。《長編拾補》云：「太皇太后諭大防等曰：『今疾勢有加，與相公等必不相見，且喜輔佐官家，爲朝廷社稷。』初，大防等欲退，太皇太后獨留純仁，意有所屬也。上令大防以下皆往。太皇太后曰:『老身受神宗顧托,同官家御殿聽斷,公等試言九年間,曾施私恩與高氏否?』大防對曰:『陛下以至公御天下,何嘗以私恩及外家。』太皇太后曰:『固然,只爲至公,一兒一女病且死,皆不得見。』言訖,泣下。大防曰:『近聞聖體向安,乞稍寬聖慮服藥。』太皇太后曰:『不然,正欲對官家説破。老身歿後,必多有調戲官家者,宜勿聽之。公等亦宜早求退,令官家别用一番人。』乃呼左右,問曾賜出社飯否,因謂大防曰:『公等各去吃一匙社飯,明年社飯時,思量老身也。』」(原注:此段據邵伯温《辨誣》并蔡惇《直筆》删修。蔡惇云:是日,社。按:戊辰乃二十三日,而《實録》太皇太后謂吕大防等必不相見,乃二十二日。或太皇太后預言之。今止從《實録》,繫之二十二日。)

辛未(二十六日),以太皇太后高氏疾,禱於天地、宗廟、社稷。蘇軾作疏文。

辛未云云,據《宋史·哲宗紀》。疏文乃《蘇軾文集》卷四十四《景靈宫祈福道場功德疏文》。云:「偶倦東朝之御,未復太官之常。」又云「願膺勿藥之喜」。按:此文屬内制疏文,蘇軾時爲禮部尚書,不應出自其手。或代人作,姑志此。

二十七日,於建隆章净觀中書李德裕詩贈王覿。

《蘇軾詩集》卷五十有《元祐癸酉八月二十七日於建隆章净館書贈王覿》,館即觀。《王譜》誤爲軾詩,「查注」謂爲李德裕作,是。《詩集》卷三十六有《贈王覿》。

《東甌詩存》録周行己詩，題作：「五月三日，雨中有懷段公度萬頃、歐陽元老獻、李千之茂、李方叔廌、任昌叔熙明、潘君孚大臨、王天粹覿、孫志康勰。」詩云：「懷我平生好，意得如合吻。歐、段屈薄宦，有如驥服靷。究李困諸生，豪氣浮海蜃。華李本達識，磊落忘畦畛。忼慨任關西，開口見肝腎。高蹈潘逸士，未能趨縣尹。小王頗清修，對策如射埻。復有孫夫子，未許連車軫。聚散各異處，單車謝推引。言笑誰與歡，思逝如抽筍。作詩當晤言，爲我發大䀹。」周行己《浮沚集》卷九《送王天粹登第歸》：「王氏青箱學，名家千里駒。朝廷求士急，吾子應時須。上第人皆有，高才世久虛。別君誰暖眼，書信莫令疏。」周行己爲元祐六年進士，王覿（天粹）登第在其後。

九月戊寅（初三日），太皇太后高氏卒。軾有輓詞盛贊之。嘗於經筵論高氏兼有明、仁二德。

九月云云，據《宋史·哲宗紀》。輓詞見《蘇軾詩集》卷三十六，云「至矣吾三后，功高漢已還。復推元祐冠，蓋得永昭全」。三后謂真宗劉氏、仁宗曹氏及高氏，永昭謂仁宗。經筵論高氏盛德，見輓詞自注。其文佚。《蘇軾文集》卷五十二《與王定國》第三十六簡叙高氏之逝，「中外哀慕，想同此悲痛，某蒙被知遇，尤增殞滅」。

蘇轍有輓詞。

輓詞乃《欒城後集》卷一《大行太皇太后輓詞二首》，云「大行」，知作於高氏卒時。

上疏，軾論暖孝俗禮不可從。朝廷從之。

《濟南先生師友談記》：「東坡爲禮部尚書，宣仁上仙，乃與禮官與太常諸官直宿禁中，關決諸禮儀事。至七日，忽有旨下光禄，供羊酒若干，欲爲太后、太妃、皇后暖孝。東坡上疏，以暖孝之禮出於俚俗，王后之舉當化天下，不敢奉詔。有旨遂罷。」疏佚。

畢仲游（公叔）代范純仁爲《太皇太后哀册文》，蘇軾贊其文。

《永樂大典》卷二萬二百五引陳恬撰《西臺畢仲游墓誌銘》：「范丞相之作《太皇太后哀册文》，公實代焉。攝太尉蘇公子由跪讀之，歸以告其兄内相曰：『不意公叔文章一至於此。』内相曰：『豈惟品藻，抑又實録矣。』」時仲游已自太原歸。

《哀册文》見《西臺集》卷十七《宣仁聖烈太皇太后哀策文》，云：「維大宋元祐八年，歲次壬申，九月三日癸酉，大行太皇太后崩于壽康殿，旋殯于崇政殿之西階。越明年正月，遷祔坐于永厚陵。禮也。叢殿帟空，祖庭燎晻。雲似却而復凝，月雖輝而加慘。孝孫嗣皇帝臣某，臨遣奠以興哀，瞻振容而永慕。鳳吟管以何悲，龍挾輴而若駐。羽衛罷闕，神儀布路。爰制近司，紀陳聖度。其詞曰：皇矣大宋，寶命自天。重明累聖，跨成軼宣。正后其中，契于坤乾。較任比姒，亦逾于前。有系自姜，源深積厚。功熙我朝，方虎是偶。奄韓宅魯，益昌厥後。月瑞日符，是興太母。於鑠太母，躬義率仁。居静猶地，含和如春。正素自稟，聰明夙聞。作合英祖，齊昇並曜。受養神考，陰功善教。體道不違，惟德是傚。元豐末命，帝命惟辟。聽斷勉同，以補天隙。擁佑神孫，立民之極。恭以勵人，儉惟化俗。衣有大練，奩無片玉。房闥不出，四海在目。信義由中，九夷思服。如鑑不塵，如璞不緇。三事大夫，正直是咨。宗蕃外戚，滲漉惠慈。人爵王官，雖卑不私。廟謁靡行，外朝靡踐。池禦靡臨，惟正是勉。服御靡更，惟惡是善。庸爾萬方，爲則爲典。左右皇躬，動有壇宇。居由範防，造次于是。爰兹治運，寔隆且昌。如天清明，霽日之光。化理方成，憂勞亦至。外若平居，中潛遘厲。坤軸軋以夜摧，月輪翩而曉墜。守大化之靡恒，尚斯民之爲意。嗚呼哀哉。珠箔低垂兮，雲霧猶隔。蕙帳髣髴兮，爐烟未消。想仙馭以何適，謝人寰而已遥。萬乘號慟，哀纏九霄。千官縞素，雨泣東朝。嗚呼哀哉。人與神兮變何速，秋復春兮時以徂。犧罇盈兮未忘于平昔，龍綍動兮難留于須臾。翼八翣以爲衛，陳六衣而汜塗。嗚呼哀哉。野蒼茫兮人漸遠，仗徘徊兮天欲晚。遡洛澗兮嗟備物之如在，逾鞏岸兮知神遊之不返。山川已兆于真宅，松柏猶凝于故苑。嗚呼哀哉。玉晦龍蟄，金藏鑑昏。泉闕掩夜，宫闈泣晨。車軌同兮雖來于萬國，寶座閉兮惟朝于百神。魚爲炬以非日，雁長飛而不春。嗚呼哀哉。成内則于三朝，貽素風于千祀。致理之勤兮今已往，大道之公兮古如此。宜大書而作册，俾永光于宋史。嗚呼哀哉。」

據「明年正月」云云，則仲游此文當作於紹聖元年。其時軾在定州。疑此文「越明年正月」之前有「將於」或「擬於」字。或雖不加，其意亦如是。

甲申（初九日），命呂大防爲山陵使。楊畏論大防。亦論蘇轍。

甲申云云，據《宋史·哲宗紀》。

《宋史》卷三百五十五《楊畏傳》謂宣仁后卒，大防欲用畏諫議大夫，范純仁不可，乃遷畏禮部侍郎；大防爲山陵使，「畏首背大防，稱述熙寧、元豐政事與王安石學術，哲宗信之，遂薦章惇、呂惠卿可大任」。

《楊畏傳》又云章惇入相，畏言：「畏前日度勢力之輕重，遂因呂大防、蘇轍以逐劉摯、梁燾，方欲逐呂、蘇，二人覺，罷畏言職。」

《楊畏傳》又云：「蔡京爲相，畏遣子姪見京，以元祐末論蘇轍不可大用等章自明。」畏論蘇轍，約在此時。

乙酉（初十日），詔轍撰《大行太皇太后謚册文》。

據《年表》。文見《欒城後集》卷十四；謚曰「宣仁聖烈太皇太后」。

戊子（十三日），《長編》復書蘇軾以端明殿學士兼翰林侍讀學士、禮部尚書知定州。

據《長編拾補》卷八。該書編者引《王譜》：「九月十四日《東府雨中作示子由》詩云：『去年秋雨時，我在廣陵歸。今年中山去，白首歸無期。』蓋定州之除，必在九月矣。」謂「據此，則九月十三日爲不誤」。考之宋代，州府除命下達後，官員動須月餘以至數月方能赴任，蘇軾本身經歷，已足證明。《拾補》編者所論，不足爲據。詳考《蘇軾文集》，仍應以六月壬申除知定之記載爲得其實。《文集》卷五十九《與楊濟甫》第八簡作於本年八月，謂「受命出帥定武，累辭不獲，須至勉强北行」。卷五十二《與王定國》第三十六簡謂「某本自月初赴任，今須俟殿攢畢，乃敢朝辭」。月初謂九月初。此其一。其二，《長編》卷四百八十四本年六月壬申（二十六日）注明言：「六月八日，軾乞越州。七月二十四日，軾又以新知定州乞改越州，詔不允。《政目》亦以六月二十六日書軾知定州。」據注，復書乃據《實録》，或以六月二十六日初除，尋不行，故九月十三日再書，而《實録》不能詳記所以也。《紀年録》謂本年八月除知定州。

軾别轍，十四日作詩。軾元祐間，嘗喜與轍次子适論政事。

詩見《蘇軾詩集》卷三十七。《紀年録》謂詩爲本日作。

《蘇适墓誌銘》：「伯父東坡公以爲其才類己，尤喜與之論政事。」參宣和四年紀事。

十五日，軾與范祖禹同上《聽政劄子》，論當今所宜先者，在循太皇太后之法度而謹守之。

劄子見《佚文彙編》卷一。《長編拾補》卷八本月癸卯紀事引《續宋編年資治通鑑》：「蘇軾先約祖禹上章論列，軾章已就，見祖禹章，曰：公之文，經世之文，軾於朝廷文字，失於過當，不若公之言皆可行也。竊願附名於『臣』下，加一『等』字。」録此備參。按：劉時舉《續宋編年資治通鑑》無此則。

參本年十月戊申紀事。

二十六日，朝辭赴定州，軾上論事狀。

狀見《蘇軾文集》卷三十六（一〇一八頁）。

《施譜》：「先生將赴定，不得面辭，直批書令起發赴任。先生上疏言：『聖人有爲，必先處晦觀明，處静觀動，默觀庶事之利害，與羣臣之邪正，以三年爲期，切恐好利之臣，輒勸陛下輕有改變。』時朝廷議論已變，公不以身退而廢忠言。」「聖人」云云，在狀中。

《宋史》本傳：「時國是將變，軾不得入辭。既行，上書言（略）。」

陳師道寄送軾詩，復以早休相勸。

《後山集》卷六《寄送定州蘇尚書》：「初聞簡策侍前旒，又見衣冠送作州。北府時清惟可飲，西山氣爽更宜秋。功名不朽聊通袖，海道無違具一舟。枉讀平生三萬卷，貂蟬當復自兜鍪。」

《韻語陽秋》卷十一叙師道嘗勸蘇軾早休，及軾知定州，時事變矣，又爲詩勸之，「功名」二句云云。以下云：「坡未能用其語，而已有南遷絶海之禍矣。所謂『海道無違具一舟』者，蓋用坡所作《八聲甘州》『約他年東還海道，願謝公雅志莫相違』之意以動公，而不知二句皆成讖也」。

出都前，軾嘗過雍丘訪米芾（元章），芾亦來。此前芾嘗應約來，飲酒作字甚歡。

《蘇軾文集》卷五十八與㪍第十五簡：「過治下得款奉，辱主禮之厚，愧幸兼極。出都紛冗，不即裁謝。」第十六簡：「辱臨訪，欲往謝，又蒙惠詩，欲和答，竟無頃刻暇，愧負可量。」以下言今出城，不煩㪍送行。《避暑録話》卷下云米㪍：「元祐末知雍丘縣，蘇子瞻自揚州召還，乃具飯邀之。既至，則對設長案，各以精筆佳墨紙三百列其上，而置饌其旁。子瞻見之，大笑就坐，每酒一行，即申紙共作字，以二小史磨墨，幾不能供。薄暮，酒行既終，紙亦盡，乃更相易攜去，俱自以爲平日書莫及也。」據此則記事，知軾此略前亦嘗應邀至雍丘，附此。

辟王寔（仲弓）爲屬，寔不行。

《研北雜志》卷上：「王寔仲弓，許昌人，文恪公陶之子。未冠，從司馬温公學，温公不以膏粱蓄之，教以名節，授《禮》、《易》二經，仲弓亦超然不以仕宦進取爲意。韓少師持國歸以女，仲弓又爲授。詩祖陶、謝、韋、杜，故其文典雅温麗，華暢而不靡，詩静而深，婉而麗，有一唱三嘆之音，未嘗急於人知，人亦不皆知仲弓也。惟范蜀公以耆老退居，忘年接之。梁右丞燾首薦於朝，爲藉田令。秩滿，蘇尚書軾鎮中山，辟爲屬，不行。」又一則云：「王仲弓寔人物高勝，雖貴公子，超然不犯世故，居官數自免，博學多聞，尤長於醫。」寔，南渡後，死於鄂之咸寧。《范太史集》卷五十五《手記》有寔。

陶字樂道，《宋史》卷三百二十九有傳。傳稱陶爲京兆萬年人，據《研北雜志》，萬年當爲其祖籍；陶卒於元豐三年，年六十一。《欒城集》卷十二《王度支陶輓詞二首》其二有「京塵昔傾蓋」、「艱難孝弟兄」之句，知交往已久。

與陶約同時，有王萃者亦字樂道，汝陰人。萃乃《默記》撰者銍之父，《揮麈録》撰者王明清之祖父。見拙撰《陸游交游録》第九條《王銍》。與陶非一人。拙撰在《文史》第二十一輯。

王寔崇寧初，知信陽，辭官歸。民國《許昌縣志》卷十二有傳。

《宋詩拾遺》卷二十二有寔《古意》詩，云：「少年紅顔女，敷芬對芳樹。盈盈淡艷粧，清歌雜妙舞。凝睇倚高樓，桐絲試一譜。世間知音稀，誰識姱節素。清貞守幽閨，不作凡子婦。容華委西山，良人來何暮。空牀思悠悠，明月正當户。」格調高雅，或有自寓之意。

軾辟孫敏行（子發）入幕。

《蘇軾文集》卷五十六《與孫子發》第一簡云專人來辱書，蒙許就辟，慰浣深矣。敏行（子發）時不在京師。《佚文彙編》卷六《定州禱雨嶽廟題名》有孫敏行，知子發乃敏行字。

《蘇軾文集》卷六十與轍第六簡：「某爲迫行事冗，不及作孫子發書，乞爲致意。近者奏辟，吏部胥子初妄執言，本官係合入遠人，礙辟舉條，及反覆詰之，乃始伏云。若今年九月二十七日本官成資後别無遺闕，即不該入遠，可以奏辟。某尋有公文申部，乞會問本州，即見得成資已前有無遺闕。凡争數日，乃肯據狀會問，請與孫子發言，略説與本州官員，言早與果决分明，回一成資無遺闕文字來，免爲猾胥妄生枝節。或更孫宣德與一願就本州官員及所填替非有服親一狀，尤佳。（下略）」

軾以小史高俅屬王詵（晉卿）。

《揮麈録·後録》卷七：「高俅者，本東坡先生小史，筆札頗工。東坡自翰苑出帥中山，留以予曾文肅，文肅以史令已多，辭之，東坡以屬王晉卿。」以下叙元符末，詵爲樞密都承旨，徽宗時爲端王，與詵善，因送物與端王，以俅善蹴鞠，爲端王所留，端王即位，俅深受優寵，靖康間，俅死於牖下。

蘇軾與王詵交往文字記載止於此。兹略叙詵以後經歷於下：詵自紹聖起，與端王已有交往。見《鐵圍山叢談》卷一。元符初，詵求爲樞密都承旨，不得。見《長編》卷四百九十七元符元年四月丙申紀事。《長編》卷五百一十六元符二年閏九月乙亥紀事謂詵以得罪罰銅三十斤。詵爲樞密都承旨，當爲元符三年徽宗即位後事，《揮麈録》謂徽宗時爲端王，叙事不周密。卒謚榮安，見《宋會要輯稿》第四十册《禮》五八之九一。

傳轍嘗薦士於軾。

《揮麈録·餘録》卷二：「東坡先生出帥定武，黄門以書薦士往謁之。東坡一見，云：『某記得一小話子，昔有人發冢極費力，方透其穴，一人裸坐其中，語盜曰：「公豈不聞此山號首陽，我乃伯夷，焉有物耶！」盜慊然而去，又往它山，鑁治方半，忽見前日裸衣男子，從後撫其背曰：「勿開，勿開，此乃舍弟墓也。」』」

《墨莊漫録》卷五：「蘇子由在政府，子瞻爲翰苑。有一故人，與子由兄弟有舊者來干子由求差遣，久而未遂。一日，來見子瞻，且云：『某有望内翰以一言爲助。』公徐曰：『舊聞有人貧甚，無以爲生，乃謀伐冢，遂破一墓，見一人裸而坐，曰：「爾不聞漢世楊王孫乎？裸葬以矯世，無物以濟汝也。」復鑿一冢，用力彌艱。既入，見一王者，曰：「我漢文帝也。遺制：壙中無納金玉，器皆陶瓦，何以濟汝？」復見有二冢相連，乃穿其在左者，久之方透，見一人，曰：「我伯夷也。」羸瘠面有饑色，餓于首陽之下，「無以應汝之求。」其人歎曰：「用力之勤無所獲，不若更穿西冢，或冀有得也。」羸瘠者謂曰：「勸汝別謀於他可（按：疑爲「所」之誤），汝視我形骸如此，舍弟叔齊豈能爲人也。」』故人大笑而去。」附此。用《稗海》本校。

唐庚（子西）來謁軾。

《春渚紀聞》卷六《觀書用意》：「唐子西云：先生赴定武時，過京師，館於城外一園子中。余時年十八，謁之。問近觀甚書，予對以方讀《晉書》。猝問其中有甚亭子名，予茫然失對。始悟前輩觀書，用意如此。」

《四庫提要辨證》卷二十三《唐子西集》：「《宋史》庚本傳云：『卒年五十一。』宣和四年呂榮義序云：『先生死不一年，果有槖其文以來京師者。』陸心源《三續疑年録》據此以庚爲生於熙寧四年辛亥，卒於宣和三年辛丑是也。」以下云：以此推之，蘇軾帥定武，庚年當二十三。「而云年十八者，蓋行父追録之時，記憶不真，蘧亦失於不考也。然其言既出於行父與蘧，則庚之及見東坡，固無可疑。」行父，强至孫。有《唐子西文録》，叙及庚見蘇軾。吕榮義序，作於宣和四年，見叢刊本唐集。

赴定前，醫工嘗以售藥之理質蘇軾。

《蘇軾文集》卷五十九《答虔倅俞括》：「去歲在都下，見一醫工，頗藝而窮，慨然謂僕曰：『人所以服藥，端爲病耳，若欲以適口，則莫如芻豢，何以藥爲？今孫氏、劉氏皆以藥顯，孫氏期於治病，不擇甘苦，而劉氏專務適口，病者宜安所去取，而劉氏富倍孫氏，此何理也？』」醫工不滿於劉氏。蘇軾舉此例，旨在論爲文當治世之病。此簡作於紹聖元年。

迨之婦歐陽氏卒，有祭文，軾作《裝背羅漢薦歐陽婦疏》、《觀音贊》。

《蘇軾文集》卷六十三《祭迨婦歐陽氏文》，云「殯汝於京城之西惠濟之僧舍」，其卒在赴定州前。

《濟南先生師友談記》：「東坡先生居閶闔門外白家巷中。一夕，次子迨之婦歐陽氏，産後因病爲祟所憑，曰：『吾姓王氏，名静奴，滯魄在此居久矣。』公曰：『吾非畏鬼人也，且京師善符劍遺厲者甚多，决能逐汝，汝以愚而死，死亦妄爲祟。』爲言佛氏破妄解脱之理喻之曰：『汝善去，明日昏時當用佛氏功德之法與汝。』婦輒合爪曰：『感尚書去也。』婦良愈。明日昏時，爲自書《功德疏》一通，仍爲置酒肉香火遣送之。」此疏不見。稱蘇軾爲尚書，此所叙乃元祐七年末至今年赴定前事。今次此。

贊見《文集》卷二十一，其引云：「興國浴室院法真大師慧汶，傳寶禪月大師貫休所畫十六大阿羅漢，左朝散郎、集賢校理歐陽棐爲其女爲軾子婦者捨所服用裝新之。軾亦家藏慶州小孟畫觀世音，捨爲中尊，各作贊一首，爲亡者追福滅罪。」棐之贊不見。《晚香堂蘇帖》有此贊，末云「東坡居士蘇軾稽首贊之」。另行書「道潛拜觀」。疏見《文集》卷六十二。疏云：「今有禮部員外郎歐陽學士，爲其亡女十四娘，捨所服用，重別裝新；禮部尚書蘇端明，親製頌文，更加題讚。」《長編》卷四百七十七元祐七年九月戊子紀事及禮部員外郎歐陽棐，則此歐陽學士即棐。

軾與聖用弟簡，勉其姪十郎官事勿苟簡。

《蘇軾文集》卷六十《與聖用弟》第二簡謂十郎：「初官，但事事遵稟小二叔教誨。官事勿苟簡，公勤静恕，勿急求舉主，曹事辦集，上官必不汝遺。」第一簡稱聖用爲小二秀才弟，則第二簡所云小二叔即聖用。以下言及劉漕行父，乃求行父爲舉主，云及「到定州款曲作書」與行父，則此簡作於赴定前。

堂兄不危（子安）卒，軾有簡慰其子四九、五九。

簡乃《蘇軾文集》卷六十《與子安兄》第七簡。

簡云：「每聞鄉人言，四九、五九兩姪，爲學勤謹，事舉業尤有功，審如此，吾兄不亡矣。」似此簡乃爲慰四九、五九兩姪而作，而四九、五九乃不危之子，時不危新喪。然以下又云：「吾兄清貧，遭此，固不易處。」似以上所云之「吾兄」之「兄」乃「嫂」之誤，以此簡云及王郎迨、六郎過乍失母。知此簡作於本年。時在定州，不危之卒，當即在本年。

簡云：「惟深念負荷之重，益自修飭，乃是顔、閔之孝，賢於毁頓遠矣。」蘇軾持孝之道在是，入情入理。

劉安世（器之）是歲舉王發賢良。蘇軾稱發之文。

《盡言集》卷末王絢《盡言集跋》叙元祐三年復制科，其父發期以是舉進，久之，作書謁劉安世，安世「一見稱獎，乃録所撰策論，繼見則深愛之，遂應詔舉焉」。以下叙明年改元紹聖。又云其父「天性嗜學，於書無所不讀，問之亦無不知」，大觀戊子卒。

《范太史集》卷五十五《手記》有王發，謂「劉器之舉賢良，子瞻稱其文」。

《毗陵集》卷十三《資政殿大學士左光禄大夫王公（絢）墓誌銘》：考發，宣德郎，贈太師，學行著稱。以下云:「元祐中,應賢良方正直言極諫科。有《進策》十卷行於世。嘗上書論時政,坐黨錮幾二十年。」《宋史·藝文志》著録發《元祐進本制舉策論》十卷,早佚。《北山小集》卷二十三有《(王絢)故父任宣教郎贈太子少師發贈太子太保》制,稱發「育德寬裕,褆身肅恭,遹承詩禮之規,無愧循良之吏」。《蘇軾文集》卷六十《與王賢良》,乃與發者。簡首稱「近辱臨訪,連日紛冗,不及款奉」,約爲本年事。

孫樸(元忠)爲其父固親書《華嚴經》,蘇軾爲書其後。

文見《蘇軾文集》卷六十九(二二〇八頁)。《欒城後集》卷二十一《書孫樸學士手寫華嚴經後》作於本年十二月八日,提及軾文,軾文作於赴定前。樸與軾直接文字聯繫止此。樸以後入黨籍,居潁,卒於鄭里。見《西臺集》卷六《歐陽叔弼傳》、卷十一《與歐陽學士》。

潘丙(彦明)來簡,軾答簡念及東坡。

簡乃《蘇軾文集》卷五十三與丙第十簡,云「别來不覺九年」。

見文同(與可)遺墨於吕陶(元鈞)之家,軾作贊。

贊見《蘇軾文集》卷二十一(六一三頁),謂同「殁十四年」。

軾與蒲宗孟(傳正)簡,以儉、慈爲勸。或爲本年赴定前事。

簡見《佚文彙編》卷四(二五〇四頁)。宗孟講奉養,性侈汰。《濟南先生師友談記》引蘇過語叙之甚詳。《宋史》卷三百二十八《宗孟傳》亦叙之。軾此簡箴其失。此前,《蘇軾文集》卷六十與宗孟簡云「千乘姪屢言大舅全不作活計」,末云「且看公亡甥面,少留意也」。千乘乃宗孟甥,元祐三年末歸蜀。此簡亦箴宗孟侈汰。《宋史》宗孟傳謂晚年帥永興、大名,求河中,卒。《長編》卷四百七十一、四百七十七:元祐七年三月辛亥,宗孟知永興,九月壬午知大名。過之語及宗孟守永興時事。其卒約在紹聖、元符間。

元祐在朝時,黄庭堅、張耒、晁補之、秦觀俱游蘇軾門,稱四學士。

《石門文字禪》卷二十七《跋三學士帖》:「秦少游、張文潛、晁無咎,元祐間俱在館中,與黄魯直居(按:原文如此)四學士。而東坡方爲翰林,一時文物之盛,自漢、唐已來未有也。」

《毘陵集》卷十《答晁公爲顯謨書》:「自東坡先生主斯文之盟,則聞先公與黄魯直、張文潛、秦少游輩升堂入室,分路揚鑣,蔚乎其揚袂,炳乎其相輝,每文一出,人快先覩。」先公謂晁補之。

《宋史》卷四百四十四《黄庭堅傳》:「與張耒、晁補之、秦觀俱游蘇軾門,天下稱爲四學士。」

元祐在朝時,劉跂(斯立)嘗知管城縣,蘇軾往訪之,得《杜員外詩集》。

《蘇軾文集》卷六十七《記子美逸詩》:「《聞惠子過東溪》詩云:(略)此一篇,予與劉斯立得之於管城人家葉子册中,題云《杜員外詩集》,名甫字東美。」跂嘗知管城縣,見《四庫全書總目提要》卷一百五十五《學易集》條引晁説之《嵩山文集》跋墓銘。蓋爲元祐時事。跋，摯子，《宋史》卷三百四十二附父傳。有《學易集》八卷，乃《永樂大典》輯本。《揮麈録·後録》謂跋乃王登之壻。管城屬京西北路鄭州，乃鄭州之治，距東京一百四十里。按：庫本《嵩山文集》無此文，四部叢刊本亦無。

元祐在朝時，張耒嘗來簡論史，又嘗與耒論詩。

《柯山集》卷四十六《與大蘇二簡》第一簡：「昨日款舉教誨，開益多矣。但所論司馬遷《十二諸侯年表》，并周與吳實十四國，周不在數，固無足疑，并吳爲十三而不數吳者。竊詳考之。吳比諸國見於表最晚，魯成公六年，當吳壽夢元年，始見於表，然吳已有國十餘世矣。遷不自共和叙年與諸國一概者，考《吳世家》，去齊卒，壽夢立。自去齊以上，皆不著即位年數，略叙傳世而已。是遷自去齊以上，但得其世，而不得其即位之年，無從爲譜，自壽夢以後，《世家》每世輒載其即位年數，年既可考，故自壽夢，《表》乃見之，與十二國自共和至春秋，終不得一例。既謂之《年表》，而吳之年脱略不倫，但如附見，故止謂之十二國。其序曰：『譜十二諸侯，自共和迄孔子。』吳既不全，意不成爲譜耳。而遷於是諸國，初無抑揚也。不然，吳、楚之僭，何有輕重，遷遽進楚而退吳，何也？考其本末，理似應爾。不審定是與否，更俟來教。」據「更俟」，知此前軾有簡與耒，其簡佚。

同上第二簡：「昨日奉教賜，下情感慰。《唐六臣傳》，略得聞教誨，但意所未諭者，非以爲史者不得少有抑揚。夫無抑揚褒貶，何用爲史，顧所以抑揚之當有道耳。彼六人者，爲唐大臣，挈國而輸之賊，北面而事之，爲史者曰：『汝唐臣也，無臣梁之理。』汝雖苟免，吾從而正其罪，而其人之罪，無所逃此，其意何有不可。但其書謂之《五代史記》，而其中有一卷，忽謂之唐，唐非五代也，標卷爲唐，於史之名似不順爾。雖不云爾，尚可以貶辱也。班固書有後漢事，范曄書亦有前漢事，未以謂若因及之，雖上越數代，猶爲無害，但立名標卷，似不應爾。若魯《春秋》中忽有一篇爲後漢，則事似難行，不審以爲如何。此亦少不至者，不當反復致論，姑欲受教耳。」《唐六臣傳》，見《新五代史》卷三十五。軾與未「教賜」，未見。

《明道雜志》：「子瞻説：讀（韓）吏部古詩，凡七言者，則覺上六字爲韻設，五言則上四字爲韻設，如『君不强起時難更』、『持一念萬漏』之類是也。不若老杜語韻，渾然天成，無牽强之迹。則退之於詩，誠未臻其極也。（下略）」

同上：「蘇長公有詩云：『身行萬里半天下，僧卧一菴初白頭。』黄九云『初日頭』，問其義，但云『若此僧負暄於初日耳』。余不然，黄甚不平，曰：『豈有用「白」對「天」乎？』余異日問蘇公，公曰：『若是黄九要改作「日頭」，也不奈他何！』」

《道山清話》：「張文潛嘗云：子瞻每笑『天邊趙盾益可畏，水底右軍方熟眠』，謂湯燖了王羲之也。文潛戲謂子瞻：公詩有『獨看紅蕖傾白墮』，不知『白墮』何物？子瞻曰：劉白墮善釀酒，見《洛陽伽藍記》。文潛曰：白墮既是一人，莫難爲傾否？子瞻曰：魏武《短歌行》云，何以解憂，惟有杜康。杜康亦是釀酒人名也。文潛曰：畢竟用得不當。子瞻又笑曰：公且先過共曹家那漢理會，却來此間厮磨。蓋文潛時有僕曹某者，在家作過亦失去酒器之類，送天府推治，其人未招承，方文移取會也。滿座大噱。」自「文潛戲謂子瞻」以下，亦見《拊掌録》，此一部分文字，用宛委山堂本《説郛》卷三十四校過。

《侯鯖録》卷三：「張文潛作《七夕歌》，爲東坡所稱。」《七夕歌》在《張右史文集》卷五，起句爲「人間一葉梧桐飄」。

元祐在朝時，嘗與張耒（文潛）、晁補之（無咎）評詞；嘗與秦觀調謔，嘗評觀之書，盛贊觀之詩、文、書。

《苕溪漁隱叢話·前集》卷四十二引《王直方詩話》：「東坡嘗以所作小詞示無咎、文潛曰：『何如少游？』二人皆對云：『少游詩似小詞，先生小詞似詩。』（下略）」

《侯鯖録》卷二：「少游嘗作《遊仙詞》，坡稱之云。」其詩乃《淮海集》卷十一《四絶》，題下注：「此贈道流，蓋有四時意，録者失其序耳。」

《邵氏聞見後録》卷三十：「秦少游在東坡坐中，或調其多髯者。少游曰：『君子多乎哉！』東坡笑曰：『小人樊須也。』」

《濟南先生師友談記》：「東坡言少游文章爲美玉無瑕，又琢磨之功，殆未有出其右者。」稱之爲天下奇作。《蘇門六君子文粹》卷首《宛丘集雜記》引葉夢得序謂張耒與秦觀同學文於翰林蘇子瞻，子瞻「以爲秦得吾工，張得吾易，而世謂工可致而易不可致」，以耒爲難云。謂爲元祐間事。

《蘇軾文集》卷六十九《跋秦少游書》贊觀書技道兩進。《晚香堂蘇帖》：「少游近日草書，便有東晉風味，乃知此人不可使閑。子瞻。」即在《跋秦少游書》一文中，此在前；文集之跋乃據此而增益。

元祐在朝時，軾嘗評王祈詩。

《詩話總龜》前集卷三十九引《王直方詩話》：「高愈主簿云：東坡云：『世間事勿笑爲易，惟讀王祈大夫詩，不笑爲難。』祈嘗謂東坡云：『有《竹》詩兩句，最爲得意。』因誦曰：『葉垂千口劍，幹聳萬條鎗。』坡云：『好則極好，則是十條竹竿，一箇葉兒也。』」「因誦」二字原缺，據《苕溪漁隱叢話》前集卷五十五引《王直方詩話》補。王祈、高愈，待考。

元祐在朝時，軾嘗與惟湜（清隱）簡。

《蘇軾文集》卷六十一《與清隱老師》第二簡叙熙寧在朝時與惟湜晤於浄因事，以下云：「何時得脱纓絆，一聞笑語，思渴！思渴！」

元祐在朝時，軾嘗應李彭（商老）之請，爲彭父秉彝（德叟）寫墓蓋。

《佚文彙編》卷二《與李商老》叙其事。

《後村先生大全文集》卷九十五《江西詩派·李商老》：「公擇尚書家子弟也。東坡、山谷、文潜諸公皆與往還，頗博覽强記，然詩體拘狹，少變化。」據《東萊吕紫薇詩話》，彭乃常（公擇）從孫。《直齋書録解題》卷二十著録彭《日涉園集》十卷，原本已佚，今傳本乃《永樂大典》輯本。

元祐在朝時，軾嘗爲李廌、李祉論寢寐。

《濟南先生師友談記》：「東坡謂廌與李祉言曰：某平生於寢寐時，自得三昧。吾初睡時，且於床上安置四體，無一不穩處，有一未穩，須再安排令穩。既穩，或有些小倦痛處，略按摩訖，便瞑目，聽息既匀直，宜用嚴整其天君。四體雖復有苛癢，亦不可少有蠕動，務在定心勝之。如此食頃，則四肢百骸，無不和通。睡思既至，雖寐不昏。吾每日須於五更初起，櫛髮數百，頮面畫，服裳衣畢，須於一净榻上再用此法假寐。數刻之味，其美無涯，通夕之味，殆非可比。平明，吏徒既集，一呼即興，冠帶上馬，率以爲常。二君試用吾法，自當識其趣，慎無以語人也。天下之理，能戒然後能慧，蓋慧性圓通，必從戒謹中入，未有天君不嚴而能圓通覺悟者也。二君試識之。」

李祉，清臣之子。入黨籍。《元祐黨人傳》卷六有傳。嘗爲承議郎，京西路轉運副使。見《雞肋集》卷二十六《李清臣行狀》。

元祐在朝時，軾嘗以歐陽修文章宗主之勉自勉，並勉李廌（方叔）等爲異日文章盟主。軾嘗與廌論俗語。嘗與廌簡，論人才決不徒出。

《濟南先生師友談記》：「東坡嘗言，文章之任，亦在名世之士相與主盟，則其道不墜。方今太平之盛，文士輩出，要使一時之文有所宗主。昔歐陽文忠常以是任付與某，故不敢不勉。異時文章盟主，貴在諸君，亦如文忠之付授也。」《皇朝仕學規範》卷三十三《作文》引《方叔文集》：「東坡教人讀《戰國策》，學說利害；讀賈誼、晁錯、趙充國章疏，學論事；讀《莊子》，學論理性。又須熟讀《論語》、《孟子》、《檀弓》，要志趣正當；讀韓、柳文，令記得數百篇，要知作文體面。」不見今本《濟南集》。《愛日齋叢鈔》卷五：「東坡作文字中，有一條以彭祖八百歲，其父哭之，以九百者尚在。李方叔問東坡曰：『俗語以憨癡駘騃爲九百，豈可筆之文字間乎！』坡曰：『子未知所據耳。張平子《西京賦》云：乃有秘書小説九百。蓋稗官小説，凡九百四十三篇，皆巫醫厭祝及里巷之所傳言，集爲是書。西漢虞初，洛陽人，以其書事漢武帝，出入騎從，衣黄衣，號黄衣使者，其説亦號九百，吾言豈無據也？』方叔後讀《文選》，見其事具《文選注》，始嘆曰：『坡翁於世間書，何往不精通耶？』」參《佚文彙編》卷七附録《艾子雜説·哭彭祖》。

《蘇軾文集》卷五十三答廌第十六簡謂「比年於稠人中驟得張、秦、黄、晁及方叔、履常輩」，比來邈不可得，知人才決不徒出，不有益於今，必有覺於後。

元祐在朝時，王子韶（聖美）嘗專人致簡，軾答之。

《蘇軾文集》卷五十九答子韶簡云「昨日庭中望見，甚慰久渴」，乃元祐在朝事；又云「人還書謝草草」。子韶，太原人。《宋史》卷三百二十九有傳。

在朝時，軾嘗爲戒壇院、法雲寺畫枯木。

《石門文字禪》卷四《戒壇院東坡枯木張嘉夫妙墨童子告以僧不在不可見作此示汪履道》首云：「戒壇壁間枯木枝，東坡戲作無聲詩。雪川謫仙亦豪放，酒闌爲吐烟雲詞。（下略）」張嘉夫當爲張嘉父名大亨者。

同上《法雲同王敦素看東坡枯木》：「此翁胸次足江山，萬象難逃筆端妙。君看壁間耐凍枝，烟雨楂芽出談笑。想當却立盤礴時，醉魂但覺千巖曉。（下略）」

戒壇在京師，見《蘇軾文集》卷七十三《目忌點濯説》、卷二十一《戒壇院文與可畫墨竹贊》。在朝，包括治平在朝、熙寧在朝、元祐在朝。

趙令畤從軾游，或爲元祐間赴定前事。

《平園續稿》卷三十《和州防禦使贈少師趙公伯驌神道碑》謂伯驌乃令畯之孫，紹興間，伯驌以米黻奉詔所書曾祖崇國世恬誌銘真迹進，高宗喜曰：「令畯及從蘇軾、黄庭堅，故子姪皆業儒，朕在宫邸知之。」據此，真迹當爲令畯所藏。《神道碑》謂令畯乃太祖五世孫，封嘉國公。令畯，一作令畯，字景升。師李公麟，善畫馬。官通州防禦使，贈威德軍節度使。《嵩山文集》卷十七有《威德軍節度使嘉國公詩集序》，《圖繪寶鑑·補遺》有傳。序作於建炎二年三月。

軾跋劉濤草書，爲本歲赴定以前若干年事。

弘治《八閩通志》卷六十七《泉州府·人物》：「劉濤，字普公，昌言之曾孫。工詩及草書。蘇軾嘗跋其書，謂其奇逸多才，中有所得，不能自已，因以適情爲樂。晚年讀書靈泉院，自號靈泉山人。」昌言字禹謨，泉州南安人。咸平二年卒，年五十八。嘗感趙普之遇，身後經理其家。《宋史》卷二百六十七有傳。軾跋已佚。

同治《泉州府志》卷五十《劉濤傳》謂濤爲南安人，並云：「徽廟召入禁中，值天大雪，令草書雪詩，濤書唐鄭谷詩『亂飄僧舍茶烟溼』四句。上見其首書『亂』字，不懌，因問：『卿字孰師？』對曰：『臣無師。』不稱旨而退。晚年困躓。」以下叙讀書靈泉院。

傳元祐在朝時，軾嘗與侍兒及朝雲戲謔。

《梁溪漫志》卷四《侍兒對東坡語》：「東坡一日退朝，食罷，捫腹徐行，顧謂侍兒曰：『汝輩且道是中有何物？』一婢遽曰：『都是文章。』坡不以爲然。又一人曰：『滿腹都是識見。』坡亦未以爲當。至朝雲，乃曰：『學士一肚皮不入時宜。』坡捧腹大笑。」

傳元祐間宴客，軾嘗與優者笑樂。

《誠齋詩話》：「東坡嘗宴客，俳優者作伎萬方，坡終不笑。一優突出，用棒痛打作伎者，曰：『内翰不笑，汝猶稱良優乎？』對曰：『非不笑也，不笑所以深笑之也。』坡遂大笑。蓋優人用東坡《王者不治夷狄論》云『非不治也，不治乃所以深治之也』。見子由五世孫奉新縣尉懋説。」

《軒渠録》（見涵芬樓本《説郛》卷七，吕居仁撰）：「東坡有歌舞妓數人，每留賓客飲酒，必云：『有數箇搽粉虞候，欲出來祗應也。』」

《北窗炙輠録》卷下：「東坡待過客，非其人則盛列妓女，奏絲竹之聲，聒兩耳，至有終宴不交一談者。其人往返，更謂待己之厚也。至有佳客至，則屏去妓樂，杯酒之間，惟終日笑談耳。」

後二事與第一事有相類處，兹附此。

三蘇年譜卷四十八

元祐八年(下)

十月戊申(初四日),范祖禹上疏言防離間,轍附名同進。

據《續資治通鑒》卷八十三元祐八年本日紀事。文中云:「翰林學士范祖禹慮小人乘間爲害。上疏曰……必有有改先帝之政,逐先帝之臣爲太皇太后過者,此離間之言,不可不察也。」紀事云:「蘇轍方具疏進諫,及見祖禹奏,曰:『經世之文也。』遂附名同進而毁己草。疏入不報。」

《長編拾補》卷八謂本年九月癸卯(十五日)軾附名同進,參該月紀事。

赴定州時,軾留簡别朱長文(伯原)。

《樂圃餘稿》附編《都講書寄叔父弟姪》:「元祐初,諸公論薦,特起於鄉校,後召居太學。端明蘇公知定州,貽簡留别云:『縉紳諸公喜公疾平歸國,以爲儒林光。但恨出處不同,止獲一見而已。』」據附編《國史文苑傳》,長文爲太學博士。都講乃長文之子發。《北山小集》卷八本年所作《送朱伯原博士赴大學》:「朱公將赴成均時,炎炎六月雲峯奇。閶門鼓聲催畫鷁,陂塘菡萏方華滋。朝雲回首暮雲合，汗青嵬磊扃巖扉。先生顧此重惜去，片帆未肯乘風飛。」閶門在蘇州，長文乃蘇州人。朝廷召赴太學，長文原不欲往。以下作者以「醇儒」「生盛世，終老巖穴將何爲」爲言。長文從其言，於是「挽舟便出楓橋口」，赴京師。知長文到京師不久。長文，元符元年二月卒，年七十。見《樂圃餘稿》附朱長文墓誌銘。

與道潛（參寥）簡，軾叙來日赴定。

《蘇軾文集》卷六十一與道潛第八簡乃此簡。簡云「南北當又睽隔」。

吴安詩（傳正）以張遇墨爲軾餽。

《蘇軾文集》六十六《書松醪賦》後：「將赴中山，傳正贈予張遇易水供堂墨一丸而别。」

錢勰（穆父）、米黻（元章）贈軾詩并致簡。

《蘇軾文集》卷五十一與勰第二十八簡叙勰贈詩并致簡，參以下「途中和錢勰所投贈行詩」條；卷五十八與黻第十九簡叙黻贈詩并致簡，參以下「途中致米黼簡」條。

陳師錫（伯修）、常安民（希古）、歐陽棐（叔弼）、張耒（文潛）、李廌（方叔）、王寔（仲弓）及諸館職餞送軾於惠濟。

《濟南先生師友談記》：「東坡帥定武，諸館職餞於惠濟。坡舉白浮歐陽叔弼陳伯修二校理、常希古少尹，曰：『三君但飲此酒，酒釂當言所罰。』三君飲竟。東坡曰：『三君爲主司而失李方叔，兹可罰也。』三君者無以爲言，慚謝而已。張文潛舍人在坐，輒舉白浮東坡先生，曰：『先生亦當飲此。』東坡曰：『何也？』文潛曰：『先生昔知舉而遺之，與三君之罰均也。』舉坐大笑。」《永樂大典》卷一萬二千四十四引《北窗叢録》轉引李廌《老歎》自跋，亦叙此事，文略同。「三君爲主司」云云，或指本年開封秋試。《詩話總龜》前集卷十一引《王直方詩話》：「元祐八年，東坡帥定武，李方叔、王仲弓别於惠濟，出示《南岳典寶》東華李真人像，又出此二詩，曰：此李真人作也。近有人於江上遇之，得此，云即李太白也。」二詩首句分别爲「人生燭上花」、「朝披雲夢澤」，已見《蘇軾文集》第二〇七九頁。參本年七月十日紀事。

《蘇軾文集》卷五十一《與錢穆父》第二十八簡：「人客如織。」叙送行者之多。

至陳橋，軾與范祖禹（夢得、純夫）簡。

簡乃《蘇軾文集》卷五十六與祖禹第五簡，云「乍寒」，知作於此時，云「已次陳橋，瞻望益遠」。

軾或過衛州。

《永樂大典》卷七千二百三十七引《元一統志》：七賢堂：堂在輝州之西南七十里山陽鎮重泉村。世謂之竹林七賢也。以下云：「或謂太守魯有開、白雲先生張俞、蜀公范鎮、老泉蘇洵、東坡蘇軾、潁濱蘇轍、山谷黄庭堅先後經行，取其詩章翰墨，刻置堂上，仍繪七賢像。右司陳損記。今廢。」

北宋時，輝州地屬衛州。見《讀史方輿紀要》卷四十九及道光《輝縣志》。衛州治汲縣，距東京一百三十五里，屬河北西路。

《河朔訪古新録》卷十三《輝縣》：城内西街文廟，有宋蘇東坡遊百泉詩（原注：正書，無年月，在啓聖祠大門東壁）。《河朔金石目》卷五《蘇東坡遊百泉詩》，云「未著録」。

道光《輝縣志》卷十四《碑碣》：「湧金亭碣，在百泉湧金亭，大書『蘇門山湧金亭』六字，後題眉山蘇軾，字可七八寸，端楷有法。」卷十九有題爲蘇軾所作之《嘯臺》詩，有「我來重遊覽」之句，非蘇軾作。據以上所述，蘇軾或於此時過衛州。

軾過相州，晤運使謝卿材（仲適），送王古（敏仲）使遼，有詩。

詩見《蘇軾詩集》卷三十七（一九九二頁）。卿材，臨淄人。知撫州臨川，修復陂防，溉頃畝甚多。熙寧初，王安石薦之。八年，爲河東提刑。元豐六年，自歷下移守馮翊。七年正月，知福州。元祐元年五月，除本路轉運使。八月，移陝西路。十月，改河北路。三年十月間，赴召陳治河之法。四年六月，再任。七月，兼任都水使者。八月，改河東路。五年五月，孫升論回河，謂在河北時誠實有守。六年正月，改京東路。七年八月，爲江淮荆浙等路轉運副使。八年二月，知相州。後入黨籍。

《范太史集》卷五十五《手記》有卿材。《輿地紀勝》卷一百二十八有殘句。《蘇軾文集》卷三十八有福建轉運使制。參《王臨川集》卷四十一、《淳熙三山志》卷二十二、《金石萃編》卷一百三十八及《長編》卷三百九十、四百十五、四百二十九至三十一、四百四十二、四百五十四、四百七十六、四百八十一。

古乃鞏侄，《宋史》卷三百二十有傳。《長編》卷四百八十四：元祐八年五月，古以秘書少監兼國子祭酒，六月，爲起居郎。《清江三孔集·宗伯集》有《次韻和王敏仲望祝融峯》詩。相州治安陽，距東京三百五十里，屬河北西路。

過真定，晤劉安世。

詳本年十一月二十四日紀事。

楊梅山、王錦韜《蘇軾過欒城考》：「宋代從汴京（開封）至幽州（今北京）官馬大道所經州縣依次爲：河南省的封丘、滑州（今河南滑縣）、……湯陰、相州（今安陽市）、河北省的臨漳、磁縣、成安、邯鄲、永年、沙河、邢州（今邢台市）、内丘、臨城、柏鄉（宋代爲臨城的鎮）、趙州（今趙縣）、欒城、真定府（今正定縣）、新樂、定州、莫州（今任丘市）、雄州（今雄縣）、白溝、涿州、幽州。」

據此，蘇軾實經其祖籍欒城。

途中軾和錢勰（穆父）所投贈行詩，致米黻（元章）簡。

《蘇軾文集》卷五十一與勰第二十八簡叙勰以詩贈行，云欲和「當俟前路」。卷三十七《和錢穆父送别並求頓遞酒》即和詩。《老學庵筆記》卷十：「都下九子母祠，作一巾紵美丈夫坐於西偏，俗以爲九子母之夫，故都下謂穆父爲九子母夫。東坡贈詩云：『九子羨君門户壯。』蓋戲之也。」「九子」句即在《和錢穆父送别》中。《獨醒雜志》卷五謂蘇軾多雅謔，嘗與勰同舍，以下云：「穆父眉目秀雅而時有九子，東坡曰：『穆父可謂之九子母丈人。』同舍皆大笑。」附此。《文集》卷五十八與緻第十九簡叙緻致簡並贈詩，以下云：「途中賓客紛紛，裁答未能詳謹，千萬恕察。」

蘇軾與錢勰文字交往記載止於此。勰紹聖四年十一月卒，年六十四。見《梁溪先生全集》卷一百六十七勰墓銘。

姚安世（丹元子）示蘇軾李白之真，軾題詩。

詩見《蘇軾詩集》卷三十七（一九九四頁）。

詩云：「謫仙非謫乃其游，麾斥八極隘九州。」「區區塵世，不足範圍李白，斯語得之。又云：「手污吾足乃敢瞋。」高力士爲李白脱靴，白以爲污，高力士何等樣人，而李乃如此，何等高潔。正以高力士污足，白乃敢瞋，瞋乃污之回報，以其失禮耳。仙人亦人，入情入理。王文誥謂此句爲品題李白之第一名句，信然。

《蘇軾詩集》次此詩於《和錢穆父送别并求頓遞酒》詩後，今從。

二十三日，軾到定州任，進謝上表。上謝執政啓。

表見《蘇軾文集》卷二十四（七〇四頁）。

《總案》：「此表獨不載到任日。《紀年録》載二十三日到任，而謁爲十二月，今據後祭韓文改正。」《總案》定爲十月到任，是。

謝啓見《文集》卷四十六（一三三三頁）。

知定州全稱爲：「端明殿學士兼翰林侍讀學士、左朝奉郎、定州路安撫使兼馬步軍都總管、知定州軍州及管内勸農事、輕車都尉、賜紫金魚袋。」見《文集》卷六十二《北嶽祈雨祝文》。

《宋史·地理志》：「定州路安撫使，統定、保、深、祁、廣信、安肅、順安、永寧八州。」

定州治安喜縣，距東京一千一百二十里。

前任爲趙偁。

《周益國文忠公集·平園續稿》卷十《跋趙弁雪圖》：祖吏部諱偁，元祐末以河北轉運使權中山府，「得蘇文忠公爲代」。

偁，滑州韋城人。元祐中，嘗以河北轉運副使論黄河北流貯堤事，名敢直言，蘇軾兄弟曾手書慰勉。卒官朝請大夫、尚書吏部郎中，贈正奉大夫。見《浮溪集》卷二十七《承議郎通判潤州累贈朝議大夫趙君墓誌銘》。手書不見。

孫知損爲河北路轉運使。

《蘇軾文集》卷四十九《與孫知損運使書》云及弓箭社「虜所畏憚，公必舊知之」，又云已條上弓箭社事，「願公痛爲（朝廷）一言」，知知損爲河北路轉運使。

參本年以下「軾與運使孫知損書」條。

曾孝廣（仲錫）、滕希靖（興公）爲定州通判。

二人爲通判，見《姑溪居士文集》卷三十八《跋戚氏》。《蘇軾詩集》卷三十七及孝廣詩多首，其中有《送曾仲錫通判如京師》。孝廣乃公亮從子，《宋史》卷三百一十二有傳。《參寥子詩集》卷七有詩及之。希靖父宗諒，參本書慶曆四年紀事。《宋會要輯稿》第九十九册《職官》六七之一一謂紹聖二年九月三日，希靖以齊州通判衝替。

《參寥子詩集》卷七《同曾仲錫通判游天竺諸山》：「煌煌世胄餘，夫子非碌碌。由腹有詩書，所以能拔俗。得官本河朔，瓜期未云促。扁舟下東南，逸興追鴻鵠。遇勝即徜徉，風餐兼露宿。嗟余偶傾蓋，一笑外羈束。杖策每過從，相攜訪山谷。春風披鮮榮，繡錯出林麓。松門有時盡，幽興無斷續。崖轉聞鐘聲，林疏見華屋。銜山餘落景，歸路猶躑躅。誰云鄴下歡，往事不可復。吾曹二三子，所樂亦云足。願公紀新詩，一一能見録。船頭行北歸，囊篋有美玉。

塵埃京洛人，示與洗心目。」可參。

劉壽爲安撫使管勾，馬君爲教授。蘇軾嘗薦壽文章典麗可備著述科。

《蘇軾詩集》卷三十七有《次韻劉壽撫勾蜜漬茘支》。《蘇軾文集》卷六十八《書石芝詩後》云「中山教授馬君」。蘇軾薦壽，據《嘉泰吴興志》卷十七《劉壽傳》。其薦當在壽元祐三年登第後至此以前事。

漕使、諸郡皆賀，軾有謝啓。

《蘇軾文集》卷四十六《謝本路監司啓》，《七集·續集》作《答漕使啓》，今從；《謝監司禮啓》，《七集·後集》作《謝諸郡啓》，今從。前者有「遂分疆埸之憂」，後者有「燕南趙北，昔爲百戰之埸」語，知作於此時。

軾有到狀。

《蘇軾文集》卷四十七《定州到狀》：「得請近藩，假途治境。即諧披奉，預切忻愉。」味文意，乃與自京師至定沿途守官，不知何以題作「定州到狀」，今姑依題次於此。

趙鼎臣（承之）上軾賀啓。

《竹隱畸士集》卷十《上蘇内翰端明啓》：「某啓。伏以震雷奮地，蠖在屈以咸伸；明月麗天，蟲處宵而必見。物因時動，人豈願違。苟上比之得宜，孰退藏而自悔。是以三千周士，慕赤舄以鳧趨；五尺鄒童，瞻象環而蟻附。況乃時逢旦暮，迹倚門牆，一瓢之樂易甘，依歸是幸；百世之師難遇，親炙爲榮。竊陳款款之愚，仰丐循循之誘。願賜觀而隱几，辱與進以趣隅。卑疵而前，隕越於下。恭惟判府安撫端明侍讀，秉靈江漢，藴氣風雲。傳孟子之大醇，亞仲尼之將聖。鴻文參乎造化，高誼薄於穹旻。鳳凰景星，世人爭覩；泰山北斗，學者具瞻。蓋董相有王佐之材，而賈傅通國體之論。契半千之昌運，飛第一之英聲。諸公時愧於登先，當宁深嗟於見晚。蘭薰雪白，更險阻以備嘗；玉振金聲，歷燥寒而不變。天昭乃聖，朝右斯文。首延魁壘之儒，密掌凝嚴之任。階飜紅藥，鳳游西掖之池；花對紫薇，蓮引北門之燭。視昭回而潤色，代深厚以敷言。帝制坦明，約六經之旨趣；商盤詰屈，同三代之文章。俄建屏以班條，旋賜環而掌禮。邦沿大典，朝講上儀。脱簡缺書，宗祝醉心而靡對；奥篇隱帙，博士卷舌而未言。卒斟酌於蕭規，盡發揮於孔思。元元本本而殫見，擢文士於筆端；隱隱硡硡而愈盈，挫田巴於稷下。經素優於聖域，名益重於朝廷。可謂社稷之臣，弗愧班聯之望。坐黄堂而決事，兵衛靡譁；開鈴閣以宴賓，詠觴不廢。四鄙想其風采，八州安於教條。僅於彌年之中，盡飭庶蠹之弊。會膺渙號，更命坤維。燕南方積於去思，劍外已歌於來暮。矧受恩之良厚，宜結戀以尤深。顧如鯫生，實荷隆禮。伏念某仕本爲禄，才非過人，置散投閑，既幸寬於罪戾；奉令承教，獨過被於知憐。嘗叨慰薦之榮，重辱借留之誤。念箕斗之無實，何以致之；雖父兄之見慈，不過如此。竊妄懷於感慨，深有意於激昂。藏之寸心，焕若皦日。惟巴蜀之都會，乃西南之奥區。特安治平，士樂閒燕。吏衣肯變於齊俗，獵較諒同於魯人。願遵遊豫之宜，益順節宣之適。上綏倚注，俯慰瞻依，區區之誠，眷眷於是。」

趙鼎臣（承之）上問候啓。

《竹隱畸士集》卷十《問候蘇内翰啓》：「某啓。某伏念，掃舍人之門，素馳心志；斂參軍之扳，獲造庭禂。曾微左右之容，輒叨熒煌之坐。飾鄒陽之固陋，雖罄私誠；霽魏相之威嚴，蓋踰始望。恩加一眄，榮重千鈞。矧叨禮貌之隆，竊等門闌之役。賜韋公之雲朵，圭竇生輝，頒文舉之酒樽，龜腸徑醉。屬迫循陔之養，亟成遵陸之行。代馬增依，居遠北方之傃；井蛙自失，夢回東海之游。悵挾日以旋驅，邈如秋而結戀。恭惟雅俗坐鎮，方民大和，澹乎自持，綽然有裕。伏以某官熙朝間氣，冠古真儒，所謂千載之逢，奮於百世之上。躬蹇蹇以匪故，民巖巖而具瞻。續《春秋》以著書，權衡王道；傍《離騷》而掞藻，衣被詞人。顯膺謀帥之求，出總殿邦之寄。軍中改觀，閫外生風。竚勤宣室之思，行速鋒車之召。師榮三錫，奉穆穆之綸言；階焕六符，據潭潭之槐府。信諧輿議，實允壯猶。某方走魏臺，浸暌燕館。撫萍蹤而地僻，望棠舍以天遥。冬律易遒，塞垣滋凛。伏乞上爲宗社，倍調寢興。」

鼎臣，韋城人。元祐甲科，紹聖宏詞。自號葦溪翁。官右文殿修撰。《直齋書録解題》著録《竹隱畸士集》四十卷，不傳，今傳者乃《永樂大典》輯本。《全宋詞》第七〇二頁鼎臣小傳謂生於熙寧三年。《斜川集》卷一《送趙承之官滿還朝》中云：「君方汗血駒，早就凌雲賦。千里不難到，乃願伯樂顧。懷謁來中山，自許相如慕。荆州一得見，意已輕萬户。我時望膺門，通家愧文舉。」伯樂謂父軾。

二十五日，軾謁孔子廟，作祝文，盛贊孔子。

文乃《蘇軾文集》卷六十二《告文宣王祝文》，有「回狂瀾於既倒，支大厦於將傾」語，蓋慨乎言之，非應景之作。同上尚有《再謁文宣王廟祝文》、《謁諸廟祝文》。

軾作《告顔子文》。

民國《定縣志》録此文，云：「志不行於時而能驅世以歸仁，澤不加於民而能顯道於終身。德無窮通，古難其人。唯公能之，遁世離倫。富貴不義，視之如雲。飲止一瓢，不憂其貧。受教孔子，門人益親。血食萬世，配享惟神。敢不昭薦，公平有聞。」文見《蘇軾文集》卷六十二。

王安中（履道）從軾學。

《平園續稿》卷十三《初寮先生前後集序》云蘇軾守定州，「尚書左丞王公，世家是邦，博學工文詞。年十六，即貢京師。後二年，坡至，奇之，公亦自謂得師也。明年，坡南遷，不能卒業」。

安中乃元符庚辰進士。《直齋書録解題》卷十八著録《初寮集》四十卷、《後集》十卷、《内外制》

二十四卷，佚。今傳本《初寮集》八卷，乃《永樂大典》輯本。《省齋文稿》卷十七《跋初寮先生帖》亦叙安中從學於蘇軾，「筆墨精妙，宜有傳授」。

李之儀（端叔）應辟離京師赴定。

《柯山集》卷四十《送李端叔赴定州序》：「某爲兒童，從先人于山陽學官，始見端叔爲諸生，某雖未有知，意已相親。後幾二十年，端叔罷官四明，道楚，某又獲見。其時已孤，端叔弔我，悲懷如骨肉。後凡再遇于京師，今其再也。然端叔每別數年一見，其議論益奇，名譽益高。今朝廷士大夫相與稱説天下士，屈指不一二，必曰吾端叔也。元祐八年，蘇先生守定武，士願從行者半朝廷，然皆不敢有請于先生，而蘇先生一日言于朝，請以端叔佐幕府。蘇先生之位，未能進退天下士，故用子如此，然其意可知也。某，蘇先生門人之下列也，其親慕端叔不足怪。庚午，某卧病城南，門無犬雞，晝卧愔愔。端叔嘗夜過我，以燭視我面目，見病有間，喜動詞色，訪覓醫藥，以至無恙。我之道藝無取，名譽不振，端叔獨拳拳于此，何也？然端叔與予外家通譜，于我舅行也。豈其出乎此？非耶？八年十月過我，告以將北，求予言爲贈行。予在交遊中，已號爲多言，其敢有愛于子。爲今中國患者，西北二虜也，狙伺我久矣。西小而輕，故爲變易；北大而重，故爲變遲。小者疥癬，大者癰疽也。自北方罷兵，中國直信而不問，君臣不以掛于口而慮于心者數十年矣。吾知其故，誠知驕虜之不能輕棄吾之重幣也。有司如故事，歲時發幣，車馬出門，而北顧無事矣。凡爲是説者，謂非虜情則不可，然人度量相遠，未可以什百計也。世固有得一金而喜者，何必金帛數十萬？亦有得國于人而不厭者，數十萬金帛未足賴也。往趙元昊未反時，中國不爲備禦，猶今日之信北也。一旦不遜，中國震動，視其治軍立國，驕逆悍驁，豈特河隴間一羌酋也。吾安能復以羈縻其父祖者制畜之哉？且雄傑之才未嘗絶于世，不在中國，必在夷狄。高皇帝以氣吞中原之雄，而冒頓張于匈奴，高帝終無以困之。魏滅蜀，晉滅吴，大敵已盡而苻、石驁於中國。祖宗芟夷僭亂，天下聽順，無復偃蹇。而久之元昊叛於羌，自是以來又數十年矣。某聞今北邊要郡，有城隍不修，器械苦惡，屯戍單寡，然跬步强敵而人不懼者，誠信之也。梟鴟不鳴，要非祥也，豺狼不噬，要非仁也。見其不鳴，謂之孔鸞，見其不噬，待以犬馬，吁，亦過矣。定武，虜衝也，其容有悔乎！某頃在洛陽，與劉幾者語邊事。幾，老將也，謂某曰：『比見詔書，禁邊吏夜飲。此曹一旦有急，將使輸其肝腦，而平日禁其爲樂，爲今役者，不亦難乎？』夫椎牛釃酒，豐犒而休養之，非欲以醉飽爲德，所以增士氣也。某聞定武異時從軍，吏士豐樂豪盛，而今燕豆疏惡，終日受享，腹猶枵然，官吏貧寠，有愁苦無聊之心。且朝廷既委所當費而不愛矣，將軍將重兵，臨方面，天子屬以何事，而與持籌小吏日夜計口腹之贏，此何爲者也？真能遂不費一錢，纔得幾何哉！子從辟以佐帥軍事，與有責矣，挾端叔之學問詞章而從蘇先生，如決大川而放之海，是則予無以贊子矣。」

《淮海集》卷四《送李端叔從辟中山》：「人畏朔風聲，我聞獨寬懷。豈不知凛冽，爲自中山來。端叔天下士，淹留蹇無成。去從中山辟，良亦慰平生。與君英妙時，俠氣上參天。孰云行半百，身世各茫然。當時兒戲念，今日已灰死。著書如結鼇，聊以忘憂耳。騤騤歲遒盡，淮海歸無期。功名良獨難，雖成定奚爲。念君遠行役，中夜憂反側。攬衣起成章，贈以當馬策。」

《雞肋集》卷十三有《送李端叔從定州先生辟》詩。詩云：「中山老帥嚴廊姿，不用猶作諸侯師。毛錐變化有風雨，餘事亦足驚羣兒。龍門争鶩貨趨肆，求貨安知於此市。百年用舍我何有，一語重輕人取是。李君懷璞世又嗤，世人不寶公收之。乃知士固伸所知，黄金鑄作鍾子期。不如晏子共一時，時平關鍵一臂持。於何用此賓主爲，鞭長未可施馬腹。要以高名讋殊俗，應戴接䍠攜葛彊。笑談過市人隘坊。勿憶平山如峴首，它日我名同不朽。有年公昔但吟詩，無事君今姑飲酒。只憂我似蠹書蟲，無復驤首鳴鹽車。一麾倘許從方伯，要著韎韋親丈席。登臨相與看劉公，長嘯犬羊空漠北。」亦有從蘇軾往定之意。

《清江三孔集》卷九孔武仲《送李端叔定州機宜》（原注：十二月十七日）：「才高只合住蓬瀛，步武優游地望清。何事塵埃久京國，却衝雨雪向邊城。軍書落筆千毫禿，談席揮犀四座傾。早晚封章來薦鶚，一鳴從此使人驚。」此所云「十二月」疑有文字訛誤。

與孫敏行(子發)簡,望早到定州。

簡乃《蘇軾文集》卷五十六《與孫子發》第二簡。

簡云:「貴眷各計安勝。公宇已令粗葺,什物粗陋,然亦粗足。更有幹,示喻。途中幸不滯留,早到慰勤遲,幸也。」知敏行攜眷來。簡作於到定州之初。

孫敏行(子發)來簡,蘇軾答之。

軾簡乃《蘇軾文集》卷五十六《與孫子發》第三簡。

簡首云:「人還,辱教。」知敏行專人至定州,並致簡蘇軾。時敏行似在來定途中。簡云「貴眷各康寧」,可證。

簡云:「某到郡甚健。」知來定已略有時日。又云:「忝鄉且親,平時不爲不知公,因此行,觀公舉措,方恨前此知公未盡,勉進此道,爲朋友光寵。」盛贊敏行行事,惜不得其詳。

軾得雪浪石。滕希靖賦詩,軾次韻。弟轍、李之儀、道潛、秦觀、張耒、晁補之皆有和。

《墨莊漫録》卷八叙蘇軾知定,得黑石白脈,如孫知微所畫石間奔流,盡水之變;又作白石大盆以盛之,激水其上,名其室曰雪浪齋。

《姑溪居士文集》卷三《次韻東坡所和滕希靖雪浪石詩》:「風波未路方奔屯,屹然不動誰如尊。豈知胸中皦十日,顧眄不接無重昏。東觀海市俯弱水,南登赤壁臨江村。斯文未喪天豈遠，出没狐鼠徙千門。綸巾羽扇晚自得，已聞漠北幾亡魂。由來妙趣入造化，地靈特出雲濤根。生平到處若再歷，隱隱似有屐齒痕。玻璃鏡裏萬象發，金粟堂中千偈論。會須白玉漱寒水，更借落月傾金盤。咄嗟菱溪成底物，混沌空夸竅鑿存。」

同上書卷四同上題：「平生所願識荆州，别乘還容接勝流。異日奔騰驚海面，新詩清絶似槎頭。常嗟盛事千年隔，誰謂餘光一旦收。但覺詩源得三昧，目中無復有全牛。」

蘇軾詩見《蘇軾詩集》卷三十七（一九九七頁）。希靖詩佚。轍詩乃《欒城後集》卷一《和子瞻雪浪齋》。

《柯山集》卷十二《和定州端明雪浪齋》：「中山士馬如雲屯，號令惟覽將軍尊。熊旂犀甲羅左右，金鉦鳴鼓喧朝昏。少年畎畝老爲將，誰能復記躬耕村。東坡先生事業異，道歧不得安修門。眼前富貴念不起，惟有山林勞夢魂。榛中奇石安至此，坐蒙湔洗見本根。奔流驟浪勢萬里，至畫乃掃筆墨痕。黄牛三峽固細事，赤壁長江何足論。誰令萬古蛟蜃怪，幺麽入此玻璃盆。扁舟獨往則不可，平生致君言具存。」言蘇軾出守定州乃以道歧，言雪浪石得之榛莽之中，并言其異，言以玻璃盆貯此雪浪石。

《雞肋集》卷十三《次韵蘇門下寄題雪浪石》：「居庸滅烽惟留屯，時平更覺將軍尊。鈴齋看雪擁衲坐，急鼓又報邊城昏。百壺高宴梨栗圃，千里未盡桑麻村。天憐公老無以樂，一星飛墮從天門。得無遺履穀城化，恐是吃草金華魂。不然荆棘霜露底，兀然奇怪來無根。女媧擣鍊所遺棄，奔潨尚有河漢痕。豈其謀國坐不用，聊以永日寧復論。跳梁不憂牧並塞，綏納可使魚游盆。公歸廊廟誰得挽，此石萬古當長存。」門下謂轍也。

《淮海集·後集》卷二《雪浪石》：「漢庭卿士如雲屯，結綬彈冠朝至尊。登高履危足在外，神色不變惟伯昏。金華掉頭不肯住，乞身欲老江南村。天恩許兼兩學士，將兵百萬守北門。居士强名曰天元，痞痳山水勞心魂。高齋引泉注奇石，迅若飛浪來雲根。朔南修好八十載，兵法雖妙何足論。夜闌番漢人馬静，想見雉堞低金盆。報罷五更人吏散，坐調一氣白元存。」

《參寥子詩集》卷八《次韵蘇端明定武雪浪齋》：「孔明氣宇白玉温，忠義勇决踰王尊。葛巾羽扇傳號令，塞垣徹警無塵昏。良辰往往挾將佐，射雕走馬循烟村。歸來飲酒坐堂上，客從如雲填戟門。一朝郡圃得奇石，雪浪觸眼驚神魂。旁求蒼珉琢巨斛，偃然卧土知無根。三牛曳歸置階圯，錯磨不許留纖痕。興來作詩寄臺閣，雄詞妙筆争考論。將軍今謫窮海外，會見曦娥窺覆盆。殷勤寄語朔方客，佳致勿毁宜長存。」

餘參紹聖元年四月辛酉紀事。

蘇軾賦《沉香石》詩。

詩見《蘇軾詩集》卷三十七（一九九七頁）。亦次滕希靖韵。滕詩佚。

《姑溪居士前集》卷四《次韵東坡沉香石詩》：「海南枯朽插天長，歲久峯巒帶蘚蒼。變化那知斲山骨，儀刑空只在人腸。幾因皦日疑鎸蠟，試沃清泉覺弄香。切莫輕珉亡什襲，須防偷眼誤摧剛。」

軾賦《石芝》。本年在京師時，客有自登州至者，以石芝一籃見遺，適教授馬君賦石芝詩，乃同賦一篇，並跋其後。

詩見《蘇軾詩集》卷三十七（二〇〇一頁）。《蘇軾文集》卷六十八有《書石芝詩後》。

《欒城後集》卷一《次韻石芝》：「元祐八年，予與子瞻皆在京師。客有至自登州者，言海上諸島，石向日者多生耳，海人謂之石芝。……客以一籃遺子瞻。」次韻乃次軾韻，「合注」已引。

武臣某上軾啓。

《太倉稊米集》卷四十九《記中山武臣啓語》：「蘇内相開幕府在中山，有武臣狀極樸陋，以啓事來獻。内相得之，甚喜，曰：『奇文也。』客退，公問李姑谿：『何者最爲佳句？』曰：『「獨開一府，收徐、庾於幕中；並用五材，走孫、吴於堂下。」此佳句也。』公曰：『非君，誰識之者？』姑谿因笑謂公曰：『視此郎眉宇間，決無是語，得無假諸人乎？』公曰：『使其果然，固亦具眼矣。』即治具召之，與語盡歡，一府皆驚。紹興己未三月二十有七日，獨坐静寄，偶追憶姑谿語，乃録之。」《梁溪漫志》卷四《武臣獻東坡啓》，亦載此事，不録。姑谿，李之儀也。

十月末，轍議替換内中舊人。

《龍川略志》卷九《議除張茂則换内侍舊人》：元祐八年十月末，上遣張茂則傳宣曰：「非久替换内中舊人，却於轉出大使臣内抽取數人，令寄資充内中差遣。」轍曰：「上左右須得是當人乃可。况上初聽政，中外觀望，舉動不可不慎。又太皇太后在日，至公無私，人情未免憎愛，所用人尤宜慎擇，留後伏事祖宗歲久，今此用人，宜助上選擇。」茂則唯唯而去。

十一月初一日，蘇軾祭故定州守韓琦（忠獻）。

祭文見《蘇軾文集》卷六十三（一九五四頁）。

琦，慶曆末知定。見《長編》卷一百六十四慶曆八年四月辛卯紀事。

二日至十二日，轍接連再議替换内中舊人。

《龍川略志》卷九《議除張茂則换内侍舊人》：「十一月二日，崇政殿門幕次，密院出劉瑗以下十人姓名，並换入内供奉官，倉卒不審，但將有過犯馮景等二人，見持服劉瑗、李愨二人不行外，抽取六人。既退講議，乃知祖宗無抽取寄資例。至初四日，見上論之。轍奏曰：『陛下方親政，中外賢士大夫未曾進用，而推恩先於近習，外議深以爲非。臣等淺陋，前日失不開陳，今已無及。陛下今後慎之而已。』至十日，密院復出内批，以劉惟簡隨龍權入内押班，梁從政、吴靖方先帝隨龍，除從政内侍省都知，靖方帶御器械。十一日，垂拱殿幕次，商量本欲伸前議，以非初政所宜，方進呈，未及開陳，微仲卷起文字曰：『依已得聖旨。』衆愕然而退。十一日，中書舍人呂希純封還詞頭。十二日，中堂會議，微仲曰：『先取六人，祖宗無例。密院倉卒將上，失不理會。』予曰：『吾輩亦自失之，不可推過密院。』堯夫曰：『侍郎言是也。』微仲曰：『宰執論事，當據條例，六人無例，可以追改。惟簡等三人皆有近例，不可論也。』予曰：『追論六人而舍三人，似畏强凌弱，不如并論而罷之。』堯夫助微仲曰：『惟六人可論。』韓師朴繼至，亦言此三人有例，無可言者。劉仲馮曰：『只論三人可也。諸公若能協力，何事不濟？』予曰：『相公欲并論六人，亦無不可，使六人雖去，而三人不罷，呂舍人何緣肯止？縱改差，姚舍人耻不若人，亦須封還，則益張皇。愚謂不若并論，縱不盡從，徐更籌之。但吾儕一心上前，無一可一否之論，即善矣。』微仲曰：『來日見上，若未從，即奏俟再見詳議可也。』予稱善。」

九日，翰林醫官王宗古至定州，齎詔傳宣存問，賜守臣蘇軾等初冬衣襖，進謝上表。

表見《蘇軾文集》卷二十四（七〇六頁）。

十一日，設水陸道場，薦妻王閏之，軾作《釋迦文佛頌》。

文見《蘇軾文集》卷二十。

《佛祖統紀》卷四十六本年紀事：「知定州蘇軾繪水陸法像，作贊十六篇，世謂辭理俱妙（原

注：今人多稱眉山水陸者，由於此）。」按：《文集》卷二十二有《水陸法像贊》十六篇，乃爲駙馬都尉張敦禮作，《佛祖統紀》或誤此十六篇爲定州作，今姑録於此。

同日，軾乞增修弓箭社條約，上奏狀。不報。

狀見《蘇軾文集》卷三十六（一〇二四頁）。

狀論沿邊禁軍緩急終不可用。狀謂：今河朔西路被邊州軍，自澶淵講和以來，百姓自相團結爲弓箭社，虜甚畏之，即須專用，名臣韓琦、龐籍，皆加意拊循。狀謂龐籍舊奏約束，須稍加增損。狀乞應弓箭社人户，今後更不充保甲，仍免冬季勾集教閲。以弓箭社人户寢食起居，不釋弓馬，武藝無由生疏。如此，省時省費用，專心守禦，又免教集之月村堡空虚，以生戎心。狀乞應弓箭社人户，並免兩税折變科配，理合稍加優異。狀謂安撫司須逐時差官按視，内有武藝膽力出衆之人，即須與例物激賞，以便緩急驅使。

《軾墓誌銘》：「北戎久和，邊兵不試，臨事有不可用之憂，惟沿邊弓箭社兵與寇爲鄰，以戰射自衛，猶號精鋭。故相龐公守邊，因其故俗立隊伍，將校出入，賞罰緩急可使。歲久，法弛，復爲保甲所撓，漸不爲用。公奏爲免保甲及兩税折變科配，長吏以時訓勞。不報。議者惜之。」

戊子（十四日），三省樞密院同進呈中書舍人吕希純封還劉惟簡等除内侍省押班詞頭。蘇轍與其事。

據《年表》。《年表》云：「上曰：『禁中缺人，兼亦有近例。』吕大防奏曰：『雖有此，衆論頗有未安。』轍曰：『此事非謂無例，蓋爲親政之初，中外拭目，以觀聖德，首先擢用内臣，故衆心驚疑耳。然臣等昨來開陳不盡，不能仰回聖意，致使宣布於外，以至有司封駁，此皆臣等之罪。』劉奉世曰：『雖有近例，外人不可户曉，但以率先施行爲非耳。』大防曰：『致令人言，浼瀆聖聽，此實臣罪。今若不從其言，其餘舍人亦未必肯奉行。轉益滋章，於體不便。臣聞太祖一日退朝，有不悦之色。左右覺而問之，太祖曰：「適對臣僚指揮，事有失當，至今悔之也。」以此見人主不以無失爲明，以能悔而改之爲善耳。』上釋然，曰：『除命且留，俟祔廟取旨可也。』轍又奏：『竊聞仁宗聽政之初，即下手詔，凡内批轉官或與差遣，并未得施行，仰中書、樞密院審取處分。史臣記之，曰：「是時上方親閲庶政，中外聞之，人情大悦。」正與今日事相類耳矣。』大防等知上從善如流，莫不欣幸。」上段文字《龍川略志》卷九《議除張茂則换内侍舊人》記述更詳，可參見之。希純字子進，壽州人。徙居京師。《宋史》卷三百三十六有傳。

壬辰（十八日），蘇轍進呈《大行太皇太后謚册文》。

據《年表》。《年表》云：「轍言：『奉敕撰《大行太皇太后謚册文》，謹先進呈。』詔恭依。」

參見本年九月乙酉紀事。文見《欒城後集》卷十四。同卷又有轍所撰《進謚册文劄子》詳述其事。

二十四日，軾致知真定府劉安世（器之）啓。

《鬱孤臺法帖》卷六：「府事想益清簡，歲宴想有以爲樂，無緣奉陪，但有企仰，餘冀爲國自重，不宣。軾再拜器之安撫待制閣下。十一月廿四日。」按，此乃殘簡，「府事」一句前，當有「軾啓」云云若干文字。

《長編》卷四百八十四本年六月甲子紀事：「寶文閣待制、樞密都承旨劉安世知真定府。」

《長編拾補》卷十紹聖元年五月辛亥有「樞密直學士、簽書樞密院事劉奉世爲端明殿學士充真定府路安撫使兼知成德軍」之記載。

《長編紀事本末》云：紹聖元年五月乙酉，劉安世降；六月癸未，知南安軍。

據此，知《法帖》所云之器之爲劉安世。

《北宋經撫年表》卷二：「真定府路安撫使、馬步軍都總管、知鎮州成德軍真定府，領真定一府，磁、相、邢、趙、洺五州。」故蘇軾以安撫稱之。

蘇軾赴定州任，過真定府，實晤劉安世。「府事想益清簡」之「益」，透露此中消息。

《鬱孤臺法帖》卷六《知灼艾想已有驗帖》：「知灼艾想已有驗。疏藥雖去病爲快，而損氣可虞，幸戒之也。軾又白。」

此簡次《府事想益清簡帖》之後，當爲上簡之附簡。據「知灼艾」句，知其時安世偶患小疾，安世此簡有簡報蘇軾，軾遂便中及此。「疏藥」云云，安世與軾簡中亦及之。疏藥謂利藥、下藥。軾以爲不可輕用。

軾此二啓《蘇軾佚文彙編》、《蘇軾佚文彙編拾遺》未收。

壬寅（二十八日），蘇轍奏准敕差篆太皇太后謚寶文。

據《年表》。《年表》云：「太常寺狀，合依所請到謚以『宣仁聖烈皇后之寶』爲文。」

軾再上狀乞增修弓箭社條約。

狀見《蘇軾文集》卷三十六（一〇三三頁）。

狀謂北虜見今兵困於小國，盜賊充斥，虜自不能制，其餘波末流，必延及吾境；整葺弓箭社，名不張皇，其實可用。按：此小國乃後來之金。

《斜川集》卷五《送孫海若赴官河朔叙》：「中山府，昔吾先大夫之甘棠也。山川平易，控制北虜，獨無關防之阻。先君嘗論南北守盟，朝廷之德甚厚也，而邊臣翫習無事，武備少弛，則非所以稱吾君委寄之意。邊民有善騎射、耐辛苦、上下山谷、得虜之長技者，所在千百，自爲屯聚，以衛親戚墳墓，其來遠矣。儻能聞諸朝，少有以鎮撫勞來之，並塞精兵，坐獲數萬，不煩縣官一粒之費，凛然有長城千里之固，則虜不敢動矣。昔李抱真守澤、潞，教民爲射，官給弓矢，而蠲其徭賦，山東有警，昭義步兵冠天下，古人思患預防有如此者。先君不果成而去，願吾友志此言，訪諸邑人之耆老，而以告夫元帥有志於經遠者，此太平之長策也。」

軾與運使孫知損書，論弓箭社極得力，當優異勸奬之，願知損痛爲朝廷一言。

書見《蘇軾文集》卷四十九（一四一四頁），謂「已條上」弓箭社數事。

郭祥正《青山集》卷五《送廣東漕孫知損失官歸汶上》：「平生愛東州，土厚人不轚。見公惜已晚，達論聳予聽。五馳使者車，中道罹陷阱。開懷無怨尤，得失兩以正。歸程萬餘里，翛然一烟艇。鄉關今非遥，踴躍理三徑。進則伏忠義，退則樂温凊。高卧固無必，求才堯舜聖。亭亭南澗松，愈老節愈勁。柔柔水中蒲，涵春自巖浄。百年未闔棺，安之吾有命。」據此，知知損爲汶上人，五任轉運使或轉運判官之職。嘉靖《廣東通志》卷九：元祐六年九月，孫載爲廣南東路轉運判官；卷四十七謂載字積中，崑山人，知寧德縣，爲廣東常平，與知損貫、仕不合，非一人。待考。

又，郭祥正詩約作於元豐五年，時攝漳州。

本月，軾上奏狀乞降度牒修蓋禁軍營房，並奏整飭軍政，因事行法，初見治效。

狀見《蘇軾文集》卷三十六（一〇二一頁）。《軾墓誌銘》：「定久不治，軍政尤弛，武衛卒驕惰不教，軍校蠶食其廩賜，故不敢何問。公取其貪污甚者，配隸遠惡，然後繕修營房，禁止飲博。軍中衣食稍足，乃部勒以戰法，衆皆畏服。然諸校多不自安者，卒史復以贓訴其長，公曰：

『此事吾自治則可，汝若得告，軍中亂矣。』亦決配之，衆乃定。」據「繕修營房」云云，是乞降度牒得請也。《文集》謂此狀十月上，《軾墓誌銘》、《宋史》本傳先載軍營事，後載弓箭社事。《總案》引《文集》卷五十與劉奉世（仲馮）第六簡，謂以上並誤，因改載此狀於「十一月奏弓箭社之後」。與奉世簡云：「某近奏弓箭社事，必已降下。旦夕又當奏乞修軍營。」

李之儀（端叔）到定州，入幕，爲言近日京師時事。

《姑溪居士後集》卷十五《仇池翁南浮集序》：「元祐末，予從辟中山，實東坡先生幕府，後先生到官。先生謂予曰：『子近離京師，時事如何？』予曰：『必有所更張。』先生曰：『有所聞乎？』予曰：『無所聞，以意得之爾。』先生曰：『何以得之？』予曰：『是固不難得，蓋平日未有爲先生言者。』先生曰：『人有言我未嘗不聽，我豈拒人者哉！』予曰：『先生固不拒人，而人自難言爾。』又曰：『願爲我言之。』予曰：『斯言近述，而不免謂之有二心，挾二心以幸其術之必售，是可陳於先生長者之前耶？此人所以難言，而先生所以無從而有聞也。且垂簾共政，八年於此，主上未嘗可否一事，諸公奏行，將太母之令，太母權爲正，而正固在位也。其未嘗可否者，蓋退托而有所待也。方其政之在我也，豈無捨其舊而求同於我，或有所不納，既不得同，必退而爲異日之謀，今日乃其所謀之時。以八年之所待，則聖志固已定矣。一旦羣然而進，如所定者，十有八九，欲不信渠可得乎？』先生曰：『太母受先帝顧托，保佑聖躬，主上孝養不匱，承順盡道，共成先帝之志，以圖至治，故八年之間，朝廷清明，天下無事，但恐不與其事者，或有所不知爾，又況人各有心，其可得而同耶？』予曰：『先生父子兄弟，起自窮遠，文舉業論，流布四方，莫非據古而切於事，比立朝，遂將力行其所言，雖見險猶不止也。今日之事已可知，然而君子消息盈虛，與時偕行，盍居易以俟之？』先生曰：『子之言是也。』又曰：『自是與子相從之日益難。』（原注：以下缺一百一十字）」

《蘇軾文集》卷三十六《乞降度牒定州禁軍營房狀》已有「臣近令所辟幕官李之儀」云云，則之儀抵定，當在十一月間。

賦《行香子》（三入承明、清夜無塵）。

詞見《東坡樂府》卷下。

《東坡詞編年箋證》：仔細按詞意，當爲公自況自嘲自解之作。「三入承明」者，謂三次入朝也。公於元祐元年正月以起居舍人召還入侍延和殿，三月除中書舍人，八月遷翰林學士知制誥，至四年己巳以龍圖閣學士知杭州。元祐六年辛未二月二十八日以翰林學士承旨召還，五月底到任，復兼邇英殿侍讀，八月以龍圖閣學士出知潁州。元祐七年壬申八月以兵部尚書召還，兼邇英殿侍讀，十一月遷端明殿學士兼翰林侍讀學士守禮部尚書，至八年癸酉以兩學士充河北西路安撫使兼馬步軍都總管出知定州。翰林學士知制誥、翰林學士承旨、兵部尚書、禮部尚書等職，皆爲「九卿」之列，凡侍讀皆兼職，故曰：「四至九卿」。《蘇軾文集》卷二四《謝兼侍讀表二首》其一曰：「除臣守兵部尚書兼侍讀者。……七典名郡，再入翰林；兩除尚書，三忝侍讀。」可視作「三入承明，四至九卿」之注脚。「無汗馬事，不獻賦，不明經」，乃自嘲之詞，至如下闋，則自寬自解耳。準此，知此詞當爲出知定州後預感禍變將臨時所作，故暫編癸酉，以俟詳考。下闋與此詞意亦相連屬，疑似一時之作，因附編於此，不另考。孔按：「下闋」謂同調，起句爲「清夜無塵，月色如銀」。

軾賦《鶴歎》，作《劉醜廝詩》。

皆見《蘇軾詩集》卷三十七。前者末云「難進易退我不如」，蓋有自慨之意。《唐子西文録》：「東坡作《病鶴》詩，嘗寫『三尺長脛□瘦軀』，缺其一字，使任德翁輩下之，凡數字。東坡徐出其稿，蓋『閣』字也。此字既出，儼然如見病鶴矣。」《貴耳集》卷下亦云之。紹聖元年，蘇軾與任伯雨（德翁）同舟，此處所叙或爲彼時事。參該年有關紀事。《病鶴》即《鶴歎》。後者叙望都劉醜廝殺二暴客事，乃收醜廝爲小吏，使讀書、學弓矛，勉以忠孝。

軾與王鞏（定國）簡，求和《雪浪齋》，寄紫團參與鞏，有詩。

簡乃《蘇軾文集》卷五十二與鞏第三十八簡，詩見《蘇軾詩集》卷三十七（二〇〇八頁）。

蘇軾作詩，題毛女之真。

詩見《蘇軾詩集》卷三十七（二〇〇五頁）。據注文，毛女，秦始皇宫人，秦亡入華陰山（《列仙傳》）。詩云：「祇應閑過商顔老，獨自吹簫月下歸。」商顔老謂商山四皓，避秦入商山。與毛女爲同時代人，故並題。着一「閑」字，極妙。蓋以四皓以漢高祖劉邦嫚侮士人，故不願爲劉邦所用，匿山中不出。而毛女與四皓不同，不管此閑事，故自由出入山中。依據史實及傳説發奇論，蘇軾駕馭之力，令人驚嘆。

蘇轍題清汶老龍珠丹，軾次韵。轍嘗服金丹。

軾詩見《蘇軾詩集》卷三十七（二〇〇六頁）。轍詩佚。

詩云：「天公不解防癡龍，玉函寶方出龍宫。雷霆下索無處避，逃入先生衣袂中。」渲染龍珠丹神奇色彩。所云先生，乃清汶老耶？此四句，點龍。以下云：「先生不作金椎袖，玩世徜徉隱屠酒。夜光明月空自投，一鍛何勞緯蕭手。」點珠。先生（清汶老？）不受。以下云：「黄門寡好心易足，荆棘不生梨棗熟。玄珠白璧兩無求，無脛金丹來入腹。」於是先生以丹授弟轍，轍服之。轍服一金丹，乃生出如許妙文。末云：「區區分别笑樂天，那知空門不是仙。」分别云者，謂清汶老與弟轍，清汶老乃僧人，金丹非所事，其末句之謂。

蘇轍作品中，未嘗云及服金丹。其原韻當言之，豈以此而有所諱而删去此詩耶？

蘇轍書清汶老所傳《秦湘二女圖》，并作詩。軾次韵。

軾詩見《蘇軾詩集》卷三十七(二〇〇七頁)。
詩云:「先生室中無玉游,珮環何處鳴風甌。隨魔未必皆魔女,但與分燈遺歸去。胡爲寫真傳世人,更要維摩一轉語。」清汶老一僧人,爲何傳《秦湘二女圖》?能提出此問題之人,實非常人,蘇轍當未能提出。
詩末云:「丹元茅茨衹三間,太極老人時往還。檢點凡心早除拂,方平神鞭常使物。」丹元當爲姚安世。「檢點凡心」謂清汶老?不然,何以傳此圖?如此説不無可取,則蘇軾直以清汶老爲戲矣。蘇轍原韻久佚,豈以有所諱之故耶!

十二月八日,興龍節。蘇軾上功德疏。
疏乃《蘇軾文集》卷四十四《興龍節功德疏五首》其三,云及「封疆之守」,爲本年作。

同日,轍書孫朴(元忠)手寫《華嚴經》後。
文見《欒城後集》卷二十一。

二十五日,軾寄䥯合刷瓶與弟轍,有詩。
詩見《蘇軾詩集》卷三十七(二〇一〇頁)。作詩月日見注文。

己巳(二十六日),群臣詣慶壽宫,上大行太皇太后謚册。
據《年表》。

軾上《慰正旦表》、《謝賜曆日表》。

二表見《蘇軾文集》卷二十四(七〇四頁)。

歲末，與友人簡，論邊防事。

簡見《佚文彙編》卷四(二五〇八頁)，繼續强調弓箭社作用。

歲末，軾賦《戚氏》。

《姑溪居士文集》卷三十八《跋戚氏》:「中山控北虜，爲天下重鎮，異時選寄皆一時人物，然輕裘緩帶，折衝樽俎，韓忠獻、宋景文公而已。元祐末，東坡老人自禮部尚書，以端明殿學士，加翰林除侍讀學士，爲定州安撫使。開府延辟，多取其氣類。故之儀以門生從辟，而蜀人孫子發實相與俱。於是海陵滕興公、温陵曾仲錫爲定倅。五人者，每辨色會於公廳，領所事竟，按前所約之地窮日力盡歡而罷，或夜，則以曉角動爲期。方從容談笑間，多令官妓，隨意歌於坐側，各因其譜，即席賦詠。一日，歌者輒於老人之側作《戚氏》，意將索老人之才於倉卒，以驗天下之所向慕者。老人笑而頷之。邂逅方論《穆天子傳》，頗摘其虚誕，遂資以應之。隨筆隨寫，歌竟篇就，纔點定五六字爾。坐中隨聲擊節，終席不間他辭，亦不容别進一語。臨分曰：足以爲中山一時盛事。前固莫與比，而來者未必能繼也。方圖刻石以表之，而謫去，賓客皆分散。政和壬辰八月二十日夜，葛大川出此詞於寧國莊。姑溪居士李之儀書。」

《老學庵筆記》卷九謂蘇軾作此詞「最得意」。《梁溪漫志》卷九《戚氏詞》條謂詞非蘇軾作，不足爲據，不録。

在定州，軾戲爲《定州學生硯蓋隱語》。

文見《佚文彙編》卷五。《王譜》謂作於本年。

是年，軾嘗讀柳宗元《五就桀贊》，謂其終篇皆妄。

據《蘇軾文集》卷六十五《柳子厚論伊尹》：「不滿宗元『欲以此自解其從王叔文之罪』。

是年，揭伯徽應解試。伯徽嘗有詩上蘇軾。

乾隆《南昌府志》卷六十一：「揭伯徽，名樞，以字行，豐城人。元祐領（按：疑應作『應』）解試。嘗有百韻詩上蘇軾。又有絶句一百首，譏評時俗，咸有深意。歐陽修讀其詩，有詩云：『劍氣光芒射斗牛，劍池風物占清幽。天教間出英雄士，人獨推先翰墨流。幾爲詩魔生太瘦，常因清聖肆狂遊。高吟逸軸成何事，可惜昇平自白頭。』」歐陽修卒於熙寧五年，見本譜該年紀事。《歐陽文忠公集》亦未收此詩。詩非修作。

同上書卷三十八：「揭伯徽，元祐八年解試。」今繫此事於本年。

道光《豐城縣志》卷十六謂伯徽爲豐城之東坑人。

是歲，蔣彝授太廟齋郎。蘇軾嘗跋彝祖父堂所藏楊億（文公）與王旦（魏公）帖。

跋文見《佚文彙編》卷五（二二五四九頁）。

《北山小集》卷三十《朝散郎直秘閣贈徽猷閣待制蔣公墓誌銘》謂彝字子有，宜興人，謂彝弱冠以父長源遺表恩授太廟齋郎；彝宣和四年卒，年四十九。知授太廟齋郎爲本年事。軾跋約作於元祐期間，今以彝事繫此。

是歲，王巖叟（彦霖）卒。轍有輓詞。

《宋史》卷三百四十二《王巖叟傳》謂劉摯去位，御史指爲黨，罷爲端明殿學士、知鄭州。查《宋史·宰輔表》，知鄭州爲元祐七年五月丙午事。《宋史》又云：「明年，徙河陽，數月卒，年五十一，贈左正議大夫。」知卒於今年。

輓詞乃《欒城後集》卷一《故樞密簽書贈正議大夫王彦霖輓詞》。

是歲，與道人姚安世有交往，轍有詩及之。

《欒城後集》卷一《次韻姚道人》有「遠來醉俠忽忽返，近出詩仙句句奇」之句。

約自本歲起，人并稱蘇軾與黄庭堅爲「蘇黄」。

《嵩山文集》卷十八《跋魯直嘗新柑帖》：「元祐末有『蘇黄』之稱。漸不平之。或曰：蘇公自有芍藥之評，恐未必然也。靖康元年十一月二十二日，箕山晁説之題。」《蘇軾詩集》卷十六有《送筍芍藥與公擇》，或與芍藥之評有關。公擇乃李常字，庭堅舅父。

《邵氏聞見後録》卷二十一引庭堅語：「今江西君子曰『蘇黄』者，非魯直本意。」庭堅以爲己乃蘇軾門下弟子。《宋史》卷四百四十四庭堅傳：「庭堅於文章尤長於詩，蜀、江西君子以庭堅配軾，故稱『蘇黄』。」

元祐中，從孫彭娶丁騭之女，得子，蘇軾報以詩，騭有和；蘇嘉宰富陽，有善政，軾贊之。

《咸淳毗陵志》卷十七《丁騭傳》：「公有女適二蘇從子彭孫，得甥，東坡報以詩，騭賡云：『秀出眉山有慶門，風流長與蜀山存。翰林未老生曾嫡，想見纍纍百世孫。』」《傳》中「從子彭孫」乃「從孫彭」之誤。《軾墓誌銘》有「當可蔭補，復以奏伯父之曾孫彭」語，并參紹聖二年「欲令姪孫彭般過之家小來惠」條紀事。騭賡詩「曾嫡」亦可證。蘇軾詩已佚。騭卒於紹聖元年，見《長編》卷四百二元祐二年六月戊申紀事注文引蔣之奇所撰《丁騭墓誌銘》。

《丞相魏公譚訓》卷十：「大人宰富陽，富陽大邑號難治。既至，究心民事，辨滯訴數十，遂以大治。子瞻見祖父曰：『聞富陽之政，雖古循吏無以過。』」《京口耆舊傳》卷四《蘇嘉傳》謂神宗以後「知富陽縣，閱月庭無留訟，當路交章舉最」。今考蘇軾與嘉祖父頌交往之迹，嘉知富陽爲元祐中事。嘉傳謂知富陽後，歷官太常寺簿、太常博士，倅常，入黨籍，建炎三年卒。

元祐中，軾或識釋惠洪。

《石門文字禪》卷二十四《寂音自序》謂生於熙寧四年，十九歲試經於東京天王寺，得度，冒惠洪名，依宣秘大師深公講《成唯識論》，凡四年，辭之南歸。據此，知惠洪元祐五年至八年在京師。參紹聖元年「釋仲仁試手作梅首肯之」條。

元祐中，軾或與二郎姪簡，論作文之道；或自石夷庚處購置王羲之古硯；或題章公量墓額。

簡見《佚文彙編》卷四(二五二三頁)。《蘇軾文集》卷五十九《與張正己》：「二姪一書，煩從者附行。」二姪當即二郎姪。張正己，待考。

《書史》卷下謂石夷庚今居陳州，「有右軍古鳳池紫石硯，蘇子瞻以四十千置往矣」。

同治《饒州府志》卷二十四《隱逸》：「章公量，字寬夫，餘干人。性嗜學。元(按：當作嘉)祐間，從歐陽修、曾鞏遊。屢舉不第，遂隱居讀書。崇(按：當作熙)寧間，王珪薦之，不起。年七十六，卒。黄庭堅爲作墓碣，蘇軾題其額。」《宋元學案補遺》卷四亦載。庭堅所作已佚。《中國古方志考》引嘉靖《餘干縣志》石簡序，謂餘干「縣舊無志，宋楊元鑑始爲志」，知《饒州府志》有所本。楊志已佚。

元祐中，家勤國嘗作《室喻》，喻熙寧、元豐、元祐人事紛更，蘇軾與弟轍敬歎。

《宋史》卷三百九十《家愿傳》：「熙寧、元豐諸人紛更，而元祐諸賢矯枉過正，勤國憂之，爲築室，作《室喻》，二蘇讀之敬歎。」愿，勤國之子。

元祐中，雍子儀築會經樓於閬中，蘇軾題額。

《輿地紀勝》卷一百八十五《利東路·閬州·景物下》：「會經樓：雍子儀元祐中家於將相坊，築會經樓，經史子集京本、蜀本、浙本各一本，總三萬餘卷。蘇公軾爲題閣額，范百禄已下皆有詩，蒲宗孟爲記。」

《蜀中名勝記》卷二十四《川北道·保寧府·閬中縣附郭》：「《通志》云：會經樓在府治將相坊。按《華陽國志》云：巴有將，蜀有相。後因有閬苑三學士、錫屏三状元之盛，故以將相名之。樓，元祐中建，置經史子集三萬餘卷，蘇軾題額，蒲宗孟記。」

元祐中，蘇軾爲文章之主。

《永樂大典》卷二萬二千五百三十七引陳棣《蒙隱詩集·讀豫章集成柏梁體》首云：「元祐昇平超治古，誕布人文化寰宇。道山翰苑羣仙處，一代文章繼周魯。斯道盟寒誰是主？眉山二老文章虎。眉山鑒裁高難與，網羅九萬摶風羽。晁張超然鴻鵠舉，秦郎繼作翹翹楚。餘子紛紛謾旁午，韓門籍湜何須數。豫章詩律加嚴苦，凌空萬古塵凡語。後來鮮儷前無伍，真是江西第一祖。」

蘇軾嘗答杜沂（道源）簡。

簡乃《蘇軾文集》卷五十八《與杜道源》第二簡。

簡云：「九郎兄弟爲學益精，猶復記老朽否？愛孫想亦長進，每想三人旅進折旋俯仰之狀，未嘗不悵然獨笑也。」九郎或即沂之幼子。據簡所云，知蘇軾與杜沂往還甚密。簡稱老朽，知作於元祐間。

元祐中，劉和叔（咸臨）卒。蘇軾嘗稱其作品爲奇作。

《參寥子詩集》卷八《劉咸臨秀才輓詞》（原注：道源學士之子）其三：「平生本家學，耻作干時語。著書以愚名，綽欲慕前古。紛紛詆迂闊，默默君自許。弱齡詠風騷，其詞哀以苦。先生歎奇作，壽達終難與。果爲冥冥游，一往不可睹。」先生謂蘇軾。其一云：「劉子江南英，韻勝不友俗。」其二云：「異材擢陽阿，秀色方蔚然。侵尋掩衆阜，屹屹上造天。」其四云：「吾希李長吉，異代不得友。賴餘錦囊篇，把玩時在手。斯人君並駕，未易較先後。」贊之甚至。

《嵩山文集》卷十九《嵩隱長子墓表》：「嵩山晁説之長子公壽，字平子，大觀元年丁亥疾病。……方其未病時，予偶與論近世人物白首而不遭者，或咎諸人，彼夭不得壽者，又將誰責，如吾家微之光道、涣之繪道、王文正家慥。予顧原武小邢、廬山劉和仲，皆奇才也。吾兒輒愀然不懌，曰：是數人者何恨，往往見稱於東坡諸公。」公壽即卒於丁亥，年二十三。

劉和仲一名和叔，見《宋元學案補遺》卷八。

《豫章黄先生文集》卷二十三《劉咸臨墓誌銘》:「南康劉咸臨有超軼絶群之材,諸公許以師匠琢磨可成君子之器,不幸年二十有五而卒。以家難故,晚未取,後不立。其母、兄哭之哀甚。將卜葬咸臨于九江之原,屬予爲銘。予觀其詩,刻厲而思深,觀其文,河漢而無極,使之言道德而要其終,法先王而知其統,則視古人何遠哉。今若此,故作銘以寄哀。銘曰:和叔劉氏,字曰咸臨。京兆萬年,而徙高安。祖涣凝之,棄令潁陰。築屋南康,汔至于今。春秋八十,懷寶陸沉。父恕道原,其學知往。汗簡百世,如指斯掌。宦世蹇蹇,不祛其蘊。佐司馬公,著書補衮。咸臨岳岳,秀于林皋。爰發雷聲,震驚兒曹。我予我奪,持論不惛。其於文章,似漢游俠。詩則清奥,欲自爲家。㲉而雄鳴,如迦陵伽。石介守道,攘斥佛老。君得其書,奉以師保。介之道術,暴虎救殘。百謗而死,危斲其棺。君曰可人,恐不得然。我圖夏屋,伐木山積。未支棟楹,林火蕩熄。母曰嗟予子,不亢劉宗。兄曰嗟予季,道不佐邦。人材實難,有又不遂。刻詩下泉,慰奬其志。九江宜松,窆而蓺之。尚俾松聲,詠予銘詩。」

和叔之卒,爲元祐中事。

《蘇軾文集》卷六十五有《跋劉咸臨墓誌》。

《詩話總龜》前集卷八引《王直方詩話》:「劉咸臨醉中嘗作詩話數十篇。既醒,書四句於後曰:『坐井而觀天,遂亦作天論。客問天方圓,低頭慚客問。』蓋悔其率爾也。」

蘇軾作《養老篇》。

《式古堂書畫彙考·書》卷十有蘇軾《養老篇》，云：「軟蒸飯，爛煮肉。温美湯，厚氊褥。少飲酒，惺惺宿。緩緩行，雙拳曲。虚其心，實其腹。喪其耳，忘其目。久久行，金丹熟。」此乃蘇軾養生經驗總結。自「温美湯，厚氊褥」二句言之，約作於元祐後期。今次此。

此文，已收入《佚文彙編》卷一。

元祐在朝期間，轍有與秦祕校二簡。

《聖宋名賢五百家播芳大全文粹》卷五十四有轍與秦祕校簡二首，《欒城集》及《續集》、《三集》均未收，兹録於下。

其一云：「昨日辱迂步，迫晚，不果從容，良以愧感。新詩益清麗可愛，不肖者何足以當之。欽佩！欽佩！天寒欲雪，爲況佳否？」

其二云：「前日不果從容，承誨示，重感怍也。新詩飄然，益見高興，但不肖者愧虚辱耳。何時能再枉教，庶更卜清論也。傾企，傾企。」

《蘇軾文集》卷五十八有與陸祕校、羅祕校簡，卷六十有答青州張祕校簡，《佚文彙編拾遺》卷上《與趙夢得》第一簡稱「夢得祕校」。祕校乃虚銜。此秦祕校當爲轍之晚輩。第二簡所作時間距第一簡甚近。時官居京師，爲冬季。

嘉祐六年，轍即爲試祕校。

此二簡，見劉尚榮《蘇轍佚著輯考》。

元祐在朝期間，蘇轍嘗與友人簡。

《寶真齋法書贊》卷十二《蘇文定衙前至京湖口三帖》第一帖（原注：行書八行）：「轍頓首。蒙别紙示諭，嘗有衙前食錢之請。朝廷比有成法，似與所陳不甚相遠。計能蚤與推行，實公私之利也。冗中奉答草略，恕察，幸甚。轍頓首。」

此友人，待考。

元祐間，蘇軾與同年處善宣德簡。

簡見《蘇軾佚文彙編》卷三（二四九一頁）。

簡云「改旦，伏惟福履勝常」，末云「一日」，知作於正月初一日。簡云：「田賬不知取得未？幸爲督之，得早見果決爲佳。」知處善嘗爲蘇軾經紀宜興田事；或雖非經紀，而偶受蘇軾之托爲之。簡稱「處善宣德年兄」，知處善爲宣德郎，登嘉祐二年進士。惜不知其姓。

蘇軾在元祐期間，嘗作《散慶土道場疏》。

疏見《蘇軾文集》卷六十二。疏云：「祈法力之有加，保皇圖而永固。」應朝廷之命而作。

蘇軾元祐間在京師，作《修法雲寺浴堂疏》。

疏見《蘇軾文集》卷六十二。

疏云：「浴爲净因，佛所深讚。以一念頃破塵垢緣，於三際中獲妙湛樂。」點浴。

蘇軾在元祐期間，作《修通濟廟疏》。

疏見《蘇軾文集》卷六十三。

疏云：「南國大川，洞庭極險；上游羣祝，通濟最靈。」通濟廟蓋在今湖北省、重慶市境内。疏云：「實能關機陰陽，宰制生死。盛吸江吞海之氣，有分風擘流之權。舟横中流，如幕上之巢燕；人依大庇，若仰德之嬰兒。」通濟廟或在三峽一帶。此疏乃應人之請而作。

蘇軾戲足唐柳公權與唐文宗之聯句。

詩見《蘇軾詩集》卷四十八（二五八四頁）。

蘇軾以爲公權聯句「人皆苦炎熱，我愛夏日長。薰風自南來，殿閣生微凉」爲有美而無箴。乃以「一爲居所移，苦樂永相忘。願言均此施，清陰分四方」足之。蘇軾當以爲，公權「薰風」兩句，猶《宋玉對楚王》「此獨大王之雄風也」之意。軾所云「居」，乃指環境、地位。人之環境、地位一變，思想亦隨之變。「一爲」二句，極爲深刻。在上者猶應認識及此。然則如何認識？末二句乃答之：即與庶民同共樂。

此詩可以肯定作於南遷以前。

《蘇軾文集》卷六十七《書柳公權聯句》、卷六十八《讀文宗詩句》可參。

蘇軾題韓幹《馬》詩。

詩見《蘇軾詩集》卷四十八(二六三〇頁)。

詩首云:「少陵翰墨無形畫,韓幹丹青不語詩。」詩中有畫,畫中有詩。具體化。

詩云「騖驥」,蓋兼詩畫而言。

《侯鯖録》卷八録此詩,并云:「余以爲若論詩畫於此盡矣。每誦數過,殆欲常以爲法也。」

《苕溪漁隱叢話》前集卷三十引《王直方詩話》亦録此詩,以「余以爲」云云爲王直方語。

詩作於南遷前,次此。

蘇軾作《六言樂語》。

詩見《蘇軾詩集》卷四十八。

《春渚紀聞》卷六《樂語畫隸三絶》:「蘧於揚州得先生手畫一樂工。復作樂語云:『桃園未必無杏,銀鑛終須有鉛。荇帶豈能欄浪,藕花却解留連。』其後又作漢隸,云:『子瞻、禹功同觀。』真三絶也。」「桃園」云云,即《六言樂語》。此詩不知作於何時、何地,可以肯定爲南遷前所作。

此詩似詠樂工。奏樂時有各種樂器,樂工長其一,然不可少,此銀鑛之所以終須有鉛也。

禹功，不詳爲何人。

蘇軾在金山，作小詩戲了元（佛印）。

詩見《蘇軾詩集》卷四十八（二六五四頁）。

《竹坡詩話》：「東坡喜食燒猪，佛印住金山時，每燒猪以待其來。一日爲人竊食，東坡戲作小詩云：『遠公沽酒飲陶潛，佛印燒猪待子瞻。采得百花成蜜後，不知辛苦爲誰甜。』」即見於《詩集》之詩。燒猪猶采蜜，蓋謂了元以蜜啖己也。雖云戲，實乃謝意。

詩作於南遷前，次此。

蘇軾作《送别》詩。

詩見《蘇軾詩集》卷四十八。

詩首云：「鴨頭春水濃如染，水面桃花弄春臉。」送别爲春日，且有歌妓相與。全詩格調開朗，雖云「衰翁」，不過顯示年齡較大，示别於同儕，並無衰颯之意。此詩當作於元祐間。

蘇軾以回文體，題詩金山寺。

詩見《蘇軾詩集》卷四十八（二六五〇頁）。出自《詩人玉屑》卷二。

此詩乃回文體佳作，順逆讀之，皆圓暢流轉。蘇軾最後一次至金山寺，爲建中靖國元年，其時前途未卜，而又疾病侵凌，未必有雅興作此游戲文字。此詩約作於元祐間。

郭祥正(功父)元祐間嘗致蘇軾簡,軾答簡。

軾簡乃《蘇軾文集》卷五十一《與郭功父》第五簡。

簡云:「别來瞻仰無窮,風雪凝寒,從者勤矣。辱書,承起居甚佳,爲使者即至,必且暫還。」據簡,知郭祥正與蘇軾晤於某地,郭祥正别後來簡,蘇軾猶在某地。云「使者」,謂轉運使與提舉常平,使者即至,故自某地回,簡以告之。

蘇軾與寇君簡。

簡見《蘇軾文集》卷五十九。

簡云:「昨辱迂顧,稍聞餘論,退想忠愍之英烈,有概乎中。」知此寇君乃寇準(忠愍)之裔孫,贊準亦贊準之裔孫。

簡云:「衰病不出,無緣上謁,少選解去。」知作於元祐間,時舟行江上或淮上。

三蘇年譜卷四十九

紹聖元年(一〇九四)甲戌　蘇軾五十九歲　蘇轍五十六歲

曾孝廣(仲錫)元日作詩見寄，并致曾坑茶。軾次韻爲謝。

詩見《蘇軾詩集》卷三十七(二〇一四頁)，有「君家新致雪坑茶」之句。曾原韻不見。

正月丁丑(初五日)，詔禮部給度牒千，付東京等路體量賑濟司募人入粟。

據《年表》。此事，當與蘇轍有涉。給度牒，或應轍之請。惜《長編》佚去紹聖元年，不能得其詳。

八日，轍議及修河決。

《龍川略志》卷七《議修河決》：「會宣仁晏駕，九年正月，都水監乞塞河梁村口，縷張包決口，開清豐口以東雞爪河。八日，某祈穀宿齋，朝廷即指揮吴安持與北京留守許將相度施行。是時，微仲爲山陵使，范堯夫爲中書相，堯夫舊不直東流議，予告之曰：『當與微仲議定，乃令西去。』即與二相議，再降朝旨，令都水監與本路安提轉同議，即一面施行，有異議疾速聞奏。既而許將乞候過漲水，河果東，即閉西口；果西，即閉東口；東西雙行，即徐觀其變。趙偁乞開鬫村河門及澶州故道。」

十五日夜，慶上元節。

《蘇軾詩集》卷三十九《上元夜》：「去年中山府，老病亦宵興。牙旗穿夜市，鐵馬響春冰。」紹聖二年作。

十六日，軾與李之儀、王幾仁、孫敏行（子發）讀陶詩，書之。

《蘇軾文集》卷六十七《書淵明詩》記其事。幾仁，參本年二月十三日紀事。

十七日，立春小集，軾詩戲李之儀。

詩見《蘇軾詩集》卷三十七（二〇一二頁）。

二十六日，轍議及修河決。

《龍川略志》卷七《議修河決》：「二十六日，崇政殿進呈，堯夫曰：『許將之言事理稍便，或令與吳安持同議，一面施行。』某曰：『大河之勢本東高西下，去年北京留守蒲宗孟以都城危急，奏乞於西岸增築馬頭二百步，約水向東，朝廷指揮水官與安撫提轉司保明，如委得北流東流上流別無疏虞，然後施行，遂乞減馬頭一百步。然是秋漲水爲馬頭所激，轉射東岸，漂蕩德清軍第一埽，爲害最大，及漲水稍落，不能東行，却射西岸，打破張包口，口外地勢卑下，水勢猛惡，見與東流皆通行，河難遥度，恐須令逐司共議，乃得其實。』上曰：『此事不小，當使衆人議之方施行。』」

二十八日，轍議及修河決。

《龍川略志》卷七《議修河決》：「二十八日，奏事罷，上特宣喻曰：『黄河利害，非小事也，可遣兩制以上二人，按行相度。』堯夫等皆曰：『河上夫役將起，方議遣官，恐稽留役事。』轍曰：『臣去年嘗乞遣官按視，得太皇太后以謂水官久在河上，由不能保河之東西，今驟遣人，恐亦難決。』上曰：『此非細事，但使議論得實，雖遲一年亦何損。』堯夫等唯唯，退。差中書舍人吕希純、殿中侍御史井亮采往，二人歸，極以北流爲便。方施行，劉仲馮援舊例，乞密院預河議。仲馮本文潞公、吴冲卿門下士也，所言紛然，吕、井之議遂格，而轍以罪出。其後六年間，河遂復故道。而元符元年秋，河又東決，浸陽穀。河勢要不改舊，而人事不可知耳。明年河遂北流。」

《潁濱遺老傳》追述（元祐）九年正月事，節引《議修河決》主要内容，文字簡明且偶有異同，可參看。

《宋史》卷九十三《河渠志》三：「時范純仁復爲右相，與蘇轍力争以爲不可。遂降旨：『令都水監與本路安撫、轉運、提刑司共議，可則行之，有異議速以聞。』紹聖元年正月也。」堯夫，純仁字。

本月，軾乞減價糶常平米賑濟。朝廷從之。

乞狀見《蘇軾文集》卷三十六（一〇三四頁），謂元祐八年河北諸路災傷，定州及五分以上。同上《乞將損弱米貸與上户令賑濟佃客狀》謂本路州、軍災傷缺食人户，已奏准朝旨，於法外減價出糶常平白米賑濟。

中山松醪寄雄州守王崇拯，軾有詩。

詩乃《蘇軾詩集》卷三十七《中山松醪寄雄州守王引進》。崇拯於元祐元年己卯除知雄州。四年三月壬申，詔再任。八年五月辛巳，爲引進使。見《長編》卷三百七十三、三百七十八、四百二十三、四百八十四。《詩話總龜》前集卷四十一引《王直方詩話》：「王崇拯字拯之，與先君同在熙河。先君自熙河入京，相别於中途，送先君云（略）。先君誦於吴沖卿丞相，緣此知名於朝廷。」直方之父名棫。沖卿名充，相於熙寧末、元豐初。《欒城集》卷十六有《贈知雄州王崇拯二首》。《蘇軾文集》卷三十八有《王崇拯可遥郡刺史》制。

蘇軾以牛戬《鴛鴦竹石圖》贈李之儀（端叔），之儀作詩，軾次韵。

軾詩見《蘇軾詩集》卷三十七（二〇一八頁）。

詩云：「家書空萬軸，涼暴困舒卷。念當掃長物，閉息默自煖。此畫聊付君，幽處得小展。」知牛戬之畫，原爲蘇軾所藏，今以之贈之儀。其贈之之意，實以書畫收藏多，書畫每年必須曝日，以其多，亦不易；處於此際，以輕裝爲便。據此，知此時蘇軾已聞遷謫之訊，爲此作準備。詩以下云：「新詩勿縱筆，羣吠驚邑犬。時來未可知，妙斲待輪扁。」此繼續就畫而言。上句已言於幽處小展，以畏人知。今則言亦勿爲此作詩，以招來麻煩。此畫真賞，自有輪扁，目前不必求之。蘇軾此時，內心至爲苦楚。

李之儀原韻不傳，豈以懼「羣吠驚邑犬」而自匿之耶！

僧思聰寄詩蘇軾，軾次韻。

軾詩見《蘇軾詩集》卷三十七（二〇一九頁）。

詩首云「前身本同社」，深重思聰，深愛思聰，忘却年齡，以思聰爲知己。嗣云「宿業獨臨邊」，知遷謫之訊，已不斷自京師傳出，已成定局，故有此凄苦之言。

二月初，轍議賑濟相、滑等州流民。

《龍川略志》卷九《議賑濟相滑等州流民》：「九年二月初，司農卿王孝先言，賑濟之餘，軍糧匱竭。又送伴北使張元方等還，言相、滑等州饑民衆多，倉廩空虛。予見范堯夫、鄭公肅議曰：『此事不可不令上知。』二人皆不欲，曰：『侍郎何以爲計？却恐上聞及。』予曰：『雖未知所出，然當令上知之。昔真宗初即位，李沆作相，每以四方水旱、盜賊聞奏。參知政事王旦謂沆曰：「今天下幸無事，不宜以細事撓上聽。」沆曰：「上少，當令常聞四方艱難，不爾，侈心一生，無如之何。吾老不及見此，參政異日憂也。」』堯夫曰：『善。』劉仲馮曰：『誠宜先白，若上先言及，不便。』既而堯夫先奏：『近日，張元方自河朔來，言流民甚衆。』轍曰：『元方言見相州見養流民四萬餘人，通利軍一萬餘人，滑州三千餘，然軍中月糧止支一斗，其餘盡令坐倉。蓋廩已空矣，恐别生事。』上曰：『爲之奈何？』轍曰：『滑州已支山陵餘糧萬石與之，可以支持一兩月耳，兼京東賑濟司準備糧食太多，提刑司又太多，已令安撫、轉運司再相度去訖，須竢見得去着，更議應副。又京城賑濟，應副備至，然省倉軍糧，只有二年五個月備。臣曾令王孝先具的實數劄在此。』上曰：『何其寡備至此？』轍曰：『此非一日之故，蓋累年官賣米太多。去年臣曾與吕大防商量，限市價九十以上乃賣；今爲饑饉，只賣六十，蓋不得已也。熙寧初，臣在條例司，竊見是時有九年已下糧。』上曰：『須九年乃可。』轍曰：『九年未易遽置，但陛下常以爲意，慎事惜費，令三五年間有三五年備，亦漸可也。臣之愚意，以爲朝廷新經大喪，繼以荒饉匱乏，若災止如此尚可，萬一更有水旱，將何以繼之？方今正是君臣恐懼修省之日，不可不知耳。』」

《年表》二月紀事略同於《略志》，唯有個别異文，可參看。

丁未（初五日），以户部尚書李清臣（邦直）爲中書侍郎，兵部尚書鄧温伯爲尚書右丞。

據《年表》及《長編拾補》卷九。後者云：「清臣首倡紹述，温伯和之。」

《潁濱遺老傳》卷下謂李、鄧「二人久在外，不得志，遂以元豐事激怒上意，邦直尤力」。《年表》同。

轍議奏舊門客。

《龍川略志》卷九《議奏舊門客》：「舊制，母后之家十年一奏門客。元祐九年，皇太妃之兄朱伯材以門客奏徐州富人竇氏，舊未有法，范堯夫無以裁之。一日日中，請予至都堂，與李邦直議之。予曰：『上始親政，皇太妃閤中事，自當遍議之。車服儀制，一也；月給，二也；奏薦，三也。今車服儀制已付禮部矣，皇太后月給，尚書已奏乞依太皇太后矣，皇太妃宜付户部議定。至於奏薦，亦當量有所予，亦付吏部可也。凡事付有司，必以法裁處，朝廷又酌其可否，而後施行，於禮爲便。』明日奏之。上曰：『月給，留族内中批出；奏薦，皇太后家減二年，皇太妃十年。』議已定。邦直獨奏曰：『此可爲後法，今姑與之可也。』上從之。他日殿廬中，邦直言：『仁宗朝，殿前指揮使李璋違法，有所陳乞，仁宗重違之。張杲卿時在密院，固執久之，乃從。又以璋亂法，乞加罪責。仁宗黽俛許之。韓魏公同在殿上，歸而嗟嘆，以爲不可及。』予曰：『此事他人不知，邦直魏公之婿，乃得知之。雖然，非知之難，蹈之實難。』坐中皆哂，而邦直安然無愧容。」

《潁濱遺老傳》亦載議奏舊門客事，文略同而稍簡明；次此事於李清臣（邦直）爲中書侍郎後，今從。

己酉（初七日），葬宣仁聖烈皇后於永裕陵，轍有輓詞二首。

據《年表》。《欒城後集》卷一有《大行太皇太后輓詞二首》，作於宣仁聖烈皇后卒時，非葬時作，疑《年表》作者偶誤，或另有輓詞二首，已佚。

同日，以宣仁聖烈皇后山陵禮畢，軾上慰表。

《宋史·哲宗紀》：「二月己酉（七日），葬宣仁聖烈皇后於永厚陵。」

表見《蘇軾文集》卷二十四（七〇五頁）。

十三日，軾與王彦超之玄孫訥叙彦超事，記之。

文見《蘇軾文集》卷六十八，題作《書蜀僧詩》。文稱彦超爲王中令，以彦超宋初爲中書令。彦超，大名臨清人，雍熙三年卒，年七十三，《宋史》卷二百五十五有傳。《總案》本年正月十六日紀事謂幾仁乃訥之字，其所據或爲《書蜀僧詩》，然此文並未明言訥字幾仁，今不從。

己未（十七日），祔宣仁聖烈皇后高氏神主於太廟。軾上慰表。

己未云云，據《宋史·哲宗紀》。表見《蘇軾文集》卷二十四（七〇五頁）。

二十日，轍生日，軾以詩及檀香觀音像等爲壽。

詩見《蘇軾詩集》卷三十七（二〇一五頁）。《欒城後集》卷一次韻。

二十三日，軾書《中山松醪賦》。

賦在《蘇軾文集》卷一。《金石續編》卷十六著録此賦，末云：「元祐九年二月廿三日，中山雪浪齋書。」《經進東坡文集事略》卷二有此賦，題下引晁補之云：「《松醪賦》者，蘇公之所作也。公帥定武，飭厨傳斷松節以釀法（按：當作酒），云飲之愈風扶衰。松，大厦材也。摧而爲薪，則與蓬蒿何異，今雖殘破，猶可收功於藥餌，則與世之用材者雖斲而小之爲可惜矣，儻因其能，轉敗而爲功，猶無不可也。」蓋有深意存焉。

本月，軾奏《乞將損弱米貸與上户令賑濟佃客狀》。

狀見《蘇軾文集》卷三十六，謂豐熟日「令送納十分好白米入官」，公私俱便。

錢世雄（濟明）專使致簡，並惠洞庭珍苞，軾答簡。

《蘇軾文集》卷五十三與世雄第一、二簡叙其事。第一簡云妻王氏卒已半年，知作於二月，簡叙邊政有起色；第二簡乃第一簡附簡，云書《松醪賦》以贈。洞庭乃平江吴縣山名，見《輿地紀勝》卷五，時世雄在平江。

軾致滕希靖（興公）簡，請約束有關官吏，予貸糧者以便利。

《佚文彙編》卷三與希靖第三簡叙之，以貸者「有住數日所費反多於所請者」。

軾得單鍔(季隱)書。

《蘇軾文集》卷五十三《與錢濟明》第二簡叙之,簡云「寄惠洞庭珍苞,窮塞所不識」,作於定。此後與鍔無交往。鍔大觀四年卒,年八十。見《摛文堂集》卷十五墓銘。

李之儀送保倅翟安常赴闕,有詩,軾次其韵。王崇拯還朝過定,賦詩留别,次其韵。

次韵見《蘇軾詩集》卷三十七(二〇一六、二〇二〇頁)。原韵皆不見。

三月一日,軾撰文祭滕希靖之母楊氏。

文見《蘇軾文集》卷六十三(一九五七頁)。《佚文彙編》卷三與希靖第一簡及其母逝。

乙亥(初四日),左僕射吕大防罷爲觀文殿大學士、知潁昌府。

據《年表》。

據《宋史·宰輔表》:章惇於本年四月壬戌(二十一日)代大防。

乙酉(十四日),哲宗御集英殿,策試進士。李清臣撰策題,絀元祐之政。蘇轍上奏,請勿輕變元祐已行之事。不報。復上奏,請賜屏逐。

乙酉云云,據《年表》。

《宋史紀事本末》卷四十六《紹述》摘引李清臣策題語:「今復詞賦之選而士不知勸,罷常平之官而農不加富,可差可募之説雜而役法病,或東或北之論異而河患滋,賜土以柔遠也而羌夷之患未弭，弛利以便民也而商賈之路不通。夫可則因，否則革，惟當之爲貴，聖人亦何有焉。」轍第一奏乃《欒城後集》卷十六《論御試策題劄子》其一，首云：「臣伏見御試策題歷詆近歲行事，有欲復熙寧、元豐故事之意，臣備位執政，不敢不言。」末云：「若輕變九年已行之事，擢任累歲不用之人，人懷私忿，而以先帝爲詞，則大事去矣。」

不報據《年表》。復上奏之奏乃《論御試策題劄子》其二。奏末云：「議者誠謂元豐之事有可復行，而元祐之政有所未便，臣願陛下明詔臣等，公共商議，見其可而後行，審其失而後罷，深以生民社稷爲意，勿爲此忽忽，則天下之幸也。」

《年表》：「再以劄子面論之。」此劄子即《論御試策題劄子》其二。以下云：「上不悦，曰：『人臣言事何所害，但卿昨日以劄子奏，謂機事不可宣於外，請秘而不出；今日乃對衆陳之，且引漢武帝以上比先帝，引喻甚失當。』轍曰：『漢武帝明主也。』上言：『卿所奏言：「漢武帝外事四夷，内興宫室，立鹽鐵、榷酤、均輸之法。」其意止謂武帝窮兵黷武，末年下哀痛之詔，豈明主也？』范純仁進曰：『武帝雄材大略，史無貶詞，況轍所論事與時也，非論人也。』上意稍解。轍退，上奏：「今者偶因政事，懷有所見，輒欲傾盡，以報知遇。而天資闇冥，不達機務，論事失當，冒犯天威，不敢自安。伏乞聖慈憐臣不識忌諱，出於至愚，少寬刑誅，特賜屏逐，以允公議。』李、鄧從而媒孽之。」此奏乃《後集》卷十六《待罪劄子》。

《宋史》卷三百一十四《范純仁傳》：「蘇轍論殿試策問，引漢昭變武帝法度事，哲宗震怒，曰：『安得以漢武比先帝。』轍下殿待罪，衆不敢仰視。純仁從容言：『武帝雄才大略，史無貶詞，轍以比先帝，非謗也。陛下視事之始，進退大臣，不當如訶斥奴僕。』右丞鄧潤甫越次進曰：『先帝法度，爲司馬光、蘇轍壞盡。』純仁曰：『不然，法本無弊，弊則當改。』帝曰：『人謂秦皇、漢武。』純仁曰：『轍所論，事與時也，非人也。』哲宗爲之少霽。轍平日與純仁多異，至是乃服謝純仁曰：『公佛地位中人也。』轍竟落職知汝州。」《長編拾補》卷九本月丁酉紀事注引邵伯温《元祐辨誣》謂罷朝轍與笏謝純仁曰「公佛地位中人也」。

二十日，軾散父老酒食，開西園。時多葉杏盛開。

《蘇軾詩集》卷三十七有詩（二〇二一頁），云「明年花開時，舉酒望三巴」，欲請梓。

二十六日，蘇轍除端明殿學士、知汝州。

據《年表》。《年表》云：「告辭略曰：『文學風節，天下所聞。擢任大臣，本出朕心。事有可否，固宜指陳。而言或過中，引義非是。朕雖曲爲含忍，在爾自亦難安。原誠終是愛君，薄責尚期改過。』」按，據《長編拾補》卷九，此告辭乃權中書舍人吴安詩所草。

參崇寧二年「轍作吴冲卿夫人秦國挽詞」條。

本日，轍改以本官知汝州。

《年表》引哲宗批：「蘇轍引用漢武故事比擬先帝，事體失當。所進入詞語，不著事實。朕進退大臣，非率易也，蓋義不得已。可止以本官知汝州，仍别撰詞進入。」以下引制，曰：「朕以眇躬，上承烈考之緒，夙夜祗飭，懼無以丕揚休功。實賴左右輔弼之臣，克承厥志。其或身在此地，倡爲姦言，怫於衆聞，朕不敢赦。大中大夫守門下侍郎蘇轍頃被選擢，與聞事機，義當協恭，以輔初政。而乃忘體國之義，徇習非之私。始則密奏以指陳，終於宣言以眩聽。至引漢武上方先朝，欲以窮奢黷武之資，加之經德秉哲之主。言而及此，其心謂何！宜解東臺之官，出守列郡之寄。尚爲寛典，姑務省循。可特授依前大中大夫、知汝州。」

《長編拾補》卷九本日紀事原注云「朕以眇躬」云云一制，必蔡卞所草也，當考。又引邵伯温《元祐辯誣》云：「李……清臣以禮部尚書拜中書侍郎，欲取相位，以蘇門下在，未能遷。一日對哲宗言：『蘇轍兄弟改變法度。』蘇門下奏曰：『陛下即位宣仁后垂簾之初，兄軾方起謫籍，知登州，入爲郎官、爲起居舍人。臣自筠州監酒税被召。是時清臣爲左丞。今日反謂臣兄弟變先帝法度，是清臣欺陛下也。』清臣辭屈，乃曰：『蘇轍嘗以漢武帝比先帝。』哲宗震怒，聲色甚厲。蘇門下頓首待罪。」以下言范純仁謂轍非謗也。

《潁濱遺老傳》卷下謂「再以劄子面論之，上不悦，李、鄧從而媒糵之，乃以本官出知汝州」。

《宋史》卷三百二十八《李清臣傳》謂清臣「覬爲相，顧蘇轍軋己，乃擿轍嘗以漢武比先帝激上怒，轍罷」。

《宋史紀事本末》卷四十六《紹述》謂進士對策，「以主熙、豐者置前列，自是紹述之論大興，國是遂變矣」。

同日，賜禮部奏名進士、諸科及第出身九百七十五人。

據《宋史·哲宗紀》。

王肄登進士第。

《欒城後集》卷二十四《亡姊王夫人墓誌銘》：「伯父大中大夫生女子四人，仲姊適進士王君東美器之。」以下云肄乃東美仲子，「及元祐九年進士第，時轍備位政府，以親祀圜丘，恩賜冠帔，使肄以歸奉夫人」。又云肄爲梓州桐山尉。

家愿登下第。

《宋史》卷三百九十《家愿傳》：「字處厚，眉山人。……愿弱冠游京師，以廣文館學士登第，時紹聖元年也。廷策進士，中書侍郎李清臣擬進士策問，力詆元祐之政，愿答策惟以守九年之所已行者爲言。時門下侍郎蘇轍嘗上疏辨策問，舉漢武帝事，觸上怒待罪，愿未及知也。因見轍，誦所對，驚喜曰：『故人子志同道合，猶若是也。』楊畏覆考，專主熙寧、元豐，取畢漸爲第一，愿遂居下第。轍尋出守汝。」愿，勤國子。勤國，見慶曆八年紀事。

張冕(君儀)成進士。

冕據光緒《江西通志》卷二十一。冕乃永豐人,光緒《吉安府志》卷二十七謂冕「與蘇軾論交,有詩文集」。

蔡康國(儒效)成進士。

康國據同治《瑞州府志》卷九,新昌人。《石門文字禪》卷一《贈蔡儒效》謂康國長於詩,「東坡一讀不復和」,深賛之。

本月,軾乞降度牒十五道,修北嶽廟,上狀。

狀見《蘇軾文集》卷三十七(一〇三九頁)。

轍爲葆光法師蹇君賦其所藏《嵩山圖》。

詩見《欒城後集》卷一。詩之引謂蹇師未嘗至嵩山,欲往游,「今年三月,以罪出守汝州」,約蹇師游其地。據此,知此詩作於本月底,時尚未離京師。

劉奉世(仲馮)致簡蘇軾,軾答簡。

軾簡乃《蘇軾文集》卷五十《與劉仲馮》第三簡。

簡云:「近奉賜教。」知奉世來簡。又云:「乍暄。」點季候,乃萬物生長之時,簡約作於三、四月間,今繫三月。

《與劉仲馮》第四簡首云「某再啓」，知乃第三簡之附簡。簡云：「將官杜宗輔，訥於言詞，而治軍嚴整，有足觀者。趨闕參見，幸略賜問，當備驅使也。」杜宗輔當以任滿回京師候用，請奉世爲之推薦。此附簡與第三簡，當由杜宗輔面呈。參本年以下「薄暑，蘇軾致簡劉奉世」條。《蘇軾文集》編者謂此簡及附簡作於定州。

春，張舜民使遼，聞范陽書肆刻售蘇軾《大蘇小集》。

《郡齋讀書志》卷二下：「《浮休居士使遼録》二卷：『右皇朝元祐甲戌春，張舜民被命爲回謝大遼弔祭使，鄭价爲副。録其往返地里及話言也。舜民字芸叟，浮休居士，其自號云。』」時猶未改紹聖，故仍稱元祐。弔祭者，弔太皇太后高氏之逝也。

《澠水燕談録》卷七：「張芸叟奉使大遼，宿幽州館中，有題子瞻《老人行》於壁者。聞范陽書肆亦刻子瞻詩數十篇，謂《大蘇小集》。子瞻才名重當代，外至夷虜，亦愛服如此！芸叟題其後云：『誰題佳句到幽都，逢着胡兒問大蘇。』」「幽州」之「幽」原缺，據《苕溪漁隱叢話》前集卷四十一補。

《苕溪漁隱叢話》後集卷二十八謂《老人行》非蘇軾作。同上書前集卷四十一引《澠水燕談録》「大蘇小集」作「大蘇集」，「問大蘇」之後，尚有「此二句與子由之詩，全相類，疑好事者改之也」十八字。弟轍詩乃《欒城集》卷十六《神水館寄子瞻兄》其三首二句：「誰將家集過幽都，逢見胡人問大蘇。」

按：《澠水燕談録》當據《浮休居士使遼録》。惜後者早佚，不能知其詳。

春，大閱，軾舉舊典，復軍禮。

《軾墓誌銘》：「春大閱。軍禮久廢，將吏不識上下之分，公命舉舊典，元帥常服坐帳中，將吏戎服奔走執事。副總管王光祖自謂老將，恥之，稱疾不出。公召書吏作奏，將上，光祖震恐而出，訖事，無敢慢者。定人言：自韓魏公去，不見此禮至今矣。」《長編》卷四百四十七元祐五年八月丙辰有「客省使副、嘉州刺史王光祖爲太原府路副總管」記載。光祖，《宋史》卷三百五十有傳。

春，祈北嶽、諸廟，軾作祝文。

《蘇軾文集》卷六十二有《春祈北嶽祝文》、《春祈諸廟祝文》。

四月壬子（十一日），軾落端明殿學士、翰林侍讀學士，依前左朝奉郎知英州。同日，范純仁上疏乞貸蘇軾。不聽。時宰有加害意。趙令時坐罰金。

《長編拾補》卷九本日紀事：「侍御史虞策言：吕惠卿等指陳蘇軾所作誥詞，語涉譏訕，望劾實施行。殿中侍御史來之邵言：軾在先朝，久以罷廢，至元祐擢爲中書舍人、翰林學士。軾凡作文字，譏斥先朝，援古況今，多引衰世之事，以快忿怨之私。行吕惠卿制詞則曰：『始建青苗，次行助役。均輸之政，自同商賈；手實之禍，下及雞豚。苟可蠹國而害民，率皆攘臂而稱首。』行吕大防制詞則曰：『民亦勞止，願聞休息之期。』撰司馬光神道碑則曰：『其退於洛，如屈原之在陂澤。』凡此之類，播在人口者非一。當原其所犯，明正典刑。制曰云云。落端明殿學士兼翰林侍讀學士，依前左朝奉郎、知英州。制詞，中書舍人蔡卞所撰也。」虞策，《宋史》卷三百五十五有傳。來之邵嘗希附蘇軾兄弟，見元祐八年五月壬辰紀事。

《宋大詔令集》卷二百六《蘇軾落職降官知英州制》（原注：紹聖元年四月壬子）：「訕上之惡，衆慝厥愆；造言之誅，法謹於近。矧彈章之荐至，孰公議之敢私。爰正常刑，以警列位。端明殿學士兼翰林侍讀學士、左朝奉郎、知定州蘇軾，行污而醜正，學辟而欺愚。頃在先朝，稍躋清貴。不惟喻德之義，屢貢懷諼之言。察其回邪，靡見聽用；遂形怨誹，自取斥疏。肆予纂服之初，開以自新之路。召從方郡，服在近班。弗詘爾心，覆出爲惡。輒於書命之職，公肆誣實之辭。凡兹立法造令之大經，皆曰蠹國害民之弊政。雖托言於外，以責大臣；而用意之私，實害前烈。顧威靈之如在，豈情理之可容。深惟積辜，宜竄遠服。祇奪近職，尚臨一郡。是爲寬恩，無重來悔。可特落端明殿學士兼翰林侍讀學士，依前左朝奉郎、知英州。」

《長編拾補》本日紀事引范純仁言：「竊見全臺言蘇軾行吕惠卿誥詞，言涉訕謗。伏緣熙寧法度，出於建議之臣，又州縣奉行之際，多有過當，不副神宗愛民求治之意。及至垂簾之後，惠卿方用諫官之言，特行重竄，蘇軾因撰詞之際，遂至過詆惠卿。今臺章攬歸先朝，事體不便。况今來言者多是垂簾時擢歸言路之言，當時畏避，不即納忠，今日觀望，始有彈奏。若便施行其説，亦恐玷垂簾之聖明，妨陛下純孝之德。三省進呈之際，伏望聖斷，特加容貸，不惟可全國體，亦可稍鎮澆風。」《太平治迹統類》「澆風」後尚有以下文字：「高士敏昔在成都，曾有犯罪，來之邵曾任本路監司，略無舉發；及至太皇上仙，高士敏特與改官。來之邵又彈奏蘇軾云執政時曾爲人所彈擊，言者盡皆黜責，當臺諫略不辨明，及蘇軾得罪，便云所謫太近。臣剛茹柔，率多類此，使朝廷賞罰過中，莫不由此。」又言：「吕惠卿謫時，李清臣方爲左丞。若言涉訕謗，清臣豈肯書誥行出。今舊臣惟有清臣在，更乞詢訪。不聽。」

《軾墓誌銘》：「時方例廢舊人，公坐爲中書舍人日草責降官制，直書其罪，誣以謗訕，紹聖元年，遂以本官知英州。」

《山谷詩集注》卷十七《跋子瞻和陶詩》：「子瞻謫嶺南，時宰欲殺之。」注謂時章惇爲相。按：惇爲相，爲四月壬戌（二十一日）事。見《宋史·宰輔表》。《山谷詩集注》卷十七《次蘇子瞻和李太白潯陽紫極宫感秋詩韻追懷太白子瞻》：「平生人欲殺，耿介受命獨。」注謂亦謫嶺南時宰欲殺之意。《冷齋夜話》卷七《東坡和陶淵明詩》亦叙此事。庭堅詩作於黔南。

《宋史》卷二百四十四《趙令畤傳》：「軾被竄，令時坐交通軾罰金。」軾與令時文字交往記載止此。《侯鯖録》卷二：「余崇寧中坐章疏入籍，爲元祐黨人，後四年牽復。」紹興四年卒，見本傳。年七十一。

甲寅(十三日)，軾復降充左承議郎，仍知英州，胡宗愈繼知定州。

《長編拾補》卷九本日紀事：「侍御史虞策言：蘇軾既坐譏斥之罪，猶得知州，罪罰未當。詔軾降充左承議郎。」又：「資政殿學士、中奉大夫、吏部尚書胡宗愈爲通議大夫、知定州。」《續資治通鑑》謂宗愈除知定州爲本月十二日事，與此不同。宗愈卒於本年閏四月，見《宋會要輯稿》第三十三册《禮》四一之四四至四五《輟朝》。《宋史》卷三百十八宗愈傳謂卒年六十六。

十六日，北嶽祈雨，軾作祝文。嘗與李之儀、李士龍、鄗長卿、孫敏行、賈温之等禱雨嶽廟，題名。

祝文見《蘇軾文集》卷六十二(一九二六頁)，有「得請於朝，齋居以禱」之語，知有專疏奏定州旱情，疏文未見。

題名見《佚文彙編》卷六(二五八四頁)。

顧炎武謂此題名石刻舊在定州嶽廟，今移縣治賓館。見《求古録》。

李士龍、鄗長卿、賈温之，待考。

辛酉（二十日），軾作《雪浪齋銘》。

文見《蘇軾文集》卷十九。

《河朔訪古記》卷上：「中山府學講堂前有雪浪石，承以丈八芙蓉石盆，盆口鐫蘇文忠公《雪浪石銘》。其石紋作波濤痕，復有若卧牛立鳳之狀者。昔蘇公守定日，甚愛此石，構小室置之，榜曰雪浪齋云。西廡下，一碑圖石之形，并刻其銘於石。」《金石萃編》卷一百四十一《蘇軾雪浪石盆銘》：「按：雪浪石盆在定州學雪浪齋。」道光《定州志》卷五《古迹》：「雪浪齋……建於文廟後者，古雪浪齋也，蘇文忠自爲之。」又謂得一舊碑，原刻文忠公自書『雪浪齋』三字，並雪浪石圖，題名其上」。又：「雪浪齋雙槐：蘇文忠公手植，在古雪浪齋，東西各一。東者蓊鬱如舞鳳；西者嘗自生火，救之而止，槎枒竦拔如神龍。」又：「壽星堂石刻：蘇文忠公筆，在州署鄭神廟。」

壬戌（二十一日），蘇轍至汝州，有《謝上表》。

據《年表》。表見《欒城後集》卷十八。

是日，章惇爲尚書左僕射兼門下侍郎。右僕射范純仁罷知潁昌府。

據《年表》；《年表》謂惇以提舉杭州洞霄宮除。

蘇轍自熙寧末簽書應天府判官以來，與劉摯交往頗密，自元祐初入朝以來，與摯之子跂（斯立）亦有交往。

《省齋文稿》卷十九《跋劉提刑家六帖·蘇黄門》：「右蘇文定公與劉忠肅公父子四帖。紹熙癸丑臘日，周某敬題。」忠肅，摯之謚。此劉提刑，當爲摯之後人。

二十四日，軾作短論，論三國名臣，盛贊諸葛亮；并贊東漢之士尚風節。

文見《蘇軾文集》卷六十五(二〇四二頁)。

《忠武誌》卷七《諸葛武侯畫像贊》：「密如神鬼，疾若風雷。進不可當，退不可追。晝不可收，夜不可襲。多不可敵，少不可欺。前後應會，左右指揮。移五行之性，變四時之令。人也？神也？仙也？吾不知之，真卧龍也。」謂蘇軾作。

《十百齋書畫録》卯集謂孫權有《千山競秀卷》，凡二卷，一山一水。權自跋：「舒清筆墨，變化無窮。想山川形質各異，以筆墨之變化，寫山川之形質，前有古人，後有作者。卷成，可題爲《千山競秀圖》，更多江南佳麗之氣。孫權。」疑托名。蘇軾跋云：「孫仲謀作此卷，終不去拔刀砍柴時手段，叙列八法，以示己能，復云『多江南佳麗之氣』，則江南固佳麗地，仲謀腕不能出之，復有『作者』一語，其自謂也。無怪老瞞臨江作欣羡語，即此一事，非老瞞所能也。余常見老瞞書，終遜於彼，故并及之。豈弗具能爲仲謀師耶？善别者能言之耳。眉山蘇軾。」亦疑托名。以論三國人物，姑附此。

《丞相魏公譚訓》卷十：「東坡常稱東漢多忠節之士，所以能扶危持顛者幾百年，雖曹孟德之奸雄，亦畏名節，故終躬不敢取漢。一日與大人語及。大人云：『近見新貴人爲人作誌文，頗譏東漢之士專爲詭行盜名，其風不可長。』東坡大駭，因問誰作，不得已言之。東坡云：『可作數字罵此小子。』大人不應。乃曰：『只教折了胡孫三十年草料。』」大人乃蘇嘉。以論及東漢士風，類繫此。

丁卯（二十六日），轍有《謝雨文》。

據《年表》。文見《欒城後集》卷十九。

薄暑，蘇軾致簡劉奉世（仲馮）。

簡乃《蘇軾文集》卷五十《與劉仲馮》第五簡。

簡云「薄暑」，點季候，約爲四月。又云：「近將官赴闕，附狀，不審已開覽否？」此將官乃杜宗輔，見本年以上「劉奉世致簡蘇軾」條。其狀當言定州事宜，未見。

簡云：「某蒙庇粗遣，民雖饑乏，盜竊衰止。若旦夕得一麥熟，遂大稔矣。」敘近況。

蘇軾與道潛（參寥子）簡。

簡乃《蘇軾文集》卷六十《與參寥子》第十四簡。

簡云：「某雖衰老遠徙，亦且凡百如昨，不煩深念。」似作於第十三簡之前初得貶訊時。簡云：「目病已平復。」他處未及此。

閏四月三日，除命下，軾罷定州任，責知英州。進謝上表。劉燾（無言）、王莊叔慰簡，答之。與滕希靖（興公）簡，請釋念。

《墨莊漫録》卷八：「閏四月三日，乃有英州之命。」表見《蘇軾文集》卷二十四（七一四頁）。答簡見《文集》卷五十九（一八〇四、一八〇六頁）。與希靖簡見《佚文彙編》卷三第二簡。

同日，范百禄（子功）卒。

據《范太史集》卷四十四百禄墓銘，卒年六十五。《蘇軾文集》卷五十《與范純夫》第十簡叙及。

軾在定州，勉李之儀寫《華嚴經》，書杜牧牧黄時詩，作《静安縣君許氏繡觀音贊》。

《姑溪居士文集》卷三十八《跋東坡書多心經》：「在中山時謂余曰：『早有意寫《華嚴經》，不謂因循，今則眼力不迨矣，良可惜者，子能勉之否？』余亦僅分黑白，每有愧於斯言也。」《蜀道驛程記》：「定州覓韓忠獻閲古堂、衆春堂舊址不可得，唯蘇文忠公書杜牧之『得州荒僻中，更值連江雨』一篇石刻尚在。按此詩乃牧之刺黄州作，坡曾謫黄，後帥定武更書之耳。」《道山清話》：「子瞻愛杜牧之《華清宫》詩，自言凡爲人寫了三四十本矣。」《東坡樂府》卷上《定風波·重陽》，乃括杜牧詩。並附此。

贊見《蘇軾文集》卷二十一，首云「太岳之裔，邑于静安」。静安乃河北西路深州治。

將行，軾謁諸廟辭行，作祝文；醮北嶽，作青詞：以明心迹。定人謂蘇軾在定設施如韓琦。

祝文、青詞分別見《蘇軾文集》卷六十二（一九二八、一九〇二頁）。前者云：「軾得罪於朝，將適嶺表。雖以謫去，敢不告行。區區之心，神所鑒聽。」軾歷典八州，其《辭諸廟祝文》傳者唯定州。

《參寥子詩集》卷十一《東坡先生輓詞》其四自注：「定武人謂公下車設施如韓魏公。」

蘇軾自嘲疏脱。

《梁谿集》卷二十六詩題：「東坡謫英州，以書語所善衲子曰：『戒和尚又疏脱矣。』讀之有感。」詩首四句云：「東坡夙世乃戒老，次律前身爲永師。一念參參成此錯（撰者按，一本作『果』），百憂鍾萃使（撰者按：一本作『便』）知非。」

蘇軾將南遷，與友人簡。時李廌（豸）（方叔）來定州，旋去。

簡乃《蘇軾文集》卷五十六《與范夢得》第十簡。

簡云：「一別俯仰十五年。」與范祖禹（夢得、純夫）經歷不合。不詳究爲何人，故以「與友人簡」稱之。

簡云：「某旦夕南遷，後會無期，不能無悵惘也。」作於定州。又云：「因李豸秀才行，附啓上問。」知李豸亦來定州。並知李豸與此友人亦有交往。又云：「過揚，見東平公極安，行復見之矣。」

南遷必經揚州。

《與范夢得》第九簡：「昨日方叔處領手誨，今又辱書，備增感慰。」疑此簡亦爲與某友人，而非與祖禹者。

蘇軾臨行，與孫敏行（子發）簡，勉敏行益自愛重。

簡乃《蘇軾文集》卷五十六《與孫子發》第四簡。簡云：「子發以古人自期，信道深篤，雖窮達在天，未可前定，然必有聞於時而傳於後也。幸益自愛重，以究遠業。」盛贊敏行行義。

既行，軾以未能致意郡中諸公爲歉。李之儀之妻胡文柔手自製衣以贐。以道潛專人所送彌陀像隨行。

既行云云，據《蘇軾文集》卷五十六《與孫子發》第六簡，離定甚迫促。《姑溪居士文集》卷五十《姑溪居士妻胡氏文柔墓誌銘》：「余從辟蘇軾子瞻府，文柔屢語余曰：『子瞻名重一時，讀其書，使人有殺身成仁之志，君其善同之邂逅。』子瞻過余，方從容笑語，忽有以公事至前，遂力爲辦理，以竟曲直。文柔從屏間歎曰：『我嘗謂蘇子瞻未能脱書生談士空文游説之敝，今見其所臨不苟，信一代豪傑也。』比通家，命其子婦尊事之，常以至言妙道屬其子婦，持以論難，呼爲法喜上人。子瞻既貶，手自製衣以贐曰：『我一女子，得是等人知，我復何憾。』」文柔字淑修，常州晉陵人，胡宿孫女。卒於大觀四年十一月，年五十八。宿，《宋史》卷三百十八有傳。

《文集》卷六十一《與參寥子》第十一簡叙道潛送彌陀像並帶行。

《善誘文·子瞻以己諭雞》謂蘇軾獄中作二詩，「有『魂飛湯火命如雞』之句，神宗聞而憐之，事從寬釋。既而南行，子瞻猶有慊意，乃以阿彌陀佛一軸隨行。人問其故，答曰：『此余投西方見佛公據也。』」涵芬樓《説郛》卷四十九引《唾玉集·西方出處》亦叙此事。

過真定，軾嘗稱褚承亮（茂先）之文，晤楊采朝議，舉其子迪簡。

《金史》卷一百二十七承亮傳：「真定人。宋蘇軾自定武謫官過真定，承亮以文謁之，大爲稱賞。」以下叙承亮登宣和六年第，調易州户曹，未赴。入金不仕，年七十卒，門人謚曰玄真先生。《南宋書》卷六十五有承亮傳，取《金史》。《河朔訪古記》卷上謂承亮墓在真定。

晤楊采據《蘇軾文集》卷五十六《與孫子發》第六簡。簡謂迪簡亦善吏，求孫敏行（子發）「告提刑大夫來年一京削」。

嘉靖《真定府志》卷十：「水簣巖：在曲陽縣西北五里，水勢飛瀉於兩巖之間，巖巔有蘇軾書『浮休』二大字，元盧摯因取名曰坡仙峽。金章宗嘗游此賦詩。」按：浮休乃張舜民之號，亦嘗知定州，疑此二字爲舜民作書。附此。

《河朔訪古記》卷上：臨濟寺，在真定府城中定遠門東街飛雲樓之東，其三門下有東坡墨竹綠筠軒詩石刻，極爲精妙。真定府屬河北西路，治真定縣。

軾經臨城、内丘。

據《蘇軾詩集》卷三十七《臨城道中作》之引。臨城屬河北西路趙州，内丘屬邢州。

軾過邢州。贊梁邢州善政。

《攻媿集》卷七四《跋沈智甫所藏東坡帖》首云蘇軾謫惠州，以下云：「帖中又言過邢州，疑是此時。再遭遠斥，不知所與何人，既言道友，恐是佛印、參寥諸公。以書唁之，公不領細人姑息之愛，而望其警策以進於道，一見梁邢州之善政而亟稱之，不計身之百謫，恐一善之不聞。嗚呼，此其所以不可及也。」帖已佚。邢州治龍岡縣。

過湯陰，軾得豌豆大麥粥，有詩示三子。

詩見《蘇軾詩集》卷三十七（二〇二五頁）。邁侍行，見《臨城道中作》之引。

《清波别志》卷上：「煇北征回程，於欒城道間，忽傳前車少駐，乃羣入道旁茇舍，各啗豌豆大麥粥一盂。方過午，行役疲乏，食之美，喻大烹（自注略）。馮異以蕪蔞亭豆粥、滹沱河麥飯，爲漢世祖毋忘在莒之戒，以是知河朔素有此味以餉客。紹聖初，蘇文忠公自定武赴嶺表，過湯陰市，亦得豌豆大麥粥，有『逆旅唱晨粥，行庖得時珍。青斑照匕筯，脆響鳴牙齦。玉食謝故吏，風餐便逐臣』之句，某亦適解一時饑渴，故特誇於賦詠，『青斑』、『脆響』，實録也。」「逆旅」云云，乃蘇軾詩中語。

湯陰屬河北西路相州。

至滑州，軾上狀乞往汴泗之間舟行。

《蘇軾文集》卷三十七《赴英州乞舟行狀》：「得罪以來，三改謫命。」又云擬「前去汴泗之間，乘舟泛江，倍道而行，至南康軍出陸赴任」。

十五日，軾過韋城，晤吴安詩（傳正）甥歐陽思仲，書《洞庭春色賦》、《中山松醪賦》使贈安詩。

《蘇軾文集》卷六十六《書松醪賦後》叙之。思仲，修族人。《佚文彙編》卷六《跋歐陽文忠小草》及其人，蓋雅士。跋或作於此時。韋城在京西北路滑州，滑州治白馬，距東京二百一十里，韋城在州東南五十里。

十六日，詔蘇軾合叙復日未得與叙復，秦觀、李之純亦以牽連被分别謫降處州、單州。

《長編拾補》卷十本日（丙戌）：「詔蘇軾合叙復日未得與叙復。秦觀落館閣校勘，添差監處州茶鹽酒税。」先是監察御史劉拯言蘇軾：「以私忿形於制誥中，厚誣醜詆，軾於先帝不臣甚矣。王得君憤其詆誣之甚，上書言之，旋被譴斥以死。秦觀浮薄小人，影附於軾。請正軾之罪，褫觀職任以示天下後世。」見同上書本月乙酉（十五日）紀事。拯字彦脩，宣州南陵人。《宋史》卷三百五十六有傳，傳詳叙此事。《宋會要輯稿》第九十九册《職官》六七之八謂蘇軾未得叙復云云爲本月十八日事，引劉拯論秦觀語，與《長編》不同，參元祐元年「以賢良方正薦秦觀」條；又謂工部尚書李之純降知單州，乃以劉拯言其任御史中丞日，「阿附蘇軾、蘇轍，反爲所用」。

過黃河，軾賦詩。

《蘇軾詩集》卷三十七《黃河》末云「靈槎果有仙家事，試問青天路短長」，抒憤。軾乃由京師東北渡黃河。

過陳留，楊明（子微）追遇。十八日，軾書其事贈明。

陳留屬畿，京東五十二里。

《蘇軾文集》卷七十一《書贈楊子微》：「故人楊濟甫之子明字子微，不遠數千里，來見僕與子由。會子由有汝海之行，僕亦遷嶺表，子微追及僕於陳留，留連不忍去。」軾此文即作於陳留。明是否見到轍，無明確記載，以情度之，或相見也。

二十一日，大雨，留襄邑，軾自跋《洞庭春色賦》、《中山松醪賦》卷。

跋見《佚文彙編》卷五（二五四七頁）。襄邑在京東一百七十里，屬畿。

陳留、襄邑途中，米黻（元章）專使致簡，軾答簡謝其矜愍。

答簡乃《蘇軾文集》卷五十八與黻第十七簡。黻時知雍丘，蘇軾此時未至雍丘。

軾抵汝州，視弟轍。題詩汝州龍興寺吴畫壁。弟轍分俸使邁等就食宜興。與友人簡。

襄邑東南爲南都，如至南都再折至汝州，則路程愈遠，今定自襄邑抵汝州。詩見《蘇軾詩集》卷三十七（二〇二七頁），《欒城後集》卷二十一有《汝州龍興寺修吴畫殿記》。

《蘇軾文集》卷六十一《與參寥子》第十三簡云「子由分俸七千，邁將家大半就食宜興」，乃此時事。

《晚香堂蘇帖》：「邁往宜興。迨、過隋行，此二子爲學頗長進，迨論古事廢興治亂，稍有可觀，過作詩、楚詞，亦不凡也。此亦竟何用，但喜其不廢家業耳。蒙問，亦及之。軾白。」作於此略後，今次此。

途中，軾寄詩定州同僚。

《紀年録》：「途中寄定武同僚。」次「過杞」前。《蘇軾詩集》卷四十七《被命南遷途中寄定武同僚》：「人事千頭及萬頭，得時何喜失何憂。只知紫綬三公貴，不覺黄粱一夢游。適見恩綸臨定武，忽遭分職赴英州。南行若到江干側，休宿潯陽舊酒樓。」此乃友人致軾詩，末二句告誡，意尤明。注文亦謂非軾作。此或步軾原韻作，而原韻已佚。

軾别弟轍，至陳留。得旨舟行。過雍丘，與米黻（元章）簡，亟願與黻晤；贈别馬正卿（夢得）。

《蘇軾文集》卷五十三《與王文甫》第一簡叙元豐七年得汝州團練副使新任之命時，擬「沿流入淮，泝汴至雍丘、陳留間，出陸至汝」。《欒城後集》卷十八《分司南京到筠州謝表》云本年「六月十二日再被告降三官，知袁州，即治陸行，趨陳留，具舟赴任」。

以上有「至滑州上狀乞往汴泗之間舟行」條，據以後行程，是得旨也。舟行自陳留始。

《文集》卷五十八與轍第十八簡：「出城固不煩到，復得一見，幸矣。微疾想不爲患，餘非面莫究。」其情既如此懇切，當與轍晤。

《蘇軾詩集》卷三十七有《過杞贈馬夢得》。杞即雍丘，正卿乃杞人。蘇軾與正卿文字聯繫記載止此。

軾過寧陵，書唐人劉昌事。或爲此時自汝州回事。

文見《蘇軾文集》卷六十六（二〇五〇頁）。文謂劉昌事甚壯偉。

按：昌字公明，汴州開封人。安史之亂中，昌以三千兵守寧陵四十餘日，圍終解。昌，《舊唐書》卷一百五十二、《新唐書》卷一百七十有傳。寧陵在南都西五十五里。

至南都。軾與孫敏行（子發）簡，叙以委順適應事態發展。曾布（子宣）來簡，答簡云所托《塔記》已撰成，擬異時致之。

《蘇軾文集》卷五十六與敏行第五簡：「某蒙庇粗遣，旦夕離南都，如聞言者尚紛紛，英州之命，未保無改也？凡百委順而已。幸不深慮。」時敏行仍在定州。

同上卷五十與布第十三簡叙布來簡，以下云：「《塔記》久草下，因循未曾附上，今不敢復寄，異時萬一北歸，或可録呈，爲一笑也。旦夕離南郡，西望悵然，言不能盡意。」布屢求《塔記》，見元祐元年「曾布屢請撰《塔記》」條。《塔記》佚。

在南都。王鞏（定國）專使致書欲一見，軾辭以簡；并論禦瘴之法。

《蘇軾文集》卷五十二與鞏第三十二簡末云「朝夕離南都」，知作於南都。簡云：「言意欲一相見，固鄙懷至願，但不如彼此省事之爲愈也。禦瘴之術惟絶欲練氣一事，本自衰晚當然，初不爲禦瘴而作也。某其餘坦然無疑，雞猪魚蒜，遇着便喫，生病老死，符到便奉行，此法差似簡要也。」知作於南遷時。

軾離南都，張元明追餞。

《蘇軾文集》卷五十六與元明第三簡首云：「前日承追餞南都，又送子由至筠，風義之厚，益增感慨。」

《性善堂稿》卷十五《書東坡與元明帖後》：「昔文忠蘇公謫黄岡也，山谷之兄既餞公於南都，已而又送文定於高安，夫豈有爲而爲之者。方其熙、豐，顧安知有元祐，及其元祐，顧安知有紹聖，各適其適，而是非得失於是乎判矣。而或者當公道泯滅之時，不自植立，雷同苟且，摇尾於權貴人之門，希望驟用，及事定之後，又不知自悔其失，乃曰彼之從遊於大人君子者，僞也，徼福也，嗚呼！孟子曰：哭死而哀，非爲生者也；經德不回，非以干禄也；言語必信，非以正行也。君子行法，以俟命而已矣。是道也，夫人皆可爲，莫之禁而不爲者也。有志於是者，宜自求之，因觀所藏文忠手帖，感歎古今人事之變，敬書其後。」此帖即與元明第三簡。《性善堂稿》謂元明乃黄庭堅之兄大臨（元明），誤。

丁酉（二十七日），上官均論吕大防、蘇轍。

據《長編拾補》卷十。《長編拾補》云：「左正言上官均言：『臣竊見前宰相吕大防天資强狠，懷邪迷國，嘗與御史中丞蘇轍陰相黨附，同惡相濟。伏望陛下究其本末，出自睿斷，特加施行，以明示朝廷好惡，判别忠邪，以正綱紀，然後朝廷尊而天下安。此國家先務，惟陛下留神采擇。』」

五月癸卯（初三日），吴安詩罷起居郎，事涉蘇轍。

據《年表》。《年表》云：「侍御史虞策，殿中侍御史來之邵、井亮采言：『轍近以論事失當，責守汝州，而吴安詩草制有「風節天下所聞」及「原誠本於愛君」之語，命詞乖剌如此！質之公議，難逭典刑。』又監察御史郭知章言：『安詩行蘇轍誥，重輕止徇於私情，褒貶不歸於公議，不加黜責，何以懲戒！』詔安詩罷起居郎。」

《長編拾補》卷九繫吴安詩罷起居郎於本年四月癸酉。

乙巳（初五日），虞策論蘇轍。

據《年表》。《年表》云：「虞策言：『大中大夫、知汝州蘇轍引漢武帝比先朝，止守近郡，請遠謫以懲其咎。』上曰：『已謫矣，可止也。』」

九日，軾與顧道發句通直簡，辭諸人送行。

《晚香堂蘇帖》：「訪别，以舟出許口，勢不可住。又以屈煩諸公冠蓋出餞，非放臣所宜，故不敢見，只恃公知照，不深訝也。悚息！悚息！人至，領手教，益增佩荷。益遠風度，惟萬萬以時自重，不宣。軾再拜顧道發句通直閣下。五月九日。」

許口不詳，據「諸公冠蓋出餞」云云，或在南都附近。

甲寅（十四日），張商英論蘇軾乞合祭天地非是，乞加罪。

《琬琰集删存》卷三《張少保商英傳》謂本年「以右正言召，遷左司諫，論蘇軾乞合祭天地非是，乞加罪」。《長編拾補》卷十謂爲本日事。

軾晤晁説之（以道）於符離，論邢居實（惇夫）；别，酒酣歌古《陽關》。贈説之歙硯。

《嵩山文集》卷十八《東坡先生畫像》：「及其南遷泣别隋岸兮，惜乎不克保厥躬也。」隋岸，當指運河之岸。《東坡樂府》卷下《江城子》下闋有「隋堤三月水溶溶。……回看彭城，清泗與淮通」之句可證。

《老學庵筆記》卷五：「世言東坡不能歌，故所作樂府詞多不協。晁以道云：『紹聖初，與東坡別於汴上，東坡酒酣，自歌古《陽關》。』則公非不能歌，但豪放不喜裁剪以就聲律耳。」

《嵩山文集》卷十八《硯銘》（原注：歙石風字樣，自云應制舉時物）：「東坡居士，初謫嶺表。道扶疏園，遺此硯寶。今公云亡，物不自足。敢是不祇，以爲謟瀆。（原注：刻在硯背）」同上卷十九《邢惇夫墓表》：「東坡貶英州，道符離，予見之，語及惇夫。曰：自是國家失一文士，於邢氏何有。」

過泗州，軾與杜輿（子師）別。

《蘇軾文集》卷五十六與與第四簡：「泗上爲別，忽已八年。」此簡作於建中靖國元年。《慶湖遺老詩集》卷五《寄題盱眙杜子師東山草堂》，作於丙子二月臨淮。詩云：「東山與物遠，松竹蔭茅茨。信有冥鴻志，難藏虎豹姿。會招安石起，何患德璋移。後日岩扉下，游人想履綦。」卷四有《酬别盱眙杜輿》詩，題下注文謂杜字子師，方築淮上東山之居。詩作於癸酉十一月。附此。丙子爲紹聖三年，癸酉爲元祐八年。時杜輿東山草堂或已建成，軾或至。

軾遇任伯雨（德翁）於泗、楚之間，伯雨扶母柩回蜀。因同行。

《蘇軾文集》卷七十二《師續夢經》叙與伯雨遇。伯雨時以宣德郎爲廣陵郡王院大小學教授。

伯雨述其外甥進士師續夢經事，蘇軾爲記之。

同行參本年以下「與任伯雨別」條。

軾過龜山，與龜山長老別。

《蘇軾文集》卷六十一《答龜山長老》第四簡：「前者過謁，雖不款留，然開慰已多矣。」所叙乃此時事。末云「未期會集」，益足證明以上所云乃此時事。簡約作於離龜山赴英途中。此長老，當爲辯才師。參元豐七年「過龜山贈辯才師」條紀事。

軾過山陽，晤徐積（仲車），積贈言，大旨在立德。蘇軾甚爲感佩。

過山陽云云，見《蘇軾文集》卷七十二《記徐仲車語》。同上卷五十七與積第二簡云及「昨日既蒙言贈」，以下叙感佩意。簡作於此時。山陽乃楚州之治。

與積第一簡：「三辱手教，極荷憂念，孔子所謂『忠焉能勿誨乎』，當書諸紳，寢食不忘也。名方良藥，亦已拜賜，幸甚，幸甚。來日，舟人借請或小留，但不敢往謁爾。」亦作於此時。云「名方良藥」，積之於軾，可謂至矣。云「不敢往謁」，斯時軾之艱難處境，蓋可想見。

過高郵，軾寄孫升（君孚）詩。

詩見《蘇軾詩集》卷三十七（二〇二八頁），云及升鄉居。升，高郵人。

《宋史》卷三百四十七《孫升傳》謂升知應天府，紹聖初遭劾削職。軾過高郵時，升正削職家居。升卒年六十二。《孫公談圃》劉延世序謂升卒於元符二年。

過揚州，軾晤州守蘇頌（子容）。

《畫墁録》謂嘉祐、治平間，有中官杜浙者，凡答親舊書，若此事甚大，必曰「兹務孔洪」。以下云：「蘇子瞻過維揚，蘇子容爲守，杜在座，子容少怠。杜遽曰：『相公何故溘然？』其後子瞻與同會，問典客曰爲誰，對曰『杜供奉』。子瞻曰：『今日直不敢睡，直是怕那溘然。』」《蘇魏公文集》附曾肇撰墓誌銘，《輿地紀勝》卷三十七《揚州》謂頌元祐八年九月知揚，紹聖初復知。

過揚、真之間，軾晤吴復古（子野）。復古以佛理喻之。

《蘇軾文集》卷五十七《與吴秀才》第二簡叙之，作於惠州，時復古猶未歸惠州。

過儀真，軾少留。淮南漕莊公岳（希仲）差卒津送。作簡謝公岳並爲書《白紵詞》。

《蘇軾文集》卷五十八《與莊希仲》第一簡：「某少留儀真，旦夕出江。」第二簡謝借三卒，云暑毒，第三簡亦謝差人津送，云秋暑。《雞肋編》卷上謂父公岳元祐中爲尚書郎。「後領漕淮南，諸公皆南遷，率假舟兵以送其行」。以下節引蘇軾與其父簡，雜見《文集·與莊希仲》各簡，惟云軾簡爲惠州書，誤，簡乃此時所書。以下云「余池餙賣之」，大觀間，晁補之爲跋。據光緒重修《儀徵縣志》卷二十五：莊公岳時爲淮南東路發運副使。即淮南漕。儀徵即儀真，發運司駐地。希仲乃公岳之字。

《雞肋編》卷上又云：「東坡書《白紵詞》，與四學士各寫其詩詞，凡二十軸。懸之（按：指其父公岳），照耀堂宇。爲利誘勢脅，於大觀之後，幸能保守。」公岳，福建惠安人，嘉祐四年進士。見《福建通志》卷三十三。熙寧八年爲司農寺丞，十年爲秘書丞，元豐四年爲河東路轉運判官，同年降一官，職如故，七年以奉議郎權河東路轉運判官。見《長編》卷二百六十八、二百八十、三百六、三百十八、三百十九及《宋會要輯稿》第九十八册《職官》六六之三〇。《淨德集》卷八有《尚書吏部郎中莊公岳可鴻臚少卿制》，《欒城集》卷二十七有《莊公岳成都提刑》制，皆爲元祐中事。光緒重修《儀徵縣志》卷二十五謂公岳官淮南漕時，「嘗奏追還侵借錢穀，令當職官依限給散，以濟乏缺，財不失而民益」。公岳妻孫氏，沔之女，見《琬琰集删存》畢仲游所撰《孫沔神道碑》。子綽，字季裕，有《雞肋編》傳世。《宋詩拾遺》卷二十二録莊公岳《此君堂》詩：「使君新構此君堂，手植玲瓏玉萬行。洗濯清風消暑畫，敲摩直節任寒霜。蕭森一逕長年碧，灑落高軒四座涼。金翠交飛賓就醉，夜深留待月華光。」此君謂竹。蓋爲賀此君堂之落成而作。

過真州長蘆，軾見僧思聰（聞復），作詩呈之並請轉呈道潛。嘗有簡與道潛（參寥）。

詩見《蘇軾詩集》卷三十七（二〇二九頁），云思聰「扶病江邊送客，杖挐浦口回頭」，過浦口即金陵。《蘇軾文集》卷六十一《與參寥子》第十三簡云「已達江上」，作於此前後。

乙丑（二十五日），轍作《汝州龍興寺修吴畫殿記》。

文見《欒城後集》卷二十一。

五月，黄庭堅書《大戴禮·踐阼篇》。蘇軾嘗有跋《踐阼篇》之文。

《平園續稿》卷九《題山谷書大戴禮踐阼篇》：「《大戴禮·踐阼篇》，學者罕讀。東坡妙語，聞所未聞。山谷翰墨，世共寶之。可謂三絶。太和彭惟孝字孝求，好古嗜學，謀刻之石。頗疑元祐甲戌四月改元，不應仲春先云紹聖，竊意山谷或以仲夏書此，誤作春耳。（下略）」據此，黄庭堅當於紹聖元年五月書此。蘇軾嘗有跋《大戴禮·踐阼篇》之文，其文已佚。

《渭南文集》卷三十一有《跋魯直書大戴踐阼篇》，以遺彭惟孝（孝求），知惟孝以庭堅之書示陸游。據游跋，庭堅所書者即丹書。

《誠齋集》卷一百《跋山谷踐阼篇法帖》中云：「西昌彭孝求好古博雅，示予（山谷）《踐阼篇》。」即周必大所見者，未云見蘇軾之跋。

同上書同上卷《跋廖仲謙所藏山谷先生爲石周卿書〈大戴禮·踐阼篇·太公丹書〉》謂黄庭堅集中「全載《丹書》諸銘」；「山谷嗜此銘，故每喜爲人士書之耳，此軸其一也」。知黄庭堅書《踐阼篇》，即書《踐阼篇》中之《太公丹書》。《豫章黄先生文集》卷二十五有《題太公丹書後》，全載

《丹書》諸銘，與楊萬里之言同。庭堅跋語作於元祐五年正月癸酉，云：「右太公所誦丹書之言，故武王惕若恐懼，書以爲戒，於所起居服用皆勒銘。」如《鑑銘》：「見爾前，慮爾後。」庭堅喜書《丹書》，與楊萬里之言合。

是月，賀鑄聞蘇軾謫英州，賦詩；軾跋陳瓘（瑩中）題朱表臣所藏歐陽修帖。

《慶湖遺老詩集》拾遺《聞蘇眉山謫守英州作》：「嶺首登臨楚粤分，披襟先洗得南薰。座隅鵩鳥敢要賦，溪下鱷魚知畏文。酒洗黄茅瘴時雨，嘯驅碧落洞中雲。高才何假江山助，來擬區區詠五君。」序謂「甲戌五月海陵賦」。

跋見《蘇軾文集》卷六十九（二二〇〇頁）。瓘，南劍州沙縣人。《宋史》卷三百四十五有傳。宣和六年卒，年六十五。表臣名處仁，營丘人。景祐二年進士。見《宋元學案補遺》卷十。《文恭集》卷四有《覽朱表臣卷》、《寄江淮太守表臣職方》。

知潤州張耒（文潛）遣兵王告及顧成奉事軾路途。

《蘇軾文集》卷五十二答耒第四簡叙之。簡云「某流離道路時，告奉事無少懈，又不憚萬里再來」，知告送至惠州。簡云「當時與同來者顧成亦極小心」。簡作於惠州。

《宋史》卷四百四十四《張耒傳》：「紹聖初，請郡，以直龍圖知潤州。」《柯山集》卷二十三詩題：「紹聖甲戌，侍立集英殿，臨軒試舉人。」知耒乃新到潤。

六月甲戌（初五日），來之邵等疏蘇軾詆斥先朝，詔謫惠州。

據《宋史·哲宗紀》。《施譜》：「六月，御史來之邵等復言先生自元祐以來多托文字譏斥先朝，雖已責降，未厭輿論，責授寧遠軍節度副使、惠州安置。」

《宋大詔令集》卷二百六《蘇軾散官惠州安置制》（原注：紹聖元年六月甲戌）：「左承議郎新差知英州蘇軾。元豐間，有司奏軾罪惡甚衆，論法當死，先皇帝特赦而不誅，於軾恩德厚矣。朕初嗣位，政出權臣，引軾兄弟，以爲己助，自謂得計，罔有悛心。忘國大恩，敢以怨報。若譏朕過失，何所不容；仍代予言，誣詆聖考。乖父子之恩，害君臣之義。在於行路，猶不戴天；顧視士民，復何面目。乃至交通閹寺，矜詫倖恩，市井不爲，搢紳所恥，尚屈典章，但從降黜。今言者謂軾指斥宗廟，罪大罰輕，國有常刑，非朕可赦，宥爾萬死，竄之遐服。雖軾辯足惑衆，文足飾非，自絶君親，又將奚懟。保爾餘息，毋重後悔。可特責授寧遠軍節度副使、惠州安置。」

《野老紀聞》：「紹聖初，（林文節）在外制，行元祐諸公謫詞，是非去取，固時相風旨，然而命詞似西漢詔令，有王言體，於蘇子瞻一詞，尤不草草。蘇見之，曰：『林大亦能作文章耶！』」林文節、林大，謂林希。《清波雜志》卷六亦謂軾謫惠州制乃林希所草。

同日，上官均論吕大防、蘇轍，轍降左朝議大夫、知袁州。來之邵亦論轍。

據《年表》。《年表》云：「右正言上官均言：『近具劄子論奏前宰臣吕大防、門下侍郎蘇轍擅權欺君，竊弄威福。又前御史中丞李之純等朋邪誣罔，同惡相濟。乞明正典刑，以服中外。既及旬浹，未蒙施行。臣以爲人主之所以臨制天下，爲腹心之臣者莫重於執政，爲耳目之官者莫重於諫官，審詔誥、慎出納者莫重於舍人、給事。吕大防、蘇轍擅操國柄，不畏公議，引用柔邪之臣如李之純輩，充塞要路，以固寵禄。又以張耒、秦觀撰次國史，曲明吕大防輩改變法度之功。是以人主賞罰私其好惡，其罪一也。同時執政如胡宗愈、許將、劉摯、蘇頌，皆以與吕大防、蘇轍議論異同，轍陰諭諫官御史死力排擊，卒皆斥罷。敢以姦謀轉移陛下腹心之臣，易於反掌，其罪二也。李之純頃在成都，與吕大防相善，大防秉政，引用之純爲侍御，又除知開封府。之純尹京無狀，又府舍遺火，延燒殆盡，法當譴責，反挾私愛擢爲御史中丞。楊畏、虞策、來之邵等皆任爲諫官、御史。是四人者，傾險柔邪，嗜利無恥，其所彈擊者皆受大防、蘇轍密諭，或附會風指，以濟其欲。是以天下耳目之官佐其喜怒，以塗蔽朝廷之視聽，其罪三也。舍人主出制命，給事中主行封駁，命令有未善，差除有未當，皆許繳駁，如范祖禹、喬執中、吴安詩、吕希純四人者，皆附會吕大防、蘇轍好惡，隋意上下，不惜公論。其所繳駁者，皆大防、蘇轍之所惡；其所掩蔽者，皆大防、蘇轍之所愛。是以天子掌誥命出納之臣濟其好惡，其罪四也。吕大防自爲執政以至宰相，凡八九年，最爲歲久。蘇轍執政雖止三四年，而强狠徇私尤甚。如隳壞先帝役法、官制、學校科舉之制，士民失業；棄先帝經畫塞徼要害之地，招西戎侵侮邊陲之患，至今未弭。其罪五也。吕大防、蘇轍身爲大臣，義當竭忠盡公以輔佐人主，乃便辟柔佞，陰結宦官陳衍，伺探宫禁密旨，以固寵禄。其罪六也。大防、蘇轍同惡相濟，固非一日。李之純、楊畏、虞策、來之邵爲朝廷耳目，曾不糾察，反陰相黨附，以圖進用。御史黄慶基、董敦逸憤發彈奏蘇轍等專權之罪，罷斥爲轉運判官。李之純、楊畏、來之邵希附軾、轍等，反指慶基、敦逸以爲誣陷忠良，不當除監司，遂謫守軍壘。陛下既親機務，洞分邪正，軾、轍既已斥罷，來之邵輩方始奏論。其朋邪罔上，趨時附勢，情狀明白，衆所共知，非臣之私言臆度也。李之純既已罷免尚書，謫守單州，今楊畏尚爲禮部侍郎，來之邵爲侍御史，虞策爲起居郎，喬執中爲給事中。范祖禹、吕希純雖出守外郡，皆尚除待制。罪同罰異，此中外之所未喻也。議者以爲李之純柔懦無能，迨爲中丞，其所附吕大防、蘇轍指意彈擊，皆楊畏、來之邵朝夕説喻，脅持爲之。二子姦險，過於之純。之純既已斥謫，而二人尚居清要，哆然自得，曾不愧避。臣聞治國之要，莫先於辨邪正；欲辨邪正，莫若驗之以事。今楊畏輩邪險之情皆已明驗，若不加斥遠方，俾安要近，則是邪正兼容，忠佞雜處，蠹敗國政，理之必然。竊觀陛下自親機務，收還權會，大防、蘇轍黨人十已去八九。然楊畏等六人尚居清要，未快士論。伏望陛下考察吕大防、蘇轍擅權欺君、姦邪不忠之罪，推究楊畏等朋邪害正、趨時反覆之惡，譴責黜免，明正典刑，以示天下。』」

《年表》以下云：「制曰：『事君者有犯勿欺，所以盡爲臣之節；無禮必逐，豈容逃慢上之誅！大中大夫、知汝州蘇轍，父子兄弟，挾機權變詐之學，驚愚惑衆。轍昔以賢良方正對策於廷，專斥上躬，固有異志。有司言轍懷姦不忠，如漢谷永，宜在罷黜。我仁祖優容，特命以官。在神考時，獻書縱言時事，召見詢訪，使預討論。與軾大倡醜言，未嘗加罪。仰惟二聖厚恩，宜何以報。垂簾之初，老姦擅國，置在言路，肆詆先朝。乃以君父爲仇，無復臣子之義。復攴深阻，出其天資。援引猥浮，盜竊名器。專恣可否，疇敢誰何！至與大防中分國柄，罔上則合謀取勝，徇私則立黨相傾。排嫉忠良，眩亂風俗。既洞察險詖，猶肆誕謾。假托虛詞，規喧朝聽。比雖薄責，未厭公言。繼覽奏封，交疏惡狀。維爾自廢忠順之道，而予務全終始之恩。再屈刑章，尚假民社。往自循省，毋速後愆。可特降左朝議大夫、知袁州。』」按《宋大詔令集》卷二百六載林希《蘇轍降官知袁州制》與《年表》所引全同，知此制系林希撰。

《潁濱遺老傳》：「居（汝）數月，元豐諸人皆會於朝，再謫知袁州。」

《宋史》卷三百一十四《范純仁傳》：「御史來之邵言高士敦任成都鈐轄日不法事，及蘇轍所謫太近。純仁言：『之邵爲成都監司，士敦有犯，自當按發。轍與政累年，之邵已作御史，亦無糾正，今乃繼有二奏，其情可知。』」

蘇轍在汝州，有《汝州楊文公詩石記》及《望嵩樓》、《思賢堂》詩。記見《欒城後集》卷二十一，次《汝州龍興寺修吴畫殿記》後。記云「紹聖元年四月，予自門下侍郎得罪出守兹土」，非謂詩石記作於其時，且蘇轍至汝州時，已爲四月下旬，搜集散落詩石，刻之於石，非數日能辦。《年表》繫此記於四月丁卯（二十六日），非是。楊公，謂大年，以文學鑒裁，獨步咸平、祥符間。詩見《後集》卷一。思賢堂，據《汝州楊文公詩石記》，乃皇祐中郡守王君爲楊大年建，在北園之東偏。

七日，泊金陵。晤鍾山法泉佛慧禪師，法泉説偈，蘇軾有詩。

《蘇軾詩集》卷三十七有《六月七日泊金陵阻風得鍾山泉公書，寄詩爲謝》。《羅湖野録》卷三：「蔣山佛慧泉禪師，叢林謂之泉萬卷。紹聖元年，東坡居士有嶺外之行，舟次金陵，阻風江滸，既迎其至，從容語道。東坡遂問曰：『如何是智海之燈？』泉遽對以偈曰：『指出明明是甚麽，舉頭鷂子穿雲過。從來這碗最希奇，解問燈人能幾箇。』東坡于是以詩紀其事，曰：（按：即以上所云《詩集》卷三十七之詩，略）泉復説偈送行曰：『脚下曹溪去路通，登堂無復問幡風。好將鍾阜臨岐句，説似當年踏碓翁。』噫東坡平生夷險一致，非無憂患争者，不然，正當放浪嶺海之時，豈能問智海燈耶！泉奮霹靂舌爲吹散千峯雲云云，在東坡不爲無得也。」

法泉，俗姓時，隨州人。《五燈會元》卷十六有傳。屬雲門宗，乃青原下十一世，雲居舜禪師法嗣。郭祥正《青山集》卷六有詩及之。

九日，迨、過以與其兄邁遵母遺命所共畫阿彌陀像奉安金陵清涼寺，蘇軾作贊，并贈詩和長老。

贊見《蘇軾文集》卷二十一（六一九頁）。詩見《蘇軾詩集》卷三十七（二〇三二頁），云「施佛空留丈六身」，記奉安畫像。《輿地紀勝》卷十七《建康府》謂清涼寺在石頭城，去城一里，吴號興教寺，南唐改石城清涼禪寺，太平興國改今額。《景定建康志》卷四十六《清涼廣惠禪寺》謂「東坡嘗舍彌陀畫像於寺中」。

在金陵，軾晤杜傳（孟堅）及傳子唐弼；禱於崇因禪院觀世音菩薩。

《大觀録》卷五《與杜道源五首》建炎己酉魏郡吴幵跋：「孟堅金陵丁外艱，子瞻赴英州，阻風石頭，唐弼方少，往見從容累日，所爲求哀輓者。」哀輓不見。幵謂唐弼才而賢，能世其家，「出眉山蘇公父子與其先世十一帖（原注：除東坡五帖外，有老泉與杜君懿一帖、潁濱、伯達等帖）以示予」，謂蘇軾「交接杜氏四世」。幵有《優古堂詩話》傳世。《佚文彙編》卷四《與知縣一首》即與杜傳者，簡首云「江上邂逅，俯仰八年」。作於建中靖國元年四月二十八日，見該年紀事。

《蘇軾文集》卷二十《觀世音菩薩頌・引》叙禱崇因禪院事。

十二日，轍得知袁州告，離汝州，赴袁州。留家潁川。

《年表》：「轍在郡有異政，既罷去，父老送者皆嗚咽流涕，數十里不絶。」

《欒城後集》卷十八《分司南京到筠州謝表》：「臣前得罪，蒙恩落職知汝州。六月十二日，再被告降三官，知袁州。即治陸行，趨陳留，具舟赴任。」

《後集》卷十九《青詞・高安四首・其四》：「伏念本鄉通義，以仕爲家。再謫高安，累年於此。以忠獲罪，夫婦漂流。携家不前，男女離散。」以下有祈「骨肉和合」之語。據此，知蘇轍再謫筠州時，并未全家偕至。《後集》卷四《和遲田舍雜詩九首・引》云：「吾家本眉山，……仕宦流落，不能復歸。中竄嶺南，諸子不能盡從，留之潁川，買田築室，除饑寒之患。」此所云之嶺南，實包括筠州。卷二《次遲韵二首》其一首云：「老謫江南岸，萬里修烝嘗。三子留二子，嵩少道路長。累以二孀女，辛勤具餱糧。」益可證。蓋遲及适及二孀女留潁昌。二孀女，一爲文務光之妻，一爲王適之妻。參《蘇适墓誌銘》，見宣和四年紀事。時長女已自蜀至。

《欒城三集》卷五《卜居賦》云：「予初守臨汝，不數月而南遷。道出潁川，顧猶有後憂，乃留二子居焉，曰：『姑餬口於是。』」

離金陵，軾過慈湖夾，阻風。至姑熟，得謫惠命，乃命迨歸陽羨從邁居。二十五日，書六賦贈迨，有跋。獨挈過及朝雲赴惠。

《蘇軾詩集》卷三十七有《慈湖夾阻風》。《蘇軾文集》卷五十六《與任德翁》第二簡言阻風累日。跋叙得謫命事，見《蘇軾文集》卷六十六（二〇七二頁）。跋稱「道貶建昌軍司馬」，與《宋大詔令集》所言「寧遠軍節度副使」不同。前者屬江南西路，後者爲廣南西路普州。《蘇軾文集》卷五十三《與陳季常》第十六簡叙「獨與幼子過及老雲並二老婢共吾過嶺」；卷六十《與王庠》第一簡云「與幼子過一人來」。《斜川集》卷一《將至五羊先寄伯達仲豫二兄》：「憶昔與仲別，秦淮匯秋潦。相望一葉舟，目斷飛鴻杳。」乃此時事。

經彭澤，或於舟中書陶潛《歸去來辭》，舒胸中結滯，軾有跋。

跋見《佚文彙編》卷五（二五五一頁），蓋用顔真卿書法書陶作。

至湖口，觀李正臣所蓄異石，名之曰壺中九華。過廬山下。軾皆有詩。

詩皆見《蘇軾詩集》卷三十八（二〇四七、二〇四八頁）。《斜川集》卷二有《湖口人李正臣蓄異石，廣袤尺餘，而九峯玲瓏，老人名之曰壺中九華，且以詩紀之，命過繼作》。《豫章黄先生文集》卷二十五《書壺中九華山石》謂此石「九峯相倚」；《雞肋集》卷三十三《書李正臣怪石詩後》謂「石高五尺而狀異甚」，元符三年爲郭祥正所得；《萍洲可談》謂此石「廣尺餘，宛然生九峯，下有如巖谷者」；涵芬樓本《説郛》卷十六《漁陽公石譜》謂蘇軾獲此石於「壺口民家，名曰壺中九華，謂具九華之體而小也」；《永樂大典》卷三千四百零一引《三蘇江州寓公傳》叙及蘇軾見異石，他略同。

在九江，軾晤蘇堅（伯固）。堅往澧陽，賦《歸朝歡》（我夢扁舟浮震澤）别之。

詞見《東坡樂府》卷上。《艇齋詩話》：「東坡詞中《歸朝樂·和蘇伯固》者，爲送伯固往澧陽，故用靈均、夢得等事。」《蘇軾詩集》卷四十四詩題：「昔在九江，與蘇伯固唱和。」以下引此詞前四句，云「蓋實夢也」。

滕希靖（興公）簡來，致存撫之意，軾覆簡致謝。

覆簡乃《佚文彙編》卷三與希靖第一簡，云「旦夕出江」。

軾與任伯雨（德翁）别。

《蘇軾文集》卷五十六《與程德孺》第一簡：「任德翁同行月餘。」同上卷五十七與伯雨第二簡：「半月不面，思仰深劇。」「金陵雖久駐，奉伺不至，知亦滞留如此。」「不知德翁今晚能到此否？」作於慈湖夾阻風時。據簡，軾與伯雨至金陵後，有短暫停留，忙於各自事務，未能晤面，致軾先離金陵。自楚、泗間至金陵，舟行方便，爲時當不逾一月。細考當時來往踪迹，伯雨當應約至，然後同舟至江州，伯雨回川，軾遵陸赴惠，其時在七月上旬。庶與「同行月餘」之語合。

七月十三日，軾爲黄庭堅銅雀硯作銘。時與庭堅相會於彭蠡之上。相會凡三日。

七月十三日云云，據《山谷全書》卷首年譜本年紀事。銘見《蘇軾文集》卷十九，題作《黄魯直銅雀硯銘》。年譜並謂「親筆刻硯上」，或指蘇軾。

《山谷全書·別集》卷六《題東坡像》：「紹聖之元，吾見東坡於彭蠡之上。」年譜及《山谷詩集注》目録均引黄庭堅《與佛印書》：「惠州偶阻風，相會三日。」惠州指蘇軾，以軾謫其地也。二書謂是歲，庭堅除知宣州，自家鄉分寧赴宣城。五月，舟行至豫章城下。六月八日至彭澤。有題名。正當庭堅赴宣城新任時，朝廷命庭堅改知鄂州。旋於六月十八日，罷庭堅知鄂州新命，命管句亳州明道宮，於開封府界居住。七月十三日，得管句勅。因舟行向淮南。《山谷全書·別集》卷三《銅雀臺硯銘》：「惟曹氏西陵之陶瓦，埋伏千齡，深淵而出，逢世清明。當其貯歌舞，蔽風雨，初不期爲翰墨主。嗚呼，不有君子，長與甓爲伍。分寧王文叔爲洛川守，得此於千仞之淵，舉以畀余，余申以爲硯。雙井黄庭堅銘。」故蘇軾之銘文謂：「天實命我，使與其蹟。」以不易見也。據此，知庭堅以硯相示，軾即爲之銘。銘文又曰：「人亡臺廢，得反天宅。」有深沉感慨在，與二人當時處境有關。

《西清硯譜》卷一《漢銅雀瓦硯説》謂硯高八寸六分，厚五分，上方左鐫「雪堂」二字，知蘇軾亦有銅雀硯。兹附此。

或謂軾在都昌遣侍妾碧桃，無據。

《總案》引石刻題爲軾所作詩「鄱陽湖上都昌縣，燈火樓臺一萬家。水隔南山人不渡，東風吹老碧桃花」云云，見《蘇軾詩集》卷四十八。《總案》云：「衡山王泉之漢槎，作宰西江，嘗至韻山堂舉問之，泉之云：向以差至都昌，并見《都昌誌》稱，時公南遷，遣侍妾碧桃於縣，因爲此詩。」以下，《總案》謂蘇軾以六月二十五日在姑熟，而行於九江、南康間者至一月有餘，不應如是濡滯，「此蓋改命之後，尚有經紀之事，而開閣一説，未爲無因」。清人葉廷琯《鷗陂餘話》據《總案》入其事。

按：此事乃後代好事者造作，以爲傳聞之資。軾濡滯九江，或以會黄庭堅之故。同治《都昌縣志》無遺碧桃記載。

丙辰（十七日），諫官張商英言事，涉蘇轍。

據《長編拾補》卷十。《長編拾補》云：「諫官張商英言，吕希純於元祐中當繳駁詞頭不當及附會吕大防、蘇轍事。上曰：『去冬以宫中缺人使令，因召舊臣十數輩，此何繫外庭利害？而范祖禹、豐稷、文及甫并有章疏陳古今禍福，以動朕聽，希純等猶繳奏争之，何乃爾也！』安燾對曰：『聞文及甫上書，亦爲人所使。』上曰：『必蘇轍也。』」

丁巳（十八日），降授左朝議大夫、知袁州蘇轍守本官，試少府監，分司南京，筠州居住。

《年表》本日紀事：「三省言：『近聞朝廷以吕大防、劉摯、蘇轍落職降官，黜知小郡。臣始以謂陛下慈厚，不欲盡言，姑示薄責而已。今睹制詞，在大防則曰睥睨兩宫，呼吸群助，誣累慈訓，包藏禍心；在劉摯則曰誣詆聖考，愚視朕躬，窺伺禁省，密爲離間；在轍則曰老姦擅國，肆詆先朝，以君父爲仇，無臣子之義。既及此矣，而罪重謫輕，情法相遠。伏望更加詳酌，以正其罪。』監察御史周秩言：『朝廷謫吕大防、劉摯落職，降蘇轍三官，知小郡，臣愚竊以爲未也。大防等罪尚可以爲民師帥乎？然大防與摯始謫，姑易地再施行猶可也。轍之謫已再三矣，而止於降官，則不若未謫，而更容臣等極論之也。臣愚謂大防等罪不在蘇轍之下，大防、摯、轍是言之而又行之者也。蓋大防等所言所行，皆害先朝之事。彼得罪於先朝，而輕論之，他日有得罪於陛下者，而重論之，於義安乎！吕惠卿以沮難司馬光，罪至散官安置，則爲人臣，寧犯人主，勿犯權臣，爲得計也。且摯與轍譏斥先朝，不減於軾。大防又用軾之所謀所言，而得罪輕於蘇軾。天下必以爲非。』詔司馬光、吕公著各追所贈官并謚告，及追所賜神道碑額。降授左朝議大夫、知隨州吕大防守本官、行秘書監、分司南京、郢州居住。降授左朝議大夫、知黄州劉摯守本官、試光禄卿，分司南京、蘄州居住。降授左朝議大夫、知袁州轍守本官、試少府監、分司南京、筠州居住。」

《長編拾補》卷十本日紀事：「御史中丞黄履……言：『吕大防、劉摯、蘇軾、蘇轍皆落職爲知州。緣臣奏論，大防等所爲皆大姦惡，今朝廷但薄責而已。臣愚以爲陛下必欲薄責之，則不當以臣所論事爲罪名，若論其營私不法，則其罪不可勝數。』」以下云及「且摯與轍譏斥」至「天下必以爲非」數語，已見本日以上《年表》所録周秩語。不知以何出現重複？《長編拾補》引黄履言云：「詔司馬光、吕公著各追所贈官并謚告及所賜神道碑額。」

《長編拾補》本日紀事又云：右正言張商英謂吕大防與内臣陳衍結識關通；檢討官張耒、秦觀因衍「與蘇轍兄弟道達言語」，謂衍「姦狀明白，中外共知」，乞削奪衍官，配流海島；詔陳衍送白州編管。

《宋史》卷三百五十五《葉濤傳》：「濤字致遠，處州龍泉人。……紹聖初，爲秘書省正字，編修《神宗史》，進校書郎。曾布薦爲起居舍人，擢中書舍人。司馬光、吕公著、王巖叟追貶，吕大防、劉摯、蘇轍、梁燾、范純仁責官，皆濤爲制詞，文極醜詆。」按：蘇轍謫筠州制未見，其制當出自葉濤之手。

同日，陳衍白州編管，吕希純奪職。事涉蘇軾兄弟。同日，弟轍筠州居住。

《長編拾補》卷十七月丁巳紀事：「詔陳衍追毁出身已來文字，除名勒停，送白州編管，仍仰所在官司差得力人轉押前去。」謂衍編管，乃因右正言張商英之言；衍爲内臣，先管句儲祥宫；

「姦狀」之一，乃檢討官張耒、秦觀因衍與蘇轍兄弟道達言語。本年六月初五日紀事所引《蘇軾散官惠州安置制》云及「交通閹寺」，當指衍。《蘇潁濱年表》本年六月甲戌引右正言上官均奏，有吕大防、蘇軾「便辟柔佞，陰結宦官陳衍，伺探宮禁密旨，以固寵禄」語。衍，開封人。《宋史》卷四百六十八有傳。《長編》卷四百九十五元符元年三月戊午注謂衍紹聖二年正月二十六日配朱崖軍。《太平治迹統類》卷二十四謂元符元年詔衍特處死。

希紀奪寶文閣待制，據《宋會要輯稿》第九十九册《職官》六七之九：「以張商英論於元祐中繳駁詞頭不當及附會吕大防、蘇軾」。

同日云云，據《蘇潁濱年表》：弟轍守本官試少府監、分司南京，筠州居住。

八月初，軾渡彭蠡湖，至吴城山望湖亭，有題。旋至豫章。了元（佛印）遣書追至。

《蘇軾詩集》卷三十八《望湖亭》：「八月渡長湖。」以下有「八月七日初入贛」條，此八月乃八月初。彭蠡湖接南康、饒州、隆興，瀰茫浩渺，故稱長湖。

《石門文字禪》卷二十七《跋順濟王記》：「東坡昔自定武謫英州，夜宿分風浦，三鼓矣。發運司知有後命，遣五百人來奪舟。東坡曰：『乞夜櫓至星江就聚落買舟可乎？』使者許諾。即默禱順濟王曰：『軾往來江湖之上三十年，王於軾爲故人，故人之失所，當哀憐之。達旦至星江出陸至豫章，則吾事濟矣。不然，復見使至，則當露寢潋浦。』言未卒，風掠耳，篙師升帆，帆飽，炊未及熟，已渡楊瀾，泊豫章，日亭午。」楊瀾在南康軍潯陽門外，吴城山在隆興府北一百八十里，屬新建，山有龍王廟，即順濟王廟。分見《輿地紀勝》卷二十五、二十六。參建中靖國元年四月甲午紀事。

《冷齋夜話》卷七《哲宗問蘇軾襯章道衣》：「哲宗問右璫陳衍，蘇軾襯朝章者何衣？衍對曰是道衣。哲宗笑之。及謫英州，雲居佛印遣書追至南昌，東坡不復答書，引紙大書曰『戒和尚又錯脱也』。」戒和尚軾自謂。

軾行豫章、廬陵間，賦《江西》。

詩見《蘇軾詩集》卷三十八，首云：「江西山水真吾邦，白沙翠竹石底江。舟行十里磨九瀧，篙聲犖确相舂撞。」《欒城後集》卷一次韻。

過廬陵，軾見曾安止（移忠）。安止出所作《禾譜》，惜其不譜農器，乃作《秧馬歌》附其末。歌贊秧馬效率高，節省勞力。

歌見《蘇軾詩集》卷三十八（二〇五一頁）。秧馬，農民栽秧之器。歌之引云及秧馬「日行千畦，較之傴僂而作者，勞佚相絶矣」。出之以歌，欲其易誦易背，以廣秧馬之傳也。

《蘇軾文集》卷六十八《題秧馬歌後》其四：「吾嘗在湖北，見農夫用秧馬行泥中，極便。頃來江西，做《秧馬歌》以教人。」

《平園續稿》卷十《跋東坡秧馬歌》云：「東坡蘇公年五十九，南遷過太和縣，作《秧馬歌》遺曾移忠。心聲心畫，惟意所適，如王湛騎難乘馬於羊腸蟻封之間，姿容既妙，回策如縈，無異乎康莊，殆是得意之作。既到嶺南，往往録示邑宰。予家亦藏一本，然不若。初本尤精，李璆『遒潤』之語，庶得其彷彿。」又云：「近歲移忠姪孫之謹，已譜農器，成公素志。予嘗爲之序，其與《禾譜》并傳無疑矣。璆字西美，宣和中書舍人，紹興四年守廬陵，此必當時所題也。嘉泰壬戌正月戊午。」太和屬廬陵郡。

同上卷十四《曾氏農器譜題辭》謂移忠名安止，蘇軾過太和時，已以宣德郎致仕，撰有《禾譜》；軾謂其文温雅詳實，惜其不譜農器，時曾已喪明，「不暇爲」。又謂「後百餘年其姪孫耒陽令之謹始續成之」。

《直齋書録解題》卷十：「《禾譜》五卷。宣德郎温陵曾安止移忠撰。東坡所爲賦《秧馬歌》者也。謂《禾譜》文既温雅，事亦詳實，惜其不譜農器，故以此歌附之。安止，熙寧進士。嘗爲彭澤令，右丞黃履安中誌其墓。」

同上：「《農器譜》三卷，續二卷。耒陽令曾之謹撰。安止之姪孫也。追述東坡作歌之意爲此編。周益公爲之序，陸務觀亦作詩題其後。」

《清江三孔集》卷二十孔平仲《用常甫元韵寄彭澤曾移忠》：「清秋古邑氣象開，健令曳組從南來。淵明已往狄公死，繼有賢者荒山隈。九江安流息駭浪，百里和氣迎新雷。積年逋事一朝決，落筆翩翩何快哉。幽潛曲折皆照見，正以寶鑑懸高臺。古稱豈弟民父母，君視百姓猶嬰孩。近來俗吏狃文法，往往習尚以利回。惟君用心知自性，造次所發皆矜哀。政成訟簡當暇日，間或吟詩持酒杯。言辭泠泠韵不俗，識子眉宇無纖埃。長篇示我已踰月，詩債甚久煩君催。我如荒田廢耕墾，嘉穀不植歲且災。爲君鉏頑揠枯槁，滿把所收惟草萊。金山萬丈絶梯級，手聚沙礫空成堆。龍鱗難攀徒自苦，狗尾强續良可咍。想君風采方引領，忽見泝浪停高桅。迎門倒屣喜如沃，相與一笑傾新醅。曹亭孤峙眺回遠，杖策共尋幽磴苔。諸峰積雪倚天白，此處酬唱須清才。老雞爪嘴未易犯，歛翅避子甘低徊。」可參。

在廬陵，軾遇劉弇。

《獨醒雜志》卷一：「劉偉明弇，少以才學自負，擢高第，中詞科，意氣自得，下視同輩。紹聖初，因遊一禪刹，時東坡謫嶺南，道廬陵，亦來遊，因相遇互問爵里姓氏。偉明遽對曰：『廬陵劉弇。』蓋偉明初不知其爲東坡，自謂名不下人，欲以折服之也。乃復問東坡所從來，公徐應曰：『罪人蘇軾。』偉明始大驚，逡巡致敬，曰：『不意乃見所畏。』東坡亦嘉其才氣，相與劇談而去。」

弇，吉州安福人。登元豐二年進士第，繼中博學宏詞科。《宋史》卷四百四十四有傳。有《龍雲集》，今有豫章叢書本。

八月七日，軾初入贛，過惶恐灘。

據《蘇軾詩集》卷三十八詩題。詩云：「七千里外二毛人，十八灘頭一葉身。」又云：「地名惶恐泣孤臣。」《雞肋編》卷下：「吉州萬安縣至虔州，陸路二百六十里，由贛水經十八灘三百八十里，去虔州六十里始出贛石，惶恐灘在縣南五里。」

萬安在吉州南一百八十里。

九日，軾評孔融（文舉）、陶潛（淵明）詩。

據《紀年録》。

《蘇軾文集》卷六十七《書淵明詩》其一云及孔融、陶潛有關酒之詩，當即《紀年録》所云之文。

宿萬安縣造口，聞夜雨，軾賦《木蘭花令》寄弟轍及張庭堅（才叔）。

《注坡詞》此詞調下原注：「宿造口，聞夜雨寄子由、才叔。」上闋：「梧桐葉上三更雨，驚破夢魂無覓處。夜涼枕簟已知秋，更聽寒蛩促機杼。」乃此地八月景象。惆悵，迷惘，寂寥。

《稼軒詞編年箋注》卷一《菩薩蠻》調下原注：「書江西造口壁。」鄧廣銘注：「造口，在今江西萬安縣西南六十里，有皂口溪，水自此入贛江。皂口，即造口也。」

張庭堅，廣安軍人。《宋史》卷三百四十六有傳。傳稱：「進士高第，調成都觀察推官，爲太學

《春秋》博士。」

約於本月上旬，軾答仙尉葉君簡。

《鬱孤臺法帖》卷六《疊辱書教帖》：「軾啓。疊辱書教，具審比日起居佳勝，感慰兼集。示喻宿、食處，甚荷留念。今已食賢女舖。餘如所教，不一一。軾再拜仙尉葉君閣下。八月□日。」

此簡，不見《蘇軾文集》、《蘇軾佚文彙編》、《蘇軾佚文彙編拾遺》。

此簡作於本年赴惠州途中，參本月「二十八日軾與仙尉葉君簡」條。

簡云「仙尉」，或有尊之之意。尉乃州縣中之吏，掌武事，然往往超出武事範圍。此葉尉知蘇軾南行途中困難甚多，故爲告知途中宿、食之處。此葉尉與蘇軾此前當無交往，不過慕軾之風采，於軾困難之際，有以助之。軾客中得此，亦足以慰矣。查《輿地紀勝》、《方輿勝覽》諸書，未見賢女舖。考察蘇軾南行途徑，當在廬陵、虔州之間，容遍閱沿途有關各縣方志細考之，當有所得。

此簡所云途中情況，他處未及。

此簡約作於本月上旬。

軾與虔州守黄元翁簡。至虔州，登鬱孤臺，遊廉泉、塵外亭，皆有詩。至是出陸。

詩皆見《蘇軾詩集》卷三十八（二〇五三至二〇五五頁）。簡見《蘇軾文集》卷五十七，云「到治下當作陸行，必留數日款見」。又云「見孫提點言，獨有存恤孤旅之意，感激不已」。提點，待考。

《輿地紀勝》卷三十二《贛州》：「鬱孤臺：在郡治，隆阜鬱然孤起，平地數丈，冠冕一郡之形勝，而襟帶千里之山川。登其上者，若跨鼇背而升方壺。」贛州即虔州。又云塵外亭：「在州治東，形勢最高絶，下瞰環城如巨匯，凡四境之山川，可以校閲。」又：「廉泉：在州報恩光孝寺。宋元嘉中，泉涌，因施爲寺。時郡太守以廉名，因名曰廉泉。」《斜川集》卷三有《題鬱孤臺》詩。《文集》卷三十七《赴英州乞舟行狀》云「至南康軍出陸」。《輿地紀勝》謂贛州乃古南康郡。

十五日夜，軾獨歌彭城觀月詩，書並跋。

跋見《蘇軾文集》卷六十八（二一五〇頁）。彭城觀月「暮雲收盡溢清寒」云云，見《蘇軾詩集》卷十五。

十七日，游天竺寺，書白居易贈韜光禪師詩，軾並賦詩。

《蘇軾文集》卷六十七《書樂天詩》叙其事。

《輿地紀勝》卷三十二《贛州》：「天竺寺白樂天詩：在水東三里。白樂天贈韜光禪師墨迹，舊存。」

《蘇軾詩集》卷三十八有《天竺寺》詩。

十九日，應虔州士大夫之請，書舊作《虔州八境圖》八首，以便刻石，軾爲跋。

跋附《蘇軾詩集》卷十六《虔州八境圖》八首之後。

二十二日，軾與顧臨（子敦）簡。

《鬱孤臺法帖》卷六：「子敦龍圖兄閣下。八月廿二日。」

《法帖》僅存此一行。

按，子敦乃顧臨之字。《蘇軾文集》、《蘇軾佚文彙編》、《蘇軾佚文彙編拾遺》均無軾與臨之簡。此簡雖殘脱過多，然一行亦足貴。

《宋史》卷三百四十四《顧臨傳》謂紹聖初以龍圖閣學士知定州。據此姑繫本年。

二十三日，軾與王嵓翁同謁祥符宫乞籤。

據《蘇軾文集》卷七十一《題虔州祥符宫乞籤》。

在虔州，軾自題出潁口初見淮山詩。

《佚文彙編》卷五有《自題出潁口初見淮山詩》。

在虔州，軾作《馬祖龐公真贊》。

文見《蘇軾文集》卷二十二;自注:「曇秀作六偈,述龐公事,東坡讀而首肯之,爲書此贊。」馬祖乃江西馬祖道一禪師,六祖大鑒禪師法嗣,龐公乃龐蘊居士,馬祖道一禪師法嗣,見《五燈會元》卷三。

《輿地紀勝》卷三十二《贛州》:「道一禪師,姓馬氏,漢州什方人,駐錫於馬祖巖。」又謂:「馬祖巖在贛縣。六祖禪師,天下謂之馬祖,故以名巖。昔馬祖棲於此巖。」康熙《贛縣志》卷十四《方外·釋氏》謂曇秀嘗駐錫贛縣廉泉院。

庫本《山谷集》内集卷十四《見翰林蘇公馬祖龐翁贊戲書》:「一口吸盡西江水,磨却馬師三尺嘴。馬駒踢殺天下人,驚雷破浪非凡鱗。馬祖、龐公泄不通,游儵方樂,科斗生角。」

在虔州,軾嘗與州通判俞括入崇慶禪院,晤惟湜,觀寶輪藏。括以詩文求教,答簡論爲文之道。

《蘇軾文集》卷十二《虔州崇慶禪院新經藏記》:「吾南遷,過虔州,與通守承議郎俞君括遊。一日,訪廉泉,入崇慶院,觀寶輪藏。君曰:『是於江南壯麗爲第一,其費二千餘萬,前長老曇秀始作之,幾於成而寂。今長老惟湜嗣成之。奔走二老之間,勸導經營,銖積寸累十有六年而成者,僧知錫也。子能愍此三士之勞,爲一言記之乎?』吾蓋心許之。」記作於紹聖二年五月。惟湜詳建中靖國元年「乞數珠崇慶院」條紀事。

同上卷五十九《答虔倅俞括》：「前日辱訪，寵示長箋，及詩文一編，伏讀數日，廢卷拊掌，有起予之歎。孔子曰：『辭達而已矣。』……所謂文者，能達是而已。」以下盛贊陸贄之文，意蓋欲括學之，使其議論文字有進益。同上卷五十八《與俞奉議》當亦爲括而作。

括字資深，熙寧六年進士。延平府人。見《八閩通志》卷五十二。父備，字幾甫。以特奏名爲河南府助教，調汀州寧化縣主簿。爲本州司法參軍。見《演山集》卷三十四《法曹俞君墓銘》。括，元豐間，以宣德郎通判漳州。見《演山集》卷三十三《夫人陳氏墓誌銘》。《輿地紀勝》卷一百一十一《廣南西路·貴州》有括詩，並謂嘗爲郡守。參紹聖二年五月二十七日紀事。

《青山集》（宋刻本）卷二十五《次韵俞資深承事二首》其一：「聯車同入得仙山，下瞰重城指掌間。不慣青春添我老，且傾白酒伴君閑。三年共佐閩中郡，一檄誰招海上蠻。聞説天門新奏樂，帝樞佳氣紫回環。」其二：「春歸漳岸撲晴嵐，紫燕黄鸝若縱談。自愧不才甘薄祿，喜逢佳客解羸驂。仙山有路終難繼，海品論珍昔未諳。地勝人醇真可樂，夢魂無復憶江南。」與作者郭祥正交往久，時祥正倅汀。

同上卷二十八《寄資深承事行營二首》其一：「縱橫才略領千兵，雕鶚羣飛戰艦輕。海浪掀天須破賊，始知名將是儒生。」其二：「黄梅欲落雨霏霏，想過重岡濕戰衣。破賊有期先可喜，裂雲簫鼓待君歸。」知括諳戎行。

與方子容(南圭)相遇贛上。

《晚香堂蘇帖》:「《與方南圭》:廢逐之餘,始獲傾蓋贛上,歡逾平生。」《後村先生大全文集》卷一百十四《與方南圭十四帖》亦及此簡。子容詳紹聖三年「方子容來知惠」條紀事。

軾離虔州。

八月二十三日,軾尚在虔州。自以下八月二十八日軾與仙尉葉君簡「野次竄逐」句言之,簡作於離虔州途中,作簡之地距離虔州當有一二百里或略多。如此種推測尚能成理,軾離虔州約在八月二十五日或二十六日。今姑據此繫之。

參以下二十八日紀事。

二十八日,軾與仙尉葉君簡。

《鬱孤臺法帖》卷六《數日遠懃徒馭帖》:「數日遠懃徒馭,野次竄逐,餘但有愧汗。晚來起居佳勝,來晨遂行。不果詣□,益遠,惟萬萬自重。臨紙悵惘,不宣。軾再拜仙尉葉君閣下。八月廿八日。」此簡,《蘇軾文集》、《蘇軾佚文彙編》、《蘇軾佚文彙編拾遺》未收。

簡首云「數日遠懃徒馭」,知葉尉似以馬匹供蘇軾驅使,且已「數日」,知作簡之時,軾已離虔州,簡作於離虔州往惠州方向途中。

簡云「野次竄逐」,此語極爲重要,切切不可輕易放過。綜考蘇軾一生,唯此時切合。蘇軾嘗謫黄州，其赴黄州乃元豐三年正、二月間事。「野次竄逐」表明此行乃謫行。此簡與此以上「八月□日」之簡，作於本年，完全可以確定。

簡云「詣□」之「□」，雖不能確定，然其意十分明顯，即詣其所居，或詣其廨，向葉尉告别。而以「來晨遂行不果」。軾此簡實爲告别之簡。此處所云，尚可作進一步之探討。一爲原亦有意往葉尉處告别，似「來晨遂行」，乃臨時決定，不得不致簡解釋。二則「不果」或因别種因素之故，係托辭。

據此簡，可知葉尉所居之地與蘇軾作簡之地並不甚遠，葉尉當爲虔州所屬某縣之尉。鬱孤臺在虔州，意當日聶子述輯刻法帖時，此二簡乃於民間搜求得之。無聶氏搜求、輯刻，此二簡早已湮没，聶氏之功偉矣。

軾過上猶，傳賦詩。

上猶，縣名，在南安軍東北二百里。光緒《上猶縣志》卷二謂有上猶江，流過南康界，入章水，水流逶迤，凡九十九曲，「蘇子瞻南遷過之，有詩」。詩見卷十八：「長河流水碧潺潺，一百灣兮少一灣。造化自知太元巧，不留足數在人間。」

道經南安，傳於一寺壁作竹石。

《鶴林玉露》乙編卷三《東坡書畫》謂蘇軾南遷，道經南安，以下云：「於一寺壁間作叢竹醜石，甚奇。韓平原當國，劄下本軍取之，守臣親監臨，以紙糊壁，全堵脱而龕之以獻。平原大喜，置之閲古堂中。平原敗，籍其家，壁入秘書省著作庭。辛卯之火，焚右文殿道山堂，而著作庭幸無恙，壁至今猶存。」

《齊東野語》卷十四《館閣觀畫》：「乙亥歲秋，秘書監丞黄怡汝濟，以蓬省旬點，邀余偕行，於是具衣冠望拜右文殿，然后遊道山堂。」以下謂：「堂屏，坡翁所作竹石，相傳淳熙間，南安守某人，乃取之長樂僧寺壁間，去其故土，而背施髹漆，且以寺獻曾海野，曾殂後，復獻韓相平原。韓誅，簿録送官。」

過大庾嶺，軾題詩龍泉鐘上。宿建封寺，曉登盡善亭，望韶石，有詩。

詩均見《蘇軾詩集》卷三十八（二〇五六至二〇五七頁）。卷四十五詩題：「余昔過嶺而南，題詩龍泉鐘上。」時當及九月。

《輿地紀勝》卷三十六《南安軍》謂大庾嶺在大庾縣西南二十里，卷九十三《南雄州》謂嶺去州城八十里。《南雄州》謂州北道旁有龍泉寺，有蘇軾留題，龍泉鐘當在寺内；又謂有上封寺，在始興縣東南三里，不知是否爲建封寺。同上卷九十《韶州》：「韶石：在曲江縣。《郡國志》云：斗勞水間，有兩石相峙，高百仞，廣五里，相去一里，大小略均，似雙闕，州取名焉。永和二年，有飛仙衣冠遊二石上。昔舜遊登此石奏韶歌。隋開皇九年，取以名郡。」又：「韶石山：在州東北八十里，高七千丈。昔舜登此山，石奏樂，因名。州之得名亦本此。」

度嶺，傳軾訪二道人。

《清波雜志》卷五：「東坡南遷，度嶺次於林麓間，遇二道人，見坡，即深入不出。坡謂押送使臣：『此中有異人，可同訪之。』既入，見茅屋數間，二道人在焉，意象甚瀟灑，顧使臣：『此何人？』對以蘇學士。道人曰：『得非子瞻乎？』使臣曰：『學士始以文章得，終以文章失。』道人相視而笑曰：『文章豈解能榮辱，富貴從來有盛衰。』坡曰：『何處山林間無有道之士乎？』煇頃得《詩話》一編，目曰《漢皋》，王季羔端朝嘗借去，親爲是正，亦言不知何人作。前説，《漢皋》所書也。一小説云：漢皋張姓，不得其名。」《宋詩話輯佚》卷上疑《漢皋》即《漢皋詩話》。

至韶州，軾過月華寺，值寺遭火災重建，應僧之請，爲題梁，并有詩。

康熙《曲江縣志》卷二：「月華寺，在城南一百里，天竺僧智藥開創。」以下云：「紹聖初重建，東坡爲題梁曰：『上祝天子萬年，永作神主。斂時五福，敷錫庶民。地獄天宫，皆爲浄土。有性無性，齊成佛道。』」「上祝」八句，乃《蘇軾文集》卷十二《方丈記》末八句。《方丈記》此前有「年月日，住持傳法沙門惟謹，重建方丈」十五字。《蘇軾詩集》卷三十八《月華寺》謂寺遭火災。《鶴林玉露》乙編卷三《東坡書畫》：「坡之北歸，經過韶州月華寺，值其改建法堂，僧丐坡題梁。坡欣然援筆，右梁題歲月，左梁題云（按：即『上祝』八句）。右梁題字，一夕爲盗所竊，左梁字尚存。余嘗見之，墨色如新。」據此，「年月日」云云十五字，乃右梁字；《方丈記》實應作《韶州月華寺題梁》。蘇軾北歸時，未至月華寺，應據《蘇軾詩集》及《曲江縣志》，定《題梁》作於本年。此條叙述，參《蘇文繫年考略》。

過南雄州，傳軾題字天峯山真仙巖。

道光《南雄州志》卷十《山川》謂天峯山在城東八十里，山形陡峻，高插霄漢，山半有洞，曰真仙巖，其上有泉。以下引宋人李儀《天峯山記》：「昔唐李衛公謫官，訪至其地，優游偃息數月而去。蘇文忠聞名而至止，顔其穴曰『石髓横開』，字迹宛然。」此事或出傳聞，姑志此。

入曹溪，至南華寺。軾皆有詩。在南華，晤重辯長老，作《卓錫泉銘》、《蘇程庵銘》。爲南華寺書寶林二大字爲額，謁六祖普覺大鑒禪師塔。

《蘇軾詩集》卷三十八有《南華寺》。《輿地紀勝》卷九十《韶州》謂南華寺：「梁天監元年，有天竺國僧智藥自西土來，泛舶至漢土，尋流上至韶州曹溪水口，聞其香掬嘗其味，曰：此水上流有勝地。尋之，遂開山立石名寶林。乃云：此去一百七十年，當有無上法寶，在此演法。今六祖南華寺是也。」又云「開寶八年，准勅賜額，乃六祖大鑒禪師道場，爲嶺外禪林之冠」。《蘇軾文集》卷六十六《書南華長老重辯師逸事》謂遷嶺南始識重辯，語終日。此文作於元符二年，時重辯已卒。同上卷六十一《與南華辯老》第一簡亦叙晤面。二銘見同上卷十九。前者之叙有「今長老辯公」語，知此時作。後者所云程，乃之元（德孺），之元元祐五年間爲廣東提刑，見《長編》卷四百四十六該年八月乙未紀事。韶乃提刑駐地，見《輿地紀勝》卷九十。書額見《南華寺》注文，謁塔據《文集》卷六十二《南華寺六祖塔功德疏》。《筠溪集》卷二十二《福州仁王謨老語録序》謂重辯「非凡僧」。

至英州，軾嘗憩於州治小廳之西。

據《輿地紀勝》卷九十五《英德府》：「迄今思慕，名爲坡公堂」。

游英州碧落洞，軾有詩。子過同游，亦有作。

詩見《蘇軾詩集》卷三十八（二〇六一頁）；卷三十九《次韻程正輔游碧落洞》：「我頃嘗獨游，自適孤雲情。」《總案》謂「未到朱明」句，即未到羅浮也，定爲此時作。《輿地紀勝》卷九十五《英德府》謂洞在州南十五里。

《斜川集》卷一《游英州碧落洞》：「千尺琅玕翠入雲，神仙已去洞仍存。寒崖但見懸鐘乳，流水無窮瀉石門。未到朱明真洞府，先看峽口小崑崙。捨舟欲問桃源路，安得漁人與共論。」

八月，轍過真州，阻風，賦詩。

《欒城後集》卷一《阻風》題下自注：「自汝遷筠，八月過真州，江漲倍常歲，而風不順。」是時未得遷筠之詔，「遷筠」云者，其後編集時作者所加。

過淮南，轍遣人往問徐三翁。

《龍川略志》第十《徐三翁善言人災福》云：「方赴袁州，過淮南，復遣人往問翁。翁復書二句授之，曰：『十遍轉經，福德立至。』謂所遣人曰：『十，數也，過去十，見在十。』」轍竟信之。蓋企盼復用也。

九月十日，轍至彭澤縣界，得遷筠告。

《欒城後集》卷十八《分司南京到筠州謝表》：「九月十日行至江州彭澤縣界，復被告降授試少府監、分司南京、筠州居住。尋拜受前行。」

轍或經鉛山。

《能改齋漫録》卷十一《矮道士老參軍》：「信州鉛山縣治之北三里間石井資福院，有泉涌於山壁之下，澄澈如鏡。本朝詩人潘閬，移太平州散參軍，過而留絶句云：『炎炎畏日樹將焚，却恨都無一點雲。强跨蹇驢來到得，皆疑渴殺老參軍。』蘇黄門過而跋之，云：『東坡先生稱眉山矮道士好爲詩，詩格亦不能高，往往有奇語。如「夜過修竹寺，醉打老僧門」之句，皆可喜者也。予舊讀《湘山野録》，喜閬所作《西湖曲》。及游江南，見《題石井》絶句，頗有前輩氣味，不在石曼卿、蘇子美下。若「老參軍」、「矮道士」自是一對，將恐漫滅失傳，不知法真師能刻之石否？』」

轍文，《欒城集》、《欒城後集》、《欒城三集》未收。按地理位置，鉛山在彭澤南，而筠州在鉛山西北，不應迂道至此。姑繫此，待考。劉尚榮《蘇轍佚著輯考》題跋中收《書潘閬石井絶句後》，即此文。《輯考》有案語五條考證石井之所在，蘇軾語之所自出，及潘閬《西湖曲》等，可參看。法真，見本譜元祐七年紀事。

十二日，軾與子過同游壽聖寺，遇隱者石汝礪（器之）話羅浮之勝，至暮乃去，留題。

留題見《蘇軾文集》卷七十一（二二六七頁）。《輿地紀勝》卷九十五《英德府》：「寒翠亭：在晞陽島之北石壁，有東坡留題。」島在州南鳴絃峯下涵暉谷南隅。又：「石汝礪：真陽人。問學淹該，撰《易解》、《易圖》，擬進於朝，爲王荆公所抑。有《水車賦》，刻南山石壁。」以下引蘇軾留題南山寺之文，其文即在《文集》留題中。據此，知南山寺即壽聖寺。真陽即英德。

嘉靖《廣東通志》卷五十六《列傳十三・人物三》：「石汝礪，英德人，號碧落子。少穎敏，讀書過目成誦。自以生長嶺嶠，局於聞見，乃踰嶺而之江西，從聞人遊，久而有得。《五經》多有講説，於《易》尤契微妙，常曰：《易經》不須注，但熟讀則見互相發明總一乾元亨利貞之道。晚年進所著《易解》、《易圖》於朝，爲荆公所抑。蘇軾謫惠州，遇之聖壽寺，與之談《易》，及談羅浮之勝，至日暮方散。汝礪有《水車記》，刻南山石壁。明於樂律，以琴爲準，所著有《碧落子琴斷》一卷行於世，鄭樵最稱之。（據《韶州志》、《通志略》參修）」汝礪所撰《水車記》，見同上書卷四十三。《水車記》即《水車賦》。

康熙《英德縣志》卷五有石汝礪《竹浦漁歸》詩，云：「釣罷收綸日既殘，扁舟一葉解登灣。長歌欸乃乘風去，嗚櫓咿啞趁月還。翡翠躍飛紅蓼内，鴛鴦驚起白蘋間。奔馳馬足車塵者，回首烟波羡爾閑。」録之，以見汝礪生活之一斑。

蘇軾與方士論内外丹，因悟世間、出世間事不兩立。二十二日，記之。

所記之文，題爲《事不能兩立》，見《蘇軾文集》卷七十三。

《由洎舊聞》卷五全録此文，篇首多「東坡因與方士論内外丹，仍（撰者按，四庫全書本《曲洧舊聞》作「偶」）有所得，喜而曰」十七字，篇末多「君輩爲我誌之」六字。《蘇軾文集》篇末有「紹聖元年十月二十二日」十字，《曲洧舊聞》無。

軾文云：「樂天作廬山草堂，蓋亦燒丹也。欲成而爐鼎敗。明日，忠州刺史除書到。乃知世間、出世間事不兩立。僕有此志久矣，而終無成者，亦以世間事未敗故也。今日真敗矣。……信而有徵。」蓋謂無出世之資，而欲行出世之實，乃屬不可能之事。此其所以兩立也。

轍二十五日，至筠州。有謝表。

《欒城後集》卷十八《分司南京到筠州謝表》云「九月二十五日至筠州居住訖者」。

時州守爲柳平，平憐轍遠來，吏民相與安之。

《古史後序》叙到筠，以下云：「太守柳君平，年老更事，憐余遠來，其吏民亦知予疇昔之無害也，相與安之，於城東南，取得民居十數間，葺而居之，逾月而定。」《豫章黄先生文集》卷二十六《書筠州學記後》：「中書曾舍人作《高安學記》……後二十有七年，柳侯爲州，政優民和。……柳侯名平，武陵人，字子儀。於是爲左朝請郎。」曾舍人謂鞏。《曾鞏集》卷十八《筠州學記》，云州學落成於治平三年八月，既而來學者常數十百人，州守董儀、州倅鄭蒨以書走京師請記。則記之作乃治平四年事，越二十七年而爲紹聖元年，與轍之語合。《楚紀》卷十五有《柳平傳》，謂政清簡無訟，因作燕居之堂，榜曰江西道院，以鼓舞其俗，民胥悦之。

過廣州，軾訪崇道大師何德順，德順爲言廣州女仙事。

據《蘇軾文集》卷七十二《廣州女仙》。

《文集》卷二十七《繳進陳繹詞頭狀》已言及德順。該文作於元祐元年四月。

蘇軾賦《浣溪沙》（幾共查梨到雪霜）。

詞見《全宋詞》第一册第三二二頁。

《蘇軾詞編年校注》編本年九月，引曹樹銘《東坡樂府》云：「細玩下片『北客』及『南金』句，當係東坡謫惠途中初抵廣州時新嘗土産橘柑之作。……此南字，依宋代地理形勢，當爲廣州。詩集有《送沈逵赴廣南》之作，可爲東坡視廣州爲南之見證。至於金，則代表土産橘柑之黄色。考東坡於紹聖元年甲戌謫惠途中，九月間初到廣州，此詞必係當時作。」詞有『北客有來初未識』、『南金無價喜新嘗』之句。

蘇軾復賦《浣溪沙》詠橘。

詞見《全宋詞》第一册第三一五頁。

《蘇軾詞編年校注》編本年九月，引曹樹銘《東坡樂府》云：「此詞與前首（按，謂「幾共查梨到雪霜」）調韻全同，又同賦橘柑事，……今一併……編紹聖元年甲戌。又按陳繼儒序陳夢槐選本《蘇東坡全集》食柑詩云：『一雙羅帕未分珍，林下先嘗愧逐臣。露葉霜枝剪寒碧，金盤玉指破芳辛。清泉蔌蔌先流齒，香霧霏霏欲噀人。坐客殷勤爲收子，千奴一掬奈吾貧。』此詩五六句，與此詞下片起次句類似，必係同時作。且此詞併可視爲此詩之隱括。」按，《食柑》詩，見《蘇軾詩集》卷二十二，作於元豐六年黄州。此詞下片首二句爲：「香霧噀人驚半破，清泉流齒怯初嘗。」謂之類似則可，謂爲同時作，則此詞亦應編元豐六年。細味《食柑》詩與此詞有大不同在。《食柑》所云之「柑」乃一般人未得輕易嘗到之珍品，而此詞所詠之橘則竹籬茅舍，處處有之，與柑之高貴，不可同日語。然柑、橘之爲果，味甚近。蘇軾偶以詠柑之詞詠橘亦情理之常。

軾晤廣州推官程全父(天倅)。

《蘇軾文集》卷五十五與全父第一簡:「去歲過侍下,幸獲接奉。」《七集·續集》卷七稱程全父爲推官。考蘇軾與全父各簡,前八作於惠,後四作於儋;全父實官於廣。此推官當爲廣州推官。第十二簡云:「如聞浙中去歲不甚熟,曾得家信否?」知全父乃浙人。

時譚掞(文初)爲廣州通判。

《永樂大典》卷二萬一千九百八十四《南海志》轉引章楶《廣州府移學記》:「譚文初,前通判此州。」作於紹聖三年七月六日,時知廣州。楶於紹聖二年元月除知廣州任,見該年紀事。蘇軾經廣州時,掞正在廣州通判任。參紹聖四年「在惠嘗爲譚掞所書《金剛經》跋尾」條紀事。

游白雲山、蒲澗寺、滴水巖。軾留詩贈信長老。傳嘗寓瑞澤堂。遂發廣州,登浴日亭,有詩。

《蘇軾詩集》卷三十八有《廣州蒲澗寺》、《贈蒲澗信長老》、《發廣州》、《浴日亭》。

《輿地紀勝》卷八十九《廣州》謂白雲山在景泰山之東絶高處;州東北二十里有菖蒲澗,舊有菖蒲,一寸九節,安期生嘗服之;滴水巖在蒲澗上,峭壁屹立,飛泉下瀉,勢如建瓴。

《南海百詠》有《菖蒲觀覺真寺》題下自注:「寺觀並在蒲澗東。東坡詩云:『昔日菖蒲方士宅,後來薝蔔祖師禪。』是以寺爲安期生宅也。而圖經載遺履之事,乃以觀爲宅,今未詳。觀今名碧軒，中有劉氏碑，東坡題名其上。」同上有《浴日亭》，題下自注：「在扶胥廟前之小山上，東坡有詩，《番禺雜志》謂之看海亭。」

嘉靖《廣東通志》卷十九《輿地志七·古迹·廣州府》：「瑞澤堂：在官園巷。堂有古檜，雷轟爲三。父老傳云：東坡南來，寓此信宿，時有甘露降其上。」

二十六日，軾艤舟泊頭鎮。

詳以下二十七日紀事。

二十七日，軾與子過等游羅浮山，飲梁僧景泰禪師卓錫泉，至長壽觀、冲虚觀、丹竈、朝斗壇、朱明洞，宿寶積中閣，與進士許毅晤。有詩示子過，過及弟轍次韻。或作鐵橋銘。

《蘇軾文集》卷七十一《題羅浮》：「紹聖元年九月二十六日，東坡翁遷於惠州，艤舟泊頭鎮。明晨肩輿十五里至羅浮山。」以下叙游羅浮山。同上《書卓錫泉》叙飲景泰禪師卓錫泉事，署九月二十六日書，今從《題羅浮》。《蘇軾詩集》卷三十九《次韻定慧欽長老見寄》其三：「羅浮高萬仞，下視扶桑卑。默坐朱明洞，玉池自生肥。」卷四十一《和陶雜詩》其六：「我頃登羅浮，物色恐相值。徘徊朱明洞，沙水自清駛。滿把菖蒲根，歎息復棄置。」皆寫此時事。示過詩見《蘇軾詩集》卷三十八（二〇六八頁）。

《欒城後集》卷一《次韻子瞻遊羅浮山一首》：「安迷墮澗逢玉京，雲行天喬風號鳴。暗中過盡石髓滑，驚喜觀闕朝霞明。東坡南去類此客，擠者力盡非求生。偶然瀕海少氛氣，復有福地容躬耕。諸侯歷聘謝魯叟，茅簷燕坐師老彭。天樞旋結日珠重，人寰下視鴻毛輕。俗緣漸覺冰雪解，元氣乍復蛟虬獰。遠游脱屣入蓋竹，初怪長史留家庭。後來玉斧小兒子，亦入《真誥》參仙經。試令子弟學諸許，還家不用劍閣銘。洞天聞亦有圖籍，但恐未免如公卿。此心願與世無事，不願與世平不平。」

《斜川集》卷二《和大人游羅浮山》：「我公陰德誰與京，學道豈厭遲蜚鳴。世間出世無兩得，先使此路荒承明。謫官羅浮定天意，不涉憂患那長生。海涯莫驚萬里遠，山下幸足五畝耕。人生露電非虚語，大椿固已悲老彭。蓬萊、方丈今咫尺，富貴敝屣孰重輕。結茅願爲麋鹿友，無心坐伏豺虎獰。况公方瞳已照塵，奕奕神光在天庭。出青入元二氣换，妙理默契《黄庭經》。但願他時仇池主，不願更勒燕然銘。稚川刀圭儻可得，簪組永謝漢公卿。腹中梨棗晚自成，本無荆棘何所平。」

乾隆《博羅縣志》卷十三蘇軾《鐵橋銘》：「維鐵在冶，五經（疑應作『金』）之堅。藏精於地，受質於天。日用攸需，能人則然。匪釜無食，匪耜無田。利用者兵，皇武用宣。未聞爲橋，橋涉於川。茫茫南海，浴日浮天。蛟鱷之窟，蛇龍之淵。洪濤巨浪，駭波汩沿。易橋爲舍，以淑羣賢。」《佚文彙編拾遺》收。

《輿地紀勝》卷八十九《廣州》：「景泰禪師：梁大同中，駐錫羅浮山，結庵小石樓下。廣州刺史蕭譽召與語，甚異之。朝游南海，夕返羅浮，時謂之聖僧。」

《文集》卷七十一《書天慶觀壁》有「許毅甫自五羊來」語，毅或爲廣州人。

在羅浮，軾書《晉書·單道開傳》贈冲虚觀道士鄧守安，傳爲丹竈題字。

書傳據《蘇軾文集》卷六十六《書單道開傳後》。嘉靖《惠州府志》卷五謂羅浮山丹竈，有蘇軾書「稚川丹竈」四字。《羅浮山志會編》卷三謂冲虚觀中有東坡山房，并引舊志謂軾貶惠，「嘗遊羅浮，宿道士鄧守安館，嘗托人市丹砂與守安煉丹」。又謂冲虚觀右曰葛仙祠，祠後有丹竈。又謂冲虚觀之東三里有明福觀，「宋賜額，東坡所書」。

唐庚聞蘇軾謫惠，賦詩。

《眉山唐先生文集》卷十七《聞東坡貶惠州》：「元氣脱形數，運動天地内。東坡未離人，豈比元氣大。天地不能容，伸舒輒有礙。低頭不能仰，閉口焉敢欬。東坡坦率老，局促因難耐。何當與道俱，逍遥天地外。」

吴復古南往惠州謁蘇軾，陳師道有送行詩。

《後山集》卷四《送吴先生謁惠州蘇副使》：「聞名欣識面，異好有同功。我亦慚吾子，人誰恕此公。百年雙白鬢，萬里一秋風。爲説任安在，依然一秃翁。」據「萬里」句，詩或作於秋。此乃今年事，見任淵注《後山詩》，時師道在京師。據本年以上「過真、揚之間晤吴復古」條，是復古晤後復回京師也。

蘇軾南遷途中，與陳承務簡。

簡見《蘇軾文集》卷五十七。

此陳承務，佚其名與字。承務乃承務郎之簡稱。

其一云「丈丈」，其人之年齡當長於蘇軾；其二「足下」，其人之年齡當少於蘇軾頗多，二簡之接受者非一人。云「孤旅獲濟」，云「孤拙困踣」，知作於道途中。乃南遷時作。

十月二日，軾到責授寧遠軍節度副使、惠州安置貶所，上謝表。有詩。

表見《蘇軾文集》卷二十四（七〇六頁）。詩見《蘇軾詩集》卷三十八（二〇七一頁），有云：「吏民驚怪坐何事，父老相攜迎此翁。」惠州屬廣南東路，治歸善縣，轄歸善、河源、博羅、海豐四縣。

寓居合江樓，軾有詩。

詩見《蘇軾詩集》卷三十八（二〇七一頁）。《輿地紀勝》卷九十九《惠州》謂合江樓在郡東二十步。乾隆《歸善縣志》卷四謂樓在「府治東城上，東、西二江之水，至此合流，環抱如帶」。《總案》：「合江樓在三司行衙之中，爲三司按臨所居。公到日，有司待以殊禮，暫請居之。」又：

「合江樓在惠州府，爲水西。」

時詹範爲州守，蕭世京爲廣南東路提舉常平。

《蘇軾詩集》卷三十八詩題云「惠守詹君」。查嘉靖《惠州府志》，知爲範。府志謂範爲福建崇安人。《名賢氏族言行類稿》卷三十三謂唐有詹豪者，乃範遠祖。《詩集》卷三十九《和陶貧士》其六首云：「老詹亦白髮，相對垂霜蓬。賦詩殊有味，涉世非所工。杖藜山谷間，狀類渤海龔。」叙其爲人。

本年閏四月二日，世京爲廣南東路提舉常平。見《宋會要輯稿》第八十四册《職官》四三之六。《蘇軾文集》卷五十八與世京第一簡云及「罪譴得托迹麾下」，作於此時。世京字昌孺，龍泉人，嘉祐中進士，常平任中能撙節出入。見嘉靖《廣東通志》卷四。元符二年三月十八日，以管句剩員爲吏部員外郎，見《宋會要輯稿》第一百五十七册《食貨》六五之七一。嘉靖《廣東通志》卷九謂建中靖國元年二月爲廣南東路轉運副使。

蕭世京有詩見《鳳墅帖》。其《拙句四篇奉簡故人兼呈蘇公端明》其一：「邕州在何處，目斷粤天長。溪染瘴雲黑，城薰邊日黄。愁攻心未折，貧厭膽逾狂。相憶吾何有？秋風淚兩行。」其二云：「一闊幾千里，天南身僅存。憐才吾有恨，知命子何言。水泄烏蠻毒，雲屯玉壘昏。羈懷欲自遣，誰伴粤中樽。」其三：「同病旅南粤，形骸俱可羞。黄茅吾子面，白雪老夫頭。戍滿霜瓜晚，身輕浪梗浮。生涯莽牢落，腸斷故園秋。」其四：「索漠班超筆，蕭條陸賈金。身嬰萬里遠，聲叫九重深。憔悴愁燕黍，涵濡待傅霖。青雲故人起，應動納溝心。」端明，蘇軾也。

十八日，軾遷居嘉祐寺。

據《蘇軾詩集》卷四十《遷居》之引。《蘇軾文集》卷七十一《題嘉祐寺壁》謂寓居嘉祐寺松風亭，同卷有《記游松風亭》。《詩集》卷四十《和陶移居》其一首云：「昔我初來時，水東有幽宅。晨興鴉鵲朝，暮與牛羊夕。」

《斜川集》卷二有《松風亭詞》。

《輿地紀勝》卷九十九《惠州》謂嘉祐院在通潮門之側，「松風亭在彌陀寺後山之巔，始名峻峯，植松二千餘株，清風徐來，因謂松風亭」。《總案》：「嘉祐寺在歸善縣城内，爲水東，城沿江，一面跨山爲之據。」

二十日，作《思無邪丹贊》；軾作思無邪齋。

贊見《蘇軾文集》卷二十一。蓋謂致身煉養，其道之旨在思無邪。

《王譜》：「就嘉祐寺所居立思無邪齋，有贊，乃紹聖元年十月二十日所作也。」然《思無邪丹贊》未言及齋事，疑另有一贊。

二十二日，軾撰短文《事不能兩立》。

文見《蘇軾文集》卷七十三，論世間、出世間事不兩立。

二十三日，軾與程鄉令侯晉叔、歸善簿譚汲同游大雲寺，賦《浣溪沙》。

據詞之序，詞見《東坡樂府》卷下。《注坡詞》、《東坡先生全集》「二十三」作「十三」，《外集》作「十二月二十六」。乾隆《歸善縣志》卷五：「大雲寺，在邑治西八十里。」程鄉爲梅州之治。嘉靖《廣東通志》卷五十六《侯晉叔傳》：「字德昭，曲江人，登元豐八年進士。爲程鄉令。與蘇軾兄弟往還款密，家藏二公墨帖甚富。」又云：「後知南恩州，賑恤窮寡，禮待英賢，期年而卒。」光緒《韶州府志》卷三十二《侯晉叔傳》録蘇軾與晉叔一簡：「蒙示新論，利害炳然，文亦温麗，歎伏不已，但恨罪廢之餘，不能少有發明爾。」譚汲，待考。

軾與程之元（德孺）、蘇頌簡。

《蘇軾文集》卷五十六與之元第一簡：「在定辱書，未裁答間，倉猝南來，遂以至今。」到惠初作。簡叙兄弟俱竄，「然業已如此，但隨緣委命而已」。

《竹溪鬳齋十一稿續集》卷十三《跋東坡與蘇丞相頌五帖》謂「第二帖獲譴時」作。已佚。

按：蘇軾元豐二年獲譴時，頌亦在詔獄，此帖約作於初到惠時。

常瓌（子然）致軾簡相慰。

《斜川集》卷六《祭常子然文》：「嗟我先君，昔遷南夷。萬里致書，公時布衣。同臭使然，忘其禍危。先君即世，義不敢遺。請婚後人，不謀於龜。」《永樂大典》卷二千四百一引《蘇過墓誌銘》，謂長女適「將仕郎常任俠」。按：「俠」乃「佚」之誤。任佚乃瓌子；瓌，河朔人，字子然，官御史。見《老學庵筆記》卷四。《雞肋集》卷五十二有《答常瓌秀才書》。

蘇軾作《試筆》詩。

詩見《蘇軾詩集》卷三十八（二〇七二頁）。

詩首云「子石如琢玉」，謂硯。嗣云「遠烟真削黳」，謂墨。以下云「入我病風手」，謂磨墨。嗣云「玄雲滃萋萋」，謂書。以下六句謂愛書，欲求其天全。末云：「多謝中書君，伴我此幽棲。」初至惠，甚無聊賴。幸有筆爲伴。

蘇軾作《無題》詩。

詩見《蘇軾詩集》卷三十八。

此詩自擬今後之生活，一在不貪，二在安步，三在「閑」，不著書。一言以蔽之，曰：安分度餘年。

轍與聰長老游。

《欒城後集》卷一《次韵子瞻江西》末云「往還二老筇一雙」，自注謂「予與筠州聰長老有十年之舊」。軾詩見《蘇軾詩集》卷三十八。參紹聖二年九月戊申紀事。

雨中游小雲居，轍賦詩。

詩見《欒城後集》卷一，中云：「廢斥免羈束，登臨散幽憂。鄉黨二三子，結束同一舟。」有解脱之感。又云：「雨點落飛鏃，江光濺輕漚。笑語曾未畢，風雲遽誰收。」陶醉於大自然中。

轍見香城順長老真，作贊。

贊見《欒城後集》卷五。叙引中云：「紹聖元年，予再謫高安，而公化去已逾年矣。其門人以遺像示予，拱手稽首而贊之。」順長老昔居圓通，與蘇洵有交游。

自此上溯三年間，轍嘗受曹輔（子方）之托，寄來輔所贈兄軾天門冬煎。

《蘇軾文集》卷五十八與輔第一簡：「奉别忽三年，……中間子由轉附到天門冬煎，故人於我至矣。」又云：「到惠州，又遞中領手書。」作於到惠之初。

十一月二十三日，軾論董秦。

文見《蘇軾文集》卷六十七（二一一四頁）；謂秦本忠臣，盧仝之論爲非是，論人當考其終始。

二十六日，松風亭下，梅花盛開，軾賦詩。并寄晁補之，補之有和。

詩見《蘇軾詩集》卷三十八（二〇七五、二〇七六頁）。

《雞肋集》卷十三《和東坡先生梅花三首》其一：「霜晴十月玉溪村，見梅開早客迷魂。山阿若有人含睇，跂望不到霜煙昏。東西野寺通兩徑，上下竹籬開一園。落身麴蘖盆盎裏，晨坐對花無酒温。歸來山月照玉蕊，一杯徑臥東方暾。羅浮幽夢入仙窟，有屨亦滿先生門。欣然得句荔支浦，妙絶不似人間言。詩成莫嘆形對影，尚可邀月成三樽。」其二：「幽閑合出昭君村，芳潔恐是三閭魂。無人嶺上更儇好，不與俗花名合昏。蒼官森出劍珮列，甲夫密裹旗槍園。數株臨水欲仙去，一笑向人如玉温。火維草木百名字，十月不冷常炎暾。同心紫蒂宜上苑，啄人虎豹司九門。借令驛使能遠致，要比桃李終無言。豈惟千里共明月，亦可千里同芳樽。」其三：「梅花落盡上饒村，腸斷子規啼月魂。慰人獨有白玉蕊，不到窗前只醉昏。坐罏環甕不舉首，浮花浪蕊空滿園。海山有客心似水，揮麈自散炎州温。松風亭下亦如夢，不見枝雪流初暾。孫登一絃百韻足，有山便足同蘇門。似聞對客但長嘯，獨謂此花終日言。一篇尚可三致志，聽人酌去如衢樽。」

據其二「借令驛使」句，是蘇軾賦詩後，即寄與晁補之。

蘇軾賦《西江月·詠梅》（馬趁香微路遠）。

詞見《全宋詞》第一册第三三三頁。

《蘇軾詞編年校注》引《遼寧大學學報》一九九四年第二期孫民《關於十三首東坡樂府的編年》一文謂：「詞言『倒緑枝寒鳳掛』，是説一種緑色小鳥倒挂在梅枝上。這是只有嶺南早春才有的新奇景象。蘇詩《十一月二十六日，松風亭下，梅花盛開》（見《詩集》卷三八）其二有『蓬萊宮中花鳥使，綠衣倒掛扶桑暾』之句，即指這種小鳥。作者自注：『嶺南珍禽有倒掛子，綠毛，紅喙，如鸚鵡而小，自東海來，非塵埃中物也。』細味本詞，是寫一次月夜賞梅經過，上述引詩亦然。詩寫村中梅花，詞唱路上梅花；詩寫日間梅，詞詠月下梅。二者合讀，恰爲一次賞梅的全過程。蘇軾當時暫居惠州嘉祐寺，距羅浮山有三、五十里，正當騎馬往返，故詞有『馬趁香微路遠』之句。據此，詩詞同詠一事，理應隨詩同編於紹聖元年。」《編年校注》未謂此説「近是」。今亦從。

本月，軾贈朝雲詩。

詩見《蘇軾詩集》卷三十八，題作《朝雲詩》，云：「經卷藥爐新活計。」又云：「丹成逐我三山去。」《蘇軾文集》卷十五《朝雲墓誌銘》謂嘗學佛法。

據詩，時亦學道。

《詩集》卷四十《悼朝雲》之引：「紹聖元年十一月，戲作《朝雲》詩。」

錢世雄（濟明）專人致簡存問，軾答簡。

答簡乃《蘇軾文集》卷五十三與世雄第四簡，爲到惠後與世雄第一簡。簡云：「近來親舊書問已絕，理勢應爾。濟明獨加於舊，高義凜然，固出天資。」知簡作於初到惠時。簡云「郡事餘暇」，時世雄通判平江。參紹聖二年「吴復古南歸蘇軾與晤」條。

十二月十二日，軾與子過游白水山佛迹院，浴於湯泉，記以付過。并有詩。過亦有詩。

文見《蘇軾文集》卷七十一(二二六九頁)。《白水山佛迹巖》、《咏湯泉》見《蘇軾詩集》卷三十八。

《輿地紀勝》卷九十九《惠州》：「白水山：去郡三十餘里，有瀑布泉百二十丈，下有湯泉、石壇，佛迹甚異。」又：「佛迹巖：羅浮之東麓也。在惠州東北二十里佛迹院。有懸水百仞崖，有巨人迹數十，所謂佛迹也。」

《斜川集》卷二《白水巖湯泉》：「世間詭異那可詰，地中火出連山脈。只知驪山天子浴，未信窮海湯泉出。方池不須緑石甃，小沸自與澄沙白。涓涓微溜架巖谷，郁郁佳氣烝石室。滿山松柏香自送，何用椒蘭熏四壁。從來佳景與人遠，野老山僧那解説。雖云得地古招提，未遇賞音同汩没。一篇今傳謫仙詩，當與繡嶺争雄雌。」

十九日，軾生日，有詩，子過次韻。

《斜川集》卷二《次大人生日》：「陰功若以德假人，酬而不酢非所聞。丙吉、于公德在民，皇天有善初無親。自我高曾逮公身，奕世載德一於仁。遇苦即救志劬辛，豈擇富貴與賤貧。久推是心誠而均，可貫白日照蒼旻。譬如農夫耘耔勤，自有豐年穫千囷。公何屢困蠅與蚊，身雖厄窮道益信。天不俾之爵禄新，琢磨功行真人鄰。直言便觸天子嗔，萬里遠謫南海濱。朝夕導引存吾神，兩儀入腹如車輪。羅浮至今餘怪珍，稚川藥竈隱荆榛。飛騰澗谷不可馴，有道或肯來相賓。區區功名安足云，幸此不爲世俗醺。丹砂儻結道力純，泠然御風歸峨岷。」蘇軾原韻已佚。據「萬里」云云，乃初到時作。云「導引」，時習氣功。

過又有壽詩。

《斜川集》卷三《大人生日》第三首：「昔將直道破羣纖，出走寧逃此日讒。塞馬未還非叟病，莫邪偶棄豈鉛銛。長生有道因辭寵，造物無私獨與謙。從此耵裳真敝屣，世間出世固難兼。」蘇軾至惠後，有《事不能兩立》一文，論世間出世，見本年十月二十二日紀事。過詩當爲本年作。

守歲，軾書二十年前潤州道上除夜所作詩赴過。

《蘇軾文集》卷六十八《書潤州道上詩》叙此。

新釀桂酒，軾有詩。並作《桂酒頌》。

詩見《蘇軾詩集》卷三十八（二〇七七頁）。頌見《蘇軾文集》卷二十。《文集》卷六十六《書東皋子傳後》、卷六十四《東坡酒經》叙作酒。

《避暑録話》卷上謂蘇軾在黄作蜜酒，不甚佳。以下云：「嘗一試之，後不復作。在惠州作桂酒。嘗問其二子邁、過。云：『亦一試之而止，大抵氣味似屠蘇酒。』二子語及，亦自撫掌大笑。二方未必不佳，但公性不耐事，不能盡如其節度，姑爲好事，借以爲詩，故世喜其名。」

蒼梧太守李亨伯（安正、安止）來訪軾，留十日。

《斜川集》卷六《書漳南李安正防禦碑陰》：「紹聖初，先君子謫羅浮，是時法令峻急，州縣望風指，不敢與遷客游。一夕，蒼梧守李公安正引車騎叩門，請交於衡門之下，先君子初不識面也。慨然論世間事，商略古今人物，下至醫卜技藝，皆出人意表。先君驚喜，以相見爲晚。而公冒犯簡書之畏，卒留十日而後行。嗚呼，真天下奇男子！」同上《跋李防禦遺文》：「防禦公以儒者尉南海，設方略，破劇賊，進秩至蒼梧太守，知名南服，受代還漳江，過羅浮，爲先君留十日。飲酒論道，商略古今，自恨相見之晚。過方侍行，具見其事。」以下言亨伯終老鄉里。《輿地紀勝》卷六十《全州》：「李亨伯，字安正，换武爲全州。年六十四，即上章乞骸骨，上俞所請，里人榮之。鄒浩爲之銘，王鞏爲作神道碑，劉安世書其碑陰。」以下引安世文，以歐陽修六十五致政、范鎮六十三謝事爲比。卷一百八《梧州》節引亨伯《東山記》。乾隆《漳州府志》卷三十六亨伯傳：「字安止，龍溪人，治平二年進士。授福州懷安尉，遷知東莞縣。縣有巨盜，出没海島中，爲邑大害。亨伯率軍士乘夜渡三洋，潛行七百里，抵香山賊藪。出不意，扼之，皆就縛，海濱帖然。以功遷知梧州，興學舍，立六賢堂以振士風。再遷知全州，經理西原諸蠻，威名大振。終忠州防禦使。」以下謂「爲文有體，尤長於詩」。

吴芘仲自潮陽專使餽物，軾簡謝。芘仲復呈所作《歸鳳賦》，答簡贊所作興寄深遠。

《蘇軾文集》卷五十七《與吴秀才》第二簡云「喜子野之有佳子弟」，知秀才乃復古（子野）之子。嘉靖《廣東通志》卷五十六復古傳謂其子名芘仲。簡有「深念五十九年之非」之語，知作於今年。與吴秀才第三簡贊其所作。

釋仲仁（仁仲、華光、花光）試手作梅，軾首肯之。

《石門文字禪》卷二十六《題華光梅》：「華光紹聖初試手作梅，便如迦陵鳥方雛，聲已壓衆鳥。東坡見之，如黄梅視無姓兒，便肯之。無姓兒今將以衣鉢授嶺南盧，予惜黄梅破頭老人不及見也。圓禪者當還舉似乃翁，問甘露滅法喻齊否。政和五年十一月十二日夜石門精舍題。」

《山谷詩集注》卷十九詩題：「花光仲仁出秦、蘇詩卷，思兩國士不可復見，開卷絶歎。（下略）」仲仁蓋服膺蘇軾之詩。仲仁，會稽人，住衡州花光山。善墨梅。《畫繼》卷五、《圖繪寶鑑》卷三有傳。爲僧。《陳氏香譜》卷三《韓魏公濃梅香》（原注：又名返魂梅）：「黄太史跋云：余與洪上座同宿潭之碧湘門外舟中，衡嶽花光仲仁寄墨梅二枝，扣船而至，聚觀於燈下。余曰：只欠香耳。洪笑發谷董囊，取一炷焚之，如嫩寒清曉，行孤山籬落間。怪問其所得，云自東坡得於韓忠獻家。（下略）」忠獻、魏公皆韓琦。洪上座乃惠洪，據此則紀事，知惠洪與蘇軾有交往，其交往時間，或在南遷之前。

周彦質(文之)爲循州守,餽軾米。

《蘇軾詩集》卷三十八《惠守詹君見和復次韵》:「欲求公瑾一囷米,試滿莊生五石樽。」「誥案」謂上句:「公屢托循守周文之代致米石,文之亦常以此爲餽。據此句,是時文之已來納交,故下句爲得米多釀之詞,蓋特以公瑾爲喻也。」彦質於紹聖四年二月罷循州,見該年紀事。《詩集》卷四十《和陶答龐參軍》之引云:「周循州彦質,在郡二年。」實爲二年餘。據此,知彦質乃新知循。

彦質,江山人,熙寧六年進士。見影印《浙江通志》卷一百二十四。元祐六年上元後,嘗與米黻游金山,見《寶晉英光集》卷三。嘗官主簿。爲韶州通判,見《詩集》卷四十《循守臨行出小鬟復用前韻》自注。

《清江三孔集》卷二十三孔平仲《送周文之主簿》:「俊逸駒千里,孤高桂一枝。清才比栖棘,餘事付枯棋。小邑今官滿,當塗半已知。揚舲發江浦,策馬望京師。待詔須金馬,支床笑玉龜。都塵亦可畏,莫遣素衣緇。」可參。

同上卷二十八《又奉周文之》:「金臺招俊乂,之子值明時。石藴荆山璞,當爲璧與珪。絲隨物所染,在涅要不緇。竹箭中有筠,歲寒尚猗猗。匏葉異甘苦,采掇須自知。土性殊美惡,栽培擇所宜。革急而韋緩,古人貴調胹。木老雁被烹,吾師乃支離。」亦可參。

三蘇年譜卷五十

紹聖二年（一〇九五）乙亥　蘇軾六十歲　蘇轍五十七歲

正月二日，軾作詩寄鄧守安。

詩見《蘇軾詩集》卷三十九（二〇九七頁）。詩之引謂是日讀韋應物《寄全椒山中道士》詩，因次其韻；並謂「羅浮山有野人，相傳葛稚川之隸」，嶺南遺書本《羅浮志》卷五謂此野人姓黄。守安字道玄，蘇軾稱之爲有道者。見《蘇軾文集》卷七十一《題羅浮》；同上卷《與王敏仲》第十一簡謂守安字道立。守安又字安道，《蘇軾文集》卷六十《與鄧安道》，即與守安者。《斜川集》卷一《用韋蘇州寄全椒道士韻贈羅浮鄧道士三首》其一：「是身如傳舍，富貴同過客。齒髮日夜衰，悲哉卵投石。幽人卧林下，沆瀣餐竟夕。應笑蘭亭游，回頭已陳迹。」其二：「神仙豈無路，試訪武陵客。天河尚可到，歸驗支機石。世人耳目隘，露槿那知夕。同趨桃李蹊，肯踐商顔迹。」其三：「異時公子貴，珠履三千客。人生一飯飽，安用家萬石。百年過隙爾，朝不及謀夕。吾駕當早回，覆車豈無迹。」

甲辰（初七日），應南華重辯（辯老）之請，轍作《曹溪卓錫泉銘》。軾爲書之。轍時與兄軾簡及軾與轍簡，由辯老轉致。程之才（正輔）爲廣東提刑，轍與之才有交往。

據《年表》。銘乃《欒城後集》卷五《六祖卓錫泉銘》，銘之引云：「今長老辯公住山四歲，泉日湧溢，衆嗟異之。聞之作銘曰。」蓋應辯公之請而作。

《蘇軾文集》卷六十一《與南華辯老》第一簡：「蒙致子由往來書信，異鄉隔絶，得聞近耗，皆法慈垂恤，知幸！知幸！」簡云「到惠已百日」，作於春初。

同上第二簡：「筠州書信已領足。……《卓錫泉銘》已寫得，并碑樣并附去。鐘銘，子由莫終當作，待更以書問之。」此簡作於上簡稍後。《欒城集》未見鐘銘，不知作與否。

同上第四簡：「程憲近過此，往來皆款見。……子由亦時得書，無恙。又遷居行衙，極安穩。」程憲謂之才。轍之書當由之才轉致。軾遷居行衙，爲三月十九日事。程之才爲廣南東路提點刑獄，約上年末到任。

同上第八簡：「正輔提刑書，告便差人達之，内有子由書也。」約作於紹聖二年初，今附此。

十日，晁補之自知齊州降通判南京。以在揚州時嘗修摘星樓。蘇軾以爲乃己所累。

十日云云，據《雞肋集》卷五十五《亳州謝到任表》。

《雞肋集》卷五十五《南京謝到任表》叙自齊州通判南京，乃「爲揚州修過摘星樓事」。

《蘇軾文集》卷五十二《答張文潛》第二簡：「無咎竟坐修造，不肖累之也。愧怍！」是摘星樓之建乃蘇軾知揚時事；修樓之謀，當出自蘇軾。其詳不知。參元祐七年「在揚州修摘星樓」條。

程之才（正輔）巡視廣州，因侯晉叔來惠，致簡。軾答簡以一晤爲幸。

《蘇軾文集》卷五十四《與程正輔》（《文集》卷五十四皆收與之才簡，本年與下年以下叙事，但云與之才第幾簡，略去「文集」與卷次字樣）第一、二簡叙之。前者有「比日履茲新春」語。紹聖元年閏月，立春在十二月，此所云「新春」乃指新正，今次本年。《總案》謂之才按廣州，軾欲通問而未便，侯晉叔爲先之，乃「托侯晉叔致詞，相與釋憾」。第一簡有「侯長官來，伏承傳誨，意旨甚厚」。廣東提刑駐韶州，見紹聖元年「至韶州」條。《邵氏聞見後録》卷二十謂執政「妄以程之才姊之夫有宿怨，假以憲節」，「使之甘心焉」。

《長編》卷二百七十五熙寧九年五月辛巳：河東路體量程之才言河東路和糴之害，獨異他路；卷二百九十元豐元年六月己酉，提及梓州路轉運司判官程之才；卷二百九十六元豐二年二月丁未，詔程之才升一任，以討瀘州夷事饋之有勞；卷三百十月己酉，利州路轉運判官太常博士程之才、夔州路轉運判官職方郎中徐師旦兩易其任。《范太史集》卷五十五《手記》有程之才。

十一日，軾書黄庭堅《遠近景圖跋》後。

雲也。」

文見《蘇軾文集》卷七十（二二一八頁），前附庭堅跋文，首云：「此圖燕（文）貴之來昆仍

十二日，軾書黄庭堅《北齊校書圖跋》、《右軍斫膾圖跋》後；後者乃應徐常（彦和）請。

文皆見《蘇軾文集》卷七十（二二一九頁）。《北齊校書圖》，唐閻立本作。庭堅跋見《豫章黄先生文集》卷二十七，紹聖元年四月作。《宋會要輯稿》第八十四册《職官》之六至七：紹聖元年閏四月二日，徐常以奉議郎爲廣南西路提舉常平。《桂勝》卷二有徐常與胡宗回等題名，署奉議郎徐常彦和，時爲本年季冬甲辰。常求跋時仍官廣西。常，建安人，元豐二年進士，嘗知吉州。見嘉靖《建寧府志》。《山谷老人刀筆》卷三有與常簡。

同日，章楶除知廣州。蘇軾嘗與楶簡，請奏朝廷罷香藥草。

同日云云，據《宋會要輯稿》第一百二十册《選舉》三三之一九。《輯稿》云：「直龍圖閣章楶爲集英殿修撰權知廣州。」

《名賢氏族言行類稿》卷二十六《章楶傳》附蘇軾與楶簡，云：「屢承下訪芻蕘，不肖豈復有所見出公之意表者。但竊聞一事，公會用香藥，皆珍異之物，極爲番商坐賈之苦。蓋近歲始造此列（按：『列』疑應作『例』），公若一奏罷之，雖不悦者衆，然於陰德非小補也。某與公皆高年，實無復絲毫有求於人者，所孜孜慕望，唯及物之功，以資前路，不厭多爾。非質夫豈出此

言，千萬裁察。」

《鼠璞》節引此簡，並云：「廣通舶出香藥草，時好事者創爲之，它處未必然也。」

十三日，軾撰《書東皋子傳後》，叙南雄、廣、循、惠、梅州州守餽酒。

書後見《蘇軾文集》卷六十六。東皋子乃唐初詩人王績。

十五日夜，惠守詹範置酒觀燈，軾作詩。

《蘇軾詩集》卷三十九《上元夜》：「使君置酒罷，簫鼓轉松陵。」

轍次韵。

次韵見《欒城後集》卷二，首云：「誰憐東坡老，獨看南海燈。」慰其寂寞。中云：「問我何時來，嗟哉谷爲陵。」知軾寄詩時，兼有簡與之；似詢轍來惠之意，而轍云不可能。

十六日，書所跋《東皋子傳》，贈梅州譚使君，軾復跋。

《蘇軾文集》卷六十六《跋所書東皋子傳》謂譚餽以酒，故以爲報。此譚使君當爲梅守。卷五十三《與陳伯修》第五簡：「譚文之，南方之瑚璉杞梓也。」

二十四日，軾與兒子過、賴仙芝、王原、僧曇穎、行全、道士何宗一同遊羅浮道院及棲禪精舍，次過韵，並寄邁、迨。原、仙芝新自虔州至。

《斜川集》卷一《正月二十四日侍親游羅浮道院棲禪山寺》：「淡雲曉葱蘢，野水清可揭。山明草木秀，百里見瑣細。人閒境愈静，地暖春先逝。桃李已青枝，落花空覆砌。涼風稍可愛，習習來衣袂。赤日雖未苦，炎炎逼裘毳。道人疑有道，羽服襟裳弊。晨齋爨無烟，含糗聊卒歲。空階指葷撥，破屋緣薜荔。拄杖挑筍蕨，折柳樊蘭蕙。居夷信何陋，即此可遁世。敢師浴乎沂，不數山陰禊。人生行樂耳，四海皆兄弟。何必懷故鄉，吾駕隨所税。」時邁、迨在宜興。曇穎，寶積寺長老，見《蘇軾文集》卷七十三《服黄蓮法》。原及仙芝詳本年「四月初王原歸」條紀事。行全，待考。宗一乃羅浮道士，見《蘇軾文集》卷十《何苓之名説》。

二十六日，軾訪嘉祐僧舍東南民家。

《蘇軾詩集》卷三十九有詩（二一〇〇頁），詩題云時雜花盛開，主人林氏媪出應。

答陸惟忠（子厚）簡，軾望惟忠如諾今春來惠。

簡見《蘇軾文集》卷六十（一八五三頁）。簡云：「見許今春相訪，果能踐言，何喜如之。」簡中云及桂酒，時酒釀成不久。此簡作於春初。

吴復古（子野）南歸，蘇軾與晤。復古攜錢世雄（濟明）簡來。世雄復專人惠白朮至。

《蘇軾文集》卷五十三與世雄第五簡：「近在吴子野處領來教。」時世雄官吴中。《楊龜山先生集》卷二十五《冰華先生文集序》謂世雄嘗官平江通判，實爲此時事。復古自吴中歸，當爲歲初。簡復叙「遠蒙差人」，佩荷契義，寄惠白朮，極所欲得。

軾寄龍尾石硯與姪遠，有詩。

詩見《蘇軾詩集》卷三十九（二一〇一頁）。《斜川集》卷三《送李稙秀才歸盱眙》「妙年肯作小坡客」句下自注：「先君以硯付八舍弟，有詩曰：吾衰此無用，寄與小東坡。」八弟乃遠。「吾衰」二句即在軾詩中。時遠侍父居筠，見《欒城後集》卷二《次遠韻》。稙，《宋史》有傳。

《蘇軾詩集》題下「合注」引蘇籀《雙溪集》謂此硯乃贈籀父者。查《蘇潁濱年表》，籀父乃轍之次子适，字仲南。《斜川集》卷二有《送仲南兄赴水南倉》詩。蘇軾此硯非贈适者。遠後改名遜，見《詩集》卷十二《虎兒》題下注文。遜字叔寬，《斜川集》卷二有《送叔寬弟通判瀘南》詩。

道潛（參寥）專使至。軾應道潛請，作《海月辯公真贊》。與許毅遊近城小山，作詩使專使持示西湖諸友，時專使欲歸。

贊見《蘇軾文集》卷二十二，云「師没後二十一年」。海月熙寧六年卒，贊作於本年。《蘇軾文集》卷六十一與道潛第十六簡叙作贊。第十七簡云道潛「專人遠來」，道潛居杭，蓋自杭來。

詩見《蘇軾詩集》卷三十九（二一〇二頁），次《二月十九日攜白酒鱸魚過詹使君食槐葉冷淘》

詩前。其專使至在二月十九日前，或在正月。今依《蘇軾詩集》編次，次此。《寶晉英光集》補遺《書海月贊跋》謂嘗於杭州天竺浄惠禪師處見軾贊，贊軾書法遒勁。《文集》卷七十一《書天慶觀壁》叙與穀遊天慶觀，時穀自廣州來，「邂逅一杯而別」，當爲此時事。

軾作《龍虎鉛汞説》寄轍。

文見《蘇軾文集》卷七十三。文云「吾今年已六十」，知作於今年。又云「自二月一日爲首，盡絶人事」，乃擬議之語，以下「先書以報」可證。則此文乃作於本年正月。所云龍虎鉛汞，其要點在吐納，亦即今日所云氣功。

自二月一日起，軾習道家龍虎鉛汞説，調息煉功，以百日爲期。

《蘇軾文集》卷七十三《龍虎鉛汞説》叙之。未知實行與否。《豫章黄先生文集》卷二十五《題東坡書道術後》：「東坡平生好道術，聞輒行之，但不能久，又棄去。」可參。

二月十一日，軾默坐思無邪齋，書陶潛《東方有一士》詩示子過，並爲跋。

跋見《蘇軾文集》卷六十七（二一一五頁）。《紀年録》繫於紹聖三年二月二十一日。

十九日，軾攜白酒、鱸魚過惠守詹範，食槐葉冷淘。

據《蘇軾詩集》卷三十九詩題（二一〇二頁）。

二十日，轍生日，作青詞。

青詞乃《欒城後集》卷十九《高安四首》其一。青詞云「遽逢生日」，知作於生日。又云「終年三黜，遂涉江湖之險艱」，叙去年事，知作於今年。

蘇軾與友人簡，報近況。

簡見《佚文彙編》卷四（二五一一頁）。

簡云：「子由在筠甚安。此中只兒子過罄身相隨，餘皆在宜興，子由諸子在許州也。」約作於到惠州後不久，時邁、迨在宜興。

三月二日，卓契順自宜興徒步抵惠州，致其師蘇州定慧寺僧守欽《擬寒山十頌》與長子邁與軾之書。傳卓契順亦攜了元（佛印）致書。

三月二日云云，據《蘇軾文集》卷六十九《書歸去來詞贈契順》、《蘇軾詩集》卷三十九《次韻定慧欽長老見寄八首》之引。《文集》卷七十二《守欽》、《記卓契順答問》亦叙契順來。

涵芬樓本《説郛》卷四十五宋錢世昭《錢氏私誌》：「東坡在惠州，佛印居江浙，以地遠無人致書爲憂。有道人卓契順者，慨然歎曰：『惠州不在天上，行即到矣。』因請書以行，佛印因致書云：『常讀退之《送李愿歸盤谷序》，愿不遇知於主上者，猶能坐茂樹以終日。子瞻中甲科，登金門，上玉堂，遠放寂寞之濱，權臣忌子瞻爲宰相耳。人生一世間，如白駒之過隙，二三十年功名富貴轉眄成空，何不一筆勾斷，尋取自家本來面目，萬劫常住，永無墮落，縱未得到如來地，亦可以驂駕鸞鶴，翺翔三島，爲不死人，何乃膠柱守株，待入惡趣。昔有問師，佛法在甚麽處？師云：在行住坐卧處，着衣喫飯處，痾屎刺溺處，没理没會處，死活不得處。子瞻胸中有萬卷書，筆下無一點塵，到這地位，不知性命所在，一生聰明要做甚麽？三世諸佛，則是一個有血性的漢子。子瞻若能脚下承當，把一二十年富貴功名，賤如泥土，努力向前，珍重珍重也。』又傳是王喬書。」

《紀年録》謂卓契順紹聖三年三月二日來。

四日，軾應詹範請，與王原、賴仙芝遊白水山佛迹寺，歸，和陶《歸園田居》；接陳慥書，答之。

《蘇軾文集》卷七十一《題白水山》叙遊白水山。《蘇軾詩集》卷三十九有《和陶歸園田居》，並寄道潛（參寥）。《苕溪漁隱叢話》前集卷四引《王直方詩話》謂紹聖間黄庭堅盛贊「惠州《和歸田園》六首，乃與淵明無異」。

《文集》卷五十三與慥（季常）第十六簡云「今日遊白水佛迹山」，「自山中歸，得來書，燈下裁答」。又云「到惠將半年」，勸慥「安心家居，勿輕出入」，並約林下遊。

程之才將來惠，命過舟次相迎。約於五日，之才來，軾款語甚歡。之才子十郎同行。

第六簡叙命過相迎，又云「十秀才侍行」，十秀才即十郎。《佚文彙編》卷三《與程六郎、十郎》簡，並云及大郎、三郎，當皆爲之才子。

《總案》謂之才「當以七日來」，誤。與之才第六十三簡作於三月十七日與之才別後，有「別來三得書教」之語。以一日一書或一日兩書爲計，則之才之別，當在十四日或十五日。與之才第八簡云「十日之會」，《蘇軾詩集》卷三十九《聞正輔表兄將至以詩迎之》亦云及「樂哉十日留」。據此，之才之來，約在三月五日，以三月四日蘇軾與詹範等遊白水山也。第六十三簡西樓帖真迹，《總案》撰者未見。

第六十三簡云「《桃花》詩再蒙頒示」。《總案》以爲之才出其《桃花》「初作以示公，因以索和，乃相見時事」，是。之才之再作，亦緣蘇軾之和。

蘇軾得曹輔（子方）簡，覆簡。

軾簡乃《蘇軾文集》卷五十八《與曹子方》第一簡。《七集·續集》卷四題作《與廣西憲漕司勳》，時輔官廣西憲。

簡叙自此以往三年交往之迹，以下云：「到惠州，又遞中領手書，懶廢益放，不即裁謝。」知作於到惠後不久，爲到惠州後與輔第一簡。今次此。

程之才（正輔）江行見桃花，作詩。蘇軾次韻。

軾詩見《蘇軾詩集》卷三十九（二一〇七頁）。之才詩佚。

詩首云：「曲士賦《懷沙》，草木傷莽莽。德人無荆棘，坐失嶺嶠阻。」以屈原引起之才，以德人比之才，雖云釋憾，似覺勉强。蓋身處謫境，氣勢不免不足。以下云：「我兄瑚璉姿，流落瘴江浦。凈眼見桃花，紛紛墮紅雨。」之才於是作桃花詩。詩云：「江邊閑草木，閑客當爲主。」當自謂。以下云：「爾來子美瘦，正坐作詩苦。袖手焚筆硯，清篇真漫與。」豈亦自謂耶！以下云：「願兄理北轅，六轡去如組。上林桃花開，水暖鴻北翥。」祝之才升遷回朝。似亦不甚得已而言之。亦處境艱難使然。

約於六日，程之才贈貺甚厚。

與之才第七簡叙「昨日辱臨」之後，叙次日事：「所貺皆珍奇，物意兩重，敢不拜賜。」參以上「約於五日」條紀事。

九日，軾記外曾祖程公逸事。

文見《蘇軾文集》卷六十六（二〇五二頁）。文謂：「軾在惠州，讀陶潛所作外祖《孟嘉傳》云：『凱風寒泉之思，實鍾厥心。』意悽然悲之。乃記公之逸事以遺程氏，庶幾淵明之心也。」此文當緣之才而撰。與之才第二十八簡有「《外曾祖遺事》録呈」之語。

十三日，軾書《桂酒頌》，爲跋。

文見《佚文彙編》卷五（二五四八頁）。

《蘇軾文集》卷五十三《與錢濟明》第五簡：「嶺南家家造酒，近得一桂香酒法，釀成不減王晉卿家碧香，亦謫居一喜事也。有一頌，親作小字録呈。」其頌即《桂酒頌》。

約於十四日，軾追餞之才於博羅，夜半之才行，有二詩。

詩見《蘇軾詩集》卷三十九（二一〇九、二一一〇頁），有「忽驚鐃鼓發夜半」之句。

參以上「約於五日」條紀事。

以病酒留博羅一日，軾晤鄧守安。

與之才第二十八簡云「某前日留博羅一日，再見鄧道士，……方欲邀來郡中款問也」。第二十六簡：「某别時飲，過數日，病酒昏昏，如夢中也。」

遊博羅香積寺，軾屬縣令林抃（天和）作碓磨。以《秧馬歌》製作秧馬之法示抃，抃率田者製作并改進之。從翟東玉請，贈秧馬製作之法。

《蘇軾詩集》卷三十九《遊博羅香積寺·引》叙利用寺下溪水作碓磨，築塘百步閘而落之，可轉兩輪舉四杵，有利麥禾生産，「屬縣令林抃使督成之」。

《蘇軾文集》卷六十八《題秧馬歌》其一贊抃勤民恤農，故以此歌示之，抃喜甚。此則及下則叙抃改進製作，惠民以爲便。卷五十五與抃第十六簡云「加減秧馬，曲盡其用」功在抃「撫字究心」；第十七簡盛贊抃治績，甚慰所望，「秧馬聊助美政萬一爾，何足云乎」，謙意之中，肯定秧馬作用。卷五十四與程之才第十八簡贊抃有心力，可委。

抃，福州閩清人，熙寧九年進士。見《福建通志》卷三十三。翟東玉將令龍川，求秧馬式而去，並爲跋贈之。《題秧馬歌》其三乃跋文，跋贊東玉志在民。參本年「與翟東玉簡」條。跋作時不詳，今因林抃事併繫此。龍川乃循州治。

十七日，軾因卓契順之便，答程之才簡。簡贊之才所和「萓」字韵詩及所寄「一字」詩。

與之才第六十三簡謂之才所和「萓」字韻，句句奇警，「『一字』雖戲劇，亦人所不逮」。「萓」字韻詩，即追餞博羅二首。

程之才作一字韵詩，蘇軾戲和之。

詩見《蘇軾詩集》卷三十九（二一一三頁）。之才原作佚。

詩首云：「故居劍閣隔錦官」。錦官在劍閣之南，似應云「故居錦官隔劍閣」，不易理解。他句較此句尤難理解，純爲游戲之作。

次韻守欽《擬寒山十頌》八首，軾寫付卓契順以寄之。卓臨行，蘇軾焚詩不寄。

詩見《蘇軾詩集》卷三十九（二一一四頁）。焚詩云云，見《蘇軾文集》卷五十三《與錢濟明》第九簡；簡云：「蓋亦知其必厄於此等也。」「此等」乃指助桀爲虐之宵小之徒。

卓契順行，應其請書陶潛《歸去來辭》以贈，軾爲跋。并托卓致簡錢世雄（濟明）。

跋見《蘇軾文集》卷六十九（二二〇一頁）。跋謂：「庶幾契順托此文以不朽也。」

簡見《文集》卷五十三（一五五一頁），爲與世雄第五簡。簡贊卓契順之卓行，並謂：「兩兒子曾拜見否？凡百想有以訓之。」並請卓契順以親作《桂酒頌》贈世雄。時世雄爲平江通判，已見本年「吴子野南歸」條。時邁、迨居宜興，已見本年正月二十四日紀事。

十九日，軾復還於合江樓之行館。與南華辯老簡，爲報之。

十九日云云，據與之才第六十三簡及《蘇軾詩集》卷四十《遷居》引。《詩集》同上《和陶移居》其一口云：「誰令遷近市，日有造請役。歌呼雜閭巷，鼓角鳴枕席。出門無所詣，樂事非宿昔。」近市謂合江樓。簡乃《蘇軾文集》卷六十一與辯老第四簡。

二十三日，軾書所善吴、越名僧十二人事授永嘉羅漢院僧惠誠，使歸見之，致問候之意。

據《蘇軾文集》卷七十二《惠誠》，時惠誠將還浙東。十二人爲：妙總（即道潛）、維琳、圓照、秀州長老、楚明、仲殊、守欽、思義、聞復、可久、清順、法穎。

二十五日，轍作《古史後序》。

庫本《古史後序》：「予少好讀《詩》、《春秋》，皆爲之集傳，讀《太史公書》，質之《詩》、《書》、《左氏》、《戰國策》，知其未能詳復而遽以爲書，亦欲正之而未暇也。元豐中，以罪謫高安，五年不得調，職雖賤且冗，而予僚許以閑暇，乃以其間，終緝二傳，刊正古史，得七本紀、十世家、七列傳。功未及究也，七年九月，得邑於歙，明年至邑而病，寒熱，殆不能起。病愈，蒙恩召還爲諫官，又明年改元元祐，遂以愚闇進當要劇，與聞國政，而性弱才短，日不遑給，回視舊學，常恐終身不能復就也。九年三月，始以罪黜守臨汝，不數月，復降守宜春，行至彭澤，復以少府監分司南京而居高安。往來之間，凡十有一年。太守柳君平，年老更事，憐余遠來，其吏民亦知予疇昔之無害也，相與安之，於城東南陬得民居十數間，葺而居之，逾月而定。借書於州學，不足者求之諸生，以續古史之缺。明年三月而成，凡六十卷，蓋予十年所欲成就者，俯仰而得。堯、舜三代之遺意，太史公之所不喻者，於此而明。戰國君臣得失成敗之迹，太史公之所脱遺者，於此而足。非閑廢有所不暇者也。時季子遜侍予，紬繹經牒，知予去取之意，舉爲之注，後世可考焉。紹聖二年三月二十五日，眉山蘇轍子由志。」

《年表》謂後序作於二月辛卯，不從。

《古史》宋刻元明遞修本楊守敬跋：「北宋本《古史》六十卷，大題在下，每半頁十一行，行二十二三四五字不等。前有自序，卷後有自跋，題『紹聖二年三月二十五日蘇轍子由志』。左右雙邊，避宋諱至哲宗止，蓋即紹聖原刻。」按，楊氏所云北宋本，實乃宋刻元明遞修本。

二十七日，軾簡程之才，報遷居并致謝。

簡乃與之才第二十九簡，謂遷居已八日。

連雨江漲，軾、過均賦詩，轍次其韻。

軾詩見《蘇軾詩集》卷三十九，編在本年《四月十一日初食荔枝》前。過詩不見《斜川集》，已佚。次韵均見《欒城後集》卷二，約作於四月。次軾韵云「回看野寺山溪隔，卧覺晨炊稻飯香」，蓋叙筠州生活；又有「恩移嶠北應非晚」之句。次過韵亦云「君恩許北還，從此當退縮」，盼北歸。

春，軾與陸惟忠（子厚）道士簡，盼於春間踐約來。簡涉兄弟二人學道。

《蘇軾文集》卷六一《與陸子厚》云：「見許今春相訪，果能踐言，何喜如之。」知作於春間。又云：「黄君高人，與世相忘者，如某與舍弟，何足以致之。若得他一見子由，礲錯其所未至，則某可以并受賜矣。因足下致懇，可得否？」惟忠，眉山人。事迹詳《蘇軾文集》卷十五墓銘。與惟忠之簡作於本年。

《蘇軾佚文彙編拾遺》卷下有《記黄腓道人語》，作於紹聖三年十一月四日。與惟忠簡中所云之「黄君」或即黄腓。

軾改熙寧九年四月一日在密州所賦《臨江仙》，與詹範共賞。

改詞見《東坡樂府》卷上，所改乃下闋，云：「我與使君皆白首，休誇年少風流。佳人斜倚合江樓。水光都眼净，山色總眉愁。」調下原注「惠州改前韻」。參熙寧九年四月一日紀事。使君謂詹範，時居合江樓。

四月初，王原（子直）歸。軾贈詩。賴仙芝或同歸。

《蘇軾文集》卷七十一《題嘉祐寺壁》：「虔州鶴田處士王原子直，不遠千里，訪予於此，留七十日而去。」原於正月二十四日來，已見前。《蘇軾詩集》卷三十九有《贈王子直秀才》。《斜川集》卷一有贈原詩。同時有王向，亦字子直，與原非一人。過詩云：「南行幾萬里，親舊書亦缺。誰知傾蓋交，乃勝白頭節。去國日已遠，凄涼瘴烟窟。未著絶交書，已歎交遊絶。門前空雀羅，巷語紛鴃舌。怪君一事無，訪我此窮髮。自憐甑生塵，每愧虀屢韻。何以爲子娱，江水清可啜。男兒重志氣，勿使變窮達。寧甘一瓢樂，恥爲五斗折。火急數相聚，回頭君欲别。一榻當再懸，重來爲君設。」

仙芝亦虔州人，爲布衣。《蘇軾文集》卷七十二《黄僕射得道》乃記賴仙芝之言。

四月八日，軾書嵇康《養生論》贈鄧守安，并跋。

跋見《蘇軾文集》卷六十六（二〇五六頁）。

同日，佛生日，畫壽星。嘗畫月梅。

《東坡赤壁藝文志》卷五：「宋蘇軾畫壽星石刻，同治戊辰翻刻『紹聖二年四月，佛生日，蘇軾寫』，存坡仙亭。」并謂軾畫月梅石刻，同年翻刻，亦存坡仙亭。茲附此。

《東坡赤壁》謂「壽星畫係以德、壽、殿、寶四個字組成的一幅組字畫」，「月梅畫半鐮新月，一株老梅，老枝虬勁，嫩枝茁壯，花蕊初吐，於淒清中露出一縷生機」。

十一日，軾初食荔枝。

《蘇軾詩集》卷三十九有詩（二一二一頁）。

蘇軾賦《減字木蘭花·西湖食荔支》（閩溪珍獻）。

詞見《東坡樂府》卷下。

《蘇軾詞編年校注》：「查《蘇軾詩集》卷三十九有《四月十一日初食荔支》詩，乃紹聖二年乙亥在惠州作，而惠州亦有西湖，見《詩集》同卷《江月五首》引中『豐湖』下查注：『《名勝志》，惠州城西有石埭山，流泉濺沫若飛簾，其水瀉入豐湖，即西湖也。』《初食荔支》詩云：『不知天公有意無，遺此尤物生海隅。』《荔支歎》亦云：『我願天公憐赤子，莫生尤物爲瘡痏。』詩與此詞上片詠史之意吻合，因知此詞亦當作於乙亥四月惠州初食西湖荔支時。」

按：本詞上闋餘三句爲：「過海雲帆來似箭。玉座金盤，不貢奇葩四百年。」自唐天寶末至宋紹聖三百五十年間，荔枝一直是貢品。此言「四百年」，取整數。

蘇軾賦《賀新郎》（乳燕飛華屋）贈朝雲。

詞見《東坡樂府》卷上。

陳鵠《西塘集耆舊續聞》卷二謂此詞作於嶺外，爲侍妾榴花作。

《蘇軾詞編年校注》引劉崇德《蘇詞編年考》:「陳鵠指出此詞是東坡晚年南遷時所作,又云此説得之於晁以道。這一説法值得注意。詞中所描繪的榴花盛開情景恰與五代詞人歐陽炯所寫嶺南風光相合;其《南鄉子》詞中就有『嫩草如烟,石榴花發海南天』的句子。又『浮花浪蕊』一語,本自韓愈《杏花》詩。《杏花》詩是韓愈寫他自己在貞元十九年曾『竄身嶺外,思歸京國,觸目浮花浪蕊,無非蠻鄉風景』的心境。『浮花浪蕊』,韓愈指『才開還落瘴霧中』的嶺南衆卉。蘇軾於榴花詞中用來反襯榴花能於嶺外的瘴霧蠻風中獨呈穠艷及其伴隨作者南遷之幽獨的芳心。然而以榴花爲蘇軾在嶺外的侍妾,并説此詞即爲其人而作,恐爲附會。實際上,隨蘇軾南遷并且獨存的侍妾,并無名叫『榴花』的,而是朝雲。……所謂『穠艷一枝細看取,芳心千重似束。又恐被秋風驚緑』,『驚緑』當爲雙關語。表面説秋風使盛緑衰落,實際是怕時光流逝和人生坎坷會日奪去這女子的美好青春。蘇軾在《送黄師是赴兩浙憲》詩中説『白首沈下吏,緑衣有公言』,『緑衣』即指朝雲。因之,詞中的『驚緑』,緑字又是實指。『手弄生綃白團扇,扇手一時似玉』句,……蘇軾晚年與朝雲詩詞中,多及團扇事,此亦爲榴花詞是爲朝雲而作的又一個證明。詞中又有『枉教人夢斷瑶臺曲』句,寫那女子夢入仙境。這與作者紹聖三年所寫《王氏生日致語口號》中的『人中五日,知織女之暫來』以及悼朝雲的《西江月》『玉骨哪愁瘴霧,冰肌自有仙風』,皆以仙人喻朝雲,爲同一手法。全詞既寫女子的孤芳,而『待浮花浪蕊都盡，伴君幽獨』，更是贊美朝雲的堅貞品格。蘇軾晚年落魄，因而『數妾四、五年相繼辭去』（《朝雲詩·引》）。蘇軾因甘於『老我所老，自我幽獨』，而朝雲却獨隨南遷，二十三年『忠敬如一』，更爲難能可貴。故此詞當作於紹聖二年（或三年）初夏。」以道名説之，本譜屢見。今從其説。

十三日，軾應梁琯之請，書熙寧三年爲琯父所作《緑筠亭詩》。

據《蘇軾文集》卷六十八《書緑筠亭詩》。

琯，衢州人，時過惠回浙。見《文集》卷六十八《題秧馬歌》其一。

二十二日，軾題《秧馬歌》付梁琯，使歸浙見張弼（秉道），以推廣秧馬。

《題秧馬歌》其一謂指示琯以製作秧馬之法，「口授其詳，歸見張秉道，可備言範式尺寸及乘馭之狀，仍製一枚，傳之吴人，因以教陽羡兒子，尤幸也」。

弼，已見元祐六年三月「奏乞相度開石門河狀」紀事。蓋以浙中稻米幾半天下，推廣秧馬，有利於發展生産。

二十三日，黄庭堅到達黔州貶所。軾修簡相慰。

《山谷全書》卷首《年譜》：紹聖元年十二月丙申，謫涪州别駕、黔州安置；本年四月二十三日，到達黔州。

《蘇軾文集》卷五十二與庭堅第四簡：「即日想已達黔中，不審起居如何，土風何似？或云大率似長沙，審爾，亦不甚惡也。惠州已久安之矣。度黔亦無不可處之道也。」又云：「數日來苦痔疾，百藥不效。」知作於六、七月間。參本年以下「五六月間痔作」條。

軾與惟簡（寶月大師）簡。時王覿（明叟）知成都。

簡見《佚文彙編》卷四（二五二九頁），云及「成都大尹」王覿（明叟）。《宋史》卷三百四十四《王覿傳》：「紹聖初，以寶文閣直學士知成都府。」《北宋經撫年表》卷五《成都四路》列王覿於紹聖元年，二年列劉奉世。按：史傳謂覿頗有建樹，非倉促可辦，其離任當在紹聖二年。簡約作於今年春夏間。

道潛（參寥子）專人回，軾答簡。與南華重辯（辯老）簡。徐大正（得之）專人致簡，答簡。

三簡均謂到惠半年，分别爲《蘇軾文集》卷六十一與道潛第十七簡、與重辯第三簡、卷五十七與大正第十三簡。與道潛簡叙在惠生活，參本年此前「道潛專使至」條。

五月四日，軾賦《殢人嬌》、《浣溪沙》贈朝雲。

《注坡詞》之《殢人嬌》調下原注：「或云贈朝雲。」《東坡樂府》卷下收此詞，無注。《東坡先生全集》調下原注：「贈朝雲。」今從《東坡先生全集》。

詞首云「白髮蒼顔，正是維摩境界」。《蘇軾文集》卷五十二《答張文潛》第二簡，作於今年，中有云：「某清净獨居。」詞蓋寫實。詞云「明朝端午」，知作於今日，詞云「紉蘭爲佩」，出《離騷》「紉秋蘭以爲佩」，贊朝雲高潔。詞末云：「尋一首好詩，要書裙帶。」此「好詩」，曹樹銘先生所著《東坡詞》謂即《浣溪沙》（輕汗微微透碧紈）。此《浣溪沙》，收《東坡樂府》卷下，調下原注：「端午。」詞亦云「明朝端午」，知作於上詞同時。詞末云「佳人相見一千年」，曹先生謂「非朝雲莫克當之」。今從其説，並參《東坡詞論叢》曾棗莊《東坡詞中的朝雲》。張志烈《論東坡惠州詞》謂《浣溪沙》中「浴芳蘭」、「綵線纏臂」、「掛符」皆當時習俗，乃爲辟邪；「佳人」句乃祝朝雲健康長壽，並有天長地久永諧情好之意。張文見《論蘇軾嶺南詩及其他》。

蘇軾賦《浣溪沙》（入袂輕風不破塵）賀朝雲生日。

詞見《東坡樂府》卷下。

《蘇軾詞編年校注》引劉崇德《蘇詞編年考》：「此詞題爲『端午』（按：《東坡樂府》無此題，吳訥本有），……爲朝雲而作。朝雲的生日恰值五月五日，見蘇軾於惠州爲朝雲所作《王氏生日致語口號》：『人中五日，知織女之暫來；海上三年，喜花枝之未老。』『人中五日』是用《搜神記》中弦超與神女智瓊分離後，每於三月三日、五月五日、七月七日、九月九日、旦、十五日相會的故事。專取『五日』，知朝雲生日爲五月五朝端日，并有『玉簪犀璧醉佳辰』句。紹聖二年端午前一日所作贈朝雲《殢人嬌》中有『明朝端午，待學紉蘭爲佩，尋一首好詩，要書裙帶』句。蘇軾紹聖元年十一月所作《朝雲詩》有『舞衫歌扇舊姻緣』句，與此詞中『團扇不堪題往事』相合。朝雲於紹聖三年七月病逝於惠州，在惠州過兩個端午。紹聖三年有《王氏生日致語口號》相賀，此詞當爲紹聖二年爲朝雲賀生日而作。」其説是。今從。

八日，黄庭堅跋《宋太宗勅蔡行帖》。此前，蘇軾有文及此帖。

《式古堂書畫彙考·書》卷九《宋太宗勅蔡行帖》：「天生聖人，與物自殊，拜觀是勅，蓋可見矣。行公在當朝功績大著，宜膺是寵，亦爲不薄，其德望之盛，子瞻已詳述，庭堅不暇及，聊志歲月云。時元祐乙亥五月八日，山谷黄庭堅。」文中「元祐」乃「紹聖」之誤。蘇軾之文，不傳。《三希堂法帖》宋太宗《勅蔡行》：「省所上劄子，辭免領殿中省事，具悉。事不久任，難以仰成；職不有總，難以集序。朕肇建綱領之官，使率厥司，况六尚書之職，地近清切，事繁而員衆。以卿踐更既久，理宜因任，俾領盾省，實出柬求，乃願還稱謂，殊見撝謙，成命自朕，於義毋違。爾其益勵前修，以稱眷倚。所請宜不允。仍斷來章，故兹詔示，想宜知悉。十四日敕。」

張耒（文潛）遣兵王告來，因以桃榔杖爲寄，軾有詩。

詩見《蘇軾詩集》卷三十九(二一二二頁)。依《詩集》編次,次此。《蘇軾文集》卷五十二與耒第二、三、四簡,爲同時作,三、四簡乃第二簡附語。第四簡云:來兵王告者,又不憚萬里再來。乃指此次之行。第二簡云:「屏居荒服,真無一物爲信,有桄榔方杖一枚,前此土人不知以爲杖也,勿誚微陋,收其遠意爾。」時耒當仍在潤州任。

杜輿(子師)慰簡,軾答之。

《蘇軾文集》卷五十六與輿第三簡:「貶竄皆愚暗自取,罪大罰輕,感恩念咎之外,略不置胸中也。」作時不詳,以張耒送杖相慰事,類次此。

望日,真一酒造成。軾請羅浮道士鄧守安(安道、道玄)拜奠北斗真君,記其事。有《真一酒詩,並題其後。嘗以真一酒法寄徐大正(得之)。

文乃《蘇軾文集》卷七十一《記朝斗》。《紀年録》謂爲元符元年五月望事,不從。寄大正據《文集》卷七十一《真一酒法》。《真一酒》在《蘇軾詩集》卷三十九,《題真一酒詩後》在《佚文彙編》卷五。

二十七日,軾作《虔州崇慶禪院新經藏記》。

文見《蘇軾文集》卷十二。

五六月間,軾痔作。

《蘇軾文集》卷六十一《與南華辯老》第八簡云「近苦痔疾」。簡云及「張惠蒙到惠」，知痔約作於五月至六月初間。參本年六月十一日紀事。

程之才(正輔)游碧落洞，作詩，蘇軾次韻。

軾詩見《蘇軾詩集》卷三十九(二一二四頁)。之才詩佚。

詩云：「空山不難到，絶境未易名。何時謫仙人，來作鈞天聲。」又云：「謫仙撫掌笑。」似以謫仙比之才，較以屈原比之才者爲自然。詩云：「感君兄弟意，尋羊問初平。」知之才之弟之元(德孺)亦嘗游碧落洞。詩云：「孤鴻方避弋，老驥猶在坰。」皆自謂，上句尤切。

作《荔支歎》，軾責李林甫貢荔支乃害民虐政。

詩見《蘇軾詩集》卷三十九(二一二六頁)，次《六月十二日酒醒步月理髮而寢》前，今依。

詩謂貢荔支害民，「至今欲食林甫肉」。詩末云：「君不見武夷溪邊粟粒芽，前丁後蔡相籠加。争新買寵各出意，今年鬬品充官茶。吾君所乏豈此物，致養口體何陋耶。洛陽相君忠孝家，可憐亦進姚黄花。」責丁謂、蔡襄、錢惟演貢茶、花。

《欒城後集》卷二《奉同子瞻荔支歎一首》末云：「平居著鞭苦不早，東坡南竄嶺南道。海邊百物非平生，獨數山前荔支好。荔支色味巧留人，不管年老白髮新。得歸便擬尋鄉路，棗栗園林不須顧。青枝丹實須十株，丁寧附書老農圃。」

六月九日，軾書柳宗元《大鑒禪師碑》，并跋。蓋應南華重辯（辯老）之請。

跋見《蘇軾文集》卷六十六（二〇八四頁）。《文集》卷六十一與重辯第十簡叙寫碑，云「仍作一小記」，乃謂此跋。第八簡謂王維、劉禹錫二碑，不欲寫，以其「格力淺陋」。《眉山唐先生文集》卷九《書大鑒碑陰記》謂軾所寫柳碑，崇寧中毁去。

十一日，軾從張惠蒙請，遣惠蒙往南華寺謁重辯禪師。

《蘇軾文集》卷六十一《與南華辯老》第十一簡叙之，第八簡叙惠蒙事。

十二日，寶月大師惟簡卒。同日，軾書一紙付龔行信。同日，月中梳頭，賦詩。

惟簡卒據《蘇軾文集》卷十五塔銘（四六七頁），卒年八十四。

《文集》卷六十一有《付龔行信一首》，謝其承南華重辯（辯老）禪師之命遠道來通書。

《蘇軾詩集》卷三十九有《六月十二日酒醒步月理髮而寢》。

轍次軾《梳頭》韻。軾復次轍《梳頭》韻，與轍論養生之理。

轍詩乃《欒城後集》卷二《次韵子瞻梳頭》。

軾詩見《蘇軾詩集》卷三十九，中云：「風輪曉長春筍節，露珠夜上秋禾根。」其下自注：「或謂予曰：草木之長，常在昧明間。早作而伺之，乃見其拔起數寸，竹筍尤甚。又夏秋之交，稻方含秀，黄昏月出，露珠起於其根，纍纍然忽自騰上，若有推之者，或入於莖心，或垂於葉端。稻乃秀實，驗之信然。此二事與子由養生之説契，故以此爲寄。」《蘇軾文集》卷六十與轍第一簡即此自注文字。

二十八日，軾與程之才簡，謝惠蜜。

《晚香堂蘇帖》：「軾啓。適草草作得一書，托郡中附上次。專人至，伏讀手教，感悵不已。别來尊體佳勝，眷聚各康健。惠蜜，愧佩。數日天氣斗熱，惟若時倍萬保嗇，不宣。軾再拜正輔老兄閣下。六月廿八日。」

本月，軾與羅祕校簡。

《蘇軾文集》卷五十八與祕校第一簡云「守局海徼」，知爲官惠屬濱海縣。云「伏暑」，本月作。

本月，軾答王鞏（定國）簡，叙近況。鞏嘗來簡欲蘇軾作書自辯，有答。

《蘇軾文集》卷五十二與鞏第四十簡叙「到此八月」，「凡百不失所」，作於六月。第四十一簡：「所云作書自辯者，亦未敢便爾。不怨天，不尤人，下學而上達，知我者，其天乎！」作於此略後。《總案》：「公所坐呂惠卿責詞等事，元祐中皆辯雪有案，至謫英州謝表，已直認不辭，絶不申理。如更辯，即負司馬光引薦及宣仁特拔之知遇，故率性一擔挑回也。」

弟轍賦詩，以修無生法爲勸。

《欒城後集》卷二《勸子瞻修無生法》：「除却靈明一一空，年來丹竈漫施功。掌中定有菴摩在，雲際懸知霧雨濛。已賴信心留掣電，要須凈戒拂昏銅。誰言逐客江南岸，身世雖窮心不窮。」次《次韻子瞻梳頭》後。

與劉誼（宜翁）書，軾求授道方。書托任伯雨（德公）轉致；伯雨或專人來惠。

《蘇軾文集》卷四十九與誼書云「軾齠齔好道」，「今遠竄荒服，負罪至重，無復歸望，杜門屏居，寢飯之外，更無一事，胸中廓然，實無荆棘。竊謂可以受先生之道，故托里人任德公親致此懇」，口陳其詳，「幸不惜辭費，詳作一書付德公，以授程德孺表弟，令專遣人至惠州」。以下又請誼來嶠南一遊。細味書意，實作於本年。書首云「秋暑」，點明節候。參本年七月二十六日紀事。

《輿地紀勝》卷四《兩浙西路·安吉州·人物·劉誼傳》：長興人，從異人授出世法，遂隱三茅山，十年不出。以下云蘇軾以書問道。其書當即上所引之書。同上《景物上》：「茅山：《寰宇記》云，在德清縣北一十五里。《入東記》云：三茅君隱於此，與延陵句容之茅山同也。」

《蘇軾詩集》卷十八《送劉寺丞赴餘姚》題下「施注」亦云劉誼「學道欲輕舉，自稱三茅翁」。

春、夏間，轍不住與兄軾書。時習道有得。

《蘇軾文集》卷五十二《與王定國》第四十簡：「某到此八月。……子由不住得書，極自適，道氣有成矣。」「此」謂惠州。簡云「伏暑中」，點作簡時季候。簡既云「不住得書」，則是合春、夏而言也。并參以下「六月」條。

六月，轍有簡與程之才（正輔）。軾與黃庭堅（魯直）簡，報轍謫居生活。

《蘇軾文集》卷五十四《與程正輔》第三十八簡：「子由頻得安問，云亦有書至兄處，達否？」簡中云及鄧安道道士已歸山，查同上書卷六十一《與鄧安道》第一簡，安道歸山爲伏暑時事，故知轍與之才簡爲六月。簡早佚。

《蘇軾文集》卷五十二與庭堅第四簡，約作於六七月間，云：「子由得書，甚能有味於枯槁也。」

蘇軾與鄧守安（安道）簡。

簡乃《蘇軾文集》卷六十《與鄧安道》第一簡。

簡云「到山」。山謂羅浮山，守安居羅浮山。簡云：「郡中久留鶴馭，時蒙道話，多所開益。」知守安在惠州時，與守安過從甚密。簡云「伏暑」，點季候。

第二簡云：「有人托尋一劉根道人者，本撫州秀才，今復安在？」托守安訪之。知蘇軾在惠州時生活面較廣。作此簡時，守安已回羅浮山。此簡作於上簡略後。

暑日，蘇軾與林抃（天和）多簡。

簡乃《蘇軾文集》卷五十五《與林天和》自第三至第七簡。

第三簡云：「惠貺荔子極佳，郡中極少得，與數客同食，幸甚！幸甚。」《蘇軾文集》本卷收蘇軾與林抃二十四簡。

第四簡云：「花木悉佳品，又根撥不傷，遂成幽居之趣。」第五簡謝惠貺花木栽並鹿肉，當爲第四簡之附簡。

第六簡謝林抃來訪。並云：「忘己爲民，誰如君者。願益進此道，譬如農夫不以水旱而廢穮蓘也。」爲官者當勤於政事，不因情況變化而有所改變，需日以爲常。

蘇軾此五簡，作紹聖三年或本年。今姑繫本年。

抃爲博羅知縣。

七月十三日，王庠（周彥）、王序（商彥）兄弟萬里遣人遺藥物相問，抵惠州。蘇軾與庠書，論爲文在辭達，贊庠所作《經説》。庠欲往黔南見黄庭堅，軾爲書紹介。軾又與庠書，論八面受敵乃治學之道。

《蘇軾文集》卷四十九《與王庠書》：「遠蒙差人致書問安否，輔以藥物，眷意甚厚。自二月二十五日至七月十三日，凡一百三十餘日乃至，水陸蓋萬餘里矣。」知到惠之日爲七月十三日。以下云所差凡二人。同上卷六十《與王庠五首》其一云：「二卒遠來，承手書累幅，問勞教誨，憂愛備盡。」又云：「寄遺藥物并方，皆此中無有。」簡中云及「近日又苦痔疾，呻吟幾百日」，知作於今年。同上卷六十《與王序一首》：「足下昆仲，曲敦風義，萬里遣人問安否，此意何可忘。」所叙皆一事。末云：「來歲科詔，佇聞竣擢，以慰願望。」謂明年秋試。《與王庠書》：「前後所示著述文字，皆有古作者風力，大略能道意所欲言者。孔子曰：『辭達而已矣。』辭至於達，止矣，不可以有加矣。」

《文集》卷五十二《答黄魯直五首》其五：「某有姪壻王郎，名庠，榮州人。文行皆超然，筆力有餘，出語不凡，可收爲吾黨也。自蜀遣人來惠，云：『魯直在黔，决當往見，求書爲先容。』嘉其有奇志，故爲作書。」《與王庠五首》其三所叙亦爲此事。庭堅謫黔，見本年四月二十三日紀事。

《豫章黄先生文集》卷十九《與王觀復書》其三及王庠，云庠：「行已有恥，不妄取與。其外家連戚里向氏，屢當得官，固辭，以與其弟或及族人。作詩文雖未成就，要爲規摹宏遠。此君又東坡之兄壻也，故亦有淵源耳。」《經進東坡文集事略》卷四十六《答王庠書》郎曄注謂庠乃轍之壻，誤；當爲不欺等堂兄之壻。《山谷别集詩注》卷下《元師自榮州來》詩注文引庠詩二首。

《與王庠五首》其五：「卑意欲少年爲學者，每一書，皆作數過盡之。書富如入海，百貨皆有之，人之精力，不能兼收盡取，但得其所欲求者耳。故願學者，每次作一意求之。如欲求古人興亡治亂聖賢作用，但作此意求之，勿生餘念。又别作一次求事迹故實典章文物之類，亦如之。他皆倣此。此雖迂鈍，而他日學成，八面受敵，與涉獵者不可同日而語也。」此書當亦作於惠。

《山谷全書·别集》卷八《書王周彦東坡帖》：「當先生之棄海瀕，其平生交游多諱之矣，而周彦萬里致醫藥，以文字乞品目，此豈流俗人炙手求熱、救溺取名者耶！蓋見其内而忘其外，得其精而忘其麤者也。」作於建中靖國元年正月乙酉。

《宋史》卷三百七十七《王庠傳》首云：庠字周彦，榮州人，累世同居，號「義門王氏」，父夢易，登皇祐第；庠幼穎悟，七歲能屬文，儼如成人，年十三，居父喪，哀慟深切。以下云：「早歲上范純仁、蘇轍、張商英書，皆持中立不倚之論，吕陶、蘇轍皆器重之。嘗以《經説》寄蘇軾，謂：『二帝三王之臣皆志於道，惟其自得之難，故守之至堅。自孔、孟作《六經》，斯道有一定之論，士之所養，反不逮古，乃知後世見《六經》之易，忽之不行也。』軾復曰：『《經説》一篇，誠哉是言。』」「軾復曰」云云，即在上所引《與王庠書》中。《傳》又謂：大觀間，嚴元祐黨禁，自陳蘇軾、蘇轍、范純仁爲知己，不求仕。後，賜號處士。卒，孝宗謚曰賢節。弟序，附庠《傳》，宣和間官至徽猷閣直學士。《蜀中廣記》卷四十六有《王庠傳》。

曹組（元寵）嘗受軾「文章八面敵」之教。

《松隱文集》卷十一《敬題箕潁集後》其二：「太史推經學（原注：東坡謂先公深於明經史學），先君得最深。文章八面敵，辛苦一生心。禁掖傳新句，公卿録苦吟。遺留示有子，捧卷淚盈襟。」《箕潁集》，曹組撰。組，潁昌人。以諸生爲右列，六舉未第。宣和三年，殿試中第五甲，賜同進士出身。官止閤門宣贊舍人，睿思殿應制。集二十卷，《直齋書録解題》卷十七著録，不傳。事迹參《解題》、《松隱文集》之跋、《揮麈録·後録》卷二。子勛撰《松隱文集》，今傳。組初舉或在元祐末。蘇軾與組之直接文字佐證，今未見。組與蘇過厚善，見《松隱文集》卷十三《題三蘇圖後》，或與父軾有關。勛詩「文章八面敵」，與軾致王庠書中「八面受敵法」意同。今因王庠，次曹組於此。

《松隱集》卷三十三《題三蘇圖後》：「予藏此像，每展閱瞻敬，攬餘烈而揖清風，用以自慰。宣、政間，先子與叔黨少尹，鄉契厚善，觀此軸，云甚肖。予時在上庠，每得侍立，即垂教不倦。公取剩餘蓮蓬，畫松一株，偃蓋勁挺，有傲雪霜之氣，題曰霜風，遺予曰：『此後福禄如之。』每著於心不忘其見予之意云。」附此。

二十六日，軾與程之元（德孺）簡。報轍不住來簡。

《景蘇園帖》：「軾啓。春中□□□□□必達，久不聞□，渴仰坊積。比日履兹餘□，尊候何似，眷聚各無恙。軾蒙庇如昨。二哥上春□□□，時有書問往還，甚安也。子由不住得書，甚健。會合何時，惟祝倍萬保嗇，不宣。軾再拜德孺運使金部老弟左右。七月二十六日。」以下有「眉陽蘇軾」印章。二哥乃之才，程氏堂兄弟排次，之才居第二。見《詩集》卷二十七《送表弟程六知楚州》「施注」。據「二哥上春」云云，知此簡作於今年。之元時爲江淮荆浙轉運使，蘇軾求劉誼道方書中及之。參本年以上「與劉誼書」條。

七月，堂兄不欺（子明）之妻蒲氏卒。轍作輓詞。

七月云云，據《浄德集》卷二十七蒲氏墓誌銘。輓詞見《欒城後集》卷二。

轍寄題武陵柳平所居二首，時平已歸休。

詩見《欒城後集》卷二。其一《天真堂》：「宦游閲盡山川勝，歸老方知氣味真。」點歸休。其二《康樂樓》末云：「千里筠陽猶静治，還家一笑定無他。」贊平之治績及寛闊胸懷。武陵，縣名，荆湖北路鼎州之治。縣内有武陵山。蓋平爲武陵人。

筠州州宅雙蓮，轍作詩。

詩見《欒城後集》卷一，首云：「緑蓋紅房共一池，一雙遊女巧追隨。」雙蓮者，緑蓋、紅房也。二女追隨，雙蓮生色不少。以下云：「鏡中比并新妝後，風際攜扶欲舞時。」絶妙，轍詩中似此者不多。

陳師錫（伯修）專使致簡，軾答之。

答簡乃《蘇軾文集》卷五十三與師錫第三簡，云「久不通問」，此乃來惠後首次與師錫簡。簡叙近年師錫出使畿甸，據《宋史》卷三百四十六師錫傳，乃提點開封縣鎮。簡云「暑溽」、「秋熱」，約作於七月。

與鄧守安（安道）簡，軾望其來郡城。

《蘇軾文集》卷六十與守安第四簡叙之。簡云「痔疾至今未除」、「乍涼」，作於今年七八月。

翟東玉到龍川令任。軾與東玉簡，求於其友人循州興寧令歐陽叔向處致地黄。

《蘇軾文集》卷五十八與東玉簡叙求地黄。《蘇軾詩集》卷三十九《小圃五詠》中有《地黄》。此五詠作於歲末，時地黄已移栽圃中。致東玉簡爲此以前事。簡云地黄「以二、八月采者良，如許以此時寄惠爲幸」，則此簡至遲當作於八月稍前。時東玉已至龍川令任。龍川乃循州之治。

《雲溪居士集》卷九《歐陽叔向見余試卷中詩作詩見譽次韻酬之》之後，有《再酬叔向見謝》，後者首云「詞鋒筆力勢憑陵，高共飛雲天上行」句，知叔向能詩。同卷尚有及叔向詩多首。叔向爲蘇軾晚輩。

聞堂妹小二娘四月十九日訃，軾作祭文。

文見《蘇軾文集》卷六十三（一九五九頁），文云：「萬里海涯，百日赴聞。」作於七月底。

與之才第六十五簡：「近得柳仲遠書，報妹子小二娘四月十九日有事於定州，柳見作定簽也。」小二娘乃子文（仲遠）之妻。

八月一日，軾書《金光明經》後。《金光明經》蓋子過所寫，以資母冥福。

文見《蘇軾文集》卷六十六（二〇八六頁）。文謂過念其母將祥除，故親書《金光明經》四卷，手自裝治，送虔州崇慶禪院新經藏。

聞程之才之妻壽安君有疾，軾簡之才致候。壽安君旋卒，作慰疏，并致奠。

與之才第四十二簡叙壽安君疾事。簡有「秋色漸佳」之語，約爲八月初。

與之才第五十六簡乃慰疏，第五十七、四十四簡皆致慰意。壽安君約卒於八月。

蘇軾與程六郎、十郎簡，慰其母之逝。

簡見《佚文彙編》卷三（二四八九頁）。

簡首云：「節近，感慕愈深，奈何！奈何！」

簡末云「慰疏」。此所云「節」，乃中秋節。知程六郎、十郎乃之才之子，其母卒於中秋節前。

簡云：「惟千萬節衣强飯，以慰親意。」此「親」謂程之才。

林抃（天和）來訪蘇軾。近中秋，與抃簡。

簡乃《蘇軾文集》卷五十五《與林天和》第八簡。

簡云：「旦夕中秋，想復佳風月，莫由陪接，但增悵仰也。」

此簡，作於紹聖三年或本年，今繫本年。

二十七日，軾書養生三法：食芡法、胎息法、藏丹砂法，寄弟轍。

文見《蘇軾文集》卷七十三。文末云：「子由端靜淳淑，使少加意，當先我得道。得道之日，必却度我。故書此紙，爲異日符信，非虛語也。」

食芡法，謂食芡「必枚齧而細嚼之」，得益大。養生之方，以胎息爲本，胎息者，吐納也。藏丹砂法，軾意且服生丹砂。

與程之才簡，軾叙颶風異常，望來廣、惠視察災情。命子過作《颶風賦》。

與之才第四十一簡叙廣州災情，並云之才「早來民受賜多矣，必察此意」。《總案》謂此處專指估價掊剋之事。

賦見《蘇軾文集》卷一，首云「仲秋之夕」，乃八月作。《宋史·蘇過傳》謂賦乃過作。

九月五日，軾題合江樓。

文見《蘇軾文集》卷七十一（二二七二頁）。

軾和陶潛《貧士》七首。

詩見《蘇軾詩集》卷三十九（二一三六頁）；其引云及還惠一年，重九伊邇。

賦《行香子·病起小集》（昨夜霜風）。

詞見《東坡樂府》卷下。

詞云：「問公何事，不語書空。」《晉書》卷七十七《殷浩傳》：「浩雖被黜放，口無怨言，夷神委命，詠談不輟，雖家人不見其有流放之慼。但終日書空，作『咄咄怪事』而已。」

《東坡詞編年箋證》：「觀詞意與『書空』典，當寫於黃州時期或南遷之後。……考公黃州時期曾於癸亥春夏間一病半年，然病愈在閏六月底，與詞中所寫深秋景色不侔。公於紹聖元年甲戌遷惠州，二年乙亥七月痔疾作，八月始愈。《文集》卷五四《與程正輔七十一首》（俱作於惠州）其十五云：『軾近以痔疾，發歇不定，亦頗無聊，故未和近詩也。』此函書於乙亥七月。其五三云：『軾舊苦痔疾，蓋二十一年矣。近日忽大作，百藥不効，雖知不能爲甚害，然痛楚無聊兩月餘，頗亦難當。出於無計，遂欲休糧以清净勝之，則又未能遽爾。但擇其近似者，斷酒斷肉，斷鹽酢醬菜，凡有味物，皆斷，又斷粳米飯，惟食淡麵一味。……如此服食已多日，氣力不衰，而痔漸退。』其十七云：『軾近日眠食頗佳，痔疾已漸去矣。』以此，知公痔愈當在八月底或九月初，時已至深秋矣。故編於茲，蓋不致大謬。」今從其說。

重九後，程之才視察風災。將至惠，軾以詩迎之。之才至惠，與晤。之才旋東按，歸途復經惠，有詩篇來往。與之才游白水山，浴湯池，復同游香積寺。

迎之才詩見《蘇軾詩集》卷三十九（二一四二頁）。與之才第四十六簡云及之才「過重九啓行，計已在途」，知簡作於重九後；簡又云「餘暑跋涉」，當作於重九後數日。第五十簡云「聞東行已決，但未聞離五羊的日，故未敢往迎」，作於第四十六簡之後。第五十一簡、第四十六簡約遊羅浮。

與之才第六十七簡叙與晤，并云「承即解舟，恨不克追餞，涉履慎重，早還爲望」，《總案》謂之才「此次到惠，必當東按梅、循諸州」。第六十六簡首云「聞歸艎到岸」，乃之才自東按回也。又云「新詩輒次韻」，次韻乃《詩集》卷三十九《正輔既見和復次前韻慰鼓盆勸學佛》。其所云和，乃以上所云迎之才詩。

游白水山、浴湯池、游香積寺，有詩，見《詩集》卷三十九（二一四七至二一五〇頁）。

辛亥（十九日），大饗明堂，赦天下。軾聞此訊，與程之才簡，望量移稍北；陳述州縣加三以上估價，違赦掊剋，乞之才與蕭世京、傅才元集議，依市賣實直折納。與之才簡，陳述嶺南税役折納掊剋。

辛亥云云，據《宋史·哲宗紀》。與之才第四十、四十九簡叙聞赦後心情。第四十九簡引赦文：「訪聞折科二税過重，致民間倍費，涉於掊剋者，令覺察改正。」而惠州二斗以上方納得一斗。簡又引赦文：「所有今年折科秋米，並只依見在市賣實直估定。」而州郡加三以上估價，致人户只願納米。簡乞之才「與傅、蕭面議，反覆究竟」，三司連銜入一文字，專牒逐州知道，一依見在市賣中價，不得有絲毫加擡，仍具結罪保明申上。參本年十一月三日紀事。

與之才第四十七簡：「今年秋大熟，米賤已傷農矣。所納秋米六萬三千餘石，而漕府乃令五萬以上折納見錢。」以下云嶺南錢荒久矣，見今質庫皆閉，連車整船，載米入城，掉臂不顧，不知如何了得賦税役錢去。簡乞「戒約州、縣大估米價」，蓋州縣往往以高於實直收農民税錢，致農民重困。簡乞之才與轉運司及提舉常平司共入一奏：「乞今後應役人、公人庸錢及重法錢並一半折米，却以見錢還運司。」簡謂如此則公私皆便，「免得税米積滯，年年抑勒，人户多納見錢，此大利也」。

轍有賀表。

賀表見《欒城後集》卷十八。表云：「譴責之深，坐甘没齒；江湖之遠，猶冀首丘。久蟄泥塗，聞震雷而惕若；深囚籠檻，得清風而自疑。」表達思歸衷曲。

二十七日，軾於思無邪齋書《外曾祖程公逸事》。

文見《蘇軾文集》卷六十六。《王譜》同。

壬戌（三十日），監察御史常安民罷。先是安民勸董敦逸勿劾蘇軾兄弟，至是爲敦逸論罷。

《長編拾補》卷十二：「壬戌。詔監察御史常安民立心凶險，處性頗邪，薦致人言，奸狀甚著，置之要路，誠非所宜，可罷監察御史，送吏部與監當差遣。」以下有謂：「先是安民上言，今大臣爲紹述之説者，其實皆假借此名以報復私怨，一時朋附之流從而和之，遂至已甚。張商英元祐時上吕公著詩求進，其言諛佞無恥，士大夫皆傳笑之。及近爲諫官，則上疏乞毁司馬光、吕公著神道碑。……陛下察此輩之言，果出於公論乎？」又謂：「祀明堂。劉美人侍上於齋宫，又至相國寺用教坊作樂，安民面奏衆所觀瞻，虧損聖德。語直忤旨，章惇從而譖之。」又謂：「初，安民與國子司業安惇、監察御史董敦逸同在國子監考試所拆號，對敦逸稱：二蘇天下文章之士，負天下重望，公不當彈擊。至是，敦逸奏訐安民前語，上言乃軾、轍之黨，平日議論多主元祐。安民遂責。詔語皆惇批也。」安民送吏部與監當差遣。惇，章惇。《宋會要輯稿》第九十九册《職官》六七之二一謂安民罷於九月二十日。

《宋史》卷三百四十六《常安民傳》：「董敦逸再爲御史，欲劾蘇軾兄弟，安民謂二蘇負天下重望，恐不當爾。」于是，敦逸奏之，罷安民監察御史，爲監滁州酒務。

本月下半月，軾作《江月》五首。

詩見《蘇軾詩集》卷三十九，其引云：「今歲九月，殘暑方退，既望之後，月出愈遲。予嘗夜起登合江樓，或與客游豐湖，入棲禪寺，叩羅浮道院，登逍遥堂，逮曉乃歸。」知作於本月下半月。《斜川集》卷一次韻，其一云：「一更山吐月，鑑影摇空瀾。懸知今夕遊，不減蓬瀛看。净霧掃餘瘴，清飈戒初寒。行樂不可遲，及此桂未殘。」其二云：「二更山吐月，玉杯側清夜。誰知蜑子船，獨釣澄潭下。幽人酌桂醑，冰碗白玉藉。他時羅浮録，父老成佳話。」其三云：「三更山吐月，半璧沈沈起。無言三友歡，夜夜仍會此。羽毛見秋蟲，鮮甲動沙水。此味世莫知，勿言驚俗耳。」其四云：「四更山吐月，紙帳驚虛明。披衣訪黄冠，野渡孤舟横。束緼旋乞火，犬號驚夜行。歸休勿久娛，霜露滿山城。」其五云：「五更山吐月，纖纖猶燭幽。寸陰惟此夜，敢辭數登樓。寒砧遠隨風，鳴蛩亦悲秋。憑欄獨搔首，微吟和漁謳。」

李樵是月來訪。轍代樵作卧帳頌。

《欒城後集》卷五《代李樵卧帳頌·引》：「子瞻在黄日，以卧帳遺李樵，以頌問曰：『問李儼老，何心居此？愛護鐵牛，障闌佛子？』樵不能答。」以下言代答。

秋，法芝（曇秀）來，留十日。軾贈以詩并書其在揚州所作詩。録孫真人《千金方》數紙贈之。

《蘇軾文集》卷六十八《書曇秀詩》叙元祐七年在揚同游，云：「後三年，秀來惠州見予。」《蘇軾詩集》卷四十《贈曇秀》云「瘴雲應逐秋風靡，胡爲只作十日歡」。同上有《和郭功甫韻送芝道人游隱静》。隱静山在太平州繁昌縣東南七十里，有寺，見《輿地紀勝》卷十八。法芝蓋北歸也。祥正（功甫）詩已佚。《總案》謂法芝來自端州，誤。郭祥正知端州乃元祐三年事，見《金石續編》卷十六。

《文集》卷七十三《書諸藥法》（原注：贈曇秀）末云：「恐山中有能哀東坡之流落而又不忍獨

不死者，或能爲致之。果爾，便以此贈之耳。」則是轉托法芝以此諸藥法轉贈友舊並求致其藥寄惠。此諸藥法乃自《千金方》録出。

《後村先生大全文集》卷一百四《墨林方氏帖·蘇文忠公·書千金方帖》：「仙者葛洪、孫思邈著有方書傳世。《抱朴子》方最多，世未有試之者。若《千金方》，則試而驗者多矣。坡公於其中録出此方，豈以其言高虚似《抱朴子》者。輒恨吾老矣，不能以身試方，當俟諸識者。」晚歲時書，附此。

道潛（參寥）欲自杭轉海訪軾，止之。子過有詩及此事。

《蘇軾文集》卷六十一《與參寥子》第十八簡：「轉海相訪，一段奇事。但聞海舶遇風，如在高山上墜深谷中。非愚無知與至人，皆不可處。胥靡遺生，恐吾輩不可學。若是至人無一事，冒此險做甚麽？千萬勿萌此意。」簡以下有「潁師喜於得預乘桴之游耳」之語，蓋道潛擬與潁同行耳。潁師乃法潁。簡云「雪浪齋詩尤奇瑋」。道潛有和蘇軾《雪浪石》詩。見元祐八年「得雪浪石」條紀事。據此，此簡乃至惠後答道潛作，爲本年事。《總案》繫此事於元符元年，誤。

《斜川集》卷二《次韻伯達仲豫二兄和參寥子》：「羅浮插天猿晝號，飛步絶頂觀雲濤。庶幾神藥兩童賜，日暮空歎西山高。道人航海曾何勞，久將身世輕鴻毛。只恐西湖六橋月，無人主此詩與騷。」據此，邁、迨亦知道潛欲轉海相訪。

杭州慧浄琳老等默禱於佛，令蘇軾亟還中州。軾簡道潛（參寥）致意，并及秦觀。

《蘇軾文集》卷六十一與道潛第十九簡叙之。簡云「萬里之行」，知爲今年事。姑次第十八簡後。秦觀於紹聖元年閏四月十八日謫處州，簡云觀「不憂其不了此境」，謂此也。

軾與程之才、傅才元、詹範籌建東新橋，尋動工，以道士鄧守安（道安）董其事。

《蘇軾詩集》卷四一《兩橋詩·引》云惠州東「江溪合流，有橋，多廢壞」，需修。與之才第二一七、三十六簡商議修橋事。其一，修橋乃急務，以橋多廢壞，「冬有覆溺之憂」，應太守詹範之求，求之才支持；其二，鄧守安肯管修橋事，「其工必堅久」；其三，修橋需八九百千，「若減省即做不成」，縱成亦不堅，今猶少四五百千，於法當提刑司、轉運司分認。與之才第三十六簡謂才元必欲修成此橋，「選一健幹吏令來權簽判，專了此事」。第四十七簡云及傅同年，第四十九簡云及傅公，皆涉及漕司事。《蘇軾文集》卷五十六《與王敏仲》第八簡云及傅同年，卷六十《與陸子厚》亦云及，並云「近傅得廣東漕幕」。據此，知才元、傅同年、傅公爲一人，才元官廣南東路轉運司。嘉靖《惠州府志》卷三紹聖間「通判、簽判、判官」一欄有傅知柔，光緒《惠州府志》卷十九謂知柔嘗爲循州通判，不知是否即才元。光緒《江西通志》卷二十一：傅燮，清江人，嘉祐二年進士，官少府少監。録備參。

與之才第六十簡云入冬，「時走湖上，觀作新橋」。則籌建爲秋季事。《文集》卷六十與守安第三簡：「橋，想益督工，何日訖事？船橋尤不可緩，不知已呼得斫船人與商量未？」又云太守詹範「再三托致意，不敢不達也」。

詹範聚枯骨爲叢冢，蘇軾與其事，并爲文祭之，又作銘與疏。

《蘇軾詩集》卷三十八《惠守詹君見和復次韻》「查注」謂範知惠，「時兵荒之後，野多暴骨，範取而掩之，爲叢冢焉」。與之才第六十簡謂入冬「掩骼之事亦有條理」。收葬枯骨，軾嘗有所獻助，見紹聖三年六月紀事。祭文見《蘇軾文集》卷六十三（一九六一頁），卷六十二有《葬枯骨疏》；《佚文彙編》卷一有《惠州官葬暴骨銘》。祭文云「監司舉行無吝財之意」，《總案》謂乃之才舉行之。

欲游半徑，未果，軾作文志之。

《晚香堂蘇帖》：「惠州西南五里所，地名半徑，皆美田，宜秔秫，自豐湖泛舟可至焉。前輩有詩云：『半徑雨餘香稻熟，豐湖波煖鯽魚肥。』予至惠一年，欲游而未果也。」

與朝雲閑坐，軾命唱《蝶戀花》「花褪殘紅」，朝雲頗傷感，遂罷。

詞見《東坡樂府》卷下。宛委山堂《説郛》卷八十四《林下詩談》：「子瞻在惠州，與朝雲閑坐，時青女初至，落木蕭蕭，悽然有悲秋之意。命朝雲把大白唱『花褪殘紅』，朝雲歌喉將轉，淚滿衣襟。子瞻詰其故，答曰：『奴所不能歌，是「枝上柳綿吹又少，天涯何處無芳草」也。』子瞻翻然大笑，曰：『是吾政悲秋，而汝又傷春矣。』遂罷。朝雲不久抱疾而亡，子瞻終身不復聽此詞。」

《文學遺産》一九八三年第二期吴世昌《有關蘇詞的若干問題》謂「天涯」句乃用《離騷》「何所獨無芳草兮」，朝雲蓋以蘇軾比屈原。

十月初，軾和陶《己酉歲九月九日》。

《蘇軾詩集》卷三十九《和陶己酉歲九月九日》：「十月初吉，菊始開，乃與客作重九，因次韻淵明《己酉歲九月九日》一首。」《紀年録》謂此詩今年作。

軾爲朝雲賦《三部樂》。

詞見《東坡樂府》卷上。

詞云「何事散花却病，維摩無疾」。散花謂朝雲，維摩乃蘇軾自謂。《東坡樂府》卷下《殢人嬌》，亦爲朝雲所作；詞首云「白髮蒼顔，正是維摩境界」，「空方丈散花何礙」，可參。《三部樂》又云「却低眉慘然不答，唱《金縷》一聲怨切」正寫朝雲此時心境。詞有「落盡一庭紅葉」之句，知作於十月間。

聞有旨不叙復，軾簡程之才、曹輔（子方），以任運自慰。之才贈朝雲牙梳。

《佚文彙編》卷三與之才第一簡：「軾近得子由書報，近有旨，去歲貶逐十五人，永不叙復，恐赦書量移指麾，亦未該也。行止孰非命者！譬如元是惠州人，累舉不第，雖欲不老於此邦，豈可得哉！」簡末謝贈朝雲牙梳。《蘇軾文集》與之才第十三簡亦略及此。《蘇軾文集》卷五十八與輔第三簡云：「近報有永不叙復指揮，正坐穩處，亦且任運也。」又云：「見今全是一行脚僧，但吃些酒肉爾。」

軾和陶《讀山海經》。

《佚文彙編》與之才簡中及《次韻正輔同遊白水山》添「蛙」字韻事，知約作於十月間。

詩見《蘇軾詩集》卷三十九（二一二九頁）。其一首云「今日天始霜」。同上卷《江月》引云「今歲九月殘暑方退」，是始霜爲冬初事。

軾長子邁、次子迨將入京師授差遣，求程之才致宜興家書。

《蘇軾文集》卷五十四與之才第四十七簡：「宜興一書，煩爲入一皮角遞。兒子輩開歲前皆入京授差遣。此書告爲便發，庶速得達也。」約作於冬初。參紹聖三年「欲長子邁來廣南東路指射差遣」條紀事。

子過畫寒松偃蓋爲護首小屏，蘇軾爲作《偃松屏贊》。

贊見《蘇軾文集》卷二十一。贊之引盛贊北嶽之松瘠而不瘁，乃植物之英烈，「謫居羅浮山下，地煖多松，而不識霜雪」，與北方之松不同，士踐憂患，當以北方之松自勉。《總案》謂此贊爲今年作，今從。　贊約作於入冬後。

軾作《藥誦》。

文見《蘇軾文集》卷六十四，謂遷嶺表「逾年無後命」，痔大作，呻呼幾百日，約作於冬初。

程之才寄柑子來。

《晚香堂蘇帖》：「軾啓。近檢法行，奉書未達間，伏蒙賜教，並寄惠柑子，此中雖有，似此佳者，即不識也。但十有一二壞爾。謹如教略嘗，不多啖也。軾頓首。」見《蘇軾文集》卷五十四與程之才第十簡。《文集》無「軾頓首」三字，以下尚有「比日還府以來」云云四十四字，中有「歲暮」語，疑乃另一簡簡文，誤合爲一。　以柑子初冬結實，距歲暮尚有時日。

《晚香堂蘇帖》：「柑子已絶多日，忽有好事者分此數十枚，蓋於百中揀得此一二耳。聊持獻，恐要與柑子送路，呵呵。」以下另行書：「監司有來耗否？略批示。」此乃與某友人簡附簡，作於上簡略後，附次此。

十一月三日，軾簡程之才，言作橋、掩骼事。

與之才第六十簡叙此，謂二事「有條理，皆粗慰人意」。　又云：「比來數事，皆蒙賜左右，此邦老稺，共荷戴也。」謂營房、税役、違赦掊剋諸事。

蘇軾食檳榔，作詩。

詩見《蘇軾詩集》卷三十九(二一五二頁)。

詩首云：「月照無枝林，夜棟立萬礎。眇眇雲間扇，蔭此八月暑。」樹高、葉茂、蔭廣。隨手寫來，如臨其境。詩云：「吸津得微甘，著齒隨亦苦。面目太嚴冷，滋味絶媚嫵。」初食感受，經蘇軾之手，即成妙語。此詩似食檳榔之後，一氣寫成。或謂爲蘇過(叔黨)作，過無此經歷，非出過手。

蘇軾在惠州，嘗與惠州都監簡。

簡見《蘇軾文集》卷六十。

簡云：「君南來，清節幹譽，爲有識所稱，皆曰：『此東坡弟子由門下客也。』」知此都監原官於京師，爲弟轍所知。簡云：「兩漢之士，多起於游徼卒史，至公卿者多矣。願君益廣問學，以期遠對。」則都監亦游徼卒史也。軾以公卿期都監。

惠州監押北歸，蘇軾作送行詩。

詩見《蘇軾詩集》卷三十九(二一五四頁)。

詩云「一聲鳴雁破江雲」。雁北歸，於岑寂之中，突聞此聲，故云破。雁北歸而己南來，而友人北去，皆增凄涼之感。次云「萬葉梧桐卷露銀」。於此際送人，益增悲涼。末句「我自飄零足羈旅，更堪秋晚送行人」。自身北來，此前尚有友人如監押者相往還，今監押北去，心境凄苦，實有經受不起者。據注文，京官幕職者爲監押，友人實北歸京師。

蘇軾送佛面杖與羅浮德長老，作詩。

詩見《蘇軾詩集》卷三十九（二一五四頁）。

詩云：「十方三界世尊面，都在東坡掌握中。」佛面杖，當爲有世尊像之拄杖。世尊之像，牢熟於心口，故云掌握。末云：「送與羅浮德長老，攜歸萬竅總號風。」世尊之像既已掌握，故以此杖送之。云「攜歸」，知德長老自羅浮來，在羅浮爲僧。云「萬竅」，杖當爲竹作成，中有眼。攜之行走，有風生之感。

九日，夜夢與人論神仙道術。軾作詩。

詩見《蘇軾詩集》卷三十九（二一五四頁）。

十日，軾與程之才簡，言痔疾不免時作。

此簡乃與之才第六十一簡。

章楶（質夫）送酒，書至而酒不達，軾作詩問之。

詩見《蘇軾詩集》卷三十九（二一五五頁），末云：「南海使君今北海，定分百榼餉春耕。」期明春來酒，詩當作於本年十一二月間。

十二月臘日，軾與黄庭堅（魯直）書《硯銘》。

《晚香堂蘇帖》：「魯直黄君足下。或謂居士：『吾當往端溪，可爲公購硯。』居士曰：『吾兩手，其一解寫字，而有三硯，何以多爲？』曰：『以備損壞。』居士曰：『吾手或先硯壞。』曰：『真手不壞。』居士曰：『真硯不損。』紹聖二年臘日。」《八代文鈔》第二十九册有此文，題作《硯銘》；篇首無「魯直黄君足下」六字，篇末「臘」上有「十月」二字。「損壞」之「損」原作「積」，今從《八代文鈔》。

本月，軾書《管幼安傳》後。

文乃《蘇軾文集》卷六十五《管幼安賢於荀孔》。

鍾山泉公（法泉、佛慧禪師）卒。軾與道潛（參寥）簡，慰之。

《慶湖遺老詩集·拾遺·贈僧彦》序：「丙子三月，再由金陵，泉公化去已累月。」泉公約卒於本年末。簡乃《蘇軾文集》卷六十一與道潛第十二簡。

孫立節（介夫）卒，軾與其子勰（志康）慰疏。又有簡與勰。

《蘇軾文集》卷五十六與勰第一簡乃慰疏。第二簡云及「春末聞訃」，即欲奉疏，「又聞志康往西路迎護」。據《斜川集》卷五《孫志康墓銘》，立節終於桂州節度判官任，勰蓋往桂州也。桂州屬廣南西路。第二簡云明年長子邁來惠，又云及「示諭開歲來此相見」，知作於本年歲末，簡切告緦寢來惠之意。

李格非(文叔)來書與軾。

《蘇軾文集》卷五十六《與孫志康》第二簡:「李文叔書已領。」《宋史》卷四百四十四格非傳謂以文章受知蘇軾。《邵氏聞見録》卷二十四謂格非「出東坡之門,其文亦可觀」。入元祐黨籍,名在餘官第二十六人,見《長編拾補》卷二十。女清照,見《李清照集校注》。有詩文四十五卷,已佚。其卒,張耒誌墓。見《後村詩話》續集卷三。耒文佚。

法舟、法惠自成都來過筠見轍赴惠謁軾,攜轍與程之才簡。

《蘇軾文集》卷五十四《與程正輔》第十五簡:「成都寶月大師孫法舟者,遠來相看,過筠,帶子由一書來,他由循州行,故不得面達,今附上。」法舟過筠、來惠,乃冬季事。

《與程正輔》第二十簡:「寶月師孫法舟來,子由有書并劉朝奉書,今附舟去。」

法舟、法榮攜來楊濟甫與蘇軾簡,軾覆簡。

簡乃《蘇軾文集》卷五十九《與楊濟甫》第九簡。簡云:「寶月師孫來,得所惠書。」法舟、法榮,惟簡(寶月)之師孫也。

簡云「北歸未有期」。

此簡作於惠州,《蘇軾文集》編者謂作於儋耳,誤。

法舟、法榮求軾撰寶月大師惟簡塔銘。軾應其請，撰文。

與之才第十五簡叙法舟來。《蘇軾文集》與之才第一簡至第十七簡係編年，第十五簡歲末作。塔銘見《文集》卷十五（四六七頁）。《文集》卷六十一《與僧隆賢》叙二僧來，並叙作塔銘。

《山谷全書》外集卷二十三《書簡公畫像贊後》贊法舟萬里走惠州，求惟簡塔銘，「冒蛟鼉虎豹蟲蛇之險而不悔」。以後又走戎州，求黄庭堅爲惟簡畫像作贊，庭堅作贊並跋。

軾經營藥圃（種人參、地黄、枸杞、甘菊、薏苡）、菜圃，常獨出尋幽。

《蘇軾詩集》卷三十九《小圃五詠》、《雨後行菜圃》、《殘臘獨出》，皆歲末作。

《斜川集》卷一有《人參》詩：「草木異所禀，甘苦分炎涼。人參獨中和，羣藥敢雁行。雖微瞑眩力，頗著難老方。譬之古循吏，有益初無傷。安神補五臟，自使精魄强。羅浮仙者居，靈質不自藏。移根植膏壤，椏葉粲以長。東南雖異産，遼海誰能航。誓將北歸日，從我涉漢湘。種之眉山陰，得與伯仲嘗。」

同上有《枸杞》詩：「春槃擷新芽，秋篚得紅實。霜根釀我醪，色味兩奇絶。老人鬢已絲，處子何由得。早佩斯人言，百歲直瞬息。今我幸未衰，妙藥況咫尺。食前得珍蔬，新釀掃故疾。瘴海風土惡，地氣侵腰膝。玄鬢或傴僂，襁褓顔已墨。西河安可冀，北歸願如昔。區區摘蒼耳，蠡陋非所敵。」

過所作《地黄》、《甘菊》、《薏苡》諸詩，已佚。

與曹輔（子方）簡，請載陳曉事於祀典；吴復古（子野）出家，友人來簡請軾阻之，回簡；答程全父簡；弟轍買田陽翟：皆本年事。

《輿地紀勝》卷四十三《高郵軍》：「陳崇儀：儂賊犯交廣，狄武襄責崇儀使陳□以示威，首斬之，軍聲大振，竟破賊。而桂人爲崇儀建廟貌祀事至今。東坡先生以書抵廣西憲曹子方云：『故崇儀陳侯，忠勇絶世，死非其罪，乞載祀典，使此侯英魄少信眉於地中。』武襄必無濫誅，而廣人奉事之益嚴，又東坡之説如此，不可曉也。侯，高郵人。」卷一百十五《賓州》：「陳崇儀威顯廟，在州治西，即本朝崇儀使陳曉也。皇祐四年，曉以廣西鈐轄知賓州，狄青以袁用失律，併害曉，嶺民泣下，立祠祀之。」以下引蘇軾與輔簡中語，末云：「乾道中，始賜額曰威顯廟。」軾簡在《蘇軾文集》卷五十八（一七七四頁），云「得罪幾二年」，今年作。簡云「願公與程之邵議之」，查《蘇軾詩集》卷三十二《新茶送簽判程朝奉以饋其母有詩相謝，次韻答之》「施注」，時遵彦（之邵）使廣西。

《佚文彙編》卷四收與友人簡（二五〇七頁）。簡云「今蒙示諭，深認一宅骨肉至意，專在下懷」，一則復古度牒乃蘇軾求得，一則復古與軾友情甚深。簡叙復古出家，家人勸阻不成，乃答以「俟他到此，即取其度牒收之，力勸令且更與宅中評議也」。簡云「前年在都下」，作於今年。

答全父簡乃《蘇軾文集》卷五十五與全父第一簡，云「去歲過治下」。

轍買田據《蘇軾詩集》卷四十《次韻高要令劉湜峽山寺見寄》自注。

軾作《海會殿上梁文》，殿乃海會長老建。於海會院旁陂作放生池，後人祀之。

文見《蘇軾文集》卷六十四。與程之才第二十三簡叙海會長老建法堂甚宏壯，「今起寢堂，歲終當完備也」。此寢堂當即殿。以下叙欲買旁陂作放生池。《總案》謂海會院今名永福寺，寺旁之陂「皆昔時景狀」，惠人磨穹碑，表曰「宋蘇文忠公放生湖」，歲時伏臘有祀。知蘇軾終作之。

錢世雄（濟明）之獄，約起於本年。

《墨莊漫録》卷一：「吕温卿爲浙漕，既起錢濟明獄，又發廖明略事，二人皆廢斥。」

温卿，惠卿之弟。紹聖中除直秘閣，遷鴻臚寺卿，江淮等路發運使。《宋史翼》卷四十有《傳》。

《蘇軾文集》卷三十八有《吕温卿知饒州》制。

軾欲令姪孫彭般過之家小來惠，未果。或爲本歲事。

《佚文彙編》卷四《與友人一首》：「近得姪孫行唐主簿彭書，其母四娘者又逝去，彭已扶護入京葬訖。本令此子般小兒子房下來，此今又丁憂，亦災滯中一撓也。」過家小住宜興。彭之岳父丁騭，爲宜興人，彭或住宜興，故以此爲托，參元祐八年「從孫彭娶丁騭之女」條紀事。

周彦質（文之）惠米，軾謝以詩。

叙彦質「惠米五碩，可得醇酒三十斗」，又云彦質「惠栗極佳」。簡作時不詳。

《蘇軾詩集》卷三十九《答周循州》：「時叨送米續晨炊。」《蘇軾文集》卷五十八與彦質第三簡

歲末，蘇軾與南華重辯（辯老）簡。

簡乃《蘇軾文集》卷六十一《與南華辯老》第七簡。

簡云：「忽復歲盡，會合無期，自非道力深重，不能無異鄉之感也。」則南華辯老亦爲北方人。

自另一方面而言，蘇軾此時實不免有思鄉之意。

轍與軾簡，戒作詩。復有簡與軾，謂永不叙復。

《蘇軾文集》卷五十四《與程正輔》第十六簡：「子由近有書，深戒作詩，其言切至，云當焚筆，不但作而不出也。不忍違其憂愛之意，故遂不作一字，惟深察。」簡云「新春」，作於紹聖三年。

轍與軾簡，實作於本年之末。轍簡佚。

《與程正輔》第二十一簡：「子由及諸相識皆有書，痛戒作詩（原注：有説不欲詳言）。其言甚切，不可不遵用。」轍簡佚。

《蘇軾佚文彙編》卷三《與程正輔》第一簡：「軾近得子由書報，近有旨，去歲貶逐十五人，永不

叙復。」轍簡佚。

《蘇軾文集》卷五十八《與曹子方》第三簡：「近報有永不叙復指揮，正坐穩處，亦且任運也。子由頻得書，甚安。」轍簡佚。

軾與孫緦（志康）簡，報轍「筠州甚安」。

軾簡乃《蘇軾文集》卷五十六與緦第二簡，並云「時時得書」。軾簡云「謫居（惠州）已逾年」，作於本年之冬。

緦，《斜川集》卷五有墓銘。

軾於惠州海會院旁陂作放生池，轍出十五千足以助。

《蘇軾文集》卷五十四《與程正輔》第二十三簡：「海會……院旁有一陂，詰曲群山間，長一里有餘。意欲買此陂，稍加葺築，作一放生池。囊中已竭，輒欲緣化，老兄及子由齊出十五千足，某亦竭力共成此事。所活鱗介，歲有數萬矣。」

軾終於作成放生池。其時或已及本年之末。

三蘇年譜卷五十一

紹聖三年(一〇九六)丙子　蘇軾六十一歲　蘇轍五十八歲

正月一日夜，博羅大火。軾簡程之才薦林抃、黄燾處理災後事宜。

與之才第十八簡云及一邑灰燼，百姓千人，露宿沙灘。建議以茅竹蓋房；起造物料，依實價和買而不行科配，依實支破；修復公宇、倉廒；存撫災民，彈壓寇賊。建議委托博羅知縣林抃、本州推官黄燾處理災後事宜。

與林抃(天和)簡，軾贊其盡力火災善後事宜。

《蘇軾文集》卷五十五與抃第一簡：「火後，凡百勞神，勤民之意，計不倦也。」知之才從蘇軾之請，委托抃處理火後事宜。

新年作詩，軾以居惠爲樂。

《蘇軾詩集》卷四十《新年》五首其三：「豐湖有藤菜，似可敵蓴羹。」惠州可與眉州比美。

初五日，軾與法舟夜坐，談不二法，應舟之請記之。

文見《蘇軾文集》卷七十一(二二七〇頁)；原謂紹聖二年作，誤，時法舟未至也。「紹聖二年」

應作「紹聖三年」。

十二日，軾題所書寶月塔銘付法舟。

文見《蘇軾文集》卷六十九（二二〇二頁）。

與僧隆、賢作慰疏，軾慰惟簡（寶月大師）之化去。

疏乃《蘇軾文集》卷六十一《與僧隆賢》第一簡。

隆乃士隆，賢乃紹賢，爲寶月大師弟子，爲成都副僧統。見《文集》卷十五《寶月大師塔銘》。熙寧四年，文彦博嘗許爲士隆奏請紫衣師號，見《文集》卷六十一《與寶月大師》第一簡。慰疏乃由法舟攜回。

本月，軾與程之才簡，時之才將召還；法舟去惠回成都。

與之才第十六簡云：「履兹新春。」又云「聞有北轅之耗，尤副卑望」。第二十簡云「開歲忽將一月」，「兄北歸，别得近耗否」；云法舟去，附致弟轍書。據第二十一簡，此第二十簡乃由法舟攜來。法舟歸途經高安，《欒城後集》卷二有詩。

軾作《和陶詠二疏》、《和陶詠三良》、《和陶詠荆軻》。

詩見《蘇軾詩集》卷四十。依《詩集》編次。

《和陶詠三良》首云：「此生太山重，忽作鴻毛遺。三子死一言，所死良已微。」言三良之從秦穆公殉，輕於鴻毛。其理由爲：「殺身固有道，大節要不虧。君爲社稷死，我則同其歸。顧命有治亂，臣子得從違。」秦穆公命三良殉己乃亂命，爲臣子者，可以不從。此論與嘉祐六年所作之《鳳翔八觀·秦穆公墓》不同。《秦穆公墓》論三良從死，乃爲秦穆公報恩，有意義，參該年紀事。

欲長子邁來廣南東路指射差遣，欲次子迨試法赴舉。軾復求程之才寄家書與邁。時邁、迨在京師。

與之才第十七簡：「當令長子邁來此指射差遣，因挈小兒子房下來。次子迨，且令試法赴舉也，恐欲知之。今有一書與邁。輒已作兄封題，乞令本司邸吏分明付之，邁必已到都下也。」簡云及「兄去此後」，是之才行將離任。簡作於今年之初。簡中「來此」之「此」，乃指廣南東路。時邁、迨在京師。

黄庭堅（魯直）自黔州寄詩與蘇軾。

《蘇軾詩集》卷四十《次韻高要令劉湜峽山寺見寄》「便回爇天焰，長作照海燭」句下自注：「近黄魯直寄詩云：蓮花合裏一寸燭，牝馬海中燒百川。魯直蓋近有得也。」黄時在黔州，見紹聖二年四月二十三日紀事。據此，劉當識黄。次劉湜韻次本卷二月八日詩後，黄寄詩來或爲正月間事。

康熙《徽州府志》卷四謂元祐八年知祁門者有劉湜。

二月八日，與黄寔、僧曇穎過逍遥堂何宗一道士問疾。

《蘇軾詩集》卷四十有詩（二一八七頁）。

高要令劉湜自峽山寺寄詩蘇軾，軾次韻。時轍已買田陽翟。

軾詩見《蘇軾詩集》卷四十（二一八八頁）。

詩云：「荆棘掃誠盡，梨棗憂不熟。」時蘇軾服食。

詩云：「故人老猶仕。」謂劉湜。知湜此時已有年歲。又云：「驚聞尺書到，喜有新詩辱。」似湜屢來書，亦有詩來，惜不傳。以下云：「應憐五管客，曾作八州督。骨銷讒口鑠，膽破獄吏酷。」「五管」、「八州」皆自謂。「骨銷」二句極富概括力，前此未有；蘇軾一生所遭遇之折磨，皆於此見之。

詩云：「遥知清遠寺，不稱空洞腹。蹇驢步武碎，短瑟絃柱促。仰看泉落佩，俯聽石響轂。千峰瀉清駛，一往無回躅。狂雷失晤語，過電不容目。要知僧長饑，正坐山少肉。」叙劉湜峽山寺寺居生活。峽山寺，蘇軾舊游，故歷叙分明。肉山雖有佛典依據，然此處似有戲之之意；有戲語，然事實正如此。

自「人間無南北」以下十句，言個人歸宿。自注云弟轍買田陽翟，知湜亦與轍有交往。云「陋邦真可老，生理亦粗足」，欲老於惠州。云「便回爇天焰，長作照海燭」，在道中求解脱，照應前所云「梨棗」。《詩集》次此詩於《二月八日》詩後，今據此繫入。

陽翟在潁昌附近，轍以後至潁昌生活之資。

二十日，轍生日，子遠作頌，亦賦菖蒲華開。軾送香合。

轍詩見《欒城後集》卷二，詩題爲：「石盆種菖蒲，甚茂，忽開八九華，或言此華壽祥也。遠因生日作頌，亦爲賦此。」遠詩佚。

《蘇軾文集》卷五十四《與程正輔》第六十八簡：「有一信篭并書，欲附至子由處，輒以上干，然不須專差人，但與尋便附達，或轉托洪、吉間相識達之。其中乃是子由生日香合等。他是二月二十日生，得前此到爲佳也。」約作於本年正月。

二十三日，軾與方子容（南圭）簡。時子容將知惠。

《晚香堂蘇帖》：「軾啓。使至，伏辱賜教，眷待有加，感慰無量，仍起居清勝。治行有日，併增欣抃。軾蒙庇如昨，既獲所依，願受一廛而爲氓矣。餘非面莫究。漸暄，萬萬若時自重。謹奉手啓上謝，不宣。軾再拜南圭使君閣下。二月廿三日。」《後村先生大全文集》卷一百四《與方南圭十四帖》節引此簡。

本月，程之才召還。軾以和陶潛《飲酒》二十篇寄之，並薦侯晉叔。

與之才第二十一簡叙寄和陶《飲酒》詩，末云「未由會合，日聽召音而已」；第二十二簡薦晉叔，中云「恐兄不久歸闕」；第六十八簡叙送弟轍生日香合，欲於生日前送達，托之才尋便附達。則之才二月初當尚在韶。《蘇軾文集》卷五十六《與程德孺》第四簡云「正輔知已到京」，作於建中靖國元年。文字交往止此。

《安岳集》卷一《和程之才正輔感遇》：「天理貴自然，枉直各有病。人情隨所得，是非本無定。此身寄軒冕，心與萬物競。低回就銜策，跳踢落機穽。巧求固爲累，矯枉亦過正。持之有原本，出處一以静。所守以吾道，所安以吾命。不驟窮馬力，不决暴虎性。富貴偶而已，勿使憂喜并。感遇難我知，無言爲心聽。」附此。

《洪龜父集》卷下《次韵程正輔春日催諸公行樂之什》其一：「弭節江城何許時，蘭芽桃蕚正芳菲。孰知南紀物華好，誰謂平生心賞違。帝子閣前春盎盎，徽君湖上日暉暉。諸君行樂但取醉，車殆馬煩何必歸。」其二：「桃李無言摘未稀，可憐郁郁復菲菲。湖邊况是人皆去，花底由來我不違。飛蓋追隨春已晚，題詩準擬日争暉。古人秉燭豈不偉，莫待芳年寂寞歸。」帝子閣即滕王閣，見《輿地紀勝》卷二十六《隆興府》。

洪詩或作於徽宗時。附此。

林抃（天和）簡候蘇軾，軾答簡。

軾簡乃《蘇軾文集》卷五十五《與林天和》第二簡。簡云：「春物盎妍，時復尋賞否？想亦以少雨軫懷也。」蘇軾與林抃簡，今存者凡二十四首，不以時間先後次第，今姑次此簡於本年。

軾作《和陶讀山海經》，轍欲同作而未成，夢中得數句，覺而補之。

軾詩見《蘇軾詩集》卷三十九。轍詩見《欒城後集》卷二，首云：「此心淡無著，與物常欣然。虛閑偶有見，白雲在空間。愛之欲吐玩，恐爲時俗傳。」當爲夢中之作。「逡巡自失去，雲散空長天。」謂夢覺。

三月乙未（初五日），轍有《祭寶月大師文》。時僧法舟過筠州西歸，有詩送之。

三月乙未云云，據《年表》。祭文乃《欒城後集》卷二十《祭寶月大師宗兄文》，首云「維紹聖二年歲次乙亥十月癸亥朔十一日癸酉」，以下云「因僧法舟西歸，以香茶果蔬之奠，致祭於故寶月大師宗兄之塔」。詩乃《後集》卷二《成都僧法舟爲其祖師寶月求塔銘於惠州還過高安送歸》，次本年生日詩後。據本譜紹聖二年敘事，法舟之來惠以冬。其去以今年正月末。轍文作於三月初五日，不應有誤。或轍於紹聖二年預作此文，以待法舟之來。轍詩云：「忘身直犯黃茅瘴，滿意初成白塔銘。」謂往惠州求得兄軾所作塔銘也。上句盛贊法舟之獻身精神。塔銘見《蘇軾文集》卷十五。

同日，軾作《祭寶月大師文》。

據《紀年録》。文已佚。疑《紀年録》誤轍作爲軾作。

六日，軾跋柳宗元南遷後所作《南澗》詩。

跋文見《蘇軾文集》卷六十七（二一一六頁），贊柳文「清勁紆餘」；跋文全録宗元詩。

十日，寒食日，寶積長老曇穎爲軾言雄略指揮使姚歡服黄連法，記之。

文見《蘇軾文集》卷七十三（二三五四頁）。文謂歡服黄連，年八十餘，鬚髪不白。

三月，轍見《唐懷素自叙帖·藏真自序》。作跋。

《式古堂書畫彙考·書》卷八《唐懷素自叙帖·藏真自序》蘇轍跋：「世傳懷素書，未有若此完者。紹聖三年三月，予謫居高安，前新昌宰邵君，出以相示。予雖知其奇，然不能盡識其妙。予兄和仲特善行草，時亦謫惠州，恨不令一見也。眉山蘇轍同叔記。」此跋《欒城集》不收，然系采自蘇轍親迹也。參見劉尚榮《蘇轍佚著輯考·題唐懷素自叙帖》附案。

在筠，轍習道有得。

《蘇軾文集》卷五十二《答張文潛》第一簡：「子由在筠，甚自適，養氣存神，幾於有成，吾儕殆不如也。」此簡約作本年三月間。

同上卷五十三《與陳季常》第十六簡：「子由在筠，極安。……子由近見人説，顔狀如四十許人，信此事不辜負人也。」謂習道。簡作於本年三月。

毛滂（澤民）寄茶與蘇軾，軾簡謝。

簡乃《蘇軾文集》卷五十三《答毛澤民》第六簡。簡云：「寄示奇茗，極精而豐，南來未始得也。亦時復有山僧逸民，可與同賞，此外但緘而藏之爾。」與山僧逸民交往，乃蘇軾生活之一部分。《答毛澤民》第三、五簡作於惠州，此簡作於略前。今次此。

軾作《和陶移居二首》。

詩見《蘇軾詩集》卷四十。參本年四月八日紀事。

春，朝雲生日，軾作致語口號。

《蘇軾詩集》卷四十六有《王氏生日致語口號》，《外集》卷二十七題即作「朝雲生日致語」，是；《詩集》失校。致語云「海上三年」，知作於本年。又云「江月升樓」，知作於寓居合江樓時，乃春季事。

朝雲生日爲五月五日，此提前作。

痔疾痊愈；張耒（文潛）專人來，軾答簡及此。耒作《和陶飲酒》。

簡見《蘇軾文集》卷五十二，爲與耒第一簡。首云：「忽辱專人手教，伏讀感歎。」又云：「疾久已掃除。」簡有「清净獨居一年有半」之語，蓋作於三月間。與之才第十七簡，作於正月，有「痔疾亦漸去矣」之語。據《宋史》卷四百四十四《張耒傳》，時耒知宣州。耒本年作《和陶飲酒》，據《桐江續集》卷五《和陶淵明飲酒二十首》之序。詩佚。

作《和陶桃花源》。軾録所作《和陶桃花源·引》等贈卓契順，有跋。

詩見《蘇軾詩集》卷四十。

跋見《佚文彙編》卷五(二五六一頁)。跋作於「清和月」。按，清和月乃初夏，即四月。録所作篇目，見校注第一條。其所録《和陶桃花源·引》，較《詩集》多「故和《桃源》詩以廣其説」九字。據此，知《和陶桃花源》作於此前。今姑繫於此。

卓契順紹聖二年來惠，已見該年紀事。此次録所作贈之，似卓契順復來，然無踪迹可考。

《和陶桃花源》云及「杞狗或夜吠」，「施注」引《羅浮山靈異事迹記》，謂爲羅浮山事；又云「蒲澗安期境，羅浮稚川界」，爲廣州及羅浮山事；皆在惠州附近。其引叙在潁時夢仇池事，《詩集》卷三十九《和陶讀山海經》其十三自注亦叙之。

四月八日，軾卜新居。蓋得歸善縣後隙地數畝爲古白鶴觀者經營之，子過亦預其事。

四月八日云云，據《紀年録》。《蘇軾詩集》卷四十《和陶移居》之引叙得古白鶴觀地，欲居之。《蘇軾文集》卷六十一《與南華辯老》第五簡：「行館僧舍，皆非久居之地，已置圃築室，爲苟完之計，方斫木陶瓦，其成當在冬中也。」卷五十五《與程全父》第六簡叙請木匠作頭王皋計料數間屋材，督蔣生所斫木；《與林天和》第十八簡叙請抃（天和）催豐樂橋數請假木匠回；卷五十六《與王敏仲》第十二簡叙起宅子，囊爲一空；卷五十三《答毛澤民》第四簡謂作屋二十間。

《蘇軾文集》卷五十八《與曹子方》第四簡：「小兒數日前暫往河源，獨幹築室，極爲勞冗。」謂過也。

《晚香堂蘇帖》：「軾近買地江上，方購瓦木作小宅，雖頗勞費，亦且老病有所歸宿，知之，一笑。兒子近入府，凡百極荷照顧，感佩不可言，無由面謝，書不能盡意也。軾再啓。」此乃與某友人簡；據「再啓」，當爲附簡。

與文公大夫簡，軾叙在惠生活。曹輔（子方）惠芽蕉并簡，答之。

與文公簡見《佚文彙編》卷三（二四八七頁），云「謫居已再經春」。《蘇軾文集》卷五十八與輔第四簡叙專使惠芽蕉，及子過預營新居事。

食太守東堂將軍樹荔枝，軾作詩，願長作嶺南人。

詩見《蘇軾詩集》卷四十（二一九二頁）。將軍樹乃陳堯佐知惠時所植。詩其二云：「日啖荔支三百顆，不辭長作嶺南人。」《詩集》次《遷居》前。堯佐，《宋史》有傳。

蘇軾寄原歸善令高令詩。

詩見《蘇軾詩集》卷四十(二一九四頁)。首句云「春風」,點季候。次云「幾番曾醉長官衙」,知蘇軾與高令多有往還。云「詩成錦繡開胸臆,論極冰霜繞齒牙」,知高令善詩,正直,論事有見解。末句「早晚扁舟到海涯」,望高令能回舊地一游,或别前有此約。《詩集》次此詩於《食荔支》後,今據此繫入。

二十日,復遷嘉祐寺,軾作詩。

《蘇軾詩集》卷四十《遷居·叙》叙此事。

轍頻簡兄軾。

《蘇軾文集》卷五十七《與徐得之》第十三簡:「子由頻得書,甚安。」簡作於本年四月。

五月二日,軾或書元祐三年所作和王詵(晉卿)題李公麟(伯時)畫馬等三詩後。

文見《佚文彙編》卷五(二五五四頁),末署「五月二日」,未著年份。今以本年痔疾已愈,故繫之於此(文有「謫居惠州」之語)。

五日,軾應惠州道士鄒葆光之請,書《天篷咒》,并跋。

跋見《蘇軾文集》卷六十九(二二〇二頁)。

十七日，軾作詩示子過。

據《紀年録》。詩不見。

二十七日，過水西，軾買筆。歎嶺南無善筆。

據《蘇軾文集》卷七十《書嶺南筆》。

本月，軾爲周彦質(文之)題「默化堂」榜，堂名乃蘇軾所定。

《總案》：「默化堂」榜，今在惠州府廳事，款署紹聖丙子年仲夏月寧遠軍節度副使、惠州安置蘇軾題」。

《蘇軾文集》卷五十八與彦質第一簡叙爲循州州治之堂立名事，並叙以「默化」名堂之義。

《竹溪鬳齋十一稿續集》卷十三《跋東坡默化堂三大字帖(原注：堂名，坡所命也)》云：「三大字，神全而韵勝，其説尤美。」以下云：「公方見仇於世，而能求此於公，亦賢守將矣。體四時之運，而無容心於其間，付苦樂於偶然，而隨所寓以自適，此先生養性之法也，豈直爲牧養之妙乎！『默化』之名奇矣哉。雖然，四時化，萬物亦化，其不化者長存，此先生之帖所以傳，先生之名所以在也。」

《輿地紀勝》卷九十一《循州》：「默化堂：在郡治。東坡在惠州時，爲循守周彦質命名，大書其榜。」

程全父之子儒來訪蘇軾。

《蘇軾文集》卷五十五《與程全父》第六簡：「令子先輩辱訪及，客衆，不及款語。」約作於本年夏，參本年四月八日紀事。第八簡云：「令子先輩辱書及新詩，感慰彌甚，筆力益進，家有哲匠矣，何復下問乎！」《文集》同上卷《與程秀才》第一簡云「近與小兒子結茅數椽居之」，《王譜》謂此乃與程儒簡中語，知秀才乃儒。第三簡云「丈丈惠藥、米、醬、薑、糖」，《與程全父》第十簡有謝全父惠「糖冰精麫等物」云云，知儒乃全父之子。

轍作《寓居六詠》，姪過次韻。

轍詩見《欒城後集》卷二。過次韻今存五首，其次韻其一云：「旅寓仍艱歲，豁毛入饋盤。泥芹洗秋白，露菊擷朝寒。未覺江湖遠，空驚歲月闌。諸兒還自喜，頗亦試艱難。」其次韻其三，據蘇過《斜川集》整理者清人吴長元言，《永樂大典》題作《新竹》，云：「湫隘黄門宅，喧囂半雉墻。此君時掩苒，小屋自清涼。月落寒梢静，春回穉筍猖。兒童護鷄犬，更看引鞭長。」其次韻其四，《永樂大典》題作《榴花》，云：「榴實江南少，依稀綴樹叉。稍存後凋質，能吐欲然花。西蜀雖吾里，東軒似故家。田園隨處是，何必買生涯。」其次韻其五，《永樂大典》題作《鷄冠》，云：「户外從羅雀，空階放草長。大鷄俄獨立，衆卉已難藏。意氣矜全盛，萎蕤憫欲僵。伶俜蜂與蝶，未免嘆唇亡。」其次韻其二，以《和叔父所居六首之一》另爲題，云：「野卉非千葉，妖紅愧兩京。依然守舊態，誰與製新名。琥珀綴圓石，燕脂染落英。願因少陵句，草木亦鮮明。」以上五詩，俱見《斜川集》卷三。

據過之次韻，知《寓居六詠》，每詠皆有小標題，今不見，然可想見《後集》之另一種版本，惜不傳。

據《寓居六詠》其一首云「手植天隨菊」云云，此首乃詠菊。此詩末云：「殷勤拾落蕊，眼暗讀書難。」蓋寫實，其時生活已大體趨於安定。

陸惟忠（子厚）、吴復古（子野、遠游）來筠州謁轍。旋往惠州謁軾。

《蘇軾文集》卷六十七《書陸道士詩》謂惟忠：「好丹藥，通術數，能詩，蕭然有出塵之姿。……謁子由高安，子由大賞其詩。會吴遠游之過彼，遂與俱來惠州，出此詩。」陸詩不見。

同上書卷六十八《書陸道士詩》，作於今年十二月八日，時陸、吴已至惠州。陸、吴至筠州，或在夏、秋間。陸詩得見者，僅此文所引「投醪谷董羹鍋裏，撅窖盤游飯碗中」二句。

惟忠卒於紹聖四年，見《蘇軾文集·墓銘》。

六月八日，軾與方子容（南圭）簡，企望來惠。

《晚香堂蘇帖》：「軾啓。奉别忽將再期，思企之懷，與日俱增積。即辰，履兹畏暑，起居清勝。日與吏民引望前塵，尚未聞近耗，但當馳仰，伏冀若時保練，少慰區區。謹奉狀上問，不宣。

軾再拜南圭知郡朝奉閣下。六月八日。」《後村先生大全文集》卷一百四《與方南圭十四帖》節引此簡。

《晚香堂蘇帖》：「軾啓。昨日附來使拜狀，必已塵覽。即日治行勞神，竊計起居佳勝。企望軒旆，何翅饑渴。乍暄，跋履之外，精調寢味。謹因候吏上問，不宣。廿六日，軾再拜南圭知郡朝奉閣下。」據「乍暄」，此簡早於六月八日簡。附此。

本月，東新橋、西新橋落成，軾有詩。嘗與弟轍之妻史氏助之。

詩見《蘇軾詩集》卷四十（二一九九頁），其引云「紹聖三年六月畢工」。詩自注「余嘗助施犀帶」；「子由之婦史，頃入内，得賜黄金錢數千助施」。《蘇軾文集》卷六十一《與南華辯老》第十二簡叙及捐資「收葬暴骨，助修兩橋」。

乾隆《歸善縣志》卷六引宋許騫《西新橋記略》：「環惠皆水也，左合雙江，右并長湖，江以東爲橋，湖以北爲堤，皆往來之衝，捨斯二者弗濟。乃若自湖以西，不過禱祀遊玩者往焉，樵蘇者往焉，雖一葦可航，亦必築堤建橋，意者導湖山之勝，據登覽之會，以成此邦之偉觀耶！橋故千柱，横跨一湖，雨潦弗支。紹聖二年冬，僧希固築進兩岸而堤之，東坡蘇公捐腰犀以倡其役，黄門公遺金錢以助其費，而西新之名遂爲南州甲。閲歲浸久，所謂頂椿者屹如砥柱，不可動摇，蓋其度材用功不苟如此。（下略）」寧宗慶元丙辰作。同上謂西新橋在郡城西湖，「人稱爲蘇公堤」。

《輿地紀勝》卷九十九《惠州》：「蘇公堤：在豐湖之左岸。紹聖間，東坡出上所賜金錢築焉。」

蘇軾作《擷菜》詩。

詩見《蘇軾詩集》卷四十。

詩之引云：「吾借王參軍地種菜，不及半畝，而吾與過子終年飽飫，夜半飲醉，無以解酒，輒擷菜煮之。味含土膏，氣飽風露，雖粱肉不能及也。」經親自栽植，其感受自不同。詩首句云「秋來霜露滿東園」，當爲此半畝之菜園。次云「蘆菔生兒芥有孫」，長勢旺盛。末二句「我與何曾同一飽，不知何苦食雞豚」言食蔬菜與雞豚同味，好議論。不經苦難，不經實踐，不能道出。

《詩集》次此詩於《兩橋詩》後，今據此繫入。

南華重辯（辯老）餽蘇軾罌粟等，軾簡謝。

簡乃《蘇軾文集》卷六十一《與南華辯老》第十三簡。

簡云：「惠及罌粟、鹹豉等，益荷厚意。」是時已有罌粟，而爲餽贈之物，他書不知言及否。此處所云，有考察價值。

簡云：「蒙遠致筠州書信，流落羈寓，每煩凈衆，愧佩深矣。」凈衆謂僧衆。蘇軾兄弟流落期間，辯老實爲聯繫使者。

簡云：「某在此凡百如宜，不煩念及。」又云「熱甚」。此簡約作於本年六月，時朝雲尚無事也。

軾長子邁授韶州仁化令，擬九月或冬中挈家來。

《蘇軾文集》卷六十一《與南華辯老》第五簡：「九月中，兒子般挈南來。」作於伏暑中。卷五十三《與毛澤民》第四簡言邁授韶州仁化令，冬中當挈家來；約作於秋間。同上卷與陳師錫（伯修）第四簡，亦言及邁授仁化令事。韶州屬廣南東路，仁化在州東一百五十里。

與南華重辯（辯老）簡，軾報近況。

《蘇軾文集》卷六十一《與南華辯老》第五簡：「至此二年，再涉寒暑，粗免甚病。」簡作於伏暑，朝雲未病也。第十三簡亦作於此前後，云「在此凡百如宜」。

歐陽知晦惠桃、荔、米、醋，軾簡謝。

《蘇軾文集》卷五十八《與歐陽知晦》第一簡乃謝簡。簡末云「蒸暑異常」，點明季候。簡末云痔疾，作於今年。第二簡云及「治下」，知知晦爲官，或即官於二廣。

七月五日，朝雲病卒。軾有詩、詞悼之。

《蘇軾詩集》卷四十有《悼朝雲》，其引叙朝雲之卒。詞乃《全宋詞》第三二九頁《雨中花慢》（嫩臉羞娥）。

《蘇軾文集》卷六十二《惠州薦朝雲疏》：「遭時之疫，遘病而亡。」卷五十五《與林天和》第十五簡謂「瘴疫横流，僵仆者不可勝計」，「某亦旬浹之間喪兩女使」。朝雲亦女使。知時疫即瘴疫。卷五十二《與李端叔》第七簡叙朝雲之死，云「最荷夫人垂顧」。夫人乃之儀（端叔）之妻胡氏。

《萍洲可談》卷二：「廣南食蛇，市中鬻蛇羹。東坡妾朝雲隨謫惠州，嘗遣老兵買食之，意謂海鮮。問其名，乃蛇也。哇之，病數月竟死。」此屬傳聞，姑録此。

孫賁（公素）寄毛滂（澤民）所撰《雙石堂記》來，軾與滂簡，盛贊滂文。

《蘇軾文集》卷五十三答滂第三簡叙其事。《記》見《東堂集》卷一，言賁知衢（《畫墁集》卷三詩題作衡）州時破疑塚事，作於本年二月二十五日。簡謂滂文乃韶濩之餘音。簡言秋暑，點明季候。

八月庚申（初三日），葬朝雲於棲禪山寺。軾作墓誌銘。寺僧爲建六如亭。

銘見《蘇軾文集》卷十五（四七三頁）。《文集》卷六十二《惠州薦朝雲疏》：「念其忍死之言，欲托棲禪之下。」葬棲禪乃從其遺言。

《文集》卷五十二《與李端叔》第七簡叙朝雲葬棲禪寺，「僧爲亭覆之，榜曰六如亭」。上條所引之《悼朝雲》，乃銘墓後作。「施注」有「先生於朝雲墓前作六如亭」之語。

《總案》：「棲禪寺、泗州塔、朝雲墓、放生湖、海會院皆在湖濱而各占一坡，若連若續，不出二里餘也。自惠州西門之外過橋堤，沿豐湖而北，至棲禪寺，寺面湖負山，山之左折出一坡，則泗州塔峙其上，塔之左又一坡，則朝雲墓在焉。墓之左一坡爲殿，坡盡，即公因舊葺築之堤，以界豐湖與放生池者，長約半里餘，堤盡則海會院也。其自棲禪寺歷數坡谷，皆摺疊詰曲而行，最爲幽勝。在寺不知有塔，登塔不見有墓，至其墓上，坡壠又復障蔽，塔甚近，微露上級，風過則鈴語悠揚，與松楸相答，凄然欲絶。」

九日，軾視朝雲墓。薦朝雲，作疏。

《蘇軾文集》卷七十一《題棲禪院》：「紹聖三年八月六日夜，風雨，旦視院東南，有巨人跡五。是月九日，蘇軾與男過來觀。」院東南，朝雲墓也。

同上卷六十二《惠州薦朝雲疏》云：「既葬三日，風雨之餘，靈跡五蹤，道路皆見。」又云：「伏願山中一草一木，皆被佛光；今夜少香少花，遍周法界。湖山安吉，墳墓永堅。」薦於九日之夜。

與章楶（質夫）簡，軾報朝雲之逝。楶有簡相慰，復答簡。

《名賢氏族言行類稿》卷二十六《章楶傳》附蘇軾與楶第三簡：「多日不奉書狀，蒙庇如昨，但侍者病亡，旅懷不免牢落，方營葬之，更何可了，目前紛紛，須已事，乃釋然耳。有詩悼之，其略曰：『傷心一念還前債，彈指三生斷後緣。』恐公欲知鄙意，不深念也。數日前，颶風淫雨繼作，寓居墻穿屋漏，草市已在水底。蔬肉皆缺，方振履而歌商頌，書生强項類如此。想聞此捧腹掀髯一絶倒也。」第四簡：「朝雲葬豐湖上棲禪寺松林中。前瞻大聖塔，日聞鐘梵。墓得如此，不負其宿性。頃嘗學佛法於泗上比丘尼義空，亦粗知大意，且死，誦《金剛經》四句偈乃絶。因蒙公記憐之，故一報也。」

《蘇軾文集》卷五十五與棨第三簡：「近承手書，以侍者化去，曲垂開諭，感佩深矣。」

方子容來知惠，詹範罷。

《蘇軾詩集》卷四十《丙子重九》其三：「餘子詎復數，坐閲兩使君。」謂範與子容。子容又，嘗爲秋季事。嘉靖《廣東通志》謂子容紹聖間通判循州，以朝請郎知惠。

《莆陽比事》卷二：方子容守惠陽，軾常留郡齋，家藏文集、古畫，軾多所校正題跋，今手迹俱存。乾隆《莆田縣志》卷二十四《方子容傳》：「字南圭。皇祐五年進士。歷守惠州。蘇東坡謫惠時，日相唱和。嘗爲點勘六經，終朝請大夫。」卷三十三《藝文》著録《南圭詩集》一卷。不傳。

九月九日，軾與詹範、方子容及鄰翁等登白鶴山强醉，有詩；并作《龍山補亡》。過亦有詩。

《蘇軾詩集》卷四十有《丙子重九》。《補亡》詩在同上卷四十八。

清舊抄本《斜川集·九日詩》：「火雲初收旦，凄露凈中夕。良辰非虛名，菊秀萸更實。世間孰真樂，心境遇相值。華屋與茅茨，何足繫欣戚。勿云瘴海惡，山水侶吴浙。我有環堵居，危臺俯清絶。及時要行樂，鷄黍隨豐乏。真一撥新釀，九華襲前哲。西鄰有書生，破帽衣百結。勿憚往來頻，杯中猶有物。」此詩，不見知不足齋本《斜川集》。西鄰書生乃翟逢亨。

戊申（二十二日），逍遥聰禪師卒。聰生前與轍交游甚密。

據《欒城後集》卷二十四《逍遥聰禪師塔碑》。碑文云，元豐中轍首次謫高安，既與聰禪師等有交游。今再謫高安，「聰退老黄蘗不復出矣，聰聞予來，出見」云云。又云：「予告之曰：『師豈以我故廢傳法耶？』師笑而許之。紹聖乙亥十有二月，始杖策入山。山久茀不理，十方不至，師方治其缺圮以延衆。予亦得《般若》《涅槃》《寶積》《華嚴》四大部舊經于聖壽，補其殘破而授之。明年夏，師得疾，山深無醫，愈而復劇。九月戊申而寂，春秋五十有五。」碑文云「明年」者，「紹聖乙亥」之明年即今年也。《年表》系碑文於紹聖二年，誤。

二十九日，轍有《祭逍遥聰長老文》。

文見《欒城後集》卷二十。

轍作青詞。以館舍免焚爇，謝神。

青詞乃《欒城後集》卷十九《青詞·高安四首·其三》。首云「謫居高安，行將再歲」，知作於今年。中云：「乃者火焚閭閻，勢極熾猛。風從北來，正趨館舍。治任挈族，未知所適。而風回火轉，幸免焚爇。」乃謝神。日懼禍災，惻然可憫。

秋冬間，轍有簡與范祖禹（純夫）。時習道安常。

《蘇軾文集》卷五十《與范純夫》第十簡：「子由極安常，燕坐胎息而已。有一書，附納。」軾簡作於本年秋冬間，參紹聖四年「長子邁自潁昌來」條紀事。

十月庚午（十四日），安葬道遥聰禪師，轍作《塔碑》。

據《欒城後集》卷二十四《逍遥聰禪師塔碑》。碑文云「十月庚午而葬」，銘文中云：「師雖老矣，强爲我行。」追述大師爲轍授法事。又云：「新塔巋然，松柏䨺䨺。」蓋紀實也。

十月二十日，軾與程全父（天侔）簡。

《晚香堂蘇帖》：「白鶴新居成，求數色果木，太大則難活，太小則老夫不能待，當酌中，又須土碪稍大不傷根者爲佳。軾上天侔足下。十月廿日。」此乃《蘇軾文集》卷五十五與天侔第七簡中語，文字略有異。參本年十二月七日紀事。

二十九日，軾再書柳宗元《南澗》詩。

《晚香堂蘇帖》録柳宗元《南澗》詩，跋云：「紙墨頗佳，殊可發興也。丙子十月廿九日。」以下有「東坡居士」印章。參本年三月六日紀事。

軾與陳師錫（伯修）簡。

簡乃《蘇軾文集》卷五十三與師錫第四簡，云及邁「今挈家來矣」，約作於冬初。

十一月四日，軾記黄腓道人語。

《晚香堂蘇帖》：「卓然精明而念不起，兀然灰槁而照不滅，二法相反當融爲一：黄腓道人語也。丙子十一月四日燈下書。」

二十一日，軾作《野吏亭記》。

記見《蘇軾文集》卷十二。

吴復古（子野、遠遊）、陸惟忠（子厚）自筠州來。蹇拱辰（翊之、葆光）托復古帶來墓頭回草。

《蘇軾文集》卷六十八《書陸道士詩》叙二人來，《總案》謂爲十一月。《蘇軾詩集》卷四十《和陶歲暮作和陶常侍》引謂二人「皆客於余」，作於十二月。拱辰云云，據《文集》卷七十三《墓頭回草録》。

軾賦《西江月》詠梅悼朝雲。

詞見《東坡樂府》卷上。《芥隱筆記》謂此詞「不與梨花同夢」，蓋用王建夢中梨花詩。《歷代詞話》卷五《蘇軾過海》引《太平樂府》：東坡貶惠州日，晁以道見公詞有「海仙時遣探芳叢，倒掛緑毛幺鳳」，便云：「此老須過海，只爲古今人不能道及，應罰教去。」「海仙」二句，即在《西江月》。

十二月初一日，軾書陸惟忠鏡、硯。

文見《蘇軾文集》卷七十(二二四二頁)。

七日，軾致簡程全父(天侔)。

《蘇軾文集》卷五十五與全父第七簡，求柑、橘、柚等十種果木，以植之白鶴峯新居。

八日，軾與吴復古、陸惟忠、翟逢亨、江秀才會，試曇穎之谷董羹。

《蘇軾文集》卷六十八《書陸道士詩》叙之。

十九日，軾生日，過壽詩。南華重辯(辯老)亦有餉。

《斜川集》卷三《大人生日》其七：「窮寓三年瘴海濱，簞瓢陋巷與誰鄰。維摩示疾原非疾，原憲雖貧豈是貧。紡嫗固嘗占異夢，肉芝還已獻畸人。世間出世何由并，一笑榮枯等幻塵。」《蘇軾文集》卷六十一《與南華辯老》第九簡云餉生日，并云「庶緣道力，少安晚境」，至惠後漸趨安定，繫此。

二十一日，軾書吴復古(子野)墨，論辨墨之真僞；欲作容安亭，作文誌之。

《蘇軾文集》卷七十《書李承宴墨》叙辨墨(《紀年録》謂十一日事)；卷七十一《名容安亭》叙欲作亭。

二十五日，酒盡米盡，軾和陶《歲暮和張常侍》贈吴復古、陸惟忠。

和陶見《蘇軾詩集》卷四十。

除夜前兩日（二十七日），吴復古以煨芋見啖，軾乃記之并論煨芋之法。

文乃《蘇軾文集》卷七十三《記惠州土芋》。

弟轍寄《寓居六詠》來，軾次其韻。

轍詩見《欒城後集》卷二，叙在筠生活。次韻詩見《蘇軾詩集》卷四十（二二〇六頁），叙惠州生活。其六首云「新居已覆瓦，無復風雨憂」，謂白鶴新居將成也。其一云及「草木如有情，慰此芳歲闌」，作於歲末。

章楶（質夫）移江、淮發運使，軾有簡爲慶。王古代楶知廣州。

《宋史》卷三百二十八《章楶傳》謂知廣州後，「徙江、淮發運使」。

《蘇軾文集》卷五十五與楶第二簡：「伏承被召，移漕六路，輿論所期，雖未厭滿，而脱屣炎州，歸覲闕庭，兹可慶也。」

嘉靖《廣東通志》卷九謂古紹聖二年十二月知廣州。按：「二年」爲「三年」之誤。

本歲，軾嘗與羅祕校簡，贊其掩骼。

簡見《蘇軾文集》卷五十八，爲與羅第二簡（一七六九頁）。

簡云：「掩骼之事，知甚留意。旦夕再遣馮、何二士去面禀，亦有少錢在二士處。」《總案》謂據此簡，掩骼一事，已設立專司，已成盛舉。

歲末，轍復作青詞祈福。

青詞乃《欒城後集》卷十九《青詞·高安四首·其四》，云「願涉新歲，脱去宿殃」，知作於本歲之末。

軾嘗來簡謂食羊脊骨有味，以戲轍。

《蘇軾文集》卷六十《與轍第七簡》，謂羊脊「骨間亦有微肉，熟煮熱漉出，漬酒中，點薄鹽炙微焦食之，終日抉剔，得銖兩於肯綮之間，意甚喜之」；謂轍三年食堂庖，豈復知此味。

蘇軾與周彦質（文之）簡。

簡乃《蘇軾文集》卷五十八《與周文之》第二簡。

簡云：「昨暮已别，回策悽斷，謹令小兒候違。」知彦質來訪。小兒謂過。回策云云道盡戀戀不捨之情。

簡云：「來年春末，求般家二卒，送少信至子由，乞爲選有家而愿者，至時當别奉書也。」知此簡作於本年。弟轍時在筠州。《蘇軾文集》原編者謂蘇軾此簡作於儋耳，誤。

蘇軾與歐陽知晦簡，論服何首烏之法，論合藥之法。

簡乃《蘇軾文集》卷五十八《與歐陽知晦》第二簡、第三簡、第四簡。

第三簡謂何首烏温無毒：「採得陰乾，便杵羅爲末，棗肉或煉蜜和入木臼中，萬杵乃丸，服，極有力」，此服之法。

第二簡云：「合藥須鵝梨，嶺外固無有，但得凡梨稍佳者，亦可用。」

第四簡云：「去思之聲，喧於兩郡。」贊歐陽知晦政績。

道潛（參寥）得罪，約於本年竄兖州，軾簡京東轉運使黄寔（師是），望爲之地。

《墨莊漫録》卷一叙吕温卿爲浙漕，錢世雄、廖正一皆被廢斥後，云：「復欲網羅參寥，未有以中之，會有僧與參寥有隙，言參寥度牒冒名，蓋參寥本名曇潛，因子瞻改曰道潛，温卿索牒驗之，信然，竟坐刑之，歸俗，編管兖州。」以下謂「未幾温卿亦爲孫傑鼎臣發其贓濫繫獄」。《攻媿集》卷七十二《跋參寥詩》：「參寥以東坡門人得罪。黄師是，坡之姻家，時爲京東漕使。坡與之書曰：『參寥以某故竄兖州，望爲之地。』師是曰：『昨方有兖州樓教授見過，其人必長者，遂以爲屬。』教授，鑰大父少師也，領其意而行。既至兖，與之定交。後宰登封。」以下云：「嘗同登嵩嶽之頂，游從唱和。參寥集中所稱試可，即少師之字也。」試可名异。與寔簡，《佚文彙編》失收。

《風月堂詩話》卷下：「東坡南遷，參寥居西湖智果院，交游無復曩時之盛者。嘗作《湖上十絶句》，其間一首云：『去歲春風上苑行，爛窺紅紫厭平生。如今眼底無姚魏，浪蕊浮花懶問名。』」以下舉另一首，云「詩既出，遂有反初之禍」。

《長編》卷四百九十七元符元年四月甲辰紀事：「詔京東轉運使黄寔、判官趙竦各減二年磨勘。」以「紹聖三年分上供金帛錢物數目」爲各路之最。據此，繫道潛被竄、致簡黄寔事於本年。知本年寔已爲京東轉運使。

三蘇年譜卷五十二

紹聖四年（一〇九七）丁丑　蘇軾六十二歲　蘇轍五十九歲

法芝（曇秀）復來。軾爲作《夢齋銘·叙》。

叙見《蘇軾文集》卷十九。謂與法芝相識「今二十四年」。蘇軾嘗「題其所寓室曰夢齋，而子由爲之銘」。《蘇軾詩集》卷四十《吴子野絶粒不睡過作詩戲之芝上人陸道士皆和予亦次其韻》自注：「芝有夢齋，子由作銘。」弟轍之銘約作於上年。今繫作叙事於本年歲首。

《欒城後集》卷五《夢齋頌·叙》：「曇秀上人游行無定，予兄子瞻作『夢齋』二字，名其所至居室，爲作頌。」法芝蓋自高安來。

《總案》謂軾「所載銘，即子由所作頌」，合觀兩叙，「蓋公向已爲作『夢齋』榜，俾所至懸之，未有説也；曇秀過高安，子由爲之頌，公至是見之，復伸其頌中所蓄之意，發而爲叙，因改頌爲銘」。

紹聖二年有「秋法芝來」條，可參。

蘇軾戲贈法芝（曇秀、秀老）詩。

詩見《蘇軾詩集》卷四十八(二六二六頁)。

詩云:「拆却相公庵,泥却駙馬竹。」與法芝談禪。

此戲贈法芝詩,未知作於何時,今附次於此。

正月四日,了元(佛印禪師)卒。

《禪林僧寶傳》卷二十九《雲居佛印元禪師》及《指月録》謂了元卒於元符元年此日。證以下引蘇軾與王古(敏仲)簡,「元符元年」乃本年之誤。《蘇軾文集》卷五十六與古第五簡云「浮玉遂化去」。浮玉乃了元,見元祐四年「訪了元於金山」條。簡作於今年。簡云:「其母今安在,謗者之言,何足信也。」《老學庵筆記》卷一謂其母仇氏乃風塵中人,生了元後,爲李氏妾,生定;并嫁郜氏,生蔡奴。《總案》謂「熙寧中,言者攻李定不服母仇氏喪」,知此仇氏非了元母仇氏。謂「了元者,僅一才富僧耳,其在浮玉多得賜物,又以其機警從名公卿游,頗自驕倨」,「其爲人所憎惡,宜矣」。《禪林僧寶傳》謂了元「閱世六十有七」。

同日,軾跋黄庭堅草書陶潛詩。法芝所出也。

跋見《蘇軾文集》卷六十九(二二〇二頁)。《苕溪漁隱叢話》後集卷三十二謂此草書乃庭堅晚年再遷宜州,道出祁陽時所書,譽之爲「草聖」;蓋庭堅於黔中得懷素自序,自是「恍然自得,落筆便覺超異」。《盧溪文集》卷四十八《跋蕭岳英家黄魯直書》:「山谷至黔,字書一變,嘗自言元祐以前字後字中無筆，東坡亦云山谷老人亦㸐道舟中觀長年撥棹，乃覺稍進。」以下謂庭堅「暮年筆力乃有三峽倒流之勢」。卷四十九《跋黄魯直帖》首云：「東坡先生嘗言山谷老人來㸐道觀長年撥棹，乃覺稍進，山谷自論亦然。」再引之。

軾贈陳守道詩，復作《辨道歌》。

二詩闡辨道家龍虎鉛汞之説，俱見《蘇軾詩集》卷四十（二二一〇、二二一一頁）。依《詩集》編次。

吴復古絶粒不睡，子過作詩戲之，法芝（曇秀）及陸惟忠皆和，蘇軾亦和。

《斜川集》卷三《戲贈吴子野》：「從來非佛亦非仙，直以虚心謝世緣。饑火盡時無内熱，睡蛇死後得安眠。饑腸自飽無非藥，定性難摇始是禪。麥飯葱羹俱不設，館君清坐不論年（原注：子野絶食不睡）。」法芝、惟忠詩不見。蘇軾詩見《蘇軾詩集》卷四十（二二一三頁），有「不妨詩酒樂新年」之句，作於本年之初。

六日，法芝（曇秀）出劉季孫（景文）詩，軾爲跋其後。

《蘇軾文集》卷六十八《書劉景文詩後》即此跋。

十九日，軾録所作《海上道人傳以神守氣訣》示吴復古（子野）。

詩見《蘇軾詩集》卷四十。《晚香堂蘇帖》有此詩，末跋云：「丁丑正月十九日録示子野，向嘗論其詳矣。」以下爲「東坡居士」印章。《詩集》「查注」謂有石刻。

二十一日，軾書過送法芝（曇秀）詩以贈法芝之行。復作書托法芝致江浙友舊。

《蘇軾文集》卷六十八《書過送曇秀詩後》、卷六十九《跋所贈曇秀書》分别叙之。

二十八日，軾與方子容（南圭）簡，贈子容白朮、蝦、魚、紫菜。

《晚香堂蘇帖》：「軾啓。聞買白朮不得，兒歸，令於篋中搜得半斤，納上。又有蝦、魚、紫菜數品，同爲獻。不罪！不罪！軾再拜南圭使君閣下。廿八日。」兒謂過。以下正月晦日簡，云贈白朮，此簡在前，次此。

同上：「軾啓。數日知監司在此，不敢上謁，亦自紛紛少暇也。辱簡，具審起居佳勝，存問之厚，感怍兼至。謹奉啓上謝，不宣。軾再拜。」此簡緊次二十八日簡後，或是與子容者，今姑次此。

晦日，軾與方子容（南圭）簡，贈子容墨、白朮等。

《晚香堂蘇帖》：「軾啓。昨日幸陪勝遊，信宿起居佳否？遠信寄墨二丸，試之，膠清煙細，似非凡品，故分獻其一。東海白朮，亦納少許。又有棗柿一合，漫馳上，不罪，不罪。軾再拜南圭使君閣下。正月晦。」

月末，邁自宜興挈兩房赴惠，抵贛上。過往循州相迎。邁之來，爲就仁化令任。

《蘇軾文集》卷五十五《與林天和》第十一簡謂邁「正月末已到贛上」。第十簡云「小兒往循」；卷五十《答范純夫》第十簡謂過往循迎其兄，并謂邁自宜興挈兩房來，又謂「次子迨在許下」。

兩房謂邁房及過房。《墓誌銘》：孫男六人，簞、符、箕、籥、筌、籌。《宋史·蘇過傳》：七子，長名籥；其餘六子，蘇軾皆未見。簞乃楚老，已見元豐元年八月十二日紀事。符，已見元祐二年「是歲次孫符生」條紀事。則邁所挈兩房成員，包括邁之妻，過妻范氏，簞、符、籥。

「爲就仁化令任」云云 參本年「邁罷仁化令任」條。

與虔州通判蕭世範（器之）簡，軾求借白直數人助子邁運送家人及什物。

《蘇軾文集》卷五十八《與蕭朝奉》：「兒子邁般挈數房賤累，自虔易小舟，由龍南江至方口出陸至循州，下水到惠。賤官重累，敢望矜恤。特爲於郡中諸公，醵借白直數十人送至方口，計未遠出州界，切望垂念。」此朝奉，名世範，字器之，嘉祐癸卯進士，龍泉人，時爲虔州通判。見《蘇軾詩集》卷四十四《廣倅蕭大夫借前韻見贈復和答之二首》題下「查注」引《龍泉舊志》。該簡首云「近得見令兄提舉」，知世範乃世京之弟。龍南在虔之南四百五十里，龍南江當在其境内。

世範嘗爲南雄推官，憫遠夫之苦，制小車以代人，一車可勝數人之載，公私便之。又嘗官廣西轉運判官。嘉靖《廣東通志》卷四十七、道光《南雄州志》卷六均有傳。《清江三孔集·朝散集》卷九有《蕭器之小飲誦王舒公藥名詩因效其體》詩。《龍雲先生文集》卷六《次韻酬蕭器之朝奉》有「蕭侯金閨彦，憐我升斗秩。洗以古襟期，如邑發新篘」之句。參元符三年「時蕭世範爲廣州通判」條。

白鶴峯新居欲成，軾夜過翟逢亨秀才，作詩抒安於惠之意。

詩見《蘇軾詩集》卷四十（二二一四頁），云「中原北望無歸日，鄰火村舂自往還」。

轍次韻。

次韻見《欒城後集》卷二。其一云「伏臘便應隨俚俗，室廬聞似勝家山」，以安於新居爲慰。其二云「圖書一笑寧勞客，音信頻來尚有僧」，叙音問往來之迹。

轍長子遲自潁昌來，作詩。次遲韻。

遲詩佚。轍詩見《欒城後集》卷二。其一首叙謫筠州，留二子潁昌，參紹聖元年六月十二日紀事。以下云：「誰令南飛鴻，送汝至我旁。」謂遲之來。又云：「力耕當及春，無爲久南方。」遲之來在上歲之末。此二句之意望遲及早回潁昌，致力農事，以季節不能等人也。

《蘇軾文集》卷五十《與范純夫》第十簡：「子由長子名遲者，官滿來筠省覲，亦不久到。」簡作於上年秋冬間。簡有「子功之喪，忽已除祥」之語。范百禄（子功）卒於紹聖元年閏四月初三日，見本譜該年紀事。除祥謂除大祥，爲死者二十五個月後。

吴復古往桂管曹輔處，陸惟忠往河源令馮祖仁處。軾嘗與二人及程儒遊逍遥堂、羅浮道院，嘗爲復古遠遊庵作銘，嘗欲以美石爲惟忠志墓，嘗與惟忠論韓、柳詩，嘗戲判惟忠倖酒。

復古往曹輔處，見《蘇軾文集》卷五十八與輔第五簡；惟忠往馮祖仁處，見《文集》卷十五惟忠墓銘。二人離惠約爲正、二月間事。馮祖仁見元符三年「馮祖仁自曲江專使來迎」條。

《蘇軾詩集》卷四十二詩題：「去歲，與子野遊逍遥堂，日欲没，因并西山叩羅浮道院，至，已二鼓矣。」元符元年作。《蘇軾文集》卷五十五與程秀才第一簡云「去歲僧舍屢會」，第二簡首云復古(子野)、惟忠，然後云「前會」，知程秀才與其遊。皆作於元符元年。秀才乃儒，見紹聖三年「程全父之子來訪」條。

《文集》卷十九《遠遊庵銘》謂復古歸老江湖之上，「相逢乎南海之上」，乃此時作。嘉靖《廣東通志》卷十九《潮州府》：「遠遊庵：在潮陽縣北麻田山中，前後高山羅列，中有麻田寺，即其故址。」《西塘先生文集》卷三《吴子野歲寒堂記》謂堂乃復古所居，堂前古柏數株，「堂南爲小沼，沼之南爲二石山，山之南爲遠遊庵，庵之南爲知非軒，堂東爲日益齋，凡此皆出於歲寒」。又謂「遠遊之意，則子瞻之銘備矣」，知記作於銘稍後。

《省齋文稿》卷十五《題東坡遠遊庵銘二首》其一作於淳熙十四年七月二日，叙得《遠遊庵銘》

真迹。其二云：「潮州刺史毗陵張侯寄蘇文忠公與吴子野詩帖副墨數通。其第一帖但記《遠遊庵銘》用龜殻蛤黎事而無其銘，豈當時未及刻耶！紹興初，真迹藏老胥家，坐事籍没，遂歸有力者。僧智顯久在廣東，喜作詩，善醫術，因治病有功，宛轉得之，又數十年乃至於某。仍附公長子伯達帖於後。今摹寄侯，併刻之石，使來者得寓目焉，亦璧返邯鄲、珠還合浦之意也。驂、黎相近，故《集韻》驂、黎通用也。俗直以爲蜊。公引《淮南子》，慮或者弗之察爾。紹熙四年正月三日。」據此，邁（伯達）亦與吴復古有交往。《西塘先生文集》卷九《再到吴子野歲寒堂》：「再到歲寒堂，仍登歲寒閣。閣上與堂前，物物皆如昨。鐵幹偃虯龍，雲峰自巖壑。文章有神力，璧笥光彩錯。主人歲寒翁，古意何淡薄。山肴具樽酒，忻喜爲我酌。高論寫胞懷，千弩射鯨鱷。速悟有寶龜，靈通非火灼。辯議恣酬答，亦以資笑謔。想翁賓去後，前扃徐徐鑰。萬卷羅目前，舒卷良自若。盛暑一榻風，祁寒一爐藥。倏然去與來，一個無住着。我亦淡泊人，世味聊咀嚼。無種不取嘗，畢竟何美惡。但聞歲寒風，便覺世齷齪。今兹翁如龍，看彼皆尺蠖。今兹翁如鴻，視彼皆籠縛。故顧歲寒翁，高收歲寒脚。踞坐百千年，看春華秋落。無令木石心，長笑人脆弱。」附此以爲研究吴復古之參考。

爲惟忠志墓，與惟忠論詩，見惟忠墓銘。《文集》卷六十四《判倅酒狀》首云「道士某面欺主人」;卷六十與惟忠簡云惟忠「拘戒籙不飲」,此特戲之。

白鶴山新居鑿井四十尺,遇磐石,石盡乃得泉,軾有詩。新居上梁,作《上梁文》,有終焉之意。

詩見《蘇軾詩集》卷四十(二二一七頁)。文見《蘇軾文集》卷六十四,云「鑿井疏畦散鄰社」,欲分惠於鄰;又有「盡道先生春睡美」之句,時爲春季。《艇齋詩話》謂章惇見「春睡」云云,以爲居惠安穩,「故再遷」。然軾謫儋,朝命乃閏二月一九日,距此時間甚短,此事或出傳聞。

二月初六日,周彦質(文之)罷循州,來訪軾。

《蘇軾詩集》卷四十《和陶答龐參軍》引謂彦質來留半月,去於二月二十一日。據是推。

二月壬戌(初七日),詔罷張競辰,事涉蘇轍。

《長編拾補》卷十四本日紀事:「詔罷張競辰夔州路提舉常平官。以御史蔡蹈言其險巧邪佞,元祐中諂事呂大防、蘇轍之徒故也。競辰,蜀人,王安國女婿,與曾布有連。其得提舉官,布實薦之章惇。而蔡卞以競辰嘗忤其妻,極惡競辰,亟罷之。」

十四日,白鶴峯新居成,軾自嘉祐寺遷入。新居之成,方子容(南圭)助以帑,鄰里亦助作。

十四日云云,據《蘇軾詩集》卷四十《和陶時運》引。《晚香堂蘇帖》:「軾啓。辱教字,伏審起居清勝，爲慰。厄困塗窮，衆所鄙棄，公獨收卹有加，不可一一致謝。既蒙公庫貺遺，又煩費宅帑，重疊愧荷。香粳淳釀悉已拜賜。匆匆復謝，不宣。軾再拜南圭使君閣下。」乾隆《莆田縣志》卷三十六謂子容嘗割俸以助築新居。《上梁文》云「里閭助作」。

白鶴峯新居門外橘花，牆頭荔子，舍南種柑。有德有鄰堂、思無邪齋，并題榜。江山之觀，杭越勝處。林行婆、翟逢亨所居在西。

《蘇軾詩集》卷四十《三月二十九日》其二：「門外橘花猶的皪，牆頭荔子已斕斑。」《上梁文》：「舍南親種兩株柑。」

《總案》謂蘇軾題「德有鄰堂」榜，以下云：「以今之匠尺計之，每字縱横二尺二寸，榜長一丈數尺，可想見原屋高廣。」又云：「方子容《過新居》詩云『遥瞻廣厦驚凡目，自是中臺運巧心』，其登堂震炫，可想見其舊矣。榜白粉爲質，石緑爲字，天骨開張，神彩四射。」又云「思無邪齋」每字縱横一尺五寸，白粉爲地，黑爲字，二榜雖同時作，結構稍別。乾隆乙卯觀此二榜，完好如故。《總案》謂德有鄰堂在左，思無邪齋在右。

《總案》又謂蘇軾所建白鶴峯所居，後人改爲祠，以下云：「公手書堂齋二舊榜，字極大，榜亦寬闊，今懸於祠，適相稱。是當日屋之高廣，略與今同。此峯（按：指白鶴峯）高約四丈，自地歷百餘級，即祠門也。中爲德有鄰堂，方井大數尺，當兩楹之中，以欄扶之，後爲正室以祀公，而肖過像於左，皆三間，其後即縣治也。自峯至地右繞出城，凡數百步，之江口，今居民皆取汲於江。考公和子由所居六詠，蓋初意亦擬食江，後以不便，而又復爲井，事在新居覆瓦之後，必不掘於堂中也。據王注云：井在德有鄰堂前。相其地勢，公當日爲屋二層，其前三間爲門户以處僕隸，中爲廣院，後爲堂三間，堂前雜植松、柏、柑、橘、柚、荔、茶、梅諸樹。既欲植此，必當有其地也。其自門升堂，亦無中隔一井之理。此蓋堂門二層舊址尚偏右一丈數尺，而井在院落之左花木之下，其左輪寬，則爲居室庖湢之處，其右就山爲城，峯前角削缺，後爲思無邪齋，與翟鄰相接，周以廊廡，計二十間。此公新居圖樣，限於地勢，證以榜井，無可移易也。」

《夷堅志·甲志》卷十《盜敬東坡》：「紹興二年，虔寇謝達陷惠州，民居官舍，焚蕩無遺。獨留東坡白鶴故居，並率其徒葺治六如亭，烹羊致奠而去。」

《誠齋集》卷十八《正月十二日游東坡白鶴峯故居，其北思無邪齋真迹猶存》：「獨遺『無邪』四箇字，鸞飄鳳泊蟠銀鉤。」

《輿地紀勝》卷九十九《惠州·古迹》：「東坡故居：在歸善縣治之北白鶴觀基也。紹聖間，東坡請其地築室。室中塑東坡像。堂曰『德有鄰』，齋曰『思無邪』。」同上《四六》引留正《東坡故居》文：「豐湖十里，面德有鄰堂而環合；東溪千頃，并思無邪齋而落成。」

嘉靖《廣東通志》卷十九《古迹·惠州府》：「東坡故居：在白鶴峯上。宋蘇軾謫惠，卜居於此。有堂曰德有鄰，軒曰思無邪。小齋二，曰睡美處，曰來問所。有亭曰娱江。亭之左有硃池，右有墨沼。有小圃，中有亭曰悠然。」

《梁溪先生文集》卷二十六《惠州訪東坡舊隱》：「海上歸來訪老坡，依然遺迹未消磨。松風亭下梅花老，鶴觀峯頭喬木多。垂世文章燦星斗，平生憂患足風波。華堂滿壁龕詩筆，人事其如天定何。」作於建炎四年（一一三〇）。知松風亭下原有梅花，白鶴峯頭多栽喬木。

周彦質（文之）二十一日去，軾賦詩贈行。并賦《減字木蘭花》贈彦質小鬟。與王古簡薦彦質，因彦質附致。

《蘇軾詩集》卷四十有《循守臨行出小鬟復用前韻》、《和陶答龐參軍六首》，皆爲贈彦質之行作。前者題下「施注」引蘇軾與方子容簡：「蒙示二十一日別文之後佳句。」

《減字木蘭花》見《東坡樂府》卷下。《東坡先生全集》卷七十五調下原注：「贈小鬟琵琶。」詞有「年紀都來十一二」之句，與《和陶答龐參軍》其四「丱妙侍側，兩髦丫分」合，與《循守臨行出小鬟復用前韻》之「小鬟」合。《循守臨行出小鬟復用前韻》有「要求國手教新音」之句，與詞中所云「撥弄么絃，未解將心指下傳」有緊密聯繫。詩、詞爲同時作。參張志烈《論東坡惠州詞》，見《論蘇軾嶺南詩及其他》。《蘇軾文集》卷五十六與王古（敏仲）第九簡薦彦質。彦質此後經歷：元符元年八月二十六日，以監京東抽税竹木箔場，爲兵部侍郎黄裳所舉堪臺閣監司，詔令閤門引見上殿，見《宋會要輯稿》第一百十八册《選舉》二八之二七；《道鄉集》卷十六有除彦質户部郎官制，中云「不負先帝臨遣之意」，爲徽宗初事；崇寧二年二月初五日，以朝請郎到浙東提刑任，十二月二十五日移淮南轉運副使，見《寶慶會稽續志》卷二；《丹陽集》卷二十有《周文之彦質運使巡按海寧》詩，贊其孝，知以後彦質嘗任兩浙轉運使。《二老堂雜志》卷五《記閤皂登覽》謂廬陵閤皂有彦質詩。《十家宫詞》有彦質宫詞。光緒重刊康熙《衢州府志》卷二十九謂彦質有《齊峯集》，不傳。據《文集》卷五十八與彦質第二、四簡，似彦質復官海南，恐誤。此二簡疑乃與他人者。

軾賦《浣溪沙》（道字嬌訛語未成）。

詞見《東坡樂府》卷下。

《東坡詞編年箋證》：「《詩集》卷四十有《循守臨行，出小鬟復用前韻》詩，施注引先生墨跡云：『蒙示二十一日别文之後佳句，戲用元韻，記别時事爲一笑。』文之，即循守周彦質字。其詩云：『學語雛鶯在柳陰，臨行呼出翠帷深。通家不隔同年面，得路方知異日心。趁著春衫遊上苑，要求國手教新音。嶺梅不用催歸騎，截鐙須防舊所臨。』詩與詞一意而異體，自當作於同時。同卷《和陶時運四首·引》云：『丁丑二月十四日，白鶴峯新居成。』《次韻惠循二守相會》有句云：『南堂初絶斧斤音。』是以知二守（即循守周彦質與惠守方子容）來會當在白鶴峯新居初成時，亦即丁丑二月十四日以後。《和陶答龐參軍六首》詩引云：『周循州彦質，在郡二年，書問無虚日，罷歸過惠，爲余留半月。既别，和此詩追送之。』以此推之，則周離惠當在丁丑二月二十五日以後，亦即此詞之作時也。此年閏二月，清明當在二月底，故詞末句曰『近清明』。下闋同詠小鬟，且首句云『桃李溪邊駐畫輪』，當謂循守周彦質駐足來白鶴峯事，似爲一時之作，因附編於後，不另考。」

軾賦《浣溪沙》（桃李溪邊駐畫輪）。

詞見《東坡樂府》卷下。

參上條所引《東坡詞編年箋證》。

丁亥（二十二日），詔毁上清儲祥宫蘇軾所撰碑文。或謂蘇軾所録沿流館中二絶句，乃軾緣毁碑而作。

丁亥云云，據《長編拾補》卷十四：令蔡京撰文并書。

《苕溪漁隱叢話·前集》卷三十九：「東坡云：紹聖間人，得二詩於沿流館中，不知何人作也，今録之，以益篋笥之藏。『淮西功德冠吾唐，吏部文章日月光。千載斷碑人膾炙，不知世有段文昌。』『李白當年流夜郎，中原無復漢文章。納官贖罪人何在，壯士悲歌淚萬行。』苕溪漁隱曰：或云此二詩，乃東坡竄海外時作，蓋自況也。不知其果然否？」此二詩已收入《蘇軾詩集》卷四十八，題即作《沿流館中得二絶句》。

《甕牖閒評》卷五：「蘇東坡奉敕撰《上清儲祥宮記》，後朝廷磨之，別命蔡元度作，故東坡有詩云：『淮西功德冠吾唐（以下略）。』退之《淮西碑》亦是磨後復使文昌再作，此二事大相類也，東坡遂托爲此詩，紹聖間有人於沿流館中得之，蓋亦有不少平故耳。而苕溪漁隱不知有此，乃謂東坡竄海外時作，欲以自況，非也。」元度乃卞之字。此處所云，與《長編拾補》略不同。

《梁谿漫志》卷四《東坡録沿流館詩》：「東坡在翰林，被旨作《上清儲祥宮碑》，哲宗親書其額。紹聖黨禍起，磨去坡文，命蔡元長別撰。玉局遺文中有詩曰：『淮西功德冠吾唐（以下略）。』其題云：『紹聖中，得此詩於沿流館中，不知何人作也，戲録之，以益篋笥之藏。』此詩乃東坡自作，蓋寓意儲祥之事，特避禍，故托以得之。味其句法，則可知矣。」《蘇軾文集》卷六十八《記臨江驛詩》即叙録詩事。元長乃京之字。

清紀昀定《沿流館中得二絶句》爲蘇軾作。見《詩集》卷四十八校記第一百五十一條。參《沿流館中得二絶句》其二「查注」、「合注」。

庚辰（二十五日），蘇轍責授化州別駕、雷州安置。轍被命即行。時克文來。遠同行，遲送行。在筠，遇大疫，嘗製藥活人。

《年表》本日紀事：「三省言：『吕大防、劉摯、蘇轍爲臣不忠，朝廷雖嘗懲責，而罰不稱愆。其餘同惡相濟，幸免者甚衆，亦當量罪，示有懲艾。』詔：『大防責舒州團練副使、循州安置；劉摯鼎州團練副使、新州安置。』又制曰：『朋姦擅國，責有餘辜。造訕欺天，理不可赦。其加顯黜，以正明刑。降授左朝議大夫、試少府監、分司南京、筠州居住蘇轍，操傾側孽臣之心，挾縱横策士之計。始與兄軾肆爲詆欺，晚同相光協濟險惡，造無根之詞而欺世，聚不逞之黨以蔽朝。謂邪説爲讜言，指善政爲苛法。矯誣太后，愚弄冲人。助成姦謀，交毁先烈。發怨懟於君臣之際，忘忌憚於父子之間。陰懷動摇，公肆排訐。粤予親政，尚爾撓權。持罔上之素心，爲怙終之私計。罪同首惡，法在嚴誅。而事久益彰，罰輕未稱。朕顧瞻叢廟，跂念裕陵，義不敢私，恩難以貸。黜居散秩，投置遐陬。非徒今日知馭衆之威，亦使後世識爲臣之義。勉思寬憲，務蓋往愆。可責授化州别駕、雷州安置。」《宋會要輯稿》第九十九册《職官》六七之一五至一七謂爲本月二十八日事。《宋大詔令集》卷二百八收此制，題作《蘇轍散官安置制》。

《欒城遺言》：「公與關西文長老相善。公晚年自政府謫官筠州，既而復謫雷州，威命甚峻。時文老特來唁，公留宿所寓宅中。公被命即登轎出郭外，文老亦相隨去，嘆曰：『克文處之，尚恐不能，公真大過人者。』」

《宋史》卷三百四十三《林希傳》謂紹聖初爲中書舍人，以下云：「自司馬光、吕公著、大防、劉摯、蘇軾、轍等數十人之制，皆希爲之，詞極其醜詆，至以『老姦擅國』之語陰斥宣仁，議者無不憤嘆。」此制當爲希所草。卷三百四十六《陳祐傳》謂希草呂大防、劉摯、蘇轍、梁燾等制，「皆務求合章惇之意」。

《欒城後集》卷二《次遠韵》首云：「萬里謫南荒，三子從一幼。」遲送見本年以下「同行至雷州途中」條。

同治《瑞州府志》卷八謂黨禍作，蘇轍居筠，以下云：「時大疫，鄉俗禁往來，動惟巫祝是卜。公多製聖散子，及煮糜粥，遍詣病家與之，所活甚衆。」

傳轍所貶者乃西容州。軾與王古（敏仲）二簡及之。

《蘇軾文集》卷五十六與古第六簡：「自五羊來者，録得近報，舍弟復貶西容州，諸公皆有命，本州亦報近貶黜者，料皆是實也。聞之，憂恐不已，必得其詳，敢乞盡以示下。」

與古第十七簡：「又有少懇，見人説舍弟赴容州，路自英、韶間，舟行由端、康等州而往，公能與監司諸公言，輟一舟與之否？」

古時知廣州，見嘉靖《廣東通志》卷九。

容州屬廣南西路。西容州即容州。

張耒、晁補之亦謫降，秦觀自郴編管移横編管。

據《宋會要輯稿》第九十九册《職官》六七之一五至一七。耒紹聖三年罷守宣城，管勾明道宫，至是謫監酒税礬務。見《張耒集》附年譜。《輯稿》謂爲本月二十八日事。

致簡范祖禹（純夫），軾叙養生之道；時子邁已至循州。

《蘇軾文集》卷五十與祖禹第十簡叙之，謂「盡絶欲念爲萬金之良藥」。邁至循，約爲二月。

應王古（敏仲）詢，軾建議引蒲澗山滴水巖甘凉水入廣州城，薦鄧守安可任引水事；古引水。

與古簡，建議廣州設病院，以防疾疫；爲醫人林忠彦謀補授，古從。

《蘇軾文集》卷五十六與古第十一簡謂廣州一城人，飲鹹苦水，「春夏疾疫時所損多」，故建議改善引水以利健康。第十五簡云「聞遂作管引蒲澗水，甚善」，未及守安，未知任用與否。第九簡建議設病院，以防疾疫。第十二簡薦忠彦，第十三簡云「蒙補授」。

與陳師錫（伯修）、毛滂（澤民）簡，軾叙新居之樂。徐大正（得之）來簡。

與師錫簡乃《蘇軾文集》卷五十三與師錫第五簡，並薦滂，又云「徐得之書信已領，當遞中答謝」。與滂簡乃同上卷與滂第五簡；《晚香堂蘇帖》：「新居在大江上，風雲百變，足娱老人也，有一書齋名思無邪。子瞻。」「新居」云云二十三字，即在簡中。知蘇軾甚喜愛此段文字。軾與師錫、滂文字交往止此。徽宗立，師錫爲殿中侍御史。與陳瓘同論蔡京、蔡卞，號二陳。卒年六十九，見《宋史》卷三百四十六師錫傳。元符二年，滂爲武康令，有善政。見《嘉泰吴興志》卷十五。《鐵圍山叢談》卷二謂大觀、政和間，滂有時名，「上一詞，甚偉麗，而驟得進用」，有微詞。《浙江師範學院學報》一九八四年第四期周少雄《毛滂生卒考略》謂宣和六年春，滂尚在。

軾子邁挈孫簞、符等至惠州，軾作《和陶時運》。林抃（天和）以羊麪、鱸魚等物爲饋。

詩見《蘇軾詩集》卷四十。《蘇軾文集》卷五十五與抃第十簡云邁「閏月初可到此」，十一簡云「閏月上旬必到此」；卷五十六《與王敏仲》第四簡云「閏月可至此」。邁至惠約在閏二月初。與抃第十三簡叙抃饋物。《斜川集》卷一《將至五羊先寄伯達仲豫二兄》：「伯兄陽羡來，萬里踰煙蹻。」寫此時事。

《詩集》次《和陶時運》於《次韻惠循二守相會》至《和陶答龐參軍》五題之前，不當。《和陶時運》之引既叙及邁至，當次《和陶答龐參軍》之後，參本年二月二十一日紀事。

轍舟過臨江，近瞻閤皂山，遥望玉笥山，徼福聖境以生還中原。

《欒城後集》卷十九《青詞·閤皂》：「伏念臣頃自丁丑之春，得罪朝廷，流放海上。是時舟過臨江，近瞻閤皂，遥望玉笥，誠心惕然。徼福聖境，願得生還中原。當就兹山，恭陳薄供，以答靈造。（下略）」作於元符三年北歸時。

《輿地紀勝》卷三十四《臨江軍·景物下》：「閤皂山：《寰宇記》云：在新淦縣北六十里淦山南

一里，爲神仙之攸館。《臨江志》云：山形如閣，山色如皂，故以名云。道書云第二十三福地，即漢張道陵、丁令威、葛孝先修煉之地，有道宫，今名崇真。」

同上《玉笥山》：「《寰宇記》云：在新淦縣南六十里。道書云：玉笥山，福地山也。道經云第十七洞府。漢武帝時，有玉笥降壇上，因號玉笥山。有館曰清虚、曰洞陽，漢梅福，晉郭桂倫、彭真一、袁景立，梁杜子曇、蕭子雲學道之地。」

閏二月十三日，軾記道人養生語。

《晚香堂蘇帖》：「有道人教予曰：『欲延年，清小便，欲輕舉，止小府。心如嬰，小便清，心如水，小便止。小便一清，萬法自成，未免溲膏，一生徒勞。』此言雖鄙淺，然近於實，若究如嬰如水之言，亦自不鄙淺。丁丑閏二月十三日書。」以下有「趙郡蘇氏」印章。《六硯齋三筆》卷四亦云：「東坡云：『要長生，小便清；要長活，小便潔；要延年，清小便。』」此乃蘇軾溶道人之語，而出以己意。

甲辰（十九日），軾責授瓊州别駕，移昌化軍安置。

據《宋史·哲宗紀》。《老學庵筆記》卷四謂軾謫儋，轍謫雷，乃「戲取其字之偏旁」，並云「時相之忍忮如此」。《鶴林玉露》丙集卷五《蘇黄遷謫》謂軾謫儋，以「瞻」與「儋」字相近，轍謫雷，以「雷」下有「田」；庭堅謫宜，以「宜」類「直」，並云此章惇「駃謔之意」。二書所云有傳聞因素，姑次此。明危素《説學齋稿》卷二《惠州路東坡書院記》謂「權臣聞公之安於惠」，乃謫儋。

三月三日，軾與方子容（南圭）簡。

《晚香堂蘇帖》：「軾啓。前日辱臨顧，既缺往拜，又稽裁謝，慚負深矣。領教字，承齒疾未平，佳節塊坐，同此牢落耶！惠貺珍味，感怍不可言喻。人還，草率，不宣，不宣。軾再拜南圭使君閣下。上巳。」

同上：「軾啓。數日尊體佳勝，水落路未成，尚阻趨詣。謹且奉啓，不宣。軾再拜南圭朝奉使君閣下。廿三日。」此簡，約作於上巳簡前後。

同上：「所欲《書東皋子傳後》，當時率然寫與梅守，不曾留本，今不復記其全矣。公不過欲得軾書字，有近録《左傳》多紙，寄去，不克如命，悚惟（按：以下缺）。軾再啓。」《後村先生大全文集》卷一百四《與方南圭十四帖》言子容藏有蘇軾所寫《左傳》三數紙，則此殘簡或與子容者，兹次此。參紹聖二年正月十三日、十六日紀事。

五日，軾與范祖禹（純夫）簡，書《和陶時運》與之。

簡乃《蘇軾文集》卷五十與祖禹第十一簡，末署「閏三月五日」，《總案》以爲「閏」衍，今從。時祖禹移賓州安置（據《宋史·哲宗紀》），尚未聞訊。

十四日，軾爲李公麟所畫西域所貢三馬圖作贊。

贊見《蘇軾文集》卷二十一（六一〇頁）。

二十九日，軾作詩。

詩見《蘇軾詩集》卷四十（二二二六頁），其一末云「閉門隱几坐燒香」。未聞謫儋命。

邁罷仁化令任；聞弟轍貶訊，軾專人簡王古（敏仲）乞其詳。

《蘇軾文集》卷五十六與古第六簡云「小兒授仁化令，又礙新制不得赴，蓋惠、韶亦鄰州」；乞其詳，以便「作打疊擘劃」。

爲次孫符求婚於王蘧（子開），軾作啓。

啓見《蘇軾文集》卷四十七（一三七一頁），云「故令弟子立先輩之愛女第十四小娘子」。據《文集》卷十五適（子立）墓銘，其女時九歲。《總案》次此事於今年，今從。《蘇符行狀》謂夫人王氏，適女。蘧卒於大觀三年，見《老學庵筆記》卷五。

鄧守安嘗來訪軾於白鶴新居。

《蘇軾文集》卷七十二《記授真一酒法》叙其事。

《六硯齋二筆》卷四：「東坡海外一帖，字如五銖錢，行草法相雜，渴潤兼出，一任天行，奇品也。（以下録《記授真一酒法》全文，略）」

在惠，軾與州守方子容往還甚密。或爲題子容書畫，或爲書佛經，或爲書史傳，或爲寫碑，又

或勸棄火葬，或爲子容夫人沈氏書佛經。

《後村先生大全文集》卷一百四《跋墨林方氏帖·蘇文忠公·與方南圭十四帖》：「方子容，字南圭。金紫功名。峻之第四子，擢皇祐甲科。坡公貶惠州，南圭爲守，相處甚歡。方氏書畫，多經坡公題品。或爲書佛經，或爲書史傳，往還簡帖尤多。其家舊有萬卷樓，所收坡公遺墨，至四百餘紙。後羽化略盡，墨林僅有寫《心經》及《左傳》三數，手簡十四幅而已。前二帖云：『日與吏民望前塵。』又云：『治行有日，併增欣抃。』可見坡先至惠，南圭後臨郡也。其三云：『厄困塗窮，衆所鄙棄，公獨收恤。』其四寫碑。其五答林媪酒。其六借《真誥》，可見太守之厚於黨人也。其七、其八、其九皆言蔣簿葬事。按《列子》：極西儀渠之國，親死則取柴焚之，然後爲孝子。蓋荒唐之寓言，以謂尤而效之者，謂後世中國真以火葬爲俗，蔣簿賴公一言，免於荼毗之苦。前輩雖困厄中，而濟人利物之念，終不少忘如此。」

同上《跋墨林方氏帖·蘇文忠公·書左傳帖》：「鮒與祁大夫皆欲脱叔向子。雖然，叔向拒鮒不達，卒賴祁大夫以免者。古之君子，非但不肯因小人以求福，亦不肯因小人以避禍也。陳太丘弔張讓母喪，荀緄爲文若娶唐衛女，雖非求福，未免畏禍，此在叔向下矣。欽、永附王氏，劉、柳黨叔文，既非避禍，專欲求福，此遠在荀、陳下矣。坡公書此有深意。世言章子厚本與坡善，爲蔡卞所劫，故坡亦南遷。豈非子厚嘗密導此意，坡公拒而不受乎？余讀而深悲之。」

蘇軾所書《左傳》文字，見《昭公》。

同上《跋墨林方氏帖·書多心經帖》：「西域文字與中華絶異，然流傳既久，雖華人未免爲胡語。」以下云：「至坡公則手書佛經非一種，《心經》在貝葉中尤古奥簡捷，蓋在惠州時爲沈夫人所作。夫人乃南圭使君之内，嘗夢僧伽送子瞻過海者。」

同上卷一百七《跋聽蛙方氏帖·坡二帖》：「余嘗考坡公先至惠，而南圭後至。以前一帖觀之，稱『荔支、龍眼、柑、橘之珍相續，日望公來同樽俎之樂』，益信余言之不謬。後一帖諾諾南圭早膳之招，又云：『幸遣白直數人見取。』可見前輩居是州斂縮省事之意。赴郡集，旋借人肩輿，若平居，則竹笠杖藜，與黎秀才、翟夫子、春夢婆輩相爾汝，是豈權貴之所能害，烟瘴之所能死哉！坡與南圭帖散落四出，此帖在其族孫立之家，尤可寶。立之名審權。」

在惠，軾嘗藏書潮州開元寺。

《夷堅志·甲志》卷十《盜敬東坡》：「海寇黎盛犯潮州，悉毁城堞，且縱火。至吴子野近居，盛登開元塔寺見之，問左右曰：『是非蘇内翰藏圖書處否？』麾兵救之，復料理吴氏歲寒堂，民屋附近者賴以不爇甚衆。」則蘇軾嘗至潮也。《夷堅志》此所叙乃紹興三年事。

在惠，軾嘗爲何宗一之姪苓之命名立字。

《蘇軾文集》卷十《何苓之名説》叙命名立字事，爲苓之字表絲。

《文集》卷六十《與何德順》第一簡：「何苓之更長進。」德順在廣州，故爲言之也。苓之或爲德順之子。

蘇軾題詩惠州靈惠院。

詩見《蘇軾詩集》卷四十七，題云：「惠州靈惠院，壁間畫一仰面向天醉僧，云是蜀僧隱巒所作，題詩於其下。」

詩首云：「直視無前氣吐虹，五湖三島在胸中。」切仰面向天。末云：「相逢莫怪不相揖，只見山僧不見公。」不相揖，謂終究是畫。

蘇軾在惠州，與友人簡。

簡見《蘇軾佚文彙編》卷四(二五一一頁)。

簡首云：「承寄手教，疑昔者天涯流落之語，真可怪也。」知此簡作於惠州。簡云：「此間多道人，博問精選，於養生之術，亦粗有得。」益知此簡作於惠州。

南華禪寺請廣州報恩光孝禪寺住持超公禪師主持南華，軾作疏。

《曹溪通志》卷五有軾作《請超公住持南華寺疏》，云：「經略、轉運、提刑、提舉常平茶鹽、市舶司：竊見韶州南華禪寺，乃六祖大鑒禪師道場，見缺住持安衆。今敦請廣州報恩光孝禪寺住持超公禪師住持南華禪寺，開堂演法，爲國焚修，祝延聖壽者。右伏以從前諦義，首判風旛；

向後恩緣，爲留衣鉢。脚迹儼然似舊，路途自何通行。超公禪師，法性當權，南宗長价。望佛鄉而相接，振祖令以何難。正須飛錫横空，肯以宿桑起戀。林泉勝處，皆曹溪常住生涯；鐘鼓新時，看大鑒嗣孫手段。謹疏。」

此疏，當爲軾居惠州時所作。

蘇軾在惠州，作《薦雞疏》。

疏見《蘇軾文集》卷六十二。疏云：「某以業緣，未忘肉味；加之老病，困此蒿藜。每剪血毛，以資口腹。」知作於惠州；若云作於儋州，儋州未必能如所求，以儋州乃窮荒之地，非僅困於蒿藜。疏又云：「爰念世無不殺之雞，均爲一死；法有往生之路，可濟三塗。是用每月之中，齋五戒道者莊悟空，兩日轉經若干卷，救援當月所殺雞若干隻。」殺雞而爲雞超度，頗爲滑稽，然亦當時艱難之環境使然。本文直是一篇小品妙文。

在惠州，軾嘗作《待旦》詩。

詩見《蘇軾詩集》卷四十八。

詩云：「夢破山骨冷，扶桑未放曉。」夢、醒。次云：「披衣坐虚堂，缺月猶皎皎。」起。次云：「揚泉漱寒冽，激齒冰雪繞。」引泉水漱齒。次云：「百體喜堅壯，萬象覺情悄。」自我感覺良好。次云：「簪履事朝謁，神魂飛窅渺。」整肅衣裝拜佛叩道。次云：「龕燈蚌珠剖，爐穗玉繩梟。」拜佛叩道。次云：「浮念恍已消，真庭諒非杳。」拜佛叩道奏功。次云：「須臾霽霞起，赫奕射林表。」日出，霞光普照。次云：「高樹引涼蟬，深枝噅棲鳥。」蟬、鳥鳴。次云：「二蟲彼何爲，逐動自紛擾。」蟬、鳥鳴不過自我紛擾。次云：「悠悠天宇内，豈復論大小。」天宇萬物皆處於自我紛擾之中。次云：「覆盎舞醯雞，濃昏恣飛繞。」申前説。次云：「定知達觀士，方寸常了了。」達觀士知此理。末云：「世無陶靖節，此樂知者少。」陶潛知此理。

此詩叙惠州日居生活，不可輕放過。云「涼蟬」，爲秋季，或秋冬之交。

在惠州，作《暮歸》詩。

詩見《蘇軾詩集》卷四十八。

詩首云：「牛羊久已下，寂寞掩柴扉。」暮歸，可見當日惠州之荒涼。次云：「水鵲鳴城堞，飛螢上戟衣。」時爲夏。次云：「夜涼江海近，天闊斗牛微。」入夜。云「江海近」者，以陣陣涼風習習而至也。末云：「何日招舟子，寒江北渡歸。」思北歸。

此爲軾惠州日常生活之自我叙述。

蘇軾贈包安静先生茶，作詩；復贈煮菜，亦作詩。

前者，見《蘇軾詩集》卷四十七（二五五八頁）；後者，見卷四十八（二六三〇頁）。

前者稱包爲居士。後者首云：「野菜此出珍又珍，送與西鄰病酒人。」知包爲蘇軾之西鄰。末云：「便須起來和熱喫，不消洗面裹頭巾。」脱去形骸，往還必密切。

在惠，封州守朱振嘗借示藏書，軾簡謝。時作《書傳》。

《蘇軾文集》卷五十八與振第一簡首云「前日蒙示所藏諸書」，繼云「恕先所訓，尤爲近古」。恕先乃郭忠恕字，及史書小學，通九經，後周時爲《周易》博士。見《文集》卷二十一《郭忠恕畫贊》。入宋，《宋史》有傳。有《汗簡》、《古文四聲韻》，有中華書局整理本。振所借書，當有忠恕撰者。簡又云「老拙不揆，輒立訓傳，尚未畢工」。《文集》卷五十五《與鄭靖老》第三簡云及在儋《書傳》十三卷成書，知與振簡所云「訓傳」乃《書傳》。《邵氏聞見後録》卷二十七有與震此簡節文，謂與滕元發者，收《佚文彙編》卷三。按：《後録》誤。《後録》引文後引李廌云：「東坡每出，必取聲韻音訓文字復置行篋中。」與振第二簡謂振於《春秋》有發明。道光《肇慶府志》卷十一：朱振，朝請郎，元符三年知封州。「元符」當爲「紹聖」之誤。光緒《江西通志》卷二十：朱振，熙寧九年進士。乾隆《浮梁縣志》卷七「振」作「震」，卷八有傳，謂字伯起，一字振甫，及第後授迪功郎，後官工部郎中。《宋史》卷四百三十五有傳之朱震字子發，號漢上先生，乃另一人。

在惠，軾嘗與游嗣立書簡往來。嗣立嘗爲致家書，答簡感其存庇弟轍。

《蘇軾文集》卷五十八《與游嗣立》第二簡：「使人久留海豐，裁謝稽緩，想不深責。舍弟謫居部中，尤荷存庇。家書已領，併增感怍。」海豐屬惠州，已見紹聖元年十月二日紀事。是此簡作於惠州。味簡意，嗣立專使至惠，併致家書。弟轍荷嗣立「存庇」，嗣立當爲江南西路監司。《總案》引此簡謂嗣立官循州守，失之。第一簡云及「忽奉手教」，是嗣立先有簡與蘇軾。《八瓊室金石補正》卷一百八有《游嗣立爛柯巖題名》，元符二年九月題，云「朝散大夫提點刑獄公事游嗣立茂先，歲巡浙東諸郡縣」。

《長編》卷五百一十六元符二年閏九月戊寅有新提點秦鳳等路刑獄游嗣立降一官記載。

在惠，軾簡謝張元明惠藥物；答王莊叔簡；老者徐中來訪，哀其窮困；簡泉老求分粥飯養人。

《蘇軾文集》卷五十六與元明第四簡謝元明專人惠書寄藥物，卷五十九答莊叔第二簡叙莊叔來簡，與泉老簡在卷六十一。

在惠，弟轍嘗有簡來，贊蘇軾撫恤病苦。

《陵陽先生集》卷十七《跋三蘇帖》：「蘇氏一翁二季，詞旨翰墨，具見於三紙間，斂衽伏讀，因有感焉。前二紙，老泉爲編禮，東坡爲鳳翔簽判時也。後一紙，東坡謫海豐，潁濱謫高安時也。未四十年，而盛衰之變如此，可以觀世道矣。然東坡不以患難流落爲戚，方且施藥葬枯骨，造橋以濟病涉，此與陸敬輿在南賓集名方同一意，故潁濱有能安遐陋撫恤病苦之語，萬里兄弟，依依至情，尤使人慨然。上有學士院印章，程滄洲家舊物，良可寶也。」程滄洲名許，有《滄洲塵缶編》，四庫全書著録。此段紀事，用庫本《陵陽集》校過。轍簡佚。

在惠，軾戒食生，作《食雞卵説》；嘗與弟轍簡，論食羊脊骨有味、有補。

文見《蘇軾文集》卷七十三，簡乃卷六十與轍第七簡。

在惠，軾嘗醉書《赤壁賦》。

《秋澗先生大全文集》卷七十三《跋東坡赤壁賦後》：「余向在福唐，觀公惠州醉書此賦，心手兩忘，筆意瀟灑，妙見法度之外。今此帖亦云醉筆，與前略不相類，豈公隨物賦形，因時發興，出奇無窮者也！」

在惠，軾嘗書劉禹錫（夢得）《竹枝歌》及晚唐詩，嘗書韓詩。

《後村先生大全文集》卷一百四《墨林方氏帖·蘇文忠公·書劉夢得竹枝歌帖》：「公自跋云：『書夢得詩數首。』今僅存二首，前幅似爲人截去。『巫峽蒼蒼烟雨時』，『時』誤爲『枝』。」跋已早佚。

同上《書晚唐詩》：「余評此詩，在張籍、王建之下，望盧仝、劉叉，尚隔幾水。坡公取其自在。前輩論文氣象，門闕如此。」

《式古堂書畫彙考·書》卷十有蘇軾録晚唐方干詩六十三首。附誌於此。

「巫峽」云云，見《劉夢得文集》(四部叢刊初編影宋本)卷九《竹枝歌》。

《後村先生大全文集》卷一百七《跋坡公書韓詩》：「韓詩蘇字，希世寶也。按《惠州圖經》，松風亭在彌陀寺後山之巔。所謂『潮士吴、許二君』，吴當是子野，許當考。」按：許乃毅，參紹聖二年「與道潛專使」條。「潮士」云云，當是跋語，已佚。

在惠，軾嘗書秦觀五言詩及張耒《寒衣歌》。

《後村先生大全文集》卷一百四《墨林方氏帖·蘇文忠公·書少游五言帖》：「退之效盧、仝，歐公效蘇、梅，坡公效黄、秦，輒逼真而反勝之。譬如老禪與學人問答，機鋒當有餘。郭功甫效太白，潘邠老效老杜，用盡氣力而不近傍，譬如窶人學富家調度，事力苦不足也。」

同上《書文潛寒衣歌》：「唐樂府惟張籍、王建，本朝惟一張文潛爾。坡公手録此篇，亦如退之於舊輩乎！然文潛每篇語意有緩弱處，不如籍、建句句緊切。」《張耒集》卷三有《寄衣曲》，卷四有《寒食歌》，無《寒衣歌》。

在惠，丘崇(執禮)嘗受教。

弘治《八閩通志》卷六十七《丘崇傳》：「字執禮，晉江人。工詩文，尤精天文象數之學。嘗侍父官惠之河原，時蘇軾謫居於惠，嘗因得聞其餘論。而李邴亦與之唱和，有遺稿六帙。」已佚。

在惠，軾嘗飲酒西溪之下；嘗於嘉祐寺植樅樹。

《眉山唐先生文集》卷三《乙未正月丁丑，與舍弟棹小舟窮西溪，至愁絶處，度不可進，乃歸溪側，有兩榕甚奇，清陰可庇數十榻，水東老人常飲酒其下云》：「楊梅溪上柳初黄，荆竹岡頭日正長。獨木小舟輕似紙，一尊促席穩於床。樹從坡去無人識，水出山來帶藥香。應有居民解秦語，爲言昭代好還鄉。」同上書卷五《西溪》詩有「惠州城下有江南」之句，是西溪在惠州。乙未乃政和五年（一一一五），時庚亦謫惠州。水東老人乃蘇軾，時黨禁尚嚴，諱言之也。

《後村先生大全文集》卷二十一《寄題惠州嘉祐寺坡公手植樅樹》首云：「誰道炎州無勁松，君看韓木與蘇樅。」

在惠，軾首晤鄭俠，爲名晉公之集曰曳尾，並作詩示晉公。

《西塘先生文集》卷二《晉公曳尾堂集序》：「晉公形貌清古，而志所趣向，一如其表。與之久，如對晴霄皎月，不知其爲常見，欣愛之心，常自然也。夫人一也，而所得者，内則所以獨成，饑食渴飲，宫室以處，皆所不得不與衆同。吾於窮而樂，閉而泰，則所成者獨矣。所謂眇然小乎其屬於人，曠哉大乎獨成其天者也。晉公居室卑湫，而升其堂者，雖九層之臺，廣宇華構，無晉公之堂之樂也。食飲儉約，食其食者，雖糗飯菜羹，而珍羞列鼎，無晉公之食之美也。道使之然也。其堂有龜焉，得之圃中，移之庭下，愛其外無營逐而長存，因感莊生曳尾泥中以謝楚王齊國之召，又悟其二大夫者，以是朝夕與此而不厭也。蓋龜惟食氣，外無營逐，故能獨靈以壽。惠陽遇東坡居士子瞻，因語及此，而子瞻親筆命名曰曳尾，爲詩以示晉公，因語不肖，晉公之於我，豈亦所謂喜愛常自然者耶！（下略）」晉公，待考。《曳尾堂集》及蘇軾示晉公詩，不傳。

在惠，有老舉人生子，軾戲贈聯。

《侯鯖録》卷三：「東坡再謫惠州日，一老舉人年六十九爲鄰，其妻三十歲誕子。爲具邀公，公欣然而往。酒酣，乞詩。公戲一聯云：『令閤方當而立歲，賢夫已近古稀年。』」《古今事文類聚·前集》卷四十六引《侯鯖録》，此二句作：「聖善方當而立歲，頑尊已及者稀年。」

《續墨客揮犀》卷六《豐城老人生子》：「東坡居士在豐城，有老人生子，爲具召東坡，且求一詩。東坡問翁年壽幾何，曰七十，翁之妻幾何，曰三十。東坡即席戲作八句，其警聯云：『聖善方當而立歲，乃翁正及古稀年。』」豐城屬江南西路洪州，在州南一百五十五里。查蘇軾現存文字資料，無至豐城記載。蘇軾於元豐七年、紹聖元年、建中靖國元年三經江西，皆行役匆匆，無戲題之環境。「豐城」當爲「豐湖」之誤。豐湖在惠州，見《蘇軾文集》卷十五《朝雲墓誌銘》。

《冷齋夜話》卷五《東坡滑稽》：「有村校書年已七十，方買妾，饌客，東坡杖藜相過，村校喜，延坐其東，起爲壽，且乞詩。東坡問所買妾年幾何，曰三十，乃戲爲詩，其略曰：『侍者方當而立歲，先生已是者稀年。』此老滑稽於文章如此。」傳聞異詞，兹附於此。

同上條「如此」之後，云：「(東坡)又云：『世間事無有無對，第人思之不至也。如曰：我見魏徵嘗嫵媚，則對曰：人言盧杞是奸邪。』又曰：『無物不可比類，如蠣花似石榴花，紙花似罌粟花，通草花似梨花，羅絹花似海棠花。』」

同上書卷一《的對》亦云：「東坡曰：世間之物，未有無對者，皆自然生成之象，雖文字之語亦然，但學者不思耳。如因事，當時爲之語曰『劉蕡下第，我輩登科』，則其前有『雍齒且侯，吾屬何患』。太宗曰『我見魏徵嘗媚嫵』，德宗乃曰『人言盧杞是奸邪』。」兹附此。

在惠，軾嘗爲譚掞(文初)所書《金剛經》跋尾。

文見《蘇軾文集》卷六十六(二〇八七頁)。

《西塘先生文集》卷二《譚文初字序》：「友人譚君名掞，君子人也。」

《桂勝》卷一《伏波山》有紹聖三年十月二十二日掞與胡宗回等題名，署奉議郎、提舉常平。此當爲提舉廣南西路。同卷尚有本年孟秋二日、建中靖國元年清明前二日與程節等題名。

嘉靖《廣東通志》卷五十六《列傳十三·人物三》：「譚掞，字文初，曲江人。父昉，刻苦積學，四上計偕，而親老家貧，無以爲養，不獲已請補吏外臺。久之，授海豐簿，英州司理。平樂令王益守韶州，延至門下教子弟。時益子安石方髫齔，與掞兄弟同學。後安石爲相，而昉爲虞部郎官，卒，掞狀其行求銘。安石方行新法，未暇及之，但作輓詩（詩略）。安石後爲《字説》，引掞入局爲郎官。掞不苟從。累遷廣文館學士，副廣東、西漕，移本路憲，知南恩州。從弟昂，亦登進士，能自植立。」（原注謂據《韶州志》修）同上書卷十一謂掞登元豐二年進士第。

軾以大字書韓愈《雉帶箭》詩，約爲惠州事。

《容齋隨筆·三筆》卷三《曹子建七啓》：「『原頭火燒浄兀兀，野雉畏鷹出復没。將軍欲以巧伏人，盤馬彎弓惜不發。地形漸窄觀者多，雉驚弓滿勁箭加。衝人決起百餘尺，紅翎白鏃隨傾斜。將軍仰笑軍吏賀，五色離披馬前墮。』此韓昌黎《雉帶箭》詩，東坡嘗大字書之，以爲絶妙。予讀曹子建《七啓》，論羽獵之美，云：『人稠網密，地逼勢脅。』乃知韓公用意所來處。」《誠齋集》卷九十九《跋東坡所書雉帶箭大字帖》：「東坡先生所挾，孰非招尤取嫉之具，復出此掀天決地大字，投畀嶺海，豈元符大臣罪哉！」味文意，是《雉帶箭》帖約作於惠。帖不傳。

軾嘗作應身彌勒，傳寄秦觀（少游）。

《石門文字禪》卷十九《東坡畫應身彌勒贊·序》：「東坡先生遊戲翰墨，作大佛事，如春形容，藻飾萬像，又爲無聲之語，致此大士於幅紙之間，筆法奇古，遂妙天下，殆希世之珍，瑞圖之寳。相傳始作以寄少游，卿上人得於少游之家。二老流落萬里，而妙觀逸想，寄寓於此，可以想見其爲人。余還自海外，見於湘西，謹拜手稽首爲之贊曰：（贊略）」惠洪見之於湘西，則此畫或作於秦謫郴時也。

四月十五日，軾贈别長子邁。囑邁慎言語，節飲食。自寫影贈邁，或爲此時事。以家累托方子容（南圭）。

四月十五日云云，據《蘇軾文集》卷六十《付邁》。文謂：「使人謂汝庸人，實無所能，聞於吾者，乃吾之望也。」以庸可以避禍也，蓋慨乎言之。留邁居惠州，蓋已知再謫之信耗。《佚文彙編》卷一《自畫背面圖並贊》叙寫影事。《佩文齋書畫譜》卷八十二引元吴師道《吴禮部集》，亦叙寫影事，並謂楊萬里有跋。按：今影印四庫全書文淵閣本《吴禮部集》無叙寫影之文。楊跋亦不見《誠齋集》。

以家累托方子容，詳見本年以下「在赴廣州道中」條紀事。

己亥（十六日），舒州團練副使、循州安置吕大防卒於虔州。

據《長編》卷四百八十五；注引實録吕大防舊傳，謂大防「與蘇轍輩同惡相濟」。

十七日，軾得瓊州别駕、昌化軍安置告命。惠守方子容攜告命來。

十七日云云，據《蘇軾文集》卷二十四《到昌化軍謝表》。《文集》卷七十二《僧伽同行》叙子容攜告命來，并云：「此固前定，可無恨。吾妻沈素事僧伽，謹甚。一夕夢和尚告别，沈問所往？答云當與蘇子瞻同行，後七十二日，當有命。今適七十二日矣。」《隨手雜録》謂爲蕭士(世)京妻事。《參寥子詩集》卷十一《東坡先生輓詞》其十一：「臨淮大士本無私，應物長於險處施。親護舟航渡南海，知公盛德未全衰。」原注：「鄒至完言：在嶺外，嘗聞人傳惠州太守方君家人素奉佛。一夕，夢泗州大聖來别，云將送蘇某過海，遂詰之曰：『幾時當去？』答曰：『八日去矣。』後果如期。公得命移儋耳，至完始未信，後遇方君，問之，信然。」至完，浩字。參本年十二月十九日紀事。

軾書《松醪賦》與幼子過。

《愛日齋叢鈔》卷二：「東坡《松醪賦》，李仁甫侍郎舉賦中語，謂東坡蓋知之矣。又云：東坡既再謫，親舊或勸益自儆戒，坡笑曰：『得非賜自盡乎？何至是！』顧謂叔黨曰：『吾甚喜《松醪賦》，盍秉燭，吾爲汝書此，倘一字誤，吾將死海上，不然，吾必生還。』叔黨苦諫，恐偏旁點畫偶有差訛，或兆憂耳。坡不聽，徑伸紙，落筆，終篇無秋毫脱謬，父子相與粲然。」仁甫，燾字，《長編》撰者。

與王古(敏仲)簡，軾催求變賣折支，以爲赴儋之用；求古謀借舟與弟轍。

《蘇軾文集》卷五十六與古第八簡叙赴儋「惟待折支變賣得二百餘千」，第十七簡叙借舟，時弟轍將由英、韶間赴容州。林語堂《蘇東坡傳》：「政府一共欠了他兩百貫的貨幣，照京師幣估算，也一百五十貫。」謂折支。

十九日，軾與過離惠，與家人痛苦訣别。李思純之子光道送行。惠人盛贊蘇軾浩然之氣。

十九日云云，見《蘇軾文集》卷二十四《到昌化軍謝表》。嘉靖《惠州府志》卷九謂留家惠州，「獨與子過渡海」。《佚文彙編》卷五《跋追和違字韻詩示過》云「過子不眷婦子從余此來」，知過妻范氏亦隨行。然《文集》卷五十六《與鄭靖老》第二簡云「聞過房下卧病」，似范氏仍在惠。《文集》卷五十六《與王敏仲》第十六簡，叙與邁訣，「今到海南，首當作棺，次便作墓」。蘇軾離惠後，與方子容簡，云「邁時去請見，兩新婦許拜老嫂」，見本年以下「在赴廣州道中」條。此兩新婦當爲邁妻及過妻。過妻未隨行。《斜川集》卷一《將至五羊先寄伯達仲豫二兄》叙邁至，「未温白鶴席，已餞羅浮曉。江邊空忍淚，我亦肝腸繞」，乃此時事。

《名賢氏族言行類稿》卷六十引《惠州圖經》：「君子素行乎患難，能困其身而不能殞其名。方東坡先生自英之惠，自惠之儋，小人挫之惟恐不深，而先生氣不少衰，筆力益放，無一毫不滿之意介於胸次，孟子所謂『浩然之氣充塞於天地之間』，先生一人而已。」

《軾墓誌銘》：「公以侍從齒嶺南編户，獨以少子過自隨，瘴癘所侵，蠻蜑所侮，胸中泊然無所蒂芥。人無賢愚，皆得其歡心，疾苦者畀之藥，殞斃者納之竁。又率衆爲二橋以濟病涉者，惠人愛敬之。」

《梁溪漫志》卷四《東坡謫居中勇於爲義》：「陸宣公謫忠州，杜門謝客，惟集藥方。蓋出而與人交，動作言語之際，皆足以招謗，故公謹之。後人得罪遷徙者多以此爲法。至東坡則不然。其在惠州也，程正輔爲廣中提刑，東坡與之中外，凡惠州官事，悉以告之。諸軍缺營房，散居市井，窘急作過，坡欲令作營屋三百間，又薦都監王約、指使藍生同幹。惠州納秋米六萬三千餘石，漕符乃令五萬以上折納見錢。坡以爲嶺南錢荒，乞令人户納錢與米，並從其便。博羅大火，坡以爲林令在式假，不當坐罪，又有心力，可委，欲專牒令修復公宇、倉庫，仍約束本州科配。惠州造橋，坡以爲吏孱而胥横，必四六分了錢，造成一座河樓橋，乞選一健幹吏來了此事。又與廣帥王敏仲書，薦道士鄧守安，令引蒲澗水入城，免一城人飲鹹苦水、春夏疾疫之患。凡此等事，多涉官政，亦易指以爲恩怨，而坡奮然行之不疑。其勇於爲義如此。謫居尚爾，則立朝之際，其可以死生禍福動之哉！」

《六硯齋三筆》卷三：「東坡嘗謂延州季子、張子房不死，嶺南之人亦言東坡不死。」此乃記乾道戊子冬至後二日莆田陳雅跋蘇庠帖中語。「延州季子張子房不死」語，見《蘇軾文集》卷二十一《延州來季子贊》。

李光道送行及李思純，見以下「與李思純之子光道别」條。

與李思純之子光道别，軾作《潛珍閣銘》贈之。嘗以手抄《金剛經》置潛珍閣。

《味水軒日記》卷七明萬曆四十五年五月二十七日紀事：「東坡書《汩汩（按：實爲『潛珍』二

字)閣銘》,大如當五錢,有顔、徐兩家法,款云:『余渡海,北海進士李光道自番陽送至曲江,求此文,余爲作之。元符三年八月,東坡蘇軾。』」味此文口吻,乃追述前事。

《潛珍閣銘》即《蘇軾文集》卷十九《惠州李氏潛珍閣銘》。銘云「逮公子之東歸」,此公子乃思純之子,即光道。「東歸」謂歸惠州,乃臨分時語。又云「悼此江之獨西」,點明送别之地。「番陽」乃「惠陽」之誤。曲江乃韶州,赴海南,不經其地;此「曲江」爲另一地。乾隆《梧州府志》卷二謂州屬容縣有渭龍江,「自東而西泝流」;今地圖册有倒水,在梧州州治西,藤縣東北:李光道送别之地,或在此一帶。《蘇文繫年考略》謂惠州有龍川江經過,「該江自東北流經惠州,然後即向西流入珠江口,軾時正離惠西行,因知必在此江上,此時惠州在東而江水西流,故軾欲托江水投文而不可得」,乃於公子東歸時作此文。備參。

《輿地紀勝》卷九十九《廣南東路·惠州·古迹》:「李氏潛珍閣:郡人進士李光道所建,在郡之南面龍堂,東坡爲記。」「記」即銘。乾隆《歸善縣志》卷四則云:「李氏山園,在郡城南龍塘,宋瓊州安撫使李思純之别墅。高下數十畝,草木華實,無所不有。臨江有閣曰潛珍。」卷十四:「李思純,皇祐五年以三禮出身,歷官朝奉郎知封州、瓊州安撫使。其弟思義相繼守封,皆有遺愛於民。」

《夷堅志》甲志卷十一《東坡書金剛經》:「東坡先生居黄州時,手抄《金剛經》,筆力最爲得意。

然止第十五分，遂移臨汝，已而入玉堂，不能終卷，旋亦散逸。其後謫惠州，思前經不可復尋，却取十六分以後續書之，置於李氏潛珍閣。李少愚參政得其前經，惜不能全，所在輒訪之，冀復合。紹興初，避地羅浮，見李氏子輝，輝以家所有坡書悉示之，而秘《金剛》殘帙，少愚不知也。異日偶及之，遂兩出相視，其字畫大小、高下、墨色深淺，不差毫髮，如成於一旦。相顧驚異，輝以歸少愚，遂爲全經云。」少愚名回，琮子，見《宋史》卷三百三十六《李琮傳》。

《秋澗先生大全文集》卷七十二《題臨潛珍銘後》：「《潛珍閣銘》，坡公渡海北，爲李光道書於曲江。當時真迹入石，爲龍潭絶勝。逮淳祐乙巳，東嘉趙汝馭求訪百至，已不復得，惜哉！今所傳者，蓋漢中石刻濮之板本，再一傳也。此則以濮本較之，迫視筆勢，往往有形似者，豈踐其迹庶入室之意歟！然龍爲神物，唯劉累乃能擾之，或者輒攀鱗進技，其氣亦可尚也。」作於元世祖至元壬辰。此龍潭當即以上所引《輿地紀勝》、《歸善縣志》所云之「龍堂」。

《節孝集》卷六《送李光道》：「憶昔兒子時，我在西關住。顧我已衰朽，愛子特明悟。其後十數年，於此數見之。氣貌日益好，胸中即可知。貌者德之表，精神氣所爲。氣無所不適，其本在養頤。所養得其正，其美充四肢。子是名公孫，家法能自持。子學有舊業，尤富禮與詩。重之以所養，何適而弗宜。古人有大路，行者皆坦夷。夫以子之明，豈惑於多歧。修鞭與長轡，逸駕無停時。古人亦何人，勿問皆可追。昨見子筆札，老人爲子喜。其言遜而恭，賁然有文理。願子更勉之，莫忘老人語。所居求正人，正人德之輔。」

《雲溪居士集》卷五《李光道見過贈詩》：「高槐上拂青天面，枝疏不得驚禽戀。槐下官曹何冷落，去馬來牛色多倦。春風緑楊暗虚室，秋雨蒼苔鎖深院。三見牆頭梅子花，一字不畫塵侵硯。宛如太古兩相忘，況復飛蓋追遊宴。有時獨詠西園詩，想像清風情眷眷。門前忽報華軒過，邂逅開懷如昔見。目擊便嗟相得晚，更僕清談盡黄卷。顧我迂疏何所取，似君秀穎迺可羨。少壯應須努力時，人間歲月如流電。」

同上卷八《和光道元日書事二首》：其一：「蔗城池苑盡荒殘，春到長思競秀山。谷口風和鶯已出，天南日轉雁初還。千家簾幕峰巒上，百里笙歌水竹間。記得當年行樂事，韶光不放片時閒。」其二：「急管妖弦朝暮聞，翠帘下應當壚君。叫呼梟盧一百萬，吹削兕脯三千斤。孔座嘉客每日滿，楊園細草何須耘。夜長秉燭可爲樂，春色三分未一分。」

同上《和光道春日雨寒》：「細風密雨冷相添，天右餘寒勢未殲。漠漠亂絲凝曠野，涓涓碎玉下重簷。凌晨預約陽光發，入夜先聞霰雪兼（自注：世言久雨得雪則晴霽）。蝶夢未成欹寶枕，銅壺聲咽凍孤蟾。」

同上《和光道喜和叔得雨兼呈和叔知縣鄉兄》：「精誠一念格明神，時雨經宵即效珍。政屬士龍真有譽，頌成吉甫更無倫。千疇土脈三冬起，百里根荄一日春。自古移風由美化，善良從此在吾民。」皆可參。

《道鄉先生鄒忠公文集》卷一《送李光道承事罷高郵酒官》：「豫章拂青冥，密蔭覆百畝。初由拱把微，封植歲月久。大厦搜棟梁，匠者終見偶。甘井如車輪，千尋徹坤厚。畚鍤非一朝，致力自培塿。河流涸生塵，源源獨清瀏。李子素綺紈，操約世莫誘。字畫尤勁奇，往往過虔柳。當其求帖時，彷佛昔人嘔。吾惟蜩翼知，豈暇恤衆口。願言舉斯心，夙昔仁義藪。甘井與豫章，勿使擅所有。」以棟梁之才許光道。

軾泊扶胥，聞王古（敏仲）遷袁州。古簡來，期於道中相遇，以爲不可。

《蘇軾文集》卷五十六與古第十八簡：「舟行至扶胥，急足示問，乃知有袁州之命。」扶胥屬番禺，在廣州境内。《宋史》卷三百二十《王古傳》：「知廣州。言者論其常指平歲爲凶年，妄散邦財，奪職知袁州。」《文集》與古第十六簡云「所云途中邂逅，意謂不如其已」，「故覼縷此紙，以代面别」。繼古任者乃柯述，見嘉靖《廣東通志》卷九。

軾過廣州。與方子容（南圭）簡。

《蘇軾文集》卷六十《與史氏太君嫂》：「某謫海南，狼狽廣州。」

《晚香堂蘇帖》：「軾啓。廢逐之餘，始獲傾蓋贛上，歡逾平生。遂復托迹治下，薰濡之喜既深，煩慁之愧亦厚矣。狼狽遠斥，悼懼失圖，仁人愍側，所以慰藉津遣之者，可謂備至，求之古人，亦未易得，况世俗乎！懷感之極，殆難云喻。違闊數日，起居何如？回望羅浮，蔚然天表，如見顔色，此心可知。有少幹，留此四五日乃去。江海闊絶，復見何日，然共此大塊耳，亦奚足云。惟萬萬爲民慎夏自重。人還，奉手啓上謝萬一，不宣。軾再拜南圭知郡朝奉執事。」此簡約作於廣州，亦有可能作於扶胥，今次此。

軾過新會。傳值潦漲，止累日，遊月華寺。又傳訪道人鍾鼎。

道光《鶴山縣志》卷二下：「坡亭：在鶴山縣東北五十五里石螺岡。岡前危石飲江，奔濤齧岸，東望則澄江如練，一碧千里。宋紹聖中，蘇軾謫儋州過此，留數日。居人慕之，築亭於上，遺址尚存。陳獻章詩：『水繞寒柯霧半籠，遊絲輕曳釣船風。三洲覽遍題名處，閑向坡亭説長公。』」獻章乃明新會人，當英宗時。知坡亭之建已久。同上：「東坡里：在坡亭東南。公嘗於此摘荔支食之，美，因以指掐其核，後所生荔支有指甲痕。」又云：「去亭數十步爲坡公泊舟處，僅一穴可下擨，餘皆頑石也。泊舟於此，可以避蚊云。」

康熙《新會縣志》卷十四《人物志·流寓·蘇軾》：「再謫儋州安置，道出新會，愛月華寺之勝，徘徊題詠。常過古勞鄉，行山中，士人競延，留爲築亭以居。去後，名其亭曰坡亭，鄉曰坡山焉。孫典籍遊月華寺有詩云：『急喚梢人早繫舟，月華寺裏散離憂。苔生曲徑人稀到，門繞長溪水自流。兩岸峰巒千古畫，一川松檜四時秋。坡仙遺墨成灰燼，老衲如今説未休。』」孫典籍乃蕡，字仲衍，明人，《明史》卷二百八十五有傳。

民國《開平縣志》卷四十四《古迹略二·前賢遺迹》：蘇公渡，在縣城東南六十里。宋蘇軾貶南海，自惠至瓊，道經新會，值江潦暴漲，乃從山僻小徑取道新興，故新會有坡亭，開平有蘇渡，皆因蘇軾所過而名之。

嘉靖《惠州府志》卷十四：「鍾鼎：不知何許人也。遊於新會之金溪寺，托以燒鉛煮汞爲事。寺有丹竈三十六。一日，因涉，溺死。有人見之於廣州。或曰：鼎，羅浮人，東坡嘗與友也（原注：《壬寅志》）。」《萬姓統譜》卷二有《鍾鼎傳》，謂爲上猶人，置義莊，建書院，未及鍊丹事。

光緒《新寧縣志》亦載鍾鼎事，並云：「東坡謫官至廣，枉道訪之，今蘇渡猶傳其名。」《總案》：「瓦窯灣即蘇渡也。其旁瓦窯灣村猶存。考宋時二邑（按：指鶴山、開平）並隸新會，而兩公集載巢谷自惠赴儋，並云由新會至新州，是公亦由此道以往矣。」新會屬廣州，在州西南三百三十里。以上各書記載有不同處，有傳聞因素。然軾取道新會，則大致可信。

五月十一日，軾與轍相遇於藤州，自是同行至雷。在藤，爲江月樓題榜。共食湯餅。

《蘇軾文集》卷四十一《和陶止酒》叙相遇，時弟轍與其妻攜子遠同行。

五月云云，亦見《年表》。

《廣輿記》：「江月樓，在藤縣治，蘇軾題。《永樂大典》卷二千三百四十一引《古藤志》謂樓在州治東北，本舊城北門，「二蘇寓此」。同治《藤縣志》卷四謂樓「在城東横街。俯臨繡江，宋紹聖間蘇軾登此，有記。秦少游嘗留題焉，即今之東門樓」。軾記不見。

同上《藤縣志》卷四：「浮金亭，在縣東浮金渡頭山阜之上，山勢高挺，俯瞰繡江，宋時建。紹聖間蘇軾南遷嘗艤舟登焉，賦詩其上。」又：「流杯橋：世傳蘇子瞻與子由游宴處。」

《老學庵筆記》卷一：「吕周輔言：東坡先生與黄門公南遷，相遇於梧、藤間。道旁有鬻湯餅者，共買食之。觕惡不可食，黄門置箸而歎，東坡已盡之矣。徐謂黄門曰：『九三郎，爾尚欲咀嚼耶？』大笑而起。秦少游聞之，曰：『此先生飲酒但飲濕而已。』」「飲酒但飲濕」，爲《蘇軾詩集》卷二十三《岐亭五首》其四語。九三郎，弟轍。吕周輔名商隱，輯有《成都文類》。今傳。

至容州，軾書《寄鄧道士》（次韋蘇州應物《寄全椒山中道士》）贈暹。

元柳貫《待制集》卷十九《題坡翁書寄鄧道士詩》：「此蘇長公《寄鄧道士》詩，作於惠州而書於容州，蓋遷海南時也。猶子暹者，文定公長子涌泉先生。（下略）」「猶子暹」蓋謂書《寄鄧道士》贈暹。「猶子暹」乃軾題贈中原詞。

明蘇伯衡《蘇平仲文集》卷十《跋先文忠公和韋詩後》叙蘇軾(文忠)謫儋,以下云:「文定公亦自筠州徙雷州,五月十一日相遇於藤州,遂同行至雷。……是時,少傅公方自許下來省文定公,亦在行間,故文忠公爲書此詩。以所題日月推定,正在途中。」少傅謂遲。柳貫所云之軾書即蘇伯衡所云之軾書。伯衡贊軾書當流離之際,字勢筆意無秋毫不足之意,超然自得,夷險不改其度。

軾所書詩爲《蘇軾詩集》卷三十九《寄鄧道士》,其詩乃步唐韋應物(蘇州)之韵,詩云:「一杯羅浮春,遠餉采薇客。遥知獨酌罷,醉卧松下石。幽人不可見,清嘯聞月夕。聊戲庵中人,空飛本無迹。」

軾在容州,晤邵道士彦肅。

《輿地紀勝》卷一百四《廣南西路·容州·仙釋》:「邵道士:東坡之儋州,經此,惟都嶠邵道士從坡三年。」道士名彦肅,見元符三年「至容州」條紀事。

軾經高州,過冼夫人廟。

《蘇軾詩集》卷四十一《和陶擬古九首》其五:「馮冼古烈婦,翁媪國於兹。策勳梁武後,開府隋文時。三世更險易,一心無磷緇。錦繖平積亂,犀渠破餘疑。廟貌空復存,碑版漫無辭。我欲作銘誌,慰此父老思。遺民不可問,僂句莫予欺。犦牲菌雞卜,我當一訪之。銅鼓壺盧笙，歌此送迎詩。」據「廟貌」二句，是親見其廟，並非得之傳聞。「爆牲」四句，乃言欲以禮祭之；所云「訪」，乃專意拜訪，即謁之之意。詩第二句云及「於兹」，似此詩即作於高州。《輿地紀勝》卷一百一十七《廣南西路·高州·古迹》有「冼氏廟」條。高州治電白縣。光緒《高州府志》卷九《建置二·壇廟》謂冼夫人古廟，在浮山下霞洞坡；又謂至雷、瓊者皆經過此廟。

軾將至雷之境，雷守張逢以書通殷勤。

據《獨醒雜志》卷四。

六月五日，軾與轍同至雷州。轍有《謝到雷州表》。雷守張逢至門首接見。

《欒城後集》卷十八《雷州謝表》云「今月五日」至雷。按：「今月」乃「六月」。《輿地紀勝》卷一百十八《雷州·詩》：「折彦質：二蘇翰墨仙，謫墜百蠻裏。弟兄對牀眠，此意孤一世。」爲此時事。

「雷守」云云，見本年十一月二十九日紀事，又參元符元年三月癸酉紀事。

《獨醒雜志》卷四謂蘇軾兄弟至，逢「延入館舍，禮遇有加」。

乾隆《浮梁縣志》卷七：張逢，治平二年進士；並謂通志、府志「二年」作「四年」。

轍子遲遠同行至雷。至雷後，遲北歸。遠留。

據轍詩，由雷同行赴循者惟遠。遲至雷後，即北歸。

六日，張逢延蘇軾兄弟入館舍。

《獨醒雜志》卷四謂蘇軾兄弟至，逢「延入館舍，禮遇有加」。

詳本年十一月二十九日紀事，又參元符元年二月癸酉紀事。

《蘇軾文集》卷五十八《與張逢》第一簡：「兄弟流落，同造治下，蒙不鄙遺，眷待有加。」第五簡：「子由苟存庇深矣。一作於元符元年者，附此。

軾論轍作《詩傳》、《春秋傳》、《古史》三書，以爲皆古人所未至；論轍解《老子》差若不及。

詳政和元年十二月二十一日紀事。

今本《詩傳》無序，未詳最後定稿時間。據軾之語，其最後定稿當在謫雷以前。

遠作詩，轍次其韵。

遠詩佚，轍詩見《欒城後集》卷二。詩首叙遠相從南遷，以下云：「謬追《春秋》餘，賴爾牛馬走。」春秋云云，指《春秋傳》之作。賴爾云云，知遠亦爲此盡力。

軾離雷州，張逢差人津送，親送於郊。

《蘇軾文集》卷五十八與張逢第二簡：「蒙差人津送，極得力，感！感！」

《獨醒雜志》卷四：「東坡將渡海，逢出送於郊。」

軾至徐聞，得馮大鈞之助，將渡海。

得馮助，見以下「十日止遞角場」條。

《蘇軾文集》卷十七《伏波將軍廟碑》：「自徐聞渡海，適朱崖，南望連山，若有若無，杳杳一髮耳。艤舟將濟，眩栗喪魄。」伏波者，路博德、馬援也。

朱崖謂朱崖軍，在瓊州之南。徐聞時屬海康縣。

十日，軾止遞角場，謝馮大鈞簡；致簡堂兄不危（子安）之妻史氏，賀其子時登第；致簡楊濟甫，以墳墓爲托。

《蘇軾文集》卷五十八《與馮大鈞》第一簡：「經由煩溷鈴下，佩荷深矣。比惟起居佳勝。某來早發去，自是嶺海闊絶，悵然。」時馮大鈞當爲官雷州。《總案》謂大鈞爲徐聞令，誤。時海康令爲陳諤，見本年以下「弟轍遷居吴國鑑宅」條。

同上卷六十《與史氏太君嫂》云：「某謫海南，狼狽廣州，知時姪及第，流落中尤以爲慶。」又云：「明日當渡大海，聊致此書。」

《跨鼇集》卷九《輓史太君詞》：「吴楚雲帆萬里風，元歌來哭舊江東。梁城皓鶴千年恨，蜀壟青松一夢空。滏水波聲天地遠，灞陵山色古今同。碑陰且刻東坡語，勳烈將收國史中。」此史太君，當即嫂史氏。「東坡語」不知内容爲何，惜不得其傳。史氏之卒，不詳歲月，姑附於此。

《文集》卷五十九《與楊濟甫(按：「楊」原作「林」，今依《外集》改作「楊」)》云「某與幼子過南來，餘皆留惠州」；「今日到海岸，地名遞角場。明日順風，即過瓊矣」。又：「某兄弟不善處世，并遭遠竄，墳墓單外，念之感涕。」明日謂十一日。

《輿地紀勝》卷一百一十八：乾道七年，復置徐聞縣，治隸角場；在雷州南二百二十里。

十一日，軾和陶潛《止酒》，贈別弟轍，渡海。與弟轍相伴一月中，嘗教姪遠之詩。

《蘇軾詩集》卷四十一《和陶止酒·引》：「六月十一日，相別，渡海。余時病痔呻吟，子由亦終夕不寐，因誦淵明詩，勸余止酒，乃和原韵，因以爲別，庶幾真止矣。」

轍詩見《欒城後集》卷二，中云：「誰言瘴霧中，乃有相逢喜。連牀聞動息，一夜再三起。」蓋紀實。詩末云：「飄然從孔公，乘桴南海涘。」《輿地紀勝》卷一百二十五《昌化軍》：「軾初與弟轍相別渡海，既登舟，笑謂曰：『豈所謂道不行乘桴浮於海者耶！』」轍之句乃由此而發。轍以下《次韵子瞻過海》有「從此乘桴翁」句，蓋以兄軾擬孔子。

《次韵子瞻過海》：「送君渡海南，風帆若張弓。」

《欒城後集》卷二次遠韵：「兄來試謳吟，句法漸翹秀。」

渡海，軾達瓊州岸，張景温欲慰蘇軾稍留，不可。

《蘇軾文集》卷五十八與景温第一簡首云「久不上問」，則景温乃舊交。又云「按撫多暇」，景温當官瓊管安撫之類職務。又云「知舟御在此」，知景温有意接待蘇軾。又云「以病不果上謁，愧負深矣」，以病爲辭，益見景温有留之意。第二簡亦有此意。

《長編》卷二百六十三熙寧八年閏四月乙酉紀事：「大理寺丞張景温提舉出賣解鹽，請給行移，視諸路提舉常平官。」卷二百六十四五月辛未紀事：「詔提舉出賣解鹽張景温相度鹼地可淤溉處以聞。」卷二百八十九九月癸未有景温言事紀事。

至瓊州，軾得雙泉於城之東北隅，其味甘。自是汲者常滿。簡張逢，致謝意。

據《蘇軾詩集》卷四十三《洞酌亭》之引。引云：「瓊山郡東，衆泉觱發，然皆洌而不食。」蘇軾過其地，始得雙泉，乃以告瓊人。

《莊簡集》卷十六《瓊州雙泉記》：「紹興乙丑，予自藤江再貶海外，以三月望至瓊，衆指雙泉之勝，乃葺居，一日，盡出積水，因得詳究二泉所從來，蓋一井而有兩脈，其一自西南，其一自正北，皆噴湧而出，水既竭，泉益湍駛，因各盛以器皿，色味初若不可辨。久之，衆皆謂西南來者尤清甘，然後知咫尺而異味者，非虚語也。泉自小溝南走十餘步，溢爲方池，又自兩龍口入下池，則泉之觱發者益衆，水益深廣，每當暴雨漲溢，衆流散漫灌注於外，四方之民無男女少長，挈缾罌就浣濯者無晝夜常滿。雙泉之名聞於遠近，實自蘇公發之。」

《蘇軾文集》卷五十八《與張逢》第一簡：「兄弟流落，同造治下，蒙不鄙遺，眷待有加。感服高義，悚息不已。……某已到瓊，過海無虞，皆托餘庇。旦夕西去，回望逾遠，後會未涯。」

瓊州倅黄宣義來，軾托以郵遞。

《蘇軾文集》卷五十六《與鄭靖老》第二簡叙及書簡「附瓊州海船或來人之便，封題與瓊州倅黄宣義托轉達，幸甚也。見説瓊州不論時節有人船便也」。《總案》：黄宣義爲言人船之便，當在此時。

肩輿行瓊、儋間，夢中得「千山動鱗甲，萬谷酣笙鏞」之句，軾覺而作詩。軾寄轍詩，轍次韻。

詩見《蘇軾詩集》卷四十二（二二四六頁），首云：「四州環一島，百洞蟠其中。我行西北隅，如度月半弓。」四州，瓊、崖、儋、萬。自瓊州經澄邁至儋州，皆在島之西北隅，如月半弓。《詩集》緊次此詩，尚有《次前韵寄子由》；《欒城後集》卷二《次韵子瞻過海一首》，即次軾此詩韻。

轍詩中云：「晨朝飽粥飯，洗鉢隨僧鐘。」又云：「籠樊顧甚密，俯首姑爾容。」勉其隨分度時光。

七月二日，到昌化軍（儋州），軾上謝表。

表見《蘇軾文集》卷二十四（七〇七頁）。

昌化軍屬廣南西路，治宜倫縣，距東京七千二百八十五里。昌化軍乃唐儋州昌化郡，熙寧六年廢爲昌化軍。

《輿地紀勝》卷一百二十五《廣南西路·昌化軍·縣沿革·宜倫縣》：「倚郭。《元和郡縣志》云：本漢儋耳郡地。《寰宇記》云：本漢儋耳縣地。」故亦以儋耳稱儋州、昌化軍。

昌化乃今海南省儋州市中和鎮，見韓國强《蘇東坡在儋州·蘇軾居儋州活動概述》。

始至，僦居官屋。

詳本年以下之「軍使張中到任」條。

潘大臨（邠老）、賀鑄聞蘇軾謫儋州，有詩懷之，陳師道亦有作。

《慶湖遺老詩集》拾遺《潘邠老出十數詩，皆有懷蘇儋州者，因賦二首，丁丑四月江夏作》其一：「人烟寂絶鬼門關，更指儋州杳莽間。三四月間天漏雨，東南地盡水浮山。依迷春草鴿原失，想像秋風鶴馭還。回羨河陽賢父子，雪堂曾伴十年閑。」其二：「舊隱江城東復東，堂前楊柳付春風。猶傳白雪興中曲，俄失黃粱夢後翁。儋耳吉音無雁使，峨眉爽氣屬狙公。不應更廣窮愁志，悟取平生坐底窮。」潘詩不見。

《後山集》卷四《懷遠》（原注：任淵注云：「此詩屬東坡。」）：「海外三年謫，天南萬里行。生前只爲累，身後更須名。未有平安報，空懷故舊情。斯人有如此，無復涕縱横。」

赴廣州道中及至海外，軾多簡與惠州守方子容（南圭）。

《後村先生大全文集》卷一百四《跋墨林方氏帖·蘇文忠公·與方南圭十四帖》謂此十四簡之後四簡乃至番禺道間及至海外時所作，叙紹聖元年與方會贛上云云。以下云：「又云：『薰濡之喜既深，煩慁之愧亦厚。』又云：『慰藉津道，求之古人，亦未易得。』又云：『家累托治下，無内顧憂思之心。』又云：『邁時去請見，兩新婦許拜老嫂。』又云：『白首投荒，佩公閉門杜口，謝絶萬事之戒。』又托諸家書至昌化。黨禍人所共畏，賢者遜之，小人或反以爲奇貨。潭帥温益迫道鄉夜絶大江；宜守囚山谷於譙樓，遂死樓上；臺守脅了翁；廣漕怖元城；雷守罪以屋僦子由之人。南圭當是時，獨能調護遷客，待之如骨肉，寧儆章、蔡之凶焰，不畏瘴疫之傳染，有東都節義之風，自惠州歸，年未七十，即挂其冠，蓋勇退之志素定矣。晚年夫婦考壽，見其孫略登科顯仕，抑天報歟？今直下雖微，坡帖雖散，其族人往往有珍藏者。墨林亦族也。又坡公手點《漢書》，見在方南圭族孫長溪宰之泰處。」「薰濡」云云，已見本年此前「過廣州」條，有全文；其他爲殘簡。文中道鄉乃鄒浩，了翁乃陳瓘，元城乃劉安世。

蘇軾賦《謁金門》（今夜雨）。

詞見《東坡樂府》卷下。

《東坡詞編年箋證》：「按詞意，似作於儋耳。公於丁丑四月十七日責授瓊州别駕昌化軍安置，十九日獨挈過行，七月二日到昌化軍貶所。昌化軍即儋州，亦名儋耳。據《太平寰宇記》

載：儋州北有淪水，西流十里爲大江，南流入海。詞云「坐聽潮聲來別浦」，蓋實景也。《詩集》卷四一《夜夢・引》云：「七月十三日，至儋州十餘日矣。」同卷《和陶連雨獨飲二首》緊接《夜夢》，其二有句云：「清風洗徂暑，連雨催豐年。」正與詞中「今夜雨，斷送一年殘暑」相符。「來歲今宵圓否」，知七月十五日作也。下兩闋，《秋帳裏》與此闋同意而又同韵，《秋池閣》雖不同韵却同意，應視爲一時之作，因附編於後，不另考。」

蘇軾賦《謁金門》（秋池閣）。

詞見《東坡樂府》卷下。

參以上「賦《謁金門》（今夜雨）」條下所引《東坡詞編年箋證》。

蘇軾賦《謁金門》（秋帷裏）。

詞見《東坡樂府》卷下。

參以上「賦《謁金門》（今夜雨）」條下所引《東坡詞編年箋證》。

軾謝張逢簡。

《蘇軾文集》卷五十八與逢第二簡叙到昌化後情況，中云：「蒙差人津送，極得力，感感！」則此簡乃遣津送者還雷所致也。

軾中秋夜，賦《西江月》懷弟轍。

《苕溪漁隱叢話》後集卷三十九引《古今詞話》：「東坡在黄州，中秋夜對月獨酌，作《西江月》詞曰：世事一場大夢（餘略）。坡以讒言謫居黄州，鬱鬱不得志，凡賦詩綴詞，必寫其所懷，然一日不負朝廷，其懷君之心，末句可見矣。」苕溪漁隱曰：「《聚蘭集》載此詞，注曰『寄子由』，故後句云『中秋誰與共孤光，把酒凄涼北望』，則兄弟之情，見於句意之間矣。疑是在錢塘作，時子由爲睢陽幕客，若《詞話》所云，則非也。」詞見《東坡樂府》卷上，《注坡詞》題下注云：「中秋和子由。」《總案》繫此詞於元豐三年。詞首云「世事一場大夢」，與倅杭不符。「世事」云者，乃遭受極大打擊以後之心態，倅杭可云不得志，而非極大打擊。詞不作於黄州，弟轍時在筠，筠居黄之南，位置不符。詞云「夜來風葉已鳴廊，看取眉頭鬢上」，爲居儋情景。《蘇軾詩集》卷四十一《和陶怨詩示龐鄧》：「如今破茅屋，一夕或三遷。風雨睡不知，黄葉滿枕前。」可參。

軾作《和陶還舊居》，叙夢歸惠州白鶴山居。

詩見《蘇軾詩集》卷四十一。叙初至儋心情。

十三日，夜夢，軾作詩。

詩乃《蘇軾詩集》卷四十一《夜夢》。

同日，中書舍人蹇序辰繳蔡肇除太常博士詞頭，肇改除寺丞。以事涉蘇軾兄弟。

據《長編》卷四百八十九本月甲子(十三日)紀事。《長編》云:「中書舍人蹇序辰言:吏房送到蔡肇除太常博士詞頭。按,肇本從王安石學,及元祐間,群姦用事,凡安石所論著建立,悉遭詆毀。肇於此時不能守節顧義,遂附會軾、轍,忘其舊學。軾、轍喜其背師附己,遂擢置黄本書局,由是爲清議所棄。紹聖初,與舒焕、李格非等俱補外任,已而獨用肇爲正字,復因言者論列寢罷。則今日除授,其班品乃在正字之上,不當前後自爲異同。况太常禮樂之司,博士與聞議論,由此可以循致顯塗,當操行純一守正不撓之人以稱所任。肇與除寺丞。」

蘇軾作《和陶連雨獨飲二首》。

詩見《蘇軾詩集》卷四十一。

詩之引云:「吾謫海南,盡賣酒器,以供衣食。獨有一荷葉杯,工製美妙,留以自娱。乃和淵明《連雨獨飲》。」其一由杯而思弟轍,云「晚景最可惜,分飛海南天」,又云「寄與海北人,今日爲何年」。其二詠酒,云「清風洗徂暑,連雨催豐年。牀頭伯雅君,此子可與言」。伯雅亦酒杯名,詠酒,亦詠荷葉杯。

蘇軾游城東學舍,賦《和陶示周掾祖謝》。

詩見《蘇軾詩集》卷四十一。

詩首云:「聞有古學舍,竊懷淵明欣。攝衣造兩塾,窺户無一人。」乃城東學舍。又云:「先生饌已缺，弟子散莫臻。忍饑坐談道，嗟我亦晚聞。」不勝感慨。末云：「永愧虞仲翔，絃歌滄海濱。」以未能如三國時虞翻（仲翔）謫交州而講學不倦爲愧。然虞翻初到交州時爲五十餘歲（據《三國志》卷五十七《虞翻傳》）而作者至此時已爲六十餘之老人，力有所不能。然念及此，亦應表而出之。

蘇軾作《縱筆》詩。

詩見《蘇軾詩集》卷四十。

詩首云「白頭蕭散滿霜風」，蓋作於秋日。次句云「小閣藤牀」，亦爲秋日景象。第三所云「報道先生春睡美」，乃憶此前春日事。以此時以病容寄於小閣藤牀也。末句「道人輕打五更鐘」，此道人實不俗。《蘇軾文集》卷六十四《上梁文》「盡道先生春睡美」之句，不過偶同。

軾和陶《勸農》六首以勸漢民、黎民和睦相處，種樹、勤耕以致富裕。

詩見《蘇軾詩集》卷四十一。軾詩作於初到儋後不久。

聞弟轍瘦，軾作詩寄雷州。

《蘇軾詩集》卷四十一有《聞子由瘦》。「海康別駕復何爲，帽寬帶落驚童僕。」《詩集》同上卷尚有《客俎經旬無肉又子由勸不讀書蕭然清坐乃無一事》。

蘇軾步月郊行，作《和陶赴假江陵夜行》。

詩見《蘇軾詩集》卷四十一。

詩首云「缺月不早出」，則作者郊行乃在月出之後。詩云：「犬吠主人怒，愧此閭里情。」犬之吠緣於出較晚。主人尊重作者，作者感謝主人。作者爲白描聖手。詩云：「白露净原野，始覺丘陵平。暗蛩方夜績，孤螢亦宵征。」郊原安詳、寧静。作者此時心態，處於平和之中。作者學陶是陶，良以心境相同之故。

九月八日，軾作《和陶九日閑居》。

詩見《蘇軾詩集》卷四十一，詩之引謂「明日重九」。此下爲和陶《擬古》、《東方有一士》。

十三日，軾借《嘉祐補注本草》，撰《辨漆葉青黏散方》。

文見《蘇軾文集》卷七十三。

乙丑（十五日），朱彦博知虢州。事涉轍。

《長編》卷四百九十一本日紀事：「權殿中侍御史蔡蹈言：『臣伏見近降除命，以朝請大夫朱彦博爲江淮荆浙福建廣南路提點坑冶鑄錢事。臣謹按彦博，天資傾邪，習尚狡詐，喜争好訟，中傷善良，莅官所至，遺害民吏。元豐年，曾任江西監司，蘇轍在其部内。轍嘗以事被朝廷廉按，彦博力爲掩護，竟以幸免。轍既得志，彦博倚以爲助。故其知虔州日，欲以巧計中傷提刑李閱，因閱至虔州，彦博令屬縣差水手等牽挽其船，既而奏閲違法，差水手并令弓手勾集耆壯士兵等，及置獄推劾，衆證其妄。三問不承，理當追攝，而彦博拒抗不赴，致干照人枉在刑禁，淹延半年，獄官具奏，而朝廷指揮，亦止取干證人爲定，便行斷放，終不能屈致彦博。而提刑李閲，乃按發之官，曾無片言未實，而一切罷任。若非彦博倚轍以爲助而轍務報私恩，則朝廷議法不公，未應如此其甚也。天下士大夫聞之，靡不扼腕。』……詔以彦博知虢州。」

過奇椰冠，并作詩。轍次韵。

《斜川集》卷三《椰子冠》：「玉佩犀簪暗網絲，黄冠今習野人儀。著書豈獨窮周叟，説偈還應見祖師。椶子偶從遺物得，竹皮同使後人知。平生冠冕非吾意，不爲飛鳶跕墮時。」

轍次韵乃《欒城後集》卷二《過姪寄椰冠》，首云「衰髮秋來半是絲」，作於秋；以下云「幅巾緇撮强爲儀」，無過「習野人儀」之雅趣。

轍題寓居東亭、東樓。時遷居吴國鑒宅。姪過有次東亭韵。兄軾嘗有簡與張逢，請照拂弟轍。

轍詩見《欒城後集》卷二。前者云「一軒臨路閲奔馳」，東亭蓋臨路而建。以下云「市人不慣頻回首，坐客相諳便解頤」，真切。

《輿地紀勝》卷一百十八《雷州・人物》：「吴國鑒：海康人，爲太廟齋郎。紹聖中，蘇轍貶雷州，僦國鑒宅居。爲創一小閣。」此小閣或即東亭、東樓。

嘉靖《廣東通志》卷五十六：「吴國鑒，雷州海康人。紹聖中爲太廟齋郎，後退居於家。先是寇凖謫雷州，人有舍之者，爲丁謂所害。自是無人敢舍遷客。及蘇轍安置雷州，莫謀所止，國鑒慕義而不顧害，特創一室館之，轍與之立僦券。」

蘇轍至雷州後不久，據《長編》卷四百九十六、《太平治迹統類》卷二十四，雷守張逢令僦進納太廟齋郎吴國鑒宅，使轍居之。逢每月率一兩次移厨管待，差白直七人，借事本州海康縣令陳諤，差雜直追呼工匠等應副吴國鑒修宅，又勸居民折退籬脚，闊開小巷，通行人馬，以避轍門巷及借手力等事。轍《東樓》詩云：「月從海上湧金盆，直入東樓照病身。」則小閣臨海，時爲秋季。自館舍遷入，爲秋季事。

《蘇軾文集》卷五十八與張逢第二簡：「舍弟居止處，若早得成，令渠獲一定居。遺物離人，而立於獨，乃公之厚賜也。」

《斜川集》卷三《東亭》：「閉眼黄庭萬想歸，此心久已息紛馳。幽居正喜門羅雀，晨起何妨笏拄頤。自信丹田足梨棗，不憂瘴雨滯茅茨。三山咫尺承明遠，世路榛蕪誰與披。」

康熙《雷州府志》卷十《古迹》：「蘇公樓：城西南隅。蘇子由謫雷，時宰禁住官舍，郡民吴國鑑建屋以居之。時子瞻亦謫儋耳。兄弟處此月餘。後，靖康丙午，海康令余惇禮又買居前隙地，建遺直軒，繪二蘇像於軒。嘉定丁丑，郡守毛當時即其地建樓以表之。郡守薛直夫復修樓爲祠。」以下言咸淳八年郡守陳大震遷樓於城西西湖之西與寇準祠對峙，元末廢。

轍以所作《東亭》、《東樓》及《過姪寄椰冠》爲寄，軾有和。

軾詩見《蘇軾詩集》卷四十一（二二六七頁）。

「誥案」謂遷居吴宅爲九月後事。

軍使張中到任，出張逢簡，軾答逢簡。中爲修所僦居之倫江驛館。

《蘇軾文集》卷五十八《與張逢》第三簡：「新軍使來，辱教字。」《總案》謂新軍使乃張中，是。軍使，乃昌化軍使，即知昌化軍。參《輿地紀勝》卷一百二十五《昌化軍·軍沿革》。簡云「久不上狀」，參元符元年「本月致張逢簡」條紀事，知約作於冬季，中到任約爲冬季事。

《長編》卷五百八元符二年四月丙子紀事：「昌化軍使張中役兵修倫江驛，以僦房店爲名，與别駕蘇軾居。」《施譜》：張中役兵修驛館先生。昌化軍有倫江。

《軾墓誌銘》：「初僦官屋以庇風雨。」《文集》卷五十五《與程全父》第九簡：「初至，僦官屋數椽。」此官屋即倫江驛舍。

《家世舊聞》卷下謂中爲熙寧三年進士及第第四人。又云：「中爲明州象山縣官，坐私與高麗人朴寅亮和倡詩，停官。終身沉滯。」

中，開封人。及第後爲初等職官。元豐二年十一月辛卯，以明州象山縣尉衝替。三年四月庚子，以救高麗人船有勞，落銜替。分别見《長編》卷二百一十、三百一、三百三。

軾作《和陶擬古九首》、《和陶東方有一士》。

詩見《蘇軾詩集》卷四十一。

前者其四：「稍喜海南州，自古無戰場。奇峰望雲母，何異嵩與邙。」其七：「來孫亦垂白，頗識李崖州。再逢盧與丁，閲世真東流。」其八：「城南有荒池，瑣細誰復采。幽姿小芙蕖，香色獨未改。」其九：「黎山有幽子，形槁神獨完。負薪入城市，笑我儒衣冠。」寫海南。其八又云：「欲爲中州信，浩蕩絶雲海。」時趙夢得未致中州問，知作於初到儋時。其五似作於高州（參本年以上「經高州」條），以後彙入此組組詩之中。

《和陶東方有一士》，乃《和陶擬古九首》其九之韻，或爲同時作，兹并繫於此。

所寓堂後月季再生，轍與遠同賦。兄軾、姪過次韵。

轍詩見《欒城後集》卷二，云「偶乘秋雨滋」，點季節。遠詩佚。

軾詩見《蘇軾詩集》卷四十一。云「臘果綴梅枝」，作於歲末。

《斜川集》（清舊抄本）《次韵叔父月季再生》：「瘴海不知秋，幽人忘歲月。只記庭中花，幾度開還枿。憶昔移居時，始是青荑茁。殷勤主人惠，浸灌寒泉洌。顔色日鮮好，緑枝争秀拔。意無後人剪，喜托先生茇。海康接儋耳，雲水何由躡。俯檻獨四顧，悵此波濤匝。聞道海門松，僵枝出繁葉。困窮不足道，喜有千人活。不似玄都花，蔌蔌那容折。」過詩亦作於秋，蓋海康、儋耳，雖有大海之隔，而距離固甚近也。過詩叙儋耳生活，與叔轍交流，亦謫中樂事。

浴罷，轍作詩。姪過次韻。

轍詩見《欒城後集》卷二，首云：「逐客例幽憂，多年不洗沐。予髮櫛無垢，身垢要須浴。」以下叙幽居生活，有云：「石泉澣巾帨，土釜煮桃竹。南窗日未移，困卧久彌熟。」自得其樂。

《斜川集》卷一《次韻叔父浴罷》：「黄門昔萬機，一士勤握沐。今已與世疏，雅志追沂浴。丹田有宿火，如比陽來復。轆轤自轉水，離坎俱實腹。謫居百事乏，惟喜薪水足。時濯西風塵，一寓歸鴻目。勿驚髀肉少，衣褐真懷玉。明鏡雖無垢，新苗良待沃。雨餘餐巖岫，露重膏松竹。更觀雲入山，心與境同熟（自注：道書如雨初晴雲入山林之語）。珍重耆城言，妙解何須讀。潔香非外求，清净常返矚。物初信可游，儻來非所卜。益師莊叟言，養生貴緣督。」

轍次軾聞己瘦韻。勸軾不讀書，軾有作。

《蘇軾詩集》卷四十一《聞子由瘦》末云：「海康别駕復何爲，帽寬帶落驚童僕。相看會作兩臞仙，還鄉定可騎黄鵠。」轍次韻見《欒城後集》卷二，末云：「海南老兄行尤苦，樵爨長須同一僕。此身所至即所安，莫問歸期兩黄鵠。」軾期還鄉，轍則以爲此時還鄉不現實。

《蘇軾詩集》卷四十一《客俎經旬無肉，又子由勸不讀書，蕭然清坐，乃無一事》後四句云：

「老去獨收人所棄，悠哉時到物之初。從今免被孫郎笑，絳帕蒙頭讀道書。」意謂不讀道書，游心於大自然蒙昧之境，據軾詩，知轍有簡與軾。

立冬後，風雨無虛日，海道斷絶，軾不得弟轍書，乃和陶《停雲》以寄，致思念之意。

詩見《蘇軾詩集》卷四十一（二二六九頁），云：「念彼海康，神馳往從。」

轍次軾《和陶停雲》韵。

轍詩見《欒城後集》卷五，其引云：「丁丑十月，海道風雨，儋、雷郵傳不通。子瞻兄和陶淵明《停雲》四章，以致相思之意。轍亦次韵以報。」中云：「手足相依，所鍾則情。情忘意消，神凝不征。可以安身，可以長生。」至情。

軾作《和陶怨詩示龐鄧》。

詩見《蘇軾詩集》卷四十一。詩有云：「如今破茅屋，一夕或三遷。風雨睡不知，黄葉滿枕前。」題下「誥案」：「如謂後兩年秋冬作，公已在新居，何至破敗若是哉！」其説是。

所居黎檬子熟，軾懷故人黎錞（希聲），以人戲錞爲黎檬子也。

《蘇軾文集》卷七十二《黎檬子》記其事。文有「霜實纍纍」之語，作於入冬以後。《總案》謂文作於八月，不當。

十一月望，軾與客汎菊作重九，并爲記。

記爲《蘇軾文集》卷七十三《記海南菊》。蓋以地暖，菊至冬乃盛發。

十一月癸酉（二十三日），劉奉世再責授隰州團練副使。事涉轍。

《長編》卷四百九十三本日紀事：「御史中丞邢恕言：劉奉世當元祐間，先合劉摯陰爲謀主，傾害策立顧命大臣，有不利王室之意。劉摯既去，即訪吕大防、蘇轍，内交通陳衍，相爲表裏，遂登政府。宣仁聖烈皇后寢疾之際，姦謀逆計，皆奉世與大防、轍通同，其爲惡不在大防、轍二人下。……詔劉奉世責授隰州團練副使、郴州安置。劉當時差監南嶽廟。」

《宋史》卷三百一十九《劉奉世傳》：「紹聖元年，以端明殿學士知成德軍，改定州。逾年，知成都府。……明年，責光禄少卿，分司南京，居郴州。御史中丞邢恕劾奉世合劉摯傾害大臣，附吕大防、蘇轍，遂登政府，再貶隰州團練副使。」政和間卒，年七十三。

己卯（二十九日），廣西經略安撫司走馬承受段諷言張逢周恤蘇轍、蘇軾兄弟，詔提舉荆湖南路常平董必具實狀以聞。

據《年表》及《長編》卷四百九十三。後者并云：「段諷言，知雷州張逢照管安置人蘇轍及蘇軾兄弟，與之同行至雷州相聚，請下不干礙官司再行體量。」

《太平治迹統類》卷二十四：「元符元年三月癸酉，……董必奏：體量到知雷州朝請郎張逢同本州官吏至門首接見蘇轍，次日爲會，召轍在監司行衙安泊。」此處所云「次日」，乃指蘇軾兄弟到雷之次日，即六月六日。此處僅云蘇轍，實則爲軾、轍兄弟二人。

軾作《和陶雜詩》。時吴復古（子野、遠遊）將渡海相訪。

詩見《蘇軾詩集》卷四十一，其七云「潮陽隔雲海，歲晚倘見客」。復古，潮陽人。

與軍使張中訪黎子雲兄弟，軾賦詩，名子雲所居曰載酒堂。又爲植樹。讀子雲家所藏柳文。

詩乃《蘇軾詩集》卷四十一《和陶田舍始春懷古》。正德《瓊臺志》謂堂在州東南二里李許都。《欒城遺言》：「東坡在海外，方盛稱柳柳州詩。後嘗有人得罪過海，見黎子雲秀才，説海外絶無書，適渠家有柳文，東坡日夕玩味。」《彦周詩話》亦云。《莊簡集》卷二《載酒堂》：「獨餘黎氏舊園亭，喬木森森免薪槱。半是東坡親手植，老幹樛枝互纏糾。」

《莊簡集》卷二詩題：「東坡載酒堂二詩，蓋用淵明始春懷古田舍韻，遂不見於後集。予至儋，始得真本，因追和其韻。」詩其一：「荒園草木深，樵牧不敢踐。雖無南國愛，正以東坡免。平泉與金谷，視此顔有靦。至今儋耳民，里巷多樂善。勝游倘可繼，杖策敢辭遠。燕談有家侶，永日可忘返。酒酣任歌呼，此興吾不淺。」其二：「嗟彼海南郡，土瘠士常貧。藷芋餉晝耕，松明照夜勤。當年兩黎老，能邀玉堂人。一往五十年，遺迹宛若新。邦君時舉酒，父老舉欣欣（自注：還去城三里，郡守勸農，多會此堂）。賢多隱農圃，耦耕可問津。魯叟欲乘桴，東坡願卜鄰（自注：東坡贈黎詩云：借君三畝地，結茅爲君鄰）。他年青衿子，凛凛多秀民。」

載酒堂在今儋州市中和鎮東郊，今爲東坡書院。一九九六年，東坡書院被列爲全國第四批重點文物保護單位。見《蘇東坡在儋州》。

《莊簡集》卷二詩題：「紹聖中，蘇公内翰謫居儋耳，嘗與軍使張中遊黎氏園，愛其水木之勝，勸坐客醵錢作堂。黎氏名子雲，因用揚雄故事，名其堂曰載酒。予始至儋，與瓊士魏安石杖策訪之，退作二詩。」詩云：「何年老揚雄，寄此十畝園。年深草木荒，杖策誰叩門。緬懷東坡老，陳迹記舊痕。空餘載酒堂，往事孰與論。黄柑與丹荔，不受瘴霧昏。邦人時餽奠，一笑空罍尊。」

按，詩僅存一首。

又按：詩題所云「紹聖中」，實爲紹聖末。

鄭嘉會（靖老）欲於海船載書千餘卷見借，軾和陶潛《贈羊長史》詩以謝。

詩見《蘇軾詩集》卷四十一（二二八一頁）。

時嘉會約在廣州，參元符元年「鄭嘉會書到」條紀事。《總案》謂嘉會在惠州，不知何據。

蘇軾作《入寺》詩。

詩見《蘇軾詩集》卷四十一。

詩叙入寺揖世尊，以下云：「我是玉堂仙，謫來海南村。多生宿業盡，一氣中夜存。」向世尊傾訴。以下云「飢食扶桑暾」，從道。云「光圓摩尼珠，照耀玻璃盆。來從佛印可，稍覺魔忙奔」，習佛。出入道、佛，旨在「歛收平生心」。

軾作《獨覺》詩，轍次韵。

軾詩見《蘇軾詩集》卷四十一。

轍詩見《欒城後集》卷二；云「夜長却對一燈明」，點冬。

十二月癸未（初三日），新州安置劉摯卒。

據《年表》及《長編》卷四百九十三。後者云：「先是蔡京、安惇……將大有所誅戮，會星變（原注：九月五日），上怒稍息，然京、惇極力鍛煉，不少置。已而（梁）燾先卒於化州（原注：十一月二十七日），後七日，摯亦卒於新州。衆皆疑兩人不得其死。」《年表》書此，蓋謂轍之處境嚴峻。

十七日，夜坐達曉，作詩寄弟轍。

詩見《蘇軾詩集》卷四十一（二二八四頁），末云：「雷州別駕應危坐，跨海清光與子分。」《欒城後集》卷二有次韻。云及「北方毀譽耳誰聞」，繫念朝廷政局，雖欲擺脱而有所不能。

《詩集》此詩前，有《獨覺》詩，其後，有《謫居三適三首》（旦起理髮、午窗坐睡、夜卧濯足）詩。

十九日，軾生日，子過賀詩。

清舊抄本《斜川集·大人生日》其一：「天爵□□□，名高實自分。云何困積毁，抑未泯斯文。欲救微言絶，先懲百氏紛。韋編收斷簡，魯壁出餘焚。論斥諸儒陋，功逾絳帳勤。吾庸亦多矣，奚恤彼狺狺。」其二：「天定人勝難，誠哉申子言。不須占倚伏，久已恃乾坤。八郡褌襦德，三吴肉骨恩。少卿真不病，廷尉自高門。勿歎乘桴遠，當知出世尊。無邪有妙理，一悟可長存。」其三：「大士來淮泗，神交寤寐中。應緣濟物意，豈爲寫經功。惻隱仁之本，慈悲佛所同。雖無逮焚溺，尚欲起疲癃。五鼎榮何有，三光路已通。回看種桃處，葵麥卷春風。」詩中所云「乘桴」、「大士」，乃本年事，分見本年六月十一日、四月十七日紀事。此三詩當爲初到儋時作，今繫於此。

十九日，轍作《子瞻和陶淵明詩集引》。

引見《欒城後集》卷二十一；盛贊兄軾之詩「比杜子美、李太白爲有餘，遂與淵明比」，「精深華妙，不見老人衰憊之氣」。參《蘇軾佚文彙編》卷四與轍第五簡、卷五《自述》。

引文中云：「嗟夫！淵明不肯爲五斗米一束帶見鄉里小人，而子瞻出仕三十餘年，爲獄吏所折困，終不能悛，以陷於大難。乃欲以桑榆之末景，自托於淵明，其誰肯信之？雖然，子瞻之仕，其出入進退，猶可考也。後之君子其必有以處之矣。孔子曰：『述而不作，信而好古，竊比於我老彭。』孟子曰：『曾子、子思同道。』區區之迹，蓋未足以論世也。」宋費衮《梁谿漫志》卷四《東坡改〈和陶集引〉》云：「此文今人皆以爲潁濱所作，而不知東坡有所筆削也。宣和間六槐堂蔡康祖得此稿於潁濱第三子遜，因録以示人，始有知者。」并謂「嗟夫」云云即東坡改定文字，而轍之原稿文字如下：「嗟夫！淵明隱居以求志，詠歌以忘老，誠古之達者，而才實拙。若夫子瞻，仕至從官，出長八州，事業見于當世，其剛信矣，而豈淵明之才拙者哉！孔子曰：『述而不作，信而好古，竊比於我老彭。』古之君子，其取於人則然。」蘇軾改定稿似多了些謙虚與悲涼。參見劉尚榮《蘇轍佚著輯考》叙引之案語。

引之末署「海康城南東齋」，東齋當即《寓居二首》所詠之東樓。

是歲，李廌（方叔）爲趙令畤《汝陰唱和集》作後序。時令畤官襄陽。

文見《濟南集》卷六，謂軾守潁後六年，遇令畤襄陽，令畤出《汝陰唱和》，乃作序。

黄庭堅與程之元（德孺）簡，念及蘇軾。

《山谷老人刀筆》卷八黔州與《程德孺金部》第二簡：「僭耳寂寂，不聞音耗。」《山谷全書》卷首年譜：紹聖三、四年，在黔州，元符元年春遷戎州，六月至戎。今次與之元簡於此。

入儋後，翟汝文爲李公麟（伯時）作蘇軾畫像賦《遠遊》。黄庭堅作贊。公麟又作《東坡乘槎圖》。

《永樂大典》卷八千八百四十五引《翟忠惠先生集·東坡遠遊并序》。其序云：「龍眠居士畫東坡先生，黄冠野服，據磯石横策而坐。子由聞而贊之。始公在北門，某爲童子，欲見公而公出定武，復旋謫儋耳，竟不及見公之南也。其門人皆在坐，憮然流涕。某笑之，以謂儋畠（瓊）居絶，正如龍眠所見，置公於水間一石耳。安知造物者不故使之遺世絶俗，以全其天乎？仲尼乘桴浮於海，又欲居九夷。彼遭世不用，顧有不能忍以去父母之國，而終其身無意於斯世也。況公以君命，獨安適而非此者歟！必將俯萬物而磅礴一世，且與神焉，挾宇宙而隨其所如往。世之人自以爲愛者之悲，而惡者之善，果何足以病公哉！然士無賢不肖皆曰東坡之門人，唯某未之識，傷後生不復見其餘風遺烈，與之并世猶若此，況讀其書，追其人於千載之上。嗚呼，天孰能使余不遇哉！雖然，得其像而朝夕見之，亦足以爲之師矣。始之贊而子由已盡其略，復爲《東坡遠遊賦》云。」其賦曰：「吁嗟先生，逝將去此兮，四方慨其何從。超虚無以上徑兮，襲一氣之鴻濛。乘飛霆而跨箕尾兮，與汗漫而相期。紛屬車之驂乘兮，駕六龍而逶迤。酌匏尊以自觴兮，罄天漢之流源。挾須彌而納芥子兮，恒遊戲於其間。形骸付於電泡兮，變詭幻之奇服。亂焦螟於蚊睫兮，騁蝸角之蠻觸。何鄉其無上下兮，樂容與而淡忘歸。回車獨來兮，忽何所見宛在水之中坻。乘雲輿與寶璐兮，儼黄冠而葛巾。狹一世邈無人兮，吾將自棄於魚鳥。窺游鯈之闒茸兮，送飛鴻之西矯。湛揚揚其獨存兮，鬱山林之深渺。馳余神於霄

（宵）夢兮，徑從公而往遊。摶扶摇之九萬兮，歷九疑而望崇丘。俯黄州之舊邦兮，雪堂岌乎臨皋。望東坡之美人兮，枕灘流而漱松醪。哀余瘽以好脩兮，使哺啜其醨糟。覺遽然涕垂膺兮，像漠乎其無言。有無變化吾誰執兮，莽其乘風雲而上天。誦斯文以卒歲兮，猶足以續《遠遊》而賦超然者也。」

翟汝文字公巽，潤州丹陽人。登元符三年進士第。紹興元年，爲翰林學士兼侍講，除參知政事。秦檜相，汝文性剛不爲屈。《京口耆舊傳》卷四、《宋史》卷三百七十二有傳。

《豫章黄先生文集》卷十四《東坡先生真贊三首》其二：「岌岌堂堂，如山如河，其愛之也，引之上西掖鑾坡。是亦一東坡，非亦一東坡。槁項黄馘，觸時干戈。其惡之也，投之於鯤鯨之波。是亦一東坡，非亦一東坡。東坡之在天下，如太倉之一稊米，至如臨大節而不可奪，則與天地相終始。」云「鯤鯨之波」，作於蘇軾謫儋時。

《邵氏聞見後録》卷二十七：「東坡南遷，公麟在京師，遇蘇氏兩院子弟於途，以扇障面，不一揖。」有微辭。然徵以入儋後畫像，邵氏之記載或出傳聞。參元符三年「與李惟熙公寅簡」條紀事。

《太倉稊米集》卷四十三《李伯時畫東坡乘槎圖贊》：「博望侯乘槎而游，吾夫子乘桴而浮。仲尼固厄窮於四海，而張騫又功名之流也。韙哉！東坡高目九州，視死生猶大夢，均溟渤於一漚，故能以巨海爲家，以枯木爲舟，風濤如山而神色甚休。蓋入火不爇，入水不濡，其古至人之儔歟！」畫當亦作於入儋後。

蘇軾與張景温簡。

簡乃《蘇軾文集》卷五十八《與張景温》第二簡。

簡云：「某垂老投荒，豈有復見之期。」知蘇軾與張景温曾相晤。明知復見無期，終欲復見之。

簡云：「自以罪廢之餘，當自屏遠。」此之謂也。蘇軾此際，其心亦凄苦矣。

張逢餽蘇軾酒、海錯，蘇軾簡謝。

簡乃《蘇軾文集》卷五十八《與張逢》第六簡。

簡云：「逐客何幸得此，但舉杯屬影而已。」惜張逢不在場，不然，當可對飲也。又云海錯「珍絶」，至以一段奇事目之，謂逢之深情，素未曾有也。

轍和軾次韵陶淵明《勸農》詩。

轍詩見《欒城後集》卷五；其引云：「子瞻和淵明《勸農》詩六章，哀儋耳之不耕。予居海康，農亦甚惰。」以下言作詩，亦有勸之之意。引又云「予居之半年」，蓋作於今年年底。

三蘇年譜卷五十三

元符元年（一〇九八）戊寅　蘇軾六十三歲　蘇轍六十歲

正月十五日夜，軾子過赴儋守張中召。有詩。

詩見《蘇軾詩集》卷四十二（二三〇一頁）。《佚文彙編》卷五《跋追和違字韵示過》可參。

軾次轍《浴罷》韵。

軾詩見《蘇軾詩集》卷四十二（二三〇二頁），中云：「老雞卧糞土，振羽雙暝目。倦馬驟風沙，奮鬣一噴玉。垢净各殊性，快愜聊自沃。」旨在順其自然。

軾子過於海舶，得兄邁所寄書、酒，作詩，遠和之，皆粲然可觀。轍寄書兄軾相慶，軾用過韵作詩寄轍，轍同軾次過遠韵。

過詩佚。軾詩見《蘇軾詩集》卷四十二。轍詩見《欒城後集》卷二，軾詩云「但令文字還照世，糞土腐餘安足夢」，而轍詩云「雖令子孫治家學，休炫文章供世用」，見解有不同處。前者文、德并重，後者以德先文。

二十三日，軾書陶潛《形贈影》、《影答形》、《神釋》付過，和潛韵。

據《紀年録》。

轍次兄軾《謫居三適》韵。

軾詩見《蘇軾詩集》卷四十一。轍詩見《欒城後集》卷二；其次《旦起理髮》首云：「道人鷄鳴起，趺坐存九宮。靈液流下田，茯苓抱長松。」言習道家納引之術。末云：「人生各有安，未肯易三公。」已有所得。

其次《午窗坐睡》中云：「晴窗午陰轉，坐睡一何久。」寫夏季，似寫實。

其次《夜卧濯足》首云「海民慢寒備」，知作於海康。

轍第四孫斗老生，軾賀以詩。斗老乃适之子，軾喜适之才類己，嘗與之論政事。《蘇軾詩集》卷四十二《借前韵賀子由生第四孫斗老》：「人言适似我，窮達已可卜。」斗老爲适之子。适爲轍之次子。據《年表》，适長子籀。據籀所撰《欒城遺言》，知轍卒時，已二十三歲，則今年恰九歲。《年表》言籀有二弟範、築，則斗老或爲範也。軾所次韻，乃次轍《浴罷》韵。

軾喜云云，見《蘇适墓誌銘》，見宣和四年紀事。

軾致張逢簡。

簡乃《蘇軾文集》卷五十八與逢第五簡，云「新春」，作於正月。并云「子由荷存庇深矣」。

軾作《和陶使都經錢溪》。

詩見《蘇軾詩集》卷四十二，云「新年」；云「仰看桄榔樹」，作於初到海南；云「相如賣車騎，五畝亦可易」，「誥案」謂「是時尚無卜居之事」，故如是云。

吴復古（子野）書報陸惟忠病亡并葬於河源。軾撰惟忠墓誌銘。

復古書報云云，見《蘇軾文集》卷五十五《與程秀才》第二簡；墓誌在卷十五（四六八頁）。惟忠紹聖四年五月十九日卒，年五十。時復古回潮陽。

二月，朝廷置局編録司馬光、吕公著、蘇軾、蘇轍等「悖逆」罪狀成書。由蹇序辰主其事。

《長編》卷四百九十四本年二月壬辰（十三日）紀事：「知虔州鍾正甫言：伏聞朝廷以司馬光、吕公著、蘇軾、蘇轍等悖逆罪狀，命官置局，編録成書，以正邦刑，爲世大戒。」以下叙司馬光等「悖逆」事，云：元祐元年明堂，光等心懷怨懟，建議不以先帝配宗祀，而欲祀仁宗皇帝，先帝幾不得與祭，賴禮官何洵直力争，其議遂寢，而先帝始不廢於宗祀。末云：「詔劄與編類姦臣事狀蹇序辰等。」知編類乃由蹇序辰主其事。以下，《長編》注文責鍾正甫「詆誣」、「顛倒是非」。

參元符三年九月十六日紀事。

丙申（十七日），詔差河北路轉運副使吕升卿、提舉荆湖南路常平董必并充廣南西東路察訪。

據《年表》，亦見《長編》卷四百九十四。前者云：「時有告劉摯在政府謀廢立者，章惇、蔡卞欲因是起大獄嶺表，悉按誅元祐臣僚，故遣升卿等。」後者云：「蔡京等究治同文館獄卒，不得要領，乃更遣升卿及必使嶺外，謀盡殺元祐黨。」

二十日，轍六十歲生日，軾以沉香山子寄之，作賦。轍和以答之。

二十日云云，據《年表》。軾賦見《蘇軾文集》卷一。轍賦見《欒城後集》卷五，其引曰：「仲春中休，子由於是始生。東坡老人居於海南，以沉水香山遺之，示之以賦，曰：『以爲子壽。』」

三月三日，上巳日，軾攜酒尋諸生，獨符林在，作詩。

詩見《蘇軾詩集》卷四十二（二三〇八頁）。末云：「記取城南上巳日，木棉花落刺桐開。」正德《瓊臺志》卷三十七：「符林，儋人。蘇軾稱爲安貧守静，謂之老符秀才。」

癸丑（初四日），詔吕升卿差充廣南西路察訪指揮更不施行。以曾布奏升卿與二蘇有切骨之仇，不可遣，乃罷。

癸丑云云，據《長編》卷四百九十五。《年表》：本年二月丙申：「詔差河北路轉運副使吕升卿、提舉荆湖南路常平董必并充廣南西、東路察訪。」謀起大獄，悉誅元祐臣僚。「西、東」原作「東、西」，據以上所引《長編》改。《長編》本月辛亥（初二日）紀事：曾布奏：「升卿兄弟與軾、轍乃切骨仇讎，天下所知，軾、轍聞其來，豈得不震恐，萬一望風引決，朝廷本無殺之之意，使之至此，豈不有傷仁政？兼升卿凶談，天下所畏，又濟之以董必，此人情所以尤驚駭也。」升卿，惠卿弟。《施譜》略及此事。

丙辰（初七日），董必由廣南東路察訪改西路。

據《長編》卷四百九十五。

十五日，軾作《衆妙堂記》，應何德順之請也。

記見《蘇軾文集》卷十一（三六一頁）。記云：「廣州道士崇道大師何德順，學道而至於妙者也。作堂榜曰衆妙，以書來海南，求文以記之。」乃作記。

二十日，聞柳子文（仲遠）卒，軾爲祭之。

據《紀年録》，《紀年録》稱子文爲承議郎。祭文見《蘇軾文集》卷六十三（一九五四頁）。

二十二日，軾書張耒（文潛）論治眼、治齒語於瓊州開元寺壁。蘇軾嘗寓開元寺。又嘗有治齒痛方。

《晚香堂蘇帖》：「眼惡點濯，齒便漱琢。治眼當如治民，治齒當如治軍。治民如曹參之治齊，治軍如商鞅之治秦。此張文潛之言也，而予喜書之。戊寅三月廿二日題開元寺壁。」《蘇軾文集》卷七十三《目忌點濯説》亦記耒論治眼、治齒語，文字略有不同；該文首云「前日與歐陽叔弼、晁無咎、張文潛同在戒壇」，作於元祐間。

《輿地紀勝》卷一百二十四《瓊州》：「開元寺，在東坡亭之右，有蘇東坡書額。」又：「東坡臺，在開元寺，東坡常寓其間。今有祠堂。」正德《瓊臺志》卷二十四引《一統志》謂：「臺在府城東南舊開元寺東。」《蘇文忠公海外集》卷四：「東坡井，在郡城内北隅，東坡曾飲息於此。」蘇軾此次來去瓊州始末不詳。

《晚香堂蘇帖》：「齒痛，風熱在骨耳。軾近苦此，服地黄丸，似有效（原注：地黄、地骨皮、枳殻、菊花），試服一帖；又將天麻煎（原注：必味五兩者）一丸，齧定在痛齒上，亦頗能已甚痛：皆非十分捷效之藥。漫持去，或能有解耳。軾白。」此乃與某友人簡，不詳何時作，兹以其言齒痛，附此。

癸酉（二十四日），轍移循州安置。張逢勒停，陳諤衝替，吴國鑑編管。

《長編》卷四百九十六本日紀事：「三省言：提舉荆湖南路常平等事董必奏：體量到知雷州張逢同本州官吏至門首接見蘇軾、蘇轍。次日爲會，召軾、轍在監司行衙安泊。又令僦進納太廟齋郎吴國鑒宅。逢每月率一兩次移廚傳管待，差白直七人借事，本州海康令陳諤差雜直追呼工匠等修副吴國鑒修宅。又勒居民拆退籬脚，闊開小巷，通行人馬，以避轍門巷，及借手力等事。詔蘇轍移循州安置。張逢特勒停，陳諤特衝替。本路提點刑獄梁子美既與勒停，蘇轍係婚姻之家，不申明回避，并其餘監司失覺察，各罰金三十斤。」《年表》亦有記載，較略。

《長編》注文引陳天倪作《蘇門下語録》云：「公謫官雷州，市中無屋可僦，獨有一富家餘破屋數間可賃，仍與作交易文契分曉。舍主欲稍完葺，方交舍。時章子厚訪問下州府，發此事，云蘇侍郎强奪雷氏田宅，舍主鞫問，賃契分明，遂已。數年，子厚謫雷州，亦召前人與議。其人曰：『不可。蘇侍郎來，幾驚煞我，今更不敢賃章相公也。』作法自弊如此。」李燾原按：當時差董必體量，天倪所聞未詳也。

循州屬廣南東路，治龍川縣，爲海豐郡。

吴國鑑編管，據《輿地紀勝》卷一百十八。

清周亮工《書影》叙及郟縣蘇墳，謂：「南一冢爲盗發矣，俯其穴，得誌銘，始知爲夫人。……夫人姓梁氏，爲宋狀元顥之曾孫，適蘇遲，爲子由長子。」《宋史》卷二百八十五，梁子美與梁顥同傳，爲顥曾孫。傳謂子美紹聖中提舉湖南常平。時新復役法，子美先諸路成役書，就遷提點刑獄。徽宗初，諫議大夫陳次升奏子美連使湖外，一時逐臣在封部者，多被其虐。蘇氏兄弟極少提及，當以此。

《獨醒雜志》卷四叙張逢厚蘇軾、蘇轍兄弟，以下云：「帥臣段諷聞之，大怒，劾逢館留黨人蘇軾及爲蘇轍賃屋等事，逢坐除名勒停，子由移循州。」

董必議遣人過儋，賴彭子民勸而止，然蘇軾仍被逐出官舍。

《甲申雜録》：「潭州彭子民隨董必察訪廣西時，蘇子瞻在儋州。董至雷，議遣人過儋。彭顧董泣涕，曰：「人人家各有子若孫。」董遂感悟，止遣一小使臣過儋，但有逐出官舍之事。」《蘇軾文集》卷五十五《與程全父》第九簡：「初至，僦官屋數椽，近復遭迫逐。」

彭子民，字彦修，湘陰人。有元符戊寅九月二十五日遊七星山曾公巖題名。見《桂勝》卷二。子民當爲董必幕官。

軾和陶潛《歸去來兮辭》，邀弟轍同作。

和辭見《蘇軾詩集》卷四十七（二五六〇頁）。《欒城後集》卷五《和子瞻歸去來兮辭·引》：「昔予謫居海康，子瞻自海南以和淵明《歸去來》之篇，要予同作。時予方再遷龍川，未暇也。」知軾作詩時，轍在海康，已得移循（龍川）之命。今次此。轍詩作於建中靖國元年十月。

秦觀在横州，賦《醉鄉春》抒懷。蘇軾愛其句。

觀詞見《淮海居士長短句》：「唤起一聲人悄，衾枕夢寒窗曉。瘴雨過，海棠開，春色又添多少。社甕釀成微笑，半缺椰瓢共舀。覺傾倒，急投牀，醉鄉廣大人間小。」此詞，《詩話總龜·前集》卷十五、《苕溪漁隱叢話·前集》引《冷齋夜話》轉引，謂蘇軾愛之，「恨不得其腔」。《淮海先生年譜》本年紀事：自郴州至横州，荒落愈甚，寓浮槎館，居焉；城西有海棠橋，明日題其柱云，此詞刻於州志，海棠橋至今有遺迹云。

吳復古（子野）來儋，軾作詩贈之。旋離儋。

詩見《蘇軾詩集》卷四十二(二二三〇九頁)。復古蓋自潮陽來。詩題云「索居」,復古之來,或在起屋前。參元符三年「吳復古自廣州來」條,知復古來儋後旋離儋。

軾買曾氏地南污池之側,起屋五間,客王介石及其他學生爲助之。張中亦助之。并手植果實。

《宋史》本傳:「初僦官屋以居,有司猶謂不可,軾遂買地築室,儋人運甓畚土以助之。獨與幼子過處,著書以爲樂,時時從其父老游,若將終身。」

《蘇軾文集》卷五十六《與鄭靖老》第一簡:「初賃官屋數間居之,既不可住,又不欲與官員相交涉。近買地起屋五間一龜頭,在南污池之側,茂林之下,亦蕭然可以杜門面壁少休也,但勞費窘迫耳。」又:「小客王介石者,有士君子之趣,起屋一行,介石躬其勞辱,甚於家隸,然無絲髮之求也。」《墓誌銘》謂築屋三間。

同上卷五十五《與程秀才》第一簡:「賴十數學生助工作,躬泥水之役,愧之不可言也。」第二簡:「新居在軍城南,極湫隘,粗有竹樹,烟雨濛晦,真蜒塢獠洞也。」

《蘇軾詩集》卷四十二《和陶和劉柴桑》:「漂流四十年,今乃言卜居。且喜天壤間,一席亦吾廬。稍理蘭桂叢,盡平狐兔墟。黃欒出舊枿,紫茗抽新畬。我本早衰人,不謂老更劬。邦君助畚鍤,鄰里通有無。」《永樂大典》卷七千二百三十七引《瓊臺郡志》:「尊賢堂:昔東坡買得曾氏地，作屋，手植果實尚存。郡守譚景先新創先生故居爲堂，立先生祠。楊誠齋萬里有詩云：東坡無地隱危身，天賜黎山活逐臣。（下略）」以下引景先和萬里詩，有云：「潛心學《易》忘憂患，築屋閑居度歲年。」又云：「鄉時寓客共千載，今日新堂恰百年。」知景先知儋爲寧宗初事。正德《瓊臺志》謂堂在州東二里李許都。

屋成，遷居，軾有詩。

《蘇軾詩集》卷四十二有《新居》、《遷居之夕聞鄰舍兒誦書欣然而作》詩。後者云：「幽居亂蛙黽，生理半人禽。」約爲五月間事。

軾作《桄榔庵銘》。

銘見《蘇軾文集》卷十九（五七〇頁）。銘之叙有「偃息於桄榔林中」之語，可與《與鄭靖老》第一簡「茂林之下」語互參。

《輿地紀勝》卷一百二十五《昌化軍》謂蘇軾始至居桄榔林下，蓋謂僦居之日不長，隨即營桄榔庵也。正德《瓊臺志》謂庵在州城南。元、明、清屢修，建祠宇。民國初祠宇焚毁，今遺址僅存一石碑供憑弔。見韓國强《蘇東坡在儋州》。

居鄰天慶觀。得甘泉，軾作《天慶觀乳泉賦》。

賦見《蘇軾文集》卷一。或爲卜築初作。

正德《瓊臺志》卷六：「乳泉井，在城東南朝天宮前。舊志云：東坡居天慶觀，得井泉，味美，色白如乳，作《乳泉賦》，未嘗示人。及還渡海，方手書三本與秦少游。」

王介石、許珏以酒之膏液酒子爲餉，軾作《酒子賦》。爲入儋後至此以前事。

賦見《蘇軾文集》卷一。過此，王介石即離儋，見下條。珏，正德《瓊臺志》卷三十四有傳，云：「字君瑶，久寓儋。……蘇文忠公喜與談論，往來甚密，每以醴飲公。」子康民，字廷惠，於建炎中建喬利詹之人，同上書同卷有專。康熙《儋州志》卷二《許珏專》謂爲福泉人，「年九十餘，精於《易》書，論災祥有驗」。

鄭嘉會(靖老)所借之書到，軾有簡與嘉會，以照庇王介石爲托；請致候廣州守柯述(仲常)。

《蘇軾文集》卷五十六與嘉會第三簡云及「兩借書籍」。第一簡云：「諸史滿前，甚有與語者也。借書，則日與小兒編排整齊之，以須異日歸之左右也。」又有「近買地起屋五間」語。本年九月七日、八日、十一日及十一月冬至日，皆云及讀《晉書》。此《晉書》當爲嘉會所借。第一簡約作於九月前。《總案》繫此事於元符二年五月，誤。此當爲第一次借書。其第二次借書時間，待考。

第一簡叙介石起屋勞辱，時辭赴廣州，故以托嘉會。《總案》謂介石辭赴惠，誤，蓋以柯仲常爲柯節推。柯仲常乃述，時知廣州，見紹聖四年「泊扶胥」條。時嘉會在廣州，故簡云「柯仲常有舊契，因見道區區」。述，已見元祐四年「賦《異鵲》」條。

軾與程全父（天倴）簡，叙居儋心境。

《蘇軾文集》卷五十五《與程秀才》第一簡：「此間食無肉，病無藥，居無室，出無友，冬無炭，夏無寒泉。然亦未易悉數，大率皆無耳。」《輿地紀勝》卷一百二十五《昌化軍·碑記·六無帖》：「東坡謫儋耳，貽書江浙士友云：『食無肉，出無友，居無屋，病無醫，冬無炭，夏無寒泉。』見《瓊管志》。」知《與程秀才》第一簡即《六無帖》，當日曾上石。《七集·續集》卷七謂此簡乃與程全父（天倴）者。全父乃浙人，見紹聖元年「晤廣州推官程全父」條。程秀才名儒，乃全父之子，見紹聖三年「程全父之子來訪」條。則《輿地紀勝》所云江浙士友者，乃程全父。《佚文彙編》卷二《答程大時一首》首云：「此間食無肉，病無藥，居無室，出無友，冬無炭，夏無寒泉，大率皆無耳。」（以下文字與《與程秀才》第一簡不同，蓋以輾轉流傳，致有此異）則全父與大時爲一人。《與程秀才》第一簡云及學生「躬泥水之役」助築屋，知爲今年作；云「乍熱」，點明季節。

《晚香堂蘇帖》：「家書承寄示，感！感！但得達，七十日敢言遲乎。賤累極荷大庇，未易言謝。孫子瘖病遂愈，皆出餘蔭。但中間失一孫，遷徙中增牢落耳。此間食無肉，病無藥，夏無絺葛，冬無炭，獨有一窮命耳。以此一有而傲四無，可乎？聊發千里一笑也。軾再啓。」據「再啓」，此乃與某一友人之附簡。簡云「家書」，乃與迨者，時迨居宜興，知此友人亦江浙士友。《與程秀才》第一簡云及「僕離惠州後」，大兒房下失一男孫，此則云「中間失一孫」，作於同時。《與程秀才》第一簡又云：「尚有此身，付與造物，聽其運轉，流行坎止，無不可者。」《總案》：「公在海外，未嘗自明心迹，惟見此書中。所云『造物』，謂二惇、二蔡也。」同上第二簡云「惠酒絶佳」，作於此略後。

轍作《次韵子瞻和淵明擬古九首》。

軾詩見《蘇軾詩集》卷四十一。

轍詩見《欒城後集》卷二。其一中云：「邑中有佳士，忠信可與友。相逢話禪寂，落日共杯酒。艱難本何求，緩急肯相負。」蘇籀《欒城遺言》謂九首乃「坡公代公作」。清人王文誥謂以上六句，「實有所指，（坡）公亦何從備知其細，此非代言所能盡也」。見《蘇軾詩集·和陶擬古九首》題下注文，其言甚是。

其四首云「夜夢披髮翁，騎驎下大荒」，乃謂韓愈。《蘇軾文集》卷十七《潮州韓文公廟碑》之末有「翩然被髮下大荒」之句。詩叙愈來訪。其五首云：「海康雜蠻蜒，禮俗久未完。我居近閭閻，願先化衣冠。」爲實寫，非兄軾所能代。其一、其二及窮，雜及佛、道。

六月，循州告下，轍離雷州，時冒大暑。遜（遠）同行。

《欒城後集》卷二十一《書白樂天集後二首》其一：「元符二年夏六月，予自海康再謫龍川。」以下云冒大雨行。

《欒城三集》卷一《送遜監淮西酒并示諸任二首》其一首云：「疇昔南遷海上雷，艱難唯與汝同來。」以下云「再從龍尉茅叢底」，謂相隨至循也。遜即遠。

《龍川略志·引》謂自筠徙雷、自雷徙循老幼百數十指，衣食僅自致。以下云「平生家無尤物，有書數百卷，盡付之他人」，此當爲別雷時事。

七月十六日，軾題陶潛《自祭文》後。

《紀年録》本年紀事：「七月十六日，跋淵明祭文後。」

《蘇軾文集》卷六十五《淵明無絃琴》有陶潛「《自祭文》出妙語於纊息之餘」語，《外集》此文題即作《書淵明自祭文後》，見該文校記第一條。

轍寄軾《老子新解》，軾跋其後。

跋見《蘇軾文集》卷六十六（二〇七二頁），有「不意老年見此奇特」之語。

《直齋書録解題》卷九著録《老子新解》二卷。

《年表》：「晚在海康刊定舊解《老子》，寄子瞻。」以下引蘇軾跋文。知《老子新解》成於雷州，雷州治海康。

轍經羅浮。八月，至循州。寓城東聖壽寺，傾橐易民居。與道士廖有象交往。

《欒城後集》卷二十一《書白樂天集後二首》其一叙冒大暑離雷州，以下云：「水陸行數千里，至羅浮。水益小，舟益庳，愓然有瘴暍之慮，乃留家於山下，獨與幼子遠葛衫布被，乘葉舟，秋八月而至。既至，廬於城東聖壽僧舍，閉門索然，無以終日。」

《龍川略志·引》：「既之龍川，雖僧廬道室，法皆不許入。哀橐中之餘五十千，以易民居大小十間，補葺弊漏，粗庇風雨。北垣有隙地可以疏蔬，有井可以灌，乃與子遠荷鋤其間。」

《欒城三集》卷三《龍川道士》（原注：廖有象）首云：「昔我遷龍川，不見平生人。傾橐買破屋，風雨庇病身。頎然一道士，野鶴墮鷄群。飛鳴閭巷中，稍與季子親。刺口問生事，褰裳觀運斤。」以下《重贈》：「君居龍川城，築室星一周。屋瓦如翬飛，象設具冕旒。弟子五六人，門徒散林丘。」

九月庚戌（初五日），秦觀移送雷州編管。

《長編》卷五百二本日紀事：「追官勒停橫州編管秦觀特除名，永不收叙，移送雷州編管，以附會司馬光等同惡相濟也。」

七日，軾書《陶淡傳》。

文見《蘇軾文集》卷六十六（二〇四七頁）。文謂淡父夏兄弟輩皆凶暴，而乃有淡之高逸；潛係淡之近親，而無一言及之：以爲「未喻」。淡傳在《晉書》。

同日夜坐，軾復讀《晉書》，書郭文語。

文見《蘇軾文集》卷六十六（二〇七九頁）。文，《晉書》有傳。

八日，軾作《和陶九日閑居》。

詩見《蘇軾詩集》卷四十一；引首云「明日重陽」。《紀年録》謂今年作，今從。《總案》繫於紹聖四年。

同日，讀《晉書·隱逸傳》，軾書董京詩。

文見《蘇軾文集》卷六十七（二一一七頁）。京，《晉書》有傳。

九日，軾次韵黄庭堅（魯直）《食笋》詩。

據《紀年録》。軾詩今不見。

《山谷詩集注》卷十二《從斌老乞苦笋》：「南園苦笋味勝肉，籜龍稱冤莫采録。煩君便致蒼玉束，明日風雨皆成竹。」該書目録謂元符二年夏初作。如蘇軾所次原韵乃此詩，則軾詩應作於明年九月。今姑次此，待考。

十一日，夜讀《晉書·鮑静傳》，軾書後。

文見《蘇軾文集》卷六十六（二〇四六頁）。《晉書》「静」作「靚」。

十二日，軾與客飲薄酒小醉，試筆自慰。

文見《佚文彙編》卷五（二五四九頁），有「天地在積水中，九州在大瀛海中，中國在少海中，有生孰不在島者」之語。

十五日，軾作《書筮》。

文見《蘇軾文集》卷七十一；時久不得弟轍書，乃筮以《周易》也。

二十七日，軾作《書海南風土》。

文見《蘇軾文集》卷七十一；述壽夭無定，在習而安之之理。

甲戌（二十九日），孔武仲（常父）卒。

甲戌云云，據《長編》卷五百二。《蘇軾文集》卷五十七《與毅父》第六簡：「中間常父傾逝，不能一奉慰疏，但荒徼一慨而已，慚負至今。」作於北歸時。

晦日，游天慶觀，探靈籤，軾作《書北極靈籤》，論信道法智之義。

文見《蘇軾文集》卷七十一；謂「古之真人未有不以信入者」，又謂「守法而不智，則天下之死法也」。《王譜》謂文作於九月四日。

程全父寄簡來，并致佳酒、糖冰、精麫等物。軾答簡爲謝，并叙及近況。

《蘇軾文集》卷五十五《與程全父》第九、第十簡乃同時作，第九簡稱「某啓」，第十簡稱「某再啓」，可證。皆答全父之簡。第九簡首云：「别遽逾年，海外窮獨，人事斷絶，莫由通問。舶到，忽枉教音，喜慰不可言。」第十簡云及「焚筆硯已五年」，自紹聖元年至是，首尾計之，爲五年；并有「引領素秋」之語，知作於秋。

十月七日，軾作《書王太尉送行詩後》，贊慶曆、皇祐間朝廷得士之美。太尉乃王周。

文見《蘇軾文集》卷六十八，謂送行詩作者凡六十六人，多一時之傑，時太尉掛冠歸江陵。此六十六人首杜衍。《宋史·藝文志》著録《送王周歸江陵詩》一卷（原注：杜衍等所撰）。知王太尉乃王周。《苕溪漁隱叢話》後集卷二十一有衍《送王周歸江陵》詩。周乃大中祥符五年進士，奉化人。見影印本《浙江通志》卷一百二十三。嘗知無錫縣、知明州，見《咸淳毗陵志》卷十、《寶慶四明志》卷十二。

甲午（初十日），責授昭州别駕、化州安置范祖禹（純夫）卒。軾多簡慰其子冲（元長）。

甲午云云，見《長編》卷五百三。《宋史》卷三百三十七祖禹傳謂卒年五十八。《蘇軾文集》卷五十與冲第一、二、三、五各簡致慰意。冲，祖禹長子，紹聖元年進士。《宋史》卷四百三十五有傳。

二十一日，軾作《記藷米》。

文見《蘇軾文集》卷七十三；南海以藷米爲糧，時歲艱米不熟，故書而「以時圖之」。

二十三日，新除京東路轉運判官秦定知濠州，以涉及蘇軾兄弟之故。

據《宋會要輯稿》第九十九册《職官》六七之二一：以權殿中侍御史鄧棐言，定頃緣姪觀與蘇軾、蘇轍厚善，遂擢監司，乞罷新命。

是月，與進士何旻游城西，軾作《處子再生》。

文見《蘇軾文集》卷七十二；旻，儋人，參元符二年三月丙寅紀事。

十一月一日，軾撰《海漆録》，記倒黏子葉乃奇藥。此前後有《墓頭回草録》、《益智録》、《蒼耳録》、《藙草録》諸文，意在自醫療實踐中，了解藥性，總結藥效，爲補注《本草》者助。

以上諸文皆見《蘇軾文集》卷七十三。《海漆録》謂「私記之，以貽好事君子」。《益智録》謂「記之以俟後日好事補注《本草》者」。簡言之，即爲豐富藥典。《墓頭回草録》、《蒼耳録》分别參紹聖三年「吴復古陸惟忠自筠州來惠州」條、元符二年二月望日紀事。

二十五日，冬至日，讀《晉書》，軾論阮籍。

文見《蘇軾文集》卷六十五(二〇二一頁)。同卷《阮籍求全》，或作於同時。

十二月五日，軾作《書藥方贈民某君》。此人以相毆内損，乃以家傳藥方治愈之。

文見《佚文彙編》卷六，勉其人多植地黄，以救人命。《省齋文稿》卷十八《題蘇季真家所藏東坡墨迹》：「陸宣公爲忠州别駕，避謗不著書，又以地多瘴癘，抄集驗方五十卷，寓愛人利物之心。文忠蘇公手書藥法，亦在瓊州别駕時，其用意一也。淳熙戊申三月十七日。」墨迹或即此文。

十四日，試新端硯，軾作《書柳子厚覺衰詩》。

文見《佚文彙編》卷五。《覺衰》在《河東先生集》卷四十三。

《寶真齋法書贊》卷十二《蘇文忠柳子厚覺衰詩帖》：「右東坡先生柳子厚《覺衰》詩真迹一卷，按帖尾紀年以戊寅，正先生在儋耳時，先生生丙子，是年已六十有三，豈以柳州同居南荒，其不遇者同，而有所感耶。度先生胸中浩氣隘九州，得喪齊百世，必不是以芥蔕，特寄情焉耳。（下略）」

軾子過作《志隱》，叙人生苦樂之理，贊海南風土。蘇軾是之，欲作《廣志隱》。

《嵩山文集》卷二十《宋故通直郎眉山蘇叔黨墓誌銘》：「其初至海上也，爲文一篇曰《志隱》，效於先生前，先生攬之，曰：『吾可以安於島夷矣。』先生因欲自爲《廣志隱》，以極窮通得喪之理焉。嘗命叔黨作《孔子弟子列傳》，則固有以處其子矣。」《宋史》卷三百三十八《蘇過傳》亦叙此。《廣志隱》、《孔子弟子列傳》，未見。

《志隱》見《斜川集》卷六，首云「居島夷之三年」，乃入儋之第三年，即今年。文云：「蘇子居島夷之二年，客有自許來唁，問其安否，而勉之進取，曰：『天之生物，類聚羣分。蠢動飛走，不相奪倫。魚宅于淵，獸伏于榛。鼈之于冰，鼠之於焚。失其所則病，因其性則存。且非獨蟲魚然也。楚之橘柚，不植於燕代。晉之棗栗，不繁於閩越。非天地之所私，繫物性之南北，況於人乎。余蜀人也，少遊三晉之間矣。秋冬之交，朔風蕭條。山童澤枯，墮指折膠。陰山之雪，三歲不消。故其生實瘠而不竄，畜駟强而不乾。人亦剛而多勇，壽而碩堅。膚拆面皴，足胝三胼。爲霜雪之所凝，凜其質之歲寒。而五嶺之南，夷獠雜居。天卑地溽，山盤水紆。惡溪旱流，毒霧蒸嘔。晝避蝮虺，夜號鼪鼯。草木冬花，霖潦長濡。星隱于氣，日見于晡。故其民多重膇之病，寒熱中膚。非蠢而傴，非躄而扶。而儋耳者，又在二廣之南，南溟之中。其民卉服鼻飲，語言不通。狀若禽獸，既嚚且聾。海氣鬱霁，瘴烟溟濛。而子安之，豈亦有道乎？且夫君子之修身也，病没世而無聞，故其躡屩而取卿相，脱輓輅而□封君。季子從成而得印，范叔計行而專秦。相如進缶而趙重，毛遂奉盤而楚親。或刀筆以自奮，或干戈以策勳。脱穎者富貴，陸沈者賤貧。希揄揚於鼎彝，恥湮没於埃塵。古人有言，歲云暮矣，時不我與。如子之年，嗚鐘鼎食者多矣，曷亦有意於世乎？』蘇子曰：『噫，若客殆未達者耶。大塊之間，有生同之。喜怒哀樂，鉅細不遺。蟻蠭之君臣，蠻觸之雄雌。以我觀之，物何足疑。彭聃以寒暑爲朝暮，蟪蛄以春秋爲期頤。孰壽孰夭，孰欣孰悲？況吾與子，好惡性習，一致同歸。寓此世間，美惡幾希。乃欲夸三晉而陋百粵，棄遠俗而鄙島夷，竊爲子不取也。子知魚之安於水也，而魚何擇夫河、漢之與江、湖。知獸之安於藪也，而獸何擇於雲夢之與孟諸。松柏之後彫，萑葦之易枯。乃物性之自然，豈土地之能殊。子乃以晉、楚之産疑之，過矣。雖然，瘴癘之地，子得其詳也。僕亦擇其可道者，以釋子之惑。天地之氣，冬夏一律。物不凋瘁，生意靡息。冬絺夏葛，稻歲再熟。富者寡求，貧者易足。績蘗爲衣，蓺根爲糧。鑄山煮海，國以富强。犀象珠玉，走于四方。士獨免於戰争，民獨勉於農桑。其山川則清遠而秀絶，陵谷則縹緲而茀鬱。雖龍蛇之委藏，亦神仙之所宅。吾蓋樂遊而忘返，豈特暖席之與黔突也哉。若夫紆朱懷金，肥馬輕車。固人情之所欲得也。而况金石之傳，不朽之榮。爲主上布德澤於斯民，拊四夷而賓不庭。固非獨善其身，老死丘壑者所得擬也。然功高則身危，名重則謗生。枉尋者見容，方枘者必憎。而自古豪傑之士，有不能閭閻之窮，慨然有澄清之志，探虎穴索驪珠而得全者，蓋無一二也。彼大人者，窅然觀之，颦蹙遠引，况以榮爲樂耶。世非不知得士者昌，失士者危。雖患難或可以共處，安逸或可以長辭。子胥不免於屬鏤，范蠡得計於鴟夷。蕭何縲囚於患失，留侯脱屣於先知。敵國亡而信烹，劉氏安而勃疑。故介推避禄於綿田，魯連辭賞於燕師。接輿長歌於鳳鳥，莊叟感慨於郊犧。僕無過人之才，固不足以自媒也。然馬之羈靮，鷹之韝紲，寒心久矣。方長鳴於冀北，覩皂棧而知懼。擊鮮肥於秋風，又何臠割之足顧哉。蓋嘗聞養生之粗也。今置身于遐荒，如有物之初。余逃空谷之寂寥，眷此世而愈疏。追赤松於渺茫，想神仙於有無。此天下之至樂也。而子期我以世人，污我於泥涂。貪千仞之轂，輕隋侯之珠。子以爲巧，我知其愚。』客愧且歎曰：『吾淺之爲丈夫也。』」此《志隱》一文，雖爲過作，實爲軾意。文後有過跋：「昔余侍先君子居儋耳，丁年而往，二毛而歸，蓋嘗築室有終焉之志，遂賦《志隱》一篇，效昔人解嘲、賓戲之類，將以混得喪，忘羈旅，非特以自廣，且以爲老人之娱，先君子覽之，欣然嘉焉。」以下謂逮今二十年，作於政和間。《鶴山集》卷六十二《跋斜川帖》：「斜川侍坡翁，至儋耳，父子相對，如霜松雪竹，堅勁不揺，而作詩結字，乃爾潤麗，其襮順裏方者乎！」附此。

軾與姪孫元老（在廷）簡。時元老在京師。簡因陳浩致。

簡乃《蘇軾文集》卷六十與元老第一簡。簡云「海南連歲不熟」，爲今年事。以明年己卯乃豐年也，《斜川集》卷三《己卯冬至儋人擕具見飲既罷有懷惠許兄弟》「藷芋人人送，囷庖日日豐」句可證。

《東都事略》卷一百一十六、《宋史》卷三百三十九有元老傳。

簡云：「今有一書與許下諸子，又恐陳浩秀才不過許，只令送與姪孫，切速爲求便寄達。」知陳浩自儋耳赴京師，因其便致書元老。云「許下諸子」，謂迨及姪遲、适等。

簡云：「循、惠不得書久矣。」循謂弟轍，惠謂長子邁。

簡云：「蜀中骨肉，想不住得安訊。」謂眉山姪輩，姪孫輩，知其時蜀中音耗渺然。

陳浩，不詳其仕履。然既云秀才，當爲蘇軾之晚輩。

蘇軾作《宥老楮》詩。

詩見《蘇軾詩集》卷四十二。

詩言老楮爲「不材木」。然「斵之得輿薪，規以種松菊」，求其用，尚可得五六。詩云「生理有倚伏」，即此意。既有可用，則「德怨聊相贖」。此詩之旨，在明物之無用、有用中之倚伏之理，無用之中有有用因素，作者因小以見大。

歲末，小圃栽植漸成，軾取陶潛詩有及草木蔬穀者五篇，即《西田穫早稻》、《下潠田舍穫》、《戴主簿》、《酬劉柴桑》、《和胡西曹示顧賊曹》，次其韻。

前三詩見《蘇軾詩集》卷四十二（二二三五、二二三六、二二三七頁），後二者見卷四十（二一二六、二一二〇五頁）。該五詩，宋刊《東坡先生和陶淵明詩》連載，亦皆及草木蔬穀；第一篇云及「晚菘先破寒」，第三篇云及「安知歲將窮」，第四篇云及「窮冬出甕盎」，第五篇云及「凋零豈容遲」，皆歲暮景象，作於同一時。《總案》謂第四詩乃白鶴山新居蒔植之作，第五詩爲悼朝雲；前者次於紹聖三年之末，後者次朝雲卒後：并誤。

此五詩之第一詩有引：「小圃栽植漸成，取淵明詩有及草木蔬穀者五篇，次其韵。」第二詩云及「跨海得遠信」，知作於海南。小圃栽植，在遷居之後。

參拙撰《蘇軾詩集編次訂誤》，見《社會科學戰綫》一九八八年第四期。

除夕，軾訪吴復古（子野），食燒芋。

《蘇軾詩集》卷四十八有《除夕訪子野食燒芋》詩。

是歲，趙明誠一八歲。明誠篤好蘇軾、黄庭堅文、詩。其詩，明誠與陳師道有交往。

明誠生元豐四年，據李清照《金石録後序》。明誠《金石録》卷三十《漢重修高祖廟碑》跋尾謂年十七八歲時，陳師道嘗爲言「豐縣有此碑」；同上《唐起居郎劉君碑》跋尾謂紹聖間，陳師道有書與之。《後山集》卷十《與魯直書》其四：「正夫有幼子明誠，頗好文義，每遇蘇、黄文詩，雖半簡數字，必録藏，以此失好於父，幾如小邪矣，乃知歆、向無足怪者。」書作於元符間，今次此。時陳師道在家鄉徐州。正夫，挺之字。

轍書《白樂天集》後，寄兄軾。

《年表》本年紀事：「題《白樂天文集》後。」次歲末。

《欒城後集》卷二十一《書白樂天集後》其一叙到循州，以下云：「欲借書於居人，而民家無蓄書者，獨西鄰黄氏世爲儒，粗有簡册，乃得《樂天文集》閲之。」其二末云：「故書其後，寄子瞻兄。」

《龍川略志·引》叙至循州，以下云：「有黄氏老，宦學家也，有書不能讀，時假其一二。」

軾子過以山芋作玉糝羹，有詩贊之。約爲本年事。

《蘇軾詩集》卷四十二詩題：「過子忽出新意，以山芋作玉糝羹，色香味皆奇絶。天上酥陀則不可知，人間决無此味也。」

《軾墓誌銘》：「公食芋飲水，著書以爲樂。」

宛委山堂《説郛》卷七十四《山家清供·玉糝根羹》：「東坡一夕與子由飲，酣甚，搥蘆菔，爛煮不用它料，只研白米爲糝食之。忽放箸撫几曰：『若非天竺酥陀，人間决無此味。』」涵芬樓《説郛》卷二十二有《山家清供》，謂林洪撰；題作《玉糝羹》，原注：「或用山芋。」皆傳聞，附此。

《菜羹賦》或爲今年作。軾與友人簡謂視蘇武啖氈食鼠爲太靡麗，或亦今年作。

賦見《蘇軾文集》卷一，叙菜羹有自然之味，可常享。簡見《佚文彙編》卷四（二五〇六頁）。旨意有同處。

三蘇年譜卷五十四

元符二年（一〇九九）己卯　蘇軾六十四歲　蘇轍六十一歲

正月五日，軾與過出游，作《和陶游斜川》。

詩見《蘇軾詩集》卷四十二，首云「謫居澹無事」，乃元符元年入新居後心情。今依《總案》次此。《斜川集》卷一有《次陶淵明正月五日游斜川韻》。

立春日（十二日），軾賦《減字木蘭花》。

詞乃《東坡樂府》卷下《己卯儋耳春詞》。

十三日，廣州舶信到，得柴胡等藥，軾書杜甫之詩及柴胡者，并録盧仝詩。蓋以遺濾。

《王譜》：「己卯正月十三日，録盧仝、杜子美詩遺濾。」《蘇軾文集》卷六十七《書盧仝詩》當爲此日作。同上《書杜子美詩》，書此日作。

上元夜，軾作《書上元夜游》。

文見《蘇軾文集》卷七十一；蓋應老書生數人之請，步城西，入僧舍，歷小巷，三鼓乃歸。

程全父寄近詩來，軾答簡歎親友疏絶。

《蘇軾文集》卷五十五與全父第十一簡乃答簡。答簡首稱「便舟來」，當即本月十三日所云之廣州舶；云「新春」，知收簡後即答簡；感激全父「收恤加舊」。

正月，眉山人巢谷（元修）自眉山徒步來訪轍。

《欒城後集》卷二十四《巢谷傳》：「元符二年春正月，自梅州遺予書曰：『我萬里步行見公，不自意全，今至梅矣。不旬日必見，死無恨矣。』予驚喜曰：『此非今之人，古之人也。』既見，握手相泣，已而道平生，逾月不厭。時谷年七十有三矣，瘦瘠多病，非復昔日元修也。」以下言谷欲渡海訪兄軾，行至新州而卒。詳本年以後紀事。

谷至循，約爲正、二月間事。

軾與鄭嘉會（靖老）簡，詢子邁等近況；寄《衆妙堂記》與嘉會。

《蘇軾文集》卷五十六與嘉會第二簡云「邁後來相見否」，知邁與嘉會時有交往；云「聞過房下卧病」，知過妻范氏時猶在惠；云「正月尚未得耗」，知此簡作於二月，托嘉會致惠州家書於瓊。記乃應何德順之請而作，所記皆夢中語，「又皆養生事，無可醖釀者，故出之」。當托嘉會轉德順。

二月己卯（初六日），程之邵以都大管勾陝西路茶馬公事放罷，以爲御史鄧棐所論。以事涉蘇軾兄弟也。

據《長編》卷五百六。《長編》謂：「鄧棐言：之邵頃在元豐，常爲監司，至元祐初年，臣僚言之邵緣鹽法進用，尋送吏部，不數月，除知祥符，未幾除知泗州，遂擢監司提舉茶事。臣聞之邵與蘇軾、蘇轍是親表兄弟。初爲元豐監司，與軾、轍異趣，則以私忿交惡，及軾、轍用事，而之邵卑辭厚賂以事軾、轍。初見惡於軾、轍，則言者交攻，及爲軾、轍所喜，累有進擢，則言者緘口。大抵元祐臣僚觀望用事者，喜怒以爲語默，朝廷是非出於頃刻，而榮辱無復公論，故之邵得以纖巧附勢而不失其進取。伏望聖慈察之邵前後蹤跡，特賜放罷。從之。（原注：之邵除茶馬，在正月九日。）」

棐，登熙寧三年進士第，毗陵人。見《咸淳毗陵志》卷十一。

十五日，軾書《蒼耳録》。

文見《蘇軾文集》卷七十三。參元符元年十一月一日紀事。

二十日，轍生日，軾以詩及黄子木拄杖爲壽，轍次韻。

詩見《蘇軾詩集》卷四十二（二三一九頁）。轍次韻詩見《欒城後集》卷二。

二月丙寅（二十四日），軾買鯽放於城北淪江之陰。

《蘇軾文集》卷七十一《書城北放魚》叙其事：陳宗道誦經，會者六人，吴氏之老劉某，南海符某，儋耳何旻，潮陽王介石，温陵王懿、許琦。

《紀年録》繫此事於元符三年三月，今不從。

「淪江」疑即「倫江」，參紹聖四年「軍使張中至任」條紀事。

春日，嘗獨行遍至黎子雲、黎威、黎徽、黎先覺之舍，遇符林，黎家兒童口吹葱葉迎送；又嘗負大瓢行歌田間，與老媪共語。軾有詩。

詩見《蘇軾詩集》卷四十二（二三二二頁）。其二曰：「總角黎家三四童，口吹葱葉送迎翁。」《莊簡集》卷二《載酒堂》「當日」句下自注：「子雲之子今六十餘矣，東坡所謂小童，即此人也。」蓋宋刊十行本《東坡後集》（《蘇詩佚注》影印本）、黄州刊《東坡先生後集》「四」俱作「小」。其三曰：「投梭每困東鄰女，换扇惟逢春夢婆。」《侯鯖録》卷七：「東坡老人在昌化，嘗負大瓢行歌於田間，有老婦年七十，謂坡云：『内翰昔日富貴，一場春夢。』坡然之。里人呼此媪爲春夢婆。」其三尚云及符老。蓋寫實。其二云「溪邊自有舞雩風」，乃暮春。

春末，軾作《記松》。

文見《佚文彙編》卷六，論松之有利於世者凡十有一，并以閑居能精究物理爲喜。

蘇軾作《倦夜》詩。

詩見《蘇軾詩集》卷四十二。

詩首云：「倦枕厭長夜，小窗終未明。」長夜難眠，幾次以爲明而未明。次云：「孤村一犬吠，殘月幾人行。」因犬吠知人行。「孤村」實聞，「殘月」實想。五、六句：「衰鬢久已白，旅懷空自清。」上實下虚，點明難眠之因。末二句：「荒園有絡緯，虚織竟何成。」絡緯欲織而無可織，乃虚織，虚織自不能成。作者因絡緯之鳴益增悵惘。作者儋州不少此類小詩，乃一時一事真實感情記録。

四月丙子（初四日），程節等坐不覺察昌化軍使張中周恤蘇軾而降授，以董必之奏也。張中貶雷州監司。

四月丙子云云，據《長編》卷五百八。《長編》云：「朝散大夫、直祕閣、權知桂州、廣南西路都鈐轄程節降授朝奉大夫，户部員外郎譚掞降授承議郎，朝散郎、提點湖南路刑獄梁子美降授朝奉郎。先是昌化軍使張中役兵修倫江驛，以就房店爲名，與別駕蘇軾居。察訪董必體究得實，而節等坐不覺察，故有是命。」《太平治迹統類》卷二十八、《永樂大典》卷八千六百四十八引《衡州府圖經》，亦有此記載。

《施譜》：「時軍使張中既官滿，坐役兵修驛館先生，董必體究，貶中雷州監司，程節坐不覺察降官。」程節，見元符三年七月七日紀事。譚掞，已見紹聖四年「在惠時嘗爲譚掞所書《金剛經》跋尾」條紀事。梁子美，已見元符元年三月癸酉紀事。

十五日，軾作《十八大阿羅漢頌》。頌緣蜀金水張氏之畫而作。

十五日云云，見《紀年録》。

頌見《蘇軾文集》卷二十。頌之叙云：「蜀金水張氏，畫十八大阿羅漢。軾謫居儋耳，得之民間。」張氏以畫羅漢有名，蘇軾稱之爲奇勝，并以得此乃希闊之遇。

十七日，軾書潘衡墨。衡來海南凡一年，製成「海南松煤東坡法墨」。

文見《蘇軾文集》卷七十（二二二九頁）。《後村先生大全文集》卷一百四《墨林方氏帖·蘇文忠公·書與何智翁四帖》謂衡「渡海忍饑爲公留一年」。《避暑録話》卷上：「宣和初有潘衡者，賣墨江西，自言嘗爲子瞻造墨海上，得其秘法，故人争趨之。余在許昌見子瞻諸子，因問其季子過，求其法，過大笑曰：『先人安有法！在儋耳無聊，衡適來見，因使之别室爲煤，中夜遺火幾焚廬，翌日，煨爐中得煤數兩，而無膠和，取牛皮膠以意自和之，不能爲挺，磊塊僅如指者數十，公亦絶倒，衡因是謝去。』蓋後别自得法，借子瞻以行也。天下事名實相蒙類如此，子瞻乃以善墨聞耶！衡今在錢塘，竟以子瞻故，售墨價數倍於前，然衡墨自佳，亦由墨以得名，其用功可與九華朱覲上下也。」製墨室失火，見本年十二月二十三日紀事。

十九日，軾書《學龜息法》授過，欲與過共行之。

文見《蘇軾文集》卷七十三。時儋耳米貴，「有絶糧之憂」。文叙有人墮落下深穴中，見無數龜蛇每旦輒引吭東望，吸初日光嚥之，其人效之不復饑。則所謂龜息法，乃不食之法也。

二十九日，轍作《龍川略志引》。

據《引》及《年表》。《引》謂此書十卷（一作六卷，十卷爲通行本），四十事。傅增湘校影宋鈔本《引》末注云：「六卷，元符二年孟夏二十九日。」

五月戊申（初六日），蔡卞於朝堂議事時，言及軾、轍。

《長編》卷五百十本日紀事叙蔡卞引趙挺之云：「蔡肇譖鄒浩於蘇轍，送（撰者按，疑應作『遂』）被逐。（陳）師錫亦是軾、轍門下儇薄多言之士。」卞時爲尚書左丞，見《宋史·宰輔表》。

十六日，軾書贈游浙僧，囑到杭後謁元浄（辯才）遺像，致意法潁。

文見《蘇軾文集》卷七十一（二二七六頁）；文中尚有「仍尋參寥子妙總師之遺迹」之語。道潛（參寥）其時得罪，見紹聖三年「道潛得罪」條。

六月甲午（二十三日），李之儀（端叔）以牽聯蘇軾，罷監内香藥庫，勒停。

據《長編》卷五百十一；殿中侍御史石豫言之儀乃奸臣蘇軾「心腹之黨」。《宋史》卷三百四十四《李之儀傳》亦及此。《蘇軾文集》卷五十二與之儀第四簡言及「罪垢深重」，「竟不免累公，慚負不可言」，乃指此。

賦《和陶與殷晉安别》，軾初送張中。

詩見《蘇軾詩集》卷四十二。張中羆，據本年四月丙子紀事。

吴復古(子野)來，雨中招之，轍作詩。

詩見《欒城後集》卷二，自注謂「循州作」。詩有「暑雨無時水及堂」，復古之來蓋在暑季。詩又有「辟穀賴君能作客，暫來煎蜜餉桃康」之句。復古習吐納，故云爾。以復古辟穀，故能作客，以囊中無資待客人也。桃康，據道家書《雲笈七籤》十一《脾長》，乃神名，司陰陽之事。此以擬復古，謂以煎蜜餉復古也。

吴復古次韵，轍復次韵答之。軾有次韵。

復古詩不見。轍詩乃《欒城後集》卷二《答吴和二絶》。其一首云「三間浰水小茅屋，不比麻田新草堂」。上句自謂。《輿地紀勝》卷九十一《廣南東路·循州·景物上》：「浰溪：《寰宇記》：龍川江，一名浰溪。」浰水當即浰溪。下句謂復古。復古爲潮陽人，麻田即在潮陽。以下云「問我秋來氣如火」，點秋。蓋復古自暑來，在循州已有時日。復古不久離循，經廣州去儋，晤兄軾，并出轍之作，軾爲次韵。軾次韵其一首云：「馬迹車輪滿四方，若爲閉著小茅堂。」亦可見轍詩「三間浰水」乃自謂。軾詩見《蘇軾詩集》卷四十三，爲元符三年，然其時尚未得離儋之告。

七月十五日，軾寄轍蜀中金水張氏所畫羅漢，軾并爲之作頌，亦寄。

《蘇軾文集》卷二十《十八大阿羅漢頌·叙》：「蜀金水張氏，畫十八大阿羅漢。軾謫居儋耳，得之民間。」張氏以畫羅漢有名，兄軾稱之爲奇勝，并以得此乃希闊之遇。其跋云：「今……以授子由弟，使以時修敬，遇夫婦生日，輒設供以祈年集福，并以前所作頌寄之。」

巢谷徒步遠訪軾，病亡於新州途中。

《蘇軾文集》卷五十六《與程懷立》第五簡叙谷病亡。《總案》謂谷以己卯正月在梅，至循復留月餘，其至廣州，當在春夏之交，因死則秋。新州在廣州西，治新興縣。

《龍川别志》成，二十二日，轍作《序》。

據《龍川别志》卷首《序》及《年表》。凡四卷，四十七事。

閏九月八日，轍作《春秋傳引》。軾盛譽《春秋傳》。

《潁濱先生春秋集解引》：「予少而治《春秋》，時人多師孫明復，謂孔子作《春秋》，盡一時之事，不復信史，故盡棄之，傳無所復取。予以爲左丘明《魯史》也，孔子本所據依，以作《春秋》，故事必以丘明爲本。杜預有言，丘明授經於仲尼，身爲國史，躬覽載籍，其文緩，其旨遠，將令學者原始要終，尋其枝葉，究其所窮，優而柔之，使自求之，饜而沃之，使自趨之，若江海之浸，膏澤之潤，涣然冰釋，怡然理順，斯言得之矣。至於孔子之所予奪，則丘明容不明盡，故當參以《公》、《穀》、啖、趙諸人。然昔之儒者，各信其學，是己而非人，是以多窒而不通。老子有言，學不學，復衆人之所過，以輔萬物之自然而不敢爲。予竊師此語，故循理而言，言無所係，理之所至，如水流東西曲直，勢不可擋，要之於通而已。近歲，王安石以宰相解經，行之於世，至《春秋》漫不能通，則詆以爲斷爛朝報，使天下士不得復學。嗚呼，孔子之遺言而淩滅至此，非獨介甫之妄，亦諸儒解經不明之過也。故予始自熙寧，謫居高安，覽諸家之説而裁之以義，爲《集解》十二卷，及今十數年矣。每有暇輒取觀焉，得前説之非，隨亦改之。紹聖之初，還於南方，至元符元年，凡三易地，最後卜居龍川之白雲橋。杜門無事，凡所改定，亦復非一，覽之灑然而笑，蓋自謂無憾矣。南荒士人無可與論説者，顧謂子遜：『仰之彌高，鑽之彌堅，瞻之在前，忽焉在後，此孔子之不可及，而顏子之所太息也，而况於予哉！安知後世不復有能規予者，其於昔之諸儒，或庶幾焉耳！汝能傳予説，使後生有聞焉者，千載之絶學儻在於是也。』二年閏九月八日志。」

《年表》謂此引爲後序。《欒城遺言》謂《春秋集傳》乃轍平生事業，又謂兄軾觀此書，「以爲古人所未至。」

戊寅（初九日），重陽，與父老小飲，轍作四絶。

詩見《欒城後集》卷二。其一云：「九日龍山霜露凝，龍川九日氣如蒸。偶逢閏月還重九，酒熟風高喜不勝。」想像登高。其二云：「獲罪清時世共憎，龍川父老尚相尋。直須便作鄉關看，莫起天涯萬里心。」由衷之言。

《欒城三集》卷三《雨中秋絶句·叙》：「昔予謫居龍川，己卯歲閏九月重九，南方初有涼氣，予置酒招同巷黄氏老，與之對酌，作四絶句。」

十七日，軾書杜甫夔州老女詩後，使諭海南父老，以變老女之俗。

《蘇軾文集》卷六十七《書杜子美詩後》叙此事。文所引之杜詩首云：「夔州處女髮半華，四十五十無夫家。更遭喪亂嫁不售，一生抱恨長咨嗟。」以下歷叙老女之苦。蘇軾引杜詩後，云：「海南亦有此風，每誦此詩，以諭父老，然亦未易變其俗也。」

《輿地紀勝》卷一百二十五《昌化軍·風俗形勝》：「東坡《老女文》引杜詩云：『夔州處女髮半華，十有八九無夫家。』吾來儋耳，亦多老女，至四五十者。作文付黎先覺秀才，使諭其里黨。」

《老女文》當即《書杜子美詩後》。「吾來」云云，當另有一文，已佚。

本月，姜唐佐（君弼）來從軾學。

《蘇軾文集》卷六十七《書柳子厚詩後》：「元符己卯閏九月，瓊士姜君來儋耳，日與予相從。」

姜唐佐來簡，軾有答。嘗題唐佐課册，示作文之法。

《蘇軾文集》卷五十七與唐佐第一簡：「特辱遠貺，意甚勤重。」又云：「長箋詞義兼美，窮陋增光。」

《蘇軾詩集》卷五十有《跋姜君弼課册》詩，乃録劉禹錫《楚望賦》中語。

十月十三日，姜唐佐來，夜話。

十四日，姜唐佐惠奇荈。

十五日，與姜唐佐簡，約來飲茶，并謂來早必如諾赴唐佐處早飯。

《蘇軾文集》卷五十七《與姜唐佐》第二、三、四簡，時間實相連續。第二簡云：「昨日辱夜話，甚慰孤寂。」又云「奇荈佳惠，感服至意，當同啜也」。簡作於十四日。第三簡：「今日雨霽，尤可喜。食已，當取天慶觀乳泉潑建茶之精者，念非君莫與共之。」以下約「只今相過」。第四簡首云「適寫此簡」，當指第三簡。以下叙知唐佐有會不能來，并云：「會若散早，可來啜茗否？」末云：「來早飯必如諾。」尾署「十月十五日白」。知第三簡亦作於十月十五日。

二十七日，知懷州周秩上奏，涉蘇轍。

《長編》卷五百十七十月戊辰紀事注文引《隴右録》轉引本日邸報周秩奏：「今蒙恩差知懷州。伏見河北運判吴安憲，係是吴安詩、吴安素兄弟。……臣任湖北提刑日，……安素知岳州，與蘇轍表裏。先奏乞避臣，又誣奏臣，竊慮別有捃摭，便蒙朝廷罷臣送吏部。」蓋安詩在諫官時謂秩乃蔡確之黨。秩字重實，泰州人。見本譜元祐元年紀事。

鄭總（清叟）秀才過海相訪，軾以詩贈之。

詩見《蘇軾詩集》卷四十二（二三二一頁）。詩云：「風濤戰扶胥，海賊横泥子。胡爲犯二怖，博此一笑喜。問君奚所欲，欲談仁義耳。」詩云及「冬日」，作於冬。

《輿地紀勝》卷九十五《英德府》：「鄭總，字清叟。東坡贈詩云：『年來萬事足，所少惟一死。澹然兩無求，滑静空棐幾。』公平生達性命，了死生，齊物我。」「年來」四句，在贈詩中。《詩集》卷四十一《和陶雜詩》其七「施注」謂鄭總撰有《藍喬傳》。《永樂大典》卷八千六百四十七引《衡州府圖經志》有鄭總爲治平四年進士，《眉山唐先生文集》作序者有鄭總字太玉。不知《藍喬傳》作者鄭總屬誰。

十一月辛未（初四日），轍有《祭新婦黄氏文》。

據《年表》。祭文見《欒城後集》卷二十，「新」前有「八」字；新婦乃遠（遜）之妻，殞於瘴。遠於兄弟輩排行第八，故稱八新婦。文云「二子」，據《年表》，蓋謂筠、箎也。

初六日，海上漁民贈蠔，軾記之。

文乃《佚文彙編》卷六《食蠔》，謂爲冬至前二日事。是年十一月初八日冬至。

冬至，符林、吴翁及諸生攜具來飲，過賦詩懷惠、許二兄，軾次韵。

《斜川集》卷三《己卯冬至，儋人攜具見飲，既罷，有懷惠許兄弟》：「寂寞三冬至，飄然瘴海中。

不嫌羈寓遠，屢感歲華窮。父老憐匏繫，希蔬盛篚籩。一歡爲子壽，百福與君同。已慣鳶飛墮，真忘馬首東。南音行自變，重譯不須通。椰酒醍醐白，銀皮琥珀紅（原注：「海南有銀皮酒。」）。傖獰醉野獠，絶倒共鄰翁。藷芋人人送，囷庖日日豐。瘴收黎母谷，露入菊花叢。海蜑羞蚶蛤，園奴饋韭菘。檳榔代茗飲，吉貝禦霜風。悵望懷諸阮，遥知憶小馮。客身雖嶺嶠，逸相在瀛蓬。介隱惟偕母，龐團獨侍公。故山千萬里，此意托飛鴻。」時邁居惠，迨居許。

同上卷一《冬夜懷諸兄弟》附次此，詩云：「霜風連日惡，霜月連夜苦。青燈寒無光，翳翳昏復吐。念我手足愛，相望若秦楚。兩兄寄陽羨，耕稼事農圃。簞瓢有餘樂，菽水未爲窶。兩兄客潁川，耿耿懷去魯。近聞營菟裘，稍亦葺環堵。有弟雖咫尺，相逢猶齟齬。黄灣隔小海，孤嶺度大庾。今年厄陳蔡，夫子嗟兕虎。惟我二兄弟，頗亦嘗險阻。憶昔居大梁，共結慈明侶。晨窗惟六人，夜榻到三鼓。豈知聚散事，翻手如雲雨。我今處海南，日與漁樵伍。黄茅蔽澗谷，白霧昏庭宇。風高翔鵰梟，月黑號鼯鼠。舟居雜蠻蜑，卉服半夷虜。下牀但藥餌，遺瘴煩樽俎。何須鳶墮時，方念平生語。」

《蘇軾詩集》卷四十二《用過韵，冬至與諸生飲酒》：「愁顔解符老，壽耳鬬吳翁。」吳翁，或即是《蘇軾文集》卷七十一《書城北放魚》中吳氏之老。

同日，作《四神丹説》，軾并書。

文見《蘇軾文集》卷七十三。

十五日，軾作《記海南菊》。

文見《蘇軾文集》卷七十三，叙於所蓺九畹菊中與客作重九。文末著年份，今姑繫此。

十九日，軾作《書柳子厚詩》。先是轍自循州寄柳宗元（子厚、柳州）《酬婁秀才寓居開元寺早秋病中見寄》詩與兄軾，軾乃書之。

《蘇軾文集》卷六十七《書柳子厚詩》録轍寄之詩，云：「客有故園思，瀟湘生夜愁。病依居士室，夢繞羽人丘。味道憐知止，遺名得自求。壁空殘月曙，門掩候蟲秋。謬委雙金重，難徵雜珮酬。碧霄無枉路，徒此助離憂。」以下云：「元符己卯十一月十九日，忽得龍川信，寄此紙，試書此篇。」

轍寄柳此詩，軾書此柳詩，蓋以詩中所述情景與二人此時所處相合。

蘇軾與范冲（元長）簡，續慰其父祖禹之逝。

簡乃《蘇軾文集》卷五十《與范元長》第四簡。

簡云：「此中百事，遠不及雷、化。百憂所集，亦强自遣也。」雷謂雷州，化謂化州。此簡作於儋州。簡云：「某當遣人致奠，海外困苦，不能如意，又不敢作奠文，想蒙哀恕也。」作於祖禹卒後不久，時當爲元符二年，即本年。

簡云：「歸葬知未得請，苦痛之極，惟千萬寬中順變。」歸葬當謂輿祖禹之靈柩回成都華陽原籍。徽宗即位後得請。

《與范元長》第五簡乃與冲之母聖善郡君者。簡云：「沉香少許，望於内翰靈几焚之，表末友一慟之意而已。」内翰謂祖禹。

賦《和陶王撫軍座送客》，軾再送張中。

詩見《蘇軾詩集》卷四十二，云「懸知冬夜長，不恨晨光遲」，告别時夜坐達旦。

張中三來告别，燈坐達曉，軾賦《和陶答龐參軍》贈行。

詩見《蘇軾詩集》卷四十二。中曉軍事，富謀略，然功名無緣，詩及之。

十二月十九日，軾生日，過有詩爲壽。

《斜川集》卷三《大人生日》其二：「未試陵雲白日仙，此聲固已速郵傳（原注：公在海南，四方傳有白日上升事）。陰功何止千人活，法眼要求一大緣。枕上軒裳真昨夢，腹中梨棗是歸田。他時漢殿觀遺鼎，猶記曾陳柏寢年。」白日上升謂死去，參本年以下「京師、廣州皆傳蘇軾死去」條。

二十八日，軾作《記海南作墨》，叙二十三日墨竈火發救滅得佳墨五百丸事。賦《夜燒松明火》。

文見《蘇軾文集》卷七十。詩見《蘇軾詩集》卷四十二，敘火發；云「歲暮風雨交」，歲暮作。

與程全父（天倅）簡，求毗陵藥，欲以濟人。全父、儒父子贈藥、米等，簡謝；敘過抄《唐書》成，欲抄《前漢書》。

求藥簡乃《蘇軾文集》卷五十五與全父第十二簡，謝簡乃同上《與程秀才》第三簡。作於本歲。清舊抄本《斜川集·借書》詩，云及「海南寡書籍，蠹簡僅編綴」。

蘇軾作《縱筆三首》。

詩見《蘇軾詩集》卷四十二。

詩其一首二句：「寂寂東坡一病翁，白鬚蕭散滿霜風。」獨立霜風。末二句：「小兒誤喜朱顏在，一笑那知是酒紅。」群小兒圍擁。老、幼親切無間。小兒以朱顏爲喜，關心之情，發自內心。然小兒乃誤以飲酒而使兩頰之紅爲自然之健康，生出一道波瀾，而興歎老之思。極富情趣。

詩其二首二句：「父老爭看烏角巾，應緣曾現宰官身。」其一寫自身生活於小兒之中，此則寫自身生活於父老之中。蘇軾與父老相見，父老問長問短，軾爲一一道其詳。末二句：「溪邊古路三叉口，獨立斜陽數過人。」則寫郊原漫步之另一情景。父老相繼別去，自身獨留。久久不願離去。蘇軾此時平靜至極，內心已空蕩無一物。

詩其三首云：「北船不到米如珠，醉飽蕭條半月無。」生計艱難。末云：「明日東家當祭竈，隻雞斗酒定膰吾。」蓋已半月未飲酒食肉矣。

三詩皆蘇軾生活真實記録。

蘇軾作《貧家浄掃地》，頌勞動者。

詩見《蘇軾詩集》卷四十二。

詩首云：「貧家浄掃地，貧女好梳頭。下士晚聞道，聊以拙自修。」浄掃地、好梳頭皆好風尚。此風尚出自勞動人家、勞動女子，故予以特殊贊許。以士之聞道與浄掃地、好梳頭相聯繫，農、士一體，貧、富一體，男、女一體，漢族與黎族一體，實爲蘇軾思想認識上之跨躍。次云：「叩門有佳客，一飯相邀留。春炊勿草草，此客未易婾。」貧家真誠待客。再次云：「慎勿用勞薪，感我如薰蕕。」勞薪，以屢用於生産勞動與消費勞動之木爲薪，乃待客人之特殊禮遇。細味此二句，作者似有此種經歷，故長時間不能遺忘。末云：「德人抱衡石，銖黍安可廋。」意爲貧家之行動，德人予以客觀公正之評價。德人者，公認之道德行爲爲世之榜樣之人。此詩實爲勞動家庭、勞動人民之贊歌。

劉沔（元中）過海至儋來謁軾。沔呈所編録蘇軾詩文二十卷以就正，答書贊沔所録詩文無一篇僞者，并論識真者少，蓋從古所病。

答書見《蘇軾文集》卷四十九(一四二九頁)。書謂李陵、蘇武詩,陵與武書,皆非西漢之作,而《文選》之編集者蕭統不知;范曄《後漢書·蔡琰傳》載二詩,謂爲琰作,亦非是。前者之意,《文集》卷六十七《題文選》已及;後者之意,同上卷《題蔡琰傳》及之。

答書云:「幼子過,文益奇,在海外孤寂無聊,過時出一篇見娱,則爲數日喜,寢食有味。」《經進東坡文集事略》卷四十六收此書,郎曄注謂當指《志隱》之類文字。《志隱》作於元符元年,見該年「子過作《志隱》」條紀事。今據此定本書爲今年作。

《永樂大典》卷八百九十九引徐恢《月臺集·蒙劉元中沔數示東坡詩》:「無邪公文天所贊,汩汩詞源倒河漢。一篇新出紙爲貴,萬國争傳金可换。晚節投荒無芥蔕,畢景著書自娱玩。天之所寶雷電取,渠不愛惜風雨散。兩河漕僚真好事,五筦遺文盡堆案。似聞傾蓋劇推許,親以削牘定真贋。分傳餉我枉銀鉤,貧室驟驚滿珠貫。無玷共推玉界尺,争求當置鐵門限。世人不識蔡伯喈,欲問圖書覓王粲。」

蘇軾在惠有無邪齋,徐恢詩中所云「無邪公」,乃蘇軾。「天之」二句謂蘇軾於個人所作,不甚愛惜,隨作隨散。「兩河」二句乃指劉沔不遺餘力搜求蘇軾散失詩文。蘇軾答沔書稱沔爲都曹,乃幕職。詩中「兩河漕僚」即指沔。瓊州稱瓊管。宋太祖開寶四年(九七一),以儋、崖、振、萬四州屬瓊州。見《輿地紀勝》卷一百二十四《廣南西路·瓊州·州沿革》。詩中「五筦」當指此。

然聯繫「晚節」二句，實泛指嶺南，即包括惠州。則沔所呈之詩文二十卷，乃南遷惠州以後所作。「似聞」二句叙沔謁見及蘇軾作答書。「傾蓋」出《孔叢子·雜訓》，朋友相遇，停車交蓋。此乃寫蘇軾、劉沔親切交談。蘇軾在交談時，十分稱許劉沔。沔向徐恢轉述當時情景，恢深爲之動，如在其場，故用「似聞」一詞。是沔親至儋謁軾。「親以削牘」乃指蘇軾此時作答沔書。《内簡尺牘》卷七《與蘇守季文》其二：「《欒城三集》，黄門手自編次，固無遺矣。《東坡後集》，或云即劉元忠所集二十卷，則容有未盡也。奏議、制誥，世間所傳，初無定本，公家集，可以一見乎！」又：「如制誥、奏議及二集所不載者，願季文速出與天下共之，不惟一新學者耳目，庶幾不爲庸俗所亂，亦先生之志也。」季文名籍，過之子，見本譜卷末「孫篳符」條。《韵語陽秋》卷十八謂劉沔（元忠）傳得蘇軾《子由新修汝州龍興寺吴畫壁》詩。詩見《蘇軾詩集》卷三十七。光緒《吉安府志》卷四十五《金石·黄庭堅詩刻》謂「彭城劉沔書」，知沔爲彭城人。

《文集》卷五十五有《答劉元忠》簡四首。宛委山堂本《説郛》收有王鞏《續聞見近録》，中有「劉瑾元忠知真定」之語。《長編》卷二百五十三熙寧七年五月戊戌有河北轉運使劉瑾知瀛州之記載。則瑾爲蘇軾同時代人。細味《答劉元忠》簡，知此元忠乃蘇軾之晚輩，則「元忠」即「元中」，即沔。自上所引答沔書，知沔之父與蘇軾爲同年。《答劉元忠》第三簡云：「先公《傳》久欲作，以官事衮衮未暇，成，當即寄去也。」則交誼頗深。沔父之《傳》未見，不知作與否。同上簡末云「黃素却寫一絶句納去」，此絶句亦不見。參元豐七年「在黃嘗書離騷九歌卷贈人」條紀事。

《永樂大典》卷七千七百一引《盤洲集》有《送劉元忠學士還南京》詩，云：「昔見相公登瀛洲，今見公子爲校讎。鯤鵬變化三十載，我生安得不白頭。君前拜恩父前慶，暫向南都秉順流。西都留守頗爲喜，將吏入賀靴聲遒。酒旱銀甕羊臠炙，上下和煦滲涼秋。歸來却上卿提路，西風健馬控花虬。」按《盤洲集》，一稱《盤洲文集》，宋洪适撰。據《盤洲文集》附宋許及之《洪公行狀》，适生於徽宗政和七年（一一一七），詩題與詩中所云「南都」，适成年能詩時，久已爲金占區。此詩所云乃北宋中原無事時事。《大典》所引之書偶誤。然此詩於考察劉元忠，則爲難得之資料，今録於此。此「劉元忠」，或即蘇軾書簡中所云之劉元忠也。

是歲，嘗書杜甫詩。

《後村先生大全文集》卷一百四《墨林方氏帖·蘇文忠公·書杜詩帖》：「公自紹聖以後，詩文未嘗有貶謫之歎。己卯，元符二年也。公在昌化。」以下云：「所書子美『天寒翠袖薄，日暮倚修竹』之句，可謂哀而不怨，婉而成章矣。」蘇軾所書杜甫詩，見《九家集注杜詩》卷五《佳人》。

《風月堂詩話》卷上：「東坡云：老杜自秦州，越成都，所歷輒作一詩。數千里山川在人目中，古今詩人殆無可擬者，獨唐明皇遣吴道子乘傳畫蜀道山川，歸對大同殿，索其畫，無有，曰：『在臣腹中，請疋素寫之。』半日而畢。明皇後幸蜀，皆默識其處，惟此可比耳。」《雲烟過眼録》卷下：「東坡書《杜少陵驃騎圖》并詩，後有子由跋山谷二絶句。」并謂「高仲器鑄所藏」。

以上二書所記，不知爲何時事，姑類附此。《分門集注杜工部詩》卷十六有《天育驃騎歌》首云：「吾聞天子之馬走千里，今之畫圖無乃是。是何意態雄且傑，駿尾蕭梢朔風起。」《宣和畫譜》卷七《人物》李公麟著録「《天育驃騎圖》一」。此《天育驃騎圖》，當即《雲烟過眼録》所云之《杜少陵驃騎圖》。蘇軾跋文已佚。

《野客叢書》卷二十四《張祐經涉十一朝》：「《百斛明珠》載楊妃竊笛，張祐詩云云。」文未見。附此。

是歲，萬安守約游岑公洞，作詩。

《紀年録》謂本年作「《萬安守約游岑公洞》」詩，佚。瓊州有萬安軍，治萬寧縣。

京師、廣州皆傳蘇軾死去，軾憤而撰《書謗》。

文見《蘇軾文集》卷七十一，謂京師之傳，得自兒子之書，此兒子乃迨；迨之書，當由趙夢得（或其子）自京師帶回。文謂廣州之傳，乃今日從廣州來者謂太守柯述所言，爲同一年事。

趙夢得（或其子）爲蘇軾送簡至京師與姪孫元老（在廷），教元老多讀史，勉力進道。夢得（或其子）亦爲蘇軾致書許州。元老因夢得（或其子）之便，致秦觀《千秋歲》與孔平仲酬觀詞與軾，軾次觀韵。

《省齋文稿》卷十六《跋東城與趙夢得帖》稱夢得爲南海義士，肯爲蘇軾「致中州家問」。時迨居許州。參本年「與趙夢得簡」條。

《蘇軾文集》卷六十收與元老四簡。其第四簡云：「趙先輩儋人，比中凡百可問而知也。」蘇軾所生活之時代「先輩」意爲晚輩。蘇軾元符三年六月十三日與趙夢得簡，末稱「軾頓首夢得秘校閣下」，以平輩相稱；簡中云及夢得有「令子」。竊謂此「趙先輩」乃夢得之子。與元老第一簡，作於元符元年，見該年「與姪孫元老簡」條紀事，故繫此第四簡於今年。此簡乃第三簡附語，非另爲一簡。

與元老第三簡：「望勉力進道，起門户爲親榮。」第二簡亦約作於本年，勉元老「多讀史，務令文字華實相副」。

《揮麈録·餘話》卷二謂元老「自幼即卓然，東坡許之」；又謂「元符末入太學」，疑此時已入也。和觀詞，見《全宋詞》第三三二頁。《能改齋漫録》卷十七《秦少游唱和千秋歲詞》：「秦少游所作《千秋歲》詞，予嘗見諸公唱和親筆。乃知在衡陽時作也。少游云：『至衡陽，呈孔毅甫使君。』……穀甫本云：『次韻少游見贈。』……其後東坡在儋耳，姪孫蘇元老，因趙秀才還自京師，以少游、穀甫所贈酬者寄之。東坡乃次韵。」觀詞見《淮海居士長短句》卷中：「水邊沙外，城郭春寒退。花影亂，鶯聲碎。飄零疏酒盞，離别寬衣帶。人不見，碧雲暮合空相對。憶昔西池會，鵷鷺同飛蓋。攜手處，今誰在？日邊清夢斷，鏡裏朱顔改。春去也，飛紅萬點愁如海。」《石湖居士詩集》卷十一《次韵徐子禮提舉鶯花亭·序》謂觀此詞作於處州。觀至衡陽時，孔平仲（穀甫）爲守（《永樂大典》卷八千六百四十七引《衡州府圖經》：孔平仲於紹聖三年二月到任，元符元年三月滿）。《能改齋漫録》所云趙秀才乃夢得或其子。

上引《能改齋漫録》「東坡乃次韻」後，尚有以下文字：「録示元老，且云：『便見其超然自得不改其度之意。』」按，「超然自得，不改其度」，見《蘇軾文集》卷六十《與姪孫元老》第一簡，簡云：「老人與過子相對，如兩苦行僧爾。然胸中亦超然自得，不改其度，知之，免憂。」與蘇軾次韵秦觀所作《千秋歲》無涉，《能改齋漫録》蓋誤。

《斜川集》卷二《送人泛海北歸兼寄諸兄弟》，乃爲夢得（或其子）作，今録於此。詩云：「冥冥天水呑爲一，夜依北斗占南北。危樓時吐蛟蜃氣，半山忽隱長鯨脊。起看檣頭雉尾轉，一帆千里日未足。此身何止輕鴻毛，到家始覺是真肉。怪君胡爲冒此險，象犀珠玉非所役。凜然風義照古人，尺書爲我通消息。我似當時常校尉，掘鼠餐氊從屬國。茫茫海闊雁不到，長欲繫書空憫默。憑君爲語諸季孟，耐事忍慚真子職。面唾勿嫌解自乾，盜金却償安用詰。杜門只作田舍子，來往江鄉乘下澤。三吴想見稻如雲，舶還時救陳、蔡厄。」

軾與趙夢得簡，請來嘗舊藏龍焙，爲夢得書字、題字：約爲本年事。

簡見《佚文彙編》卷二（二四三八頁）。《二老堂詩話·記趙夢得事》：「廣西有趙夢得，處於海上，東坡謫儋耳時，爲致中州家問。坡嘗題其澄邁所居二亭曰清斯，曰舞琴，仍録陶淵明、杜子美詩及舊作數十紙與之。夢得以綾絹求東坡，答云：『帑帛不爲服章，而以書字，上帝所禁。』又有帖云（略）。真佳句也。後趙君子婦將産，夢有題開國男來謁者，生子，名之曰荆，而字夢授。紹興末登科，豐厚夷雅，所至榜書室曰見坡。乾道中，以左奉議郎知吉州龍泉縣，余因得盡觀坡之翰墨。荆去，調欽倅，未上而卒。」《省齋文稿》卷十六《跋東坡與趙夢得帖》稱蘇軾嘗大書姓字以爲贈。跋作於乾道九年。

秦觀自雷州惠書詩累幅，軾題其後付過；陳提刑來簡，答啓謝之：約爲本年事。

《佚文彙編》卷五《書付過》叙得觀書詩，「如在齊聞韶」；盛贊觀與張耒才識學問。《蘇軾文集》卷四十七《答陳提刑啓》云「久竄島夷」，知作於儋。又云「暫屈雲霄之步，來蘇嶺嶠之民，憐遷客之無歸，墜尺書而起廢」，知此提刑乃廣南東西路提刑。

蘇軾賦《踏青游》（□火初晴）。

詞見《全宋詞》第三三二頁。

《蘇軾詞編年校注》：「細玩詞意，顯然爲憶昔傷今之作。詞上片寫『禁池』、『馳道』、『上林』等，全係帝京景物；又寫『拾翠惜』、『襪羅弓小』、『蓮步裊』、『腰支輕妙』、『踏青游』、『春好』等，顯爲宫嬪仕女、王公少婦春游之景象。而能於上林禁苑親眼目睹此景象者，絶非一般下層人物。詞下片寫『今困天涯』、『舊情相惱』，又感歎『玉京寒早』、『蓬山難到』、景『仙夢杳』、『良宵過了』，也顯然是遥念失落了的京都繁華生活，撫今追昔而無限懊惱。此情此景，與蘇軾特殊的身世遭遇，飄泊天涯的思想感情及貶官儋州時期所寫作品的基調，極爲合拍，因可斷定此詞作於作者一再遭貶之紹聖、元符年間。暫編元符二年己卯，以俟詳考。」

今從其説。

三蘇年譜卷五十五

元符三年（一一〇〇）庚辰　蘇軾六十五歲　蘇轍六十二歲

正月初一日，軾記養黃中。

文見《蘇軾文集》卷七十三（二三四〇頁），謂歲庚辰，正月朔戊辰，是日辰時乃丙辰，三辰一戊，四土相會，加丙與庚，丙，土母，庚，土子，土之富未有過於斯時，當以斯時肇養黃中之氣。于是記之。按：《左傳·昭公十二年》云「黃，中之色也」，《易》曰「黃裳元吉」。五行土爲中。養黃中即養中，蓋以求吉也。

六日，讀《後漢書·世祖本紀》，軾撰《金穀說》論培植五穀須講求「衛生之方」。

文見《蘇軾文集》卷七十三，謂五穀耗地氣最甚，地氣不耗，爲野蠶旅穀，農事修而野穀漸少。衛生之方要旨即在養地氣。

七日，軾復書《節飲食說》。同日，聞黃河已復北流，喜作詩。

文見《蘇軾文集》卷七十三，復書見該文校記第三條。

詩見《蘇軾詩集》卷四十三（二三四一頁）。《續資治通鑑》卷八十六：元符二年六月己亥，河決内黄口，東流斷絶。

同日，轍作青詞，祈北歸。

青詞見《欒城後集》卷十九，云：「因上元之穀旦，依道士之靈科，稽首泥塗，歸命仙聖。一願養心煉氣，日見成功，積陰消散，真陽充滿。二願朝廷覺悟，羅綱解脱，振衣北還，躬耕爲樂。三願南北眷屬，各保安寧，北歸之日，一一相見。」

十二日，天門冬酒熟，且漉且嘗，大醉，軾作詩。

詩見《蘇軾詩集》卷四十三（二三四四頁）。中云：「天門冬熟新年喜。」

同日，哲宗卒，徽宗即位。

據《宋史·哲宗紀》。

《總案》卷四十三：「公是時不敢作輓詞，故於後《和狄咸見贈》自述云：『才疏正類孔文舉，癡絶還同顧長康。萬里歸來空泣血，七年供奉殿西廊。』又自注云：『邇英閣，在延和殿西廊下。』竊窺公意，緣無以著其悲痛，故特見於此耳。曰『才疏』，曰『癡絶』，曰『泣血』，曰『七年』，道其君臣之義已盡，此即哲宗輓詞也。」和狄詩，見《蘇軾詩集》卷四十四（二四〇七頁）。

十三日，書陶潛「結廬在人境」詩，軾跋其後。

《晚香堂蘇帖》：「『結廬在人境，而無車馬喧。問君何能爾，心遠地自偏。采菊東籬下，悠然見南山。山氣日夕嘉，飛鳥相與還。此中有真趣，欲辨已忘言。』陶公此詩，日誦一過，去道不遠矣。庚辰歲正月十三日，飲天門冬酒，醉書。」

同日，赦天下。軾和陶《始經曲阿》，抒聞赦後心情。

庚辰云云，據《宋史·徽宗紀》。

詩見《蘇軾詩集》卷四十三（二三五五頁）。詩云：「幸收廢棄餘。」又云：「北郊有大賚，南冠解囚拘。眷言羅浮下，白鶴返故廬。」欲返惠州白鶴峯故居。時尚未聞以登極恩移廉州安置之訊。

十五日，念子過與其婦皆篤孝，軾追和戊寅歲上元違字韵詩，并跋。

詩見《蘇軾詩集》卷四十三（二三四五頁），跋見《佚文彙編》卷五（二五六一頁）。時過婦范氏已自惠州至。

己未（二十八日），曾布於朝堂言軾、轍未必便歸。

據《長編》卷五百二十本日紀事：曾布與蔡卞言：「公但安心，蘇軾、轍輩未必便歸也。」布時知樞密院事，見《宋史·宰輔表》。

張逢升遷，蘇軾致簡爲賀。

簡乃《蘇軾文集》卷五十八《與張逢》第四簡。

簡云：「聞已有詔命，甚慰輿議，想旦夕登途也，當別具賀幅。」不知所遷何官。

廣東提刑鍾正甫奉旨拘羈管人鄒浩，旋以哲宗卒釋之。蘇軾聞其事，嘲鍾正甫。

《萍洲可談》卷二：「鄒浩志完以言事得罪，貶新州，媒蘖者久猶不已。元符二年冬，有旨付廣東提刑鍾正甫就新州鞫問志完，事不下司。是時，鍾挈家在廣州觀上元燈，得旨即行。漕、帥方宴集，怪其不至，而已乘傳出關矣。衆愕然。鍾馳至新，召志完，拘之浴室。適泰陵遺詔至，鍾號泣啓封。志完居暗室，不自意得全，又聞使者哭泣，罔測其事，意甚隕穫。良久，鍾遣介傳語，止言爲國恤，不及獻茶，且請歸宅。志完亦泣而出。其後東坡聞之，戲云：『此茶不煩見示。』」蓋嘲鍾正甫輩巧於「應變」也。泰陵，哲宗。

《宋史》卷三百四十五《鄒浩傳》：章惇獨相用事，浩數上章論惇，乃削官，羈管新州。徽宗立，復召爲右正言。

鍾正甫，武陵人。治平二年進士。後入黨籍，《元祐黨人傳》卷八有傳。

正月，軾嘗飲於進士黎子雲及其弟威家，見五色俗所謂鳳凰者，賦詩，子過有和。蘇軾與子雲兄弟過從甚密，應其兄弟之請，題字甚多。嘗與子雲論及農事。

《五色雀》詩見《蘇軾詩集》卷四十三（二三四六頁），《蘇軾文集》卷六十八《書羅浮五色雀詩》亦及儋耳見五色雀事。

《斜川集》卷一《五色雀和大人韵》：「神雀來何從，飛鳴自爲徒。尊卑有定分，衆色敢亂朱。與公作新年，禬禳陋桃符。南遷不見鵩，屢集升平烏（原注：柳仲郢每遷官，必烏集升平第，五日乃散）。翩然自靈物，豈惟眷庭梧。年來翟公門，寂寞誰與娱。瓜田豈故侯，環堵真前儒。雖知非天窮，險阻殆切膚。海南夷獠窟，安得此異雛。似爲三足使，仙子儻見呼。定知隱几人，嗒焉非昔吾。不願宴西瑶，東華返舊都。」據「與公作新年」句，則蘇軾之詩作於正月。

《貴耳集》卷上：「東坡在儋耳，無書可讀。黎子家有柳文數册，盡日玩誦。一日，遇雨借笠屐而歸，人畫作圖，東坡自贊：『人所笑也，犬所吠也，笑亦怪也。』用子厚語。」

《廣輿記》：「黎子雲兄弟貧而好學，所居多林木水竹，東坡嘗造訪遇雨，從農家借笠著屐道上，小兒隨行調笑。今世傳東坡冒雨圖，即此事也。」《總案》引此事，誤題《輿地廣記》。

蘇軾嘗書草堂《千文》贈子雲，并跋；子雲嘗欲蘇軾墨戲，作簡爲答。跋與簡分别見《佚文彙編》卷三、卷五。後者題作《題贈黎子雲千文後》。

《莊簡集》卷二《載酒堂》中云：「先生已去五十年，遺墨殘篇尚多有。豐城寶劍埋獄中，光焰猶能射牛斗。敗垣壞壁秘蝸涎，夭矯龍蛇已驚走。」自注：「東坡真迹多爲有力者取去，所存但摹本耳。」載酒堂中，蘇軾題字當甚多。

《梁溪漫志》卷四《東坡戴笠》：「東坡在儋耳，一日，過黎子雲，遇雨，乃從農家借篛笠戴之，著屐而歸。婦人小兒相隨争笑，邑犬群吠。竹坡周小隱有詩云：『持節休誇海上蘇，前身便是牧羊奴。應嫌朱紱當年夢，故作黄冠一笑娱。遺迹與公歸物外，清風爲我襲庭隅。憑誰唤取王摩詰，畫作東坡戴笠圖。』今時亦有畫此者，然多俗筆也。」嘉靖《廣東通志》卷五十六《黎子雲傳》：「儋州人。家居州東二里許。昆弟貧而好學。城南有别墅。所居皆林木水竹，清幽瀟灑。蘇軾雅敬禮之。每與弟載酒過從，請益問奇，日相親炙。……一日，軾往訪之，從農家借笠，着屐道上，婦人小兒，相隨争笑，邑犬群吠。子雲兄弟恭敬自將送軾至館，未嘗懈也。因名其别墅曰載酒堂云。（原注：據《瓊臺志》、《氏族大全》參修）」。

《蘇軾文集》卷七十三《馬眼糯説》記子雲論海南稻種。

《太倉稊米集》卷七詩題：「東坡老人居儋耳，嘗獨游城北，過溪，觀閔（撰者按：疑應作『閩』）客草舍，偶得一蒻笠戴歸，婦女小兒皆笑，籬犬皆吠，吠所怪也。（下略）」詩末云：「憑誰唤起王摩詰，畫作《東坡戴笠圖》。」參以上所引《梁溪漫志》卷四。

軾題子過所畫枯木竹石。黄庭堅嘗次韵贊之。

題過詩，見《蘇軾詩集》卷四十三（二三四七頁）。

庭堅詩見《山谷别集詩注》卷上，題作《題子瞻墨竹》，云：「眼入毫端寫竹真，枝掀葉舉是精神。因知幻物出無象，問取人間老斲輪。」詩注引《山谷年譜》謂爲元祐間館中作。按：黄詩作於題過詩後不久，時蘇軾尚在。詩注引庭堅跋：「東坡畫竹數本，筆墨皆挾風霜，真神仙中人，惜無賀監賞之，但有衆人皆欲殺之耳。」可證。庭堅誤過之畫爲軾之畫，跋作於北歸前。

蘇軾作《安期生》詩。

詩見《蘇軾詩集》卷四十三。

詩之引云：「安期生，世知其爲仙者也。然太史公曰：『蒯通善齊人安期生，生嘗以策干項羽，羽不能用，羽欲封此兩人，兩人終不肯受，亡去。』」以下有「仙者非斯人而誰爲之」之歎。詩云：「乃知經世士，出世或乘龍。豈比山澤臞，忍飢啖柏松。縱使偶不死，正堪爲僕僮。」安期生乃經世之士，入世、出世，變化不可踪迹。而山澤臞儒，與人世遠離，經世之學何來，謂其與僕僮等者以此。此等議論，前此未有，具有震爍作用。

蘇軾作《答海上翁》詩。

詩見《蘇軾詩集》卷四十三。

據詩題，似有海上翁某者，以詩示蘇軾，軾爲答之。然細味此詩，似不過托辭，且無答之意，而實爲問。

《外集》此詩之題作《答玉師》。玉師乃了元（佛印）。然了元與蘇軾久無聯繫，不知其中踪迹。

首句「山翁不復見新詩」，其意似爲不復見山翁新詩。

二月十一日，軾記劉攽戲王安石軼事。

據《蘇軾文集》卷七十二《劉貢父戲介甫》，譏安石多思而喜鑿。

二十日，蘇軾記鄉老唐允從論青苗。

文見《蘇軾文集》卷七十二（二二九七頁）；謂允從之言，乃得之黎子雲。允從不滿青苗法，子雲以爲青苗法在均貧富，允從以爲貧富之不齊，自古已然，雖天工不能；蘇軾是允從之言，以爲可作負薪能談王道之證。

清明（二十四日），軾以聞子過誦書，追懷父洵，作《和陶郭主簿》。

詩見《蘇軾詩集》卷四十三，編年從《紀年録》。和陶詩止此。《冷齋夜話》卷一《古人貴識其真》：「東坡每曰古人所貴者貴其真。陶淵明耻爲五斗米屈於鄉里小兒，棄官去，歸久之，復游城郭，偶有羡於華軒。（下略）」不知爲何時語，兹以繫和陶終止事，附次此。

蘇軾嘗手書陶潛（淵明）詩文爲集，以入墨板。

清同治二年何氏刻明錢梅仙臨南宋初翻雕蘇軾書《陶淵明文集》卷首毛扆識：「先君嘗謂扆曰：『汝外祖有北宋本陶集，係蘇文忠手書以入墨板者，爲吾鄉有力者致之，其後卒燼於火。蓋文忠景仰陶公，不獨和其詩，又手書其集以壽梓，其鄭重若此。此等祕册，如隋珠和璧，豈可多得哉！』扆謹佩不敢忘。一日，晤錢遵王，出此本示余，開卷細玩，是東坡筆法，但思悦跋後，有紹興十年跋，知非北宋本矣，而筆法宛是蘇體，意從蘇本翻雕者。……業師梅仙錢先生書法甚工，因求手摹一本，匝歲而後卒業。……先外祖諱梅字德馨，自號約菴，嚴文靖公之孫。中翰洞庭公第四子也。甲戌四月下澣，汲古後人毛扆謹識。」

茲以軾和陶詩，止於《和郭主簿》，次此事於是。

癸亥（二十六日），量移永州安置。轍有《次韵子瞻和陶淵明雜詩十一首》。

二月云云，據《年表》。

詩見宋黄州刊本《東坡先生和陶淵明詩》卷三，詩題「首」字下原注有「時有赦書北還」六字。《欒城集》并《後集》未收入。全詩詳見劉尚榮《蘇轍佚著輯考》古今體詩。其二云：「平生笑子厚，山水記柳永。」似已得量移永州命。其九云：「從今罷述作，盡付《逍遥篇》。」此言，已爲以後實踐所證實。其五云：「念兄當北還，海闊煎百慮。往來七年間，信矣夢幻如。」其十有「舉眼即見兄」之句。

張耒寄轍詩。

《張耒集》卷二十二《寄子由二首》其一：「萬里歸來真得仙，七年瞻望漫悁悁。安閑舊得還丹訣，著論新成《古史》編。應接强顔聊復爾，是非袖手獨超然。門人白首侯芭在，眷戀微官愧昔賢。」其二：「丈席他年聞至言，艱難不敢墜周旋。文詞老去真何益，道妙平生薄有緣。人事眼前誰欲睡，丹經《肘後》更誰傳。清秋一室林泉好，灑掃思爲杖屨先。」

《續明道雜志》：「某平生見人多矣，惟見蘇循州不曾忙，范丞相不曾疑。蘇公雖事變紛紜至前，而舉止安徐，若素有處置。范公見事，洞達情實，各有部分，未嘗疑惑。此皆過人者。」附此。范丞相當謂純仁。

轍、耒文字交往止此。

《欒城遺言》：「張十二病後詩一卷，頗得陶元亮體。然余觀古人爲文，各自用其才耳。若用心專模仿一人，舍己徇人，未必貴也。」張十二當即張耒。

又：「張十二之文，波瀾有餘，而出入整理，骨骼不足。秦七波瀾不及張，而出入勁健，簡捷過之。要知二人後來文士之冠冕也。」秦七乃秦觀。附此。

又：「公言：張文潛詩云：『龍驚漢武英雄射，山笑秦皇爛漫游。』晚節作詩，似稍失其精處。」并附此。

是月，過黎君郊居，軾作詩。

《蘇軾詩集》卷四十七《過黎君郊居》。《紀年録》謂本月作。

是月，以徽宗登極恩移軾廉州安置。秦觀、張耒、晁補之、黄庭堅皆有新授。

《施譜》：「二月，先生以登極恩移廉州安置。同時，化州别駕、循州安置蘇轍移永州，追官勒停人、雷州編管秦觀移英州，承議郎、添差監復州在城鹽酒税張耒通判黄州，承議郎、監信州酒税晁補之簽書武寧軍判官，涪州别駕、戎州安置黄庭堅爲宣義郎、添差鄂州在城鹽税。」轍已詳本月二十六日紀事。

《經進東坡文集事略》卷二十六《量移廉州表》注文：「自昌化軍貶所，該徽廟登極大赦，故量移廉州安置。」

《宋會要輯稿》第一百四册《職官》七六之二一至二二，二月二十六日，有弟轍及秦、張、黄等新授記載。軾移廉州，疑亦爲本月二十六日事。

趙屼（景仁）卒。軾嘗爲屼作竹篠怪石。

《宋會要輯稿》第三十四册《禮》四四之一七：本年三月，賜屼賻絹一百疋。其卒當在本月。

《山谷全書·别集》卷六《爲鄒松滋題子瞻畫》：「子瞻嘗爲趙景仁作竹篠怪石一紙，余贊之曰：趙景仁，守宗祊。游軒冕，有丘壑。彈鳴琴，無歸鶴。蘇仙翁，留醉墨。」竹篠怪石不知何時作，姑次此。

三月七日，軾書王光禄送行詩後。

據《紀年録》。《蘇軾文集》卷六十八《書王太尉送行詩後》云「故光禄卿贈太尉王公掛冠歸江陵」，知光禄即太尉即王周。文佚。參元符元年十月七日紀事。

十五日，軾書柳宗元《牛賦》并作《書柳子厚牛賦後》贈瓊州僧道贇。

文見《蘇軾文集》卷六十六，謂海南「病不飲藥，但殺牛以禱」，至人、牛皆死而後已。文勉道贇曉喻鄉人之有知者，使此種陋俗庶幾其少衰。《紀年録》亦謂作於本日。

二十一日，姜唐佐辭歸，軾書柳宗元《飲酒》、《讀書》二詩贈别。并贈詩以及第爲祝。

《蘇軾文集》卷六十七《書柳子厚詩後》叙其事。唐佐歸瓊。贈詩詳《欒城後集》卷三《補子瞻贈姜唐佐秀才》，亦見《蘇軾詩集》卷四十八（二六五〇頁）。參本譜崇寧二年年初紀事。唐佐登崇寧二年進士第，見民國《瓊山縣志》卷二十五。《石門文字禪》卷十六《補東坡遺真姜唐佐秀才飲書其扇》：「此生身世兩茫茫，醉裏因君到故鄉。滄海何曾斷地脈，白袍從此破天荒。」似軾别時以真贈唐佐。此詩當作於政和元年至三年間謫海南朱崖軍時，作者當與唐佐相晤。

辛卯（二十四日），詔求直言。軾、轍族子迥上言切直，其後入黨籍。

辛卯云云，據《宋史·徽宗紀》。《揮麈録·後録》卷一：「迥字彦遠，東坡先生之族子。登進士第，爲瀘川令。元符末，應日食上言，尤爲切直。蔡元長既使其徒編類上書邪等，彦遠爲邪上尤甚。又入元祐黨籍之石，坐削籍編管華州。遇赦，量移潼川，牽復爲普州岳安尉，卒於官。

紹興初，特贈宣教郎。事見王望之賞所作彦遠妻史夫人墓誌及重修瀘川靈濟廟碑。」嘉慶《眉州屬志》卷十引宋鴈塔題名碑，元祐二十六人，迥次第十八。其登第或爲元祐六年。

軾轍姪千鈞上書言事。

《永樂大典》卷二千四百四引《輿地紀勝》：蘇千鈞，眉州人，元符年間上書言事。今本《輿地紀勝》缺。千鈞當亦應詔言事。千鈞乃不欺第五子，見《净德集》卷二十七《静安縣君蒲氏墓誌銘》。

偶與慧上人夜話誦《金剛經》有善報，慧因求繕寫此經，軾閲月乃成。

《蘇軾文集》卷七十二《金剛經報》叙其事。文云本年□月二日與慧夜話。今姑次此。

蘇軾得范冲(元長)來簡，答簡叙目前尚未能爲其父祖禹作《傳》。蘇軾簡續慰冲之母聖善郡君。

答簡乃《蘇軾文集》卷五十《與范元長》第六簡。

簡云「毒熱」，點季候。

簡云：「所諭《傳》，初不待君言，心許吾亡友久矣。平生不作負心事，未死要不食言，於今則不可。九死之餘，憂畏百端，想蒙矜察。不即副來意，臨紙哀噎。」自是以後至毗陵辭世一年餘，蘇軾未嘗不在憂畏之中，其《傳》終未能作。

與聖善郡君簡，乃《與范元長》第七簡，實爲第六簡之附簡。簡乞郡君「爲骨肉保愛寬懷」。

四月庚戌（十四日），徽宗元子生。辛亥（十五日），赦天下。

據《年表》。

四月十五日，軾作《五君子説》，以蠶蛹、蒸餅、漿水、粟米飯、不托爲五君子，以其味美。

文見《蘇軾文集》卷七十三；五者皆北方物。蛹乃指齊、魯、趙、魏所産者，不托産關中。同上《二紅飯》言用漿水淘麥飯，則漿水或爲黄州産。自海南言，黄州亦北也。

丁巳（二十一日），以生皇子恩，詔授軾舒州團練副使、永州居住。

《宋史·徽宗紀》本日紀事：詔蘇軾等徙内郡居住。《施譜》：「四月，先生以生皇子恩，詔授舒州團練副使、永州居住。」并云「張耒與知州，晁補之與堂除通判，黄庭堅與奉議郎堂除簽判，秦觀英州別駕移衡州」。

或謂蘇軾嘗至舒州，非是。

一九九七年四月二日、七日、十二日安徽《安慶日報》副刊刊出余之論文《蘇東坡與舒州》，其第三節《説東坡到過舒州是錯誤的》云：「現在仍然有不少人説蘇東坡到過舒州，到過天柱山。爲此，有十分必要把這個問題搞清楚。我考慮了一下，持這種説法的同志，歸根結底，其文字依據是清代有關地方志。在這裏，我就此做一些論述。

「我仔細看過康熙十四年(一六七五)所刊《安慶府潛山縣志》、康熙二十二年(一六八三)所刊《安慶府志》,看過今人烏以風先生編撰的《天柱山志》。三書都認爲蘇東坡到過舒州。《潛山縣志》卷八、《安慶府志》卷九都有蘇東坡傳。前者入《政績》,後者入《名宦》。這就是説,蘇東坡不僅到過舒州,而且在舒州做過官,其官爲『舒州團練副使』。《天柱山志》也説他任舒州團練副使。

「説東坡爲舒州團練副使,這是不錯的。但這裏只説了一半,而且是不重要的一半。」

余之論文云:「『舒州團練副使』是一個虚銜,不用到舒州去上任,朝廷按規定給以一定的俸禄。這裏,『永州居住』才是最重要的。這是宋代的一種制度,在宋代,是一種常識。到了元代以後就没有了。『舒州團練副使永州居住』是一個完整的名稱。以上三書編撰者只説『舒州團練副使』,把它割裂開,證明他們對這種制度的不了解。

「爲了把這個問題説清楚,需要用東坡自身經歷做一些説明。元豐二年,東坡得罪了朝廷,朝廷授他『黄州團練副使、本州安置、不得簽書公事』。見宋李燾《續資治通鑑長編》卷三〇一元豐二年十二月庚申紀事。

「這裏值得特别注意的是『本州安置』。這就是説,東坡只能住在黄州,不能離開。」

余之論文云:「元符三年十一月,東坡在赴永州途中,到了英州(今廣東英德),得到了朝廷新授：『提舉成都府玉局觀，在外州軍任便居住』。這裏是説『任便居住』，當然不用到成都府去。『提舉成都府玉局觀』，屬於祠官，有俸禄。這也是宋代的一種制度。『團練副使』實質上含有懲戒，而祠官則是國家對於年老官員的優待，實質是養老。

「東坡得到了祠官，於是取道江西，徽宗建中靖國元年四月，到了九江，五月到金陵，六月到真州，七月病逝於常州。」

「事情就是這樣明明白白，三書説東坡到過舒州，是錯誤的。」

同日，授蘇轍濠州團練副使、岳州居住。有謝表。

丁巳云云，據《年表》。《年表》引敕云：「朕即祚以來，哀士大夫失職者衆。雖稍收斂，未厭朕心。兹者天祚予家，挺生上嗣。國有大慶，賚及萬方。解網恤辜，何俟終日！責授某官蘇轍，擢自先帝，與聞政機，坐廢累年，在約彌厲。漸還善地，仍畀兵團。可濠州團練副使、岳州居住。」

《潁濱遺老傳》下：「皇子生，復徙岳州。」《移岳州謝狀》見《欒城後集》卷十八，中云：「元子赦書，重加開宥；事出特旨，恩實再生。」

在循州，轍嘗往來净名寺。

《輿地紀勝》卷九十一《循州·古迹·臺隱堂》：「舊在净名寺，今州學地也。蘇黄門嘗往來其間。」

吴復古(子野)自廣州來，出轍循州所贈詩，軾次轍韻。作《真一酒歌》贈復古。

《欒城後集》卷二《雨中招吴子野先生》(題下原注：循州作)：「柴門不出蓬生徑，暑雨無時水及堂。辟穀賴君能作客，暫來煎蜜餉桃康。」《答吴和二絶》其一：「三間浰水小茅屋，不比麻田新草堂。問我秋來氣如火，此間何事得安康。」其二：「慣從李叟游都市，久伴藍翁醉畫堂。〔一〕似蘇門但長嘯，一生留眼與嵇康。」自注：「子野昔與李士寧縱游京師，與藍喬同客曾魯公家甚久。」

《蘇軾文集》卷五十二《與秦太虚》第七簡云「吴子野自五羊來」。簡作於五月中，見以下「五月中」條。

次韻見《蘇軾詩集》卷四十三(二三五四頁)，《真一酒歌》見同上卷。

蘇軾汲江水煎茶，作詩。

詩見《蘇軾詩集》卷四十三(二三六二頁)。

詩首云：「活水還須活火烹，自臨釣石取深清。」煎茶須活水，叙汲江之因。次云：「大瓢貯月歸春甕，小杓分江入夜瓶。」叙汲江水。再次云：「茶雨已翻煎處脚，松風忽作瀉時聲。」叙煎茶。末云：「枯腸未易禁三椀，坐聽荒城長短更。」叙品茶。此詩乃生活紀録。品茶者，品生活也。

錢世雄（濟明）寄來太清中丹與軾。

《蘇軾文集》卷五十三與世雄第六簡：「去年海南得所寄異士太清中丹一丸，即時服之，下丹田休休焉。」簡作於建中靖國元年，所叙爲今年事。

五月中，告命下，軾量移廉州，進上謝表。先是秦觀來簡，報蘇軾移廉州，答簡期與觀一見。得告命後，復與觀簡，報登舟日期及經行路綫。欲居廉終老。

《蘇軾文集》卷十七《峻靈王廟碑》：「元符三年五月，有詔徙廉州。」謝表見《文集》卷二十四（七一六頁）。

《文集》卷五十二《與秦太虛》第七簡叙觀來簡報移廉州，云「不知猶及一見否」，時觀有移英州新命，見本年二月紀事。《與秦太虛》第六簡：「某書已封訖，乃得移廉之命，故復作此紙。」其已封之簡，即第七簡。第六簡又云「治裝十日可辦」，約此月二十五六間方可登舟，「并海岸行一日，至石排，相風色過渡，一日至遞角場」。知告命下爲五月中。又云：「有書托吴君，雇二十壯夫來遞角場相等。」吴君，或爲海康令。又云：「今有一書與唐君，内有兒子書，托渠轉附去。料舍弟已行矣。」兒子乃邁，時已聞弟轍永州之命。第七簡云：「廉州若得安居，取小子一房來，終焉可也。」謂過房也。簡云「毒暑」，點明季候。海南夏早。

《曲洧舊聞》卷五：「東坡在儋耳，謂子過曰：『吾嘗告汝，我決不爲海外人，近日頗覺有還中州氣象。』乃滌硯索紙筆焚香，曰：『果如吾言，寫吾平生所作八賦，當不脱誤一字。』既寫畢，讀之，大喜曰：『吾歸無疑矣。』後數日而廉州之命至。八賦墨迹在梁師成家，或云入禁中矣。」

以所借《烟蘿子》、《吴志》、《會要》等書歸姜唐佐（君弼），軾報離儋日期，致意瓊倅。

據《蘇軾文集》卷五一七與唐佐第六簡。簡云「不過六月初離此，只從石排或澄邁渡海，無緣更到瓊會見」。又云「因見貳車，略道下懇」。此貳車乃指瓊倅，或即黄宣義，參紹聖四年「瓊州倅黄宣義來」條。

軾别海南父老賦詩，抒依戀之情，嘗有終焉之志。

《蘇軾詩集》卷四十三《儋耳》云：「野老已歌豐歲語，除書欲放逐臣回。」「嘗有」云云，參元符元年「子過作《志隱》」條。

辭峻靈王廟，軾作碑文。

文見《蘇軾文集》卷十七（五一〇頁）。文云「得生還者，山川之神實相之」。

《輿地紀勝》卷一百二十五《廣南西路·昌化軍·古迹·峻靈王廟》：「在儋州昌化縣之西北，有山若冠帽者，里人謂之山落膊。五代末，望氣者言是山有寶氣，上通於天，艤舟其下，斲山求之。夜半，大風浪駕其舟空中，碎之石峯之上，夷皆溺死，今碇石猶存。元豐中對峻靈王，東坡有碑。」同上《碑記》：「《峻靈王廟碑》，東坡文。」

臨行，軾留别黎民表詩，并求新釀一具理。贈許珏茶盂。

詩乃《蘇軾詩集》卷四十三《别海南黎民表》。

《墨莊漫録》卷四：「東坡自儋耳北歸，臨行以詩留别黎子雲秀才云（按：即《别海南黎民表》，略）。後批云：『新釀佳甚，求一具理，臨行寫此，以折菜錢。』宣和中，予在京師相藍，見南州一士人攜此帖來，麄厚楮紙，行書，塗抹一二字，類顔魯公祭姪文，甚奇偉也。具理，南荒人缾罌名也。」據此，知民表即子雲。

《蘇文忠公海外集》卷四引《瓊州志》：「公北歸，贈許珏茶盂，曰：『無以爲清風明月之贈，茶盂聊見意耳。』後爲樞密折彦質所得，有詩謝許云：『東坡遺物來歸我，兩手摩挲思不窮。舉室吾家阿堵物，愧無青玉案酬公。』」正德《瓊臺志》卷四十二引《舊志》、康熙《儋州志》、民國《儋縣志》卷十八俱載此。

在儋，葛延之自江陰來訪。留一月。軾教以作文作字之法，贈以詩。

詩見《蘇軾詩集》卷四十三（二三五四頁）。

《韵語陽秋》卷三：「東坡在儋耳時，余三從兄諱延之，自江附擔簦萬里，絶海往見，留一月。

坡嘗誨以作文之法，曰：『儋州雖數百家之聚，州人之所須，取之市而足，然不可徒得也，必有一物以攝之，然後爲己用。所謂一物者，錢是也。作文亦然。天下之事，散在經子史中，不可徒使，必得一物以攝之，然後爲己用。所謂一物者，意是也。不得錢不可以取物，不得意不可以明事，此作文之要也。』吾兄拜其言而書諸紳。嘗以親製龜冠爲獻，坡受之，而贈之詩云：（略）。」以下言「余嘗見其親筆」。《容齋隨筆·四筆》卷十一《東坡誨葛延之》條同。費衮《梁溪漫志》卷四《東坡教人作文寫字》條所記教作文事，與上略同；其教延之學書云：「世人寫字，能大不能小，能小不能大，我則不然，胸中有個天來大字，世間縱有極大字，焉能過此。從吾胸中天大字流出，則或大或小，唯吾所用，若能了此，便會作字也。」又云：葛延之嘗「以語胡蒼梧，蒼梧爲記之」。據《梁溪漫志》卷三《元祐黨人》條，蒼梧先生名珵。參本譜建中靖國元年「氣逆不能卧」條紀事。費衮又云：蘇軾《龜冠》詩，乃爲送延之之行而作。

蘇軾醉中題鮫綃詩。

詩見《蘇軾詩集》卷四十八（二六三八頁）。

《蘇軾文集》卷七十二、《仇池筆記》卷下《廣利王召》叙醉中爲廣利王所請，入水中，至其宮，應其命題詩。詩首云：「天地雖虚廓，惟海爲最大。聖王皆祀事，位尊河伯拜。」頌海、頌廣利王。《唐會要》卷四十七：天寶十載正月二十三日，封南海爲廣利王。詩末云：「家近玉皇樓，彤光照世界。若得明月珠，可償逐客債。」知此詩作於海南。處逆境之中，欲求助於南海王，亦情理之常，且見親近。

《苕溪漁隱叢話》前集卷三十九引《仇池筆記》載此事并此詩，末云：「此事恍惚怪誕，殆類傳奇異聞所載，又其詩亦淺近，不似東坡平日語，疑好事爲之，以附托其名耳。」謂此事恍惚怪誕，誠然，然謂詩非蘇軾作則非。此乃蘇軾游戲筆墨，與刻意之作不同。《侯鯖録》卷八亦載此事此詩，首云「東坡云」。知流傳甚廣。

蘇軾作詩，贈李兕彦威秀才。

軾詩見《蘇軾詩集》卷四十三（二三五二頁）。詩云：「可憐公子持十牛，海上三年竟何得。」知彦威乃宦裔，已來海南三年。詩云「先生少負不羈才」，又云「誓將馬革裹尸還」，則彦威實爲有抱負之士，以戰死疆埸爲榮。此等人才，在北宋積弱現實中，實屬難得。詩云：「封侯衛霍知幾許，老矣先生困羈旅。」知彦威壯懷不售。詩云：「酒酣聊復説平生。」叙與彦威相見，彦威向作者傾訴。又云「紈袴儒冠皆誤身」，知彦威棄武學文，亦不能成，而今已至「窮途」。末云：「如今惟有談天口，雲夢胸中吞八九。世間萬事寄黄粱，且與先生説烏有。」空有壯懷，一切皆空。作者筆下之李彦威形象，於認識當時社會，具有重要意義。

蘇軾在海南，感歎乏佳筆墨，嘗書付子過。

所書乃《蘇軾文集》卷六十《付過二首》其二。所書云：「既得罪謫海南，凡養生具十無八九，佳紙墨行且盡，至用此等，將何以自娱，爲之慨然。」亦云苦矣。

在儋州，子過讀《南史》，蘇軾卧而聽之，爲言王僧虔、胡廣美惡。

軾之言，見《蘇軾文集》卷六十五《王僧虔胡廣美惡》。《曲洧舊聞》卷五引此文全文，篇首多「東坡因子過讀《南史》，卧而聽之，語過曰」十五字，篇末多「汝可不知乎」五字。

蘇軾此文云：「王僧虔居建康禁中里馬糞巷，子孫皆篤實謙和，時人稱馬糞諸王爲長者。《東漢·贊》論李固云：『視胡廣、趙戒如糞土。』糞土云穢也，一經僧虔，便爲佳號，而以比胡、趙，則糞有時而不幸。」軾之意蓋爲，人當以端言懿行，爲世之風範；非糞之不幸，乃人之不幸。

蘇軾在儋州，爲子過言琵琶道調。

軾之言乃《佚文彙編》卷六《雜書琵琶二首》其一。《曲洧舊聞》卷五收此文，篇末有「皆在海外語過者」。按，查《曲洧舊聞》卷五，謂蘇軾言唐僧段和尚善彈琵琶製道調，梁州國工康崑崙求之不得，後於元載子伯和處得女樂八人，以其半遺段，乃得之。以下復引蘇軾言：「予家舊有婢，亦善作此曲，音節皆妙，但不知道調所謂。

今日讀《唐史·樂志》云：高宗以爲李氏老子之後，故命樂工製道調。」叙道調製作淵源。「予家」云云，知蘇軾家亦有樂伎。

《雜書琵琶二首》其二，言琵琶之調，有宫調、玉宸宫調、胡部諸調，録自《曲洧舊聞》，緊次上則之後，當亦爲在儋語過者，今附次於此。

《曲洧舊聞》卷五上二則之後，亦記蘇軾論樂，《蘇軾文集》收入卷六十五，題作《唐制樂律》，或亦爲蘇軾在儋語過者，今亦附次於此。

蘇軾在儋州，嘗爲子過言郗超小人之事。

軾所言乃《蘇軾文集》卷六十五《郗超小人之孝》。

《曲洧舊聞》卷五收此文。以下十一則，皆叙蘇軾之事。其第九則之末云：「皆在海外語過者。」今據此次其事於此。

蘇軾在儋州，嘗爲子過論書。

軾所論乃《蘇軾佚文彙編》卷六《論書》。

《曲洧舊聞》卷五收此文，《佚文彙編》據此録入。此文在上條所云郗超小人之事之後之第三則，當亦爲「在海外語過者」，今據此次其事於此。

蜀老僧奉忠，欲渡海見蘇軾，次於途中，不及至。

《苕溪漁隱叢話》前集卷五十七《夏雲時》引《冷齋夜話》：「章子厚謫海康，過貴州南山寺，寺有老僧，名奉忠，蜀人也。自眉山來，欲渡海見東坡，不及，因病於此寺。（下略）」今石印本《冷齋夜話》無此則。

杜輿（子師）欲攜家往儋相依，會蘇軾内徙而止。

《姑溪居士文集》卷三十八《跋東坡與杜子師書》叙蘇軾謫儋，輿「遂欲盡鬻其家所有，攜妻以往相依，未及行」，會軾内徙乃已。

與范冲（元長）簡，軾叙歸途不能越境往弔其父祖禹苦衷。

據《蘇軾文集》卷五十與冲第八簡。簡云「不敢」往。又云：「臨行，預有書相報。」知作於儋。

在儋，軾嘗自爲誌墓文，嘗戲贈鄰媪詩，嘗作《論食》，嘗戲詠黎女，嘗題楊成墓。

《春渚紀聞》卷六《秦蘇相遇自述輓誌》叙「自爲誌墓文，封付從者，不使過子知」。參本年六月二十五日紀事。文不見。

《雞肋編》卷上：「食物中有『饊子』，又名『環餅』，或曰即古之『寒具』也。」以下言：「東坡在儋耳，鄰居有老媪業此，請詩於公甚動。戲云：纖手搓來玉色匀，碧油煎出嫩黄深。夜來春睡知輕重，壓匾佳人纏臂金。」按：此詩見《蘇軾詩集》卷三十二，題作《寒具》，前二句文字略不同。《詩集》從《外集》編守杭卷，今不從。

《論食》見《佚文彙編》卷六。

《冷齋夜話》卷一《東坡留題姜唐佐扇楊道士息軒姜秀郎几間》：「有黎女插茉莉花，嚼檳榔。戲書姜秀郎几間曰：暗麝著人簪茉莉，紅潮登頰醉檳榔。其放浪如此。」《詩集》未收此戲書。

民國《丹稜縣志》卷二：「大夫楊成墓：在眉北二里。宋元符間蘇軾有詩題墓，年湮莫考。」詩不見。成，不詳。

在儋，軾嘗有詩題楊道士息軒，嘗與王肱（公輔）、何旦、王霄有交往。蘇軾嘗賦《減字木蘭花》（海南奇寶）及肱。

詩見《蘇軾詩集》卷四十三（二三五二頁），云「時來登此軒」。正德《瓊臺志》卷二十五謂息軒在州城東南天慶觀司命宫。

《輿地紀勝》卷一百二十五《昌化軍》：「王公輔，俗呼王六公，居儋城，東坡甚重之。世傳知天文。」以下謂折樞密彦質亦與相厚，六公年一百三歲，卒號百歲翁。又謂彦質建炎四年貶昌化軍，移郴，有詩别六公，云「六公八十尚占星，授法東坡今大成」。康熙《儋州志》卷二《王肱》：「字公輔。居城東，童顔鶴髮，壽一百四歲。……與蘇文忠公最友善，公授以占星圖，習之。……後以占星圖授一室女。遇夜觀，忽燈蕊墜，圖爲煨燼。當時家壁有蘇東坡書曰：軾來奉謁，往莊未還。」《東坡樂府》卷下《減字木蘭花》序：「以大琉璃勸王仲翁。」首云「海南奇寶」，知叙海南事」；又云「絳州王老，百歲癡頑推不倒」，此王老當爲肱。

《輿地紀勝》卷一百二十二《宜州》：「何旦：爲士人，以邊賞補三班借職官，至武經郎。嘗爲海南四州都巡檢使。時東坡先生謫海外，旦嘗往來於東坡之門，片紙問訊，得先生真染頗富。」《增補事類統編》卷三十一《慶遠府》：「何旦，宜州人，爲海南四州都巡檢司。蘇軾謫海外，旦與友善。及還家，無所有，惟多藏蘇軾手書而已。」

正德《瓊臺志》卷三十六、嘉靖《廣東通志》卷五十六有《王霄傳》，後者云：「字霞舉，儋州人。嘗事東坡蘇軾筆硯間。年餘七十，發貢至京，住辟雍者三年。建炎初歸鄉，潛德不仕，李光以宿學稱之。年至九十六。衆推爲鄉先生。……授初品官。」《輿地紀勝·昌化軍》及霄，未及事蘇軾事。

在儋，軾嘗答羅祕校簡，嘗與何德順簡，嘗有簡喜五雲仙構落成，有簡市雲母煮膏，亦有簡與中朝士大夫。

《蘇軾文集》卷五十八與羅祕校第三、四簡，海南作，求蒼朮、橘皮之類藥品。

同上卷六十與德順簡，謝德順寄抱朴子小神丹方來，云「後會無期」，知作於儋。

《北磵集》卷七《跋東坡海外三帖》：「一帖喜五仙雲構落成。一帖市雲母煮膏，見公衛生有經，謂其求長生，恐不見後一帖（按：此處有脱訛）。（原注：樓攻媿跋此帖云：坡《彭祖廟》詩云：『空餐雲母連山盡，不見蟠桃着子時。』今有十斤之需，何耶！）」樓鑰跋，未見《攻媿集》。《石門文字禪》卷二十七《跋東坡緘啓》：「東坡海外之文，中朝士大夫編集已盡，雖予之篤好者，亦以爲無餘矣，佛鑑輒出此帙爲示，皆中朝士大夫，集中所無者。」

在儋，軾嘗於天慶觀内鑿石得泉，嘗於城東清水池内種蓮。

《南海古迹記》（宛委山堂本《説郛》卷六十七）：「東坡泉：在西城内天慶觀。蘇文忠公初鑿得一石，狀如龜，泉涌出，號龜泉，清冽亞達磨泉。淳祐間，經略使方大琮浚泉，護以定林廢寺鐵井欄，大琮有鐵井欄銘。」西城者，儋之西城也。《蘇文忠公海外集》卷四：「坡井：在儋城西南坡口，泉四時不竭，傳云公所鑿。嘗與諸生王霄攜瓢汲水於此。因名坡井。」民國《儋縣志》同。

《輿地紀勝》卷一百二十五謂清水池在城東四里，荷花不絶，臘月尤盛。正德《瓊臺志》謂在城南。《蘇文忠公海外集》卷四謂池在桄榔庵西，「環池有蓮，皆公手植」。

軾作《艾子》。

長時間以來，《艾子》（即《艾子雜説》）是否爲蘇軾所作，一直無定論。現依據新提出之資料，結合有關情况以進行論證。

宋曾慥《類説》、元陶宗儀《説郛》（宛委山堂本）、明嘉靖刊《顧氏文房小説》、明萬曆刊《東坡雜著五種》等皆肯定《艾子》爲蘇軾所作。

懷疑《艾子》非蘇軾所作，有南宋人陳振孫、戴埴。陳氏之言曰：「《艾子》一卷，相傳爲東坡作，未必然也。」（見《直齋書録解題》卷十一《小説家類》），戴氏之語，見所撰《鼠璞》之《艾子》一則中，謂《艾子》爲蘇軾所作，乃屬「世傳」。陳氏乃著名藏書家，其《直齋書録解題》一書，享有較高聲譽，歷代爲學術界所重視。但是，陳、戴二人皆未舉出具體懷疑理由，以故，問題仍然存在，應深入進行探討。余於上世紀八十年代之初，閲讀生活於北宋、南宋之交之周紫芝所撰《太倉稊米集》，發現該書卷七有《夜讀艾子書其尾》一首，其詩云：「萬里投荒海一隅，八年蠻子與同居。可憐金殿鑾坡日，渾在蠻烟瘴雨餘。奇怪誰書《方朔傳》，滑稽空著子長書。不知平日經綸意，晚作兒曹一笑娱。」

詩中無「蘇軾」與「東坡」字樣。關於此，以下將論及。詩中所言，乃蘇軾事。蘇軾自紹聖元年貶謫，先是惠州，後是儋州，至徽宗建中靖國元年北歸至常州，首尾適爲八年。與詩合。此詩不僅肯定《艾子》爲蘇軾所作，而且説明《艾子》撰作時間，在貶謫惠、儋期間。

周紫芝，字少隱，宣城人。《太倉稊米集》卷三有《壬午秋日》詩，題下原注：「時年二十一。」壬午合崇寧元年。周詩編年，在此以前已存詩。由是可知，蘇軾在世時，周紫芝已開始文學活動。

此處，應着重叙述周紫芝與李之儀之交往。《太倉稊米集》卷五十一《姑溪三昧集序》云：「政和四年（一一一四）秋七月，始見公於姑熟。」自此以後，二人交往甚爲密切。《太倉稊米集》涉及之儀之詩篇甚多，之儀與紫芝之尺牘，達「兩牛腰」（《姑溪三昧集》序）。《宋史·李之儀傳》稱之儀晚年「編管太平，遂居姑熟」，姑熟在今安徽省當塗縣境内，距離宣城甚近。之儀與蘇軾之關係，甚爲密切。本譜已屢及。趙鼎臣《竹隱畸士集》卷二十《書楊子耕所藏李端叔帖》云：「東坡先生既謫儋耳，平日門下客，皆諱而自匿，惟恐人知之，如端叔之徒，始終不負公者，蓋不過三數人。」在極其險惡之政治環境中，雙方仍保持緊密聯繫。《蘇軾文集》卷五十二收有軾北歸時與之儀之書簡八首。

由是有理由認爲，周紫芝乃從李之儀處得到《艾子》。《太倉稊米集》卷七《夜讀艾子書其尾》後，尚有《姑溪書報録近作因寄宣毫越簡》等詩。姑溪乃姑熟溪之簡稱，即姑熟，之儀自號姑溪居士，其集即以「姑溪居士」名。由是可知，周紫芝寫《夜讀艾子書其尾》一詩時，之儀尚在世。周在詩中所流露之情緒，似亦可與之儀聯繫。據上引《姑溪三昧序》，之儀卒於政和七年。則周詩之成，乃在政和七年以前。如以政和七年計，距蘇軾去世不過十六年。

周紫芝此詩，乃肯定《艾子》爲蘇軾所作之强有力之證據。

蘇軾卒後不久，黨禍大肆猖獗，士大夫家藏蘇軾之書，口及蘇軾之名，皆被認爲有罪。如慕容彦逢在所撰《摛文堂集》卷十五《單鍔墓誌銘》一文，提及元祐六年蘇軾向朝廷録上單鍔《吴中水利書》，望朝廷采納單鍔之説治理吴中水利之事，唯云「獻其説於朝者」，諱言蘇軾。而慕容彦逢以元祐三年登進士第，是年蘇軾知貢舉，蘇軾與慕容彦逢之間，誼屬師生。似此情況，李昭玘《樂静集》中亦有之。

單鍔卒於大觀四年（一一一〇），慕容彦逢之文當作於其時或稍後，周紫芝之詩又作於慕容彦逢之文之後。其時黨禁已有所緩和，但士大夫之心猶有餘悸。周詩不提蘇軾之名，可以理解。

周紫芝詩第五、六句把《艾子》比爲司馬遷《史記》中之《滑稽列傳》與班固《漢書》中《東方朔傳》中所言之故事，揭示《艾子》具有幽默諷刺之風格，并説明此種風格之淵源，十分精當。

現舉《艾子》一則：「齊宣王問艾子曰：『吾聞古有獬豸，何物也？』艾子對曰：『堯之時，有神獸曰獬豸，處廷中，辨羣臣之邪僻者觸而食之。』艾子對已，復進曰：『使今有此獸，料不乞食矣。』」

此則較簡略，大多數較此則長，更具有吸引力。此則與《滑稽列傳》、《東方朔傳》所言故事甚相似，但又非簡單之模仿，而具有蘇軾所處之時代之鮮明色彩。其諷刺鋒鋩，直指朝廷。獬豸之「不乞食」，似爲言朝政清明，而其實際意義乃在其反面。當政者心目中「邪僻」之人，皆爲獮狗食光，食盡。其意即爲，忠良不立於朝。此獮狗即權相。

此類寓言故事或寓言小品，在《蘇軾文集》卷七十三中亦可見到多則，風格亦一致。其《桃符艾人語》一則云：「桃符仰視艾人而罵曰：『爾何草芥而輒據吾上？』艾人俯謂桃符曰：『爾已半截入土，安敢更與吾較高下乎？』桃符怒，往復紛然不已。門神旁笑而解之，曰：『爾輩方且傍人門户，更争閑氣耶！』」（明刊《稗海》卷十二亦有此文，文字較善，今從。）歸納以上所云，即：以周紫芝之詩爲依據，結合蘇軾其他作品，從風格上言，可以肯定《艾子》乃蘇軾作品，實無疑義。

明趙開美刊本《東坡志林》卷二《改觀音咒》一則與《艾子》中之一則文字相似，今各録於下，以便比較。

《東坡志林》云：「《觀音經》云：『咒詛諸毒藥，所欲害身者，念彼觀音力，還着於本人。』東坡居士曰：『觀音，慈悲者也，今人遭咒詛，念觀音之力而使還着於本人，則豈觀音之心哉！今改之曰：咒詛諸毒藥，所欲害身者，念彼觀音力，兩家都没事。』」

《艾子》云：「艾子一日觀人誦佛經者，有曰：『咒詛諸毒藥，所欲害身者，念彼觀音力，還着於本人。』艾子喟然嘆曰：『佛，仁也，豈有免一人之難而害一人之命乎！是亦去彼及此，與夫人愛者何異也？』因自謂其人曰：『今爲汝體佛之意而改正之，可者乎？曰：咒詛諸毒藥，所欲害身者，念彼觀音力，兩家都没事。』」

二則立意相同（趙開美刊本《艾子》，在《東坡雜著五種》中，徑删去此則，注：『見《志林》』），前者較簡略，後者較細緻，文學意味較前者濃。由此可見，後者乃在前者之基礎上修改而成。出於一手之中，十分自然。蘇軾往往有立意、文字大同小異之文章并存於蘇軾不同之著述中，如見於《蘇軾文集》卷六十八《題楊朴妻詩》與《重編東坡先生外集》卷四十五之《題魏處士詩》，見於《蘇軾文集》卷六十六之《書夢祭句芒文》與趙開美刊本《東坡志林》卷一之《夢中作祭春牛文》，皆其例。各有其優點。上引二則所不同者，後者皆勝於前者。

如《艾子》屬另一人所作，即就上面所引之一則而論，作者大約不至於不知蘇軾之盛名，以致狂妄之極，欲改竄蘇軾之作品，據爲己有，會遭到士大夫如何唾棄。

或謂：此正依托者之手段。誠然，我國古代若干文人，往往以己之著述題以前代人與當代人之名字，以廣其傳。然而，此必有一前提，被題名者必須爲有定論之人。而《艾子》寫作與初問世時，乃蘇軾之生命最後幾年遭受各種困厄辭世後猶被鞭撻之時，以己之作題名蘇軾，實無此情理。

《艾子》中有一處提到彭門，即徐州；有一處提到吕梁，屬徐州，《蘇軾詩集》有詩及之。而《艾子》中大部分提及者皆爲古地名。此一事實，亦可與蘇軾作《艾子》相聯繫。因蘇軾嘗爲徐州守，其提及徐州，決非偶然之事。蘇軾未在除《艾子》以外之任何著述中提及《艾子》，或爲古代學術界懷疑之一重要原因。關於此問題，唯需略略考察南遷後蘇軾之心理，即可洞然無遺。蘇軾於此時，以己所作之一篇普通之賦、一首平常之詩寄與友人，往往要反覆叮囑「切勿示人」，閱完以後「便毀之」（如見於《注東坡先生詩》卷三十七《又次韻二守同訪新居》、卷三十八《梅聖俞之客歐陽晦夫》注文）。此類例子，可舉出數十處。蘇軾之所以如此，并非過多考慮個人，而是鑒於歷史之教訓，恐友人受株連。在此種情況下，蘇軾自不能將含有不滿情緒之《艾子》之有關情況公之於衆。

然而，蘇軾畢竟爲蘇軾，元豐二年之末，渠一從詔獄被釋，立即賦詩：「却對酒杯疑是夢，試拈詩筆已如神。」（《蘇軾詩集》卷十九《十二月二十八日，蒙恩責授檢校水部員外郎黄州團練副使復用前韵二首》其一）繼續抒寫心中鬱結，表達對現實之不滿，筆與詩乃其武器。至晚年，考慮到一生憂患頻仍，乃改變策略，以長時間所積累較之以前多出甚多之抑鬱，乃用寓言故事巧爲表達。或謂蘇軾晚年之詩其中不少略顯低沉，此實爲表面現象。其實此時此際，蘇軾仍在抗争，在奮鬬，上引「獬豸」，即爲明證。「獬豸」之深處，正顯現如周紫芝所云之「平日經綸」。自全局着眼，蘇軾之人生觀乃積極、進取之人生觀。

一九八五年《文學遺産》第三期發表余所作《艾子是蘇軾的作品》一文。以上云云，即爲該文内容。此文發表後，《艾子》爲蘇軾所作，遂成定論。《國學研究綱》二〇〇一年謂余所撰此文，「恢復了大文豪蘇軾同時還是幽默小説家歷史本來面目」，「是蘇學研究九百年來最重要的論著之一」。

參朱靖華《蘇東坡寓言評注》附録《論艾子雜説確爲東坡所作》。

在儋，軾嘗作《老饕賦》、《濁醪有妙理賦》等五賦，作《志林·論武王》等篇，作《續養生論》。

《蘇軾文集》卷一《老饕賦》云「列百梔之瓊艘」，爲海外作。《冷齋夜話》卷一《鳳翔壁上題詩》謂《濁醪有妙理賦》乃海上作。《春渚紀聞》卷六《翰墨之富》：「於先生諸孫處，見海外五賦。」其他三賦爲《沉香山子》、《天慶觀乳泉》、《酒子》，前已叙。老饕主旨在贊揚老人善飲食，見《能改齋漫録》「饕餮」條。

《論武王》等十四篇，見《文集》卷五：「作《志林》」云云，見《論武王》校記第一條。《經進東坡文集事略》卷十二謂見於《文集》卷三之《宋襄公論》、《士變論》亦在《志林》中。按：《士變論》亦見《斜川集》卷六。《文集》卷五十五《與鄭靖老》第三簡：「《志林》竟未成。」《邵氏聞見後録》卷十四：「蘇叔黨爲葉少藴言：東坡先生初欲作《志林》百篇，才就十三篇而先生病，惜哉。」今傳五卷、十二卷本《東坡志林》，非海南所撰《志林》原貌。

作《續養生論》，見《文集》卷五十五《與章致平》第二簡。文在《文集》卷六十四。

在儋，訂補《易傳》、《論語傳》，撰成《書傳》十三卷，軾跋其後，囑諸子。

跋乃《蘇軾文集》卷六十六《題所作書易傳論語説》。《文集》卷五十二《與李端叔》第三簡：「所喜者，海南了得《易》、《書》、《論語傳》數十卷。」《易傳》、《論語傳》（即論語説）作於黄州。兹所言「了得」，蓋謂修改、補充。同上卷五十六《與鄭靖老》第三簡：「草得《書傳》十三卷，甚賴公兩借書籍檢閲也。」

《軾墓誌銘》：「最後居海南，作《書傳》，推明上古之絶學，多先儒所未達。既成三書（按：謂《易傳》、《論語傳》、《書傳》），撫之歎曰：『今世要未能信，後有君子，當知我矣。』」《蘇潁濱年表》謂轍歸潁昌，時方詔天下焚滅元祐學術，敕諸子録以上三書，「以待後之君子」。《雙溪集》卷十一《跋摹連昌宮辭》謂「《易傳》以真書發揚伏羲西伯之言，嶺海草書，老筆精勁，自云不愧二王」。當指稿本。

《參寥子詩集》卷十一《東坡先生輓詞》其三叙南遷，末云「準《易》著《書》人不見，微言分付有諸郎」。

南遷期間，軾或撰《忼池録》。

《石門文字禪》卷二十七《跋東坡忼池録》：「歐陽文忠公以文章宗一世，讀其書，其病在理不通，以理不通，故心多不能平。以是後世之卓絶穎脱而出者，皆目笑之。東坡蓋五祖戒禪師之後身，以其理通，故其文涣然如水之質，漫衍浩蕩，則其波亦自然而成文，蓋非語言文字也，皆理故也。自非從般若中來，其何以臻此！其文自孟軻、左丘明、太史公而來，一人而已。然予有恨，恨其窺夢幻，如霧見月，雖老而死，古今聖達所不免。譬如晝則有夜。而東坡喜學煉形蟬蜕之道，期白日而骨飛，竟以病而殁。使其如魯仲連之不受萬鍾之位而肆志，則寧復有遺恨哉！佛鑑能珍敬其書，則其趣味，乃真是山邊水邊之人，與夫假高尚之名，心悦孔方道人者異矣。」

《忼池録》，公私書目未著録，已早佚。據跋，知爲談道之書。蘇軾自稱鐵冠道人，人稱海上道人，見本書卷首。姑繫之於此。

「忼」，字書未見，意者疑爲「仇」之誤。然蘇軾《仇池筆記》，并未及煉形蟬蜕之道，是另有一書。鑑老，《石門文字禪》又稱佛鑑、鑑上人，卷十、十六、二十四、二十六多處及之。

在儋，軾嘗與文之秀才簡。

《晚香堂蘇帖》：「海州窮獨，見人即喜，况君佳士乎！軾再拜文之秀才。十四日。」自「海州」至「佳士乎」十三字，乃《蘇軾文集》卷五十八《與周文之》第四簡中語。蘇軾有友人周彦質，字文之，知循州，紹聖二年、四年已及。此簡稱文之爲秀才，非彦質。

南遷後，軾與毛庠有交往。

《石門文字禪》卷二十四《季子夢訓》：「湘山逸人毛文仲，蓋東坡蘇公江湖游舊也。公殁餘十年，而文仲之子學成，更其名曰在庭，已而夢公授以字，曰季子。（下略）」同上卷二十二《思古堂記》：「三衢毛庠文仲，少有英氣，深於學問而善功名，富於翰墨而飽籌策，……所與游皆天下第一流。遭時外平，疆埸久空，無所施其材，蹇寓一官，不甘憂患，折困袖手，來歸圃於衡岳之下。」可參。

陳慥（季常）刻蘇軾之詩集，爲南遷時事。

《山谷全書·别集》卷十八《答何斯舉》第二書：「陳季常所刻蘇尚書詩集，煩爲以厚紙印一本見寄，只封在鴻父處亦可爾。」鴻父乃洪羽，庭堅甥。同上第三書：「寄惠蘇公詩集，亦自有用處，要欲得一本厚紙者藏之名山耳。季常所寄，亦是此一種紙，當料理季常爲用厚紙印耳。」第四書有「宗伯蘇端明之詩筆，語妙天下，於今爲獨步，當激賞其妙處，率馬以驥也」云云，當與刻印詩集有關。

南遷期間，王直方（立之）傳播蘇軾所作歌詩。

《嵩山文集》卷十九《王立之墓誌銘》：「時遐荒窮海，有先生居焉。立之身不出京師，而傳彼所賦歌詩獨早且多，若與彼咫尺居而手相授也。」先生，蘇軾也。

南遷期間，軾嘗書桃竹。

《苕溪漁隱叢話》前集卷十一引「東坡云」：「《桃竹杖引》：江心蟠石生桃竹，斬根削皮如紫玉。桃竹，葉如椶，身如竹，密節而實中，犀理瘦骨，天成拄杖也。嶺外人多種此，而不知其爲桃竹，流傳四方，視其端有眼者，蓋自東坡出也。」

傳軾嘗遊紫霞洞，賦詩。

咸豐《瓊山縣志》卷二十八《紫霞洞》：「仙人乘鶴去，空峒獨巍然。發草山山緑，題痕日日鮮。兩巖門未掩，七里事何玄。欲問希彝子，楓林隔紫烟。」謂蘇軾作。

同上卷三：「蒼屹山，在縣南二里許洗馬橋南，石峰屹立。……其陰有仙人洞，又名紫霞洞。」

蘇軾或至陵水。

《石門文字禪》卷十三《過陵水縣補東坡遺》：「白沙翠竹并江流，小縣炊烟晚雨收。蒼蘚色侵盤馬地，稻花香入放衙樓。過廳客聚觀燈網，趁市人歸旋唤舟。意適勿忘身是客，語音無伴始生愁。」詩題所云之「遺」不詳。謂蘇軾嘗至陵水，作詩而詩已佚，或未作詩，惠洪探討蘇軾之意以補之，庶幾是之。或謂蘇軾未至陵水，惠洪習軾詩之格調以抒個人情懷，然海南地至大，蘇軾未至而惠洪至之地當甚多，何獨於此詩及下云補，殊不可解，今姑以「蘇軾或至陵水」爲正文。

同上卷九《早登澄邁西四十里宿臨皋亭補東坡遺》：「天下至窮處，風烟觸地愁。村囂聞捉坳，岸汁忽西流。鳥道通儋耳，鯨波隔萬州。趁雞行落月，悽斷在蠻謳。」可參。

轍離循州。其後，邦人以臺隱名其所游浄名寺之堂；隆興元年（一一六三），復建蘇陳堂，祠蘇轍與陳次升。

《輿地紀勝》卷九十一《循州·古迹·臺隱堂》叙蘇轍嘗往來浄名寺，以下云：「比其北還，邦人思之，名其堂曰臺隱。」

同上《蘇陳堂》：「在白雲橋西。蘇黄門陳諫議謫居此邦，隆興元年，彭侯億更『臺隱』曰『蘇陳』，像二公而祠之。」陳謂次升，字當時，仙游人。《宋史》卷三百四十六有傳。

同上書《循州·風俗形勝》「藉蘇陳二公爲光榮」句下引翁韶所序《循陽志》：「蘇黄門、陳諫議次升遷徙兹土。蘇著《龍川志》，陳有論諫。談者云云。」

轍歸至虔州，被岳州新命，有謝表。

《欒城集》卷十八《復官宫觀謝表》：「臣轍言，昨於虔州准告，授臣濠州團練副使、岳州居住。」

《集》同上卷有《移岳州謝表》。參見本年四月丁巳條紀事。

轍舟過閤皂山，作青詞報神之恩，并錫以後安穩。

《欒城後集》卷十九《青詞·閤皂》叙紹聖四年過此，今已蒙移岳州居住。以下云：「乘舟北歸，復出山下。」以下謝神之恩。末云：「願今日已往，隨福所有，隨力所堪，除其艱難，錫之安穩。」

轍過豐城，賦豐城劍詩。

詩見《欒城後集》卷二，詩題下原注：「北歸途中作。」中云：「躍入延平水，三日飛霹靂。」劍誠神物。又云：「出當乘風雷，歸當卧泉石。」述己志。

古豐城在洪州。按《豫章記》，雷煥見赤氣於斗牛之間，謂寶物之精。掘縣獄基，得龍泉、太阿劍。

又有劍池，即雷氏子佩豐城劍躍入水中爲龍之處。

軾過太和，晤曾安强（南夫），稱其邁往。

《平園續稿》卷十二《曾南夫提舉文集序》：「甫中第，蘇文定公歸自嶺南，一見，稱其邁往。」序謂安强本年爲進士。徽宗時，嘗使兩浙、湖南。卒，年五十五。有遺文四十卷。其兄安止著《禾譜》五卷，軾所爲賦《秧馬歌》者。安强之文集不傳。安强，《輿地紀勝》卷三十一《江南西路·吉州·人物》有傳，傳引其八歲時所賦《白鷺》詩：「其外殊潔白，俯風臨清流。其中乃貪穢，盡日魚蝦求。」謂「識者器之」。

離儋，儋人争致饋，軾不受。遂與過及吴復古行。父老送於舟次。

《蘇軾文集》卷五十八《與歐陽晦夫》第二簡：「離海南，儋人争致贍遺，受之則若饕餮然，所以一路俱不受。」《斜川集》卷一《用伯充韵贈孫志舉》叙儋人厚情，可參。《遯齋閑覽·海南人情不惡》（涵芬樓鉛印本《説郛》卷三十二）：「〔蘇軾〕初離昌化時，有十數父老皆攜酒饌，直至舟次相送，執手泣涕而去，且曰：『此回與内翰相别後，不知甚時再得來相見。』」

據以下「宿澄邁」條，蘇軾離儋約在六月上旬之末。《總案》謂約在六月中旬，非是。與吴復古行，見以下「約吴復古、姜唐佐會食」條。

蘇軾戲爲所養之狗曰烏觜者作詩。

詩見《蘇軾詩集》卷四十三，題云：「余來儋耳，得吠狗，曰烏觜，甚猛而馴，隨予遷合浦。過澄邁，泅而濟，路人皆驚，戲爲作此詩。」詩云：「知我當北還，掉尾喜欲舞。跳踉趁童僕，吐舌喘汗雨。」狗喜則擺尾，熱則吐舌，古今之狗同一習性。此狗之得蘇軾之喜也固宜。

宿澄邁，趙夢得之子來訪。六月十三日，軾作簡留别夢得。

《晚香堂蘇帖》：「軾將渡海，宿澄邁。承令子見訪，知從者未歸，又云恐已到桂府，若果爾，庶幾得於海康相遇，不爾，則未知後會之期也。區區無他禱，惟晚景宜倍萬自愛耳。忽忽留此紙令子處，更不重封。不罪！不罪！軾頓首夢得秘校閣下。六月十三日。」此前一二日，軾已至澄邁。

據簡，夢得其時在海北。《總案》引《二老堂詩話·記趙夢得事》謂蘇軾「過趙夢得家見其子荆」。案：據《二老堂詩話》，荆乃夢得之孫，《總案》誤。參元符二年「與趙夢得簡」條。又：正德《瓊臺志》卷三十八有《趙荆傳》，謂荆登高宗紹興二十四年（一一五四）進士第，官至朝奉郎，欽、高二州判官。康熙《儋州志》卷二、民國《儋縣志》卷四亦有《趙荆傳》。二《傳》俱謂荆字道授。當從《二老堂詩話·記趙夢得事》作夢授。

過澄邁驛，軾題通潮閣詩并額。

《蘇軾詩集》卷四十三有《澄邁驛通潮閣二首》。

《冷齋夜話》卷五《東坡屬對》：「予游儋耳，……登望海亭，柱間有擘窠大字曰：『貪看白鳥横秋浦，不覺青林没暮潮。』」「貪看」二句，即《詩集》中詩句。據此，知通潮閣一名望海亭。

《輿地紀勝》卷一百二十四：「通飛閣：在澄邁縣，東坡嘗憩其上，有『眼明飛閣俯長橋』之句。紹興己巳，縣令崔若舟創閣其上，李泰發書榜，胡邦衡和東坡二詩，題於其上。」「眼明」句，亦《詩集》中詩句。泰發名光，邦衡名銓，《宋史》俱有傳。

《范德機詩集》卷三有《澄邁縣有蘇内翰所題通潮閣在海上》詩。

正德《瓊臺志》：「通潮閣，一名通明，在〔澄邁〕縣西，乃宋澄邁驛閣。」

至瓊州之東五十里三山庵。十七日，軾應庵僧惟德之請，作《瓊州惠通泉記》。

記見《蘇軾文集》卷十二。《輿地紀勝》卷一百二十四《瓊州》謂惠通泉在城東，紹興間有詩云「試問庵何有，東坡墨迹存」。

同日，重過瓊州城東北隅雙泉，瓊人已作亭其上，爲名曰洞酌，軾作詩。

詩見《蘇軾詩集》卷四十三(二三六五頁)。《永樂大典》卷九百七引《李莊簡公文集·跋東坡雙泉詩》謂詩有譏，以下云：「先生度嶺海，雖黎童蠻婦，亦知愛敬，而士大夫或致厚薄愛憎於去來之間。故其詩曰：『一瓶之中，有澠有淄。』又曰：『豈弟君子，江海是儀。』雖先生曠懷雅量，亦未能忘情於此時也。今四十有六年矣，先生親筆，已爲好事者取去。」正德《瓊臺志》卷二十四謂亭在雙泉上，與臨清、濯纓二亭相連，「導其泉環流，以石作龍頭，水從口噴出，轉成九曲」。

晤姜唐佐，軾約吴復古、唐佐會食。復古嘗勸食白粥。

《蘇軾詩集》卷四十八有《約吴遠游與姜君弼喫蕈饅頭》。《梁溪漫志》卷九《張文潛粥記》：「東坡一帖云：『夜坐饑甚，吴子野勸食白粥，云能推陳致新，利膈養胃，僧家五更食粥，良有以也。粥既快美，粥後一覺，尤不可説，尤不可説。』」

過姜唐佐(君弼)家，軾書張巡、顏真卿事。贈唐佐端硯，并爲銘。

《冷齋夜話》卷五《東坡屬對》：「謁姜唐佐，唐佐不在，見其母，母迎笑，食余檳榔。予問母：『識蘇公？』母曰：『識之，然無奈其好吟詩。公嘗杖而至，指西木橙自坐其上，問曰：秀才何往哉？言入村落未還。有包燈心紙，公以手拭開，書滿紙，祝曰：秀才歸，當示之。』今尚在。予索讀之，醉墨欹傾，曰：『張睢陽生猶駡賊，嚼齒空齦；顏平原死不忘君，握拳透爪。』」《海外奇蹤·瓊島珍物西蜀藏》引四川眉山三蘇祠所藏端溪硯背面姜唐佐題記：「元符三年，東坡移廉州，過瓊，端溪硯贈余爲别。余得之，不勝寶愛之至。而歲月遷流，追維先生言論，邈不可即。因志之以示不忘云。崇寧元年十月十九日。瓊州姜君弼謹識。」銘見《蘇軾文集》卷十九(五五二頁)。光緒《臨高縣志》卷二十三謂此銘「寓臨邑作」，非是。

二十日，軾渡海，有詩抒懷。達徐聞。

詩見《蘇軾詩集》卷四十三(二三六六頁)，末云：「九死南荒吾不恨，兹游奇絶冠平生。」卷四十五《次韻江晦叔兼呈器之》：「扁舟夜渡海無濤。」趙次公注：「先生渡海北還，以三更發瓊州，晚到遞角場。」《蘇軾文集》卷七十一《書合浦舟行》云「已濟徐聞」。《斜川集》卷一《用伯充韵贈孫志舉》：「海風吹余舟，夜渡徐聞垠。」

《萍洲可談》卷二：「東坡……元符末放還，與子過乘月自瓊州渡海而北，風静波平，東坡叩舷而歌，過困不得寢，甚苦之，率爾曰：『大人賞此不已，寧當再過一巡。』東坡矍然就寢。」

既過海，軾乃祀伏波將軍廟，作碑文。

文見《蘇軾文集》卷十七（五〇五頁）。伏波將軍廟，又名威武廟。見《輿地紀勝》卷一百一十八《雷州·古迹》。同上《碑記·威武廟碑陰記》：「『故翰林蘇公謫儋耳，既北歸，作漢伏波將軍廟記，迨今逾三十年，未克建立。綱以罪謫居萬安，遣子宗之攝祭，默禱於神，異時倘得生還，當書蘇公所作碑刻石廟中，以答神貺。』時建炎三年，李丞相綱文。」

蘇軾與馮大鈞簡。

簡乃《蘇軾文集》卷五十八《與馮大鈞》第二簡。簡云：「某有廣州市舶李殿直書一封，煩附遞前去，復不沉没，爲荷。」知此簡約作於徐聞。「復」疑爲「使」之誤。李殿直不詳其人。

至雷州。軾晤秦觀、歐陽獻（元老）。

觀移衡州，時尚未赴。《蘇軾文集》卷五十八《與歐陽元老》簡，詳叙秦事，末稱長官。《總案》謂元老乃海康令，與秦觀厚善，是。

《豫章黄先生文集》卷三十《跋歐陽元老王觀復楊明叔簡後》謂元老名獻。元祐中，李清臣帥真定時，獻爲幕府。後卜築渚宫，爲終焉計。其友田端彦聞蔡京拜相，欲見之，説以勿興朋黨，獻以詩贈其行。獻與黄庭堅善。《豫章黄先生文集》卷十九與獻書，謂獻嘗「寄示東坡嶺外文字」；卷二十六《跋歐陽元老詩》謂「入陶淵明，格律頗雍容」；上引卷三十跋云獻「好學幾於智，篤行幾於仁，居其鄉使人遠罪，與之處使人寡過」。《山谷老人刀筆》卷十一與獻凡十一簡，作於荆州；同卷《與劉温如》，贊獻「才器不在人下」。獻與吴則禮交往頗多，《北湖集》卷一及詩甚多，其《過歐陽元老草堂》，有「知子廊廟器，誅茅楚江邊，緬懷靖節意，心遠地自偏」之句。獻與蘇轍亦有交往，《王總志》謂學轍詩「登堂入室」。

《文集》卷五十《與范元長》第九簡謂見委文字，「今托少游議其詳」。知與觀相晤時，當及撰范祖禹行狀及墓銘事。

軾見張敦禮（君俞、君予）。得鄭嘉會（靖老）留簡，知嘉會爲人捃摭罷去，方往邕。

《蘇軾文集》卷五十六與嘉會第三、四簡叙之。《宋史》卷四百六十四《張敦禮傳》云「崇寧初，拜寧遠軍節度使」。寧遠軍乃容州，與雷州同屬廣南西路，相見有由。「崇寧初」爲「徽宗初」之誤。

與范冲（元長）簡，軾以未能相晤及弔其父祖禹之靈爲歉；允爲祖禹撰墓銘。

簡乃《蘇軾文集》卷五十與冲第九簡，云「到雷獲所留書」。蓋冲先至雷，候軾不到，留書去。

二十五日，軾與秦觀別。觀自作輓詞。

《蘇軾文集》卷六十八《書秦少游輓詞後》叙其事。《春渚紀聞》卷六《秦蘇相遇自述輓誌》叙二人晤，云：「二公共語，恐下石者更啓後命。少游因出自作輓詞呈公，公撫其背曰：『某常憂少游未盡此理，今復何言。某亦嘗自爲誌墓文，封付從者，不使過子知也。』遂相與嘯咏而别。」

《淮海集》卷四十《自作輓詞》（原注：昔鮑照、陶潛自作哀輓，其詞哀。讀予此章，乃知前作之未哀也）：「嬰釁徙窮荒，茹哀與世辭。官來録我槖，吏來驗我屍。藤束木皮棺，藁葬路旁陂。家鄉在萬里，妻子天一涯。孤魂不敢歸，惴惴猶在兹。昔忝柱下史，通籍黄金閨。奇禍一朝作，飄零至於斯。弱冠未堪事，返骨定何時。修途繚山海，豈免從闍維。荼毒復荼毒，彼蒼那得知。歲晚瘴江急，鳥獸鳴聲悲。空濛寒雨零，慘淡陰風吹。殯宫坐蒼蘚，紙錢掛空枝。無人設薄奠，誰與飯黄緇。亦無挽歌者，空有挽歌辭。」

軾文未見。

自雷適廉道中，軾宿於興廉村净行院。爲净行院書碑，并晤鄉士陳夢英。

自雷云云乃詩題，在《蘇軾詩集》卷四十三；同上有《雨夜宿净行院》。《輿地紀勝》卷一百十八《雷州》：「净行院：在敬德門外西湖之西北隅，舊號西山寺。有人竊興廉村净行院東坡先生所書院碑來，遂以爲額。」嘉靖《廣東通志》卷十九《雷州府》：「文明書院：在縣西南樂民千户所城内。」以下言蘇軾：「宿净行院，回顧山川，謂鄉士陳夢英曰：『此地勝景，當有文明之祥。』即以其地建文明書院。後歲久傾圮，今悉爲軍營。」以下引元凌光謙記略，謂軾「去踰月，而瑞芝生，諸儒皆以蘇公之言爲神，即其地建書院，扁曰文明」。

連日大雨，橋梁盡壞，軾自净行院下乘小舟至官寨。三十日，碇宿大海。

據《蘇軾文集》卷七十一《書合涫舟行》：文云「或勸乘蜑舟并海即白石」。白石爲鎮，在廉州石康。

軾經高州。或謂建書院。

康熙《高州府志》卷六謂蘇軾以赦徙廉州。以下云：「時廉州路由石城松明以達。軾歷其地，見其浩淼晴濤，蒼虬盤結，爰構書院於松陰之下，顔曰松明，刻孔子像及兖國、沂國二公像以祀，燃松枝爲火，脱然不爲物累。」以下謂軾平易近人，婦人女子「亦莫不以爲東坡相公」；其書院，元末廢。建書院，蘇軾行旅匆匆，未必能爲之。當爲蘇軾去後，人慕其名、仰其德而建。石城今廉江。

七月四日，軾至廉州。時張仲修爲廉守。

《蘇軾文集》卷七十一《書合浦舟行》作於七月四日。《蘇軾詩集》卷四十三《梅聖俞之客歐陽晦夫使工畫茅庵己居其中一琴横牀而已曹子方作詩四韵僕和之云》「施注」：「七月四日，至廉。」廉州治合浦縣。

張仲修爲守，見八月二十四日紀事。

七日，廉州官舍軾借桂林帥程鄰（欽之）所藏錢易（希白）書。此前後，尚觀鄰所藏唐太宗書、庾翼書、晉法帖二。爲題跋。

《蘇軾文集》卷六十九《跋希白書》，乃七月七日所跋者。

洪邁《容齋隨筆·四筆》卷十《東坡題潭帖》：「潭州石刻法帖十卷，蓋錢希白所鐫，最爲善本。吾鄉程欽之待制，以元符三年帥桂林，東坡自儋耳移合浦，得觀其藏帖，每帖各題其末。」以下，洪氏舉蘇所題唐太宗書，見《文集》卷六十七《書唐太宗詩》。所舉題庾翼書，見《文集》卷六十九《跋庾征西帖》。洪氏謂：「庾亮及弟翼，俱爲征西將軍，坡所引者翼也。」坡又有詩曰：『暮年却得庾安西，自厭家雞題六紙。』蓋指庾前所歷官云。」所舉題晉帖，一見《文集》卷六十九《題法帖二》其一。一爲：「謝安問獻之，君書何如尊公，答曰：『故自不同。』安曰：『外人不爾。』曰：『人那得知。』」《文集》未見。

乾隆《浮梁縣志》卷八謂鄰乃節子；節字信叔，哲宗譽爲奇才，遷廣南西路轉運使，帥桂府久之。謂鄰以行藝列上舍生，國子祭酒豐稷奇其才；元祐辛未釋褐於馬涓榜，再與館選，除校書郎；紹聖間，獲罪李清臣，謫監虔州税；召授秘書省右丞，調博士，轉右正言。以下云：「論事號切直，議兵尤中要領。……徽宗立，陳初政四事：一曰勤御經筵，以啓聖明之治；二曰敷求賢能，以收忠良之效；三曰廣闢言路，以采是非之公；四曰務審民情，以循好惡之乎。上嘉納之。節之去桂也，蠻日久反側，廷議以鄰夙帥子且才可任，遂以翰林承制爲廣西安撫使、知融州。」以下叙在任幾十年，「請代不允，進徽猷閣待制，階銀青光禄大夫」。嘉慶《廣西通志》卷二百一十九録程節《教授推官出示米元章詩詞翰俱美三四讀而不能休敬書二十八字謝之》：「萬□□南泮水遥，清風來拂瘴烟消。袖中突兀龍蛇出，聊慰天涯久寂寥。」《粤西金石略》卷五謂此詩作於徽宗崇寧元年。《廣西通志》謂節有《竹溪集》，已佚。節乃嘉祐八年進士。教授臨江軍司法參軍。神宗熙寧間知邵州武岡縣，監信州都作院。元祐初，除荆湖北路轉運判官，改江淮、京東路提刑。紹聖元年，召爲户部員外郎，越月，除廣南西路計度轉運副使。三年，知桂州，兼經略安撫使。崇寧三年卒，年七十二。長蘇軾三歲。事迹見程遵彦所撰《寶文閣待制程節墓誌銘》，見《文史》第二十八輯。

十一日，跋張田書，軾贊其潔廉。

《蘇軾文集》卷六十六有《跋張廣州書》，廣州乃田。《宋史》卷三百三十三《張田傳》謂田字公載，澶淵人。謂熙寧間，加直龍圖閣，知廣州；臨政以清，女弟聘馬軍帥王凱，欲售珠犀於廣，顧曰：「南海富諸物，但身爲市舶使，不欲自汙爾。」謂：蘇軾嘗讀其書，以侔古廉吏。「以侔」云云，乃跋中語。

十三日，軾應廉州推官歐陽閥（晦夫）請，書贈《乳泉賦》，與閥簡。書《壽命説》。在廉，閥出師梅堯臣贈詩，爲跋之；又應請跋《地獄變相》；閥嘗惠琴枕，作二詩及之。

《蘇軾詩集》卷四十三《梅聖俞之客歐陽晦夫使工畫茅庵己居其中一琴横牀而已曹子方作詩四韵僕和之云》「施注」謂閥「以匹紙求字，爲書《乳泉賦》及跋《梅聖俞詩稿》。以簡與晦夫云：（略）賦與簡皆題七月十三日」。《味水軒日記》卷六明萬曆四十二年十月五日紀事：「東坡小行書《壽命説》，筆筆用徐季海而蒼勁有加。」以下言：「卷後題云：庚辰歲七月十三日書。」與閥簡，見《佚文彙編》卷二。

《蘇軾文集》卷六十八有《書聖俞贈歐陽閥詩後》。卷五十八與閥第二簡云「《地獄變相》已跋其後」，跋乃卷二十二《地獄變相偈》。詩乃《詩集》卷四十三《歐陽晦夫惠琴枕》、《歐陽晦夫遺接羅琴枕作此詩謝之》。

《山谷全書·别集》卷八《跋梅聖俞贈歐陽晦夫詩》：「元祐己巳、庚午，乃見歐陽君於京師。其人長鬣，眉目深沉，宜在丘壑中也。用聖俞之律作詩數千篇，今世雖已不尚，而晦夫自信確然。」作於元祐五年正月。《桂勝》卷二《七星山》有曹輔《同歐陽晦夫邂逅游風洞詩》，洞在七星山。《桂故》卷六謂此洞乃玄風洞。

蘇軾食廉州龍眼，作詩。

詩見《蘇軾詩集》卷四十三（二三六八頁）。

詩云：「龍眼與荔支，異出同父祖。端如甘與橘，未易相可否。」贊龍眼可敵荔支。然「圖經未嘗説，玉食遠莫數」，惜其不爲人所知。末云：「蠻荒非汝辱，幸免妃子污。」慰之并爲之幸。以荔支爲楊貴妃所食乃荔支之污。

蘇軾作《琴枕》詩。

詩見《蘇軾詩集》卷四十三。

此詩之前爲《歐陽晦夫惠琴枕》，首云：「中郎不眠仰看屋，得此古椽圍尺竹。輪囷濩落非笛材，剖作袖琴徽軫足。」叙蔡邕（中郎）製琴，似與枕無涉。此詩首云：「清眸作金徽，素齒爲玉軫。」亦與枕無涉。似當時此物不少見。王文誥注文謂以琴爲枕，恐非是。

八月十日，游愈上人精舍，軾和其韵。

詩見《蘇軾詩集》卷四十三（二三七一頁）；題詩月日，據題下「施注」。

十二日，秦觀卒於藤州。

見本年以下「至白州」條。

與鄭嘉會（靖老）簡，軾叙聞其離邕，爲悵然；叙與邁約，令般家至梧相會，時迨亦至惠。

簡乃《蘇軾文集》卷五十六與嘉會第三簡，云「留此過中秋，或至月末乃行」，作於八月。

二十二日，軾作《臞仙帖》，謂司馬相如《大人賦》乃以侈言廣漢武帝之意。

文見《蘇軾文集》卷六十五。同上有《司馬相如創開西南夷路》斥以患苦加父母之邦；有《司馬相如之諂死而不已》，斥其諂。

二十四日，三宿清樂軒題壁。軾留别廉守張仲修。

據《蘇軾文集》卷七十一《題廉州清樂軒》。《總案》謂讀題壁，「蓋是日迎勞於廨，即留榻其中」。軒蓋在署内。《王譜》本年有《别廉守張左藏詩》，當即《蘇軾詩集》卷四十三《留别廉守》，知仲修嘗官左藏。

同日，軾跋秦觀（少游）學書。

《王譜》：「又有《題少游學書》，乃云庚辰八月二十四日書於合浦清樂軒。」

《蘇軾文集》卷六十九《跋秦少游書》，謂觀近日草書，技道兩進。此文當即《王譜》所云之《題少游學書》。

老人蘇佛兒來訪，軾記其語。

據《蘇軾文集》卷七十三《記合浦老人語》：文謂老人年八十二，不飲酒食肉，無妻子，兄弟三人，皆持戒念道。記其語，蓋有養生借鑒之意。文謂爲八月事。

告命下，授軾舒州團練副使、永州安置。上謝表。

授舒州云云，見《紀年録》。

謝表見《蘇軾文集》卷二十四（七一八頁）。中云：「駐世之魂，自招合浦。」得告命時在廉州。

舒州屬淮南西路，治所在懷寧；永州屬荆湖南路，治所在零陵。

二十八日，劉幾仲餞飲，奏瓶笙，軾有詩。

詩見《蘇軾詩集》卷四十三，題作《瓶笙》，引云：「庚辰八月二十八日，劉幾仲餞飲東坡。」以下叙奏瓶笙。

二十九日，軾離廉。歐陽闢臨行餽物，不受。

二十九日云云，據《蘇軾文集》卷五十八《與歐陽元老》簡。

《文集》卷五十八與歐陽闢（晦夫）第二簡叙及自儋至此一路俱不受餽贈，「若至此獨拜寵賜，則見罪者必衆」。

郭祥正（功父、功甫）寄詩，軾以謹言慎行爲戒。

《鶴林玉露》乙編卷四《詩禍》：「東坡文章，妙絶古今，而其病在於好譏刺。」以下言：「晚年自朱崖量移合浦，郭功父寄詩云：『君恩浩蕩似陽春，海外移來住海濱。莫向沙邊弄明月，夜深無數采珠人。』其意亦深矣。」《困學紀聞》亦有此記載。

本月，軾跋《潛珍閣銘》。

文見紹聖四年「與李思純之子光道別」條紀事。

至白州，得秦觀凶問。

《蘇軾文集》卷五十八《與歐陽元老》叙之。簡謂觀「過容留多日，飲酒賦詩如平常，容守遣般家二卒送歸衡州，至藤，傷暑困卧，至八月十二日，啓手足於江亭上」。歸衡乃以得旨移該地。白州治博白縣。至白州約在九月上旬初。

軾作《追薦秦少游疏》。

疏見《聖宋名賢五百家播芳大全文粹》卷八十二，云：「生前莫逆，蓋緣氣合而類同；死獨未忘，將見情鍾而禮具。伏爲歿故少游秦君學士，早雖穎茂，觸事邅迍；晚向仕途，方沾禄養。未厭北堂之歡樂，遽逢南海之播遷。頓足牽衣，哭妻孥於道左；含酸吐苦，顧鄉國於淮壖。首尾八年，憂驚百變。同時逐客，膺大霈而盡復中原；唯子暮年，厄終窮而歿於瘴域。林泉夜夢，猶疑杖屨之并游；風月扁舟，尚想江湖之共泛。追傷何補，焚誦乃功。庶仗真銓，掃除夙障。而况真源了了，素已悟於本心；净目昭昭，無復加於妄翳。便可神游净土，岸到菩提。

永依諸上善人，常住無所邊地。」此疏當作於聞秦觀凶耗之時。

九月初三日，黃庭堅與王蕃（觀復）簡，時蕃有爲蘇軾所作詩。蕃嘗欲從軾學文。

《山谷老人刀筆》卷十五答蕃第四簡：「《茶》詞及爲東坡與不肖所作十韻，皆欲奉答而未成。」《山谷詩集注》目録：庭堅於本年七月自戎州舟行省其姑於青神。簡及省姑，爲本年作。同上第二簡：「東坡先生猶在海濱，未知公幾時得掃其舍人之門，既不能縣記作書，然他日便可袖此書求見矣。昔日浦吏貪，珠還交阯，及孟嘗政清，去珠復還。東坡胸中有百斛明珠。昔遷於儋耳，今還合浦，蓋天公之政清耶！公學問行己之意甚美，但文章語氣，務奇詭不平淡。昔東坡常云：熟讀《檀弓》二篇，當得文章體制。此確論也，願以此求之。」本年作。蕃乃曾裔。曾，《宋史》有傳。蕃官閬中時，多以書尺至戎州從庭堅問學。《山谷詩集注》卷十四有《和王觀復洪駒父謁陳無己長句》。《眉山唐先生文集》卷二十七《送王觀復序》謂紹聖元年官益昌時與蕃游，元符元年相會於南隆，謂蕃「自言從蘇子於湘南，過涪翁於宜城」。據以上所引庭堅簡，「湘」乃「海」誤，以蘇軾從未至湘南；「從」蓋爲「欲從」之意。據序，蕃蓋欲從軾等得作文之法。

六日，軾至鬱林。與歐陽獻（元老）簡，哀秦觀之死。晤梁詔。和王守詩。

《蘇軾文集》卷五十八《與歐陽元老》：「九月六日到鬱林。」簡稱觀：「乃當今文人第一流，豈可復得。」

《輿地紀勝》卷一百一十一《廣南西路·貴州·人物·梁詔》：「州東下郭人。少孤，事母孝，任廣東提幹。母封蓬萊縣君。將之官廣東，而蓬萊不肯行，乃俾其弟奉養於家。之官未幾，聞蓬萊病，乃掛冠而歸。母病卒，廬於墓側，手蒔松柏，經歲成林，號曰碧林亭。次年，甘露降，芝草生。東坡自海外北歸，道出於貴，聞其孝節，往見焉。坡爲易其亭曰甘露，林曰瑞松，坡皆爲親染，墨蹟尚存。」

同上《州沿革》：「今領縣一，治鬱林。」

同上《景物下·甘露亭》：「梁詔，字君俞，貴州人。仕爲將作監簿，事母孝謹。蓬萊縣君卒，廬墓。東坡名其墓亭曰甘露。」

同上《景物下·薰風亭》：「梁詔有讀書樓，東坡易名曰薰風，扁皆東坡親染。」

同上《景物下·蓮巢亭》：「在郡治蓮池之北，有東坡書帖石刻。」

《蘇軾詩集》卷四十四有《次韵王鬱林》。

《梁谿集》卷二十八《追次東坡和鬱林王守韵》：「蓋世文章妙語言，誰令骨相似虞翻。玉堂大手空遺迹，海島幽棲有斷垣。仙去公寧懷此土，生還我亦荷寬恩。龍虬滿紙疑飛動，尚想揮毫氣象軒。」「龍虬」云云，知李綱見蘇軾此詩真迹，因而賦詩。知軾此詩有石刻。

七日，軾離鬱林。

《蘇軾文集》卷五十八《與歐陽元老》：「七日遂行。」

過容南。軾與范冲（元長）簡，約會於梧州；留梧待惠州人至同泝賀江；時傳有移黄之命；悼冲岳父秦觀之逝。爲十日以前事。

《蘇軾文集》卷五十與冲第十一簡云到容南，十六七間可到梧州，「到梧，當留以待惠州人至，同泝賀江」。第十簡云：「某如聞有移黄之命，若果爾，當自梧至廣，須惠州骨肉到同往。」第十一簡并云秦觀之逝，乃天「喪此傑」。冲爲觀壻，見《淮海居士長短句》附《泗涇秦氏族譜小傳》。

至容州，軾晤都嶠山道士邵彦肅。爲十日事。

《蘇軾詩集》卷四十四《送邵道士彦肅還都嶠》：「相從十日還歸去。」其歸去，見本月二十日紀事。《輿地紀勝》卷一百四《容州·景物下》謂都嶠山在普寧縣，山有八峰，其中八疊峰奇秀，視諸峰最高，有南北二洞，天造地設，非他處洞穴幽翳之比。容州治普寧。都嶠山乃道家洞天福地，《詩集》題下宋人注：其山洞周回一百八十里，名寶玄之天。

鮮于都曹歸蜀灌口舊居，蘇軾作詩送行。

詩見《蘇軾詩集》卷四十四（二三八八頁）。

此鮮于都曹，當與蘇軾相遇於藤州（或赴廣州途中），因作此詩。詩首云：「籋盡霜鬚照碧銅，依然春雪在長松。」敘都曹已至老年，然猶英姿勃勃。碧銅謂久經風霜之健康面色。次云：「朝行犀浦催收芋，夜渡繩橋看伏龍。」遥想都曹歸蜀後生活，犀浦、繩橋，在灌口或其附近。都曹在灌口，當有若干田産，回鄉後經營之，故云及「催收芋」。再次云：「莫歎倦游無駟馬，要將老健敵千鍾。」都曹仕途潦倒，幸老健可慰。末云：「子雲三世惟身在，爲向西南説病容。」似就自身而言。「惟身在」者，除身以外，一無所有也。據此，都曹乃蘇軾之舊友。惜不詳其名。

蘇軾作詩，書韓幹二馬。

詩見《蘇軾詩集》卷四十四（二三八九頁）。詩首云：「赤髯碧眼老鮮卑，回策如縈獨善騎。」寫馬先寫騎馬人，當由韓幹畫面使然。第三句「赭白紫騮俱絶世」，點二馬。末句「馬中湛岳有妍姿」，謂此二馬長相不凡，湛、岳謂晉人夏侯湛、潘岳，皆美風俗。以人比馬，益見馬之不同尋常，比喻新穎。

至藤，軾江上對月贈邵彦肅；藤守徐疇（元用）與其子端邀游東山浮金堂。爲十六七日前事。

有詩，見《蘇軾詩集》卷四十四（二三八六、二三八七頁）。前者云：「仍呼邵道士，取琴月下彈。相將乘一葉，夜下蒼梧灘。」約同舟。《輿地紀勝》卷一百九謂東山在縣衙。《宋詩紀事補遺》卷二十九徐元用《約東坡游金山》：「黯淡灘頭一艇横，夕陽西下大江平。與君不負平生約，同向金鼇背上行。」疇與軾爲舊交。此詩，一見《輟耕録》卷七，「黯淡」作「牡蠣」，「下大江平」作「去待潮生」，「平生」作「登臨」，「向」作「上」；謂爲徐守信（神翁）高宗潛邸時作。然高宗生於大觀元年，而據《徐神公語録》，守信卒於大觀二年，則此詩非守信作。彦肅詳本月二十日紀事。

疇於元祐六年八月，以通直郎權知連州。父師民，致仕居蘇州。同年十二月，兩浙路提刑馬瑊奏，乃罷疇任侍養。見《長編》卷四百六十八。以上「至容南」條云「十六七間可到梧州」。

《斜川集》卷一《次韵大人與藤守游東山》：「灘聲已悲秋，澗色猶藏春。駕言東山游，緬彼千載人。使君平陽意，客至但飲醇。風松作鼓吹，迎送長江濱。爾來乘桴翁，歸路物色新。高情寓箕潁，絶意登麒麟。三吴有負郭，䆉稏秋盈囷。瘴茅喜欲脱，下澤還當巾。縹緲九疑行，此生定知津。故人儻見思，尺書憑素鱗。」

十六日，蹇序辰等除名，蔡渭等與遠小監當。渭嘗以傅致之言進狀追訴司馬光等十五人（其中有蘇軾、蘇轍）害其父確。

《宋會要輯稿》第九十九册《職官》六七之三〇：「（元符三年）九月十六日，詔蹇序辰、安惇并特除名，追毁出身以來文字，放歸田里，文及甫、蔡渭送吏部與遠小監當。紹聖中，安惇奏乞委官取元祐理訴所公案看詳改正申明從初加罪之意，復依元斷施行，詔委蹇序辰、徐鐸，而序辰輒將臣僚章疏傳致語言，指爲謗訕，凡因看詳施行者千餘人。又乞以其事付史館修入實録并編類貶責臣僚所言所行事狀，内有文及甫與邢恕書。蔡渭援以爲證，進狀追訟司馬光、吕公著、劉摯、吕大防、劉燾、王巖叟、劉安世、吴安詩、傅堯俞、朱光庭、范祖禹、蘇軾、蘇轍等害其父確，謀危宗社，乞奪逐人所得子孫恩澤，其間存者乞正反坐之法，投之嶺外，以爲姦臣賊子之戒。至是中書省檢會，故有是責。」

抵梧州，范冲（元長）已去，邁、迨亦未至，賀江水乾無舟，軾乃改道經廣州北歸，報冲簡；復悼秦觀之逝。

《蘇軾文集》卷五十與冲第十二簡云「永州人來，辱書」，「比謂至梧州追及，又將相從泝賀江，已而水乾無舟，遂作番禺之行」。又云：「少游真爲異代之寶。」痛其逝。

二十日，軾書《楞嚴》經義贈鄧彦肅，并跋；彦肅還都嶠山，嘉魚亭作詩贈别。

跋乃《蘇軾文集》卷六十六《書贈邵道士》。詩乃《蘇軾詩集》卷四十四《送鄧道士彦肅還都嶠》，末云：「相隨十日還歸去，萬劫清游結此因。」《紀年録》元符三年紀事：「九月二十日，嘉魚亭下作送邵進士詩。」按：此乃本年事，其詩即《送邵道士彦肅還都嶠》，「進」乃「道」

之誤。跋與詩爲同日作。《輿地紀勝》卷一百九《廣南西路·藤州·景物上》謂夏初有嘉魚，自南海來。則嘉魚亭乃緣嘉魚而建。藤、梧密邇，地理狀況多同，嘉魚至藤當經梧，亭當在梧。

《晚香堂蘇帖》有《書贈邵道士》文字，文末書「元祐三年九月書贈都嶠邵道士」，知蘇軾與邵彦肅相交已久。書於此時者乃重書。

《苕溪漁隱叢話·後集》卷三十七引《東皋雜録》：「蓬州道士賈善翔，字鴻舉。能劇談，善琴，嗜酒；士大夫喜與之游。東坡嘗過之，戲書問曰：『身如芭蕉，心如蓮花，百節疏通，萬竅玲瓏。來時一，去時八萬四千。』末云：『鴻舉下語。』賈答曰：『老道士這裹没許多般數。』張天覺跋其後云：『去時八萬四千，不知落在那邊。若不斬頭覓話，誰知措大參禪。』」「身如芭蕉」六句，爲《書贈邵道士》中語。兹附録於此。

《輿地紀勝》卷一百八十八《蓬州》：「賈善翔，儀隴人，年十五，超然有出塵之志。」以下言：「圖經云：至都下，與陳太初爲方外友。神宗時簽書教門公事。（下略）」

離梧州，軾至德慶。二十四日，與弓允及幼子過同游三澗巖，題名。同日，游回，舟中題自作字。

題名見《佚文彙編》卷六（二五八四頁）。

題自作字見《蘇軾文集》卷六十九《題自作字》。

商務印書館影印本《廣東通志》卷二百九《金石略》十一謂此題名在德慶，修志時猶存。《輿地紀勝》卷一百一《廣南東路·德慶府·景物下·三洲巖》：「在端溪縣東。《舊經》云：即西江之三島也。」三洲巖即三澗巖。《總案》：「三洲巖，從江岸平地拔起，陡數十丈，四無聯屬，若掛榜於虛空者。」

轍北歸途中，遇朱服（師復、行中）。

《能改齋漫録》卷十二《責降朱師復制》引崇寧元年八月制，有朱師復「諂交軾、轍，密於唱和」之語。又引師復《安置興國軍謝表》，有「夤緣軾、轍之度嶺，初一承顔」之語（後者亦見《建炎以來繫年要録》卷九十紹興五年六月乙卯紀事）。師復入元祐黨籍，紹興五年六月十三日，復寶文閣待制，旋以紹聖初賀改元表（中有元祐「法度典章，廢格幾盡」之語）等，同年八月，奉聖旨：「追復寶文閣待制更不施行。」參元祐六年八月癸卯紀事。參建中靖國元年「軾作詩寄知廣州朱服」條。

《宋史》卷三百四十七《朱服傳》：「徽宗即位，加集賢殿修撰，再爲廬州；越兩月，徙廣州。」今年十一月間，軾與服遇於英州。與轍遇，早於此，當在今江西境内。「夤緣」云云，即謂相遇也。

將往廣州，過作詩寄邁、迨，蘇軾有和；舟敗亡墨。

《斜川集》卷一《將至五羊先寄伯達仲豫二兄》：「人皆有離别，我别不忍道。惟應付夢幻，事已共一笑。憶昔與仲别，秦淮匯秋潦。相望一葉舟，目斷飛鴻杳。伯兄陽羨來，萬里踰烟嶠。未温白鶴席，已餞羅浮曉。江邊空忍淚，我亦肝腸繞。崎嶇七年中，雲海同浩渺。豈知羌村晚，驚拜杜陵老。干戈雖事異，歡喜動夷獠。山川舊悽慘，雲物今清好。不似玄都桃，秋風不堪掃。」和詩見《蘇軾詩集》卷四十四（二三九〇頁）。中云：「大兒牧衆稺，四歲守孤嶠。」邁等留於惠，已近四年。

《老學庵筆記》卷五：「東坡自儋耳歸，至廣州，舟敗，亡墨四篋，平生所寶皆盡。僅於諸子處得李墨一丸，潘谷墨兩丸。自是至毘陵捐館舍，所用皆此三墨也。此聞之蘇季真云。」此處所云之「至廣州」，當爲將至之意。

將抵廣州，程懷立專使來迎，軾簡謝。

《蘇軾文集》卷五十六與懷立第六簡，即此簡。簡云「秋涼」，又云「少選到岸」。懷立詳以下「時程懷立」條。據「秋涼」云云，到廣州約爲九月底。

至廣州，軾與邁、迨及孫簞、符等會。得錢世雄（濟明）簡。

《蘇軾詩集》卷四十四《將至廣州用過韻寄邁迨二子》：「北歸爲兒子，破戒堪一笑。」至是相見。邁一房尚有邁妻石氏等。

《蘇軾文集》卷五十三與世雄第六簡云「得迨賫來手書」。世雄居吴中，是迨自宜興至。

時程懷立約以轉運使攝知廣州事，王進叔爲部刺史，孫鼛（叔静）爲廣南東路提舉常平，蕭世範（器之）爲廣州通判。

《蘇軾文集》卷五十六與懷立第二簡有「枉使旌」之語，第五簡云及「因巡檢至新」，第六簡叙懷立以專使來迎致謝意。時柯述（仲常）已去知廣州任，新知廣州朱服（行中）尚未到。《總案》以爲懷立時以轉運使攝守事，今從。按：宋制，節鎮員缺，由轉運使兼攝，見《文集》卷三十六《朝辭赴定州論事狀》。

進叔爲部刺史，見《文集》卷六十八《書王公峽中詩刻後》，《蘇軾詩集》卷四十四《跋王進叔所藏畫五首》「查注」據此以爲進叔時爲嶺南監司，當爲提刑。《斜川集》卷二《題王進之緑蔭軒》有「公庭無事白日長，寒影參差亂書帙」之句，知進之收藏頗富，與《詩集》、《文集》有關進叔記叙有相類處；又有「君家將相山西種，世世剖符門列戟」之句，進叔之父爲太尉，與此亦有似處。疑進之即進叔。進叔並參本年十月十六日紀事。

鼛任職，見《蘇軾詩集》卷四十四《和孫叔静兄弟李端叔唱和》題下「施注」。

世範任職，見《詩集》卷四十四《廣倅蕭大夫借前韻見贈復和答之二首》題下「查注」。

世範有詩見《鳳墅帖》。

應程懷立之約，軾游净慧寺。憩於寺之六榕下，爲題「六榕」二字。後人遂名净慧寺爲六榕寺。感疾，懷立數來視，並饋藥。

《蘇軾文集》卷五十六《與程懷立》第三簡有「來約浄慧」、「無緣重詣」，是嘗一詣也。

《總案》卷四十四引《廣州浄慧寺塔記》：「南海郡，廣東一都會也。襟帶五嶺，控制百粤，海舶賈胡以珠金犀爲之貨，叢委於市，地大物夥，號稱富饒，又其風俗，事佛尤謹，仁祠之盛，列刹相望，然未有所謂窣堵坡者。今上即位之元，郡人前鳳翔寶雞主簿林修，慨然以爲此獨闕如，則何以極佛土之莊嚴而爲邦人植福之地。乃與同郡信士王衢、林歸沙門道琮，始議重建塔於浄慧精舍，凡三易地而後决焉。林君好善喜施，首出家資巨萬以創之。比工之興，地基廣狹既已定矣，一夕，夢神人告使廣之。衆從其説，遂廣其基以爲四十五尺，撅地得古井九環列基外，適與度合，中央復獲巨鼎，中藏三劍一鏡，銛瑩如新。是日，郡官州人，雲集來觀，咸謂至誠感通，歎未曾有，遂鳩工疊甓，以爲八觚九層，度高二百七十尺，龕藏賢劫千佛及旃檀五百應真像，下瘞佛牙舍利，殉以珍寶。紺宇翬飛，丹檻離立，輪奐之盛，金碧照空，對嚴獻殿，繚以迴廊，瑋麗稱是。然後觀者起敬，真德福聚，可以住持佛法，鞏固皇圖，爲東南塔廟之冠矣。紹聖四年六月三日，工徒告竣，爰書興建之由，俾刻諸石，用示方來。秋七月朔立石，皇叔敕賜進士出身右武衛大將軍持節康州諸軍事康州刺史充本州團練使上柱國天水郡開國公食伯户食實以七伯户叔盎撰并書。」叔盎已見元祐七年「和趙叔盎畫馬」條紀事。

《總案》又云：「六榕寺在廣州城西北隅，今圈入駐防中。前明嘉、萬間累有興修，輒新此榜，是以致壞。榜懸寺門，刻凸字，朱質金文，猶前明之舊。二字皆大尺有咫，精采雖稍失，較惠州新壤三榜猶勝。後有『眉山軾題并書』六字，亦凸，僅存字形而已。誌謂公憩此六榕之下，因爲題字榜於山門，邦人爲建瀟灑軒於榕陰間，存公遺迹。後明洪武六年，建永豐倉，毀寺殿廡，僅存塔殿，逮僧愈堅重建佛廬，改寺門爲東向，其榕與軒，遂不可考矣。誌又謂公以紹聖元年過此題榜，則誤。據叔盎碑，此寺建於元祐元年，逮紹聖四年六月工竣，其南遷不至可知。逮紹聖四年四月徙儋過廣，則朝命嚴迫，……而寺工亦未竣，又必無游題之事，明矣。考本集，元符三年十月，公在廣州，蓋程懷立以轉運使攝守事，延公於净慧寺，廚傳爲會，三司並集，因徜徉竟日，并題此榜，其後懷立又約餞別於此，公報云來約净慧，無緣重詣，以是知公到寺止一次，且在款接之初，其題此榜，乃十月上旬中事也。」據此，六榕寺即净慧寺。

與懷立第二簡叙視疾。

東莞縣資福禪寺羅漢閣成。軾應僧祖堂請，十月十五日作記。

記見《蘇軾文集》卷十二（三九六頁）。《文集》卷五十八《與朱行中》第九簡叙作記，民國《東莞縣志》卷八十九引此記，末云：「元符三年十月望蘇軾記。」《南海百詠·資福寺羅漢閣》自注：「在東莞縣市中。」《能改齋漫録》卷七《衆心回春柏再榮》叙閣成，祖堂走惠州，以下云：「求碑於東坡，諸之矣。心欲以犀帶所易得者佛腦骨，骨出舍利，薦以白玉璧施之，而未言也。祖堂歸累月，一夕，夢赤蛇吐珠白璧上，驚悟曰：『蘇公之文且成矣。』即往速之，且告以夢。坡大喜，出腦骨舍利璧視之。祖堂因請歸，作金銀琉璃窣堵坡，藏閣上。遂併付之，仍別作舍利塔銘文。」「視之」之「視」，疑爲「施」之誤。

十六日，軾晤王進叔，觀其父周峽中石刻詩及所藏唐咸通湖州刺史牒、石延年（曼卿）詩筆，作跋。又嘗觀其所藏畫，作詩。

跋分見《蘇軾文集》卷六十八（二一五九頁）、六十九（二一七九頁）。前者有云：「庚辰歲，蒙恩移永州，過南海，見部刺史王公進叔，出先太尉峽中石刻諸詩，反復玩味，則赤甲、白鹽、灩澦、黄牛之狀，凛然在人目中矣。」太尉乃周，見元符元年十月七日紀事。

詩見《蘇軾詩集》卷四十四，題作《跋王進叔所藏畫五首》。

二十三日，軾與孫鼛（叔静）論王進叔所蓄琴。

據《蘇軾文集》卷七十一《書王進叔所蓄琴》。文末稱「與孫叔静皆云」，知作於廣州。文署元符二年作，「二」乃「三」之誤。

軾與李之儀（端叔）簡，以各宜閟嗇爲勉。之儀將官於潁昌。復與簡，詢及黄庭堅、張耒、晁補之音信。蘇軾居儋州時，之儀嘗修簡致候，軾嘗以未答爲歉。

《蘇軾文集》卷五十二答之儀第三簡首云「某年六十五矣」，又引子迨之言云之儀「鬚髮已皓然」，知作於迨等至廣州後，作於廣州。簡云：「兒姪輩在治下，頻與教督之。有一書，幸送與。」弟轍家居潁昌，時之儀將赴潁昌，詳以下「李之儀抵潁昌」條紀事。所云「送與」之書，乃與轍及轍房下者。

同上答之儀第六簡：「黄魯直、張文潛、晁無咎各得信否？文潛舊疾，必已全愈乎？」簡云「子由近得書，度已至岳」、「三兒子在此」。作於廣州。

《竹隱畸士集》卷二十《書楊子耕所藏李端叔帖》：「東坡先生既謫儋耳，平日門下客，皆諱而自匿，惟恐人知之。如端叔之徒，終始不負公者，蓋不過三數人。」《文集》答之儀第四簡：「辱書多矣，無不達者，然終不一答，非獨衰病簡懶之過，實以罪垢深重，不忍更以無益寒温之問，玷累知交。」知蘇軾居海南時，之儀嘗修簡致候。

過天慶觀，軾訪何德順道士，觀所作衆妙堂，飲於東軒，作詩。

《蘇軾詩集》卷四十四《廣州何道士衆妙堂》云「我獨觀此衆妙門」，又云：「道人晨起開東軒，趺坐一醉扶桑暾。餘光照我玻璃盆，倒射窗几清而温。」

訪孫鼛（叔静），飲官法酒，軾書之；題鼛所蓄諸葛筆、常和道人墨。與鼛及蕭世範有唱和。

《蘇軾文集》卷七十有《書贈孫叔静》、《書孫叔静諸葛筆》、《書孫叔静常和墨》。《春渚紀聞》卷八《紫霄峰墨》、《墨工製名多蹈襲》稱「大室常和，其墨精緻」，極善用墨；《墨工製名多蹈襲》謂和有子名遇。《書孫叔静常和墨》及朱覲，《避暑録話》卷上亦及之。《蘇軾詩集》卷四十四有和馨詩、答世範和詩、呈世範詩（二三九一、二三九三、二三九四頁）。

鄭嘉會（靖老）來簡，欲相從溪山間。軾答簡以更一赦歸田爲望。

《蘇軾文集》卷五十六與嘉會第四簡叙之；簡或作於廣州。

蘇軾作詩，題韋偃《牧馬圖》。

詩見《蘇軾詩集》卷四十四（二三九七頁）。

詩首云：「神工妙技帝所收，江都、曹、韓逝莫留。」此乃就杜甫筆下之善畫馬者而言。江都王、曹霸、韓幹皆善畫馬。以三人之畫爲神工妙技，且爲天帝所賞識。盛贊三人，引起韋偃，乃有「人間畫馬惟韋侯，當年爲誰掃驊騮」之句。以江都王等三人既逝，世間惟有韋偃也。以下云：「至今霜蹄踏長楸，圉人困卧沙壠頭。沙苑茫茫葵藜秋，風騣霧鬣寒颼颼。」寫韋偃筆下之牧馬。嗣云：「龍種尚與駑駘游，長稭短豆豈我羞。」似謂韋偃之牧馬中，雜有劣等馬；作者以爲超羣之馬與劣等之馬皆食長稭短豆，令人不平，令人爲超羣之馬未能得到精心喂養而惜。末云：「八鑾六轡非馬謀，古來西山與東丘。」八鑾六轡乃加强於馬者，已失馬之本性，故云「非馬謀」。作者盛贊韋偃筆下「風騣霧鬣」之馬得天性。作者因馬以及人，以爲人亦不能失天性，西山伯夷死於名，東丘盜跖死於利，皆因失其本性。其間似亦有自寓之意，自身僕僕南北，難免有名利作祟。

謝舉廉（民師）來見，軾有詩示之。子過有次韻舉廉詩。

《蘇軾詩集》卷四十四有《往年宿瓜步，夢中得小絶，録示謝民師》詩。

《斜川集》卷二《次韻謝民師》：「老鶴過海仍將雛，澹然如將没齒疏。人生如寄何足道，富貴貧賤隙白駒。飄流僅似虞夫子，飢坐弦歌古儋耳。不堪秦嶺望家山，敢有玉關生入理。廣文才名三十年，困窮直到寒無氈。將軍夜行遭醉尉，曲逆解衣嘗刺船。豈知雷雨來新渥，歸路江山宛如昨。飢人但覺粃糠美，憂患始知田舍樂。夢中猶記魚相濡，莊叟屢困監河枯。聊因競病歌歸歟，寧復燦爛悲窮途。知君篤學真爲己，不從世好惟耽此。作詩頗似建安風，取友更同鮑叔義。我聞得士朝廷尊，搢紳所寄惟斯文。象犀珠玉本安用，猶使四海争趨奔。高人處世誠難矣，絶俗驚笑空目眯。坐令瑚璉廢清廟，澗毛何由薦天子。我羨平生馬少游，不願溝瀆容吞舟。夜光明月請自閟，按劍或恐疑輕投。」

《蘇軾文集》卷四十九《與謝民師推官書》：「數賜見臨，傾蓋如故。」舉廉當爲廣州推官。《文集》卷五十八《與朱行中》第二簡稱舉廉爲帳勾。

《獨醒雜志》卷一：「謝民師名舉廉，新淦人。博學工詞章，遠近從之者嘗數百人。民師於其家置講席，每日登座講書一通。既畢，諸生各以所疑來問，民師隨問隨答，未嘗少倦。日辦時果兩盤，講罷，諸生啜茶食果而退。東坡自嶺南歸，民師袖書及舊作遮謁，東坡覽之，大見稱賞，謂民師曰：『子之文，正如上等紫磨黄金，須還子十七貫五百。』遂留語終日。民師著述極多，今其族摘坡語，名曰《上金集》者，蓋其一也。嘗有稿本數册，在其壻陳良器處，予少從良器學，屢獲觀焉。」

《誠齋集》卷一百二十一《故工部尚書焕章閣直學士朝議大夫贈通議大夫謝公神道碑》謂謝公諱諤，世家臨江之新喻；其先世有懋者，與弟岐、子舉廉世充，同登元豐八年進士第，時稱臨江四謝。謂：「舉廉字民師，有《藍溪集》。東坡蘇公與之論文，有書，尤稱其世上無真是之詩，蓋公四世伯祖也。」《平園續稿》卷二十八亦有《朝議大夫工部尚書贈通議大夫謝諤神道碑》，亦略及此。

十一月初一日，授蘇軾朝奉郎、提舉成都府玉局觀、外州軍任便居住。

《經進東坡文集事略》卷二十六《提舉玉局觀謝表》注文：「時元符三年十一月癸亥朔，有玉局之命。」授朝奉郎云云，《謝表》内叙及。

同日，授蘇轍大中大夫、提舉鳳翔府上清宫、外州軍任便居住。

據《年表》。《年表》引敕：「朕初踐祚，思赴治功，敷求俊良，常恐不及。念雖廢棄，不忍遐遺。

轍富有藝文，嘗預機政。謫居荒裔，積有歲時。稍從内遷，志節彌厲。昭還故秩，仍領真祠。服我異恩，無忘報稱。可特授大中大夫、提舉鳳翔府上清宫、外州軍任便居住。」

蘇軾北歸途中，晤知監宣義；將行，與知監宣義簡。

簡見《蘇軾文集》卷五十七。

簡云：「流落生還，得見君子，喜老成典刑，凛然不墜，幸甚。」知知監宣義乃宦裔，其父祖有名於時，蘇軾亦深知之。知監乃官名，宋地方行政區劃「監」之長官，宣義乃宣義郎，一作宣議郎，宋初爲從七品下階文散官。

簡云「風便解去」。蘇軾離廣州時，風作未能發。此簡當作於其時，「風」後疑脱去一「止」字或「減」字。則知監宣義乃官於廣南東西路某監，惜失其姓名。

將離廣州，軾與程懷立簡，以新州巢谷旅殯修治、謹護爲托。先是聞谷卒，使人呼其子蒙來迎喪，更資其歸葬。至廣州後，嘗言於王進叔。至是復言於懷立，以須其子之至。簡别謝舉廉(民師)。

《蘇軾文集》卷五十六與懷立第五簡叙巢谷至新州病亡，官爲槀葬。以下言：「有子蒙在里中，某已使人呼蒙來迎喪，頗助其路費，仍約過永而南，當更資之。但未到間，其旅殯無人照管，或毁壞暴露，願公愍其不幸，因巡檢至新，特爲一言於彼守令，得稍爲修治其殯，常戒主者謹護之，以須其子之至，則恩及存没矣。」簡又云：「公若不往新，則告言於進叔，尤幸。亦曾懇此。」簡又云「令子重承訪及，不暇往別」，知作於將行。別舉廉簡乃《文集》卷五十六與舉廉第一簡。

登舟風作，軾未能發。惠州曇穎、祖堂、通老三道人來。程懷立約重游净慧寺，婉辭。

《蘇軾文集》卷五十六與懷立第三簡叙其事。三道人來見《佚文彙編》卷六《遊廣陵寺題名》。

軾離廣州，孫鼛（叔静）與其子拏舟相送，餞别金刹崇福寺。與李之儀（端叔）、鼛簡。

《蘇軾文集》卷五十二與之儀第四簡云「叔静拏舟相送數十里」，卷五十八與鼛第三簡云「更勤從者遠至金刹」，「令子煩追餞」。「金」原作「令」，今依《七集·續集》改作「金」。《總案》謂金刹乃崇福寺，寺在廣州城西四十餘里金利山；謂離廣州約爲十一月五六日事。

登崇福寺鑑空閣，軾和黄洞（明達）秀才詩。登靈峰山，題詩寶陀寺壁。

詩見《蘇軾詩集》卷四十四（二三九九、二四〇一頁）。《輿地紀勝》卷一百二十四引《南海志》謂鑑空閣在城西五十里金利崇福寺。《南海百詠》謂閣在寺前。《輿地紀勝》此條誤入《瓊州》，所云「城西」乃廣州城西。靈峰山即靈洲山，見詩注。《輿地紀勝》卷八十九《廣州》引《寰宇記》謂山在南海縣。《總案》引和黄詩：「我登鑑空閣，缺月正凄冷。黄子寒無衣，對月句愈警。」謂此乃孫鼛等去後，月上復入，而秀才亦出也。當在十一月五六日，即蘇軾發廣州日之夜，嘉靖

《廣東通志》卷五十六《黄洞傳》：「南海人。性度玄曠，博學能文，自經史百家以至浮屠老子之書，罔不究心焉。」不第。爲詩瑰奇，時出新意。《蘇軾文集》卷五十七有與洞簡。

道過清遠峽寶林寺，頌禪月所畫十八大阿羅漢。十四日，軾留題。

頌見《蘇軾文集》卷二十二（六二六頁）。留題見卷六十六，題作《書羅漢頌後》。

《紀年録》繫此事於本年十月十四日，不從。

《益州名畫録》卷下：「禪月大師，婺州金溪人也。俗姓姜氏，名貫休，字德隱。」善畫羅漢，詩名亦高。

十五日，吴復古（子野）、何德順（崇道）、曇穎、祖堂、通老、黄洞（明達）、李公弼、林子中自番禺追餞軾至清遠峽，同游廣慶寺，題名。

題名見《佚文彙編》卷六（二五八四頁）。

「慶」原作「陵」，校記一作「慶」。郭祥正《青山集》卷五有《題清遠峽廣慶寺壁》詩，作「慶」是。

《長編》卷五百十六元符二年閏九月丁丑有李公弼銜替記載，以言涉詆訕。《蘇軾文集》卷五十八《與周文之》第四簡言公弼欲渡海遠訪，蘇軾稱之爲佳士。《咸淳毗陵志》卷十一謂公弼爲治平四年進士。

此林子中，非字爲子中者之林希，其仕歷待考。

至峽山寺，軾答謝舉廉（民師）書，論爲文在辭達。

書見《蘇軾文集》卷四十九（一四一八頁），云：「今日已至峽山寺，少留即去。」此書總結數十年創作經驗，謂：「求物之妙，如繫風捕影，能使是物了然於心者，蓋千萬人而不一遇也。而況能使了然於口與手者乎？是之謂辭達。辭至於能達，則文不可勝用矣。」

孫鼛（叔静）、謝舉廉（民師）報將有玉局觀之除，軾答簡以爲厚幸。

答簡乃《蘇軾文集》卷五十八與鼛第二簡、卷五十六答舉廉第二簡，時尚未到英州。二簡皆云「得免湖外之行」。湖外指永州，永州屬荆湖南路。鼛與蘇軾文字交往記載止此。據《宋史》鼛本傳，鼛靖康二年卒，年八十六。

至英州。州守何及之（智甫）建石橋方成，應請作《何公橋詩》。軾多簡與及之。

詩見《蘇軾詩集》卷四十四。《容齋隨筆·三筆》卷十一《何公橋詩》叙作詩原委，注文已引。《輿地紀勝》卷九十五《英德府》謂軾詩刻於郡治，何公橋今名政和橋。《鴻慶居士集》卷四十《宋故永嘉郡太君劉氏墓誌銘》謂劉氏乃何守之妻，云「石橋者，故朝請大夫建安何公字□□諱及之守英州時所作」。同治《連州志》卷五《宋知州》有何及之。《劉氏墓誌銘》云：「真陽之民病涉久矣，公梁石爲橋，以便行者，老幼闐道，爭勸之趨。橋成，壯麗甲於南海，州人畫像祠公。如朱仲卿食於桐鄉，至於今不廢。」公謂及之。真陽乃英州治。

《西塘先生文集》卷九《和英州太守何智翁次韻馮仲禮麻江橋》其一首云：「疊石梁空太守賢，一年功力倍千年。惠從今日流終古，智是當時決九川。」是何公橋原名麻江橋。同卷有《元符放還謝英守何智翁》。

《後村先生大全文集》卷一百四《墨林方氏帖·蘇文忠公·書與何智翁四帖》：「公貴盛時，士競趨其門，考文者托公以重其文，挾藝者托公以售其藝。及其遷謫也，未聞一士如韓生從殷浩至東陽，李商隱從鄭亞來循州者。蓋有相遇都城，以扇障面，不揖叔黨者矣。潘衡何人，乃渡海忍饑，爲公留一年，其人賢於李公麟輩遠矣。」知蘇軾與何及之簡中及潘衡。同上《書與何智翁四帖》：「英州題名：朝散郎何甫，元符三年爲守。帖云『朝散使君郎』，其人也。《容齋三筆》云：英州江水貫市，架木爲橋，郡守建安何智甫始疊石爲之，橋成，坡自海外歸，爲作《何公橋詩》。然則何名甫而字智甫。帖云『智翁』者，豈避其名耶！南山之遊，寧並轎而不先升車。以一代元老，過荒遠小郡，執謙特甚，若不敢與太守鈞敵者，前輩厚德如此。海島非人所居，韋執誼、李文饒、盧多遜皆往而不返。此老羈囚屢載，白首北還，乃云『何時得却掃一空，復如在海外時』，其浩然不屈之氣，非黨禍所能怖，烟瘴所能死也。」此所引《容齋三筆》，在該書卷十一《何公橋詩》條。「何時」云云，乃軾簡中語。今據《鴻慶居士集》，定何守名及之；從《容齋三筆》，定何守字智甫。

《永樂大典》卷一萬九百九十九引吴栻《寄智翁宣州知府鄉兄》（原注：何大夫）：「使君真是十年兄，投老相看眼更明。入省早推何水部，作州今見謝宣城。應憐遠岫雲俱晚，定夢澄江月共明。安得陪公觴咏後，春風桃李滿交情。」

栻字顧道，甌寧人。熙寧六年進士。政和元年尚知成都府，見《全蜀藝文志》卷三十四栻所撰《銅壺閣記》。以後召拜兵部侍郎，除龍圖閣直學士，再知成都。後知中山府，卒。康熙《甌寧縣志》卷八有傳。知何甫爲甌寧人，年長於栻，嘗知宣州。

鄭俠《西塘先生文集》卷九《元符放還謝英守何智翁》：「僦屋平山至典衣，來時便作十年期。豈知未報歸餘閏，早有潛吟送別詩。聖主恩仁天地力，明公憐念父兄慈。征鞍擬待春和暖，催促行裝願少遲。」

同上《和英州太守何智翁次韻馮仲禮麻江橋》其末四句云：「有競輪蹄何雜沓，無情風月亦流連。紅燈焰焰三更市，從此吴江不直錢。」

蘇軾至英州，與程懷立簡。

簡乃《蘇軾文集》卷五十六《與程懷立》第四簡。

簡云：「至英方再宿爾。」又云：「少留數日。此去尤艱闊，借舟，未知能達韶否？」將舟行。

又云：「人行，匆遽。」蓋程懷立派人送至英州，因其回，因致此簡也。

在英州，軾與新知廣州朱服（行中）遇，各示詩文，論神宗末取士及教坊瑟二事。晤服子彧。時面多士色。

《蘇軾文集》卷五十八與服第三簡云「承旌馭已至，即欲走謁」；第四簡：「某屏居歲久，未嘗冠幘，比日又苦小癤，不能巾裹。欲服帽請見，先令咨稟，如許，乃敢前詣，幸不深責。」服子彧（無惑）《萍洲可談》卷一節録此簡，謂時猶未受復朝奉郎、提舉玉局觀之告，欲着帽相見，「蓋不欲青衣耳」，并謂「坡於外物宜不能動，惜其猶以此介胸中」。第一簡云「真陽一見，大慰宿昔」，知軾在途中遇服。軾在英州略有停留，其初到，即遇服。《宋史》卷三百四十七《朱服傳》謂服爲湖州烏程人，徽宗即位，知廬州，越兩月，徙廣州。《萍洲可談》謂服生慶曆戊子，小軾六歲。嘉靖《廣東通志》卷九謂服於本年十一月知廣州。蓋謂抵任。

《萍洲可談》卷一謂其父與蘇軾遇，「各出詩文相示」。《文集》與服第二簡云「前承借示新詩，久矣不見斯作也」。論神宗末取士事，見元豐八年「晤章惇」條。

《萍洲可談》卷一：「子瞻曾爲先公言：『書傳間出疊字，皆作二小畫於其下，樂府有瑟二調歌，平時讀作瑟瑟。後到海南，見一鯨卒，自云元係教坊瑟二部頭，方知當作「瑟二」，非「瑟瑟」也。』子瞻好學，彌老不衰，類皆如此。余嘗訪教坊瑟二事，云：每色以二人，如笛二、箏二，總謂之色二，不作瑟字，不知果如何？」卷二：「余在南海，逢東坡北歸，氣貌不衰，笑語滑稽無窮。視面，多土色，釂耳不潤澤。别去數月，僅及陽羨而卒。東坡固有以處憂患，但瘴霧之毒，非所能堪爾。」服以與蘇軾交往故，入黨籍。參建中靖國元年「作詩寄知廣州朱服」條。《四庫全書總目提要》謂《萍洲可談》於二蘇頗有微詞，以其父實非黨人，欲回護之。《太倉稊米集》卷四十三《東坡先生過海畫像贊》：「儋耳炎荒，海嶠孤絶。蠻蜑往來，蛙蛇咀嚙。瘴霧薫毒，肌理皸裂。誰垠一朝，歲星七閏。萬里南歸，黧面如鐵。蓬首斷髭，叢霜點雪。高文偉度，冠世之傑。雖駕傾河，疇能贊説。（下略）」與《萍洲可談》所述，可相互補充，蓋寫實。兹附此。

晤鄭俠（介夫），俠贈詩，軾次其韻。

次韻見《蘇軾詩集》卷四十四（二四〇四頁）。俠贈詩見《西塘先生文集》卷九，注文引；時俠編管英州。

本月，陳師道除秘書省正字。軾答其兄師仲（傳道）簡，贊其兄弟操守。

師道除正字，見《後山詩注》卷十一。

《蘇軾文集》卷五十三《答陳傳道》第四簡：「見近報，履常作正字。伯仲介特之操，處窮益勵，時流孰知之者！用是占之，知公議少伸也耶？」第五簡言及除宫觀事，作於同時或稍後。

馮祖仁、南華明老分别自曲江、曹溪遣專人來迎，軾答簡。

答祖仁簡乃《蘇軾文集》卷五十五與祖仁第二簡，云「更二十日方至曲江，首當詣宇下」。時「未拜告命」。祖仁自罷河源令後，即居曲江。答明老簡乃《文集》卷六十一與明老第一簡，云「不即會見，企望之極」。

在英州，得旨復朝奉郎、提舉成都府玉局觀，上謝表。

表見《蘇軾文集》卷二十四（七〇八頁）。爲十一月事，參以下「赴韶州」條。《蘇軾詩集》卷四十五《過嶺》：「乘輿真爲玉局游。」《用前韵再和孫志舉》：「灑掃真玉局。」《永和清都觀道士童顔鬒髮問其年生於丙子蓋與予同求此詩》：「鏡湖勅賜老江東，未似西歸玉局翁。」

轍至鄂州，被復官宫觀命，有謝表。

謝表見《欒城後集》卷十八，首云乘船至鄂州，得復官宫觀命。末云：「頃嘗卜居嵩、潁之間，粗有伏臘之備，杜門可以卒歲，蔬食可以終身。」將往居潁昌府。《潁濱遺老傳》下：「已乃復舊官，提舉鳳翔上清太平宫。有田在潁川，乃即居焉。」《蘇軾文集》卷五十七《與蘇伯固》第一簡：「子由想已在巴陵，得宫觀指揮，計便沿流還潁昌。」未知其到鄂州。軾於本月，在英州得朝奉郎新命。京師開封距英州遠較距鄂州爲遠，按常情而論，蘇轍至鄂州，當爲本月即十一月事，當在該月下旬之前。

蘇轍在鄂州，晤王鞏（定國）。

《寶真齋法書贊》卷十二《蘇文定衙前至京湖口三帖》第三帖：「鄂渚之别，已半年餘矣。」此簡作於建中靖國元年六月十四日，知轍本年十一月底、十二月初尚在鄂州。簡云：「承舟御至京」，知王鞏鄂州相晤後即往京師。

賀州守彭醇來啓，軾有答。

答啓見《蘇軾文集》卷四十七（一三六六頁）。啓有「洒掃真祠，拜賜散人之號」之語，知作於提舉玉局觀後。

《平園續稿》卷十四《澉溪居士文集序》：「〔東坡〕《前》、《後集》答士大夫啓纔四十篇，而獲麟騎箕之歲，《回賀州啓》在焉。既曰『賜以尺書，借之餘論』，又曰『温辭下逮，陋質增華』，……托名不朽，尚何憾焉。」引文皆見答啓。

同上書同上文謂：彭醇字道原，廬陵人。幼穎悟。年三十一登第，嘗攝行臨川、靖安二邑。尋令石首、湘陰，守康、守賀、守南安，有循良之目。垂七十，納禄而歸，自號定庵，又號卧雲翁。有《澉溪居士集》五十卷，經兵火，只得二十卷。按：此二十卷亦早不傳。

《輿地紀勝》卷三十一《江南西路·吉州·人物》：「彭醇：廬陵人。歷守康、賀、南安等郡，有惠愛。蘇軾北還，醇嘗走書致饋。范祖禹卒於他州，醇爲文以祭。又上書譏切王氏之學。崇寧三年，編入黨籍。」

連州守丁連來啓賀北歸，軾作《答丁連州朝奉啓》。

答啓見《蘇軾文集》卷四十七。同治《連州志》卷五《宋知州》有丁連，次徐常、徐疇、王寘、何及之後，謂連「番禺人，知連州，築堤防，興水利，民甚便之」。

與范冲（元長）簡，軾并致銀五兩與秦觀之子湛（處度），爲其父齋僧。

簡乃《蘇軾文集》卷五十與冲第十三簡，云及「玉局之除」。又云「早收拾事迹，編次著撰，相見日以見授也」，以便爲祖禹撰行狀或墓銘。

《宋史》卷四百三十五冲傳謂冲卒年七十五，《建炎以來繫年要録》卷一百四十三謂卒於紹興十一年十二月。蘇軾與范冲文字交往記載止此。

《文集》卷五十八《與歐陽元老》贊湛甚奇俊，有父風。《姑溪居士文集》卷二、《日涉園集》卷一、五、七、八及《東萊詩集》卷一、三均有詩及湛。官宣教郎，紹興二年添差通判常州，四年致仕。見《咸淳毗陵志》。《唐宋諸賢絶妙詞選》有湛詞。

韶倅李公寅（亮工）自韶專使來迎，軾答簡。

《蘇軾文集》卷五十八與公寅第一簡乃答簡，云「更半月乃可造謁」。

公寅，公麟弟。有文名，舉進士。見《蘇軾詩集》卷四十四《次韵韶倅李通直》注文。道光《南雄州志》卷二十三謂英德南山有《譚粹題名》：「靖國辛巳仲秋中澣，郡守凌江譚粹文叔邀金陵李公寅亮工同游。」金陵似爲公寅祖籍。《輿地紀勝》卷九十三《南雄州》有公寅殘句。入黨籍，爲邪下。見《長編拾補》卷二十崇寧元年九月乙未紀事。家藏周昉畫《美人琴阮圖》，崇寧三年在長沙，黄庭堅謫宜州，過而見之，《山谷别集詩注》卷下有詩。

吴復古（子野）卒，爲文祭之。

《蘇軾文集》卷六十三《祭吴子野文》云卒於「送我北還」途中。此文首署「朝奉郎、提舉成都府玉局觀」，作於英州得告命以後。《總案》次復古卒於到英州前，誤。

離英州，朱服（行中）借搬行李人。軾至金山寺下，與蘇堅（伯固）簡，言舟行艱澀。

《蘇軾文集》卷五十八與服第七、八簡叙借搬行李人。卷五十七答堅第一簡叙至金山寺，《輿地紀勝》卷九十五《英德府》謂寺在城北三十里。

軾赴韶州。與新任廣南東路轉運判官文勛（安國）遇。與朱服（行中）簡。舟中作字，書之。

《蘇軾文集》卷五十八與服第九簡云「途中爲告文安國，篆得閣額，甚妙，今封付去人」，「乞差一小人賫送祖堂者」。嘉靖《廣東通志》卷九：本年十一月，文勛爲廣南東路轉運判官。此爲勛到任月。知軾離英州爲十一月。所篆閣額，乃謂東莞縣資福禪寺閣額。《文集》卷六十九有《書舟中作字》。勛旋漕湖南，見建中靖國元年正月初二日紀事。卒，黄庭堅有輓詞，見《山谷全書》正集卷六，作於崇寧二年。

陳縝（公密）專使來迎。 軾將達蒙里，欲遵縝意赴南華曹溪，與縝簡。

《蘇軾文集》卷五十六與縝第一簡：「來日晚方達蒙里，即如所教，出陸至南華，南華留半日，即造宇下。」縝字公密，嘗官刑部，見《甲申雜録》；嘗知端州，見《硯箋》卷一《石病》。簡云「差借白直」，其時縝當令曲江。 南華山在曲江縣治南六十里，見同治《韶州府志》卷十一。

至蒙里，軾與陳承務簡。

《蘇軾文集》卷五十七《與陳承務》第一簡云「奉違信宿」，以下云：「已到蒙里，承丈丈差借人轎，孤旅獲濟，感激不可言。」吴雪濤《蘇文繫年考略》：「檢康熙《曲江縣志》卷一所附『都場』、『村落』項下，城南六十里爲仁務都，該都所屬則有名『舊濛瀼村』者，以方位、距離而論，該地正在南華山一帶，因疑軾書中所謂『蒙里』，即是志書中的『舊濛瀼村』。 由此可知，陳承務其時爲官之所，必在曲江縣南，且距蒙里僅二日路程。」以下謂曲江南百餘里有翁源縣，蒙里既距縣城六十里，翁源距蒙里亦當有六十餘里，出陸二日而至，合，謂承務其時似爲翁源令。 簡首云「傾蓋一笑」，非舊交。 簡作於與陳縝簡第二日。《誠齋集》卷十六有《上濛瀼灘詩》。與承務第二簡稱「少年」，受簡者乃蘇軾晚輩。 此簡係與他人之簡，誤入於此。

馮祖仁來迎，軾與祖仁同抵韶，州人士紛來相訪。 抵韶第二日，祖仁惠羊邊、酒壺。

《蘇軾文集》卷五十五與祖仁第三簡：「昨日辱遠迓，喜慰難名。客散，已夜，不能造門。」第四簡謝祖仁惠羊邊等，乃第三簡附言。

軾次韶守狄咸（伯通）韵見贈。寄蘇固（伯固）詩，以將游南華爲報，時堅在南華。

詩見《蘇軾詩集》卷四十四（二四〇七、二四〇八頁）。

狄咸，衡山人。《詩集》卷四十四《狄韶州煮蔓青蘆菔羹》「誰知南岳老」之句可證。熙寧間，咸入章惇幕，經略南江蠻地；元豐間，官汀州：均與郭祥正同僚。郭祥正《青山集》卷二十八《狄倅伯通席上》有「梅山曾共聽蠻鼙，又看汀州白鷺飛」之句。參安徽《古籍研究》一九八八年第一期拙撰《郭祥正與王安石》及《文學遺產增刊》第十八輯拙撰《郭祥正略考》二文。《青山集》卷十三有《即席和酬金陵狄倅伯通》。咸倅金陵（建康），約爲元祐末事。《輿地紀勝》卷十七《建康府》有咸詩。

狄咸煮蔓菁蘆菔羹以待蘇軾，軾作詩。

詩見《蘇軾詩集》卷四十四（二四一二頁）。

詩叙少時自煮花蔓菁，得天然之味。詩云：「誰知南岳老，解作東坡羹。中有蘆菔根，尚含曉露清。」南岳老即謂狄咸，韶州在南岳之南，故以稱之。曉露清，重嚐昔日之味。此中意趣，非貴公子所能知，故勿語也。

軾與李公寅游曹溪。至南華寺，晤明老、蘇堅(伯固)。全家瞻禮南華寺六祖普覺禪師之塔，作功德疏。堅設榻明老之談妙齋，爲作《談妙齋銘》。

公寅同游，見以下「在南華寺」條紀事。銘見《蘇軾文集》卷十九。

《蘇軾文集》卷六十二《南華寺六祖塔功德疏》有「飯僧設浴，以致感恩念咎之意，爲禳灾集福之因」語。全家瞻禮，是邁、迨、過皆至也。《貴耳集》卷下：「韶州南華寺，乃六祖大鑒禪師真身。」又云：「有黄葉齋僧文，自稱率土大將軍，唐之丁酉年。後，彭帥爲經略，適有曾忠之變，亦是丁酉年，遂碎此碑。碑陰乃東坡飯僧疏文。」

在南華寺，軾追和沈遼贈南華韵；夜觀《傳燈録》，口占詩；從李公寅勸，欲卜居龍舒；潘衡亦在寺。留數日，登舟去。蘇堅(伯固)以子疾，仍留南華。南華明老寄四偈，作一偈以報。

詩見《蘇軾詩集》卷四十四(二四〇九、二四一〇頁)。《詩集》同上卷《次韵韶倅李通直》自注：「與公寅「同游南華，宿山水間數日」」，公寅「且勸我卜居於舒」；詩首四句云「青山只在古城隅，萬里歸來卜築初，會見四山朝鶴駕，更看三李跨鯨魚」，欲居舒。《蘇軾文集》卷六十一《與南華明老》第三簡叙登舟去；云「潘生果作墨否？如成，寄一丸」，知潘生亦在南華寺。《總案》謂潘生乃衡，是。云「寵示四揭，可謂奇特，聊答四句」，此四句，見《詩集》卷四十七(二五六四頁)，乃詩；云「伯固懷歸念親甚矣，道話解之」，《文集》卷五十七與固第三簡云及「令子疾」，其留南華當以此，子或爲庠，庠見建中靖國元年三月二日紀事。

蘇軾與李公寅（亮工）簡，詢及李公麟（伯時）健康狀況。

簡乃《蘇軾文集》卷五十八《與李亮工》第二簡。

簡云：「見孫叔静，言伯時頃者微嗽，不知得近信否？已全安未？」知此簡作於廣州。公寅與公麟皆爲舒城人。

與李公寅（亮工）簡，托公寅轉致蘇堅（伯固）二事。

簡乃《蘇軾文集》卷五十八《與李亮工》第五簡、第六簡。

第五簡云：「伯固必頻見，告致懇南華師，亦略道意。」欲早日見南華辯師。

第六簡云：「曾見伯固言，欲煉鐘乳，果然否？告求少許，或只寄生者亦可。爲兩兒婦病，皆餌此得效也。」此簡與上簡俱作於廣州。時邁、迨、過之妻皆來廣州。病者疑爲邁之妻石氏、迨之妻歐陽氏。

與李惟熙、公寅（亮工）簡，軾欲卜居龍舒晤李公麟（伯時）。

與惟熙簡，見《佚文彙編》卷三（二四八八頁）。

惟熙乃舒州人，醫者。爲人清妙，善論物理，見《蘇軾文集》卷七十三《菱芡桃杏説》。《文集》卷五十五《與章致平》第一簡言及「舒州李惟熙丹，化鐵成金」，「服之皆生胎髮，然卒爲癰疽大患」，知惟熙又爲方士。

《青山集》卷十《贈舒州李居士惟熙》：「李居士，存心最慕韓伯休，州城賣藥不二價。世人求我我何求，顏如渥丹眼如漆。和氣酣酣吐朝日，偶來握手爲一言，照盡五臟平生疾。篋中自取三粒丹，瘦骨坐使陽春還。便當投印棄冠帶，與君海上巢名山。深鋤茯苓釀濃酒，極飲形骸可長久。乘槎鼓枻入雲濤，醉放一絲攜六鼇。」郭祥正此詩作於熙寧間。

《梁溪漫志》卷四《東坡緣在東南》：「晚自儋北歸，愛龍舒風土，欲居焉。乃令郡之隱士李惟熙買田以老。已而得子由書，言桑榆末景，忍復離別。遂欲北還潁昌，作書與惟熙云：『然某緣在東南，終當會合，願君志之，未易盡言也。』至儀真，乃聞忌之者猶欲攻擊，遂不敢兄弟同居，竟居毗陵以薨。」《文集》卷五十八與公寅第四簡云更旬日乃行，「意決往龍舒，遂見伯時爲善」。蘇軾言及公麟之文字，止此。公麟卒於崇寧五年，見《畫繼》卷三。

十二月十九日，軾生日，過壽以詩。同日，書《馮祖仁父詩後》；書《南華長老重辯師逸事》。

《斜川集》卷三《大人生日》：「七年野鶴困雞羣，匪虎真同子在陳。四海澄清待今日，五朝光輔屬何人。從來令尹元無愠，豈獨原生不病貧。天欲斯民躋仁壽，卧龍寧許久謀身。」二文分別見《蘇軾文集》卷六十八、六十六。《蘇軾詩集》卷四十四《題馮通直明月湖詩後》，約作於同時。

二十三日，軾書曹植（子建）《飛龍篇》。

《壯陶閣書畫録》卷三《宋蘇東坡大楷飛龍篇卷》：「『晨游泰山，雲霧窈窕。忽逢二童，顔色鮮好。乘彼白鹿，手翳芝草。我知真人，長跪問道。西登玉堂，金樓複道。授我仙藥，神皇所造。教我服食，還精補腦。壽同金石，永世難老。』書曹子建《飛龍篇》。元符三年十二月廿三日，眉山蘇軾。」

按：此以下，有金王庭筠、元康里巎巎、明舒芬等人題跋。

朱服（行中）自廣州專使致簡，軾答之。

答簡爲《蘇軾文集》卷五十八與服第一簡，有「更五六日離韶」之語。

讀程全父（天倅）詩，十二月，軾作《書程全父詩後》。

文見《蘇軾文集》卷六十八，贊全父爲君子，屬子過使善藏之。

軾爲陳縝（公密）之祖隱居先生之書作跋。銘縝之子石硯。飲縝家，爲侍兒素姐賦《鷓鴣天》。

跋見《蘇軾文集》卷六十九（二一八四頁），銘見卷十九（五五二頁），詞見《東坡樂府》上。詞序云：「陳公密出侍兒素姐，歌《紫玉簫》曲，勸老人酒，老人飲盡，爲賦此詞。」

李彭（商老）聞蘇軾北歸，作詩。

《日涉園集》卷六《何生復用塗字韵，喜予從東坡游，作三篇見寄，次韵答之，後篇柬劉壯輿》其一：「嶠南將成金匱書，喜又賜環香拂塗。萬釘圍腰乃爲祟，慣作臞仙多槁枯。元符相國泣前魚，長流百粵復羌胡。周、漢二宣果明哲，金玉王度復闢渠。」其二：「東坡十年作謗書，多情杖屨作歸塗。雪堂公去頗削迹，來禽青李皆已枯。秋風醉索武昌魚，脚敲兩舷聲函胡。只今諸生典刑在，他日期公游石渠。」其三：「冰玉堂前十國書，君能讀之行坦塗。一洗談天千古舌，吕梁大壑何時枯。願君不用校魯魚，亦須談笑酒家胡。玉局仙翁無浪語，大禹以來未有渠。」「玉局」云云，是作於今年十一月以後，今姑次於此。

將離韶，軾簡馮祖仁、李公寅（亮工）辭行。

《蘇軾文集》卷五十五與祖仁第十簡：「昨日奉辭，瞻戀殊甚。」以下言「先什輒已題跋」。謂《書馮祖仁父詩後》也。此簡約作於題跋後一、二日。卷五十八與公寅第三簡云「旌旆之還，想已新歲，伏冀珍重以迎多福。臨行，冗迫」。時公寅行部在外。《蘇軾詩集》卷四十四《李伯時畫其弟亮工舊隱宅圖》，當爲在韶時應公寅請而作。《輿地紀勝》卷四十五《淮南西路·廬州·景物下》：「飛霞亭：在舒城，乃李公寅隱居之所。蘇公軾曾爲賦詩。相傳軾爲之揭名，今在尉廳。」當即題隱宅圖詩。

黄庭堅《山谷詩集注》卷十七《追和東坡題李亮功歸來圖》：「今人常恨古人少，今得見之誰謂無。欲學淵明歸作賦，先煩摩詰畫成圖。小池已築魚千里，隙地仍栽芋百區。朝市山林俱有累，不居京洛不江湖。」

同上《題李亮功嵩牛圖》：「韓生畫肥馬，立仗有輝光。戴老作瘦牛，平生千頃荒。觳觫告主人，實已盡筋力。乞我一牧童，林間聽横笛。」

據庭堅詩，知公寅《舊隱宅圖》，即庭堅所云之《歸來圖》；據庭堅詩，知公寅善畫。

《濡水集》卷十六《酬李公寅留别》：「歸風何急動征車，幾夕相逢意有餘。緑暗河橋冰泮後，雲藏山徑雪晴初。登門曾上千重峻，游刃將驚萬窾虚。他日再來寧可約，北鴻時付一行書。」

發韶。馮祖仁專使追送，軾答簡。

《蘇軾文集》卷五十五與祖仁第十一簡首云「辱箋教累幅」。以下言：「到韶累日，疲於人事，又苦河魚之疾，少留調理乃行。益遠，極瞻繫也。歲暮，更惟節哀自重。」《總案》：「此書作於道中，故有『益遠』之句，作於除夕之前，故云『歲暮』，皆不在韶度歲之證。」

《佚文彙編》卷五《書贈徐信》，作於建中靖國元年正月三日，時在南雄州。上引與馮祖仁簡所云「少留調理」之地，在韶州與南雄州之間。蘇軾離韶在本月下旬。

蘇軾北歸，作《鳴泉思》思君子。

詩見《蘇軾詩集》卷四十八。題云：「《鳴泉思》，思君子也。君子抱道且殆，而時弗與，民咸思之。嗚泉故基堙圮殆盡，眉山蘇軾搔首踟躕，作《嗚泉思》以思之。」北歸途中，蘇軾弔其故廬，因而有此作。

詩贊此君子：「其高如山，其清如泉。其心金與玉，其道砥與絃。執德没世，落月入地，英名皎然，陽曦麗天。」砥與絃言直，直道故莫能容於世。惜不得其姓名。意者此君子乃蘇軾心目中崇拜之人，實有自身在内。

北歸，軾書宋玉《九辯》。

見《晚香堂蘇帖》。元郭畀有跋，云：「東坡先生中年愛用宣城諸葛豐鷄毛筆，故字畫稍加肥壯，晚歲自儋州回，挾大海風濤之筆，作字如古槎怪石，如怒龍噴浪，奇鬼搏人，書家不可及也。郭畀拜覲於靈濟寺。」蓋謂《九辯》乃北歸所書，今次此。

右正言張庭堅薦蘇軾兄弟可用，忤旨，曾布復沮之，庭堅乃徙爲郎。

《宋史》卷三百四十六《張庭堅傳》：徽宗召對，除著作佐郎，擢右正言。爲帝言司馬光、吕公著之賢。薦蘇軾、蘇轍可用，頗忤旨。曾布因稱其所論不當，帝命徙爲郎，俄出爲京東轉運判官。

《宋史紀事本末》卷四十八《建中初政》、《續資治通鑑》卷八十六本年五月乙酉蔡卞罷條下，有「臺諫陳師錫、陳次升、陳瓘、任伯雨、張庭堅相繼論列」之語，知庭堅時已爲右正言。曾布入相，爲本年十月事。庭堅薦二蘇，當不出本年冬。

李之儀（端叔）抵潁昌。

《蘇軾文集》卷五十二與之儀第四簡云及「比日計赴潁昌」，簡作於本年十一月初間。《揮麈録·後録》卷三謂之儀「暫泊潁昌，值范忠宣公疾篤，口授其指，令作遺表」。范忠宣公乃純仁，卒於建中靖國元年正月二日，見《范忠宣公集》附行狀。是爲歲末之儀抵潁昌之證。

參建中靖國元年「與李之儀簡」、「李之儀除輦運」條紀事。

京師印本《東坡集》行世，軾令孫符（仲虎）誦其中詩而已書之。

《邵氏聞見後録》卷十九：「蘇仲虎言：有以澄心紙求東坡書者。令仲虎取京師印本《東坡集》誦其中詩，即書之。至『邊城歲暮多風雪，强壓香醪與君別』，東坡閣筆怒目仲虎，云：『汝便道香醪。』仲虎驚懼，久之，方覺印本誤以『春醪』爲『香醪』也。」

《蘇符行狀》謂「事東坡公凡十五年」。蘇軾謫惠時，京師印本未出，符及其父邁未隨行至惠；紹聖四年三月，符隨其父邁至惠，至惠不旋踵，而蘇軾有謫儋之命，令符取書誦詩事，未必能從容爲之，且其時京師印本《東坡集》傳世及傳至惠與否，亦不能肯定。今繫其事於此。

按：「邊城」二句，見《蘇軾詩集》卷三十七《送曾仲錫通判如京師》，紹聖元年作。京師印本《東坡集》傳世，當爲紹聖元年至此前不久事。送曾詩在今本《東坡後集》卷三，今傳四十卷本

《東坡集》，收詩止於《渾令公燕魚朝恩圖》，元祐六年春在杭作。據此，知京師印本《東坡集》，屬另一系統。

轍北歸途中，與孔平仲（毅父）相遇。

《蘇軾文集》卷五十七《與毅父宣德》第五簡：「忽辱手書及子由家訊。」時平仲在北歸途中。簡云：「仙舟想非久到闕。」《宋史》卷三百四十四《孔平仲傳》謂哲宗末「責惠州别駕、安置英州，徽宗立，復朝散大夫，召爲户部、金部郎中」。平仲赴闕，當爲赴新任。第六簡：「承諭，子由不甚覺老，聞公亦蔚然如昔。」此二簡，當爲一簡，或後者爲前者之附簡。細味簡文，知平仲與蘇轍在途中相遇，轍以家訊托平仲轉交，平仲以蘇轍近況見報。「家訊」乃與轍簡，而「蔚然如昔」云云，當即轍簡中語。軾簡云「江上微雨」，知軾舟已至大江，約爲明年四月間。

歲暮，轍抵潁昌。問范純仁之疾。

《欒城後集》卷二十《祭范彝叟右丞文》叙范純仁乃仲淹仲子，范純禮（彝叟）乃仲淹季子，叙紹聖遷南，純仁亦繼往。以下云：「同歸潁川，白首相向。問疾於牀，執手無言。」純仁卒於建中靖國元年正月初二日，見《范忠宣公集》附行狀。

轍晤范百揆（子中）。百揆嘗來訪。

《欒城後集》卷二十《祭范子中朝散文》：「蘇氏、范氏，同出坤維。蜀公告休，居潁之湄。我老去國，歸亦從之。公逝久矣，見其長子。婚姻之故，莫我遐棄。一叩我門，遂不再至。」以下叙百嘉病日重。

蜀公，范鎮。據《蘇軾文集》卷十四《范景仁墓誌銘》，知子中名百揆。鎮子百揆弟百嘉之女適姪過，故云「婚姻」。百揆與父居「潁之湄」，此「潁之湄」即潁昌、許昌。《墓誌銘》亦謂鎮晚家居許。於此知蘇轍謀居與定居潁，與范氏有聯繫。鎮及妻葬於汝州（臨汝）之襄城，蘇轍兄弟葬於郟城，屬汝州，皆在汝州之東南，相距甚近。

軾寄簡，托李之儀（端叔）轉送。此略前轍有簡與軾。

《蘇軾文集》卷五十二《答李端叔》第五簡：「子由聞已歸許，秉燭相對，非夢而何。一書乞便送與。」之儀抵許昌（潁昌），已及歲末。

《答李端叔》第六簡：「子由近得書，度已至岳矣。」

轍授朝議大夫，賜紫金魚袋。

宋綬《宋大詔令集》卷二百十一《蘇轍降朝議大夫制》：「敕：刑罰者聖人之所矜慎，取舍輕重之際，必期於至當而後已。比因人言，凡在責籍而牽叙過優者，悉銓次而裁抑之。乃有脱落弗均，害於平直，載加訂議，始協厥中。大中大夫、提舉鳳翔府上清太平宫、護軍、欒城縣開國伯、食邑八百户、實封二百户蘇轍，曩因朋附，得罪先朝。逮予纘承，姑事容貸。承雖爾恕，公論謂何？稍黜近班，猶服舊職。省愆夙夜，祇荷寬恩。可特授朝議大夫、賜紫金魚袋、差遣勛封食實封如故。」

按：此制原未載歲月，今細考制之内容，當作於元符三年末或建中靖國之初，今姑次於此。

軾北歸，黄庭堅作《東坡先生真贊》。

贊見《豫章黄先生文集》卷十四，云：「子瞻堂堂，出於峨眉，司馬班揚。金馬石渠，閲士如墻。上前論事，釋之馮唐。言語以爲階，而投諸雲夢之黄。東坡之酒，赤壁之笛，嬉笑怒駡，皆成文章。解羈而歸，紫微玉堂。子瞻之德，未變於初爾，而名之曰元祐之黨，放之珠厓儋耳。方其金馬石渠，不自知其東坡赤壁也。及其東坡赤壁，不自意其紫微玉堂也。及其紫微玉堂，不自知其珠厓儋耳也。九州四海，知有東坡。東坡歸矣，民笑且歌。一日不朝，其間容戈。至其一丘一壑，則無如此道人何。」

今次此。據贊中「東坡歸矣」，知作於軾北歸時。按：何家治於《蘇東坡真贊——三蘇祠盤陀畫像碑》（《三蘇祠》，二〇〇四年第四期）一文中，將三蘇博物館珍藏的明洪武二十九年（一三九六）刻石的《蘇東坡盤陀畫像碑》攝影發表，碑上有黄庭堅此贊，贊文較《文集》中多出二十四字：「元祐中，龍眠李伯時作東坡先生畫像。元符中，江西黄庭堅贊。」

三蘇年譜卷五十六

宋徽宗建中靖國元年(一一〇一)辛巳　蘇軾六十六歲　蘇轍六十三歲(上)

正月初一日,軾爲韶守狄咸(伯通)作《九成臺銘》,并書。爲咸銘思古堂,并書。

《九成臺銘》見《蘇軾文集》卷十九。《輿地紀勝》卷九十《韶州》謂臺在州衙,堂在宅堂,皆咸建,蘇軾銘并書。《思古堂銘》未見。影印《廣東通志》卷二百九:「蘇軾『思古堂』三字,存。」謂「右曰伯通作,左曰子瞻書」。又謂「蘇軾『九成臺』三字,後人所摹,右曰狄咸作,左曰蘇軾書」。又:「篆書『九成臺』三字,存。新湖南漕文公篆,郡守狄咸模上石。」又謂三刻俱在武溪深碑陰,不著年月;并謂「文公疑即文勛」,按:是。勛漕湖南爲此略後事。

嘉靖《廣東通志》卷十九《韶州府》:「政寶堂:在府治西花園中,宋時有蘇軾、黄庭堅石刻。楊萬里跋云:『蘇、黄皆落南,而嶺南無二先生帖,大似魯人不識麟。維韶有之,耿光異氣,上燭南斗,下貫碧海。』宋末兵廢。」附此。

《輿地紀勝》卷二十二《江南東路·池州·齊山詩》有狄咸詩:「秋浦分光來郡閣,清溪送影落征船。翠微亭冠煙霞外,又遇攜壺太守賢。」

同上書《江南東路·建康府·景物下》有咸《蔣山寺》詩，云：「旃檀歸象魏，窣堵卧烟霞。」

同日，軾作《南華長老題名記》。

文見《蘇軾文集》卷十二。此南華長老乃南華明老、南華明公。

軾作《英宗皇帝御書頌》。先是在韶，周超出英宗賜其祖父秉手書示之，至是爲頌。

頌見《蘇軾文集》卷二十，謂爲過韶時事，末署「建中靖國月日」，今姑次此。

至南雄州。三日，過徐信書齋，軾論作詩當日煆月煉，淘汰出合用字，以贈之。

《佚文彙編》卷五《書贈徐信》叙之。《東坡詩話録》卷下引《遺珠》謂信乃保昌縣沙水村進士，軾過其書齋，煮茗題壁。保昌乃南雄州治。

《書贈徐信》云：「嘗見王平甫自負其《甘露寺》詩：『平地風烟飛白鳥，半山雲水卷蒼藤。』余應之曰：『神情全在「卷」字上，但恨「飛」字不稱耳。』平甫沉吟久之，請余易。余遂易以『横』字，平甫嘆服。」

或以「平地」一聯爲突破口，謂此聯乃陳知默所作，歐陽修「晚年最喜」，以趙令畤《侯鯖録》爲證。

趙令畤生英宗治平元年，歐陽修卒於神宗熙寧五年，已見本譜。二人無交往可能。據此，趙令畤之記載，乃得之於他人，實爲第二手資料。

或者并引《詩話總龜》前集卷八所引《王直方詩話》，謂田承君曾見「平地」一聯，爲陳知默詩；并引承君語，謂歐陽修「晚年最喜」陳知默詩，并進而肯定此聯爲知默作。

王直方，字立之。生熙寧二年。已見本譜。直方所言，亦爲第二手資料。直方世居京師開封，有別墅在城南，殊好事。「以故諸公亟會其家，由是得聞緒言餘論」，因輯成《歸叟詩話》六卷（《郡齋讀書志》卷三下，本譜嘗引）。《歸叟詩話》當即《王直方詩話》。

趙令畤之記載有可能得自王直方。元祐八年，令畤以蘇軾之薦，爲光禄丞。已以後一段時間，令畤與直方有可能有直接交往，因直方皆居京師。趙之記載來源於王，趙與王皆謂歐陽修「晚年最喜」，透漏出此中信息。

《書贈書信》乃蘇軾回憶以往與王安國（平甫）交往中論詩之事，乃第一手資料。安國乃安石之弟。軾與安國交往頗深。《蘇軾詩集》卷二十四《和王斿二首》其一：「異時長怪謫仙人，舌有風雷筆有神。聞道騎鯨游汗漫，憶嘗捫蝨話悲辛。」乃回憶以往與安國交往，并惋惜安國之去世。斿乃安國之子。

余從事輯佚工作，於第一手資料與第二手資料之間，更尊重前者。《書贈徐信》，首見於元陳秀明《東坡詩話録》。《東坡詩話録》於《書贈徐信》而言，乃第一手資料，余更予以尊重。此其一。

其二，余以爲，自王安國自身論證，更爲重要。現就此略作論述。

《張耒集》有耒所撰《晁太史補之墓誌》，云補之「年十三，從王安國於常州學宫」。補之生仁宗皇祐五年，年十三當治平二年（一〇六五）。

安國自汴京至常州，自常州回汴京，皆需經京口（鎮江、潤州），京口有名勝甘露寺，在北固山下（《嘉定鎮江志》卷八）。安國過此時，賦《甘露寺》詩，乃情理之常。

陳師道《後山先生集》卷二十三《詩話》：「余登多景樓，南望丹徒，有大白鳥飛近青林，而得句云：『白鳥過林分外明。』」

多景樓即在甘露寺，見《嘉定鎮江志》卷十二，丹徒乃潤州所治。

甘露寺大約經常有白鳥飛起，爲一種景觀，安國詩即生動繪出此種景觀。

據上所述，可以肯定「平地」一聯實爲王安國（平甫）所作。

此聯上句，蘇軾易「飛」爲「横」，説明飛過之白鳥，非一隻、二隻，實爲一大群，一大片，顯得更爲壯觀，更爲有聲勢。此種境界，「飛」字實不能體現。易一字，即出現如此大之變化，不能不令王安國嘆服。而此處正體現蘇軾作爲大作家卓越之藝術才華與對藝術永無止境之追求。

附言之，陳師道亦寫一大群白鳥；非一大群，何以能「分外明」？

參《書品》一九九九年第三期拙作《書贈徐信確爲蘇軾所作》。

軾發南雄州，至大庾嶺，抵龍光寺，留詩珪首座。贈嶺上老人詩。嶺上梅已開過，賦詩。

詩皆見《蘇軾詩集》卷四十五（二四二三、二四二四頁）。《總案》以至大庾嶺爲四日事。《欒城後集》卷二有《子瞻贈嶺上老人次韻代老人答》。

《獨醒雜志》卷二：「東坡還至庾嶺上，少憩村舍，有一老翁出，問從者曰：『官爲誰？』曰：『是蘇尚書。』翁曰：『是蘇子瞻歟？』曰：『是也。』乃前揖坡曰：『我聞人害公者百端，今日北歸，是天祐善人也。』東坡笑而謝之，因題一詩於壁間云：（略）」詩即《贈嶺上老人》。

《姑溪居士後集》卷十一《和東坡贈嶺上老人》：「過眼崎嶇等劫灰，到頭榮瘁本難栽。須知此老心如鐵，看盡行人幾往回。」

《參寥子詩集》卷十《次韻代嶺上老人答》：「閑持箕箒掃崔嵬，夾道松陰盡我栽。人去人歸真一笑，壞空成住互輪回。」

至嶺巔，軾次前所題龍泉鐘韻，寓召用之望。過嶺，作詩。弟轍、李之儀、張耒、道潛有詩。

《蘇軾詩集》卷四十五《余昔過嶺而南題詩龍泉鐘上今復過而北次前韻》末云：「遥知叔孫子，已致魯諸生。」《渭南文集》卷十五《施司諫注東坡詩序》：「建中初，韓、曾二相得政，盡收用元祐人，其不召者亦補大藩。惟東坡兄弟猶領宫祠。此句寓所謂不能致者二人，語深意緩。」

《詩集》同上有《過嶺二首》。《總案》以過嶺爲五日事。《詩集》卷四十八復有《北歸度嶺寄子由》。《姑溪居士文集》卷三十八《跋東坡大庾嶺所寄詩》「自海外歸，至大庾嶺上，作二詩見寄。」過嶺詩，《欒城後集》卷二次韻注文已引。

《參寥子詩集》卷十《次韻東坡居士過嶺》：「一時遷客盡難堪，二老高懷默自甘。造物定知還嶺北，暮年寧許喪天南。安排拄杖尋廬阜，斗擻征衣洗瘴嵐。他日相逢長夜語，殘燈飛燼落毿毿。」

《柯山集》卷十三《聞子瞻嶺外歸贈邠老》：「今晨風日何佳哉，南極老人度嶺來。此翁身如白玉樹，已過千百大火聚。望天留之付真主，世間毒烈計已誤。柯山潘子應鼓舞，與子異時從杖屨。」

《姑溪居士後集》卷三《和張文潛喜東坡過嶺》：「紛紛擾擾何爲哉，一身之餘皆儻來。當前荆棘誰所樹，到了醯酸蚋方聚。公歸斯文乃有主，公去妖淫幾人誤。狐狸罷嗥蛟龍衆，户外何嫌常滿屨。」《姑溪居士文集》卷四《次韻東坡還自嶺南》：「憑陵歲月固難堪，食蘗多來味却甘。時雨纔聞徧中外，卧龍相繼起東南。天邊鶴駕瞻仙袂，雲裏詩牋帶海嵐。重見門生應不識，雪髯霜鬢兩毿毿。」

五日，至南安，軾書《石鐘山記》之末。

文見《蘇軾文集》卷六十六（二〇七四頁）。

七日，軾賦詩。

《蘇軾詩集》卷四十八《雅安人日次舊韻二首》，「雅」乃「南」之誤。次舊韻者，次《詩集》卷四十三《庚辰歲人日作時聞黄河已復北流老臣舊數論此今斯言乃驗》之韻也。

己卯（初八日），中太一宫使范純仁卒。轍有輓詞。并弔之。

正月云云，據《年表》。輓詞乃《欒城後集》卷二《范丞相堯夫輓詞》。純仁卒於潁昌，據《揮麈録·後録》卷二。據《范忠宣公集》附行狀及《宋史》卷三百一十四《范純仁傳》，純仁乃卒於正月二日。前已及，疑《年表》誤。輓詞云：「同朝曾忝舊，握手一長嗟。」上句叙舊，下句叙現實。《後集》卷二十祭范純禮（彝叟）文謂純仁卒，「慟哭其堂」。

九日，軾銘南安軍常樂院。新作經藏。

銘見《蘇軾文集》卷十九（五八〇頁）。《紀年録》謂銘作於本日。

在南安，軾遇劉安世（器之）。時已精力不濟，鬢髮盡脱。

《施譜》：「正月，先生自韶至南雄，度嶺，經行南安，與劉安世器之遇。」《邵氏聞見後録》卷二十：「元符末，東坡、器之各歸自嶺海，相遇於道，始交歡。器之語人曰：『浮華豪習盡去，非昔日子瞻也。』東坡則云：『器之鐵石人也。』」《宋史》卷三百四十五《劉安世傳》：紹聖、元符間，章惇、蔡卞用事，安世初黜知南安軍，再貶少府少監，三貶新州别駕，安置英州，徙梅州，「投荒七年，甲令所載遠惡地無不歷之」。蘇軾謂「鐵石人」，蓋以安世意氣不少衰也。

《朱子語類》卷一百三十：「草堂劉先生嘗見元城，云：『……在贛上相會，坐時已自瞌睡，知其不永矣。』」安世稱元城先生，其集即名《元城先生盡言集》。「坐時」云云謂蘇軾。

《山谷詩集注》卷十四《病起荆江亭即事》其七「須得儋州秃鬢翁」句下注文：「東坡歸自嶺海，鬢髮盡脱。」

軾離南安。

據《蘇軾文集》卷十一《南安軍學記》，南安士人求蘇軾紀南安太守曹登建學之功，以作學記，贏糧而從軾北行者三百餘里。

甲戌（十四日），皇太后陳氏卒。軾進慰上仙表。

甲戌云云，據《宋史·徽宗紀》。表見《蘇軾文集》卷二十四（七〇八頁）。

簡陳縝（公密），軾報已度嶺。此略前，簡謝縝遣曹三班遠送，遣曹三班還。

《蘇軾文集》卷五十六與縝第三簡報度嶺，云「新春」，正月作。第二簡：「曹三班廉幹非常，遠送，愧感。二絶句發一笑。」二絶句當爲《贈嶺上老人》、《贈嶺上梅》。

至浮石，軾留題顯聖寺。重經田氏水閣，望獨秀峯，留詩。

詩皆見《蘇軾詩集》卷四十五(二四二七、二四二八頁)。《輿地紀勝》卷三十六《南安軍·景物上·浮石》:「在大庾,形如覆鐘,水環其外,東坡詩所謂『浮石已乾霜後水』是也。」「浮石」句在《詩集》二四二七頁。《景物下·獨秀峯》:「在南康縣東,舊名雞籠,東坡南遷,更名獨秀。」《人物》:「田闢:其先大名人,樞密況之族也。遊上庠二十年,無所成,浩然歸隱,自號大隱居士。」以下言教子姪甚嚴,子姪之登第及特恩者凡七人,言義方者必稱田氏;九子,季如鼇,最知名。《詩》欄有如鼇詩。

下旬,軾抵虔州。以贛水不足,乃少留。與錢世雄(濟明)簡,商議於常州買房或僦房。

《蘇軾文集》卷五十八《與朱行中》第五簡:「已達虔州,少留,須水度贛。」卷五十三與世雄第十簡:「某已到虔州,二月十間方離此。」知簡作於正月,以道途遠近計之,時在下旬。簡又云:此行决往常州居住。以下言僦、典買、買房事。時世雄「尚棲遲田間」。

黄敷言赴廣州替謝舉廉(民師),軾簡敷言以未能往别爲歉,并附致惠州李念四簡。

《蘇軾文集》卷五十七與敷言第一簡云「衰疾畏寒」,作於二月間。第二簡云「交代民師」,知乃替舉廉;云致李念四秀才簡,「告爲到廣州日專遣人達之」。念四或是思純子。

登鬱孤臺,軾賦詩。知虔州霍漢英(子侔)、虔倅許朝奉有和,復次前韻。

軾詩見《蘇軾詩集》卷四十五(二四二九、二四三八、二四三九頁)。漢英,毗陵人,登熙寧六年進士第，見《咸淳毗陵志》卷十一。許爲虔倅，據《紀年録》。二人次軾韻，不傳。

黄裳《演山先生文集》卷八《觀游山記感舊寄霍子侔》：「故園别後有餘念，舊記重看無限情。山倚日中支暑氣，水從雲外落秋聲。向前世務心猶壯，憶昔溪居眼自明。携手逸民今在否，杯茶誰與話平生。」

同上《與子侔始會於常學後爲禮部尚書同官感舊》：「始觀文彩慕聲名，三十餘年夢可驚。真幻自從窺至理，是非誰復較浮榮。别來方策迷情斷，老去園林逸思生。叙舊幽軒時一笑，更宜茶鼎作蠅聲。」

可參。

《道鄉集》卷十《懷霍子侔》：「平時咳唾落珠璣，未掌絲綸亦數奇。遠去天官空帳幄，中分淮水動旌旗。闔扉蕩滁民知免，列位蒐揚士不遺。報國功成有餘日，也應回首念流離。」漢英善文，然不甚得志。

蘇軾作詩，贈術士謝晉臣。

詩見《蘇軾詩集》卷四十五（二四三〇頁）。

詩首云「屬國新從海外歸」，自謂。次云「君平且莫下簾帷」，謂謝晉臣不必先言未來休咎。第三句「前生恐是盧行者」，蓋言自知未來休咎。第四句「後學過呼韓退之」，乃自知之證。第

五、六句言死、生。第七、八句謂請如上所云言未來，照應第二句。

蘇軾與朱服(行中)簡，報二月末乃發虔州。

簡乃《蘇軾文集》卷五十八《與朱行中》第六簡。

簡云：「某滯留贛上，以待春水至，此月末乃發。」謂二月也。

簡又云：「南海雖遠，然雅量固有以處之矣。詩酒之樂，恨不日陪接也。」云「南海」，慰服。云「詩酒」，知蘇軾在英州時與服有詩酒之樂。

《與朱行中》第十簡：「某已得兩舟，尚在贛石之下，若月末不至，當乘小舟往就之。」此簡作於第六簡稍後，月末仍謂二月末。附次此。

遊景德寺湛然堂，爲僧榮顯賦詩。

詩見《蘇軾詩集》卷四十五(二四三〇頁)。《輿地紀勝》卷三十二《贛州》謂寺乃贛州第一大剎，堂在寺内。

贈陽孝本(行先)詩。 軾嘗訪孝本，爲號曰玉巖居士，作真贊。孝本嘗以《登真隱訣》見借。

詩見《蘇軾詩集》卷四十五(二四三一頁)。《泊宅編》卷上：「陽孝本，字行先，居虔州城西一圃，甚幽邃，學博行高。」以下云：蘇軾「號曰玉巖居士，仍作真贊。居士平生不娶，坡每來謁，直造其室，嘗戲以元德秀呼之。居士曰：『某乃陽城之裔。』故坡詩曰：『衆謂元德秀，自稱陽道州。』皆謂無妻也。」《蘇軾文集》卷二十二有《玉巖隱居陽行先真贊》。孝本，《宋史》卷四百五十八有傳，謂隱居城西通天巖。《輿地紀勝》卷三十二謂通天巖在贛縣西二十里，有廣福院，院後多嵌石如房，有石穴，上徹山頂，「元祐中郡人陽行先棲遁巖中」。與《泊宅編》所叙非一地。《詩集》卷四十五《和猶子遲贈孫志舉》云「西郭有逸民」，自注謂孝本，與《泊宅編》合。知孝本郭内外皆有住地。孝本借書，亦見上引詩自注。

《嵩山文集》卷十八《題東坡試袁紹先筆借登真隱訣》：「袁紹先筆，予亦近得試之。《登真隱訣》在道藏中，公何必苦求耶！靖康元年十一月二十二日，晁説之題。」蘇軾求借《登真隱訣》簡，已佚。今以陽孝本借《登真隱訣》事附此。其簡或爲與孝本者。袁紹先當爲當時有名筆工。

《道鄉集》卷六《寄陽先生》題注：「來京師，買書數萬卷以歸。老於通天巖。鄆帥蒲公上書蘇公薦之。」蒲公乃傳正，蘇公乃頌。

宋子房（漢傑）來簡話舊，軾答簡。

《蘇軾文集》卷五十九與子房第一簡云「某初仕即佐先公」。子房乃選子，選已見嘉祐六年「時宋選知鳳翔」條；又云「三十餘年矣」，「僕亦僅能生還」，知作於北歸途中；又云「候水來即行」，知作於虔州。第二簡云「寵賜新詩」，未見。

晤父洵之友鍾棐（子翼）之子志仁等，軾爲棐作哀詞。

《蘇軾文集》卷六十三《鍾子翼哀詞》云自海南還，過贛上，見志仁等，乃追作此詞。

乞數珠崇慶院，軾贈長老惟湜詩，惟湜和不已，復作。爲惟湜作真贊及《清隱堂銘》。

軾詩見《蘇軾詩集》卷四十五（二四三二、二四三三、二四三六頁）。《輿地紀勝》卷三十二《贛州》：「僧惟湜，福唐人，住州之崇慶院，有禪行，能詩。黄太史嘗贈之詩，有『擘開華岳三峯手，參得浮山九帶禪』之句。」崇慶院之建，惟湜實主其事。參紹聖元年「在虔州」條。真贊見《蘇軾文集》卷二十二（六三七頁）。贊云「彼真清隱」。惟湜亦號清隱禪師，《山谷老人刀筆》卷四有《答清隱禪師二首》。光緒《都昌縣志》卷十一録黄庭堅《清隱禪院記》：熙寧乙卯、丙辰間，「長老惟湜自廬山來，百事權輿，願力成就」，「於今八年，宫殿崇成」；謂惟湜林氏子，飽諳方學，最後入浮山圓鑒清遠之室，而浮山乃臨濟七世孫，「如雷如霆，觀父可以知子矣」。知惟湜由清隱而崇慶。銘見《文集》卷十九，首云「已去清隱，而老崇慶」。

孫勴（志舉、志同）來訪，軾爲其父立節（介夫）作《剛説》。和姪遲贈勴詩，并用其韻贈立節甥崔甲。

《蘇軾詩集》卷四十五《和猶子遲贈孫志舉》：「小孫又過我，歡若平生親。」據《斜川集》卷五《孫志康墓銘》，勴乃虔州虔化人，蓋自其鄉里來訪也。志康名勰，勴兄。虔化在虔州東北五百三十五里，故《文集》卷五十六與勱第一簡謂「去家往返已千里」。

《剛説》見《蘇軾文集》卷十，云：「建中靖國之初，吾歸自海南，見故人問存没，追論平生所見剛者，或不幸死矣。若孫君介夫諱立節者，真可謂剛者矣。」

贈甲詩見《詩集》卷四十五（二四四一頁）。時甲攜文見過。甲字次之，見《王譜》。

《斜川集》卷二《用伯充韵贈孫志舉》：「朱顔染黄茅，自意嶺表人。長恬服世俗，敢愧歠菽貧。送車反自庢，異獠紛來賓。蛙蝝與蚳醢，敬我如族姻（自注：南夷風俗，非姻家不得與蛙蛤蟻醬之會）。海風吹余舟，夜渡徐聞垠。往來一漚間，勞生竟非真。重尋江南遊，再款空同闉。山中有異士，束書來卜鄰。胸中出虹霓，奮袂勇且仁。索居□枯槁，賴此意少春。當年老于公，硬語本爲民。終身雖坎壈，誰得疏而親。臧孫固有後，仲子先離倫。不憂廊廟遲，緑髮未肯銀。季子又一奇，武庫戈矛新。片言折鹿角，不許枝詞諄。近聞獲麟書，還許登成均。歸歟汶上兄，器新人惟陳（自注：志康兄以《春秋》第一人登第）。」乃寫此時事。伯充，遲之字。空同，虔州。

同上卷三《次韻孫志康書事》：「午枕睡方濃，雷車殷地雄。彈丸屋瓦墜，雲散馬牛風。神物聊相戲，驚心未解空。似催詩句急，添得錦囊豐。」

蘇軾用和猶子遲贈孫勰（志舉）韻再和虔守霍漢英（子侔）。

詩見《蘇軾詩集》卷四十五（二四三八頁）。和遲韻云云見本卷二四三四頁。

詩首云：「文字先生飲，江山清獻游。」劉彝（執中）、趙抃（閱道、清獻）嘗知虔，因贊之。次云：「典刑傳父老，樽俎繼風流。」言霍爲虔守。次云：「度嶺逢梅雨，還家指麥秋。」上言來虔，下言去虔。王文誥注文謂兼述霍將去恐非。次云：「自慚鴻雁侶，争集稻粱洲。野闊横雙練，城堅聳百樓。」叙在虔州。次云：「行看鳳尾詔，却下虎頭州。」言霍將有新命。末云：「君意已吴越，我行無去留。歸途應食粥，乞米使君舟。」霍將往吴越就新命，己亦將往之，歸途或相值，非如注文所謂與霍同發。

蘇軾用《鬱孤臺》韵再和許朝奉。

軾詩見《蘇軾詩集》卷四十五（二四三九頁）。《鬱孤臺》見此前。

詩首云：「高門元世舊。」許乃宦裔，惜不詳其家世。詩云：「清絶聞詩語，疏通豈法流。傳家有衣鉢，斷獄盡春秋。」許善詩、明法。自「邂逅陪車馬，尋芳謝朓洲」以下八句叙與許共游虔：詩中所云「得句」、「恨賦」、「悲歌」，皆謂許，許有多詩。末云：「更約登塵外，歸時月滿舟。」游興未盡，約再游。

蘇軾用和猶子遲贈孫勴（志舉）韵再和勴。

詩見《蘇軾詩集》卷四十五（二四四〇頁）。既云「再和」，知勴亦有詩和蘇軾。

詩首云「人衆者勝天」，未作闡述。次云「天定亦勝人」，舉漢鄧通爲例：漢文帝使通富，然通終窮餓死。詩慨嘆寵辱、悲歡無常，於是有「回視人間世，了無一事真」之句。如大厦成而燕雀來賀，然歌堂暮哭，賀燕盡驚飛。詩云：「灑掃古玉局，香火通帝閽。我室思無邪，我堂德有鄰。所至爲鄉里，事賢友其仁。」乃未來生活安排與擬議。言將奉祠里仁而居。詩謂孫勴富經術，品德純良，然不甚爲人所知，詩勉勴事篤實，掃浮言，以窮通付之造物，以得喪理本均也。不必汲汲名利。詩末云：「期子如太倉，會當發陳陳。」蓋欲勴博學，使基礎益堅實。

二月二十八日，王箴（元直）自蜀遠道來訪，卒於夔州途中。

據《斜川集》卷五《王元直墓碑》。《碑》云：「先君之遷於南也，平昔親舊，屏迹不敢問安否者七年，舅氏慨然奮不顧身，曰：『公盛時在朝廷，典方面，則往見之，今厄窮瘴癘之地，吾等乃畏避形迹，非夫也。』率同往者，無一人。遂獨浮江而下，將自洞庭、桂嶺而南。會先君有詔北還，而舅氏遇疾於塗以卒。」卒年五十三。

蘇軾作《畫車》詩，盛贊所畫運水入城之車。

詩見《蘇軾詩集》卷四十五。

此詩其二云：「九衢歌舞頌王明，誰惻寒泉獨自清。賴有千車能散福，化爲膏雨滿重城。」以清澈之泉水入車，組成浩浩蕩之車隊送入城中，誠爲造福。此雖云畫，然定有事實作基礎，并非單純出於臆想。

與蘇堅（伯固）簡，軾報弟轍已歸至潁昌；報江公著（晦叔）來爲虔守，云《春暉亭記》未作。

有《寄題潭州徐氏春暉亭》、《次韵江晦叔》。

《蘇軾文集》卷五十七與堅第二簡云「子由聞已歸至潁昌」，時「留虔州已四十日」，知作於二月末或三月初。第三簡云「江晦叔已到，霍子侔往太和聽命」，「《春暉亭記》亦以忙未暇作」。二詩見《蘇軾詩集》卷四十五。前者當爲應堅之請而作；後者表明心迹，有「浮雲時事改，孤月此心明」之句。

三月二日，軾書蘇庠（養直）《清江曲》，贊其詩有太白風。蘇軾嘗贈庠端硯，并爲銘。

《蘇軾文集》卷六十八《書蘇養直詩》贊所作《清江曲》。卷五十七《與蘇伯固》第三簡云「令子疾知減退」，時庠仍在南華寺。卷十九《端硯石銘》爲庠作；《晚香堂蘇帖》收此銘，云贈庠以璞硯，謂庠「少而好直」，文字有不同處。

《蘆川歸來集》卷九《蘇養直詩帖跋尾·丁卷》：「養直未見東坡時，出語落筆，便脱去翰墨畦徑，自有一種風味，真所謂飄然凌雲之志，所以受知於東坡先生，許其爲神仙中人也。」（按：此所引文字，用庫本校過）庠，《京口耆舊傳》卷四有傳。紹興十七年正月丙寅卒，年八十三，見《建炎以來繫年要録》卷一百五十六。有《後湖集》，不傳。《樂府雅詞》有庠詞二十三首。

宋何汶《竹莊詩話》卷十七有《清江曲》、《後清江曲》各一首，署蘇堅作。按：此二詩實爲蘇庠作，庠乃堅之子（又：《全宋詩》卷一二五一亦誤爲堅作）。今録於下。其《清江曲》云：「屬玉雙飛水滿塘，菰蒲深處浴鴛鴦。白蘋滿棹歸來晚，秋著蘆花一岸霜。扁舟繫岸依林樾，蕭蕭兩鬢吹華髮。萬事不理醉復醒，長佔煙波弄明月。」其《後清江曲》云：「層波渺渺山蒼蒼，輕霜殞木蓮葉黄。呼兒極浦下笭箵，社甕欲熟浮蛆香。輕蓑淅瀝鳴秋雨，日暮乘流自相語。一笛清風萬事休，白鳥翩翩落煙渚。」

四日，軾作《南安軍學記》。同日寒食，與劉安世（器之）遊南塔寺寂照堂，有詩。

文見《蘇軾文集》卷十一。詩見《詩集》卷四十五（二四四六頁）。《蘇軾詩集》卷四十八《和代器之》：「普天冷食聞前古，蕭寺清游屬兩人。」作於同時。

李廌以外高祖馬知節之詩草示轍。三月丙寅（初五日）轍爲跋。

《欒城遺言》：「馬公知節詩草一卷，公跋云：馬公子元臨事敢爲，立朝敢言，以將家子得讀書之助，作詩蓋其餘事耳。早知成都，以抑强扶弱爲蜀人所喜。然酷嗜圖書，能第其高下。成都多古畫壁，每至其下，或終日不轉足。蜀中有高士孫知微，以畫得名，然實非畫師也。公欲見之而不可得。知微與壽寧院僧相善，嘗於其閣上畫惠遠送陸道士、藥山見李習之二壁，僧密以告公。公徑往從之。知微不得已擲筆而下，不復終畫。公不以爲忤，禮之益厚。知微亦愧其意，作《蜀江出山圖》，俟其罷去，追至劍門贈之。蓋公之喜士如此。陽翟李君方叔，公之外玄孫也，以此詩相示。因記所聞於後。辛巳季春丙寅，眉山蘇轍子由題。」此篇跋文，《欒城集》、《後集》、《三集》未收。知節，開封祥符人，天禧三年（一〇一九）卒，年六十五。《臨川集》卷八十七有神道碑，《宋史》卷二百七十八有傳。

丙子（十五日），轍以北歸作《祭東塋文》。

文見《欒城後集》卷二十，首云：「男具官轍因姪千之等西歸，謹以家饌酒果之奠，昭告於先考編禮贈太子太師、先妣程氏追封成國太夫人之靈。」叙兄軾「道遠未至」。千之，見元祐元年「送千之姪西歸」條紀事。

十七日，轍書鮮于侁（子駿）父母贈告後。侁之子綽來潁昌，兹從其請。

書後見《欒城後集》卷二十一，云「予自龍川歸潁川，子駿之子綽來見」。

二十一日，軾跋秦觀《好事近》（山路雨添花），贈供奉官儂㳂。

跋見《蘇軾文集》卷六十八（二一六〇頁），謂㳂居湖南，喜從遷客游。

蘇軾絶愛秦觀所作《踏莎行》尾二句：「郴江幸自繞郴山，爲誰流下瀟湘去。」自書於扇云：「少游已矣，雖萬人莫贖。」見《佚文彙編》卷五（二五六七頁）。觀詞，紹聖四年謫郴時作。軾書扇約作於此時，或因晤儂㳂，及此詞，因而有發。

廖正一（明略）來簡戚戚於既往，軾答簡以復見天日爲幸，廣其意；贊其守常政績。

答簡見《蘇軾文集》卷五十三，凡二簡，此其一。簡云「俯仰十年」，蓋自元祐六年以後即無直接交往。元祐六年，正一充館閣校勘，倅杭。十一月，除秘閣校理。孔武仲舉以自代，見《清江三孔集·宗伯集》卷九《舉自代》。紹聖初，貶信州玉山鹽税，見《山谷詩集注》卷十八《次韻廖明略(下略)》注。紹聖二年知常，見《咸淳毗陵志》卷八。在常「恩威并行，善良得所」，「只緣不能曲奉本路監司，爲其深怒，遂以鍛鍊慘酷」(《道鄉集》卷二十《雪廖正一奏狀》)。與李格非、李禧、董榮號後四學士，見《澗泉日記》卷上。上引《山谷詩集注》注謂有《白雲集》，《郡齋讀書志》卷四下著録《竹林集》三卷，《遂初堂書目》有《廖明略集》，《宋史·藝文志》有《廖正一集》八卷，俱佚。《四六談麈》謂正一工四六。卒於崇寧五年丙戌後不久，見《北湖集》卷四詩題。

《文集》卷五十三《與錢濟明》第九簡云及正一復官，約作於本年四月間，參以下「録寄定慧守欽詩八首與錢世雄」條。此處致正一簡，約作於二三月間。

約劉安世(器之)山行訪玉版長老，至廉泉寺食燒筍，軾作詩戲安世。

詩見《蘇軾詩集》卷四十五(二四四七頁)，詩題有「器之好談禪」之語。

《冷齋夜話》卷七《東坡與劉器之同參玉版禪》：「嘗要劉器之同參玉版和尚，器之每倦山行，聞見玉版，忻然從之。至廉泉寺，燒筍而食。器之覺筍味勝，問此筍何名？東坡曰：『即玉版也。此老師善説法，要能令人得禪悦之味。』於是器之乃悟其戲，爲大笑。東坡亦悦，因作偈曰（略）。」偈即詩。廉泉寺當即報恩光孝寺，參《輿地紀勝》卷三十二。

《元城語録》卷上：「僕又問：『東坡稱先生喜談禪，何也？』先生曰：『非也。北歸時與東坡同途，極款曲，故暇日多談禪。某嘗患士大夫多以此事爲戲，且此事乃佛究竟之法，豈可戲以爲一笑之資乎？此亦宜戒。』」「僕」乃《元城語録》編者馬永卿自謂。

晤王原（子直），軾作詩留别。過慈雲寺，戲贈長老明鑑。吕倚（夢得）借示古今書一軸，作詩代跋，并示明鑑。

詩皆見《蘇軾詩集》卷四十五（二四四八、二四四九頁），并參該卷校記第八十九條。

《景蘇園帖》：「吕夢得承事，年八十三，讀書作詩，手不廢卷，室如懸磬，但貯古今書帖而已，作詩以示慈雲老師。」此慈雲老師，當即明鑑。此帖，《詩集》二四四九頁「查注」亦引，個别文字不同。

《苕溪漁隱叢話》卷二十一引《復齋漫録》、《東坡詩話録》卷下引《潘子真詩話》：「吕倚夢得，維揚人，少有場屋聲。善屬對，喜收書畫，蹭蹬不偶。老始以恩補虔州瑞金簿，致仕，貧無以歸。年八十餘，惟有一女，嫁贛人，因居焉。與王禹玉有舊。元豐間，餉錢二萬，酒十壺。夢得作啓致謝，隔句中用『白水真人，青州從事』爲對，禹玉極歎賞之。其後東坡過虔，以詩遺之云：（略）。」

「施注」亦引此事。

《演山先生文集》卷六《贈吕夢得》：「壯年場屋便歸休，趨向逍遥獨自游。貧後誰知心匪石，老來猶更氣横秋。人無直道君難合，詩有清風我怕酬。香爇一爐經一卷，紅塵應是懶回頭。」詩云「壯年場屋」，知倚亦嘗事舉業。三四句叙貧居自得，意氣不衰。五六句言以直道待人，故落落難合；善詩。末二句叙皈依佛説。此詩，有助於了解吕倚。

虔人王正彦餽茗布領抹，軾簡謝。

簡見《蘇軾文集》卷五十九（一八〇七頁）。正彦，道人，與弟轍有交往，嘗教轍以拔除白髮之法。見《蘇軾詩集》卷三十九《和子由次月中梳頭韻》注文引弟轍次韻詩之叙。字邦美，崇寧乙酉三月十七日，嘗遊都梁，有題名，見光緒《盱眙縣志稿》卷十三。

江淮荆浙發運使程之元（德孺）專使餽時服寢衣，軾簡謝。南華明老專使來，答簡。

《蘇軾文集》卷五十六與之元第二簡，《七集·續集》題作《與程德孺運使》，簡有「巡按至常、潤」之語。簡云「近蒙專使至虔」。同上卷六十一與明老第二簡云「久留贛上待水」。

軾與李之儀（端叔）簡。與李廌（方叔）簡，喪范祖禹、秦觀之逝。與黄寔簡叙及聞章惇貶雷。

《蘇軾文集》卷五十二與之儀第五簡叙到虔，即往淮浙間居，度多在毗陵。時之儀在潁昌。卷五十三與廌第十七簡云祖禹、觀「安所獲罪於天，遂斷棄其命」，悲憤不能自抑。卷五十七與寔（師是）第三簡云聞惇貶，「驚歎彌日」，并云雷「雖地遠，無瘴癘，舍弟居之一年，甚安穩，望以此開譬太夫人」。惇貶，見《宋史·徽宗紀》本年二月丁巳紀事。據元吴師道《禮部集》卷十六《東坡二帖》，知惇乃寔之舅父；軾簡中所云太夫人乃寔之母。

在虔，作水陸道場，薦孤魂滯魄，軾作疏。

疏見《蘇軾文集》卷六十二（一九一〇頁），云「久墜三塗，備嘗萬苦」，此時作。

在虔州日，軾常漫遊市肆、寺觀，施藥於人，并爲人書字。

《春渚紀聞》卷六《饋藥染翰》：「先生自海外還至贛上，寓居水南日，過郡城攜一藥囊，遇有疾者，必爲發藥，并疏方示之。每至寺觀，好事者及僧道之流，有欲得公墨妙者，必預探公行遊之所，多設佳紙，於紙尾書記名氏，堆積案間，拱立以俟。公見即笑視，略無所問，縱筆揮染，隨紙付人。至日暮筆倦或案紙尚多，即笑語之曰：『日暮矣，恐小書不能竟紙，或欲齋名及佛偈者幸見語也。』及歸，人人厭滿，忻躍而散。」

《林下清録》（宛委山堂本《説郛》卷七十五）：「或謂東坡曰：『子無病而多蓄藥，不飲而多置酒，勞己以爲人，何也？』坡笑曰：『病者得藥，吾爲之體輕，飲者困於酒，吾爲之酣適。專以自爲也。』」兹附於此。

將發虔州，軾簡孫勰（志舉、志同）。

《蘇軾文集》卷五十六與勰第一簡云「明旦決行」，辭追餞。第二簡重申前語。又與勰第三簡：「煮菜羹已熟，奉侍同啜了。往道場燒香，供小團，可速來。」叙在虔生活。又云：「詩改一聯補兩字，重寫納去，却示舊本。」此所云詩，當爲見於《蘇軾詩集》卷四十五《和猶子遲贈孫志舉》。

軾與劉安世（器之）發虔州。遇謝舉廉（民師）舟中。

《蘇軾詩集》卷四十五《永和清都觀道士童顔鬒髮問其年生於丙子蓋與予同求此詩》自注：「予與劉器之同發虔州，江水忽清漲丈餘，贛石三百里，無一見者。」《泊宅編》卷三：「贛石數百里之險，天下所共聞。若雨少溪淺，則舟舫皆檥以待，有留數月者。虔州水東有顯慶廟甚靈，或至誠禱之，則一夕長水數尺，送舟出石。故無雨而漲，士人謂之清漲。前此，士大夫有禱輒應，刻石以識於廟庭者甚多。東坡北歸，行次清都觀，有『自笑勞生消底物，半篙清漲百灘空』之句。」「自笑」云云，乃詩中語。

《獨醒雜志》卷三叙蘇軾舟中遇謝，以下云：「因謂曰：『舟行江漲，遂不知有贛石，此吾《龍光》詩讖也。』民師問其故，東坡因舉以詩之本末。」《龍光》詩乃《詩集》卷四十五之《東坡居士過龍光求大竹作肩輿得兩竿南華珪首座方受請爲此山長老乃留一偈院中須其至授之以爲他時語録中第一簡》；詩末二句「竹中一滴曹溪水，漲起西江十八灘」，謂贛石。時舉廉自廣州罷歸。

軾至永和，劉安世（器之）解舟先去；獨遊清都觀，贈道士謝子和詩，并作真贊，爲題字。

詩見《蘇軾詩集》卷四十五（二四五〇頁），真贊見《蘇軾文集》卷二十二（六四〇頁）。《王譜》謂蘇軾爲子和寫「清都臺」三字。《輿地紀勝》卷三十一《吉州》：「清都觀，在廬陵之永和鎮，舊曰西臺觀，蘇公軾南歸嘗遊焉，有書『清都臺』三字。」永和鎮在廬陵南，見題下注文。

《淳熙稿》卷五詩題：「達觀僧紹本，年九十，能記東坡建中靖國題詩之事。巨云：清都道一者，坡同游此寺，坡題詩後，道士臨之而滅其迹。」「者」下疑脱去「與」字。

至吉州，軾致簡錢轂（志仲），謝借舟。復致轂簡薦柳致。

《蘇軾文集》卷五十九與轂第二簡謝借舟，云「不覺到吉」。第三簡薦柳致，作於將去吉時。志仲名轂，見《山谷全書》卷首《年譜》。《山谷詩集注》卷三有《同錢志仲飯藉田錢孺文官舍》有「王孫守耒耜」句，蓋爲錢繆裔。《總案》：「虔、吉皆錢志仲所部，其爲監司無疑，以借舟論，則又漕使也。」《獨醒雜志》卷三謂蘇軾自贛「越日而至廬陵」。廬陵，吉州治。

至新淦，時方立橋，軾應父老之請，書「惠政橋」三字以贈。

《獨醒雜志》卷六云蘇軾北還，舟次新淦。以下云：「時人方礎石爲橋，聞東坡之至，父老兒童二三千人，聚立舟側，請名其橋。東坡將登舟謁縣宰，衆人填擁不容出，遂就舟中書『惠政橋』字與之，邑人始退。然字畫差褊小，不似晚年所書，蓋當時倉卒迫促而然爾。」新淦屬臨江軍，在軍東南六十里。

臨江軍知軍王承議來啓相慰，軾答啓。

《蘇軾文集》卷四十七《答臨江軍知軍王承議啓》云及王承議「不忘疇昔」，「豈獨憐衰朽而借餘光，蓋將敦風義以勵流俗」，知承議於蘇軾爲故人。查有關方志，未知承議名字。臨江軍屬江南西路，治清江縣。在虔州之北，洪州之南。此答啓作於至洪州途中。《總案》繫此啓於本年五月，以爲臨江軍乃鎮江軍，失考。

至南昌，軾晤葉祖洽。

《冷齋夜話》卷七《東坡和陶淵明詩》謂蘇軾北歸：「時章丞相方貶雷州。東坡至南昌，太守葉公祖洽問曰：『世傳端明已歸道山，今尚甘遊戲人間耶！』東坡曰：『途中見章子厚，乃迴反耳。』」

《長編拾補》卷十六：元符三年十月乙卯，葉祖洽知洪州，落龍圖閣待制；卷十八：建中靖國元年十二月，祖洽自洪州改知瀛州。知蘇軾至洪州時，祖洽正在任。南昌，洪州治。

四月甲午（初四日），艤舟吴城山順濟龍王祠下。軾作《順濟王廟新獲石砮記》。

記見《蘇軾文集》卷十二。《輿地紀勝》卷二十六《隆興府·景物下》：「龍王廟，在新建縣北一百六十里吴城山。東坡北歸，艤舟祠下，忽得古石砮矢於岸側，旋失之，禱於神，許留廟中，復獲焉，因爲之記。」又：「吴城山，在郡北一百八十里，岸臨大江。」

八日，母程氏忌日，軾寫《圓通偈》伸追往之懷，爲跋。

跋見《蘇軾文集》卷六十九（二二〇四頁）。時舟行豫章、彭蠡間。

錢世雄（濟明）來簡報道潛（參寥）復服落髮。軾覆簡并寄録《次韻定慧欽長老見寄》。

《蘇軾文集》卷五十三與世雄第九簡謂得來書乃知道潛復服落髮。涵芬樓《説郛》卷三十八引朱弁《續骫骳説》：「建中靖國元年，曾子開爲翰林學士，言其（按：指道潛）非辜，詔復祝髮紫方神，師號如故。」《嵩山文集》卷十五《答李持國先輩書》謂建中靖國間，蘇軾《和歸去來》初至京師，軾門下賓客從而和之者數人，自謂得意，道潛亦和。似道潛復服後即至京師。道潛和詩未見。

次韻定慧詩見《蘇軾詩集》卷三十九，寄録之蓋欲以此寫於定慧舊居，志悼念之意。世雄來簡乃答蘇軾虔州所與之簡，蘇軾此覆簡約作於四月間，時世雄尚未復官。

至南康軍。軾簡程之元（德孺）約會於金山。

《蘇軾文集》卷五十六與之元第二簡叙此。簡云「約程，四月末間到真州」。南康軍治星子，已至大江、廬山矣。

得孔平仲（毅父）寄到弟轍家訊并平仲簡。軾答簡贊劉安世（器之）爲鐵人。

《蘇軾文集》卷五十七與平仲第五簡：「忽辱手書及子由家訊，窮途一笑，豈易得哉！」此家訊不知是否爲致軾之簡。簡云：「仙舟想非久到闕，某當老江淮間矣。」并未言及歸許下。《總案》以爲「家訊」即致蘇軾之簡，而簡之内容爲「勸公同居潁昌」，屬臆想，無佐證。第六簡慰武仲（常父）之喪，已見元符元年九月紀事。簡云：「承諭，子由不甚覺老。」是弟轍北歸途中與平仲相見也。簡末云「江上微雨」，時舟已至大江。《宋史》卷三百四十四《孔平仲傳》謂「責惠州别駕、安置英州」，徽宗立，召爲户部、金部郎中。其赴闕當以赴新任也。此簡又云「劉器之乃是鐵人」。

《三朝名臣言行録》卷十二《諫議劉公》引《言行録》：「昔有與蘇子瞻論元祐人才者，至公，則曰：『器之真鐵漢，不可及也。』」參本年此前「在南安與劉安世遇」條紀事。

錢轂（志仲）以烏絲欄求書蘇軾自作詩，軾乃書《廣成子解》以報，簡劉安世（器之）報其事。

《蘇軾文集》卷五十九與轂第三簡：「烏絲當用寫道書一篇，非久納上。惡詩不足録也。」同上卷五十六與安世第二簡：「某自出意，欲與寫《廣成子解》篇。舟中熱倦，遂忘之，然此意終在也，今豈可食言哉！病不能作志仲書，乞封此紙去。」「此紙」當即《廣成子解》。

《廣成子解》在《文集》卷六。

與劉安世(器之)同入廬山。軾晤山中道友。重游棲賢寺、開先寺,題漱玉亭柱石。爲簡寂觀雲卿閣書榜。

《蘇軾文集》卷五十三《與劉壯輿》第一簡言久闊,「便欲造門,以器之率入山,還當奉謁」。《施譜》:「與劉安世同游廬山。」卷六十《與胡道師》第四簡:「再過廬阜,俯仰十有八年,陵谷草木,皆失故態,棲賢、開先之勝,殆亡其半。」又云:「獨山中道友契好如昔,道在世外,良非虚語。」此胡道師爲洞微。

《梁溪先生全集》卷十八《偶成》自注:「東坡題漱玉亭柱石云:『玉局散吏來遊。』」《周益國文忠公集·泛舟遊山録》卷一乾道丁亥三月丁未紀事:「上漱玉亭,觀石柱間東坡辛巳四月題名。」知原題名有年、月。

《日涉園集》卷十詩題:「老坡自海外歸,爲書簡寂觀雲卿閣榜,今爲煞風景者毁之。」參崇寧二年四月丁巳紀事。

在廬山,軾晤崔閑(玉澗道人),畫海榕,復作「海榕」二字於其下。

《嵩山文集》卷十六《海榕記》:「東坡先生謫南海,自廬山遇門下士玉澗道人崔閑者,命酒獻酬,淋漓之餘,墮案上,自然成根柢輪囷之狀,取筆墨絪緼之,偃然海上之榕也。復作『海榕』

二字於其下，蕭散不飾，實與畫稱。其後閑舉以遺京師周侯，高魯王諸孫世則從周侯得之，乃懼夫觀者非所覯也，屬嵩山晁説之識之。説之伏念九州之中，山川草木皆出先生之文章，先生晚於禹迹之外、海嶠之上所得者又如此，恨不能從吾先生遊於斯時也，今日可勝歎哉！宣和二年庚子七月六日甲辰，説之記。」

《永樂大典》卷二千七百四十一引《九江府志》，謂閑卒年七十八。葉夢得《避暑録話》卷下叙大觀末與閑遇於廬山，閑授夢得以樂理。《北山小集》卷一有《送崔閑歸廬山四首》，《北湖集》卷一亦有詩及之。《梁溪先生全集》卷十七有《過玉澗道人草堂》詩，首云：「道人妙彈琴，能作《醉翁操》。人亡琴亦亡，頗爲識者悼。」此詩作於建炎元年（一一二七），此前，崔閑已卒。《參寥子詩集》卷一《玉荆山人崔君草堂》：「玉荆山蒼勢蜿蜒，玉荆澗碧涵漪漣。山人結廬占幽絶，如使世俗來無緣。窗前松竹交夏蔭，砌下紅紫争春妍。清腸終日飽葵藿，耳目久厭論腥膻。山空月晝猨鳥寂，象床拂拭翻朱弦。泠然細韵發幽指，妙意自得人誰傳。烏巾席帽事高格，蹇驢獨跨何翩翩。行當近林就卜築，與子來往聊窮年。」

《北山小集》卷一《送崔閑歸廬山四首》其二：「琅琊山中水，韻入三尺桐。琅然醉翁操，發自玉澗翁。流泉不成音，寫寄十二宫。醉翁不可見，妙語聯形容。嘗聞三峽泉，上與天漢通。請君記餘響，相彼玉珮風。此聲儻可繼，那復有此公。」作於崇寧四年（一一〇五）。

軾作枯木怪石於天籟堂。

《永樂大典》卷六千六百九十八引《江州志·宮觀·德化縣》：「天籟堂：有東坡畫壁，洪芻跋。」「堂在太平興國宫内。以下引洪跋：「東坡先生頃作枯木怪石於天籟堂壁間，有力者負之而走矣，獨留其影於琢玉坊，李氏因刻之琬琰。靖康元年六月癸丑，豫章洪芻書。」跋中此「頃」字，當爲近之意。若爲元豐、紹聖過江州時所作，芻當明言。故繫入本年。芻字駒父，爲黄庭堅之甥。見《豫章黄先生文集》卷十六《洪氏四甥字序》。屬江西詩派，見《後村先生大全文集》卷九十五。

軾欲見隱士王元甫，元甫辭。

《能改齋漫録》卷十一《王元甫有詩名》叙之。參本年此後「讀王元甫所作景陽井詩」條。《獨醒雜志》卷八亦叙之。

王寧（幼安）許於潁昌假大第居住，軾答啓與簡謝之。

《蘇軾文集》卷四十七有《答王幼安宣德啓》。啓首云「俯仰十年，忽焉如昨」，知結交已久。以下有「偶然生還」之語，知此啓作於北歸途中。

幼安名寧，乃寔（仲弓）之弟，陶之次子，兄弟卜居許昌（即潁昌），見《過庭録》。《研北雜志》即稱寔爲許昌人。參元祐八年「辟王寔爲屬寔不行」條。

《文集》卷五十九《答王幼安三首》，皆作於此時。其第一簡云：「屢得許下兒姪書云，比來親族或斷往來，唯幼安昆仲待遇加厚。聞之，感激。」昆仲謂寔與寧也。第二簡云：「某初欲就食宜興，今得子由書，苦勸歸潁昌，已決意從之矣。舟已至廬山下，不久當獲造謁。」益足證明寧其時居潁昌。第三簡云：「許暫假大第，幸甚！幸甚！非所敢望也。得托庇偏廡，謹不敢薰污。稍定居，當求數畝荒隙，結茅而老焉。」已決計歸許，就歸許立計。故答啓中有謝寧「講修舊好，收録陳人」之語。

《斜川集》卷一有《和王仲弓雪中懷友之什》、《次韻王仲弓贈史得之》詩。卷三有《次韻王幼安哭韓君表》詩，云：「公子雖軒冕，山林契夙心。坐禪新活計，脱屣舊冠簪。共笑謀生拙，知非涉世深。頌詩留纉息，妙意可銷沉。」《全宋詞》第二册有葉夢得及寧詞多首。

《道鄉先生鄒忠公文集》卷七《送王幼安赴舉》：「幾年幽徑委榛蕪，此去寒生孰子如。筆下翻騰三峽水，胸中突兀五車書。豈惟麗賦欺弘正，會使清時識仲舒。富貴由來皆骨相，門閭高處莫趦趄。」第三句盛贊其才，第四句盛贊其讀書多。第五句盛贊其作品，第六句盛贊其識。

軾贈廬山宣秘大師（道通、惠通）詩；并念思聰（聞復）、仲殊二僧，贊其詩。

詩見《蘇軾詩集》卷四十五，題作《贈詩僧道通》，贊宣秘詩無蔬筍氣。

孫覿《内簡尺牘》卷九《與李主管》注文引蘇軾之詩，謂爲贈廬山宣秘大師詩；并謂蘇軾有自注，曰：「賈島事，見《長江集》。」軾詩末句爲「從今島、可是詩奴」，其自注乃緣此而發。此自注，《詩集》無。

《石林詩話》卷中引此詩，「道通」作「惠通」，詩之注文已引。

贈詩有「雄豪而妙苦而腴，只有琴聰與蜜殊」句。思聰，見元祐六年「錢塘僧思聰歸孤山」等條。《省齋文稿》卷十八《題蘇季真所藏墨迹》謂蘇軾愛重思聰。此外，軾尚多處念及思聰。

元豐三年與道潛簡中，贊其詩長進（《蘇軾文集》卷六十一《與參寥子》第四簡）；惠州書贈惠誠游吴中代書十二僧，其中即有思聰，贊其詩清遠，見《文集》卷七十二《聞復》。然思聰於「大觀、政和間，挾琴游梁，日登中貴人之門，久之，遂還俗，爲御前使臣」（《老學庵筆記》卷七），有負軾望。

《參寥子詩集》次韻思聰詩頗多，上引《與參寥子》第四簡有「名僧法足」之語，蓋思聰爲道潛詩弟子。《避暑録話》卷下亦及思聰。

仲殊卒於崇寧間，《詩集》卷三十二《安州老人食蜜歌》「施注」已及。仲殊善詞，《全宋詞》、《全宋詞補輯》輯有七十餘首。

晤張競辰（熙明），軾題其永康所居萬卷堂，并别山中諸道友。

詩見《蘇軾詩集》卷四十五（二四五二頁），并參該卷校記第一〇四條。據校記，此詩應次《劉壯輿長官是是堂》前。《宋會要輯稿》第九十九册《職官》六七之一五紹聖四年二月七日紀事：承議郎張競辰罷提舉夔州路常平等事，以御史蔡蹈言其嘗諂事吕大防、蘇轍故也。知競辰與蘇氏兄弟早有交往。《揮麈録·後録》卷三謂競辰子德遠，字文老，華陽人，博極群書，尤長史學。知詩所云永康，乃成都府永康軍。蔡蹈，毗陵人，熙寧六年進士。見《咸淳毗陵志》卷十一。

與蘇堅（伯固）簡，軾言住計龍舒爲多。

此乃與堅第四簡，見《蘇軾文集》卷五十七。簡云「暑中」、「源、修二老」，知作於江州。堅嘗官江州，源、修當爲廬山二僧。簡云：「龍舒聞有一官莊可買，已托人問之。」乾隆《鉛山縣志》卷十三有蘇堅《題金相寺》二首，其一云：「禪室方尋杖，閩山數百層。春風催梅柳，緑水漲溝塍。」其二云：「吹律開暘谷，坐看雲氣昇。地神如獻秀，羅列露山稜。」又有詩，題亦作《題金相寺》，云：「已愛觀音遠俗塵，鷲峰林壑更清新。不辭遍歷安禪地，要使溪山識主人。」附次於此。

過劉羲仲（壯輿）是是堂，軾有詩。以重修《三國志》相屬。與羲仲論陶侃折翼事不可信。爲羲仲書弟轍所作羲仲祖父涣（凝之）哀詞。

詩見《蘇軾詩集》卷四十五（二四五二頁）。《默記》卷中謂蘇軾歸至南康軍，語羲仲，王安石嘗以重修《三國志》相托，「軾今以付壯輿」。又謂「僕聞此於壯輿，盡直記其舊言」。《曲洧舊聞》卷五：「東坡嘗謂劉壯輿曰：『《三國志注》中好事甚多，道原欲修之而不果，君不可辭也。』壯輿曰：『端明曷不爲之？』坡曰：『某雖工於語言，也不是當行家。』」《困學紀聞》卷十三：「東坡謂劉壯輿曰：『陶威公忠義之節，横秋霜而貫白日，晉史書折翼事，豈可信乎！』」威公名侃，《晉書》傳在六十六。折翼事涉神怪。哀詞見《欒城集》卷十八。《文集》卷五十三與羲仲第二簡云「舍弟所作詞，當續寫去」。

羲仲父恕，字道原，佐司馬光修《資治通鑑》。元豐八年，追論修書功，録羲仲爲郊社齋郎。《豫章黄先生文集》卷二十三恕墓銘謂羲仲「不倦學，猶能力其家」；卷二十六《書歐陽子傳後》贊羲仲筆端有「史氏風氣，它日當以不朽之事相傳」；卷二十七《書劉壯輿漫浪圖》謂羲仲「讀書數千卷，無不貫穿」。《雞肋集》卷二有《是是堂賦》，卷三有《漫浪閣辭》，謂羲仲年四十，築屋廬山其先人之居，自號漫浪翁。《柯山集》卷三有《劉壯輿是是堂歌》，卷九有《漫浪翁》詩。《嵩山文集》卷七有《談易寄壯輿》詩，卷十五《九學論》謂嘗與「壯輿論《春秋》」。《范太史集》卷五十五《手記》有羲仲。

十二日，軾題羲仲文編。旋别羲仲，羲仲以茶簞爲餽，不受，受其茶一袋。

跋見《蘇軾文集》卷六十六（二〇七四頁），謂是日晨起，患頭風，讀羲仲文編，疾若失。《文集》

卷五十三與義仲第二、三簡亦敘之；第二簡并云及題寫墓表，《總案》謂所題寫者乃義仲祖父涣墓表。第四簡叙送茶簟，辭之。第六簡叙將别。第二簡末云：「舍弟所作詞，當續寫去。」詞即見於《欒城集》卷十八之《劉凝之屯田哀辭》。義仲之意即以轍所撰哀辭入墓而請軾書。如此有關其先人盛德之事，軾自義不容辭。

蘇軾與吴將簡。將嘗來訪。

簡見《蘇軾文集》卷五十七。凡二簡，此所云者第一簡。簡云：「某少時在册府，尚及接奉先侍講下風，死生契闊，俯仰一世。」册府，當爲治平時直史館。時吴將之父亦官於史館，爲蘇軾所欽。其人久已謝世。今不詳爲何人。

簡云：「與君相遇江湖，感嘆不已。辱訪山中，愧不能款。」此「山」當指廬山。蘇軾北歸途中，在廬山略事逗留，以其在旅途中，未能款待，以此有愧於心。

簡云：「以拙疾畏風，不果上謁。」知吴將所居即在廬山附近，或即官於江州州縣。四月十二日，蘇軾患頭風。簡云「畏風」，當以此。

簡云：「解去漸遠。」謂自廬山乘舟東下，以此簡爲别也。

《蘇軾文集》原編者謂此簡作於黄州，誤。

蘇軾作詩，贈江州景德長老。

詩見《蘇軾詩集》卷四十七(二五三六頁)。

詩首云:「白足高僧解達觀。」盛贊之。

軾最後一次過江州,故次此詩於此。

軾離廬山,胡洞微負笈相從數百里。

《蘇軾文集》卷六十《與胡道師》第四簡叙過廬,以下云:「道師又不遠數百里負笈相從,秉燭相對,恍如夢寐。」《總案》據此謂蘇軾至南康軍,胡洞微「自九江來迎」,與簡意不符。洞微送至何地,無記載。

十六日,軾過湖口,訪壺中九華石,已爲友人郭祥正取去。復和紹聖元年所作詩。

詩見《蘇軾詩集》卷四十五(二四五四頁),題作《予昔作壺中九華詩其後八年復過湖口則石已爲好事者取去乃和前韻以自解云》。《山谷詩集注》卷十七詩題云:「湖口人李正臣蓄異石九峯,東坡先生名曰壺中九華,并爲作詩。後八年,自海外歸,過湖口,石已爲好事者所取,乃和前篇以爲笑,實建中靖國元年四月十六日。」

軾命過賦《壺中九華》詩。

《斜川集》卷一《湖口人李正臣蓄異石廣袤尺餘而九峯玲瓏老人名之曰壺中九華且以詩紀之命過繼作》:「至人寓迹塵凡中,杖頭挂壺來何從。長房俗眼偶澄澈,一笑市井得此翁。試窺壺中了無物，何處著此千柱宫。毘耶華藏皆己有，不獨海上棲瀛蓬。我聞須彌納芥子，況此空洞孰不容。何人誤持一嶂出，恍是九華巉絶峰。令人却信劉郎語，當年霹靂化九龍。誰將真形寫此石，太華女几分清雄。終當作亭號秋浦，刻公妙句傳無窮。」《雞肋集》卷三十三《書李正臣怪石詩後》言石「爲當塗郭祥正以八十千」於元符三年七月前取去。參紹聖元年「至湖口」條紀事。

至池州。軾題詩五松山李白祠堂及陳公園雙池。

《輿地紀勝》卷二十二《池州》：「李翰林祠堂：在銅陵五松山寶雲院。太白遊五松山詩云『證古絶遺老』，因名五松山。後，東坡、鄭獬、米芾與李綱俱有詩。」《蘇軾詩集》卷四十八《題銅陵陳公園雙池詩》其二：「落帆重到古銅官，長是江風阻往還。要似謫仙回舞袖，千年醉拂五松山。」當即《輿地紀勝》所云詩。「重到」，以元豐七年嘗過也。

至蕪湖，軾題韋許（深道）寄傲軒。

詩乃《蘇軾詩集》卷三十一《寄傲軒》。《姑溪居士文集》卷五《題韋深道寄傲軒》有「一時收拾付新堂」之句，知李之儀作此詩時，寄傲軒新作不久。《宋史》卷三百四十四《李之儀傳》謂徽宗初，「坐爲范純仁遺表，作行狀，編管太平，遂居姑熟」。《姑溪居士文集》卷五十《姑溪居士妻胡氏文柔墓誌銘》云「余以崇寧二年，以撰故宰相范忠宣公行狀，逮御史獄」。編管太平即爲崇寧二年或三年事，距蘇軾過此時爲二、三年。知軾過此時，寄傲軒新作。《詩集》次《寄傲軒》於元祐四年，時距之儀編管太平十餘年，之儀自不得稱寄傲軒爲新，《詩集》誤。

現存與韋許交往詩篇，皆作於徽宗、高宗時。如《斜川集》卷一《湖陰有隱居子（下略）》、《日涉園集》卷一《奉酬湖陰韋深道》、《筠溪集》卷十一《寄題蕪湖韋深道所居》。《太倉稊米集》及許詩甚多，卷三有《次韻韋深道獨樂堂十絶》；卷二十四有《寄韋深道寄茗雪舟中十六言五首》，約作於紹興十四年。亦可爲《寄傲軒》作於建中靖國左證。

《輿地紀勝》卷十八《太平州》有許傳，謂許從李之儀學，不事科舉，「《繫年録》云『紹興二年，蕪湖縣進士韋許爲迪功郎，以其獻書籍也』」。

康熙《太平府志》卷二十八《韋許傳》：「韋許，字深道，家世蕪湖。志尚矯潔，赴善如饑渴。讀書明大義，不事科舉，築堂，扁曰『獨樂』。聚書數千（按：「千」下當脱一字），間有訪道者館穀其間，久弗厭也。黄庭堅兄弟、蘇堅父子往來蕪湖，皆與之遊。許舊字邦佐，庭堅易深道，復衍深道之旨而引伸其説，由知心者素也。元符中，諸公貶逐，雖素親密亦畏禍，不敢相聞，有道經江上，許必承接款曲，能周其急，士大夫以此重之。陳瓘尤感其意，留詩爲別，且作《獨樂堂記》。政和中，樞密張叔夜、尚書李彌遜等合詞薦於朝，時值多故，不果行。紹興初，時宰言其事，高宗云：『當今誰知有元祐人，如韋許者可以常人比哉！』授以官，許拜命而不係銜，自號蕪陰居士。海内尤以此重之。朱熹嘗曰：『蕪陰有韋居士，喜延知名士，如黄太史、陳諫議遷謫，每歲饋餉，今人一見遷客，便以爲懼，安得有此人哉！』其卓行爲名人延譽如此。」庭堅見許，當爲崇寧元年事，其年六月九日，庭堅到知太平州任。見《山谷詩集注》卷首目録。《濂洛風雅》卷六游酢《韋氏獨樂堂》：「林下徜徉得至游，高情不與世情謀。羲和叱馭日逾永，猿鶴尋盟山更幽。踽踽涼涼還自哂，休休莫莫復何求。應門童子非無意，客至蕭蕭已百憂。」《韋深道寄傲軒》：「早付閑身老故鄉，青松成徑菊成行。搘頤獨坐心遺念，坦腹高吟興欲狂。甕下却應嗤畢卓，籬根遥想對羲皇。乘風破浪門前客，試問浮家有底忙。」

附此。

抵當塗。二十四日，郭祥正（功甫）來訪，軾呈詩。

《蘇軾文集》卷五十一與祥正第六簡云「昨辱寵臨」。此簡作於二十五日，見二十五日紀事。第七簡云及「辱詩」。《總案》謂《詩集》卷四十五《次韻郭功甫觀予畫雪雀有感二首》題下「王子仁注」所引郭詩，即所呈之詩。第一詩王子仁云「寄惠州」，第二詩云「用前韻寄詩」。據此，是祥正欲寄而未寄也。

二十五日，郭祥正致餽，蘇軾欲報謁；既而以是日乃父洵忌日，不赴；和祥正詩。蘇軾嘗贊祥正有詩名。

《蘇軾文集》卷五十一與祥正第六簡：「閑居致厚餽，拜賜慚感。只今上謁次，一肉足矣，幸不置酒。」是致餽與欲報謁爲一日之事。第七簡：「某今日私忌，未敢上謁。辱詩和呈，爲一笑。」是二簡寫於二十五日一日之内。

和詩即二十四日紀事所云「次韻郭功甫」云云。

蘇軾當回訪祥正。《總案》遽謂回訪爲二十六日，無佐證。

蘇軾旋别祥正。蘇軾嘗贊云云，見以下「讀王元甫所作《景陽井》詩」條。祥正卒年七十九，見嘉靖《太平府志》卷六。當政和三年。

軾撰《戒酒詩碑》，當塗有石刻。

清抄本《當塗縣志》第二册《名迹》：「蘇軾《戒酒詩碑》（原注：在府學尊經閣墻下）。」此《戒酒詩碑》，不知作於何時，姑附次於此。

在當塗，錢世雄（濟明）寄簡并詩來，欲遠迎。軾答簡約會於金山，并寄十一詩。

《春渚紀聞》卷六《坡仙之終》引世雄跋蘇軾帖：「四月，自當塗寄十一詩，且約同程德孺至金山相候。」

《蘇軾文集》卷五十三與世雄第八簡：「人來，領手教及二詩。」又云：「某此去不住滯，然風水難必期，公閑居難以遠涉，須某到真遣人奉約，與德孺同來金山乃幸也。」此即世雄所跋之簡。

在當塗，軾與胡仁修簡。

《蘇軾文集》卷六十《與胡郎仁修》第三簡：「小二娘知持服不易，且得無恙，伯翁一行并健。得翁翁二月書及三月内許州相識書，皆言一宅康安。」以下云「今已到太平州」。簡中「伯翁」，蘇軾自謂，「翁翁」乃轍，「二月書」，參以下「得黄寔寄弟轍二月二十日簡」條。小二娘當爲轍女，胡仁修爲其婿。《蘇潁濱年表》載轍五女之婿，無仁修。待考。簡所云小二娘「持服」，據與仁修第一簡，其時仁修母死，小二娘乃爲姑持服。與仁修一、二簡皆爲慰簡。

蘇軾晤曇秀（法芝），作詩贈之。

詩乃《蘇軾詩集》卷四十五《次韻法芝舉舊詩一首》，《七集·續集》重收此詩，題作「舉舊詩次今韻呈曇秀」，知蘇軾此時晤曇秀。

詩首云：「春來何處不歸鴻。」《集注分類東坡詩》此詩趙次公注：「建中靖國之初，皆起諸公之廢者。」以此釋詩，甚是。以下次公云「先生又得請歸常州」，則非是。次云「非復羸牛踏舊踪」，承上句言，謂新氣象相繼出現也。三四句：「但願老師心似月，誰家甕裏不相逢。」蘇軾相晤時，當有今後思念之語，曇秀亦如是，故有此句。軾之意爲，欲思念隨時隨地皆可晤見，不必戚戚於一時也。

二十八日，軾覆簡知縣杜傳（孟堅）。

軾《江上帖》(又名《致知縣朝奉尺牘》):「軾啓。江上邂逅,俯仰八年。懷仰世契,感悵不已。辱書,且審起居佳勝。令弟、愛子各康福。餘非面莫既。人回,匆匆,不宣。軾再拜知縣朝奉閣下。四月二十八日。」

此簡,《佚文彙編》卷四據《大觀録》卷五收入。《大觀録》佚去「四月」云云六字。《大觀録》卷五蘇軾《與杜道源五首》建炎己酉閏月庚辰魏郡吴幵跋:「晚與孟堅《江上帖》,筆勢欹傾而神氣横溢,蓋似其暮歲之文。然不數月而病且死矣。」

據吴幵跋,知此簡乃與杜傳者。

簡中所云「令弟」乃杜俣,已見本譜元豐三年四月十三日紀事;所云「愛子」乃唐弼,見本譜紹聖元年「軾在金陵」條紀事。

杜俣家蕪湖。杜傳不知爲何地知縣,不知爲是否在任?據此簡,知傳先有簡與軾,傳專人送與軾。其時,軾或仍在當塗,或在當塗至金陵舟中。軾與杜氏兄弟,并未在蕪湖相晤。又據軾簡「非面莫既」,知軾與杜氏兄弟肯定相晤。其相晤之地,或即在金陵。以紹聖元年即在金陵相晤也。然此不過推測,其詳已不可踪跡。

《與杜道源五首》,一見《式古堂書畫彙考·書》卷十《蘇氏一門諸帖册》,其中尚有《蘇伯達台眷帖》。帖云:「邁拜問台眷一一萬福。别紙所悉,尚容細處之,他委勿鄙。邁拜問。」乃與杜氏某人者。《諸帖册》後，王安中跋云：「唐弼杜氏，自其曾祖父四世與眉山三蘇游，帖具存。紹興癸丑（按：乃一一三三年）中秋，安中過惠州，登白鶴峯，拜東坡像。……後十二月，邂逅唐弼於湖陰，出此卷相示。」湖陰乃蕪湖。唐弼之曾祖父乃杜叔元（君懿），見《諸帖册》吴幵跋。

同日，李仲琬（德華）卒。蘇軾嘗贊其夫董文和（景仁）爲古君子。

據《雞肋集》卷六十六《李氏墓誌銘》。《銘》謂仲琬贊皇人，父無競，官至尚書都官郎中。文和，東平人，《銘》云「眉山蘇先生嘗稱之曰此古君子者」。《銘》謂文和嘗爲曹州司户、招安主簿，性方潔。

李之儀（端叔）除輦運，軾有簡與之。

《蘇軾文集》卷五十二與之儀第九簡：「見報，除輦運，似亦不惡。近日除目，時有如人所料者，則此後端叔必已信眉矣乎？」簡有「漸近中原」之語，又謂「乍熱」，約作於四月。《宋史》卷一百六十七《職官志》七：「（提舉）撥發司、（提舉）輦運司：掌以時起發綱運而督其滯留，以供京師之用。」

《姑溪居士後集》卷十五《跋東坡諸公追和淵明歸去來引後》叙在潁昌，一日，蘇轍出蘇軾所作和陶《歸去來詞》，居數日，轍復出其所和。轍之作，作於本年十月，見《蘇潁濱年表》。之儀之和作，亦作於潁昌，見《姑溪居士後集》卷十三。是爲之儀官於潁昌之證。蘇軾靈柩至潁昌時，李之儀致奠，見該年紀事。知之儀自本年夏起，即官輦運於潁昌。《宋史》卷三百四十四《李之儀傳》謂「徽宗初，提舉河東常平」。《總案》據是繫入，誤。之儀爲輦運事，《宋史》失載。河東路治太原府。之儀此時未至太原也。詳考李之儀及二蘇之集，并未言及此事，疑河東常平之任，甫除即罷。

軾復與劉安世（器之）同道至金陵，吳默（可、思道）以詩來贄。

《三朝名臣言行録》卷十二引《劉元城言行録》：「建中年間，公與蘇子瞻自嶺外同歸，道出金陵，時有吏人吳默者，以詩贄二公，子瞻稱之，跋數語於詩後，公亦題其末以勉其學。」以下叙梁師成得用，默「攜二公所跋詩謁之，梁甚悦，奏之以官」，後改名可。軾跋已佚。

《蘇軾文集》卷五十七《與吴秀才》第一首叙秀才「曲賜臨顧，一見灑然，遂若平生之歡，典刑所鍾，既深嘆仰，而大篇璀璨，健論抑揚，蓋自去中州，未始得此勝侣」，贊秀才之作品；末云「早晚過金陵，當得款奉」，此秀才即可。

《姑溪居士文集》卷三十六《吴思道藏海齋記》謂可名其居曰藏海，蓋引蘇軾「惟有王城最堪隱，萬人如海一身藏」之句。卷四十《跋吴思道詩》：「東坡嘗謂余曰：『凡造語貴成就，成就則方能自名一家，如蠶作繭，不留罅隙，吴子華、韓致光所以獨高於唐末也。』吴君詩咄咄逼近，時人未易接武。」可見可詩有蘇軾影響。

《藏海居士集》卷下《廬山香林訪趙德麟》：「艤舟星渚得幽尋，問訊先生隱翠岑。欲禮光明依净社，便隨氣類老香林。貂金且换陶潜醉，囊錦聊追白傅吟。坡客飄零有公在，與誰揮淚説知音。」以蘇軾知己爲知音，以嘗爲蘇軾門下客、久與蘇軾盤桓之趙令畤（德麟）爲知音。吴可《藏海詩話》：「蘇叔黨云：東坡嘗語後輩：『作古詩當以老杜《北征》爲法。』老杜詩云：『一夜水高二尺强，數日不可更禁當。南市津頭有船賣，無錢即買繫籬傍。』與竹枝詞相似。蓋即俗爲雅。」可與過叔黨有交往。

五月一日，舟至金陵，軾作崇因院觀音頌。

據《紀年録》。頌見《蘇軾文集》卷二十（五八六頁）。

《姑溪居士文集》卷三十八《跋東坡觀音贊》引崇因寺長老欽之語謂：蘇軾南遷，嘗禱於寺之觀音大士前而應，遂頌之，欽爲刻石。後有詔，所在蘇軾文皆毁棄，欽不肯違，用巨斧斧數十，應斧斷裂。李之儀得斷石於欽。石之先，刻馬祖、龐居士像，已斷裂，而頌獨完。卷九十四《玉堂嘉話》：「東坡《觀世音讚》，靖康元年（孔按：『靖康』爲『靖國』之誤）五月書，蓋將殁前二月，絶筆書也。」知此贊石刻，元代尚流傳。然謂之絶筆則非是。

讀王元甫所作《景陽井》詩，軾跋贊之。

《能改齋漫録》卷十一《王元甫有詩名》：「『動地隋兵至，君王尚宴安。須知天下窄，不及井中寬。樓外鋒交白，溪邊血染丹。無情是殘月，依舊照闌干。』廬山王元甫紹聖間敕賜高尚處士所作《景陽井》詩也。東坡嘗跋云：『余聞江南王元甫、郭功甫皆有詩名。余南歸過九江，因道士胡洞微求謁之。元甫云：吾不見士大夫五十年矣。竟不可見。後予過秣陵，有以元甫《景陽井》詩示予，乃知其得名不虛也。』」

蘇軾與胡仁修簡；并作慰疏慰其母之喪。

簡乃《蘇軾文集》卷六十《與胡郎仁修》第一簡、第二簡。

第一簡云：「得彭城書，知太夫人捐館。」知仁修之母居徐州彭城。則仁修其時亦在彭城持服。稱仁修以郎，似仁修與蘇氏有姻連，第三簡所云之小二娘，似爲仁修之妻。蘇軾無女，蘇轍五女，各有所屬。此小二娘或爲伯父澹、渙之後。簡云「旦夕到儀真小留」，約作於四月下旬。

第二簡乃慰疏。

第三簡云「無由至常州看小二娘」。則小二娘乃居常州。胡仁修亦應居常州。第二簡所云「得彭城書」，或爲另一友人或親戚之書。

將往真州，軾次舊韻贈清涼和長老。

詩見《蘇軾詩集》卷四十五（二四五六頁）。《總案》謂詩有「送我長蘆舟一葉」之句，所云「長蘆」

乃真州長蘆院。

得黄寔（師是）寄到弟轍二月二十二日簡，軾罷居舒州議，決計歸許下。欲泝汴至陳留出陸，求舟於程之元（德孺），得之；求挽舟人於寔以濟淮汴。欲七月到許下。與錢世雄（濟明）、李之儀（端叔）、程之元、黄寔簡及其事。時寔爲江淮發運副使。

《蘇軾文集》卷六十與轍第八簡：「得黄師是遣人賫來二月二十二日書。」《總案》謂《宋史》（按：在《徽宗紀》）建中靖國元年三月乙丑遣黄寔使遼之記載「誤甚」，以「使還甫出，必無此神速之事」。

《宋史》卷三百五十四《黄寔傳》載寔使遼。蘇軾北歸，與寔簡頻繁，未及使遼事。疑使遼之命，甫出即罷。《黄寔傳》謂寔爲江淮發運副使（即《總案》所云之「出」），乃此時事。

《文集》卷五十三與世雄第十二簡：「居常之計，本已定矣，爲子由書來，苦勸歸許，以此胸中殊未定，當俟面議決之。」卷五十二與之儀第十簡：「得子由書及見教語，尤切至，已決歸許下矣。但須至少留儀真，令兒子往宜興，刮刷變轉，往還須月餘，約至許下，已七月矣。」卷五十六與之元第三簡：「近得子由書，苦勸來潁昌相聚，不忍違之，已決從此，計泝汴至陳留出陸也。今有一狀干漕司，一坐船乞早爲差下，令且在常州岸下，候邁到彼乘來，切望留意早早得之。」狀已佚。卷五十二與之儀第九簡云「已得舟，決歸許」。卷五十七與寔第五簡云「某已決意北行」，「行期約在六月上旬，不知其時使舟已到真否？或猶得一見於揚、楚間爾」。以下叙求挽舟人。

北歸後，軾撰文賛程奕筆，簡程之元（德孺）求爲買百枝并越州紙二千幅。

文乃《蘇軾文集》卷七十《書錢塘程奕筆》，簡乃《文集》卷五十六與之元第四簡，以備至潁昌後用之。《六硯齋二筆》卷二：「東坡海外歸，買剡紙二千幅。」剡屬越，越紙産於剡。

北歸後，傳軾嘗答人叙遷謫艱苦之因。

《瑞桂堂暇録》（涵芬樓鉛印《説郛》卷四十六）：「東坡自謫海南歸，人有問其遷謫艱苦者，坡答曰：『此骨相所招。少時入京師，有相者云：一雙學士眼，半箇配軍頭。異日文章雖當知名，然有遷徙不測之禍，今悉符其語。』」此事有傳聞因素，姑附此。

楊明（子微）奉其父濟甫命自眉山至海外相訪，聞蘇軾兄弟已北歸，乃赴潁昌，并修簡致候。答簡約七月中見明於潁昌，并謝其父照管墳墓。

據《蘇軾文集》卷五十九與明第一簡。簡云明「遠來海外，訪其生死，此乃古人難事」。又云：「某七月中必達潁昌矣，回馭少留，一須款見。」是明轉赴潁昌。

民國《丹稜縣志》卷六：「楊明字子微，邑人。篤學有文，知術數。讀書城東龜山，遂自號龜山。……官朝請郎，知合州，以清節著。子煒，通敏能文，官修職郎。」同上書卷五謂明登崇寧二年進士。

與友人簡敘舊，軾簡及宗人蘇械。

《蘇軾文集》卷五十一《與李公擇》第十七簡：「夷中送王徐州詩，有見及語。方是時，人以相識爲諱，欲一見面道此爲笑，竟不見，可太息也。適所白，是宗人械，雅州幕。」

此簡所叙乃徽宗即位後北歸時事，時李常（公擇）卒已久。簡當爲與某友人者。械字公美，莆田人，燁弟。兄弟同登元符三年進士。徽宗時由尚書郎爲辟雍司業，將擢置翰苑而卒。見《莆陽比事》卷三、卷五，《莆陽文獻傳》卷十五附《蘇燁傳》。味簡意，是蘇軾嘗晤械。

蘇軾與黄寔（師是）簡，慰其仲子之殤。

簡乃《蘇軾文集》卷五十七《與黄師是》第四簡。

簡云：「仲子之戚，惟當日遠日忘。……中年以後出涕，能令目闇，此最可惜，用鄙言，慎勿出一滴也。兒子之愛雖深，比之自愛其目，豈不有間，幸深含之。」肺腑之言，令人感動。

此簡約作於五月間。

至真州，軾答杜輿（子師）簡，報月末北赴潁昌，并書《和陶飲酒》與之。

答簡乃《蘇軾文集》卷五十六與輿第四簡，以輿專使來簡也。簡云「某已到儀真少幹，當留旬日」。《姑溪居士文集》卷三十八《跋東坡與杜子師書》叙書《和陶飲酒》贈輿。

蘇軾與錢世雄（濟明）簡。時世雄喪偶，軾慰之。

簡乃《蘇軾文集》卷五十三《與錢濟明》第七簡。

簡云：「忽聞公有閨門之戚，悲惋不已。賢淑令人久同憂患，乍失内助，哀痛何堪。人生此苦，十人而九，結髮偕老，殆無而僅有也。惟深照痛遣，勿留胸次。」

時蘇軾在真州。

軾與程之元（德孺）、錢世雄（濟明）會金山，登妙高臺觀畫像，題詩。聞時論變，決計歸常。

《蘇軾文集》卷六十與弟轍第八簡：「適值程德孺過金山，往會之，并一二親故皆在坐。頗聞北方事，有決不可往潁昌近地居者（自注：事皆可信，人所報，大抵相忌安排攻擊者衆，北行漸近，決不静耳）。」《春渚紀聞》卷六《坡仙之終》引世雄所跋蘇軾帖，謂軾約世雄「同程德孺至金山相候，既往迓之，遂決議爲毗陵之居」。《施譜》：「初，先生決計與子由同居潁昌，俄聞時論已變，自度不可居近地。」遂決計歸常。

《周益國文忠公集·奏事録》乾道庚寅閏五月辛巳紀事：「至金山龍游寺。」以下言：寺有雄跨堂，會飯於方丈，「登妙高臺，烹茶。壁間有坡公畫像。初，公族姪成都中和院僧表祥畫公像求贊，公題云：『目若新生之犢，心如不繫之舟。要問平生功業，黄州、惠州、崖州。』集中不載，蜀人傳之，今見於此。」《誠齋詩話》亦記此詩。此詩，即見於《詩集》卷四十八《自題金山畫像》，詞句略異。

自書與柳瑾（子玉）、寶覺禪師會金山詩，軾并跋。

《晚香堂蘇帖》有此詩（詩見《蘇軾詩集》卷十一第五四四頁）。自書後有跋：「與柳子玉、寶覺師會金山作此詩，今三十年矣。」《佚文彙編拾遺》收。詩作於熙寧六年，距今首尾二十九年，舉成數，可云三十年。

復回真州。軾覆弟轍二月二十日簡，報將渡江往常住孫氏宅。此宅乃借得，係出錢世雄（濟明）力。與黄寔（師是）簡，亦報往常，并録所作詩呈寔。賀寔除少御。

《蘇軾文集》卷六十與弟轍第八簡云「更留真十數日，便渡江往常」。借宅見《文集》卷五十三與世雄第十一簡。《文集》卷五十七與寔第一簡云：「自愍一年在道路矣，不堪復入汴出陸，又聞子由亦窘用，不忍更以三百指諉之，已決意旦夕渡江過毗陵矣。」所録詩乃《蘇軾詩集》卷四十八《無題》（二六三九頁）；《文集》卷六十八《記沿流館詩》乃此《無題》詩，與簡不同。與寔第二簡賀除少御，云「畏暑」，點明季候。《宋史》卷三百五十四《黄寔傳》云及「除太僕卿」。《文集》卷六十與弟轍第九簡：「今師是已除太僕卿，恐遂北行。」少御或即太僕卿。

真州守傅質邀蘇軾、程之元（德孺）爲會，既罷，與之元約米黻（元章）舟中夜話。

《蘇軾文集》卷五十八與黻第二十簡：「傅守會已罷而歸矣，風止江平，可來夜話。德孺同此愬。」《施譜》：時黻爲發運管句，日來會。質，參以下「體中微不佳」條。

程之元（德孺）兄弟借銀二百星，不受，軾簡弟轍報其事，并報少留真欲葺房緡。

《蘇軾文集》卷六十與弟轍第九簡叙其事。兄弟當指之才、之邵。《總案》：「公赴臨汝，當寄家於真州，當時置市屋以資餬口，此時或有變易，故經理之也。」

庚辰（二十日），蘇頌卒於潤州。同日，軾書王鞏（定國）贈吴説帖。

庚辰云云，據《蘇魏公文集》附録曾肇所撰墓銘，頌卒年八十二。《蘇軾文集》卷七十有《書王定國贈吴説帖》。同卷尚有《書吴説筆》、《試吴説筆》。皆贊説筆。

二十二日，軾與米黻（元章）簡。

《鬱孤臺法帖》卷六《昨日歸卧帖》：「軾昨日歸卧，遂夜。海外久無此熱，殆不能堪，柳子厚所謂意象非中國人也。宗相遂棄去，當爲天下惜也。餘非面莫究，軾再拜元章閣下，廿二日。」此簡見《蘇軾文集》卷五十八，爲《與米元章》二十八首之二十二；《文集》脱去簡末「軾再拜元章閣下廿二日」十字。

簡所云「宗相」乃蘇頌。

二十三日，軾答孔平仲（毅父）簡。

簡乃《蘇軾文集》卷五十七《與毅父宣德》第七簡，首云「日至陽長」，即夏至。今年夏至爲五月二十三日。簡云「仁者履之，百順萃止」，其時平仲已至京師。簡云「病發掩關，負暄獨坐，醺然自得」，知病初起，然自覺無甚緊要，故泰然處之。

此則參《蘇文繫年考略》。

轍贈史文通奉議詩。

詩見《欒城後集》卷三。云「墻北」，蓋爲鄰。云「掛冠」，蓋退居。云「丹砂」，蓋講爐火。云「欲問道」，蓋講方外。

楊明來潁昌，有詩贈之。時道潛來，道潛次轍韻。楊明來前，軾嘗與簡，以兄弟二人名義謝其父濟甫照管墳墓。

詩乃《欒城後集》卷三《次前韵示楊明》。詩云「嵩陽百口住」、「卜宅」，時初至潁昌，安頓家小。明乃老友濟甫之子，奉父命往訪軾於海外，途中聞軾兄弟已北歸，乃至潁昌。

詩又云：「吴僧來不久。」此吴僧即道潛，知道潛之來略早於楊明。

《參寥子詩集》卷十《次韵子由侍郎書事二首》其一：「七年依嶺外，遇物即防閑。宿負初償畢，他生豈復還。飄飄疑鶴骨，奕奕藹童顔。自許喬松壽，玄機密鎖關。」其二：「直材不易得，於國實長城。造父還能御，驊騮豈憚行。買田鄰少室，爲計老餘生。居士來何晚，江淮遣候迎。」

《蘇軾文集》卷五十九與楊明（子微）第二簡：「某與舍弟流落天涯，墳墓免於樵牧者，尊公之賜也。」

丙戌（二十六日），祔欽聖憲肅皇后、欽慈皇后神主於太廟。轍作慰表。

五月丙戌云云，據《宋史·徽宗紀》。慰表見《欒城集》卷十八。據《徽宗紀》：四月乙未，徽宗追尊生母陳氏爲欽慈皇后。

二十九日，軾手簡别發運司屬官。

《平園續稿》卷九《題東坡晚年手帖》引。簡佚。有離真意，然未即去。

本月，軾真州兩致轍簡。

其一乃《蘇軾文集》卷六十與轍第八簡，以上二月二十二日紀事已言及。簡云：「頗聞北方事，有決不可往潁昌近地居者，今已决計居常州。……更留真十許日，便渡江往常。」其二乃同上書同卷第九簡，云「數日熱甚，舟中揮汗寫此」，又云「少留真，欲葺房緡，令整齊也」。本月二十三日，答孔平仲（毅父）簡，已云及「病發掩關，負暄獨坐，醺然自得」，病蓋初起，有微寒意。第九簡末云病，早於此數日。簡云：「八郎續親極好，但吾儕難自言，可托人與説。」八郎謂轍幼子遜，其妻黄氏已卒於元符二年。

《蘇軾文集》卷五十七《與黄師是》第一簡叙舟中伏暑，在道路一年，不堪出陸入汴；又以子由窘用，不欲累之，決意過毗陵。以下云：「子由一書，政爲報此事，乞早與達之。」此簡或爲以上所云二簡中之一簡。

六月初，軾與米芾（元章）遇於白沙東園，同游於西山，逭暑南窗松竹下，話羅浮見赤猿事。

《寶晉英光集》卷四《蘇東坡輓詩》序云「季夏相值白沙東園，云羅浮嘗見赤猿，後數入夢」。詩其一云「六月相逢萬里歸」，其三云「小冠白氎步東園」。其五「曾借南窗逃蘊暑，西山松竹不堪過」，自注：「南窗乃余西山書院。」《輿地紀勝》卷三十八《真州》有白沙鎮。東園詳《蘇軾詩集》卷四十五《睡起聞米元章冒熱到東園送麥門冬飲子》注文，謂可通舟。

體中微不佳，軾始病。答傅質簡及之，簡并及傳將大用事。

簡見《蘇軾文集》卷五十八（一七四九頁），云「體中微不佳」；時酷暑。《文集》卷六十一《與維琳》第一簡首云「某卧病五十日」，作於卒前數日，知始病爲六月初事。

《欒城後集》卷二十《祭亡兄端明文》：「秋暑涉江，宿瘴乘之。」疾於是作。《梁溪漫志》卷四《東坡嬾版》謂「東坡北歸，至儀真得暑疾」。

答傅質簡云「見諭，某何敢當，徐思之，當不爾」，謂傳將大用也。《總案》謂質所報事與章援簡中所言「一一符合」，謂質即真守，是。參「章惇子援修書求見」紀事。

軾與轍簡，預以後事爲托。

《軾墓誌銘》：「公始病，以書屬轍曰：『即死，葬我嵩山下，子爲我銘。』」簡佚。

病暑，軾暴下。

據《軾墓誌銘》。《蘇軾文集》卷五十八《與米元章》第二十六簡叙之。

瘴毒旋大作。米黻（元章）時至問疾；嘗冒熱到東園送軾麥門冬飲子。

《佚文彙編》卷一《乞致仕狀》云「至真州瘴毒大作」。《蘇軾文集》卷五十八與黻第二十四簡云「食則脹，不食則羸甚，昨夜通旦不交睫」。第二十五簡云「嶺海八年，親友曠絶，亦未嘗關念」，蓋因黻時至問疾而發之也。黻送麥門冬，《蘇軾詩集》卷四十五（二四五七頁）叙之。《寶晉英光集》卷四《蘇東坡輓詩》其五：「今看麥飲發悲哦。」

疾有增無減，軾遷舟過通濟亭，泊閘外。

《蘇軾文集》卷五十八《與米元章》第二十三、二十一簡叙之。

閘外，軾與米黻（元章）簡，贊所作《寶月觀賦》，恨知之不盡，黻覆簡。

簡乃《蘇軾文集》卷五十八與黻第二十一簡。《寶晉英光集》卷四《蘇東坡輓詩》其四「碧落新添幾侍宸」自注：「公簡云：『相知三十年，恨知公不盡。』余答曰：『更有知不盡處，修楊、許之業，爲帝宸碧落之游，異時相見乃知也。』今思之，皆訣别之語。」「相知」云云，在第二十一簡中。

米黻以所作誇耀於蘇軾，軾有疏慵不進、自歎不如之意。

《後村先生大全文集》卷十詩題：「米元章有帖云：老弟《山林集》多於《眉陽集》，然不襲古人一句。子瞻南還，與之説，茫然，歎久之，似歎渠偷也。戲跋二首。」其二云：「二集一傳一不傳，可勝寶晉勝坡仙？蘇郎不醉常如醉，米老真顛却辨顛（原注：世傳米老有辨顛帖）。」蓋諷之也。詩題所云之「偷」乃慵懶之意。此處乃作者客觀抒叙，「渠」蓋謂蘇軾。

薛紹彭（道祖）與米黻書，謂蜀人望蘇軾歸。軾實有歸意。

《寶晉英光集》卷四《蘇東坡輓詩五首》其一云：「書到鄉人望還舍，晉陵玄鶴已孤飛。」自注：「梓路使者薛道祖書來云：鄉人父老，咸望公歸也。」書到時，蘇軾已離世。紹彭之書當作於夏間。

《欒城後集》卷二十四《亡姊王夫人墓誌銘》叙元符三年「轍與兄子瞻皆自嶺南蒙恩北還，將歸掃先墓」，知蘇軾實有歸蜀之意。此亡姊，乃伯父渙之女，適王東美者。

《畫墁集》卷三《書薛紹彭詩編》：「白楊宿草幾離披，忽對遺編動永思。棠棣先凋空浩歎，圖書不展已多時。豈惟獨負游山約，何意重看送我詩。今日山翁悲復喜，薛家門裏有孤兒。」附此。

米黻（元章）出太宗草聖及謝安帖求軾跋，欲跋以病而力不從，還黻帖。

《蘇軾文集》卷五十八與黻第二十三、二十四簡叙之。《海岳題跋》卷一《跋晉太保謝安石帖後》謂謝安帖乃黻新藏。

將發真州，軾別米黻（元章）。既發，乘船赴潤州，昏不知人者累日。

《寶晉英光集》卷四《蘇東坡輓詩》其四「力疾來辭如永訣」自注：「公別於真閘屋下，曰：『待不來，竊恐真州人俱道放著天下第一等人米元章，不別而去也。』」既發云云，據《佚文彙編》卷一《乞致仕表》。

至潤州，軾晤州守王覿。

涵芬樓《説郛》卷三十二《遯齋閑覽·海南人情不惡》：東坡自海南還，過潤州。州牧，故人也。出郊迓之。因問海南風土人情如何，東坡云：「風土極善，人情不惡。」

《嘉定鎮江志》卷十五謂王覿建中靖國元年再守潤，未言月份。《宋史》卷三百四十四《王覿傳》謂元符三年日食四月朔，徽宗下詔自責，覿當制，有「惟德弗類，未足以當天心」語，乃力請外，以龍圖閣學士知潤州。知是時覿知潤。

甥柳閎來謁，共論嶺南所作文；軾跋閎手寫《楞嚴經》；祭閎父子文及閎母之墓，有文。

《梁溪漫志》卷四《柳展如論東坡文》：「東坡歸自海南，遇其甥柳展如閎，出文一卷，示之曰：『此吾在嶺南所作也，甥試次第之。』展如曰：『《天慶觀乳泉賦》詞意高妙，當在第一。

《鍾子翼哀詞》别出新格，次之。他文稱是。舅老筆，甥敢優劣耶！』坡歎息以爲知言。展如後舉似洪慶善，慶善跋東坡帖，具載其語。」慶善，潤人，《宋史》有傳。跋見《蘇軾文集》卷六十八（二〇八五頁）；經，閎爲弟闢寫，闢早亡。祭文乃《文集》卷六十三《祭柳仲遠文》；仲遠，子文字，閎母，蘇軾堂妹，伯父涣之女。閎居北固山下，見《嘉定鎮江志》附録。洪跋不見。

命子過往弔蘇頌（子容）之逝，軾并作功德疏。次日，頌外孫李㪍（季常）及頌諸孫來謝。

《邵氏聞見後録》卷十五記㪍言：「東坡歸自儋耳，舟次京口，子容初薨，東坡已病，遣叔黨來弔，自作《飯僧文》。」以下云：「明日，季常與子容諸孫往謝之，東坡側卧，泣下不能起。」《飯僧文》乃《蘇軾文集》卷六十二《薦蘇子容功德疏》。

在金山作水陸，邀米黻，黻以足疾不能至，作詩寄蘇軾。

《寶晉英光集》卷二《東坡居士作水陸於金山，相招，足瘡不能往，作此以寄之》：「久陰障奪佳山川，長瀾四溢魚龍淵。衆看李郭渡浮玉，晴風掃出清明天。頗聞妙力開大施，足病不列諸方仙。想應蒼璧有垂露，照水百怪愁寒烟。」

《蘇軾文集》卷六十二《醮上帝青詞》其一叙一生遭遇，取三科，臨八郡，「兩遇禍災，皆由滿溢」，以退歸林下爲幸，願「稽首投誠，洗心歸命」。約作於此時。

《米海岳年譜》本年紀事：「温叔皮跋米帖云：京口耆舊云，建中靖國改元，坡歸自嶺外，與客遊金山，有請坡題名者，坡云：『有元章在。』米云：『某嘗北面端明，某不敢。』坡撫其背云：『今則青出於藍矣。』元章徐曰：『端明真知我者也。』自爾益自負矣。」似蘇、米嘗晤於金山，待考。叔皮名革，惠安人，政和五年進士。見《南宋館閣録》卷八。

章惇（子厚）子援修書求見軾，并叙士大夫日夜望大用之意。時岑象求等皆望蘇軾兄弟復起。

《雲麓漫鈔》卷九：「東坡先生既得自便，以建中靖國元年六月，還次京口，時章子厚丞相有海康之行，其子援尚留京口，以書抵先生：『某惶恐再拜端明尚書臺座。某伏聞旌斾還自南越揚舲江海，躡屐嶺嶠，執事者良苦。數歲以來，艱險備至，殆昔人之所未嘗。非天將降大任者，豈易堪此！竊惟達人大觀，俯仰陳迹，無復可言。不審即日尊體動止何似。伏念某離遠門牆，於今九年。一日三月，何可數計。傳聞車馬之音，當歡欣鼓舞，迎勞行色，以致其積年慕戀，引領舉足崎嶇瞻望之誠。今乃不然。近緣老親重被罪譴，憂深慮切，忘寢與食。始聞後命方在浙東，即欲便道省覲，又顧幼稚，須攜挈致之所居。今暫抵此，治任裹糧，旦暮遠行。交親往來，一切皆廢。此則自儕於衆人，宜其所以未獲進見者。某於門下，豈敢用此爲解。舍館然後求見長者，是爲有罪，況於不克見者乎？逡巡猶豫，事爲老親，固當審思耳。邇來聞諸道路之言，士大夫日夜望尚書進陪國論。今也使某得見，豈得泊然無意哉！尚書固聖時之蓍龜，竊將就執事者穆卜而聽命焉。南海之濱，下潦上霧，毒氣薰蒸，執事者親所經歷。於今回想，必當可畏。况以益高之年，齒髮尤衰，涉乎此境，豈不惴惴。但念老親性疏豁，不獲短，内省過咎，仰戴於上恩，庶有以自寬。節飲食，親藥物，粗可僥倖歲月。不然者，借使小有沾濡之情，悴於胸次，憂思鬱結，易以傷氣，加以瘴癘，則朝夕幾殆，何可忍言，况復爲淹久計哉。每慮及此，肝膽摧落，是以不勝犬馬之情，子私其父，日夜覬幸今聖上慈仁，哀矜耆老，沛然發不世之恩，詔稍弛罪罟，尚得東歸田里，保養垂年。此微賤之禱，悲傷涕泣，斯須顛沛不能忘也。儻問焉，而執事者以爲未然，使某也將何以爲懷，誠不若勿卜而徒自然庶幾之爲愈也。儻以爲可覬也，固愚情所欲聞，然而旬數之間，尚書奉尺一還朝廷，登廊廟地，親責重所，忖度者幸而既中，又不若今日之不克見，可以遠迹避嫌，杜讒慝之機，思患而預防之爲善也。若乃思世故多端，紛紜轇轕，雖彌日信宿，未可盡剖，勃鞮所謂君其知之矣，寧須多言。獨恨九年之間，學不益博，文不益進，以此負門下。然古人有聞之而不言、能之而不爲、存之而不論者，竊嘗留意焉，未若面得之也。請俟它日仰叩緒餘論，不勝拳拳之情，敢言之執事者。伏惟財幸。暑溽異甚，伏望保護寢興，萬萬珍重，不宣。某惶恐再拜。』」

援此書反覆叙求見之意，欲就其父惇之前途吉凶而穆卜之，其意望朝廷稍弛其父之罪，使得「東歸田里，保養垂年」，蓋欲動軾之情，勿念其父舊惡，使「還朝廷登廊廟地」後爲回護之。書首云「離遠門牆，於今九年」，援爲蘇軾門生，元祐三年省試進士第一。由今年上溯九年爲元祐七年，蘇軾别章援，爲元祐七年事。

《長編拾補》卷十七建中靖國元年六月甲辰紀事：右司諫陳祐通判滁州，祐劾曾布乞罷布，徽宗不從。布右紹述，言「衆人謀欲逐臣，聚其黨與復行元祐之政」，以此觀察徽宗，徽宗乃言：「安有是理，若更用蘇軾、轍爲相，則神宗法度無可言者。」徽宗又言：「岑象求輩揚言云：軾、轍不相則不已。當并逐之。」據此，知當時欲二蘇復起之呼聲頗高。象求時不知爲何官。

十四日，軾答章援簡，并贈援白朮方，以備其父惇之用。

《雲麓漫鈔》卷九：「先生得書大喜，顧謂其子叔黨曰：『斯文，司馬子長之流也。』命從者伸楮和墨，書以答之。（書略）此紙乃一揮，筆勢翩翩。後又寫白朮方，今在其孫洽教授君處。」「先生得書」云者，謂蘇軾得章援書也。

覆簡并白朮方，并見《蘇軾文集》卷五十五（一六四三至一六四五頁）。《晚香堂蘇帖》有此簡，自「丞相知養内丹」至「當録呈也」，末云「軾悚息」。較略。

軾與惇交往止此。大觀元年惇卒於潤，見《宋史》卷四百七十一本傳。

王鞏（定國）自京師致簡蘇轍。六月十四日，轍答簡。

《寶真齋法書贊》卷十二《蘇文定衙前至京湖口三帖》第二帖（原注：行書，十三行，尾批一行)：「轍啓。鄂渚之别，已半年餘矣。承舟御至京，日欲奉問，懶慢至今，愧仄愧仄。先蒙枉教，具審履况安適，令子以下如宜，至慰！至慰！故棲雖久不葺治，幽致故應在也。昔日交游，有在都下，可往來者否？示諭欲求江淮一官，于事爲宜矣。然何時復展晤，臨風依黯，倍冀若時自重，不宣。轍頓首。定國朝請老弟。六月十四日。」此簡作於潁昌，《欒城集》未收。簡中所云「故棲」，乃蘇轍京師舊寓所。

友人劉原之來簡，轍答之。

《聖宋名賢五百家播芳大全文粹》(宋紹熙原刊本)卷八十蘇轍《與劉原之大夫二帖》其一云：「北歸至許已半年餘，但未嘗作都下相知書，故音問缺然，想不訝也。近承惠教，具審起居如宜。奉别之久，企仰何勝。千萬順時珍重，區區不宣。」原之之簡乃自汴京寄來。其二云：「先公深有謙德，不欲請謚，自是高節。朝廷不忘舊德，舉行典禮，亦是美事。君臣各伸其意，兩不相妨。至於原之内承先訓，不敢陳請，固有君命，不敢隱藏行狀。進退合禮，更無可疑。若考功再有命，當即録與也。况太常博士宋景年、考功高士英皆佳士，鋭意撰述，幸勿疑耳。宋、高二君皆當執筆者，恐悉。」宋景年爲太常博士，乃元祐間事。《長編》卷四百七十七元祐七年九月戊子紀事可參。細味轍第二簡，知朝廷欲賜原之之父以謚號，原之不知此事如何處理爲善，特致簡蘇轍。今因第一簡附次於此。二簡,《欒城集》未收。參見劉尚榮《蘇轍佚著輯考》。

轍之書有兄軾之影響。

《省齋文稿》卷十六《跋宗室子嶶藏前輩帖》其三:「二蘇兄弟,行如冰雪,足以下照百世;望如九鼎,足以坐銷群姦。學士大夫得其片文隻字,輒藏弆以爲榮,蓋非特取其華藻也。質翁帖是中年書,南至帖疑叔黨輩代作,寄米帖、淵明詩,遒媚秀傑,晚年精妙蓋如此。黄門銘其兄云:『撫我則兄,誨我則師。』讀戴公詩,便知斯言爲實録。」

以上所云各帖,其中當有轍之書。轍雖不以書名家,然實受其兄之影響。戴公已不詳其爲何人。

《剡源文集》卷十九《題蘇氏三帖》:「蜀學無工書者,東坡以高才餘事爲之,化其子弟,彬彬然皆有家法,必有得於墨池筆塚之外。……此卷三手,是其真作無疑,子由真當爲弟,叔黨真當爲子矣。」據此,轍書有軾之影響,然不及其兄。

舟赴常,軾坐艙中,千萬人隨瞻風采。

《邵氏聞見後録》卷二十:「李僴言:東坡自海外歸毗陵,病暑,着小冠,披半臂,坐船中。夾運河岸,千萬人隨觀之。東坡曰:『莫看殺軾否?』其爲人愛慕如此。」《太平治迹統類》卷二十五《蘇軾立朝大槩》亦及此事。

至奔牛埭。錢世雄來迎，軾以《易傳》、《書傳》、《論語説》相托。至常寓孫氏館，將歸休焉。

《春渚紀聞》卷六《坡仙之終》引世雄《跋施純叟藏（東坡）先生帖後》云：「（先生）六月自儀真避疾渡江，再見於奔牛埭。先生獨卧榻上，徐起謂某曰：『萬里生還，乃以後事相托也。惟吾子由，自再貶及歸，不復一見而訣，此痛難堪。』餘無言者。久之，復曰：『某前在海外，了得《易》、《書》、《論語》三書，今盡以付子，願勿以示人。三十年後，會有知者。』因取藏篋，欲開而鑰失匙。某曰：『某獲侍言，方自此始，何遽及是也。』即遷寓孫氏館。（下略）」常屬縣武進，有奔牛鎮；《咸淳毗陵志》卷三謂武進東南二十七里有奔牛市；奔牛埭或即其地。參元符三年「在儋訂補《易傳》」條。

《欒城後集》卷二十《祭亡兄端明文》：「終止毗陵，有田數頃。逝將歸休，築室鑿井。」

參以下「傳軾於孫氏館中」條。

錢世雄日往造見致候。

《春渚紀聞》卷六《坡仙之終》引世雄《跋施純叟藏（東坡）先生帖後》云：「（先生）遷寓孫氏館，日往造見，見必移時，慨然追論往事，且及人，間出嶺海詩文相示，時發一笑，覺眉宇間秀爽之氣照映坐人。」

傳軾買宅於常，聞其宅乃百年祖業，賣者之母不欲賣，乃焚券不索其直還之。

《梁溪漫志》卷四《東坡卜居陽羡》：「建中靖國元年，東坡自儋北歸，卜居陽羡，陽羡士大夫猶畏而不敢與之游。獨士人邵民瞻從學於坡，坡亦喜其人，時時相與杖策過長橋、訪山水爲樂。邵爲坡買一宅，爲錢五百緡，坡傾囊僅能償之。卜吉入新第，既得日矣，夜與邵步月，偶至一村落，聞婦人哭聲極哀，坡徙倚聽之，曰：『異哉，何其悲也！豈有大難割之愛觸於其心歟？吾將問之。』遂與邵推扉而入，則一老嫗，見坡泣自若。坡問：『嫗何爲哀傷至是？』嫗曰：『吾家有一居，相傳百年，保守不敢動，以至於我，而吾子不肖，遂舉以售諸人。吾今日遷徙來此，百年舊居，一旦訣别，寧不痛心，此吾之所以泣也。』坡亦爲之愴然。問其故居所在，則坡以五百緡所得者也。坡因再三慰撫，徐謂之曰：『嫗之舊居，乃吾所售也，不必深悲，今當以是屋還嫗。』即命取屋券，對嫗焚之，呼其子，命翌日迎母還舊第，竟不索其直。坡自是遂還毗陵，不復買宅，而借顧塘橋孫氏居暫憩焉。是歲七月，坡竟殁於借居。前輩所爲類如此，而世多不知，獨吾州傳其事云。」《深雪偶談》亦有此記載，不録。

傳軾於孫氏館中，嘗植紫藤一株。清人趙翼、洪亮吉有題詠。

《蘇東坡與常州》王必《話説兩首有關「藤花舊館」的歌》引趙翼《湯樸齋邀飲紫藤花下》：「顧塘橋館藤花開，相傳坡公昔親栽。主人重是名賢迹，邀客共醉黄金罍。我思公歸自海外，五月真州已暴下。荆溪買宅旋折券，始到此間僦寓舍。入門未久即上仙，那得復有種花暇。只因旅宿幾晨昏，此藤遂傳手澤存。七百年來屢易主，藤與公名共千古。孤根不肯屈九泉，上乃屈蟠半空舞。皮皴腹裂老不僵，化作瘦蛟戰風雨。過客猶思食落英，居人不敢議斯斧。想見深宵月白時，魂兮歸來尚摩撫。即今正值花開繁，累累瓔珞明朝暾。猶疑帶公舊文彩，來吐爛熳催芳樽。名流草木皆可敬，況此名隸大雅門。却慚咫尺爲鄰并，不敢來争謝傳墩。」王必之文復引洪亮吉《古藤歌》。其序云：「藤相傳爲宋蘇文忠公寓孫氏宅時手植。今宅歸湯方伯雄業，三月十九日，湯公子招同人宴集花下，即席賦此。」詩云：「建中靖國藤一條，剖半化作潛潭蛟。猶餘半幹卧偏穩，閲歲七百如崇朝。心空貌古枝尤秃，自砌及檐剛五曲。居停偶憶孫居士，移種竟傳蘇玉局。花時一卷吹古香，紫燕不敢棲雕梁。借公真氣方壽世，木理亦肖公文章。距花百步看乃足，高幹都遮出檐木。沿溪左右三十家，一半看花盡升屋。葛仙橋邊路四通，香氣已過橋欄東。半空紫傘益奇絶，千朵萬朵飛玲瓏。竟思遠挈郫筒酒，祝樹與公同不朽。因花我復憶名花，香國亡來亦云久（自注：藤側有香海棠一株，亦文忠手植，康熙中毁於火）。滁山釀水首重回，風味不減歐家梅（自注：滁州醉翁亭側水上，有歐陽文忠手植梅）。廬陵幾載作滁守，公亦三度常州來。才名一代兼風義，落落寰中此師弟。詩狂久已上青天，千古尚能蟠大地。樓窗八扇正面花，欄楯屈曲枝丫杈。若將座客比花壽，細數歲月無多差（自注：座中十客，年共六百餘）。君不見，紫藤花開墨池漲，古色斑斕各相擾（自

注：東坡洗硯池本在藤花側，四十年前始移至艤舟亭）。此花畢竟始何時，我欲東行咨石丈。」

王必謂：「常州延陵西路上有個『藤花舊館』，是紀念大文豪蘇東坡的，現在是重要的文物保護單位。」王氏謂建中靖國元年六月，蘇軾決定「終老常州，寓居顧塘橋孫氏館」。又謂：「相傳在這館中，東坡曾經手植一棵紫藤。『藤花舊館』因此得名」。王氏謂「紫藤花的存在也是肯定的」，今已無。

《蘇東坡在常州》戴博元《常州東坡遺迹考·藤花舊館》：「在今延陵西路前北岸八十九號及後面的楠木廳等，相傳即東坡終老地——孫氏館。東坡致子由書：『今已決定歸常，借得一孫氏館，極佳。』即指此。」王必之文則謂：「東坡歿於孫氏館，這是肯定的，但是否即在現存的『楠木廳』，還有不同看法。」

按，「東坡致子由書」，見《蘇軾文集》卷六十。

天旱，欲禱雨黄筌所畫龍。得雨，常人袁點（思與）呈詩，軾答簡褒之。

《蘇軾文集》卷五十三《與錢濟明》第十五簡叙欲禱雨；約世雄（濟明）來燒香。此簡，《晚香堂蘇帖》有，略殘，現存蘇軾碑帖，以此爲最晚。《玉照新志》卷五：「東坡先生南遷，北歸次毗陵，時久旱得雨，有里人袁點思與有一絶云：『青蓋美人回鳳帶，繡衣男子返雲車。上天一笑渾無事，從此人間樂有餘。』書以呈東坡，坡大喜，爲之重寫，且以手柬褒之。至今袁氏刻石藏於家。」以下謂點仕至朝請大夫，以名才典郡。答點之簡已佚。點乃元豐八年進士。見元修《無錫縣志》卷三下。

翟汝文來見軾。

《京口耆舊傳》卷四《翟汝文傳》謂「少從蘇軾、黄庭堅游」。《宋史》卷三百七十二汝文傳謂登第後「以親老不調者十年」，徽宗時，除中書舍人，以「言者謂汝文從蘇軾、黄庭堅游」，乃出知襄州。《永樂大典》卷八千八百四十五引汝文《翟忠惠先生集·東坡遠遊并序》叙及蘇軾入儋，「未之識」。知汝文從軾游，乃軾北歸次京口時事。參紹聖四年「入儋後李公麟爲蘇軾畫像」條。

本月，上表請老，軾以本官致仕。

據《王譜》。《紀年録》謂本月「以疾告老於朝，以本官致仕」。表乃《佚文彙編》卷一《乞致仕狀》，云：「今已至常州，百病横生，四肢腫滿，渴消唾血，全不能食者二十餘日矣，自料必死。」《墓誌銘》謂本官乃朝奉郎，并謂：「公自元祐以來，未嘗以歲課乞遷，故官止於此，勳上輕車都尉，封武功縣開國伯，食邑九百户。」

庫本《聖宋名賢五百家播芳大全文粹》卷七下題蘇軾作《乞致仕表》首云「七十致仕」，又云「空縻厚禄，已復三年」，不合軾經歷，非軾作。宋本《播芳大全》無此文。

《蘇軾文集》卷六十一《與參寥子》第二十一簡：「見知識中病甚垂死因致仕而得活者，俗情不免效之，果若有應，其他不恤也。」可參。

撰《遺表》，道潛（參寥）欲刻之，軾簡道潛，囑勿刻。

簡乃與道潛第二十一簡，見《蘇軾文集》卷六十一。簡首云「病甚，幾不相見，兩日乃微有生意」；又云「致仕」，作於乞致仕後；末云「《遺表》千萬勿刻，無補有害也」。蘇軾自知將不久人世，病中預作《遺表》。宋以前及宋代，朝廷官員，臨終前預作奏文，就朝廷興革事宜，提出建議，身後上之朝廷，以備采擇，以示忠藎。《宋史》卷三百四十四《李之儀傳》即載之儀爲范純仁作《遺表》。據簡，知軾《遺表》曾在若干親知內傳寫。道潛讀《遺表》後，乃致簡蘇軾，欲刻之。此簡乃爲答道潛簡而作。蘇軾此表，當一如以往奏文，披肝瀝膽，原意自欲上之朝廷，後或以朝政日非，表文觸忤權要，不獨於個人，於子孫、於友人均不利，遂改變初衷，不欲上之，不欲傳於世，故囑道潛勿刻。蘇軾臨終前，當就此吩咐諸子，諸子遵行之，其文遂不傳。

立秋日（七月十二日），軾與米芾簡。同日，書惠州所撰《江月》五詩贈錢世雄（濟明）。

簡乃《蘇軾文集》卷五十八與芾第二十八簡。《寶晉英光集》卷四《蘇東坡輓詩》其四「古書跋贊許猶新」句自注：「公立秋日，於其子過書中批云：謝跋在下懷。」「謝跋」云云乃簡中語。

《春渚紀聞》卷六《坡仙之終》引世雄跋：「七月十二日，疾少間，曰：『今日有意喜近筆硯，試爲濟明戲書數紙。』遂書《惠州江月》五詩。」

十三日，軾書《跋桂酒頌》贈錢世雄。自爾疾稍增。

據《春渚紀聞》卷六《坡仙之終》引錢世雄跋。

陳輔（輔之）來問疾，軾以病倦不及見，簡輔希輔來。

《蘇軾文集》卷五十七《與陳輔之》：「若得少駐，復與故人一笑，此又出望外也。」據「少駐」云云，是輔之專程來常也。

《京口耆舊傳》卷四《陳輔傳》：「其詩文自治平至元祐二十卷，爲前集；自元祐抵政和二十卷，爲後集。」則輔及政和。集不傳。《家世舊聞》卷下叙及輔與陸游之父宰有交往。《禮部集》卷十六《東坡二帖》：「坡與之帖云（按：即上所引見於《文集》卷五十七之簡，略）。此在毗陵屬疾時，時輔來訪，其於蘇公，亦甚惓惓矣。」

熱毒轉甚，錢世雄（濟明）欲以神藥進，軾不服。

《蘇軾文集》卷五十三與世雄第十六簡、第十三簡叙之。

軾氣逆不能卧，晉陵縣令陸元光以嬾版爲獻。

《梁溪漫志》卷四《東坡嬾版》：「（東坡）止於毘陵顧塘橋孫氏之館，氣寖上逆不能卧，時晉陵邑大夫陸元光，獲侍疾臥内，輟所御嬾版以獻。縱横三尺，偃植以受背，公殊以爲便，竟據是版而終。後，陸君之子以屬蒼梧胡德輝，爲之銘曰：參殁易簀，由殪結纓。斃而得正，匪死實生。堂堂東坡，斯文棟梁。以正就木，猶不忍僵。昔我邑長，君先大夫。侍聞夢奠，啓手舉扶。木君戚施，匪屏匪几。詒萬子孫，無曰不祥之器。」又見《咸淳毗陵志》卷三十。陸元光於元符元年六月，以通直郎知晉陵縣，繼任者張德洵，本年一月到任。元光爲熙寧六年進士。見《咸淳毗陵志》卷十、卷十一。胡德輝名珵，毗陵人。宣和三年進士。《宋史翼》卷十一有傳。《誠齋集》卷七十九有《胡德輝蒼梧集序》，集佚。

《欒城後集》卷二十《祭亡兄端明文》：「上燥下寒，氣不能支。」可印證「氣逆」云云。

作詩寄知廣州朱服(行中)，軾以廉潔箴之。

詩乃《蘇軾詩集》卷四十五《夢中作寄朱行中》。《風月堂詩話》卷下：「坡還嶺北，聞行中到廣，士大夫頗以廉潔少之。至毗陵，夢中得詩一首，寄行中云：（略）。紙尾又題云：『夢中得此詩，自不曉其意，今寫以奉寄，夢中分明用此色紙也。』或言東坡絶筆於此詩。其愛行中也甚矣，不欲正言其事，聊假夢以諷之耳。其後行中果以此免，坡真知言哉。」《王譜》：「按先生寄朱行中詩，有『至今不貪寶，凛然照塵寰』之句。先生注云：『前一日夢中作此詩寄行中，覺而記之，自不曉。』按近日曾端伯《百家詩選》，至朱行中事迹云：『東坡《夢中寄朱行中》一篇，南遷絶筆也。』」

《宋史》卷三百四十七《朱服傳》叙知廣州後，以下云：「哲宗既祥，服賦詩有『孤臣正泣龍髯草』之語，爲部使者所上，黜知袁州。又坐與蘇軾游，貶海州團練副使、蘄州安置。改興國軍，卒。」《能改齋漫録》卷十二《責降朱師復制》：「崇寧元年八月，廣州制勘院勘到前知廣州朱師復贓私不法，及交通蘇軾等事。」以下引制謂朝散郎知袁州朱師復，諂交軾、轍，密于唱和，賄賂公行，貪贓具得，可責受建安軍節度副使、興國軍安置；其《安置興國軍謝表》有云「僉緣軾、轍之度嶺，初一承顔」。《長編拾補》卷二十崇寧元年八月己卯紀事：「朱師服安置興國軍。」知師復、師服即服。《能改齋漫録》謂服與蘇軾交往故，入元祐黨籍。服在黨籍中爲邪下，見《長編拾補》崇寧元年九月乙未紀事。《能改齋漫録》謂紹興五年六月服復官。《元祐黨人傳》、《北宋經撫年表》誤以朱服、朱師服爲二人。參元符三年「轍北歸途中遇朱服」條。

十八日，軾命諸子侍側。

《軾墓誌銘》：「未終旬日，獨以諸子侍側，曰：『吾生無惡，死必不墜，慎無哭泣以怛化。』」自今日至二十八日卒爲十日，故繫此事於此。

旋微有生意，適長老維琳來問疾，軾乃簡邀晚凉相對卧談。

《蘇軾文集》卷六十一與維琳第一簡叙之；然扶行亦不過數步，亦不能久坐。

《嘉泰吴興志》卷十三《寺院·武康縣·隆教院》：「在縣西北十八里銅山之麓，石晉天福三年建。」以下云：建中靖國初維琳居之。

維琳説偈。

《增刊校正王狀元集注分類東坡先生詩》卷五《答徑山長老》題下注文引維琳《常州問東坡疾》：「扁舟駕蘭陵，自愞舊風物。君家有天人，雄雄維摩詰。我口吞文殊，千里來問疾。若以默相酬，露柱皆笑出。」

此詩實爲偈，亦見《雲麓漫鈔》卷九。

二十六日，維琳復來説偈，答之；與維琳簡，絶筆。

《紀年録》：「徑山老維琳來，説偈，答曰：『與君皆丙子，各已三萬日。一日一千偈，電往乃能詰。大患緣有身，無身則無疾。平生笑摩什，神咒真浪出。』琳問神咒事，索筆書：『昔鳩摩羅什病亟，出西域神咒，三番令弟子誦以免難，不及事而終。』併出一帖云：『某嶺海萬里不死，而歸宿田里，有不起之憂，非命也耶！』蓋絶筆於此。」以下云後二日卒。與維琳簡全文，見《蘇軾文集》卷六十一（一八八五頁）。維琳偈，見《蘇軾詩集》卷四十五《答徑山琳長老》「王堯祖注」。維琳此時實居武康銅山，見上條，云「徑山」，乃沿舊稱。

《東堂集》卷四《題琳老所攜二蘇書帖》：「道人此書欲在眼，扁舟一宿亦隨身。霽月光風開玉軸，千年彷佛見斯人。」知蘇轍亦有書與維琳，書久佚。附此。

丁亥（二十八日），軾卒。卒前思弟轍。諸子、維琳、錢世雄在側。遺言葬汝州。

《欒城後集》卷二十《祭亡兄端明文》：「啓手無言，時惟我思。」參本年此前「至奔牛埭」條紀事。同上卷《再祭亡兄端明文》：「瘴暑相尋，醫不能痊。」《軾墓誌銘》：「諸子……問以後事，不答，湛然而逝，實七月丁亥也。」

《豫章黄先生文集》卷十九《與王庠周彦書》：「有自常州來云：東坡病亟時，索沐浴，改朝衣，談笑而化。」

《紀年録》：「將屬纊，而聞、觀先離，琳叩耳大聲曰：『端明宜勿忘。』『西方不無，但箇裏著（力）不得。』世雄云：『固先生平時履踐，至此更須著力。』曰：『著力即差。』語絶而逝。」《清波雜志》卷三亦有此記載，較略。「聞、觀」乃指耳、眼。《宋稗類鈔》卷六《傷逝》引李秃翁曰：「『西方不無』，便是疑信之間，若真實信有西方，正好著力，如何謂著力不得也。」

《石門文字禪》卷二十七《跋李豸弔東坡文》謂蘇軾彌留之際，「錢濟明侍其旁，白曰：『端明平生學佛，此日如何？』坡曰：『此語亦不受。』遂化。（下略）」

「遺言」云云，詳崇寧元年閏六月癸酉紀事。

《寶晉英光集》補遺《書紫金硯事》：「蘇子瞻攜吾紫金硯去，囑其子入棺。」

《甕牖閑評》卷八謂卒於錢公輔家。按：公輔乃世雄（濟明）之父，見熙寧五年五月紀事。《春渚紀聞》卷六《坡仙之終》并未言蘇軾至常後自孫氏館遷他處；《梁溪漫志》謂卒於孫氏居（見以上「傳嘗買宅於常」條）。有不同處。

三蘇年譜卷五十七

建中靖國元年（下）

其卒也，四方震悼。

《軾墓志銘》：「吴越之民相與哭於市，其君子相弔於家，訃聞四方，無賢愚，皆咨嗟出涕。」

弟轍有祭文。

弟轍祭文，一作於本年九月初五日，一作於崇寧元年五月初一日，皆見《欒城後集》卷二十。參本年九月初五日、崇寧元年五月初一紀事。

晁補之有祭文。

《雞肋集》卷六十一《祭端明蘇公文》：「維年月日，門人具位晁補之，謹以清酌庶羞之奠，致祭於故端明尚書蘇公先生之靈，曰：孔子在位，獄訟文詞。可與人同，不獨有之。至所罕言，所不可聞。曰天道性，與利命仁。莫大匪天，莫難匪利。若性命仁，皆深遠矣。夫惟道大，則知者希。有所卓爾，回猶病之。天下紛紛，皆以利往。吾豈難之，利不可長。凡是五者，皆微不傳。譬彼爲國，魚不脱淵。雖微不傳，然見其緒。千載一人，尚如旦暮。秦漢而還，輕失此學。徒既其文，謂爲廣博。聖言所罕，與不可聞。初莫之聞，矧尋厥根。匪根之出，其華易悴。易悴之華，惟文士愧。馬遷韓愈，好古而奇。六家原道，顧未知之。今其所作，匪道惟詞。後生如簧，談天與利。飾性命仁，以之賈世。篤生蘇公，干櫓聖門。跆韓躪馬，匪以其文。知孔子聖，文莫猶人。若大且難，以藏厥身。世無孔子，孰明其至。更百斯年，曰此文士。豈不炳蔚，鏗轟似之。至反説約，窔然過之。何以實斯，粤有自來。馳騁千古，經營九垓。破百家往，躐阜踰堆。竭其山立，送者自崖。曰此勤矣，乃人之開。反而湛思，道不在遠。罕言不聞，一以是貫。宅道之奥，眇其獨存。有不得已，文迺其藩。固嘗自謂，吾言如水。行所可行，止其當止。此但言語，聊以爲嬉。惟昔人賢，事業若斯。遭時有用，從本出之。誠身有道，忠廼孝移。如麟如鳳，胡可僞爲。嗚呼哀哉，既曰仁賢。宜貴宜壽，亦貴壽矣。于德不究，間關嶺海。九死來歸，何嗟及矣。梁木其摧，嗚呼哀哉。補之童冠，拜公錢塘。見謂可教，剔垢求光。顧惟冥頑，汔未聞道。愧負公語，以無成老。窮秋訃至，沈痛刳腸。扁舟東泛，道哭公喪。作此鄙詞，惟公所喜。仲哀一慟，絶絃自此。嗚呼哀哉，尚饗。」

錢世雄有祭文。

《春渚紀聞》卷六《鄱陽十三世》：「蘧一日謁冰華丈於其所居烟雨堂，語次偶誦人祭先生文，至『降鄒陽於十三世，天豈偶然；繼孟軻于五百年，吾無間也』之句，冰華笑曰：『此老夫所爲者。』『因請『降鄒陽』事。冰華云：元祐初，劉貢甫夢至一官府，案間文軸甚多，偶取一軸展視云，在宋爲蘇某，逆數而上十三世，云在西漢爲鄒陽。蓋如黄帝時爲火師，周朝爲柱下史，只一老聃也。」

世雄晚年自號冰華老人，見《道鄉集》卷三《讀錢濟明書》。晚年與鄒浩、釋惠洪有交往，《道鄉集》卷三、卷十四及《石門文字禪》卷十一有詩及之。《楊龜山先生集》卷二十五《冰華先生文集序》謂世雄以蘇軾「取重于世，亦以是得罪於權要，廢之終身，卒以窮死」。《鐵綱珊瑚》有世雄崇寧間所作陳亞之詩跋，其卒在此以後。

潘大臨（邠老）有輓詩。

《紫微詩話》：「潘邠老《哭東坡》絶句十二首，其最盛傳者：『元祐絲綸兩漢前，典刑意得寵光宣。裕陵聖德如天大，誰道微臣敢議天？』『公與文忠總遇讒，讒人有口直須緘。聲名百世誰常在？公與文忠北斗南。』文忠，歐陽修也。

《張耒集》卷四十八《潘大臨文集序》：「崇寧中，予以罪謫黄州，與邠老爲鄰。……後予蒙恩去黄，居於淮陰，聞邠老客死蘄春。」據《張耒集》附録《張文潛先生年譜》，耒於崇寧五年十一月去黄；大觀元年當在淮陰。則大臨之卒，當在此略後。

李之儀有輓詩。

《姑溪居士前集》卷十一《東坡輓詞》：「從來憂患許追隨，末路文詞特見知。肯向虞兮悲蓋世，空慚賜也可言詩。炎荒不死疑陰相，漢水相招本素期。月墮星沉豈人力，輝光他日看豐碑。」

同上卷五《觀東坡集》：「今朝又觀東坡集，記得原州鞫獄時。千首高吟賡欲遍，幾多强韻押無遺。固知才氣原非敵，獨有心期老不欺。淚盡九原無路見，冰霜他日看青枝。」亦爲輓詞。

同上卷十二《東坡先生贊》其一：「東坡仙人，岷峨異稟。導日而升，弗類斯擯。有繼皇皇，期之莫枕。誰其止之，成是貝錦。天作人遠，言何從諗。聞已聳然，見孰不凛。」其二：「天作斯文，萬物所印。時慘時舒，與天同運。其誰特立，卓哉吾人。黄且落矣，蔚然常春。見險弗止，自信無悶。求仁得仁，於我何怨。光時顯被，外薄四夷。載瞻載仰，百世之師。」

張耒飯僧、作輓詩。

《長編拾補》卷二十崇寧元年五月庚戌紀事：朝散郎管勾明道宫張耒在潁州聞蘇軾身亡，出己俸於薦福禪院爲軾飯僧縞素而哭。耒以此於同年七月二十七日責授房州别駕黄州安置，見《宋會要輯稿》第九十九册《職官》六七之三九。

《柯山集》卷八《寓陳雜詩十首》其六：「開門無客來，永日不冠履。客知我老懶，投刺輒復去。端成兩相忘，因得百無慮。故人在旁郡，書信不能屢。興哀東坡公，將掩郟山墓。不能往一慟，名義真有負。可憐金玉骨，亦遂黄壤腐。但恐已神仙，裂石終飛去。」

轍以軾和陶潛《歸去來詞》示張耒，耒和之兼弔軾。

《柯山集》卷五《和歸去來詞》，其序云：「子由先生示東坡公所和陶靖節《歸去來詞》及侍郎先生之作，命之同賦。耒輒自憫其仕之不偶，又以弔東坡先生之亡，終有以自廣也。」其詞云：「歸去來兮，行世不偶予曷歸。其出無所爲喜兮，舍去而何悲。眄一世之無與兮，古之人逝莫追。求不疚於予義兮，又奚恤餘子之是非。彼好惡之罔極兮，或顛倒其裳衣。顧吾涉之已深兮，愧哲人之見微。吾歸甚安，無所事奔。既守吾室，又杜吾門。一氣孔神，於中夜存。納至和於靈根兮，挹天醖於玄尊。既充溢於幽闕兮，亦粹然而見顔。往有坎而兹夷兮，昔或危而今安。將從化人於西域兮，面藏吏於函關。將以一世爲芻狗兮，廢與興吾猒觀。彼福禍之一源兮，必兹出而兹還。彼自以爲無隙兮，何異夫石槨之宋桓。歸去來兮，吾悲夫斯人不返兮，豈招仙聖與之游。昔惠我以好音，忽還去而莫求。予曷異於世人兮，初爲哽塞而增憂。彼錢鎛則深藏兮，盍視夫已墾之田疇。萬古芸芸，共逝一舟。半夜而失，旦號其丘。畏達觀之誚予，涕已泣而不流。悟榮名之取憎兮，善斯人之獲休。已矣乎，萬物之作各其時，吾獨與時而去留，豈或能力而違之。既往莫或追，來者尚可期。蓋雨暵之在天，豈吾稼之不耔。彼蜀雄之必傳，作猶愧於書詩。嗟身屈而道伸，於斯人兮曷疑。」

侍郎。

按：侍郎先生，或爲范純禮（彝叟）。據《宋史》卷三百一十四純禮傳，純禮元祐中嘗官刑部侍郎。

道潛有輓詩。

《參寥子詩集》卷十《東坡先生輓詞》其一：「造物周千載，真材得豫章。經綸等伊吕，辭學過班揚。德厚傾蠻貊，名高震虜羌。數奇終不偶，難與問蒼蒼。」其二：「博學無前古，雄文冠兩京。筆頭千字落，詞力九河傾。雅量同安石，高才類孔明。平生勳業志，鬱鬱閟佳城。」其三：「少年持國論，不羨洛陽人。抗疏忘機穽，危言駭搢紳。丹衷那有謂，康濟在斯民。竟謫江湖去，端居寂寞濱。」其四：「初復中原日，人争拜馬蹄。梅花辭庾嶺，甘溜酌曹溪。梁木傾何速，椿年竟不齊。靈輀向崧洛，行路亦悽悽。」其五：「一時英俊附門墉，兄弟從來號兩龍。雄辯未饒端木賜，題評肯下郭林宗。精神炯炯風前鶴，操節稜稜雪後松。無復勝游參杖屨，追雲弄月更雍容。」其六：「群驚投老竄炎荒，瘴雨蠻烟豈易當。熹氣内全真自葆，鐵心無動亦何妨。海山出處憑誰共，魯叟追隨樂未央。準易著書人不見，微言分付有諸郎。」其七：「羽扇綸巾擁帥權，高才大纛拂雲烟。初聞父老誦嘉語，綽有風流似昔賢。（自注：定武人謂公下車施設，宛如韓魏公。）謫籍數年居瘴海，功名無分勒燕然。空餘雪浪齋中石，留與邦人萬古傳。」其八：「當年吴會友名緇（自注：大覺、海月、辯才），盡是人天大導師。拔俗高標元自悟，妙明真覺本何疑。籃輿行處依然在，蓮社風流固已衰。它日西湖弔陳迹，斷橋堤柳不勝悲。（自注：西湖新堤六橋皆公所創。）」其九：「德政從來主意寬，奮髯時怒豈容奸。儻逢大事能談笑，未必風流劣謝安。」其十：「峨冠正笏立談叢，凛凛群驚國士風。却戴葛巾從杖屨，直將和氣接兒童。」其十一：「大河當日决澶淵，横被東徐正渺漫。城上結廬親指顧，敢將忠義折狂瀾。」其十二：「文登五日召公歸，海市奇觀與願違。已蟄魚龍能再起，人間異事古來稀。」其十三：「四湖卷葑拓漪漣，十里横吞碧玉天。自謂前身真白傅，至今陳迹尚依然。（自注：公平生出處多與樂天同，樂天在杭治湖築堤，爲政十六箇月，公亦如之。）」其十四：「臨淮大士本無私，應物長於險處施。親護舟航渡南海，知公盛德未全衰。（自注：鄒至完言，在嶺外當聞人傳，慧（疑當作惠）州太守方君家人素奉佛，一夕，夢泗洲大聖來别云：將送蘇某過海。遂詰之曰幾時當去？答曰：八日去矣。後果如期，公得命儋耳。至完始未信，後遇方君問之，信然。）」其十五：「畫圖雖不上凌烟，道德芬芳滿世間。遼鶴已歸東海去，列仙風骨若爲攀。」

《參寥子詩集》卷十一《同趙伯充防禦觀東坡所畫枯木》其一：「經綸志業終不試，晚歲收功翰墨林。偶向僧坊委陳迹，每經風雨聽龍吟。」其二云：「蕭然素壁倚枯枝，行路驚嗟况所思。惆悵騎鯨天上去，却來人世恐無期。」「騎鯨」云云，時蘇軾已逝。

張舜民（芸叟）有哀詞。

《墨莊漫録》卷八叙本年夏蘇軾方至吴中時，舜民守定州。以下云：「〔舜民〕方葺治雪浪齋，重安盆石，方欲作詩寄公。九月，聞公之薨，乃作哀詞，有曰：『我守中山，乃公舊國。雪浪蕭齋，於焉食宿。俯察履綦，仰看梁木。思賢、閲古，皆經貶逐。玉井芙蓉，一切牽復。』云云。其詞曰：『石與人俱貶，人亡石尚存。却憐堅重質，不減浪花痕。滿酌中山酒，重添丈八盆。公兮不歸些，萬里一招魂。』思賢、閲古，皆中山後圃堂名也。」「重安盆石」，參元祐八年得「雪浪石」條紀事。

米芾有輓詩。

《蘇東坡輓詩五首》，其序云：「辛巳中秋，聞東坡老向以七月二十八日畢此世。季夏相值白沙東園，云羅浮嘗見赤猿，後數入夢。」詩其一云：「方瞳正碧貌如圭，六月相逢萬里歸。口不談時經噩夢，心常懷蜀俟秋衣。可憐衆熱偏能捨，自是登真限莫違。書到鄉人望還舍，晉陵玄鶴已孤飛。（自注：梓路使者薛道祖書來，云鄉人父老咸望公歸也。）」其二云：「淋漓十幅草兼真，玉立如山老健身。夢裏赤猿真月紀，輿前白鳳似年辰。將尋賀監船虚返，（自注：余約上計回過公。）欲近要離烈可親。忍死來還天有意，免稱聖代殺文人。」其三云：「小冠白氎步東園，原是青城欲度仙。六合著名猶似窄，八周禦魅訖能旋。道如韓子頻離世，文比歐公復并年。我不銜恩畏清議，束芻難致淚潸然。」其四云：「平生出處不同塵，末路相知太息頻。力疾來辭如永訣（自注：

公別於真閶屋下曰待不來，竊恐真州人道放著天下第一等人米元章，不別而去也。），古書跋贊許猶新（自注：公立秋日於其子過書中批云謝跋在下懷。）。荆州既失三遺老，（自注：是年蘇子容、王正仲皆卒矣。）碧落新添幾侍宸（自注：公簡云相知二十年，恨知公不盡。余答曰更有知不盡處，修楊許之業，爲帝宸碧落之游，異時相見，乃知也。今思之，皆訣別之語）。若誦子虛真異世，酒傭屍佞是何人。」其五云：「招魂聽我楚人歌，人命由天天奈何。昔感松醪聊墮睫，今看麥飯發悲哦。（自注：見公送麥飯詩。）長沙論直終何就，北海傷豪忤更多。曾藉南窗逃蘊暑，西山松竹不堪過。（自注：南窗乃余西山書院。）」

晁説之有輓作。

《嵩山文集》卷九《題六一東坡像》其一：「座右銘何有，丹青得若人。東坡禪客衲，六一醉翁巾。先後文章伯，安危社稷臣。廟堂思潁日，海嶠夢鈞辰。□□□□□，□□嘆會神。何當均雨露，劍佩畫麒麟。」其二：「眉山凝間氣，渤海識兹人。一代執鞭士，千秋折角巾。高趨周室輔，平處漢廷臣。白首齊明易，鴻鈞異撫辰。參差非所歎，契闊自如神。不念乞靈者，翩然駕白麟。（自注：歐陽云自古異人間出，前後參差不相待。予老矣，乃今見之，豈不爲幸哉。）」文字參《兩宋名賢小集》及庫本《嵩山文集》。

同上卷三十三《東坡横策像贊》：「東坡未作儋耳行，此相已入龍眠筆。大海中央誰與鄰，萬事一條横楖栗。」龍眠，李伯時。知此横策像，乃李伯時筆。

同上卷十八《東坡先生畫像·又》:「世五百年,生命世才。嗟嗟東坡,何時復來。邦人爲我,顣頞以哀。我告邦人,大實艱哉。和氣充塞,大象昭回。海瀆澄瀾,嶽鎮絶埃。斯人是生,實易可能。世或千億,地亦九垓。未必禹服,公復徘徊。生奉話言,死奠罇罍。矧公不死,丹青日開。用究邦頌,以寫我懷。」

説之卒於建炎三年正月七日,年七十一。見《嵩山文集》卷末附録《晁氏世譜節録》。

惠洪有輓詩。

《石門文字禪》卷十五《袁州聞東坡歿於毗陵書精進寺壁三首》其一:「濁世肯留竟何意,玉芙蓉出淤泥中。誰謂秋來亦零落,病收衰淚泣西風。」其二:「姓名自可磨千古,文字收藏付六丁。唾霧珠消君勿笑,夢回比物鎮長靈。」其三:「才疏意廣孔文舉,身健長貧白樂天。一代風流今已矣,三吴雲水固悠然。」

同上卷十一《與客論東坡作此》:「東坡醉墨浩琳琅,千首空餘萬丈光。雪裏芭蕉失寒暑,眼中騏驥略玄黄。機輪妙轉風雷舌,春色濃纏錦繡腸。可惜騎魚天上去,斷絃空壁暗凄凉。」亦爲輓詩。

同上卷三《聞端叔有失子悲而莊復遭火焚作此寄之》中云:「東坡昔無恙,豪俊日填門。君如汗血駒,膽氣終逸羣。坡今騎魚去,衆客亦繽紛。翩然淮海上,霜鬢此身存。我亦識坡者,一見等弟昆。乃知水與乳，自然和不分。」明言識蘇軾。

同上卷十四《李端叔自金陵如姑溪寄之》其一：「東坡坐中醉客，讓君翰墨風流。爲作羊曇折意，暮年淚眼山丘。」以其及蘇軾，附此。

同上卷十九《東坡居士贊》：「家孝友以爲鄉，埶道德以爲基。横忠義之勁氣，吐剛方之談辭。視閻浮其一漚，而寄夢境於儋耳。開胸次之八荒，而露幻影如蛾眉，此其大凡也。屬熙豐之勃興，追舜禹之有爲。常一出而事誤，則袖手悠然而去之。如鳳如麟，而瑞冠一世。非雷非霆，而名震四夷。造禆販之中傷，嗟妬忌之何知。方其茹拳而微醉，以翰墨爲娱嬉，則倒用祖師之印，檄萬古而疾馳。如河漢之流，無有窮極；如烟雲之出，無有定姿。欲録之以藏，則懼六丁之竊取。要當以日月爲字，而天爲碑，可乎。」

李彭有輓詩。

《日涉園集》卷六《雪夜書懷》：「夜烹伏雌歌偪側，泰山其頽吾道阨。天邊奎壁賞蘇公，諸公往往瀕蠻陌。帝遣仙儒玉局翁，涕下悲吟夜蕭索。冰姿玉立似平生，化作人間截肪白。黄屋久悟金縢書，豫行温詔歸遷客。嶠南華髮老先生，解羈來卜愚溪宅。枉遭越犬吠蒼皇，莫吟《冰柱》要呵責。重瞳雖復達四聰，尚恐乘軒多令色。短檠花重寒不眠，南望猶嗟萬山隔。」

徐積有輓詩。

《節孝集》卷二十七《蘇子瞻輓詞》其一：「起起公終矣，斯文將奈何。新書傳異域，舊隱寄東坡。直道謀身少，孤忠爲國多。死生公論在，高義自峨峨。」其二：「白玉棺無價，青囊葬有書。奔星來啓路，走電去隨車。宫是修文號，人同上行居。峨嵋山下客，誰是跨鯨魚。」《節孝集》附録《左朝散郎徽猷閣待制提舉杭州洞霄宫賜紫金魚袋王資深撰行狀》謂積卒於崇寧二年五月一日，年七十六。

王鞏（定國）、李廌（方叔）有疏文。

《蘇門六君子文粹》卷首《六君子雜説》：「蘇文忠訃至京師，王定國及李廌皆有疏文」。鞏疏文不見。

《太平治迹統類》卷二十五《蘇軾立朝大槩》：「逝。……李廌爲之疏文曰：『德尊一代，名滿五朝。道大不容，才高爲累。惟行能之蓋世，致忌娼之成仇。久蹭蹬於禁林，不遇故去；遂飄零於瘴海，卒老於行。方幸賜環，忽聞亡鑑。識與不識，罔不盡傷；聞所未聞，吾將安放。皇天后土，知一生忠義之心；名山大川，還千古英靈之氣。係斯文之興廢，與吾道之盛衰，兹乃公議之共憂，非獨門人之私議。』」按：此乃節文。

《宋史》卷四百四十四《李廌傳》：「軾亡，廌哭之慟，曰：『吾愧不能死知己，至於師事之勤，渠敢以生死爲間。』即走許、汝間，相地卜兆授其子，作文祭之曰：『皇天后土，鑒一生忠義之心；名山大川，還萬古英靈之氣。』詞語奇壯，讀者爲悚。」

黄寔有疏文。

《清波雜志》卷七：蘇軾訃至京師，黄寔有疏文。「寔」原作「定」，誤刊。寔疏文不見。

陳師道記太學生爲蘇軾舉哀。

師道之語，見《後山集》卷二十一《談叢》，詳以下「太學生侯秦舉哀」條。《風月堂詩話》卷上謂

師道建中靖國間到京師，見晁冲之（叔用）詩，以下云：「曰：『子詩造此地，必須得一悟門。』叔用初不言，無己再三詰之。叔用云：『別無所得，頃因看韓退之雜文，自有入處。』無己首允之，曰：『東坡言杜甫似司馬遷，世人多不解，子可與論此矣。』」蓋師道（無己）以蘇軾論詩之言勉之也。冲之，説之從弟。《嵩山文集》卷四有《題冲弟詩》。冲之有《晁具茨集》十五卷傳世。師道卒於本年十二月二十九日，見《後山集》卷首《集記》。

太學生侯秦、廖嶢，武學生楊選舉哀；僧榮顯舉哀；錢唐游衲有輓詩。

《軾墓誌銘》：「太學之士數百人，相率飯僧慧林佛舍。」《後山集》卷二十一《談叢》：「眉山公卒，太學生侯秦、武學生楊選素不識公，率衆舉哀，從者二百餘人。飯僧於法雲，主者惟白下聽慧林佛陀禪師，聞而招致之。」乾隆《延平府志》卷二十七：「廖嶢字次山，順昌人。元符間入太學。屬蘇軾卒，諸生相與飯僧。以嶢工於文，推爲薦疏，又自爲詩悼之。語皆妙絶。崇

寧中上書言時政，黜還鄉。未幾卒。有《雲溪集》十卷。」集不傳。

《輿地紀勝》卷三十二《贛州》：「僧榮顯：（上略）東坡去虔之後，聞訃，爲設齋供佛，哭之盡哀。鄰僧與榮不善者，怵榮曰：『近張耒學士爲蘇掛服，已送獄矣。』榮曰：『使吾得爲元祐黨人，非幸耶！』」《樂庵語録》卷三：「崇、觀間，朝廷禁元祐學甚切，皆號爲頗僻之文。舉子在學校及場屋，一字不敢用，雖碑刻亦盡仆之。時錢唐有一遊衲，以隱税逮繫於州，發篋得詩稿數編，首篇哭東坡，其辭曰：『文星落處天爲泣，此老已亡吾道窮。功業漫誇生仲達，文章猶忌死姚崇。人間便覺無真氣，海内何由見古風。平日百篇誰復愛，六丁收拾上瑶宫。』守見而奇之，因釋其罪。前輩謂治平之世，則公議在廟堂，上無道揆，下無法守，則公議在草茅。斯言信哉！」

蘇軾之詩傳於今者，凡二千七百餘首，彙爲《蘇軾詩集》。

有宋一代，軾之詩以多種版本刊行。

一、單行本。

1蘇洵、蘇軾、蘇轍父子唱和集。此謂《南行集》。本譜已述。早佚。

2蘇軾、蘇轍兄弟唱和集。此謂《岐梁唱和詩集》，已見本譜。《重編東坡先生外集》卷首《序》稱《岐梁集》。早佚。

3蘇軾個人某一時期詩作或詩文作之結集。

(1)《錢塘集》。王詵編,見《烏臺詩案》。亦見《重編東坡先生外集·序》。熙寧間倅杭時作。早佚。

(2)《超然集》。陳傳道(師仲)編。見《蘇軾文集》卷四十九《答陳師仲主簿書》。見《重編東坡先生外集·序》。熙寧間密州作。早佚。

(3)《黄樓集》。陳傳道(師仲)編,見《蘇軾文集》卷四十九《答陳師仲書》。書名見《重編東坡先生外集·序》。熙寧末、元豐初守徐州時作。早佚。

(4)《眉山集》。《臨川先生文集》有《讀眉山集次韻雪詩五首》、李廌《師友談記》有稱引,已見本譜。秦觀《淮海集·答傅彬老簡》亦稱引,謂此書兼收蘇轍之作。書名見《重編東坡先生外集·序》。早佚。

(5)《武功集》。見《重編東坡先生外集·序》。蘇軾爲武功縣開國伯。武功在今陝西境内,距鳳翔不遠。此集所收,或爲鳳翔時之作。早佚。武功乃蘇武故里。武父建,封平陵侯。建三子,嘉、武、賢。蘇軾乃嘉之後。見本譜卷首紀事。軾以武功名集,當由於此。

(6)(7)《雪堂集》、《黄岡小集》。見《重編東坡先生外集·序》。《宋史·藝文志》著録《黄州集》二卷,又《續集》二卷,疑即以上二書。早佚。

(8)《仇池集》。見《重編東坡先生外集·序》。劉尚榮《蘇軾著述版本論叢·東坡外集雜考》(以下引此文時，均略去書名)疑即《仇池筆記》。果爾，則此集無詩。

(9)《毗陵集》。傅藻(一作藻)《東坡紀年録》言及。見《重編東坡先生外集·序》。劉尚榮謂此集「似專收元豐七年離黄州後所作詩文」。早佚。

(10)《北歸集》。見《宋史·藝文志》，六卷。早佚。

(11)《真一集》。見《重編東坡先生外集·序》。軾南遷後有《真一酒詩》，疑此集所收乃南遷後之作。早佚。

(12)《岷精集》。見《重編東坡先生外集·序》。早佚。

(13)《掞庭集》。見《重編東坡先生外集·序》。早佚。

(14)《海上老人集》。見《重編東坡先生外集·序》。疑所收爲謫儋時所作。早佚。

(15)(16)《百斛明珠集》、《玉局集》。見《重編東坡先生外集·序》。《詩話總龜》屢稱引，似所收乃題跋雜記之類文字。早佚。

(17)《東坡小集》。見任淵《山谷詩集注》卷十三。早佚。

二、集本。全集、牽涉面廣具有全集性質之集、時間跨度大而又超越數個重要時期之集。

1《東坡備成集》。見傅藻《東坡紀年録》。《宋史·藝文志》、《通志·藝文略》著録，凡八十七卷。

又見《重編東坡先生外集·序》。早佚。

2《類聚東坡集》。見《重編東坡先生外集·序》。早佚。

3《東坡大全集》。宋人文集、隨筆雜記廣泛稱引。又稱《蘇東坡大全集》。《永樂大典》亦多處稱引。當佚於明代。

4《東坡遺編》。見《重編東坡先生外集·序》。早佚。

5《蘭臺集》。見《重編東坡先生外集·序》。亦見傅藻《東坡紀年録》。《通志·藝文略》謂該書一百卷,《後集》七十卷,《續集》四十卷。早佚。

6《東坡集》。亦稱《東坡前集》。四十卷,今傳。

7《東坡後集》。二十卷,今傳。

8《和陶詩》。四卷。今傳。

9《東坡先生别集》(三十二卷本)、《續别集》八卷。袁本《郡齋讀書志》附志卷五下著録。

10《東坡别集》。《直齋書録解題》卷十七著録,四十六卷。《宋史·藝文志》亦著録《别集》四十六卷。劉尚榮謂:《别集》一書又見於「明葉盛《菉竹堂書目》、明焦竑《國史·經籍志》、清錢曾《述古堂書目》等諸家書目,約在清中葉失傳」。

11《東坡外集》。《經進東坡文集事略》卷五十五《韓文公廟碑》一文題注引。原刊本久佚。今所見者乃明萬曆刊《重編東坡先生外集》。

三、集注本。此集謂《東坡集》(即《東坡前集》)、《東坡後集》。《王狀元集百家注分類東坡先生詩》卷首有題王十朋所撰之序，稱「余舊得公詩八注、十注」本。清查慎行《補注東坡編年詩·例略》云蘇軾詩「舊有八注、十注」。清馮應榴《蘇文忠詩合注·凡例》云：「先生詩舊有四注、八注、十注。……余所見者，一爲宋刊五家注不全本，七卷。五家者趙云(原注：即次公)、李云(原注：即厚)、程云(原注：即縯)、宋云(原注：即援)、新添云(原注：即林子仁)。其編次一如《七集》本，惜止見《後集》，而未見《前集》也。」馮氏所見之本已佚。北京國家圖書館藏有殘本宋刊《集注東坡先生詩前集》一部，可略窺集注本一斑。此本共四卷。其卷一至卷三爲十注。十注云者，除馮氏所云之五注外，另五注爲師尹、孫倬、胡仔(或稱胡銓)、傅藻(藻)、補注(補注者待研究確定)。其卷四爲五注，同馮氏所云。

四、施注本。全稱爲《注東坡先生詩》。注者施元之、顧禧。四十二卷。其前三十九卷編年。卷四十收翰林帖子及遺詩，不編年。末二卷爲和陶詩。國家圖書館藏有嘉定原刊本四卷。景定補刊本三十四卷，大陸以外有影印本。其中《和陶詩》二卷，係原刊本，國家圖書館有縮微膠卷。

五、類注本。

此本二十五卷，分紀行、述懷、詠史、懷古等七十八類。

此本宋刻之現存者：一爲南宋建安黄善夫家塾刊本。藏國家圖書館。爲現存類注之最早刻本。其刊刻時代約爲南宋中葉。

一爲南宋泉州市舶司東吴阿老書籍鋪印十一行本，卷首題名爲《王狀元集諸家注分類東坡先生詩》。

一爲南宋建安萬卷堂家塾刻本。書題名同泉州本。現存日本静嘉堂。

一爲南宋建安魏仲卿家塾本。傅增湘嘗於日本圖書寮見之。

元代享國之日淺，蘇詩刊刻所可言者惟類注本。

一爲建安虞平齋務本書堂所刊本。書題《新刊校正王狀元集注分類東坡先生詩》。四部叢刊初編影印。

一爲元建安熊氏鼎新繡梓十一行本。題名同務本堂本。其他從略。

明代包括蘇軾在内之蘇集刊本有二。

一爲《七集》。詳以下「蘇軾現存文章凡四千三百餘篇」條。

一爲以上多處提及之明萬曆刊《重編東坡先生外集》。八十六卷。卷一至十收古今體詩。卷十一至三十六收賦、律賦、論、策、邇英進讀、雜著、史評、銘、偈、贊、頌、表狀劄子、啓狀、青詞、齋詞、疏、樂語、集英殿春宴教坊詞、上梁文、判詞、祝文、祭文、序引、説、記、碑、書、補亡、行狀、墓誌、傳。卷三十七至五十五爲題跋。卷五十六至六十二爲雜記。卷六十三至八十一爲小簡。卷八十二至八十五選收蘇軾詞。卷八十六附録《烏臺詩案》。劉尚榮先生謂其功在補衆本之遺缺，校諸本之疏誤，良是。

清代蘇詩研究，呈現繁榮局面。清人尤致力於注釋、校勘，其重要成果有三。

一爲查慎行《補注東坡編年詩》五十卷。

查氏之功有四。其一爲補充大量注文，補百家注、施顧注之所不及。其二爲完善編年。施顧注未收《南行集》中詩，是其不足處；其和陶詩亦未編年，益覺其不足。查氏編年，自嘉祐四年《南行集》現存詩編年，至蘇軾之卒，共四十五卷，其和陶詩亦編其中。其三爲大量搜采蘇軾佚詩。其卷四十八爲補編詩專卷。收佚詩。其四爲立「他集互見詩」專卷。此乃查氏創舉，其卷四十七、卷四十九、卷五十屬之。見於蘇集内之詩，間爲唐人及當代人之詩；唐人居少數，當代居多數。查氏爲審慎計，仍收之入卷。由於查氏此書，蘇詩全詩編年之規模得以大致確立。查書刊清乾隆初。

二爲馮應榴《蘇文忠詩合注》五十卷。

馮氏廣泛搜采各家注，而益以己注。馮氏以考據見長，考訂精審，有功後學。馮氏依查本編年，個別有所調整。馮氏復在查氏基礎上，繼續采得佚詩若干篇。馮氏次補編詩於卷四十九、卷五十，而移互見詩於卷四十七、卷四十八。此書有乾隆、同治、光緒刊本。

三爲王文誥《蘇文忠公詩編注集成》四十六卷。

王氏致力於完善編年，蘇詩編年得以繼續向前推進一步。馮氏雖稱精審，然失之繁瑣，王氏刪去其繁瑣部分，而益以紀昀等之評語及個人評注。此本有道光、光緒刊本。

全面考慮上述情況，中華書局點校出版蘇軾詩集，決定以王文誥本爲底本，以其比較便利讀者。王本無「他集互見詩」卷、「補編詩」卷。爲使讀者了解蘇詩全貌，掌握有關蘇詩比較完備之資料，點校者自查本、馮本中收入佚詩與他集互見詩，編成第四十七卷至五十卷，恢復查本、馮本規模。

考慮到蘇詩乃我國古代文學瑰寶，點校者全力致力於校勘。點校者以北京國家圖書館所藏善本爲主，中華書局劉尚榮先生復盡力自海外搜求到極爲重要之數種版本以佐之，復參考前人部分校勘成果。

點校者使用之校本有：

1宋刊《東坡集》、《東坡後集》。半葉十行，行十八字。國家圖書館藏殘本、日本京都大學《蘇詩佚注》影印本。此本有盛譽。

2宋刊《東坡集》、《東坡後集》殘本。半葉十二行,行二十三字。

3宋眉山刊《蘇文忠公文集》殘本。原書未見。傅增湘、章鈺曾用以校繆荃孫覆刻明成化《東坡七集》。點校者用傅、章校録本過録。

4宋黄州刊《東坡先生後集》殘本。據照片校。

5宋黄州刊《東坡先生和陶淵明詩》四卷。

6宋刊趙次公等十人撰《集注東坡先生詩前集》三卷。

7宋刊趙次公等五人撰《集注東坡先生詩前集》一卷。

8宋嘉定刊施元之、顧禧撰《注東坡先生詩》殘本四卷。

9宋景定補刊施、顧《注東坡先生詩》影印殘本三十四卷。

10宋刊施、顧《注東坡先生詩》和陶詩上下卷。

11宋黄善夫家塾刊《王狀元集百家注分類東坡先生詩》二十五卷。

12宋泉州刊《王狀元集諸家注分類東坡詩》殘本十四卷。

13元務本書堂刊《增刊校正王狀元集注分類東坡先生詩》二十五卷。四部叢刊初編影印本。

14元熊氏刊《王狀元集百家注分類東坡先生詩》。

15明成化刊《東坡七集》。
16明萬曆刊《重編東坡先生外集》。
17清查慎行撰《補注東坡編年詩》五十卷。
18清馮應榴撰《蘇文忠詩合注》五十卷。
點校者用作參考之校勘資料有：
1金石碑帖與著録金石專著之有關部分。
前者有宋搨西樓帖（影印本）、閱古樓三希堂法帖石刻、國家圖書館所藏蘇詩石刻搨本。
後者有清王昶《金石萃編》、阮元《兩浙金石志》及《山左金石志》等。
2清人、近人蘇詩校勘批語與校勘記。
何焯校清康熙刊《施注蘇詩》；
盧文弨、紀昀校清乾隆刊查本；
章鈺校繆刻明成化《東坡七集》（以《皇朝文鑑》所校者）。
3清人、近人蘇詩專著之個別條。
翁方綱《蘇詩補注》；
沈欽韓《蘇詩查注補正》；

張道《蘇亭詩話》；

陳漢章《蘇詩注補》。

點校者採用彙校方式。每種校本至少讀過三遍，有至四遍、五遍者。點校者彙諸本異文於一體，撰成校勘記七千三百餘條。研究者、讀者可以免去查閱原本之勞。此乃點校本《蘇軾詩集》之鮮明特色，其長久之生命力亦在此。

《蘇軾詩集》卷一至四十五共收古今體詩二千三百四十首，卷四十六收帖子詞口號六十五首，卷四十七收補編古今體詩六十七首，卷四十八收補編古今體詩一百七十五首，殘句十八句（包括二句以上者），卷四十九、卷五十共收他集互見詩九十九首。卷末復補輯佚詩二十九首，入《增補》中，另輯佚句十五句（包括二句以上者）。

余爲《全宋詩》所整理之蘇軾詩，其前四十六卷，與《蘇軾詩集》同。其卷四十七，删去《附江南本織錦圖上回文原作三首》、《謝曹子方惠新茶》、《龐公》、《戲書》、《散郎亭》、《秋晚客興》、《觀大水望朝陽巖作》十首。其卷四十八，删去《和寄天選長官》、《次韻張甥棠美晝眠》、《題女唱驛》、《試院觀伯時畫馬絶句》、《沿流館中得二絶句》、《贈姜唐佐》、《寶墨亭》、《劉顗宫苑退老於廬山石碑菴顗陝西人本進士换武家有聲伎》、《蓮》、《失題二首》、《雪詩八首》、《失題二首》、《戲答佛印偈》、《送馮判官之昌國》，共二十七首。以皆非蘇軾所作之故。删去《蘇軾詩集》之卷四十九、卷五十他集互見詩。新編卷四十九，收入《蘇軾詩集》卷五十之《僕年三十九在潤州道上過除夜作此詩又二十年在惠州追録之以赴過二首》。其《增補》之《輯佚詩》中之《和南都趙少師》、《寄汝陰少師》非蘇軾作，删去；《馬子約送茶作六言謝之》亦非蘇軾作，亦删去。其餘皆收入新編之卷四十九。新編之卷四十九另自《永樂大典》等書中補入四詩。

新編之卷四十九，取《蘇軾詩集》卷四十八之《句》、《增補》中之《句》融於一體，删去其確非蘇軾作者；另自鄧肅《栟櫚集》、王十朋《梅溪集》等書中補入《句》十四。

總計《句》爲四十三。

蘇軾之詩，已略盡於是。

《全宋詩·蘇軾詩》卷末列《存目》一欄，共收詩一百三十四首，皆非蘇軾之詩而誤題爲蘇軾作者。即《蘇軾詩集》中所云之《他集互見詩》。《存目》一欄可補者有，見於《蘇軾詩集》卷十九之《吴江岸》乃蘇舜欽詩，見於同上書卷四十八之《坡陀行》，乃晁補之詩。

蘇軾現存文章，凡四千三百餘篇，彙入《蘇軾文集》、《蘇軾佚文彙編》、《蘇軾佚文彙編拾遺》。

有宋一代，蘇軾之文章，以多種方式刊行。其中有詩文合刊本，如《東坡集》、《東坡後集》等；有選集，如《經進東坡文集事略》；有某一體裁作品之結集，如書簡、奏議，有某一時期作品之結集，如《應詔集》之前五卷。首次將蘇軾之文章全面輯爲一集，乃明末茅維之《蘇文忠公全集》。

茅氏原刊問世後，明清兩代以《東坡先生全集》爲名，多次刊行。一九八六年三月，由中華書局出版之《蘇軾文集》，其整理，即以卷首冠以吴門項煜所序之《東坡先生全集》七十五卷本爲底本。

自明成化至清乾隆修《四庫全書》前此一段期間，有數種新編之《東坡全集》與具有全集規模之刊本問世。

其一：分集編輯本。此乃指明成化四年（一四六八）程宗所刻之《蘇文忠公全集》。此書通稱《七集》：計爲《東坡集》四十卷、《東坡後集》二十卷、《奏議集》十五卷、《内制集》十卷（另附《樂語》一卷）、《外制集》三卷、《應詔集》十卷、《續集》十二卷及《年譜》一卷，共一百十二卷。其前六集，乃據「宋時曹訓所刻舊本」刻（李紹序），其《續集》，乃據明仁宗「所刻未完新本」刻。《續集》乃新編，收入和陶詩、書簡以及相當數量之除和陶詩、書簡以外之詩文，其中大部不見《東坡集》、《東坡後集》，少部則與上二集有重複。其重出之詩文，大體保留原作面貌，有校勘意義。由於程宗所依據者乃「未完」本，蘇軾文章未收入者仍不少。明嘉靖十三年（一五三四），江西布政司重刻此本，亦題《蘇文忠公全集》。

其二：分類合編本。

一爲明刻一百一十四卷《蘇文忠公集》。北京國家圖書館藏。該本卷一、卷二爲賦，卷三至卷三十一爲詩，其餘爲文。該本紕繆頗多。以詩而論，卷三收五古四十三首。其開章第一篇，爲《送宋構朝散知彭州迎侍二親》，令人不解。此一卷之中，《送楊孟容》、《送淵師歸徑山》凡二出。以文而論，《孫武論》二篇，一列卷三十四經史論，一列卷三十五人物論；分類之中，有經史論，又有史論；又往往有「續添」，如《論武王》，不列人物論，而列入史論「續添」；史論「續添」中，又有經論。《四庫全書總目提要》卷一百五十四《東坡全集》條斥之爲「編輯無法」。該本無序跋，似爲坊間書賈倉猝間所爲。

一爲清蔡士英刊本《東坡全集》一百十五卷。《四庫全書》用以著録。蔡本卷一至卷三十二爲詩，係沿《七集》中《前集》、《後集》、《續集》之舊。自卷三十三爲文，文乃據「舊刻重訂」（《四庫全書總目提要》），分類編排較一百十四卷本合理。如「記」類，大體按時間順序。其失之大者有二。一在取材之不足。如：蔡本卷七十八至八十五爲尺牘，其所據之本，爲《七集》中之《續集》。《續集》中之尺牘，一人多次出現，一次之中又不第先後，大抵爲原始性質之資料彙編，宋原刊本之本來面貌可由是見之。其有力證據之一，乃《永樂大典》卷一萬一千三百六十八簡字韻（中華書局影印本一百十五册）所引《蘇東坡集·書簡》，與《續集》中之尺牘同出一源；其有力證據之二，乃宋黄善夫家塾刊《王狀元集百家注分類東坡先生詩》卷三《次韻子由所居六詠》其四所引東坡尺牘，從題目至文字，皆與《大典》及《續集》相同（四部叢刊影印務本堂刊本《增刊校正王狀元集注分類東坡先生詩》同黄本）。尚有另一種經過整理之東坡尺牘，所收較蔡本約多五百首。蔡士英或由於未見此本，未能采用。二在體例之不純。蔡本卷一百一至一百五，據明萬曆趙開美刊本《東坡志林》（即今通行之涵芬樓鉛印本），全録其文。《東坡志林》爲隨筆體文字，蘇軾此類文字尚多，不應獨取此。《東坡志林》卷五之論古十三首，已見《東坡後集》（《七集》中之《續集》重收）、《經進東坡文集事略》、《三蘇先生文粹》，應從後二書列入論類。蔡本卷九十二評史類收《巢由不可廢》等文四十五篇，原見《三蘇先生文粹》卷三十九至四十。其中《司馬相如之諂死而不已》、《西漢用刑輕重不同》二文，亦見《東坡志林》，其標題分別爲《臞仙帖》、《梁統議法》。蔡本重出，顯得疏漏。蔡氏原本今雖未見，但依據蔡氏本著録之《四庫全書·東坡全集》尚在，可覆按。

茅本亦爲分類合編本。同以上二本相較，茅本有其明顯之長處。

茅本取材豐富。以尺牘而論，茅本所采用者乃以上提及之經過整理之刊本，約收尺牘一千三百首。茅本以人爲緯，有多首尺牘者，則大體按寫作時間排列。北京國家圖書館所藏元刻本《東坡先生翰墨尺牘》殘卷，即屬於此類刊本。茅本所據之本，在明末流傳頗廣。明天啓元年（一六二一）徐象橒刻《蘇長公二妙集》，其尺牘部分，除個別文字外，與茅本相同。早於《二妙集》者，尚有明萬曆三十六年（一六〇八）康丕揚刻本《重編東坡先生外集》；該書部分收入蘇軾尺牘，其收入之部分，與茅本體例相同，先後次第排列亦同，當同出一源。

蘇軾大量題跋雜記一類之隨筆體文字，宋時，已收入《東坡手澤》中（《直齋書録解題》卷十七，參施元之、顧禧《注東坡先生詩》卷十一《寄黎眉州》注文），收入《仇池筆記》中，收入《蘇東坡大全集》中之《志林》、《雜説》（《直齋書録解題》卷十七，參朱翌《猗覺寮雜記》卷上）中，收入《蘇沈內翰良方》中，收入《詩話總龜》所引之《百斛明珠》、《東坡詩話》等書（約一百篇）及《苕溪漁隱叢話》之前、後集（約一百三十篇）中，收入《詩人玉屑》等書中。蘇軾同時代人及時代稍晚者亦有不少引録。唯有一小部分，收入《東坡集》與《東坡後集》。此類文字，或者具有較高文學價值，或者就歷史中、現實中以及其他廣闊領域中之問題，提出個人卓有見地之解釋與論斷，乃蘇軾散文必要與有機之重要組成部分。《外集》編者於此一領域初步進行整理，其中「題跋一部，游行、詩文、書畫各以類從，而盡去《志林》、《仇池筆記》之目」（焦竑：《外集序》）。與此同時（或幾近於同時），茅本編者亦進行與《外集》編者同一工作，而其搜羅範圍較《外集》爲廣。此即茅本之卷六十六至卷七十三，共八卷。其中卷六十六至卷七十一，毛晉刻入《津逮祕書》中，以《東坡題跋》之名行世。此種整理工作，十分有意義。南宋郎曄選注之《經進東坡文集事略》及《七集》，乃現行流傳較廣之兩種蘇文（後者包括詩）刊本。茅本同上二本比較，亦有其長處。

關於郎曄本。曄選注此書，意在呈進，依據者當爲當時較好刊本。如卷二《菜羹賦》，文字即勝現行各本。郎曄「箋疏之暇，兼事訂譌」（羅振常：《重校宋本郎注東坡文集序》），糾正若干傳寫差訛。如卷一《後赤壁賦》校改「夢二道士」爲「夢一道士」，卷四十九《石鐘山記》校改「魏獻子」爲「魏莊子」。曄亦致力於一般文字審定工作。除誤刊者外，郎曄本不同於茅本之文字，勝者較多。以此，此本受到學界重視。

郎曄本不足處，亦往往而在。其尤突出者，乃刊刻之脱漏。如卷十一《正統辯論》中一文，於「一身之正是天下之私正也」句下，脱「天下有君，是天下之公正也，吾無取乎私正也」十八字。卷十九《策斷下》一文，竟有二處脱文。一於「一失其法則不如無法之爲便也」句下，脱「故夫各輔其性而安其生，則中國與胡本不能相犯，惟其不然，是故皆有以相制，胡人之不可從中國之法，猶中國之不可從胡人之法也」五十五字。一於「皆以樽俎之間而制敵國之命」句下，脱「此亦王者之心，期以紓天下之禍而已」十五字。類此可舉者，尚有多處。其文字亦有遜於茅本者。如卷五十一《放鶴亭記》「山人忻然而笑曰」，茅本及七集「忻」皆作「听」。按，「听」乃張口笑貌，義長。

關於《七集》。《七集》乃現存最早較全之蘇軾詩文集合刊本。其《續集》中有數處「續添」，説明成書略顯倉促。其書刊刻錯誤時有。用茅本校之，其《張文定公墓誌銘》有「遣使於陝西河東京西四路」之句，茅本「京西四路」作「京東西路」，查《宋史·張方平傳》，亦作「京東西路」，茅本是。其《奏議集》卷四《大雪論差役不便劄子》有「受息至深」之句，茅本「息」作「恩」，「息」當爲誤刊。其脱漏之處亦時有。再用茅本校。如《外制集》卷上《新淮南轉運判官蔡濛可兩浙運判》一文，於「具官蔡濛」句後，脱去「吴越之人凋敝久矣」至「則民何賴焉」三十六字。此三十六字，賴茅本得以保存。茅本卷四十《賜新除依前光禄大夫刑部尚書蘇頌辭恩命不允詔》，附有「蘇頌表」云云，《七集》無此附録。《七集》亦有勝茅本處。平情而論，二者互爲短長。

茅本分類，自大處言，得體。但個别類之篇目排列，則有可議處。如「記」類，茅本編者似於大類之下又分小類，然小類不易分明，且顯得瑣碎，不如按寫作時間排列次第分明，而如此作亦無大困難。茅本之刊刻，有不够精細處，如「潁」往往誤成「穎」。間有重收者。如卷五十九《與鄭嘉會二首》，即卷五十六《與鄭靖老四首》中之一、二首；卷六十八之《評詩人寫物》一文，即卷六十《付子過二首》中之第一首；卷二十之《十二時中頌》，即卷二十二之《十二時中偈》。尚偶有脱題、脱句者。

全面權衡，茅本瑕瑜相較，瑜遠勝瑕。去瑕取瑜，茅本編者搜輯之功，應予以充分肯定，其貢獻至爲巨大。《四庫全書總目提要》卷一百五十四寧取蔡士英刊本，而批評茅本「漏略」，失之片面。

《蘇軾文集》點校者以茅本爲底本，其理由即在此。

在古籍整理中，校勘工作極爲重要，點校者致全力於校勘工作。

點校者使用之校本有：

1宋刊《東坡集》。殘存三十卷，其中有賦七篇及其他各體文十一卷。

2宋刊《東坡後集》。其文之殘存者，爲卷八、卷九、卷十，共三卷。

3郎曄本。四部叢刊初編影印烏程張氏、南海潘氏合藏宋刊本，六十卷，收文爲四百九十八篇。

4宋婺州東陽胡倉王宅桂堂刊《三蘇先生文粹》七十卷，其中卷十一至卷四十三爲蘇軾文，約二百八十篇。

又，明刊《三蘇先生文粹》。

5四部叢刊初編影宋刊本《皇朝文鑑》，共收蘇軾文一百五十九篇。

6宋刊《應詔集》十卷。

7《七集》。明成化程宗刊本。

8明萬曆刊《重編東坡先生外集》。

9明刊一百一十四卷本《蘇文忠公集》。此本所收賦，有可取處。

點校者用於校勘之其他資料：

1金石碑帖。

(1)宋搨西樓帖。一爲清宣統影印十卷本，一爲北京市文物商店收藏本(後者係二十世紀八十年代年初出現)。

(2)三希堂石刻。刻北京北海公園閱古樓。

(3)宋、明、清、民國金石碑帖專著之著録文字。其中有宋曾宏父《石刻鋪叙》、桑世昌《蘭亭考》、俞松《蘭亭續考》、岳珂《寶真齋法書贊》、明張丑《清河書畫舫》、汪砢玉《珊瑚網》、清吴升《大觀録》、卞永譽《式古堂書畫彙考》、陸心源《穰梨館過眼録》、孫承澤《庚子銷夏記》、倪濤《六藝之一録》、李佐賢《書畫鑑影》、翁方綱《粤東金石略》、陳焯《湘管齋寓賞續編》、民國石印《古今名人墨迹大觀》等。

(4)方志中石刻部分之著録文字。如《咸淳臨安志》。

2宋元人别集中徵引與附録之文字。中有蘇轍《欒城集》、秦觀《淮海集》、陸游《劍南詩稿》、周必大《周益國文忠公集》、樓鑰《攻媿集》、元黄溍《金華黄先生文集》等。

3宋人詩文注中徵引與附録之文字。中有施元之、顧禧《注東坡先生詩》(包括清馮應榴《蘇文忠詩合注》轉引之施注)、題王十朋編注之《增刊校正王狀元集注分類東坡先生詩》、郎曄注文以及柳宗元《河東先生集》之注文與附録文字。

4宋王宗稷《東坡先生年譜》、傅藻《東坡紀年録》徵引文字。

5宋、元人筆記中徵引文字。中有趙令畤《侯鯖録》、蘇籀《欒城遺言》、朱弁《曲洧舊聞》、何薳《春渚紀聞》、黄朝英《靖康緗素雜記》、洪邁《容齋隨筆》、邵博《邵氏聞見後録》、趙彦衛《雲麓漫鈔》、張世南《游宦紀聞》、費衮《梁谿漫志》以及元劉壎《隱居通議》等。

6近人、今人之蘇文校勘記。

（1）羅振常《經進東坡文集事略考異》，民國刊本。

（2）繆荃孫覆刻《東坡七集》校勘記。

（3）一九五七年文學古籍刊行社出版之《經進東坡文集事略》龐石帚校勘記。

7其他。如偶見於報刊之現代人考訂蘇文成果（如一九八二年第五期《北京大學學報》關於《議學校貢舉狀》一文寫作時間之考訂文章）及有關資料（如《天下郡國利病書》）。現存《永樂大典》，收有引自《蘇東坡大全集》、《蘇東坡集》之文約六十篇，直接來源於宋本。以上提及之卷一萬一千三百六十八所引《東坡書簡》，亦屬此種情况。《永樂大典》所引具有重要校勘價值。

四、就文集中之制、奏議、尺牘、題跋雜記與原屬單行本之個别篇（《莊子解》）而言，又各自有其校本或參考校本。
關於制。點校者參校《宋大詔令集》。
關於奏議。參校明刊《歷代名臣奏議》及清刊《續資治通鑑長編》。
關於尺牘。除《永樂大典》、《七集·續集》、《外集》有關尺牘部分外，以元刊《東坡先生翰墨尺牘》爲校本。
點校者并參校以下各書：
1宋刊《聖宋名賢五百家播芳大全文粹》之有關部分。
2明天啓刊《蘇長公二妙集》。
3明刊《補續全蜀藝文志》之有關部分。
4日本天明元年（一七八一）皇都書肆林權兵衛刻本《歐蘇手簡》。
關於題跋雜記。
1涵芬樓鉛印本《東坡志林》五卷，中華書局一九八一年九月點校本《東坡志林》。
2明刻稗海本《東坡先生志林》。
3明抄《類説》本及涵芬樓鉛印本《仇池筆記》。
4清鮑廷博《知不足齋叢書》本《蘇沈内翰良方》。

5四部叢刊初編影明刊本《詩話總龜》。

6海山仙館本《苕溪漁隱叢話》。

7毛晉汲古閣刊《東坡題跋》。

關於《莊子解》（即《廣成子解》）。以清李調元重刊明范欽所刊《廣成子解》爲校本，此本收《函海》中。

自宋以來，全面校勘蘇文，此爲首次。以如此規模進行，在當代宋集整理工作中，亦屬僅見。《蘇軾文集》自出版至一九九九年三月，已印制五次，獲海内外廣泛好評。

蘇軾之文存《蘇軾文集》者，凡三千八百餘篇，然猶未盡也。

蓋嘗考之，蘇軾著述著録於《昭德先生郡齋讀書志》、《直齋書録解題》、《宋史·藝文志》而已久佚者，有《東坡先生别集》（三十二卷本）、《東坡别集》（四十六卷本）、《續别集》、《儋耳手澤》、《奏議補遺》、《南征集》、《黄州集》、《續集》、《北歸集》等多種，《直齋書録解題》提及之麻沙本《大全集》尚不在内；明萬曆所刊《重編東坡先生外集》卷首列舉之蘇軾著作如《南行集》（當即《南征集》）、《坡（按：應作「岐」）梁集》、《錢塘集》、《超然集》、《黄樓集》等二十四種，除《東坡前集》（當即《東坡集》）、《後集》（當即《東坡後集》）外，皆已早佚。其中有詩集、詩文合集及筆記。查周必大《平園續稿》卷八《題東坡上薛向樞密書》，謂蘇軾此書見麻沙本及《别集》（此麻沙本當即麻沙本《大全集》），其文今竟不見，知所遺者尚多。以上乃就入集者而言。蘇軾一生，交游甚廣，所作尺牘、題跋甚多。然志不在傳世，隨作隨散。後人仰其人，高其文，贊其書，屢予以搜輯刊行，然未遍也。宋岳珂《寶真齋法書贊》卷十二録蘇軾書簡凡二十首，唯一首見今本，他可知已。以故時至今日，其不見於今傳各本之尺牘、題跋之墨迹，猶偶或見之。

於是，余於校點《蘇軾文集》同時，潛心搜輯蘇軾佚文，自一九七八年至一九八四年六七年間，自有關總集、别集、筆記、詩話、金石碑帖及題跋、史部、類書乃至蘇軾多種版本著作中（凡一百一十一種），得文四百二十餘篇，命之曰《蘇軾佚文彙編》。此四百二十餘篇中，當有出自前所云《東坡先生别集》、《續别集》等書者。

自《蘇軾佚文彙編》附《蘇軾文集》行世至一九九六年第四次印刷本，復補輯《蘇軾佚文彙編拾遺》上下卷，附於《蘇軾佚文彙編》之後行世。《拾遺》收蘇軾之文，凡一百三十餘篇。

近年，上海書店影宋拓《鬱孤臺法帖》行世，語文出版社《三蘇全書》行世。二書所未載之蘇軾佚文共十餘篇。蘇軾之文，已大體盡於此矣。

蘇軾之詞，傳於今者，凡三百餘首。

《全宋詞》自曾慥本《東坡詞》卷上録一百十二首，自卷下録一百五十六首，自曾慥本《東坡詞拾遺》録三十首，自元延祐本《東坡樂府》録七首，自汲古閣《東坡詞》録二十四首，自《東坡集》録四首，自《東坡後集》録一首，自《東坡内制集》録二首，自《侯鯖録》、《能改齋漫録》、《苕溪漁隱叢話》、《回文類聚》、《歲時廣記》、《咸淳毗陵志》、《事林廣記》各録一首，自《全芳備祖》録三首，共三百四十九首。内有他集互見詞九首，疑入詞四首。另有殘句十句。卷之末，自楊金本《草堂詩餘後集》卷上録二首，加按謂「疑非軾作」。另「存目詞」一欄，舉出他人之作誤題蘇軾作之詞凡四十三首，誤題句三。《全宋詞補輯》自《重編東坡先生外集》録出《沁園春》（小閣深沉）一首，《全宋詞》列入「存目詞」，謂爲無名氏作。

《蘇軾詞編年校注》正編收編年詞二百九十二首，未編年詞三十九首。附編收他集互見詞八首，存疑詞十一首，誤入詞五十三首，共四百六十三首。誤入詞實即《全宋詞》之存目詞。在《全宋詞》基礎上，搜討考察繼續深入。

蘇軾有寓言集《艾子》（即《艾子雜説》）。

《艾子》收入《佚文彙編》卷七，次《蘇軾文集》第六册。

詳本譜元符三年「軾作《艾子》」條。

蘇軾有《東坡易傳》九卷。

衢本《郡齋讀書志》卷一：「《東坡易傳》十一卷。右皇朝蘇軾子瞻撰。自言其學出於其父洵，且謂卦不可爻别而觀之，其論卦必先求其所齊之端，則六爻之義未有不貫者，未嘗鑿而通也。東坡其自號也。」

《遂初堂書目》：「蘇文忠《易傳》。」

《直齋書録解題》卷一：「《東坡易傳》十卷。端明殿學士眉山蘇軾子瞻撰，蓋述其父洵之學也。」

《宋史》卷二百二《藝文志》一著録蘇軾《易傳》九卷。

《東坡易傳》，今有《兩蘇經解》、《津逮祕書》、《學津討原》、《四庫全書》、《三蘇全書》諸本。

吉林文史出版社二〇〇二年十二月出版《東坡易傳》九卷，龍吟（閻華）點評。龍吟潛心研究蘇軾二十餘年，有《萬古風流蘇東坡》（歷史小説）一書，已出首二卷，六十萬字。全書約爲三百萬字。獨到見解甚多，不可只以小説視之。

龍吟以爲，深入研究蘇軾，必須深入研究《東坡易傳》，蘇軾思想實以《東坡易傳》爲本源，乃本是旨而點評此書。

本書卷首作者所撰《整理説明》云：《東坡易傳》宋時遭朱熹抨擊，遭冷遇。明萬曆間，有識之士不滿程朱之説一統天下，乃爲整理出版。

《整理説明》云：自明末起，此書以二體系流傳。其一爲陳所蘊自杭州卓爾康（一五七〇——

一六四四，著有《易學全書》）處得《蘇氏易解》八卷，乃於萬曆二十二年（一五九四）以冰玉堂之名刊行。二年後，吴之鯨等重刻，名《蘇長公易解》。其後，閔齊伋以朱墨重印。毛晉定書之名爲《蘇氏易傳》，編《津逮祕書》中。清嘉慶乙丑（一八〇五）收此書入《學津討原》，以此本與另一通行本《東坡先生易傳》參照修訂，仍稱《蘇氏易傳》，改爲九卷。《叢書集成》據此書排印。

《整理説明》謂：此書之另一流傳體系爲《東坡先生易傳》。乃焦竑（一五四一—一六二〇）少時得自唐順之（一五〇七—一五六〇）之古本。焦氏萬曆二十五年（一五九七）收入《兩蘇經解》，由畢氏刊於滄州；三十八年（一六一〇），又由顧氏刊於江西。顧本今不易見，張海鵬用之於參校《蘇氏易傳》者即此本，自張氏校訂結果考察，顧氏本實遠遜畢氏本，即使如此，亦强於毛晉本。乾隆時修《四庫全書》，得焦氏本，以閔刻進行校勘，定名《東坡易傳》收入。

《整理説明》謂：張海鵬本訛誤頗多，《叢書集成》本排印中之謬誤亦夥。此書較爲完備之本乃《四庫全書》本。龍吟點評時，以庫本爲底本，校以冰玉堂陳本、滄州畢氏本、閔本、道光十五年（一八三五）劉際清等刻《青照堂叢書》本，堪稱善本。

蘇軾有《東坡書傳》十三卷。

衢本《郡齋讀書志》卷一：「《東坡書傳》十三卷。熙寧以後，專用王氏之説進退多士，此書駁異其説爲多。又以允征爲羿篡位時事，康王之誥爲失禮，引左氏爲證，與諸儒之説不同。」

《直齋書録解題》卷二：「《東坡書傳》十三卷。蘇軾撰。其於胤征以爲羲和貳於羿而忠於夏，於康王之誥以釋衰服冕爲非禮。曰：予於《書》見聖人之所不取而猶存者有二，可謂卓然獨見於千載之後者。又言昭王南征不復，穆王初無憤恥之意，哀痛惻怛之語，平王當傾覆禍敗之極，其書與平康之世無異，有以知周德之衰而東周之不復興也。嗚呼，其論偉哉。」

衢本《郡齋讀書志》卷一：「孫莘老《尚書解》十三卷。右皇朝孫覺莘老撰。覺仕元祐，至謂康王以喪服見諸侯爲非禮。蘇氏之説蓋本諸此。」佚。蘇氏謂軾。

《宋史》卷二百二《藝文志》一書類著録蘇軾《書傳》十三卷。

《東坡書傳》，今有《兩蘇經解》、《學津討原》、《四庫全書》諸本。復有《三蘇全書》本。

蘇軾有《論語解》十卷，已佚。

衢本《郡齋讀書志》卷四：「《東坡論語解》十卷。右皇朝蘇軾子瞻撰。子瞻没後，義有未安者，其弟子由嘗辨正之，凡二十有七章。」

《直齋書録解題》卷三：「《東坡論語解》十卷，蘇軾撰。」

《遂初堂書目》著録《蘇文忠論語傳》，未載卷數。

《宋史》卷二百二《藝文志》一論語類著録蘇軾《解》四卷。

《文淵閣書目》卷四《黄字號》：「《論語東坡解》(原注：一部，二册，缺)。」明焦竑刻《兩蘇經解》時，已不見《論語解》，其佚當在明季。

今人卿三祥有《蘇軾論語説鈎沉》，載一九九二年《孔子研究》第二期，輯八十七則。馬德富同題文，載一九九二年《四川大學學報》第四期，輯五十則。舒大剛復得蘇軾《論語》之説四十餘則。三者皆收《三蘇全書·論語説》中。

蘇軾題跋雜記之類文字，單行於世者，有《仇池筆記》。

蘇軾一生爲筆記體之類文字至多，以無意傳世，隨作隨散。徽宗建中靖國元年(一一〇一)辭世後，家人、崇仰者、好事者爲搜輯刊行，《仇池筆記》乃其中之一。

《仇池筆記》刊行不久，曾慥收之於《類説》中。據《建炎以來繫年要録》卷一百六十八，曾氏卒於高宗紹興二十五年(一一五五)二月甲申。則《仇池筆記》刊行當爲紹興之初，或及北宋末。曾氏本所收入各則，文字大多有删節，實爲選本、節本。然考察《仇池筆記》流傳，曾本仍有極重要位置。北京國家圖書館尚藏有此書曾氏宋刻本，宋本原本《仇池筆記》，則已久佚。

本書二卷，趙開美據曾氏本刻於明萬曆壬寅。涵芬樓鉛印本以鈔本《類説》爲底本，於趙本有所訂正。

本書卷上《書秋雨詩》一則，見《儋耳手澤》。見《蘇文忠詩合注》卷二十一《東坡八首》題下「施注」;《書秋雨詩》,見《蘇軾文集》卷七十二,題作「馬正卿守節」。由是得知南宋時蘇軾隨筆體文字刊刻者非止一家,大抵以個人力量,搜輯所及,隨即出刊,未遑作全面整理,以致重複出現。由是得知本書及《儋耳手澤》等所收,皆僅爲此類文字之一部分。

本書,《四庫全書》入雜家類雜説之屬。雜乃其特點,約言之,本書内容涉及詩、詞、文、書、畫、墨、硯、茶、酒、古器物、古迹、醫、藥、氣功、動物、植物、農事、掌故、風俗、當代人物軼事、個人生活記録、評古人,論今事等等。大抵興到即寫,自成妙緒。如謂陶潛詩「採菊東籬下,悠然見南山」乃「採菊之次,偶然見南山,境與意會」,并謂「見」作「望」非是。又謂杜甫詩「白鷗没浩蕩」乃白鷗滅没於烟波之間,并謂改「没」爲「波」者亦非。有助於讀者對作品之鑒賞。又如齊高帝有「金土同價」之論,蘇軾以爲其意則善,然不合物情,其勢不可行。蘇軾居黄州,親農稼,謂「五穀耗地氣」。二者皆符合科學。其《萬花會》一則,謂蔡京爲揚州守爲萬花會,既困諸邑,吏緣爲奸,乃首罷之。足見蘇軾關心民生疾苦甚至。其《二紅飯》一則,謂春大麥爲飯,嚼之嘖嘖有聲,以漿水淘之,自然甘酸浮滑,充滿生活情趣。珠璣滿眼,俯拾即是。惟隱喻王安石爲鼈相公,譏王安石不學,則似有失寬厚,然亦可藉此以研究二人,亦不必深責也。

《東坡志林》。

蘇軾元符三年（一一〇〇）自海南北歸次廉州途中，致書鄭嘉會（靖老），有「《志林》竟未成」之語。蘇軾辭世後所刊之《東坡後集》卷十一，爲《志林》十三首。此十三首，皆論古之作，宋末左圭收入《百川學海》，即以《志林》名之，其依據即爲《東坡後集》。蘇軾云「未成」，乃未全部完成之意；所成者僅此十三首。於是得知《志林》乃擬議中之一部略有規模之論古專著之總題。志者，記也，述也，論也；林言其衆，言其多。是則蘇軾之本意。邵博《邵氏聞見後録》卷十四謂蘇軾「初欲作《志林》百篇」，非虚語也。

宋陳振孫《直齋書録解題》卷十一《小説家類》有《東坡手澤》三卷，云「蘇軾撰，今俗本《大全集》中所謂志林者也」。《東坡手澤》乃隨筆體雜記文字。據此，知南宋中葉，《蘇東坡大全集》中，已經收有《東坡手澤》之類之文字，入之於志林。此「志林」已非蘇軾本意。本書稱《東坡志林》，其「志林」之意，即源自《大全集》。然合蘇軾各種隨筆體文字以爲一專書而以「志林」名之如本書者，宋籍未見著録。

明萬曆乙未，趙用賢刊本書。其時明中葉所倡詩文復古之風已稍斂，整理、出版蘇軾詩、詞、文集，形成熱潮。除本書外，此前后所刊蘇著，舉其大者言之，尚有茅維《蘇文忠公全集》、商濬《東坡先生志林》（收《稗海》中）、焦竑作序之《重編東坡先生外集》、毛晉刊《東坡題跋》（收《津逮祕書》中）及天啓間所刊《二妙集》（二妙謂詞與書簡），尤以茅氏之功爲偉。

本書分類，其所本已不可考。其類爲：記游、懷古、修養、疾病、夢寐、學問、命分、送别、祭祀、兵略、時事、官職、致仕、隱逸、佛教、道釋、異事、技術、四民、女妾、賊盜、夷狄、古迹、玉石、井河、卜居、亭堂、人物、論古等。由此可窺蘇軾個人及其交游生活、思想之一斑，謂之「林」，信然。其《記游》中《記承天夜游》一則，純乎天籟，乃優美之小品文，歷代予以高度評價以爲典範。其《祭祀》中之《八蜡三代之戲禮》一則，《兵略》之《匈奴全兵》一則，正前人注經、注史之失，甚有學術價值，蓋蘇軾亦爲知識淵博之學者也。其《論古》中之《周東遷失計》一文，乃就北宋政治現實而發，有其明顯之針對性，意義深刻。蘇軾思想出入於儒、佛、道之間。蘇軾有衆多友人爲僧人與道士，相推以誠，交往密切。本書於研究蘇軾與僧道關係，至爲重要。要之，本書内容豐富，可資研究者甚多。

《東坡先生志林》。

十二卷。明萬曆間，商濬刻入《稗海》中，凡三百六十二則，重出三則，實爲三百五十九則。見於趙刻《東坡志林》者，凡一百五十則，以故本書實爲二百九則。此二百九則中，其見於《仇池筆記》者，凡五十八則。《仇池筆記》爲節文，本書爲足文。

趙刻與本書，并傳已久。清乾隆修《四庫全書》，著録本書而捨趙刻。民國初，涵芬樓校勘鉛印趙刻，於是言《志林》者，多舉趙刻，而於本書略有微詞。今夷考其實，本書實有罅漏，如有重出，然其善處，實在趙刻之上。其一本書搜羅豐富。確爲蘇軾所撰之筆記十一則，不見其他書，唯見本書。其二本書文字往往勝有關同類記載。如本書卷七「僕貴居黄州」云云，茅維《蘇文忠公全集》卷七十亦收，題作《書鄭君乘絹紙》，茅本少「君乘簡中」云云七十七字。又如本書卷十二「曹操既得志」一則，茅本卷六十五《管幼安賢於荀孔》脱去「紹聖二年十二月」云云六十二字。商濬實爲傳播蘇軾著作之功臣。

《四庫全書總目》入此書於雜家類雜説之屬。本書多則論詩。謂「詩須要有爲而作，當以故爲新，以俗爲雅」。是爲蘇軾創作經驗之總結，具有理論意義。謂陶潛「平時交遠風，良苗亦懷新」之句，非古人之耦耕植杖者，不能道此語；謂杜甫論畫詩「更覺良工心獨苦」，用意之妙，舉世有莫知之者，此其所以獨苦，不獨畫爲然。皆得之反覆體驗，意義深刻。本書多則論史。謂曹操勝烏桓而賞諫者，袁紹敗官渡而殺諫者，於是知曹、袁之興亡。立論平實。楚元王常爲穆生設醴，王戊即位忘設，穆生以爲王戊之意怠，乃辭去；申公與白生不去，後受辱；於是謂「禍福皆天，不可避就者，未必然也」。見識自是高人一等。本書有多則軼事，如文彦博（潞公）所言唐玄宗事、唐末徐寅事，他書罕載，彌足珍貴。筆記之爲文，靈活方便。序、記、碑、銘、頌所不宜言者，筆記往往能言之。蘇軾敬重范鎮（景仁），爲鎮作墓誌銘，贊之甚至。鎮神宗時，以言新法不便致仕。哲宗元祐時，以功成治定自薦於朝，落致仕，上殿定大樂，則是以新法爲便也。蘇軾於本書中記其事并有微詞。是乃蘇軾真實心迹表露。似此類記載，有助於深刻研究蘇軾思想，此則筆記文字之特有作用也。

蘇軾雜著述附各種叢書單行者，有《東坡手澤》。

本譜政和元年十二月十一日云及蘇轍其年之冬，得姪邁等所編「先公手澤」，其中即有軾所跋轍所撰《老子新解》一書（軾跋《老子新解》，見《蘇軾文集》卷六十二，題作《跋子由老子解後》）。

《直齋書録解題》卷十一著録軾所撰《東坡手澤》三卷。《宋史》卷二百三著録蘇轍《儋耳手澤》一卷，卷二百八復著録所撰《儋耳手澤》一卷。未知《東坡手澤》與《儋耳手澤》是否爲一書。

清馮應榴《蘇文忠詩合注》卷二十一《東坡八首》引宋施元之、顧禧《注東坡先生詩》注文，謂見於今本《蘇軾文集》卷七十二《馬正卿守節》一文，即在《儋耳手澤》中。知《儋耳手澤》南宋寧宗嘉定間《注東坡先生詩》刊行時尚傳於世。

涵芬樓鉛印本《説郛》卷二十九引《東坡手澤》之《用兵》、《宰我非叛臣》等十五則，不見上述二則。此十五則，散見今《蘇軾文集》之題跋、雜記文字中。

蘇軾有與沈括合撰之《蘇沈良方》。蓋括所集驗方，後人以軾之説附之者。

衢本《郡齋讀書志》卷十五著録「沈存中《良方》十卷」，謂括博學通醫術，類其經驗，方成此書，用者多驗，或以蘇軾論醫藥雜説附之。又著録《蘇沈良方》十五卷，謂括嘗集得效方成一書，後人附益以蘇軾醫藥雜説，故曰蘇沈。

《直齋書録解題》卷十三：「《蘇沈良方》十卷。蘇者東坡，沈即存中也。不知何人所録。其間辨雞舌香一段，言《靈苑》所辨猶有未盡者。《館閣書目》别有《沈氏良方》十卷、《蘇沈良方》十五卷，而無《靈苑方》。」按，《直齋書録解題》著録沈括《靈苑方》二十卷，次《蘇沈良方》十卷之前。

《宋史·藝文志》醫書類著録沈括《良方》十卷。

同上著録《蘇沈良方》十五卷（原注：沈括、蘇軾所著）。

按，今傳《蘇沈良方》八卷，有《四庫全書》本、《聚珍版叢書》本、《藝海珠塵》本。有《蘇沈内翰良方》十卷，有《六醴齋叢書》本、《知不足齋叢書》本。復有《三蘇全書》本。

蘇軾雜著述單行於世者有《廣成子解》。

《郡齋讀書志》（衢本）卷十一《東坡廣成子解》一卷：「右皇朝蘇軾撰。軾取《莊子》中黄帝問道於廣成子一章爲之解。景迂嘗難之，其序略曰：『某晚玷先生薦賢中，安敢與先生異論，然先生許我不苟同，翰墨具在。』」

按，《廣成子解》一卷今傳有《范氏奇書》本、《函海》本、《藝海珠塵》本、《子書百家》本、《百子全書》本、《函海》(《道藏精華録》四卷)本。有《廣成子注》一卷,合刻周秦經書十種中。有《廣成子》一卷,明盧之頤校,合刻諸名家批點諸子全書。

又按,此《廣成子解》一卷,已收入《蘇軾文集》卷六。

傳爲蘇軾之著述,有《歷代地理指掌圖》等七種。

一、《歷代地理指掌圖》。始帝嚳訖宋,爲圖四十四。一卷。有題爲蘇軾所作之序。南宋費衮《梁溪漫志》卷六謂序文「淺陋,乃舉子綴輯對策手段」,非軾作。《直齋書録解題》卷八謂乃「蜀人稅安禮撰,元符中欲上之朝,未及而卒」。其書,四庫全書史部存目,述費衮之説,以爲僞書。

二、《物類相感志》。四庫全書存目者凡十八卷、一卷本兩種。其一卷本分身體、衣服、飲食、器用、藥品、疾病、文房、果子、蔬菜、花竹、禽魚、雜著十二門,共四百四十八條,皆療治及禁忌之事。其書題蘇軾撰,贊寧編次。贊寧爲北宋初人,謂軾撰,有悖於事理。《郡齋讀書志》、《直齋書録解題》、《宋史·藝文志》俱謂爲僧贊寧撰。

三、《調謔編》。一卷,二十九則。宋、元、明初俱未著録,明末重編《説郛》收之,《五朝小説》據以翻印。其書大都出宋人筆記,間爲蘇軾自著。謂非蘇軾自編則是,謂爲「明人僞作」(《三蘇全書》第十九册《別録·調謔編叙録》)則誤。大抵明代好事者雜取宋人筆記、蘇軾著述爲之,以資談助。

四、《格物粗談》。二卷。分天時、地理、樹木、花草、種植、培養、獸類、禽類、魚類、蟲類、果品、瓜蔬、飲饌、服飾、器用、藥餌、居處、人事、韻藉、偶記等二十門，大抵爲日常生活中所應注意者，具有常識意義。是書，宋、元無著録。曹溶《學海類編》收入。《四庫全書》卷一百三十存目，謂爲僞書。《學海類編》本有元范梈（德機）跋，謂「相傳東坡所作」，「此屬假托無疑」。

五、《雜纂二續》。一卷。《直齋書録解題》卷十一《小説家類》：「《雜纂》一卷，唐李義山撰。俚俗常談，鄙事可資戲笑，以類相從，今世所稱『殺風景』，蓋出於此。又有别本稍多，皆後人附益。」後人附益之作中，當有《雜纂二續》。惜作者不詳著之。其書流傳已久，宋人已不能定爲蘇軾作。然涵芬樓鉛印本《説郛》謂爲蘇軾作，明趙開美《東坡雜著五種》中收有，未敢遽棄，余收之於《蘇軾佚文彙編》之附録。

六、《東坡問答録》。一卷，二十五則。《四庫全書總目提要》卷一百四十四謂：「舊本題宋蘇軾撰。所記皆與僧了元往復之語，詼諧謔浪，極爲猥褻。又載佛印《環疊字詩》及東坡《長亭》詩，詞意鄙陋，亦出委巷小人之所爲，僞書中之至劣者也。」佛印即了元。按，《提要》之語，未爲全是。《提要》所云《長亭》詩，見南宋桑世昌《回文類聚》卷三，題作《晚眺》，實爲蘇軾所作，此所時稱爲神智體。《問答録·游藏春塢》所引蘇軾《殢人嬌》（滿院桃花）見《東坡樂府》卷下。此所云「藏春塢」，《遊藏春塢》中所云徐都尉，亦非全無所本。《蘇軾詩集》卷四十七有《留題徐氏花園二首》，《七集·續集》此詩之題，作《藏春塢》，知徐氏花園即藏春塢。《咸淳臨安志》卷八十六謂昌化有藏春塢，并於「藏春塢」條下，引宋人《徐氏藏春塢》詩，益信徐氏花園即藏春塢。上引《殢人嬌》題下小序稱：「小王都尉席上贈侍人。」《問答録》則謂徐都尉。參本譜熙寧六年紀事。據此，《問答録》實可爲研究、了解蘇軾有關詩、詞之助。《提要》蓋未細考。明萬曆辛丑，趙開美嘗刻《問答録》，清周中孚《鄭堂讀書記》卷六十七至以《問答録》乃趙開美之「依托」，益失之。

七、《漁樵閑話録》。《郡齋讀書志》卷十三：「《漁樵閑話》二卷。右設漁樵問答及史傳事，不知何人所爲。」元李治《敬齋古今注拾遺》云及「《漁樵閑話》十一事，其言論頗涉粗淺」。商務印書館涵芬樓鉛印明抄本《説郛》卷二十一、宛委山堂本《説郛》卷二十九有此書，題蘇軾撰。北宋邵雍（堯夫）有《漁樵問答》（《説郛》亦收），《漁樵閑話録》或緣雍啓示而作，旨在戒世、警世、勸世，實爲筆記體寓言。

此書，《説郛》爲節本，不過《人化虎》、《倀鬼》、《三怪物》三則。明萬曆壬寅，趙開美刊入《東坡雜著五種》中，分上、下篇。《説郛》三則即在下篇。上篇所言僅一事。較之李治所云，佚去不少。此書，《寶顔堂祕笈》、《龍威祕書》、《唐宋叢書》皆收入，皆源趙本。

此書，余收入《蘇軾佚文彙編》卷七，附《蘇軾文集》之後。此書上篇自客問引入漁、樵二老閑話。客以爲嘯詠風花雪月，乃漁、樵本分，漁、樵不得語及朝政故事，而二老答以古者有道之士，退處深山窮谷之中，亦未嘗忘聖人之道。開章明義，謂閑話朝政乃其本分。作者蓋欲藉漁、樵之口，抒心中積攄。上篇引《逸史》等書中唐玄宗故事，謂玄宗開元中天下熙熙，及至晚年，遭遇人生至困、至苦、至危、至厄之境。二老以爲，興廢成敗雖出乎天，係乎命，然亦必先有其兆以成其事；其兆者，玄宗天寶末委國政於李林甫也。是則興廢成敗之關鍵在於人事。發出一段大議論。下篇引張君房劍州男子李忠因病化虎欲食親生子故事，謂人有形未化而心已虎者，如剥人之膏血以充無名之淫費之人，即爲虎等。引裴鉶《傳奇》中之聶隱娘之故事，謂除惡須浄。引倀鬼故事：人爲虎所食，復爲虎役使，爲虎食人開道。謂舉世爲倀鬼者甚多，如苟干進取以速利禄，吮疽舐痔無所不爲者爲倀鬼，巧詐百端，求爲人之鷹犬以備指呼，馳奸走僞惟恐後於他人，亦爲倀鬼。等等。筆墨淋漓酣暢，今猶有借鑒意義。

傳嘗注杜詩，爲《東坡事實》、《杜陵句解》，乃僞撰，不可信。

《苕溪漁隱叢話·前集》卷十一：「苕溪漁隱曰：余觀注《詩史》，是二曲李歜，述其自序云：『歜上書之明年，言狂意妄，聖天子不賜鑊樵全生，棄逐嶺表。東坡先生亦謫昌化，幸忝門下青氈，又於疑誤處，授先生指南，三千餘事，疏之編簡，聊自記其忘遺爾。』然三千餘事，余嘗細考之史傳小説，殊不略見一事，寧盡出於異書耶！以此驗之，必好事者僞撰以誑世，所謂李歜者，蓋以詭名耳。其間又多載東坡語。如『草黄騏驥病』，則注云：『陳畯卧疾，梁拘過門曰：霜經草黄，騏驥病矣，駑駘何以快駃？』蓋言君子不得時，小人自肆也。少游一日來問余曰：某細味杜詩，皆於古人語句，補綴爲詩，平穩妥貼，若神施鬼設，不知工部腹中，幾個國子監耶！余喜此譚，遂筆寄同叔（原注：子由，一字同叔），使知少游留心於老杜。』『意欲鏟疊嶂』，則注云：『袁盎曰：諸侯欲鏟連雲疊嶂，而造物夫復如何。余因舟中與兒子迨同注，檢書倦，先卧，余繼燭至曉，遂疏之。』似此等語甚衆，此聊舉其一二言之，當亦是僞撰耳。近時又有箋注東坡詩句者，其集刊行，號曰《東坡錦繡段》者是也，亦隨句撰事，牽合殊無根蒂，正與李歜注《詩史》同科，皆不可信也。』元劉壎見此書，以爲真，見《隱居通議》卷七。

《猗覺寮雜記》卷上：「近世所傳東坡注杜詩，李歜編者，誕妄無根，不可名狀。」又云：「有灼然有出處而歜不知者。又，東坡雜説中論杜詩及録出處者極多，無一字及此，以是知其尤妄誕。」末云：「小兒輩好奇，未多讀書，真以爲東坡所注，故爲辨之。」

《九家集注杜詩》卷十八《巳上人茅齋》趙次公注：「又有所謂《杜陵句解》者，南中李歜所爲也。且云聞於東坡云。」又云：「《東坡事實》乃輕薄子所撰。」

《晦菴先生朱文公文集》卷八十四《跋章國華所集注杜詩》：「《東坡事實》者，非蘇公作，聞之長老，乃閩中鄭昂尚明僞爲之，所引事皆無根據，反用杜詩見句增減爲文，而傅其前人名字，托爲其語。至有時世先後、顛倒失次者。舊嘗考之，知其决非蘇公書也。」四部叢刊影宋刊本《分門集注杜工部詩》卷首《集注杜工部詩姓氏》有蘇軾之名，謂「著《釋事》」。按：《釋事》當即《東坡事實》；《分門集注杜工部詩》引蘇軾注頗多。《文定集》卷十《書少陵詩集正異》：「閩中所刻東坡《杜詩事實》者，不知何人假托，皆鑿空撰造，無一語有來處。如引王逸少詩云：『湖上春風舞天棘。』此其僞謬之一也。今乃用此改『天棘夢青絲』爲『舞青絲』，政使實有此證，猶未可輕改，況其不然者乎！」

軾三子：邁、迨、過，其事迹已散見此前各卷。此以後之事迹，分年略記之，此不綜述。見本譜以後紀事。

蘇轍遣第三男遠奔喪常州。九月癸亥（初五日），致祭於兄軾之靈。

據《欒城後集》卷二十《祭亡兄端明文》，首云「弟具官轍謹遣男遠以家饌酒果之奠，致祭於亡兄端明子瞻之靈」。

《祭亡兄端明文》：「啓手無言，時惟我思。」《春渚紀聞》卷六《坡仙之終》引錢世雄（濟明）轉述蘇軾病重時語：「萬里生還，乃以後事相托也。惟吾子由，自再貶及歸，不復一見而訣，此痛難堪。」

八月，晁補之罷吏部員外郎，出知河中府。事涉蘇轍兄弟。

《長編拾補》卷十八本年八月紀事注文引《續宋編年資治通鑑》：本月，晁補之罷。管師仁謂（蘇軾）蘇轍皆深毁先帝，而補之、（黄）庭堅皆其門下士，不可聚於朝。出知河中府。

《宋史》卷三百五十一《管師仁傳》：「擢右正言、左司諫。論蘇軾、蘇轍深毁熙寧之政，其門下士吏部員外郎晁補之輩不宜在朝廷，逐去之。」

十月，轍作《和子瞻歸去來詞》。

和作見《欒城後集》卷五，其引云：「昔予謫居海康，子瞻自海南以《和淵明歸去來》之篇要予同作，時予方再遷龍川，未暇也。辛巳歲，予既還潁昌，子瞻渡海浮江，至淮南而病，遂没於晉陵。是歲十月，理家中舊書，復得此篇，乃泣而和之。蓋淵明之放，與子瞻之辯，予皆莫及也，示不逆其遺意焉耳。」

《姑溪居士後集》卷十五《跋東坡諸公追和淵明歸去來引後》叙在潁昌，「黄門公出其所賦」。

按：實爲和作後不久事。

十一月庚辰（二十三日），祀南郊，赦天下，轍有賀表。

據《年表》。賀表乃《後集》卷十八《南郊賀表》，首云「臣轍言：伏睹今月二十三日皇帝親饗圜丘，禮成肆赦者」。

十二月庚寅（初四日），堂姊適王東美（器之）者卒於鄉。轍爲作墓誌銘。

十二月云云，據《欒城後集》卷二十四《亡姊王夫人墓誌銘》。年七十五。姊乃伯父涣第二女。

丙申（初十日），轍作祭范百揆（子中）文。

祭文乃《欒城後集》卷二十《祭范子中朝散文》。文署「太中大夫、提舉鳳翔府上清太平宫、護軍」。

轍與城東野老劉正游。正蓋道者。

《欒城後集》卷三《潁川城東野老》：「我歸潁川無故人，城東野老鬚如銀。少年椎埋起黄塵，晚歲折節依仙真。走如麏鹿人莫親，呼來上堂飲清樽。踞牀閉目略頻伸，指我黄河出崑崙。東流入海還天津，沐浴周遍纔逡巡。嬰貌蹦趺乘日輪，脱身游戲走四鄰。逢人不告非自珍，許我已老知閉門。東朝太山款真言，告我不返游峨岷。（下略）」

知潁昌府唐義問卒，作輓詞。蘇轍來潁昌，義問嘗來訪。

《欒城後集》卷三《唐修撰義問輓詞》其二：「我返南荒日，君臨舊許初。笑談寬老病，旌旆擁茅廬。酒盞開雖數，溪堂到尚疏。誰言生死隔，近在浹旬餘。」「君臨」云云謂知潁昌。

義問字士宣，江陵人。介次子。介以敢言聞。義問，《宋史》卷三百一十六有傳，謂「知潁昌府卒」。

十二月二十四日，轍與黄庭堅書，叙憂患。庭堅慰書，致哀痛之意。

《豫章黄先生文集》卷十九《寄蘇子由書三首》其二：「流落七年，蒙恩東歸，至荆州病幾死，失一弟一妹及亡弟二子，早衰氣索，非復昔時人也。惟本疏懶，鞭策不前，以是未嘗得附動静。忽奉十二月二十四日所賜教，存問勤重，伏審憂患之餘，台候萬福，開慰無量。端明二丈，人物之冠冕，道德文章，足以增九鼎之重，不謂遂至於此，何勝殄瘁之悲。况手足之情，平生師友之地，荼毒刲割之懷，何可堪忍，奈何！所賴諸子有所立，而季子文學，幾於斯人之不亡也。庭堅病起荒廢，恐不能辦事，欲引去而未敢。太平遂請，義當一往。來夏秋間，若病不再作，尚可祈見。無階承教，臨書懷仰。」轍簡佚。

按，太平謂知太平州守。查《山谷詩集注》卷首目録，庭堅以崇寧元年（一一〇二）六月初九日，到太平州任。則此答書乃作於本年之末。

《拊掌録》：「黄魯直在荆州，聞東坡下世，士人往弔之，魯直兩手抱一膝起行獨步。」《邵氏聞見後録》卷二十一：「趙肯堂親見魯直晚年懸東坡像於室中，每早作，衣冠薦香，肅揖甚敬。或以同時聲實相上下爲問，則離席驚避曰：『庭堅望東坡，門弟子耳，安敢失其序哉！』今江西君子曰『蘇黄』者，非魯直本意。」

三蘇年譜卷五十八

崇寧元年（一一〇二）壬午　蘇轍六十四歲

黄庭堅與轍簡。

《豫章黄先生文集》卷十九《寄蘇子由書三首》其三：「伏承端明二丈，窀穸有期，天下失此偉人，何勝霣涕，石刻得三丈論撰無憾矣。不審幾時得刻石，托詿書丹，若未有人，不肖輒爲托名其上，若自有人，即已矣。萬一不用書，則用家弟尚質所篆，蓋别托一相知人名可也。三兩日即拏舟下巴陵，出陸至雙井，六日爾。至，即令家弟書篆攜至荆渚，二月末可復來也。小子相，娶石諒之女。蒙齒記，感謝！感謝！」

按，石刻謂轍所撰軾之墓誌銘。蘇軾以本年閏六月癸酉葬。則庭堅此書當作於本年春正月或二月初間。拏舟云云，謂赴知太平州任。

三月戊午（初三日），轍跋《巢谷傳》。

據王水照編《宋人所撰三蘇年譜彙刊》所收之《蘇潁濱年表》，通行本《年表》漏月日。《巢谷傳》見《欒城後集》卷二十四，跋文未見。

四月丁未(二十三日),轍作《再祭亡嫂王氏文》。時邁自常州至京師遷其靈至此。

據《年表》。文見《欒城後集》卷二十,中云:「自嫂之亡,旅殯西圻,九年於今。……邁往告遷,及迨初歸,靈輀是升。道出潁川,家寓於兹,迎哭傷心。」姪迨護父軾之喪尚未至潁昌。邁遷繼母柩至潁川時,距軾卒已近九月。先是軾卒,軾子邁、迨、過護父柩經淮汴赴汝州。邁途中往京師,遷繼母王閏之之柩。至是王閏之之柩至潁昌,轍乃爲文以祭。

《欒城後集》卷二十《再祭亡嫂王氏文》:「嗚呼!天禍我家,兄歸自南,没於毗陵。諸孤護喪,行於淮汴,望之拊膺。自嫂之亡,旅殯西圻,九年於今。兄没有命,葬我嵩山,土厚水深。邁往告遷,及迨初歸,靈輀是升。道出潁川,家寓於兹,迎哭傷心。遠日孟秋,水潦方降,畏行不能。塋兆東南,精舍在焉,有佛與僧。往寓其堂,以須兄至,歸於丘林。雖非故鄉,親族不遐,勿畏勿驚。」

五月十三日,轍作《再祭亡兄端明文》。時軾之柩至。柩至時,李之儀致奠。

文見《欒城後集》卷二十。四月二十三日祭王閏之之文,有「以須兄至」之語,知此文作於蘇軾靈柩到達之日。

《姑溪居士文集》卷二十五《與趙仲强兄弟》第八簡:「昨日已具馬將北去,遽報東坡喪舟來,亟往郊外致奠。」

同上書卷五十《姑溪居士妻胡氏文柔墓誌銘》：「崇寧二年，余以撰故宰相范忠宣公行狀，逮繫御史獄。方大暑，文柔親自潁昌兼程野宿追余至京師，就數椽地，手自執爨，具獄中飯。」是蘇軾靈柩至時，之儀在潁昌任。范忠宣公乃純仁，參《宋史》卷三百四十四《李之儀傳》。

《太倉稊米集》卷五十一《姑溪三昧序》謂之儀政和七年卒。之儀生慶曆八年，見該年紀事。據此，之儀享年七十一。《揮麈録·後録》謂之儀卒時年八十，誤。

蘇軾去世後，李之儀與友人汲汲多方搜求軾南遷期間所作詩文，以刊行於世。以下附録之二則事實，可見一斑。

《姑溪居士後集》卷十七《與王性之》第十簡：「伏蒙寵示所集六一翁遺文并蔡君書，與其編次東坡老南遷後詩文總目，且俾附名其後及序其前，皆巨題也。固當以不敏求免，然二公不可忘也。每得其緒餘之傳，無異自天而下，况探索討論，超出物表，非豪傑之勇，疇克爾爾，輒勉强索課，録呈左右。」

同上卷十五《仇池翁南浮集序》：「蔡君家世輦轂之下，軒輊無所係，而能以退爲進，父子之間，自爲知己，獨於先生南遷已後所見於抑揚者，博訪兼收，所較他日之得爲備。吾友汝陰王性之，實與討論，仍爲手自鈔録，總若干篇，集成若干卷。性之將適宣城，道太平，蔡君以書并其總目因性之以相示，邀予爲之序。」此序之前，爲《歐陽文忠公别集後序》，作於政和四年三月，此序之末尚有「先生即世十餘年」之語，當爲同時作。仇池翁，謂蘇軾。《南浮集》不知刊行與否，不傳。

性之名銍。留意典籍，手自校讎，藏書達數萬卷。南渡後爲樞密院編修官。寓居會稽，自號汝陰居士。卒約在高宗紹興十六年略前。著述甚多，其傳世者有《雪溪集》五卷。事迹詳拙撰《陸游交游録》，在《文史》第二十一輯。蔡君，待考。

庚午（十六日），詔蘇軾追貶崇信軍節度行軍司馬，其元追復舊官告繳納。

據《年表》。《年表》謂「蘇轍更不叙職名」。

《宋大詔令集》卷二百十《故朝奉郎蘇軾降授崇信軍節度行軍司馬制》（原注：崇寧元年五月庚午）：「勑。爾早由藝文，擢置儒館。嘗以謗訕抵罪，神考赦而不誅。元祐之間，躐登華近。扶持親黨，鼓倡羣邪。肆爲詆誣，以逞怨望。紹聖投之荒裔，聊正典刑。昨乃以誤恩，復還朝著。推原罪慝，在所當誅。追削故官，置之冗散。庶其黨類，知所懲創。可。」《長編拾補》卷十九謂此爲五月乙亥事；并謂弟轍自太中大夫降復朝奉大夫。

乙亥（二十一日），詔蘇轍等令三省籍記姓名，不得與在京差遣。

據《年表》及《長編拾補》卷十九。除蘇轍外，尚有范純禮、劉奉世、范純粹、劉安世等，共五十餘人。《續資治通鑒》卷八十七崇寧元年五月乙亥紀事，録詔書全文，可參看。

閏六月癸酉(二十日),葬軾於汝州郟城縣釣臺鄉上瑞里,遵遺命也。轍作《墓誌銘》。

閏六月云云,據《軾墓誌銘》。《年表》謂「葬軾於汝州郟城縣小峨眉山」。《蘇軾文集》卷六十與轍第八簡:「葬地,弟請一面果決。八郎婦可用,吾無不可用也。更破千緡買地,何如留作葬事,千萬勿徇俗也。」《欒城後集》卷二十《再祭亡嫂王氏文》:「兄没有命,葬我嵩少,土厚水深。」《祭亡兄端明文》:「卜葬嵩陽,既有治命。」《再祭亡兄端明文》:「先壟在西,老泉之山。歸葬其旁,自昔有言。勢不克從,夫豈不懷。地雖郟鄏,山曰峨眉。天實命之,豈人也哉。我寓此邦,有田一廛。子孫安之,殆不復還。兄來自西,於是盤桓。卜告孟秋,歸於其阡。潁川有蘇,肇自兄先。」知葬期已届秋令。《欒城三集》卷五《卜居賦·引》:「昔先君相彭、眉之間,爲歸全之宅,指其庚壬曰:『此而兄弟之居也。』」「先壟」四句乃指此而言。《欒城後集》卷二十《遺适歸祭東塋文》:「兄軾已没,遺言葬汝。」《再祭八新婦黄氏文》:「嗟哉吾兄,没於毗陵,返葬郟山。兆域寬深,舉棺從之,土厚且堅。」「八新婦」即與弟轍簡中「八郎婦」。轍作《墓誌銘》亦遵軾遺命。見本年此前「與弟轍簡預以後事爲托」條。

《雞肋編》卷下:「東坡葬汝州,其墓甓皆印東坡二字,洛人王壽卿所篆。」《豫章黄先生文集》卷二十八《跋翟公巽所藏石刻》:「陳留有王壽卿,得陽冰筆意,非章友直、陳晞、畢仲荀、文勛所能管攝也。」翟耆年《籀史》贊其「字畫端勁未易及」。壽卿字魯翁，事迹并見陸友仁《硯北雜志》，陶宗儀《書史會要》有傳，并參《金石録》卷十一。

《因樹屋書影》卷三：「喬鉢曰：蘇墳之大，不過三十畝，繚以土垣，古柏三十本。歲甲申，郟賊盡剪之。其中爲老泉。老泉葬蜀，元郟令具衣冠爲之，成三蘇耳。左子瞻，右子由，相去六七武。」

咸豐《郟縣志》卷三：「小峨眉山，縣西北五十里，相傳蘇長公所名，以類蜀之峨眉山也。」

同上卷十《蘇墳》：「全平山云：『《金史》謂二蘇及東坡之子過皆葬於郟之小峨眉山。其地宋所謂釣臺鄉上瑞里也。元邑令楊允作老蘇衣冠葬其上，號曰三蘇墓。迨其後，兵亂相尋，墓爲狐兔穴，松柏盡於斧斤。州守元叔儀，遺山子也，爲之封樹，監縣忽欲里赤爲之神道碑，守土者於崇奉先賢，固其職也。』正德中，邑人王方伯建石表墓，前書東坡《獄中寄子由》『是處青山可埋骨，他年夜雨獨傷神』之句，讀者壯而悲之。崇禎末，土賊吴宗聖發其塚，大木悉伐去。國朝順治初，邑侯張篤行始復爲封樹，且立老蘇碑，主簿喬鉢又得蘇遲妻梁氏誌銘，於墓穴拾其骨，具衣冠葬焉。子由墓西有墓四，梁氏墓北有墓一，不知葬何人，過之骨豈在此五墓中與？」同上卷又謂「二蘇神道碑」，題曰「眉山兩蘇先生神道」，乃元虞集書。全平山，明弘治壬戌進士，見同上書卷十一。《金史》未載二蘇葬地，全平山所引有誤。叔儀名曰撫，小字阿千，見施國祁《元遺山先生年譜》。又，叔儀守汝州，乃元成宗元貞元年（一二九五）事，見本譜元成宗元貞間紀事。又，元孫友仁《兩蘇先生神道碑陰記》謂叔儀名拊。見本譜元寧宗至順元年（一三三〇）紀事。

同上卷十《金石》：「郏行詩，蘇軾撰，正書。宋，無年月」。

同上：「蘇帖：正書，在東南城隅劉公祠。」

同上卷十一《謁蘇墳·序》（清道光間吴慈鶴撰）：「郏縣蛾眉山，乃兩小山也。東西對峙，燦若列眉。蘇文忠、文定兩公窆其東山之麓，中奉老泉衣冠爲虚冢，迨、過六子咸東西祔墓。西南百步爲蘇墳寺，前殿供佛，後爲祠堂，祀三先生。七百年來興廢不常。（下略）」

李廌（方叔）嘗來郏城卜兆葬軾。

《宋史》卷四百四十四《李廌傳》：「〔軾〕亡，廌哭之慟，曰：『吾愧不能死知己，至於事師之勤，渠敢以生死爲間。』即走許、汝間，相地卜兆授其子。」

授其子者，授邁、迨、過也。

轍又有《再祭八新婦黄氏文》。

《再祭》見《欒城後集》卷二十，云：「嗟哉吾兄，没於毗陵，返葬郏山。兆域寬深，舉棺從之，土厚且堅。種柏成林，以付而子，百年以安。」蓋兄軾與黄氏所葬之處相鄰。黄氏逝世不久，故以告之也。

戊寅（二十五日），詔蘇轍降爲朝請大夫。有謝表。

戊寅云云，據《年表》，謂「以銓品責籍之時差次不倫故也」。謝表見《欒城後集》卷十八。《宋大詔令集》卷二百一十一載《蘇轍降朝請大夫制》云：「敕：刑罰者，聖人之所矜慎，取令重輕之際，必期於至當而後已。比因人言，凡在責籍而牽叙過優者，悉銓次而裁抑之。乃有脱落勿均，害於平直，載加訂議，始協厥中。大中大夫、提舉鳳翔上清太平宫、護軍、欒城縣開國伯、食邑八百户、實封二百户蘇轍，曩因朋附，得罪先朝。逮予纘承，姑事容貸。朕雖爾恕，公論謂何？稍黜近班，猶服舊職。省愆夙夜，祇荷寬恩。可特授朝議大夫、賜紫金魚袋，差遣勳封食實封如故。」

轍鬻别業以助姪邁、迨、過安家於許昌。

據《欒城遺言》：「東坡病殁於晉陵，伯達、叔仲歸許昌，生事蕭然。公（指蘇轍）篤愛天倫，曩歲别業在浚都，鬻之九千數百錢，悉以助焉，囑勿輕用。時公方降三官，謫籍奪俸。」

過與姪符居郟城小峨眉山守喪。八月，道潛（參寥）訪過於上瑞里。

《斜川集校注》卷八《送參寥道人南歸叙》：「壬午歲秋八月，來自香山，見余上瑞。」守喪云云，參同上書附《蘇過年表》。

時道潛往登封，游嵩山。有《揖仙亭》詩。蘇轍有《寄題登封揖仙亭》詩。

《參寥子詩集》卷十《次韵試可見訪峻極遇雨》云及「暑」、「飛蚊」，爲盛夏。揖仙亭，在嵩山。道潛與异游試可氏樓名异，時知登封，見《攻媿集》卷七十二《跋參寥詩》。

從倡和，同登嵩嶽之頂。今《參寥子詩集》俱載之。轍詩見《欒城後集》卷三，末有「秋風八月寄題或即以道潛而作也。來徐徐」之句。

轍作《吴冲卿夫人秦國輓詞二首》。

輓詞見《欒城後集》卷三。

《愛日齋叢鈔》卷三：「《潁川集·吴冲卿夫人秦國輓詩》有云：『見夫成相業，聽子得忠臣。』自注：『夫子長子起居，昔將論事，以南遷之憂告於夫人，夫人以當官許焉。』呂紫微《詩話》以爲孔毅甫學士建中靖國間作，以『見夫』爲『贊夫』，亦云其子傳正安詩，紹聖初，以左史權中書舍人，欲論事，懼親老未敢。夫人聞之，促其子論列，由此遂貶。夫人不以爲恨。復注云『詩乃蘇子由作』，蓋誤指爲毅甫矣。按，紹聖初，子由以策題引喻失當罷政，吴權中書舍人，命詞有『文學風節，天下所聞』及『原情終是愛君』之語，罷起居郎。又以爲給舍附呂汲公與子由，謫監光州鹽酒税，再竄連州。初，章惇復官，將召用，吴不書黄。惇既相，必追仇也。然去國本坐行子由責詞，蘇公注將論事，或概言立朝時。《詩話》遂證其由此遷謫也。昔梅聖俞《輓齊國長公主》云：『每令夫結友，不爲子求郎。』論使事之工，則此勝。」

參紹聖元年三月二十六日紀事。

八月丙子（二十四日），詔司馬光等子弟并不得與在京差遣；蘇适與外任合入差遣。

據《長編拾補》卷二十；共二十人，有蘇軾，無蘇轍。适時爲太常寺太祝，據《年表》；并參《蘇适墓誌銘》，見宣和四年紀事。

九月己亥（十七日），籍元祐及元符末宰相文彦博等、侍從蘇軾等、餘官秦觀等立石端禮門。

據《宋史·徽宗紀》。《長編拾補》本日紀事：「御批付中書省，應係元祐責籍并元符末敘復過當之人，各具元籍，定姓名人數進入，仍常切契勘不得與在京差遣。」以下列一百一十七人之姓名，計文臣曾任執政官文彦博等二十二人，曾任待制以上官蘇軾等三十五人。餘官秦觀等四十八人，内臣張士良等八人，武臣王獻可等四人。

十一月十三日，雪，轍作詩。

詩見《欒城後集》卷三，云：「北歸亦何喜，三年雪三落。我田在城西，禾麥敢嫌薄。」

轍應道潛之請，作《天竺海月法師塔碑》。

塔碑見《欒城後集》卷二十四；敘兄弟自嶺外得歸，而兄卒於常州，以下云：「餘杭參寥師弔予潁川，既而泣曰：『辯才既以子瞻故，得銘於公。海月獨未有銘，公以子瞻，其亦勿辭。』予亦泣許之。」《後集》同上卷有《龍井辯才法師塔碑》，參本譜元祐六年九月乙卯紀事。

道潛南歸，過送詩。

《斜川集》卷二《送參寥師歸錢塘》中云：「我昨南來自炎州，師亦方解鍾儀囚。握手流涕古汴溝，生死骨肉我未瘳。衆人見棄誰相休，纍然獨處空山幽。忽聞剥啄師唤我，灑掃茅堂三日留。」「忽聞」云云言其來。

范純禮（彝叟）來守潁昌，常來訪轍。

《欒城後集》卷二十《祭范彝叟右丞文》：「居未逾歲，亦來守邦。顧我里閈，杯酒相從。往還之歡，意若將終。」

鄉僧悟緣贈轍滇馬。

《欒城後集》卷四《施崇寧寺馬》之引云：「僧悟緣自成都來，爲予致一滇馬，甚駿。曰：『聞公歸自南方，家無良駟，此可以備登山之乘。』予愧其意，不能却也。」詩云：「鄉人記我少年日，滇馬爲致風前鳥。」悟緣當爲眉山人，乃鄉僧。又云：「三年伏櫪人共怪。」詩作於崇寧四年，故知悟緣送馬爲本年。

崇寧二年（一一〇三）癸未　蘇轍六十五歲

姜唐佐自瓊州來，正月，轍補軾贈句贈唐佐，時遷汝南獨居。

《欒城後集》卷三《補子瞻贈姜唐佐秀才·引》叙兄軾贈唐佐詩「滄海何曾斷地脈，白袍端合破天荒」，且告之曰「子異日登科，當爲子成此篇」。以下云：「崇寧二年正月，隨計過汝南，以此句相示。」乃爲足之。則唐佐之來乃上年歲末。

《後集》卷三《遷居汝南》，緊次上詩。詩云「亟逃潁川籍，來貫汝南户。妻孥不及將，童僕具樽俎」，知夫人史氏未往。下云：「故人樂安生，風節似其父。忻然暫一笑，舍我西南去。去已還閉門，時作野田步。」安生，不詳，其人蓋爲田園隱逸之士。又云：「春寒燒黄茅。」點時令。同上卷《思歸二首》其一：「汝南百日留。」詩次三月二十三日立夏所作《春盡》前，知來汝南乃上年年末。其二：「許蔡雖云近，傳舍三經夕。」汝南即蔡州，自界首至潁昌府一百四十里。

至新息，轍晤任大防（仲微），賦閲世堂前大檜贈之。

《欒城後集》卷三《任氏閲世堂前大檜》首云：「君家大檜長百尺，根如車輪身弦直。壯夫連臂不能抱，孤鶴高飛直上立。」「君」謂大防。詩云「汝南山淺無良材」，「此翁此檜兩相似」，寓身世之慨也。

《蘇軾詩集》卷三十四《閲世堂詩贈任仲微》引宋施元之注：「任仲微，名大防。父伋號師中。……師中嘗爲蔡州新息令，惠給鰥寡，邑人愛之，遂居焉。堂前有檜，直幹蒼然，乃以閲世名其堂。」軾詩末云：「惟有庭前檜，閲世不改色。」作於元祐七年春。

二月二十日，轍生日，作詩。

《欒城後集》卷三《癸未生日》首云：「我生本無生，安有六十五？生來逐世法，安謂得此數。」

寒食，轍作詩。嘗游紫極宫。

《欒城後集》卷三《寒食二首》其一首云「寒食今年客汝南」。今年閏，寒食在二月。末云：「欲游紫極誰爲伴，長揖孤松對不談。」原注：「紫極宫有巨松，可數人抱。」

潁川城東野老劉正卒，轍作詩。

詩見《欒城後集》卷三，詩言正乃道者，游太山、峨岷，以下云：「還家一舍卧不晨，闔棺空空但衣巾。平生自言師洞賓，嗟世賤目貴所聞。」同卷《罷提舉太平宫欲還居潁川》：「永懷城東老，未盡長生術。」

蔡州教授任亮送千葉牡丹，轍作詩。

詩見《欒城後集》卷三。詩云「并偷春色恣醺酣」，點春。

三月甲午（十五日），轍跋《楞嚴經》。

《欒城後集》卷二十一《書楞嚴經後》：「崇寧癸未，自許遷蔡，杜門幽坐，取《楞嚴經》翻覆熟讀，乃知諸佛涅槃正路，從六根入。」謂作於本月二十五日。今從《年表》。

轍作《六孫名字説》。

文見《欒城後集》卷二十一，謂作文時年六十五，爲今年。《年表》繫本月甲午所作文後，今從。文謂長子遲二子簡、策，次子适二子籀、範，幼子遜二子筠、築。按，據《蘇适墓誌銘》，「築」乃适子，參宣和四年紀事。

三子來汝南探視；女攜外孫來相伴。轍有詩。

《欒城後集》卷三《汝南示三子》首云：「此生賴有三男子，到處來看老病翁。」慰獨居也。又《後集》卷三《思歸二首》其一云：「汝南百日留，走遍三男子。……兒言世情惡，平地風波起。舟行或易摇，舟静姑且已。匏繫雖非願，蠖屈當有竢。老人思慮拙，小子言有理。」則獨居汝南乃兒輩建議，爲避禍也。其二云：「我老不待言，有女年四十。念我客汝南，無與具朝食。翩然乘肩輿，面有風土色。……母老行役難，女來生理葺。外孫跨鞍馬，遇事亦閑習。居然數口家，解我百憂集。厄窮須父子，他人非所及。」清苦中自有天倫之樂。二詩原次《春盡》前。

辛丑（二十三日），轍作《春盡》詩。

據《年表》。詩見《欒城後集》卷三，詩題下注：「三月二十三日立夏。」詩云：「楞嚴十卷幾回讀。」

四月丁巳（初九日），詔毀《東坡集》并《後集》印板。

據《長編拾補》卷二十一。《能改齋漫録》卷十一《除東坡書撰碑額》：「崇寧二年有旨，應天下碑碣牓額，係東坡書撰者，并一例除毁。蓋本於淮南西路提點刑獄霍漢英所請。時廬山簡寂觀牓亦遭毁去，李商老爲賦云：『筆底颼風吹海波，牓懸鬱鬱照巖阿。十年呵禁煩神護，奈爾焚柎滅札何！』」詩見《日涉園集》卷十。「護」作「物」，「焚柎滅札」作「焚琴煮鶴」。《風月堂詩話》卷上：「崇寧、大觀間，海外詩盛行，後生不復有言歐公者。是時，朝廷雖嘗禁止，賞錢增至八十萬。禁愈嚴而其傳愈多，往往以多相夸。士大夫不能誦坡詩者，便自覺氣索，而人或謂之不韻。」《誠齋集》卷八十三《杉溪集後序》引王庭珪云：徽宗時遊太學，「坂、谷二書皆毁其印，獨一貴戚家刻印印之，率黄金斤易坡文十，蓋其禁愈急其文愈貴」。《永樂大典》卷一萬八千二百二十三引許翰《襄陵集》：「右文殿修撰孫宗鑑，平生常自言：『三朝德業，吾尊韓忠獻；四海文章，吾慕蘇東坡。』皆畫其像，事之私室。」宗鑑字少魏，尉氏人。元符三年進士。宣和五年卒，年四十七。事迹詳《襄陵集》卷十一墓銘。

戊午（初十日），轍作《夢中詠醉人》詩。

詩見《欒城後集》卷三。首云：「城中醉人舞連臂，城外醉人相枕睡。此人心中未必空，暫爾頽然似無事。」蘇轍不以此等人爲然。以下云：「我生從來不解飲，終日騰騰少憂累。」旨在勸飲以爲養生之道。詩中又云：「昔年曾見樂全翁，自説少年飲都市。一時同飲石與劉，不論升斗俱不醉。樓中日夜狂歌呼，錢盡酒空姑且止。都人疑是神仙人，誰謂兩人皆醉死。此翁年老不復飲，面光如玉心如水。」欒全翁乃張方平，謂方平年老不飲，身體健康，進而勸世人勿飲。

乙亥(二十七日)，復詔三蘇集等多種書印板悉行焚毁。

《長編拾補》卷二十一本日紀事：「詔三蘇集及蘇門學士黄庭堅、張耒、晁補之、秦觀及馬涓文集、范祖禹《唐鑑》、范鎮《東齋紀事》、劉攽《詩話》、僧文瑩《湘山野録》等印板悉行焚毁。」引自《長編紀事本末》卷一百二十一、一百二十二。

《長編拾補》輯補者清黄以周等按：「百二十二繫蘇、黄、張、晁、秦毁板事於崇寧三年正月，蓋二年四月字之誤也，今并書於此。毁蘇軾《東坡集》，已見上丁巳。『三蘇集』當依《十朝綱要》改作『蘇洵、蘇轍』四字。」

《九朝編年備要》卷二十六崇寧二年四月紀事：「毁《唐鑑》、蘇、黄等集。」

六月二十三日立秋，轍作詩。

《欒城後集》卷三《立秋偶作》云及「病樹滋」，蓋有不適之感。末云：「心似死灰鬚似雪，眼看多事亦奚爲。」嘆時局不穩而又無可奈何。

轍作詩寄史氏夫人，叙暴下初愈。又有《病愈二首》。

《欒城後集》卷三《寄内》：「我經三伏常暴下，近喜秋風掃蒸濕。病除寢食未復故，相見猶驚身似腊。」《病愈》其二：「病退日身輕，身輕心轉清。」

七月，邁、迨、過服除。過與姪符歸潁昌。

據《蘇過年表》。

九月九日，轍賦詩三首。

《欒城後集》卷三《九日》其一：「客居逢九日，斗酒破千錢。萸菊驚秋晚，兒孫慰目前。」其二：「小酌還成醉。」其三：「但酌清樽盡，猶存薄俸沽。日西聞客至，更問酒家簾。」蘇轍亦喜小酌。

辛丑（二十五日），列元祐黨人九十八人之名，下外路州軍監司廳，立石刊記。

據《長編拾補》卷二十二；較崇寧元年九月十七日所刻，少呂仲甫以下二十一人，增韓忠彥、鄭雍二人。

二十九日，立冬聞雷，轍作詩。

詩見《欒城後集》卷三。詩云：「首種不入土，春餉難滿腹。」蓋聞雷不雨，憂及農事。

十月初三日，轍賦《將歸》。時罷祠禄。有《三不歸行》。

《欒城後集》卷三有《將歸》、《罷提舉太平宫欲還居潁川》。後者云：「餘年迫懸車，奏草屢濡筆。籍中顧未敢，爾後儻容乞。」言未敢續乞祠禄，然將續乞之。《後集》卷三《三不歸行》首云：「客心摇摇若懸旌，三度欲歸歸不成。方春欲歸我自懶，秋冬欲歸事自變。問我欲歸定何時，天公默定人不知。」述有家難歸之苦。

十一月二十七日，轍次遲韵對雪。叙蝗旱爲灾。

詩見《欒城後集》卷三，中云：「今年惡蝗旱，流民鬻妻子。一食方半菽，三日已于耜。號呼人誰聞？愍惻天自邇。」雖「繁陰忽連夕，飛霰墮千里」，然「卷舒驚太速，原隰殊未被」，旱終不能解。

晁補之（無咎）作《東皋記》，蘇轍謂爲古人之文。

《欒城遺言》：「晁無咎作《東皋記》。公見之，曰：『古人之文也。』」

《宋史》卷四百四十四《晁補之傳》謂徽宗立，知河中府，徙湖州。以下云：「還家，葺歸來園，自號歸來子，忘情仕進，慕陶潛爲人。」

《雞肋集》卷五十五《湖州謝到任表》，云及時「五十歲」。據《張耒集》卷六十一補之墓銘，知補之到湖州任之歲爲崇寧元年。《雞肋集》卷三十三《贈劉範子》，作於崇寧二年六月望日，云及「治東皋五畝宅以老」，時已還家。卷三十一《歸來子名緡城所居記》，詳記歸來園結構，然篇末佚去寫作歲月。細考此文，蓋即轍所云《東皋記》。其記約作於今年，今繫於此。

補之大觀四年卒，年五十八。見張耒撰補之墓銘。

晁補之之記曰：少日讀書，不升孔子之堂，自夔、咎繇而下，若巫咸、傅說，則器不逮。遭時有用，庶幾學鄭子産、晉叔向之爲人，尚恐其遠。且一國佐不足用天下事君，慕汲黯、劉向，而愧二子之直且博。顧嘗好孫、吴，頗通其說，用以爲策，頗非己志，輒去之。獨於文詞喜左丘明、《檀弓》、莊周、屈原、司馬遷、相如、枚乘。若唐韓、柳氏，古樂府詩人之作，時時發於事，又拙不工。晚得釋氏外生死說，盡屏舊習，皇皇如堂室，四達無所依，方寸之地虛矣。又不喜晉人初不知道徒竊其藩謂盡，至清言誤世。念身於古，無一可。數讀陶潛《歸去來詞》，覺己不似而願師之。買田故緡城，自謂歸來子，廬舍登覽，游息之地，一户一牖，皆欲致歸去來之意，故頗摭陶詞以名之。爲堂，面園之草木，曰松菊，「松菊猶存」也。爲軒，達其屏使虛以來風，曰舒嘯，「登東皋以舒嘯」也。爲亭，廣其址使庳以瞰池，曰臨賦，「臨清流而賦詩」也。封土爲臺，架屋其顛，若樓，瞰百里，曰遐觀。穿室其腹，若洞，深五步，曰流憩。「策扶老以流憩，時矯首而遐觀」也。爲庵，抱陽而圓之以嬉晝，「倚南窗以寄傲」也，曰寄傲。爲庵，負陰而方之以休夜，「鳥倦飛而知還」也。曰倦飛。顧所居遠山水，非柴桑比。門直通道有長坂亘其前，數十里，故渠縈之，蒲柳蓊然，魚鳥之所聚，有丘壑意，俯而就其深，爲亭回窈窕，「既窈窕以尋鑿」也。跂而即其高，爲亭曰崎嶇，「亦崎嶇而經丘」也。凡因其詞以名者九。既榜而書之，日往來其間，則若淵明卧起與俱。仰榜而味其詞，則如與淵明晤語接，躊躇自得，無往而不歸來矣。猶相觀左右，意不自足，懼失淵明一語也。因喟然太息，自幼壯至於白首，勤苦蕲盡，探聖賢之藴，上則欲觀性而復其初，次猶欲慕古人之行事，晚無一諧，乃徒恐迷而忘歸，又欲盡屏所習，使空無有，至爲一淵明，懼不足，何哉？學道者惡夸，夸則不近，且人才力有分，以盡爲人之所爲而求有功，則常不足。以盡不爲人之所爲而要無事，則常有餘。夫知其無可奈何，而安之若命，若淵明其庶矣。又陶之《自叙》云：「環堵蕭然，不蔽風日，短褐穿結，簞瓢屢空，晏如也。」忘懷得失，以此自終，淵明誠於此有餘裕。今余居不至環堵，衣不至穿結，食不至屢空，以若所養，爲淵明固易。而余遭盛時，嘗見識拔，汙臺省，國恩未報，而決然去之，以若所歉，爲淵明固難。一以爲淵明易，則是余與淵明倨，欲以此自終；而余難易乘除。一以爲淵明難，則余於淵明得失，亦未有辯也。或曰：淵明亦晉人，抑知道者，非耶。而顧自以爲其葛天氏之民歟，奈何？曰：嘗讀釋氏説，譬如動目能摇湛水，今余與子常動不足以觀湛，彼淵明湛者，類也。嘗試與子去。夫膠膠擾擾之蹊；而處陰以休影，若是者有年，喉喘寧而顛汗止，而後相與求淵明於葛天氏之國，洸然見其塗巷，乃余與子昔所嘗歷而去之久者，乃今來歸，而後淵明可侶，其知道與否，可得而議也。

補之此文主旨，在「知其無可奈何而安之若命」、「忘懷得失」數語。補之以爲，能達此境界者，唯陶潛（淵明）。補之所以仰慕陶潛者在此，蘇軾所以仰慕陶潛者，更在於此。蘇轍謂此文爲古人之文，不僅以其文詞之工，轍亦仰慕陶潛者。

崇寧三年（一一〇四）甲申　蘇轍六十六歲

正月五日，自汝南還潁川，轍賦詩。

《欒城後集》卷三《還潁川》：「欹區寄汝南，落泊反長社。」長社，潁昌府之治。

轍至郾城，題彼岸寺二首。

詩見《欒城後集》卷三。郾城，潁昌府屬，府東南一百二十里。二首一詠文殊院古柏，一詠武宗元比部畫文殊玄奘，則所謂彼岸寺者，乃文殊院也。

正月，詔三蘇集等毀板。

《長編拾補》卷二十一本月紀事：「是月，詔三蘇集及蘇門學士黄庭堅、張耒、晁補之、秦觀等集并毀板。」

三月丙子（初三日），上巳日，久病不出，轍賦詩示兒姪。姪過有和。

詩見《欒城後集》卷三。其一云「牛鳴頗覺西湖近」，其二云「卧聞諸子到西湖」。此西湖乃潁昌西湖。

《斜川集》卷三《次韻叔父上巳二首》其一：「日晏幽人未下牀，春風暗度百花香。掩關頗得禪家味，却掃從教世路荒。絶口誰能論夢幻，逢人聊只話耕桑。翟公門外常羅雀，要放空階草木長。」其二：「幾年零落卧江湖，樂事何人與我俱。上巳偶尋流水禊，泛觴聊爲小兒娱。殘杯冷炙慚佳節，草服黄冠慕野夫。永謝輕肥追世好，窺園已愧下帷儒。」

葺東齋，移居。十八日，轍賦詩。過次韻。

詩見《欒城後集》卷三。

《斜川集》卷一《和叔父移居東齋》：「去鄉三十年，夢寐猶西土。阨窮未能歸，諒亦君子固。結廬箕潁間，絶意爲霖雨。聊清一室地，僅作跏趺處。邇來又謝客，不待羹轢釜。西齋舊翳密，日宴窗先暮。東軒得爽塏，真作禪侶住（自注：公舊自謂東軒長老）。陶潜采菊時，尚復有真趣。公今觀此心，湛然忘客主。坐了一大緣，固已遺能所。」

轍次遲韻千葉牡丹二首。

詩見《欒城後集》卷三。其一首云：「濮上名園似洛濱，花頭種種鬬尖新。」頗有自得之意。其二云：「畢竟春風不揀擇。」暮春作。

作盆池，種白蓮。轍賦詩。

詩見《欒城後集》卷三。中云：「我住西湖濱，蒲蓮若雲屯。」又云：「鄰父閔我獨，遺我數寸根。濮水不入園，庭有三尺盆。兒童汲甘井，日晏泥水温。及秋尚百日，花葉隨風翻。舉目得秀色，引息收清芬。」自得其樂。作於暮春。

轍詠竹，姪過次韻。初得南園，賦詩。

《欒城後集》卷三有《詠竹二首》。其一中云：「方予熱正侵。」作於夏季。又云：「廛居多野思，移種近墻陰。」新種竹。

《斜川集》卷三《次韵叔父詠竹二首》其一：「江湖猶在眼，水竹負幽尋。故買比鄰宅，期分數畝陰。影侵書帙亂，色映緑苔侵。肅殺秋將至，霜餘出茂林。」知種竹之地乃新置。其二：「此君非草木，勁節凛佳賓。相對山陰禊，曾陪南阮貧。琳琅風葉響，水墨月窗匀。何必籃輿出，敲門問主人。」

《後集》卷三《初得南園》：「倒囊僅得千竿竹，掃地初開一畝宫。」乃此時作，原次《見兒姪唱酬次韵五首》後，不從。

姪過和毌仲山雨後，轍次其韵。

過詩見《斜川集》卷一。其一：「柴門似郊居，烟草碧萋蒨。君能慰幽獨，數面情已眷。山雨洗茅屋，耳目清如浣。憑君發妙語，筆有書萬卷。」其二：「杜陵有佳句，久旱雨亦好。從教怨行旅，頗覺慰父老。我似廣文貧，飽食平生少。忍饑山澤儒，未易窺三島。」其三：「西湖跬可至，不畏城闉阻。芒鞋與竹杖，穿泥未爲苦。清波暗萍藻，中有芙蕖吐。驟雨真可人，新荷亦掀舞。」其四：「能琴何必弦，但曉琴中趣。學道何所得，知迷即真悟。嘗觀指非月，要似足忘屨。歸吾無所歸，兹焉定歸處。」其五：「吾廬不知暑，心閑自清涼。醉鄉豈難入，不假陶令觴。白髮我摧朽，青雲子軒昂。溪山會先往，簪組未汝忘。」

轍次韵乃《欒城後集》卷三《見兒姪唱酬次韵五首》；其五云：「西湖雖不到，甘井竊餘涼。三伏罷飲酒，桂漿攜一觴。冠者五六人，起舞互低昂。人生有離合，此歡未易忘。」與少年同樂。知此組詩作於夏。

過之詩，爲和毌仲山而發。兄弟輩紛紛次韵，轍遂亦次之，故題云「見兒姪唱酬次韵」。

六月甲辰（初三日）詔頒元祐姦黨姓名三百九人刻石諸州。

據《長編拾補》卷二十四。其中，文臣曾任宰臣執政官者有蘇轍，曾任待制以上官者，首爲蘇軾。

七月二十六日，夢，轍以詩記之。

《欒城後集》卷三《記夢》：「長魚三尺困横盆，送入清流喜欲奔。報我金匙僅盈寸，擲還聊喜不貪存。」旨在明事不求報、不貪之意，理或如是。

葺居，轍賦詩八首。

《欒城後集》卷四《葺居五首》其一云「非言事輪奐」，乃因其勢略修之；其五亦云「綴葺聊且爾」，以結比鄰之喜。其三言培養竹林，其四言留花地，蒔雜花。《再賦葺居三絶》其一云：「旋築高墻護鷄犬。」其二云：「短垣疏户略藏遮，翠竹長松夾徑斜。游宦歸來四十載，粗成好事一田家。」此後歲月，皆在此度過。

歲暮，轍作《口號二首》。

見《欒城後集》卷四；其二末云：「此心點檢終如一，時事無端日日新。」概括心態。

三婿曹焕爲道朱元經與焕父九章事，轍作《抱一頌》。

頌見《欒城後集》卷五。元經，光州道士，有抱一法。

是歲，轍《春秋傳》成。

《欒城後集》卷四《春深》其三：「前年僅了《春秋傳》。」崇寧五年作。

本年，黄庭堅跋與張載熙書卷尾，涉及蘇轍所藏《蘭亭》帖。

《豫章黄先生文集》卷二十九《跋與張載熙書卷尾》：「蘭亭禊飲詩叙二本。……一本以門下蘇侍郎所藏唐人臨寫墨迹刻之成都者，中有數字極瘦勁不凡，東坡謂此本乃絶倫也。」謂共城張載熙名家子，好官而能文，尤喜筆札，「平生好余書」，以連州藤紙兩大軸來乞行草，會余遷入宜州城中云云。知此跋作於崇寧三年。

庭堅卒於崇寧四年九月三十日，時在宜州，年六十一。見《山谷全書》卷首年譜。

蘇轍遣次子适歸祭東塋，作文。

文乃《欒城後集》卷二十《遣适歸祭東塋文》云：「維崇寧三年歲次甲申八月壬寅朔二十一日壬戌，男降授朝請大夫護軍賜紫金魚袋轍，謹遣第二男承事郎監東嶽廟适西歸，致祭于先君贈太子太師、先妣程氏五三君追封成國太夫人之墓。轍自元符庚辰，蒙恩北歸。西望松櫝，即懷歸志。孤拙多難，事與心違。俛仰四年，進退惟戾。日月不待，齒髮變衰。深懼溘然，無復歸日。遣适代往，周行兆域。有志不獲，涕泗垂臆。兄軾已没，遺言葬汝。轍與婦史，夙約歸祔。常指庚穴，以敕諸子；苟未即死，猶幸一歸。躬行汛掃，以畢餘願。尊靈未泯，鑒此誠意。尚饗。」

《蘇适墓誌銘》：「先人嘗患不得歸省祖塋，仲南代行者再。既至，則造石垣，建精舍，立僧規，益齋糧，爲經久之計。又舉外祖母之喪而葬之。」

适西歸祭東塋凡二次，餘一次不詳。

崇寧四年（一一〇五）乙酉　蘇轍六十七歲

正月九日，雪後小酌，轍作詩贈史氏夫人。

詩見《欒城後集》卷四。末云：「細君憐老病，加料作新醅。」夫婦情深。

二月二十日生日，轍有青詞。

青詞見《欒城後集》卷十九《許昌三首》其三，中云：「所經生日，六十有七，來日無幾，有志未從。」下云：「齒髮衰變，氣血消亡。回首功名，自分已矣。存心性命，猶幸得之。伏願真聖哀矜，成就微志。苟獲安身之福，敢忘及物之心。」

三月二十三日，轍作《喜雨》詩。

詩見《欒城後集》卷四。中云：「一春百日旱，田作龜板拆。老農淚欲墮，無麥真無食。」真切感人。以下叙雨降，喜後又有憂：「同爾樂豐穰，異爾苦税役。時聞吏號呼，手把縣符赤。歲賦行自辦，横斂何時畢？」「異爾」專謂老百姓。揭露税役害農，得之親歷，十分深刻。

養蜂、養竹，轍作詩。

《欒城後集》卷四《收蜜蜂》叙養蜂，叙引蜂入竹屋，「幽圃首夏花正繁」，蜂采花釀蜜。末贊「野老知利源」而以己不知爲愧。

同上《養竹》末云：「閑居玩草木，農圃即師友。養人如養竹，舉目皆孝秀。」蘇轍親身養竹實踐，有獨到體會。

五月，轍和遲田舍雜詩九首。

詩見《欒城後集》卷四；其引叙北還居潁川，「有無之計，一付諸子。夏五月，麥方登場，遲往從諸農夫，簞瓢鉺艾，知以爲樂，作詩九章，澹然有詩人之思。歸而出之，爲和之云。」遲詩不傳。轍詩其一云「麥熟爲一來」，觀收成。其五云：「平湖近西垣，杖屨可以游。偶從大夫後，不往三經秋。盎中插蒲蓮，菱芡亦易求。閉門具樽俎，父子相獻酬。」乃叙平居生活，「平湖」當爲西湖。

轍病，遵良醫養生之言，不服藥，旋愈。

《欒城後集》卷四《雨病》：「中宵得暴下，亭午卧忘起。良醫過我言，勿藥行自喜。損食存谷神，收心辟邪氣。兀然槁木居，油爾元和至。」病蓋由雨霖三日之後發。

轍施崇寧寺鄉僧道和馬，作詩。夢道和以北苑新茶爲餽。

《欒城後集》卷四《施崇寧寺馬・引》叙僧悟緣所送之馬入厩後，苦多病，乃以贈道和。詩末云：「支公惠眼識神駿，山下泉甘足芳草。法流一洗百病消，翹足長鳴且忘老。」支公謂道和。同卷有《夢中謝和老惠茶》詩。

南堂新甃花壇，轍作詩。

詩見《欒城後集》卷四，其一末云：「庭西井泉好，汲灌每躬親。」其二：「老木不忍伐，横枝宜少除。」意在「成就此幽居」。

七月甲寅（十九日），詔元祐宰執墳寺特免毁拆，不得充本家功德院，并别賜敕額，爲國焚修。

據《年表》。《長編拾補》卷二十五本日亦載此事；所云宰執凡十九人，中有蘇轍；又云特免毁拆者乃本身所乞寺額；又云改賜額爲壽寧禪院，别召僧住持。

新霜，戲作家釀，冬至盼雪，轍均有詩。

《欒城後集》卷四《新霜》云「宿逋暗奪衾裯少」，知負債。《戲作家釀二首》其一云「火候問鄰媪」，亦親身實踐；其二云「月俸本有助」，此「月俸」不知是否爲新乞得祠禄。《冬至雪》末云「風頻雪猶吝，來歲恐無麥」，盼雪降。

歲暮，賦詩；立春後望雪，除夜，轍均有詩。

《欒城後集》卷四《歲暮》其一云「手注遺編近一新」，其二云「般若初心老漸明」，習佛有得。《春後望雪》中云：「丁夫病風熱，孺子作瘡疥。無知此何辜，得罪彼有在。」「丁夫」二句所云，蓋由不雪而然。《除夜》末云：「守歲聽兒曹，自笑未免俗。」雖未免俗，而樂亦在其中。

范純禮（彝叟）常來訪。

《欒城後集》卷二十《祭范彝叟右丞文》：「我寓汝南，公旅彭城。尺書不通，期我以誠。我還舊廬，終歲杜門。公歸訪我，欣然笑言。」

是歲，黄寔（師是）卒，轍有祭文。

祭文見《欒城後集》卷二十。末云：「丹旐翩然，宛丘之隅，萬事已矣。我老杜門，素車不行，一慟永已。」寔乃陳州人，葬宛丘（陳州）。《宋會要輯稿》第五十一册《儀制》一一之一三：「朝請大夫、寶文閣待制黄寔，崇寧四年閏二月贈龍圖閣直學士。」其卒即在此時，贈乃因卒而得。

崇寧五年（一一〇六）丙戌　蘇轍六十八歲

正月丁未（十四日），大赦天下，毁元祐姦黨石刻。

據《年表》，蓋以本月戊戌（初五日）彗出西方之故。《長編拾補》卷二十六載此事，謂毁石刻爲本月乙巳（十二日）事。

轍作《喜雨》詩。

詩見《欒城後集》卷四，中云：「濛濛三日雨，入土如膏流。二麥返生意，百草萌芽抽。」作於正月。

庚戌（十七日），軾追復宣義郎。

據《長編拾補》卷二十六。

二月甲子（初一日），雨，轍作詩。

《欒城後集》卷四《甲子日雨》：「一冬無雪麥方病，細雨迎春歲有望。愁見積陰連甲子，復令父老念耕桑。」知此甲子爲二月。

三月戊戌（初六日），命曾任宰臣執政等官蘇轍等不得到闕下。

據《長編拾補》卷二十六：命曾任宰臣執政等官第一等者凡八人，蘇轍屬一等，其中如司馬光已早卒，第二等有文彦博等十七人，第三等有張商英等四人；此外尚有曾任待制以上官、餘官、内臣、武臣等二百七十九人。

辛亥（十九日），范純禮（彝叟）卒。作祭文。

辛亥云云，據《年表》。祭文見《欒城後集》卷二十，乃遣子遲祭之。文叙自汝南返潁昌後，純禮常來訪，以下云：「三日不見，而以訃聞。」蓋純禮之卒乃由突發之疾。

己未（二十七日），轍姪孫元老中進士第。

據《年表》。

春日，轍作詩頗多。

《欒城後集》卷四《新火》乃賦寒食。《次韵和人詠酴醾》云「百花已過春欲暮」。《閑居五詠》其一《杜門》：「經年客不至，不冠仍不衣。」蓋寫實。其二《坐忘》叙學道。其三《讀書》云「書魔閑即至」，蓋積習不能除。其四《買宅》叙買宅蓋以安百口。其五《修竹》首云：「前年買南園，本爲一畒竹。」乃愛其歲寒之姿。《城中牡丹推高皇廟園遲适聯騎往觀歸報未開戲作》云「春盡方開自不忙」。《外孫文驥與可學士之孫也予親教之學作詩俊發猶有家風喜其不墜作詩贈之》末云：「文章猶細事，風節記高堅。」德爲先。首云：「已矣石室老，奄然三十年。」石室老謂驥之祖父同（與可），時同之逝已三十年矣。《蘇軾文集》卷十《文驥字説》字驥曰元德，亦勉以德。蓋驥既「俊發」有才，故以德警之也。《春深三首》其一末云：「欲聽《楞嚴》終懶出，道人知我粗無心（原注：僧維覺時講《楞嚴》）。」延僧至家。其二云「野僧同社憶東林。」此僧蓋嘗至廬山。其三云「鄰父時來陪小飲」，與鄰父爲友；又云：「前年僅了《春秋傳》，後有仁人知我心。」尚欲繼續著述。

陳天倪秀才及姪孫元老（在廷）來，轍有詩贈之。元老嘗以學文請教。元老旋離潁昌，有詩送之。

《欒城後集》卷四有《次遲韵示陳天倪秀才姪孫元老主簿》、《再次前韵示元老》。前者云及「吾孫成均來」，蓋元年於本年登進士第。謂主簿，言登第後朝廷差遣。元老登第後爲廣都主簿，見《宋史》卷三百三十九元老傳。

《欒城遺言》：「族兄在廷問公：『學文如何？』曰：『前輩但看多做多而已，區以别矣。如瓜芋之區，自反而縮；如王祭不供，無以縮酒。』」

同上：「侄孫元老呈所爲文一卷。公曰：『似曾子固少年時文。』」

《後集》卷四《送元老西歸》云「莫嫌簿領妨爲學」，蓋赴廣都主簿任。廣都在成都府南四十五里。詩又云「家有吏師遺躅在」，吏師乃謂伯父渙。元老當爲渙之後，轍勉其無墜家聲。詩首云「晝錦西歸及早秋」，點明離潁昌季候。

《斜川集》卷一《送在庭姪領漕歸蜀》首云：「伯祖昔爲郎，出乘使者轎。德星照東蜀，遺愛及後昆。……迢迢六十年，乃復見曾孫。」伯祖謂渙，嘉祐中提點利州路刑獄。見《欒城集》卷二十五《伯父墓表》。元老領漕歸蜀，同仕於鄉邦與渙同，故以爲言也。據此，益足證元老爲渙之後。渙三子，長不疑（子正），次不欺（子明），三不危（子安），三人孰爲元老祖父，待考。

陳天倪，不詳貫籍，有《潁濱語録》（又稱《蘇門下語録》）。《長編》作者及《經進東坡文集事略》注者尚見其書。《直齋書録解題》、《宋史·藝文志》未著録，久佚。

《長編》引三則，分别見本書元祐五年二月庚戌、元祐八年正月丁亥、元符元年三月癸酉紀事。

《經進東坡文集事略》引一則，見本譜嘉祐五年紀事。

轍因姪孫元老西歸之便，於東塋老翁井齋僧，作疏文。

《欒城後集》卷十八《東塋老翁井齋僧疏》：「降授朝請大夫護軍賜紫金魚袋蘇轍，伏爲東塋老翁井近歲以來泉源耗竭，人失烹飪，田失灌種。先壠攸托，中情惕然。今因侄孫新授廣都主簿元老西歸，謹請戒律僧就墳側晨設齋轉經，夜設水陸道場，以祈冥應，謹具疏如後。齋僧七人，每僧各轉《妙法蓮華經》一部七卷，設水陸道場一夜。右伏以先君太子太師，兆自東山，躬卜靈宅，泉出右麓，流於西南。旱暵不乾，霖潦不溢，實有常德，紀於耆舊。越自近歲，漸致枯竭。永惟艮坎之德，行止相尋，山下出泉，在《易》爲《蒙》，蒙極必發，失其常性，厥咎在人。轍以愚暗，曩竊名位，積譴致罰，以累兹泉。今者歸依佛乘，救拔衆苦，伏願道場清净，山神歡喜，泉流瀵發，草木滋潤。居人蒙賜，塋域增固。伏乞三寶證知，稽首，謹疏。」元老登第得差遣後，即來潁川。《送元老西歸》詩，即送元老赴廣都主簿任。元老赴任，因便回眉山，故蘇轍以東塋齋僧事爲托也。

將築室，轍作詩示三子；又有《諸子將築室以畫圖相示》詩。

詩皆見《欒城後集》卷四。前者云「百口僑居怯雨風」，築室之意在此；又云「三間道院吾真足」，望不奢。後者其一云「畫圖且作百間計，入室猶應三歲期」，築百間，期三年。

韓駒（子蒼）來，轍謂駒詩似儲光羲，并與駒論學。

《欒城後集》卷四《題韓駒秀才詩卷》末云：「我讀君詩笑無語，恍然重見儲光羲。」

《欒城遺言》：「公曰……韓駒詩似儲光羲。」又謂儲詩高處似陶潛，平處似王維。

同上：「公語韓子蒼云：學者觀儒書。至於佛書，亦可多讀，知其器能也。」

《艇齋詩話》：「韓子蒼少以詩見蘇黄門……人問黄門何以比儲光羲，黄門云：『見其行針布綫似之。』」

駒詩入江西詩派。《後村先生大全文集》卷九十五《江西詩派·韓子蒼》謂駒出蘇氏，與黄庭堅不相接，吕本中强之入派，駒殊不樂。駒乃仙井監人，《宋史》卷四百四十五有傳，謂駒嘗在許下從蘇轍學，評其詩似儲光羲。傳又謂：「政和初以獻頌補假將仕郎，召試舍人院，賜進士出身，除祕書省正字。尋坐爲蘇氏學，謫監華州蒲城縣市易務，知洪州分寧縣。」

秋社分韵慶豐收，釀酒迎重陽，轍作詩。

《欒城後集》卷四《秋社分題（年表作「韵」）》首云：「天公閔貧病，雨止得豐穰。南畝場功作，東家社酒香。」《釀重陽酒》中云：「誰來共嘉節？但約鄰人父。」

中秋無月同諸子，葉縣楊生爲寫真，轍均有詩。

詩皆見《欒城後集》卷四。前者云：「風雨來無定，泥塗日向深。直埋今夜月，真失衆人心。」後者云：「一幅蕭條寄衰朽，異時彷佛見精神。」寫真意在此。末云：「近存八十一章注，從道老聃門下人。」時正注老子，蓋欲畫者傳其神。

《欒城遺言》：「公妙齡舉方聞見在朝兩制諸公書云，其學出於孟子，而不可誣也。有解説二十四章。」以下舉「近存」一聯，謂：「蓋老而所造益妙，碌碌者莫測矣。」其所造蓋謂《孟子》也。附此。

九月九日，獨酌，轍作詩。

詩見《欒城後集》卷四。其一首云「府縣嫌吾舊黨人，鄉鄰畏我昔黄門。終年閉户已三歲，九日無人共一樽」，蓋寫實。又云「老妻也説無生話」，故獨酌。其二云「故國忘歸懶問人」，其三首云「平昔交游今幾人，後生誰復款柴門」，皆切獨。其三末云「舍南賴有凌雲柏，父老經過説二孫」，二孫謂孫何、孫僅，宋初蔡州人，有文名，《宋史》有傳。神馳前人，以爲慰藉。

是月，轍作《潁濱遺老傳》。

《欒城後集》卷十三《潁濱遺老傳·下》：「予居潁川六年，歲在丙戌秋九月，閲篋中舊書，得平生所爲，惜其久而忘之也，乃作《潁濱遺老傳》，凡萬餘言。」

是月，轍作《欒城後集引》。

引在《欒城後集》卷首，引末署所作歲月，今據《年表》。按：《後集》所收之詩止本月。

十月二十三日，大雪，作詩。轍訴當十錢病民。

詩見《欒城三集》卷一，中云：「誰言豐年中，遭此大泉厄。肉好雖甚精，十百非其實。田家有餘糧，靳靳未肯出。閭閻但坐視，愍愍不得食。」又云：「姦豪得巧便，輕重竊相易。鄰邦穀如土，胡越兩不及。閑民本無賴，翩然去井邑。土著坐受窮，忍饑待捐瘠。」錢以「當」稱，則一可以「當」十，二亦可以「當」十，故云「非其實」。由於此種錢流通，田家有餘糧不願出售，而待糧者無處可買，致不得食。於是，姦豪乘勢得利，以原之重錢鑄輕錢，以「當」十行之。於是，無業之民他徙，而世世代代生於斯、長於斯之土著則忍饑待斃。揭露深刻。末云：「彼哉陶鈞手，用此狂且愎。」直斥朝廷。

《宋史》卷一百八十《志》第一百三十三《食貨·下》二《錢幣》：「（崇寧）四年，立錢綱驗樣法。崇寧監以所鑄御書當十錢來上，緡用銅九斤七兩有奇，鉛半之，錫居三之一。詔頒其式於諸路，令赤仄烏背，書畫分明。時趙挺之爲門下侍郎，繼拜右僕射，與蔡京議多不合，因極言當十錢不便，私鑄寖廣。」

十一月八日，轍夢中作反古菖蒲詩。

詩見《欒城三集》卷一，云：「石上生菖蒲，一寸十二節。仙人勸我食，再三不忍折。一人得飽滿，餘人皆不悦。已矣勿復言，人人好顔色。」此詩前三句同古菖蒲詩，第四句古詩爲「令我好顔色」。蘇轍易「令我」爲「人人」，境界迥異。此實思想升華使然。此詩之引謂夢中反古菖蒲詩「作四韵，見一愚公在側，借觀，示之，赧然有愧恨之色」。《欒城遺言》謂此愚公乃王安石。

復雪，遲作詩，轍次其韵。

次韵見《欒城三集》卷一，首云：「老人怕寒愁早作，夜聞飛霰知相虐。粟車未到泥復深，場薪欲盡心驚愕。山川滉蕩勢如海，孤舟一葉知安泊？」曲盡怕寒心態。以下念及山中故人，欲裹飯往飼，然不知所托。與《夢中反古菖蒲》思想出一源。

外孫文驥以其祖父同（與可）書卷還謝悰，作詩，轍次驥韵。

次韵見《欒城三集》卷一。詩云：「賢哉與可詩中傑，筆墨餘功散繒楮。」以下言悰屬南陽諸謝。似同所藏書卷中，有爲謝氏題跋者。詩又云：「兩家尚有往還帖，舊集脱遺應可補。」知同生前與諸謝往還頗多。

守歲，轍作詩。

詩見《欒城三集》卷一，云「宇宙隨流任爾去」，又云「唯有此心初不移」，守其分。

《歐陽文忠公神道碑》約作於本年或稍後。

碑見《欒城後集》卷二十三。碑首云：「歐陽文忠公薨於汝陰……自葬至崇寧五年，凡三十有二年矣。公子棐以墓隧之碑來請，轍方以罪廢於家，且病不能執筆，辭不獲命，乃曰：『病苟不死，當如君志。』既而病已。」乃作之。

崇寧間，道潛（參寥）嘗次迨（仲豫）韻。

《參寥子詩集》卷九《過韞秀堂觀仲豫二詩因次其韻》其一：「箕南斗北各殊方，誰信相思去夢長。蓬斷草枯當歲宴，寥寥空對蕙爐香。」其二：「荆溪一别十年餘，流竄何嘗定所居。等與山河同幻質，更將三界作蘧廬。」作於徽宗崇寧間。荆溪謂宜興。紹聖元年，蘇軾謫惠州，迨

（仲豫）居宜興。據「荆溪」句，知道潛嘗訪迨於宜興。「流竄」句，道潛叙個人經歷，已詳本譜。

涵芬樓鉛印本《説郛》卷三十八録朱弁《續骫骳》：「參寥崇寧末歸老江湖，既示寂，其傳孫法穎以其集傳世，然猶有不傳者。」今傳本《參寥子詩集》，即法穎本。知道潛卒於崇寧以後。

三蘇年譜卷五十九

大觀元年（一一〇七）丁亥　蘇轍六十九歲

正月，上元不出，轍作詩。

詩見《欒城三集》卷一。中云：「擁衲坐睡曾無念，結客追歡久已休。」寧静。

庚戌（二十三日），詔應係籍宰執墳寺，曾經放罷者并給還。轍有謝表。

據《年表》。謝表乃《欒城後集》卷十八《謝復墳寺表》，首云：「臣轍言：準潁昌府牒，准御筆手詔節文，應係籍宰執墳寺，昨經改正，仍并給還者。」

轍將築南屋，借功田家，作詩。

詩見《欒城三集》卷一。詩云：「我方窮困人所諳，有求不答心自甘。一言見許不妄談，飲汝信厚心懷慚。」上二句慨嘆世俗，下二句盛贊田家樸厚。

二月二十日，轍生日，作詩。

詩見《欒城三集》卷一。詩叙少年病肺，中年病脾，自困苦中知養生之道在「處世百欲輕」。「輕」之者，不汲汲名利之謂。以下云及老聃、瞿曇，則道也者乃自老、佛來。

同日，過壽叔轍詩。

《斜川集》卷一《叔父生日》其一：「百川赴東海，如走萬國朝。横岫列嵩岱，衆山失岧嶢。吾道豈不尊，凛然干雲霄。斯文有盟主，坐制狂瀾漂。天實相我公，高卧不知（清舊抄本《斜川集》「知」作「可」）招。手持文章柄，燦若北斗標。末學病多歧，寖令世俗澆。申商日充塞，仁義愈寂寥。造物真有意，俾公以後凋。群邪終放鄭，正始會聞韶。過也匪私祝，彼蒼自昭昭。後生方有托，未用憂簞瓢。」其二：「溝瀆嗟尋常，因爲吞舟厄。風無九萬里，焉載垂天翼。老人卧箕潁，初非厭簪紱。時哉莫吾容，道大俗隘迫。虎兕歌曠野，鸞鳳棲枳棘。蒼生謾悵望，吾道何欣戚。卜築殆將隱，門無翟公客。高踪躡巢由，援手謝禼稷。我觀造物意，申甫爲時出。未應兹偉人，獨不裨衮職。功名世所趨，富貴亦過隙。豈知難老福，天以壽有德。亭亭南澗松，不羡棟梁索。方兹閱寒暑，寧若顧匠石。世間出世間，此得無兩得。回首承明廬，絶窺輪奂。」其三：「鬱鬱澗底松，千年養奇幹。盤根入窈窕，翠蓋摩霄漢。巖深飽霜雪，路摩挲看銅狄。空回牛刀手，屢發匠石嘆。物生非不逢，得天地所贊。雖微棟梁求，幸免斤斧難。我公廟堂人，端委四夷憚。豈惟福蒼生，高風激貪懦。云何卧箕潁，當寧方宵旰。吾道久寂寥，賢愚良未判。汗顔與血指，袖手寧坐看。卷懷霖雨心，警策露雷觀。形神妙自契，眉目光璀璨。長松信可倚，柯葉四時貫。東風漫滋榮，寒雨徒零亂。何異楚靈椿，春秋安可算。」其四：「物居覆載間，陰陽爲盛衰。我觀衆草木，春風不相遺。春風暫能榮，還有摇落時。區區諉消長，歲月胡能支。世人如草木，世態豈異兹。擾擾方寸中，坐受寵辱移。晝錦方自眩，飲水誰汝知。可憐千金軀，坐困毫與釐。大哉孔孟志，夫子真能師。浩然剛大氣，真養充四維。貧富未易動，寒暑何從窺。塞馬無倚伏，昭琴謝成虧。還觀儻來物，造物戲小兒。臞仙事吐納，閲世猶有之。至人不導引，眉壽復何疑。惟應廣成子，當與此心期。」蘇轍居潁昌期間，兩次改善居住條件，崇寧三年爲葺居，本年爲新築。此組詩其二有「卜築殆將隱」，當就後者而言，故繫此四詩於本年。此組詩其一贊蘇轍爲斯文盟主；其二謂蘇轍非不欲爲世所用，然時不容；其三申其二之意，轍不欲用，蓋以吾道寂寥，賢愚不判；其四贊蘇轍師孔孟之志，善養浩然剛大之氣。

《斜川集》卷三尚有《叔父生日》七律四首，作時不詳，兹附於此。其一：「重耳飄流十九年，我公涉世屢艱難。笑看禮至争銘鼎，便學陶弘欲挂冠。枕上軒裳何足夢，壺中天地本來寬。幅巾從此追巢許，永愧蒼生起謝安。」其二：「山澤癯仙事渺茫，武陵之説亦荒唐。老聃及見東周晚，季子幾同魯史長。直以至仁符静壽，固非吉卜予康强。漢庭已致商顔叟，寧似初平老牧羊。」其三：「平生種德在斯民，物理循環付大鈞。今日里閭驚萬石，異時廊廟活千人。退藏欲遂箕山志，談笑歸來潁水濱。謾效兒童祝難老，楚南靈木不知春。」其四：「圖形未肯上淩烟，欲了人間一大緣。心法已傳黄蘗要，形神始契赤松仙。爾來卜築安懸罄，空使蒼生望濟川。不用丹砂留齒髮，見恒河性本依然。」

春日，謝人惠千葉牡丹，移陳州千葉牡丹二本，轍作詩。

詩見《欒城三集》卷一。前者云「銀瓶滿送洛陽春」，蓋自洛陽來。又云「細數餘芳尚一旬」，蓋已暮春。後者云：「謫墮神仙終不俗，飛來鸞鳳有餘清。」盛贊之。

夏日，蠶眠、麥熟，文氏外孫入村收麥，轍作詩。

詩見《欒城三集》卷一。前者云「擷桑曉出露濡足，拾穗暮歸塵滿身」，得之親見。又云「貴客争誇火浣布，貧家粗有水精鹽」，蠶麥主要受惠者乃爲貴家，隱寓不平。後者云「急炊大餅償饑乏」，真切之至(「大餅」入詩，或爲蘇轍首創)，故作詩深贊其精神。

李廌(方叔)建新宅，轍作詩。

詩見《欒城三集》卷一。詩叙廌得衆力「咄嗟便了三十間」。詩云：「我恨年來不出門，不見君家棟宇新。」似廌之新宅不建於潁昌，或即在其住地陽翟。

廌居陽翟，在潁昌西北九十里。《斜川集》卷一有《和叔寬贈李方叔》詩。叔寬乃遜之字。詩云及「卜築願俱棲」，不知與轍詩所云新宅是否有涉。卷二有《李方叔治潁川水作詩戲之》，作於潁川(潁昌)。廌與蘇轍叔姪交往當頗多。

據《永樂大典》卷二萬二千五百三十七引李之儀《濟南月巖集》，廌歿後八年，乃政和六年，知廌卒於大觀二年。《斜川集》卷三有《李方叔輓詞二首》；其二云「想像柴門延履舄」，憶廌來訪舊事。轍嘗贊廌文似唐蕭、李，所以可喜。見《欒城遺言》。

七月初一日，轍作《苦雨》詩，訴蠶婦、田夫之苦。

詩見《欒城三集》卷一。詩叙絲出盎、麥入倉之後，連雨使秋田荒蕪，「出門陷塗潦，入室崩垣墻，覆壓先老稚，漂淪及牛羊」，如此下去，「餘糧詎能久」，歲晚將糟糠不保。亦得之親見。詩末云「造禍未有害，無辜輒先傷」，欲訴之上天鳴不平。然「簞瓢吾何憂，作詩熱中腸」，點明作此詩不過略抒同情之意而已。

《苦雨》後《殺麥二首》，乃《苦雨》之續。其二首云「雨後麥多病，庚中蛾欲飛」，雨病農者一；云「潦水來何暴，秋田望已微」，雨病農者二。

中秋月望十六終夜如晝；釀重陽酒，轍作詩。

詩見《欒城三集》卷一。前者云：「免閑長擣藥，桂老尚生枝。」遐想。後者云：「我年七十似童兒，逢節歡欣事從厚。」又云：「折花誰是送酒人，來客但有鄰家父。」童心真誠，贏得鄰里深情。

九月九日，重陽，轍作詩。十日，復作詩。

詩見《欒城三集》卷一。前者其一云「昔忝衣冠舊，今從野老游」，與野老共度重陽。其二云「問知瓶未罄，相勸盡餘杯」，樂甚。其三云「酒貴念人饑」，歡樂之中，不忘饑民，實不易得。又云「家遠不成歸」，重陽乃思鄉之節，自不能忘鄉。後者云「禄去身安常自喜」，知罷祠禄後，未繼續奏請。九日十日詩前，尚有《戲題菊花》。

遺老齋、待月軒、藏書室初成，轍作詩，并作記。

詩見《欒城三集》卷一。本卷此前尚有《初葺遺老齋》、《因舊》、《初成遺老齋》、《初築南齋》諸詩，此後有《方築西軒穿地得怪石》詩。新宅蓋因卞氏故居改築，共百間。卞氏本富家，庭中怪石多，子孫不復惜，排棄坑谷，埋於泥沙，乃徙置西軒之前。

《三集》卷十有《遺老齋記》。謂新宅成於本年，「其南修竹古柏，蕭然如野人之家，乃辟其四楹，加明窗曲檻，爲燕居之齋」。其以「遺老」名者，蓋以自謂潁濱遺老也。記謂「退居一室之間，杜門却掃，不與物接，心之所可，未嘗不行，心所不可，未嘗不止」，旨在「學道而求寡過」。同上有《藏書室記》，其旨在：「古之知道者必由學，學者必由讀書。」同上有《待月軒記》，謂闢新室之東南爲小軒以須月之至。

遜赴蔡州酒官，作詩送之并示諸任。姪過亦作詩。轍嘗盛贊任象先之文。

詩見《欒城三集》卷一，題作《送遜監淮西酒并示諸任二首》。《年表》此詩詩題作《送少子遜赴蔡州酒官》，今從。

詩其二首云：「淮西留滯昔經年，唯有諸任時往還。」謂崇寧二年居汝南。《欒城遺言》謂轍大稱任象先之文，以爲過其父伯雨。題「諸任」中當有象先。象先附《宋史》卷三百四十五伯雨傳，登世科又中詞學并茂科。

《斜川集》卷一《送八弟赴官汝南》：「丈夫志四方，彈冠苦不早。終童來請纓，賈誼試三表。二子俱弱冠，功名滿懷抱。要非江湖士，未易詣枯槁。君年逾三十，閉門事幽討。父兄逼從仕，攬轡方稍稍。久安田舍樂，寧坐元龍笑。白髮始爲郎，定似馮唐老。效官麴蘖間，區區營一飽。雖知漿饋薄，要使人無保。淮蔡山川美，民淳足魚稻。作詩慰所思，夢繞池塘草。」汝南即蔡州。蘇轍逼子從仕，足見閑居非本心。

「八」乃以兄弟輩排行稱。過稱八弟，軾稱八郎，見《蘇軾文集》卷六十與轍第八簡。

冬，讀《傳燈録》，示諸子，轍作詩。

詩見《欒城三集》卷一。末云：「早歲文章真自累，一生憂患信難雙。從今父子俱清净，共説無生或似龐。」龐謂唐龐居士藴（道玄），衡陽人。信佛，不剃髮，舉家入道。機辯迅捷。事見《景德傳燈録》卷八。

《三集》卷九《書傳燈録後》：「去年冬讀《傳燈録》，究觀祖師悟入之理，心有所契，必手録之，置之坐隅。」書後，明年二月十三日作。

作《買炭》、《欲雪》詩，轍訴民之苦。

詩皆見《欒城三集》卷一。前者云：「西山古松櫟，材大招斤斧。根槎委溪谷，龍伏熊虎踞。挑抉靡遺餘，陶穴付一炬。積火變深黳，牙角猶憤怒。」叙伐櫟燒炭。按：今猶謂之櫟炭。以下云：「老翁睡破氈，正晝出無屨。百錢不滿籃，一坐幸至暮。」叙燒炭者生活之苦。以下云：「御爐歲增貢，圓直中常度。閭閻不敢售，根節姑付汝。」叙朝廷對燒出之炭有嚴格要求，需要量日增，燒出之炭連根節皆供上。以下云：「升平百年後，地力已難富。知夸不知嗇，俯首欲誰訴？百物今盡然，豈爲一炭故。我老或不及，預爲子孫懼。」直斥朝廷於地力只知索取，不講生息；於生活只講豪侈，不講節約，深中時病，實爲難得佳作。作者觀察到，朝廷奢靡、索取之風，已遍及各領域，自不能不爲子孫憂。以後事實證明，作者所憂，皆成爲現實，寫此詩後十餘年，此地即淪爲金占區。參拙撰《憂深思廣》一文，載《文史知識》二〇〇〇年第八期。

後者首云「今年麥中熟，餅餌不充口，老農畏冬旱，薄雪未覆畝」，叙農民口腹之憂。而「達官例謀身，一醉日自富」，與農民形成鮮明對比。作者於此，自無可奈何。惟望飛花盈尺，一麥平取，以解農民之饑。

轍作《那吒》詩。

詩見《欒城三集》卷一。詩首云：「北方天王有狂子，只知拜佛不拜父。」以不拜父爲非。作者蓋欲合佛、儒爲一。那吒乃神話傳説中人物，後來寫入《封神榜演義》，有些情節已見於該詩。此詩自有其特殊意義。

作詩示諸子，轍勉發揚裕人約己家風。

詩見《欒城三集》卷一，中云：「兄弟躬耕真盡力，鄉鄰不慣枉稱賢。」自注：「范五德孺近語遲：『聞君家兄弟善治田，蓋取其不盡利爾。』」德孺名純粹，仲淹第四子，純仁之弟。時當居潁昌，與蘇轍有交往，惜見於文字者僅此。末云：「裕人約己吾家世，到此相承累百年。」

本年，爲孫籀、簡、筠講《論語》，轍成《論語拾遺》二十七章。

《欒城三集》卷七《論語拾遺·引》：「予少年爲《論語略解》。子瞻謫居黄州，爲《論語説》，盡取以往，今見於書者十二三也。大觀丁亥，閑居潁川，爲孫籀、簡、筠講《論語》。子瞻之説，意有所未安，時爲籀等言，凡二十有七章，謂之《論語拾遺》。恨不得質之子瞻也。」

是歲，蔡京再相。

據《宋史·宰輔表》，蔡京崇寧五年二月丙寅罷相，大觀元年正月甲午再相。

《曲洧舊聞》卷六謂：「崇寧末，京罷相，黨人并放還。尋有旨，黨人不得居四輔。京再相，子由獨免外徙。」參本譜政和二年十一月乙丑紀事。

邁（伯達）赴嘉禾爲官，過有送行詩。

《斜川集校注》卷三《送伯達兄赴嘉禾》：「我生三十餘，憂患恰半生。飄零萬里外，獨存三弟兄。去去復遠别，朔風催客征。相看各華髮，豈免兒女情。五載卧箕潁，分甘一廛氓。嗟哉生理拙，口腹不解營。各逐升斗仕，彈冠愧淵明。誰知三徑荒，聊代十畝耕。我政牛馬走，君乃簿書嬰。壯心已灰槁，焦芽不復萌。莊舄偶懷越，嗣宗求步兵。行藏本無意，簪組鴻毛輕。脱去西風塵，江山照人情。扁舟五湖月，千里爲蓴羹。行著下下考，願辭赫赫名。青衫道旁吏，時哉那可争。」

邁自崇寧元年居潁昌，至今年爲五歲。故繫之於此。

或謂嘉禾乃南豐，非是，參大觀四年八月二十九日紀事。

大觀二年（一一〇八）戊子　蘇轍七十歲

正月初一日，正旦，轍作詩。見鍾馗舊畫，題詩。

詩見《欒城三集》卷一。前者首云「百歲行來已七分」；又云「法傳心地初投種，雨過花開不待春」，似謂人生七十始得真諦，凡事順其自然。

後者詩引云：「癸丑歲……府中饋畫鍾馗行雪中狀，甚怪。後三十六年，檢篋中舊畫得之，戲作此篇。」詩末云：「滔滔時輩今黄壤，六六年華屬老夫。兒女未容翁便去，銀瓶隔夜浸屠酥。」蓋紀實也。參見熙寧六年癸丑十二月除日條紀事。

是日，徽宗受八寶於大慶殿，大赦天下。蘇轍復朝議大夫，遷中大夫，皆有謝表并焚黄文。

《長編拾補》卷二十八本日紀事：「受八寶於大慶殿，大赦天下。」先是大觀元年十一月壬戌（十一日）詔：來年元日御大慶殿，恭受八寶。見《長編拾補》卷二十七，并見《年表》。

《鐵圍山叢談》卷一：「天子之制六璽。元豐間得玉矣，行製而未就；至大觀時，始成之；然但繆篆也。又元符初得漢傳國璽，其文曰：『受命於天，既壽永昌。』……『承天福，延萬億，永無極。』是二者，祐陵又自仿爲之，悉魚蟲篆也。號傳國璽曰『受命寶』，九字璽曰『鎮國寶』，合天子之制六璽，是爲八寶。」據《長編拾補》卷二十七，餘六璽爲「皇帝之寶」、「皇帝行寶」、「皇帝信寶」、「天子之寶」、「天子行寶」、「天子信寶」。

《欒城後集》卷十八有《謝復官表二首》。其一云「躬受八寶，推恩萬方」，其二云「誕膺八寶，承天地之休」，并未言及復朝議大夫，遷中大夫。復朝議大夫、遷中大夫，乃據《年表》。《年表》所云之《焚黄文》，未見。

轍作《七十吟》。

詩見《欒城三集》卷一，首云「年來霜雪上人頭，我爾相將七十秋」，不失詼諧。

久旱，潁昌府中取虎頭骨投邢山潭水，得雨，轍戲作。

詩見《欒城三集》卷一。末云：「君不見岐山死諸葛，真能奔走生仲達。」嘲天降雨并非虎頭骨之功，取譬妙。

二月十三日，讀《傳燈録》，轍有詩示諸子，書《傳燈録》後。

詩見《欒城三集》卷一。文見《三集》卷九。

二十日，生日，轍作詩。

詩見《欒城三集》卷一。詩云：「佛身三世歸依地，鄰寺百僧清浄因。」自注謂「是日南堂供三世佛，西寺齋僧百人」，當爲祈福。

春日，轍種花，與遲賦千葉牡丹，賦春晚，慨嘆春無雷。

詩皆見《欒城三集》卷一。《種花》其一末云「今秋接千葉，試取洛人餘」，欲取洛陽千葉牡丹，改善品種。其二叙種花之閑地少，通湖水種藕不可得，於是幽懷不愜，乃拄杖出城西以尋樂。《春無雷》末云：「天公愛人何所吝，一春雨作雷不震。雷聲一起百妖除，病人起舞不須扶。」

當雷之時不雷，乃天時不正，天時不正，則疾病叢生，故以爲言也。

以下有《仲夏始雷》詩，亦謂當雷不雷乃陰陽顛倒。

《欒城遺言》：「公潁昌牡丹時多作詩，前后數四，有『□上□似洛濱□』、『帝遺姚黄比玉真』之句。」又曰：『造物不違遺老意，一枝頗似洛人家。』稱道洛家，殷勤不已。敬想文潞公、富鄭公、司馬温公、范忠宣公皆看花耆德偉人也。風流追想不逮，後生茫然爾。先祖蓋嘆前哲云。或曰：嵇康《廣陵散》，亦嘆也。」「□上」句原作「瀷上名園似洛濱」，「帝遺」原作「欲遺」，以上二句，見《後集》卷三《次遲韵千葉牡丹》。「造物」二句，即見此處《同遲賦千葉牡丹》。

作《八璽》詩，轍諷朝廷。

詩見《欒城三集》卷一。「八璽」乃八寶。詩首云「秦人一璽十五城，百二十城當八璽」，蓋用《史記·廉頗藺相如列傳》秦欲以十五城易趙璧典。八璽爲一百二十城。從字面理解，此乃盛贊八寶之貴重。然細細體會，此實借題發揮。意蓋謂區區八寶，乃耗費民力、國力如此，盛贊之亦以深諷之。「元日臨軒組綬新，君臣相顧無窮喜」二句叙受八寶事，已見本年正月初一日紀事。喜而至於無窮，君臣相顧，蓋謂八寶乃荒君與佞臣之共同傑作，「無窮」之喜中寓無窮之憂。「九鼎峥嶸夏禹餘，八璽錯落古所無」二句以九鼎與八璽、夏禹與當今君主并列，亦明贊之而深斥之，當今君主何德何能可與夏禹比，而實欲過之，亦荒唐之甚矣。末二句「古人鄙陋今人笑，父老不慣空驚呼」，點出「父老不慣」，直斥朝廷之倒行逆施，然此種直斥已不能起任何作用，「空」字已作交代。蓋積弊已深，已不易改變。蘇轍洞察此種情結。此詩實爲政治詩，轍集中僅見。

參拙撰《蘇轍的一首政治詩——八璽》，載《文史知識》一九九九年第一期。

讀舊詩，轍題詩。

詩見《欒城三集》卷一。中云：「開編一笑恍如夢，閉目徐思定是誰？」蓋以鄉居久，詩風亦爲之變，以前之詩風已覺陌生。末云：「一點空明萬法師。」拈出「空明」，值得玩味。

夏至後得雨，遲往泉店殺麥，轍均有詩。

詩見《欒城三集》卷一。前者云：「我窮本人窮，得飽天所畀。奪禄十五年，有田潁川涘。躬耕力不足，分穫中自愧。」不妄求，自食其力。後者云：「長子幸可仗，劬勞慎勿厭。」勉遲以勤。

轍賦千葉白蓮花。

詩見《欒城三集》卷一。詩盛贊千葉白蓮「空明世無匹」。細味全詩，蓋謂千葉白蓮生淤泥而芳潔。蘇轍欲以「空明」爲詩之理想風格，其意在脱俗乎？

姪過出其父軾所藏張方平（安道）元豐三年初贈詩遺墨，轍感嘆作詩。

詩見《欒城三集》卷一。方平贈詩，詳元豐三年（一〇八〇）紀事。轍詩以爲方平乃「一生知己」。

轍作《遺老齋絶句》十二首。

詩見《欒城三集》卷二。其六云：「久無叩門聲，剥啄問何故。田中有人至，昨夜盈尺雨。」可見關心稼穡。

六月戊申（二十九日），詔特授蘇轍朝散大夫。

據《長編拾補》卷二十八：《拾補》云：「三省檢會大觀二年正月一日赦書，内一項應元祐黨人，不以存亡及在籍，可特與叙官。勘會前任宰臣執政官見存人韓忠彦、蘇轍、安燾……與復一官。……降授朝散（按：疑應作『請』）大夫蘇轍可特授朝散大夫。」「燾」後原注：「安燾此月十四日己卒。三省檢會，蓋在此前。」燾乃蘇轍之友，特載於此。

移花，八月十六日，轍作詩。

詩見《欒城三集》卷二。詩末云：「我老百不爲，愛此養花智。」養花出智慧。智慧之一：「殷勤拔陳草，秋雨流入地。」之二：「移根傳生土，指日春風至。」之三：「方求千葉枝，更與一溉水。」

服栗，養白菊，轍作詩。

詩見《欒城三集》卷二。前者首云：「老去日添腰脚病，山翁服栗舊傳方。」後者末云：「愈風明目須真物，能使神農爲爾回。」亦爲治病。

九月九日家釀未熟，轍作詩。

詩見《欒城三集》卷二。首云「今年失家釀，節到真寂寞」，然末云「風麴日已乾，濁醪可徐作」，亦足以慰。

南齋獨坐，藏菜，轍均有詩。

詩見《欒城三集》卷二。前者云「獨坐南齋久，忘家似出家」，達到此種境界不易。後者首云「爨清葵芥充朝膳」，只因「歲晚風霜斷菜根」，冬季無菜，故「多排甕盎先憂盡」，乃農家真實景象。

示諸子、諸孫，轍作詩。

詩見《欒城三集》卷二。前者中四句云：「窮愁念父母，心力盡田園。志在要須命，身閑且養源。」「源」者何？細味末二句「游魚脱淵水，何處有飛翻」，知水之於魚爲源。後者首云：「少年真力學，玄月閉書帷。」點時（玄月者，九月也）。末句云：「疏慵非汝師。」爲學之道在勤。

十一月一日、冬至日，轍均作詩。

詩見《欒城三集》卷二，前者云：「酒少不妨鄰叟共，病多賴有衲僧諳（原注：覺師識病善用藥）。」叙閑居生活。覺師當居潁昌。後者云：「酥煎隴坂經年在，柑橘吴江半月來。」雖在潁昌，然西、南食物，仍能源源來。

十二月十日，轍題老子《道德經》後。

明刻《潁濱先生道德經解》卷末有蘇轍之跋，《欒城集》、《欒城後集》、《欒城三集》均未收，今録於此。《題老子道德經後》：「予年四十有二，謫居筠州，筠雖小而多古刹，四方游僧聚焉。有道全者，住黄蘗山，南公之孫也，行高而心通，喜從予游，嘗與予談道，予告之曰：『子所談者，予於儒書已得之矣。』全曰：『此佛法也，儒者何自得之？』予曰：『不然。予忝聞道，儒者之所無，何苦强以誣之，顧誠有之，而世莫知耳。儒、佛之不相通，如胡、漢之不相諳也，子亦何由而知之？』全曰：『試爲我言其略。』予曰：『孔子之孫子思，子思之書曰《中庸》，《中庸》之言曰：「喜怒哀樂未發謂之中，發而皆中節謂之和。中也者，天下之大本；和也者，天下之達道也。致中和，天地位焉，萬物育焉。」此非佛法而何，顧所從言之異耳。』全曰：『何以言之？』予曰：『六祖有言，不思善，不思惡，方云是時也，孰是汝本來面目？自六祖以來，人以此言悟入者太半矣。所謂不思善，不思惡，則喜怒哀樂之未發也。蓋中者，佛性之異名，而和者，六度萬行之總目也。致中極和而天地萬物生於其間，此非佛法，何以當之。』全驚喜曰：『吾初不知也，今而後始知儒、佛一法也。』予笑曰：『不然，天下固無二道，而所以治人則異，君臣、父子之間，非禮法則亂，知禮法而不知道，則世之俗儒不足貴也，居山林，木食澗飲，而心存至道，雖爲人天師可也，而以之治世則亂，古之聖人，中心行道而不毁法而後可耳。』全作禮曰：『此至論也。』是時予方解《老子》，每出一章，輒出以示全。全輒嘆曰：『皆佛説也。』予居筠五年而北歸，全不久亦化去，逮今二十餘年也。凡《老子解》亦時有所刊定，未有不與佛法合者，時人無可與語，思復見全而示之，故書之《老子》之末。大觀二年十二月十日，子由題。」

伐雙穀，臘月二十七日轍作詩。除日，亦作詩。

詩見《欒城三集》卷二。前者謂伐雙穀，乃以其當門，妨長者車，然謂穀爲惡木，則不知所謂。後者云「十二《春秋》新罷講，五千《道德》適親書」，知爲諸孫授《春秋》，又親自書寫《老子》以自勵。又云「木經霜雪根無蠹，船出風波載本虛」，自我總結人生閱歷，有哲理。

大觀三年（一一〇九）己丑　蘇轍七十一歲

正月，上元夜适勸至西禪觀燈，轍作詩。

詩見《欒城三集》卷二，中云：「照佛有餘長自照，澄心無法便成澄。」

程八信孺表弟知單父相過，歸鄉待闕，轍作長句贈别。

詩見《欒城三集》卷二。中云：「老夫閉門不敢出，喜君三度乘朱輪。今春剖符地尤勝，不齊自古留芳塵。回車訪我念衰老，挽衣把臂才逡巡。」

《浄德集》卷十三《太中大夫武昌程公墓誌銘》：公諱濬，字治之。子男五人：之才、之元、之邵、之祥、之儀。濬，蘇軾、蘇轍外祖父。

《蘇軾詩集》卷二十七《送表弟程六知楚州》題下引宋施元之注：「東坡母成國太夫人程氏，眉山著姓。其姪之才，字正輔，第二；之元，字德孺，第六，即楚州；之邵，字懿叔，第七。」同上書卷三十有《次前韵送程六表弟》、《送程七表弟知泗州》詩。

綜上二書，信孺當爲之祥之字。蘇轍詩篇末自注：「兄弟中惟僕與程八、程九在耳。」此詩首云：「我生猶及見大門，弟兄中外十七人。兩家門户甲鄉黨，正如潁川數孫陳。」據此，自注中「兄弟」乃合蘇、程二家而言。時蘇軾、程之才、程之元、程之邵皆已去世。則程九實爲之儀。蘇轍所云「弟兄中外十七人」，現知者七人，計蘇氏二人，程氏五人。此十七人，當就叔伯兄弟言之，今已難詳。

單父乃單州治，屬京東路之西路。

種松，轍作詩。

詩見《欒城三集》卷二。首叙松介僻，性野，不願居城中。中云：「中庭冉冉盈尺苗，條榦雖短風霜足。培根不用糞壤厚，插竹預防鷄犬觸。」種松。末云：「他年期汝三丈高，獨立仙翁毛髮緑。老人自分不及見，子孫見汝知遺直。」於松有厚望，寓意深。

二月望日雪，轍作二絶。

詩見《欒城三集》卷二。其一云「損麥傷花病老人」，叙雪惱人。其二自解：「老翁衰病不憂花，百口唯須麥養家。聞道田中猶要雪，兼收凝白試山茶。」雪不可少。

遜自淮康酒官歸覲，逾旬而歸，轍作二絶句送行。

詩見《欒城三集》卷二。其一云「雨徧公田及私畝，學書兼得問筠孫」。筠乃遜長子，似其時隨遜。其二末云「開卷新詩可人意，到官無復廢吟哦」，勉以努力作詩。此詩詩題云「淮康」，與《三集》卷一云「淮西」，《年表》云「蔡州」、《斜川集》云「汝南」不同。

堂成，不施丹雘，唯紙窗水屏，蕭然如野人之居，轍偶作；詠南齋竹。

詩見《欒城三集》卷二。前者首云「高棟虚窗五月涼」，點時候；中云「白雲低繞明月觀，漲海東流清暑堂」，知明月觀、清暑堂皆此堂景觀，或即末句所云之道場。然居此似有寂寞之感，故有「夢回餘念屬瀟湘」之句。後者其一云「幽居一室少塵緣」；其二云「新筍出墻秋雨足，閉門長與護蒼苔」，幽；其三云「目倦細書長掩卷，心游法界四無鄰」，亦幽。

八月十日，邁題鄭天覺畫。

《三希堂法帖·宋蘇邁書》：「鄭天覺自除直殿以後，筆力驟進，無一點畫工俗韻。比來士人中罕見其右者。爲冰華居士錢濟明作《明皇幸蜀圖》，又作《單于并騎圖》，皆清絶可人。予從冰華求此一軸，以光畫篋。大觀三年八月十日，眉山蘇邁伯達書（以下有『武功開國』章）。」

中秋新堂看月轍戲作。

詩見《欒城三集》卷二。中云：「自笑吾人强分别，不應此月倍嬋娟。」千百年來，月仍此月。久别相逢，遂覺此月倍嬋娟，變者乃人而非月。

九月九日陰雨不止，病中把酒輒作詩示諸子。

詩見《欒城三集》卷二。其一云「老人腹疾强啣杯」，其二云「九日不能飲，呦呦覺胃寒」，痼疾作祟，雖其三云「微吟還自喜」，然終不免「鮮歡」。

詩云「官醅」，本年《己丑除日》其二亦云「粗有官醅供夜飲」。授朝散大夫以後，朝廷有官醅供應。

十二月九日雪，輒作三絶句。

詩見《欒城三集》卷二。其二云「雪没前山薇蕨盡，誰憐無語獨擕鋤」，似訴田父之苦，故其三首云「臘中得雪春宜麥」。其三末云「未暇樽罍伴佳客，先將麫餌許比鄰」，濟苦出於本心。

己丑除日，輒作詩。姪過次韵。

詩見《欒城三集》卷二。詩其一云：「《春秋》似是平生事，屋壁深藏付後賢。」蓋謂所撰《春秋集傳》也。其二首云「橘紅安穩近誰傳」，自注：「予舊有腹疾，或教服橘皮煎丸，經月良愈。」《斜川集》卷三《次韵叔父黄門己丑歲除二首》其一：「坐閲星周幾變遷，恒河見性但依然。求田問舍追三徑，面壁灰心過九年（自注：公自庚辰歲歸潁昌，杜門不出，今十年矣）。早退得閑真玩歲，踟趺數息是安眠。從今甲子當須記，異日應無史趙賢。」其二：「卒歲優哉樂事全，家庭瑞氣鬱葱然。椒花頌酒祈新福，臘雪飛空作有年。塞馬未歸人勿嘆，黄粱已熟客猶眠。潁濱遺老非虚語，萬古巢由不獨賢（自注：公自號潁濱遺老）。」

大觀四年（一一一〇）庚寅　蘇轍七十二歲

同外孫文九樂新春，上元前雪，上元雪，轍均有詩。

詩見《欒城三集》卷二。《新春五絶句》，春意盎然。其五云：「雪覆西山三頃麥，一犁春雨祝天工。麥秋幸與人同飽，昔日黄門今老農。」春雪、春雨，皆於麥有利。田父之樂即己之樂，謂爲老農，洵非虚語。其以老農自豪，非一般文人學士所能辦到。《上元前雪三絶句》其三：「天公似管人間事，近事傳聞半是非。但使麥田饒雨雪，饑人得飽未相違。」「近事」云云，當即朝政。此事表明蘇轍所關心者乃稼穡豐歉、田父疾苦；朝政非不欲問，但無能爲力，故以不問爲佳。《上元雪》首云：「上元燈火家家辦，遍地瓊瑶夜夜深。」燈火與雪相輝映。「山下麥田真百金」，豐收在望。

庭中種花，轍作詩。

詩見《欒城三集》卷二。詩首云：「空庭一無有，初種六株花。青桐緑楊柳，相映成田家。春雨散膏油，朝暾發萌芽。」得天然之趣。

曾婿縱（元矩）見過逾月，聽其言久而不厭，追感平昔，轍爲賦詩。

詩見《欒城三集》卷二。詩首云：「冑子相從得佳婿（原注：遲初於太學識元矩，因有姻議）。」冑子即謂遲，遲乃長子。遲識縱乃元祐初事。以下云：「掖垣同直喜良朋。」蘇轍憶及縱之父曾肇（子開）。轍與肇元祐元年末至二年春夏同爲中書舍人，已見本譜該年紀事。第三句「交情不意隔生死」、第五句「宿草芊綿淚入土」，皆爲肇而發。《宋史》卷三百一十九《曾肇傳》：徽宗立，復召爲中書舍人。時元祐臣僚被譴者，咸以赦恩甄録，肇請并録死者，作訓詞，哀厚惻怛，讀者爲之感愴。遷翰林學士兼侍讀。諫官陳瓘、給事中龔原以言得罪，無敢救，肇極力論解。建中靖國元年，肇面奏朝廷宜反覆循省，痛自克責，以塞天變，言發涕下。崇寧初，再黜元祐黨人，肇落職，謫知和州，徙岳州，繼貶濮州團練副使、安置汀州。四年，歸潤。卒於大觀元年，見《龜山集》卷二十九《曾文昭公行述》。年六十一。參《中華文史論叢》一九八六年第二期曾棗莊《三蘇姻親考》。

據《年表》，縱乃蘇轍第五女之婿。參元祐六年八月初五日紀事。縱與轍女結婚，在元祐六年以前。縱有兄弟輩統，《宋史·曾肇傳》及之，謂官至左諫議大夫。統字元中，《京口耆舊傳》卷二有傳，卒年六十七。

《北湖集》卷一《九日過宋遇雨呈曾元矩并先寄吕少馮》：「黄菊濕不鮮，白雁寒更哀。何由穿雨屐，一登宋王臺。眷予良友生，南山安在哉。行將北湖鬢，投老照清淮。」元矩，縱之字。

林筍復生，轍作詩。

詩見《欒城三集》卷二。首云：「春寒侵竹竹憔悴，父老皆云未嘗記。偶然雷雨一尺深，知爲南園衆君子。」稱竹爲「君子」，愛之甚。繼云：「從地湧出長如人，一一便有淩雲氣。吾家老圃倦栽接，但以歲寒相嫵媚。」愛其淩雲之氣，歲寒之操。以下云及陰陽往復，竹有榮瘁，「呼童徑語鄰舍翁」，種竹之意未改。

自比老柏，轍有詩。

詩見《欒城三集》卷二。首云：「柏根可合抱，柏身長百尺。我年類汝老，我心同汝直。我貧初無居，愛汝買此宅。……風中有餘勁，雪後不改色。」

作《蠶麥》，轍訴田家翁嫗之苦。

詩見《欒城三集》卷二。首言春寒蠶麥止半熟，於是：「鄰田老翁嫗，囊空庾無粟。機張久乏緯，食晏惟薄粥。」以上所云寒餓，止於私憂，而一念及王事，鞭扑隨之，苦更不堪。「爲農良不易」，實代爲翁嫗言。

轍題東坡遺墨卷後。

詩見《欒城三集》卷二。中云：「篇章散人間，墮地皆瓊英。」慨嘆散失者多。又云：「科斗藏壁中，見者空嘆驚。」家藏著述不爲外人知者尚多。又爲之慨嘆。

轍作《洗竹》。

詩見《欒城三集》卷二。主旨似言醫治竹病。末云：「扶持造化須人力，早聽人言布麥糠。」布麥糠似爲治竹病良方。「扶持」句强調人力，士大夫中能認識及此者少。若據《老柏》末云：「我貧不栽花，繞屋多種竹。全家謬聞道，舉目無他物。晨興輒相對，知我有慚德。」則洗竹亦有影射或寄托。

張舜民（芸叟）寄所編樂府詩。蘇轍與舜民簡問手戰之故，答簡憐轍衰病，轍作詩寄之。

詩見《欒城三集》卷二。張舜民云云，見詩之引。按舜民于徽宗朝任吏部侍郎，見《宋史》張舜民傳。詩云「手戰我先衰」蓋實情。

《昭德先生郡齋讀書志》卷四下《張浮休畫墁集》條謂舜民「晚年爲樂府百餘篇」，其書久佚。今《永樂大典》輯本《畫墁集》卷一，《紫騮馬》等在其中。

八月二十九日，邁跋父軾與章惇、章楶簡。

大觀元年，邁赴官嘉禾，已見該年紀事。

嘉禾爲秀州，治嘉興。邁入嘉興幕。《名賢氏族言行類稿》卷二十六《章惇傳》、《章楶傳》引蘇軾與二人之簡，簡後，該書作者章定有跋，跋云簡後有「蘇邁大觀四年八月二十九日嘉興幕下跋語」之語，邁跋不見。

閏八月，遇雨中秋，轍賦詩。

詩見《欒城三集》卷三，云「脾病家人不教飲」。詩之叙云「時正苦腹疾」。

閏八月二十五日，菊有黄花，園中粲然奪目。九日不憂無菊而憂無酒，轍作詩。

詩見《欒城三集》卷三。首云：「年年九日憂無菊，今歲牀空未有糟。世事何嘗似人意，天公端解惱吾曹。」末云：「門外白衣還到否？今時好事恐難遭。」嘆命舛也。

九月九日，轍作詩三首。時遜自淮西送酒來。

詩見《欒城三集》卷三。其三云：「幼子淮西客，雙壺思老人。遠來經頤淡，細酌喜清醇。」遜淮西酒官任將滿，故以下有「歸來早及春」之句。

木冰，作詩紀其特異景像；夜坐習禪；老史忠信，轍有詩。

詩見《欒城三集》卷三。前者云：「枯榆老柳變精妍，細梢如苗粗如椽。風敲碎玉落紛然，冰裏槲葉誰雕鐫。」所謂木冰，蓋即樹上所長之冰。末云「樹稼不見今十年」，則木冰即樹稼。《夜坐》叙習禪定「跏趺正坐推不倒」；末云：「平生誤與道士游，妄意交梨求火棗。知有毗盧一逕通，信脚直前無别巧。」由道而佛。《老史》之史乃小吏，爲作者衣食飽暖操持，三十年辛苦不辭，作者贊之爲金石交。

臘雪、小雪，轍有詩。

詩見《欒城三集》卷三。前者云：「傾瓢有遺酌，起和田中謳。」田中謳者，民歌也。蓋臘雪免來歲之憂，遂不自覺與農民同樂。後者云「老去禪功深自覺」，習禪已漸入門。

除夜，轍作詩。

詩見《欒城三集》卷三。其二云：「西方他日事，東魯一經傳。」其時，蘇轍心中所繫念者乃《詩傳》與《春秋傳》。又云「初安半夜禪」，習禪已成爲日常生活之必不可少。

是歲，轍嘗寄王鞏（定國）簡，約來許昌作十日之飲。

詳政和二年「王鞏有輓詩」條。

三蘇年譜卷六十

政和元年（一一一一）辛卯　蘇轍七十三歲

正月初四日，轍題兄軾遺墨。

據《宋拓成都西樓帖》光緒間影印本所存轍手迹，文如下：「政和改元辛卯歲正月，表侄都水程君自鄉里赴京師，道出潁川，爲予少留。出其先君懿叔龍圖所收亡兄子瞻及予昔日往還書四卷相示。子瞻與懿叔兄弟相繼淪没，今十餘年，遺墨如新。覽之潸然出涕。予今七十三矣，不知異日尚獲相從見此否耳。初四日，轍題。」參見劉尚榮《蘇轍佚著輯考》題跋《與表侄程君觀子瞻遺墨題後》。

十六日，轍作詩。

詩見《欒城三集》卷三。中云：「誰言世上驅馳客，老作庵中寂定僧。」自謂。

二月二十，七十三歲生日，轍作詩。

詩見《欒城三集》卷三。首句感嘆「一生有志恨無才」。然「力學當年真自信」，以致「初心到此未應回」，仍在力學。中云：「舊人化去渾無幾，新障重生撥不開。」心情沉重。

春旱彌月，郡人取水邢山，二月五日，水入城而雨，轍作詩。

詩見《欒城三集》卷三。中云：「深愧貧民饑欲死，可憐肉食坐稱賢。」取水者乃貧民，而貧民饑欲死。未取水者乃肉食者，而坐享水之利，并得賢名。不平。

龍川道士廖有象來，轍作二詩贈之。

詩見《欒城三集》卷三。前者云：「僕夫忽告我，門有萬里賓。問其所從來，笑指南天雲。心知故人到，驚喜不食言。」後者云：「萬里一藤杖，來從故人游。」詩叙有象離龍川如脱弊裘，以下云：「去彼非有嫌，來此亦無求。」蓋雲游四海。末云「浪走非良謀」，勸有象收心，於平静中度過老境。

西軒畫枯木怪石，轍作詩。姪過次韵。

詩見《欒城三集》卷三。詩首云：「西軒素屏開白雲，婆娑老桂依霜輪。顧兔出走蟾蜍奔，河漢卷海機石蹲。牽牛自載倚桂根，清風颯然吹四鄰。」畫面良足傳神。以下云：「東坡妙思傳子孫，作詩仿佛追前人。」似此枯木怪石乃出東坡子孫之手。東坡子孫善畫者有蘇過，此畫或出自過之筆也。

《斜川集》卷二《次韵叔父題畫木石屏風》：「老人萬事無心雲，年來道眼等卧輪。西軒坐閲車馬奔，垂天不展空鵬蹲。屏間怪石千年根，端爲先生來結鄰。毫端雖愧蜀兩孫，要非丹青閲世人。空山老幹不效珍，荆人異璞埋埃塵。幸此不遭世俗昏，楝梁圭瓚徒勞神。」「毫端」云云，自謙之中有自負，亦似此畫出自過手。

悟老住慧林，轍作詩。

詩見《欒城三集》卷三。中云：「悟公清净人，心厭紛華地。慧林虛法席，去有遲遲意。」悟公或即居潁昌。轍所撰兄軾墓銘，有「太學之士數百人，相率飯僧慧林佛舍」語，知慧林在京師。慧林乃紛華地，故悟公不欲往。轍勉以：「去住本由天，去來亦無違。相期明且哲，大雅亦如此。」勉其行。明哲云云，蓋謂儒佛有共通處。

轍作《蠶麥》、《北堂》、《秋稼》詩。

詩見《欒城三集》卷三。《蠶麥》首云：「春旱麥半熟，蠶收僅十分。不憂無餅餌，已幸有襦裙。」田父所望甚微，亦易滿足。末云：「經過話關陝，貧病不堪聞。」自路人口中得知此種景象，即憂不能釋。

《北堂》中云：「通廊開十窗，爽氣來四方。……兒女避不居，留此奉爺娘。」家庭之樂怡然。以下云「今年得風痺」。

《秋稼》叙今年豐收。然與豐收俱來者則是：「窮邊逃卒到處滿，燒場入室才逡巡。縣符星火難鞭箠，解衣乞與猶怒嗔。」莊稼人仍不能安寧。前者來自外鄉，後者來自本土。外鄉猶可云短時，本土則永無窮已。末云：「古來堯舜知有否？詩書到此皆空文。」由今疑及古，思想自現實生活體驗中有所突破。

七月七日，轍作詩。

詩見《欒城三集》卷三。題作《七夕》，次《秋稼》後。詩中涉鵲橋、乞巧等民俗。

九月九日，轍作詩。

詩見《欒城三集》卷三。其二云及脾疾。其三首云：「河朔今將到，山陽近欲行。老懷驚聚散，一酌慰平生。」詩末自注：「遲歸自河朔，節前當至。曹郎將赴山陽，節後即行。」此所云「節」，或指冬至節。此詩之前，有《曹郎子文赴山陽令》詩。子文名焕，轍第三女之婿。元豐五年「曹焕自浮光來」條紀事已及。此詩有「楚風剽疾觀新政」之句。山陽乃楚州之治，囑焕注意民風，取得顯著政績。

轍作《早睡》、《廳前柏》詩。

詩見《欒城三集》卷三。《早睡》首云：「老人如嬰兒，起晏睡常早。粗氈薄絮被，孤枕自媚好。倒牀作龜息，逡巡輒復覺。」恬淡有味。《廳前柏》首云：「穉柏如嬰兒，冉冉三尺長。移根出澗石，植榦對華堂。重露恣膏沐，清風時抑揚。」愛之深。

秋，适監西京河南倉，過送以詩。

适監云云，見《蘇适墓誌銘》，詳宣和四年紀事。

《斜川集》卷二《送仲南兄赴水南倉》：「憶君結髮讀書日，肯學呻吟事刀筆。功名真欲高古人，議論從來氣橫臆。咄嗟歲晚事大繆，翻然自許林泉役。躬耕二頃羞甘旨，櫛風沐雨忘晨夕。十年不知簪組味，萬里能舒陳蔡厄。丈夫升沉何足道，竭身養志真奇特。閉門却求文史樂，勁氣豈爲窮居屈。信哉自有絶人處，坐使懦夫聞有立。邇來彈冠本非好，黽俛聊從父兄迫。區區試吏倉庾間，定知蠟屐何曾得。嗟余白髮亦自笑，眷眷一官乃爲肋。明年驅車走太行，政坐相如空四壁。秋風淇水各相送，未覺軒裳勝蓬蓽。鷦鷯僅獲一枝安，此外所憂非我力。」

「明年驅車」云云，乃謂政和二年赴監太原税任。見四川大學學報叢刊第二十七輯《古籍整理研究》曾棗莊、舒大剛《蘇過年譜》。此詩作於本年。「秋風」句點秋。

十月二十九日雪，轍作詩。過次韻。

詩見《欒城三集》卷三。其一云「擁褐旋驚花著樹」，點雪。又云「鄰翁晨乞米三斗」，亦由雪來。無意之中道出與鄰里有無相助之親密關係。其四末云：「何年結束尋歸路，還看螟頤下飲江。」思鄉。

《斜川集》卷三《次韻叔父小雪二首》其一：「屏帷夜久灰殘獸，紙帳寒驚月在窗。似聽竹聲知有雪，便添酒興欲傾缸。西鄰正想蒲團穩，古殿遥瞻老柏雙。自笑窮愁拙生理，不謀升斗待西江。」其二：「夜來小雪猶凝地，睡起扶桑已著窗。却喜少陵時炙背，不憂北海屢空缸。豐年何待豚蹄祝，薄淖聊煩蠟屐雙。試走湖邊望嵩少，殆如叠嶂在烟江。」

轍作《冬日即事》詩。

詩見《欒城三集》卷三。首云「寒日初加一綫長」，作於冬至時。中云「舊疾微令變舊方」、「得閑筋力尚康强」，自注「近來腹疾頗退，足疾尚餘一二，醫婁生言：舊所用藥，須少增損」，知此時健康狀况頗佳。

以下有《冬至日作》，云「人言老翁似小兒，烝豚釀酒多爲具」。以下有《冬至雪二首》，其二末云：「頗嫌半夜欺毛褐，却喜年來麥定豐。」

畫學董生畫山水屏風，轍題詩。

詩見《欒城三集》卷三。首云：「承平百事足，鴻都無不有。策牘試篆隸，丹青寫飛走。」言京師有專攻書法、繪畫專業。以下云：「紛然四方集，狐兔萃林藪。何人知有益，長嘯呼鷹狗。奔逃走城邑，驚顧念餬口。」言有以書法、繪畫爲職業者，奔走四方，生活艱辛。董生即其人。自「素屏開白雲」至「隔水惟病叟」十四句，叙董生之畫，可見其技法之高、構思之妙，想像之豐富。「听然發一笑，此處定真否」，乃叙董生畫畢以後問作者。「人生初偶然，與此誰夭壽」二句撤開董生之問，慨嘆人生，慨嘆董生之畫，值得細細尋味。

《欒城三集》卷一《畫嘆》之引云及里人重趙、董二生之畫，當即此董生。此詩叙職業畫家生活，人所未及。

冬，得姪邁等所編其父軾之手澤，其中有元符間軾爲轍所作《老子新解》之跋。十二月十一日，再跋所作《老子新解》（即老子《道德經解》）。

轍跋見明刊《潁濱先生道德經解》卷末，《欒城三集》未收，今録此。

《再題老子道德經後》（按：題乃本譜撰者所加）：「予昔南遷海康，與子瞻兄邂逅於藤州，相從十餘日，語及平生舊學，子瞻謂予：『子所作《詩傳》、《春秋傳》、《古史》三書，皆古人所未至，惟解《老子》，差若不及。』予至海康，閑居無事，凡所爲書，多所更定。乃再録《老子》書以寄子瞻，自是蒙恩歸北。子瞻至毗陵，得疾不起，逮今十餘年，竟不知此書於子瞻爲可否也？政和元年冬，得姪邁等所編先公手澤，其一曰：『昨日子由寄《老子新解》，讀之不盡卷，廢卷而嘆，使戰國有此書，則無商鞅、韓非，使漢初有此書，則孔、老爲一，使晉、宋間有此書，則佛、老不爲二，不意老年見此奇特。』然後知此書當子瞻意。然予自居潁川十年之間，於此四書復多所删改，以爲聖人之言，非一讀所能了，故每有所得，不敢以前説爲定，今日以益老，自以爲足矣，欲復質之子瞻而不可得，言及於此，涕泗而已。十二月十一日，子由再題。」

軾跋作於元符間。

讀白居易(樂天)集,轍戲作五絶。

詩見《欒城三集》卷三。以個人與居易比,有同有不同。其一謂居易與劉禹錫(夢得)老相倡酬,而己無;其二謂居易有楊柳枝,而己無;其三謂居易晚刺杭、蘇多異物,而己未嘗爲二千石,無異物;其四謂居易有畫舫飛橋之樂,而已可杖策看湖光,相同;其五謂居易有竹園,而己亦有墻陰數百竿,相同。

除日,轍作詩。

詩見《欒城三集》卷三。其一中云:「脾寒服藥近方驗,風痺經冬勢漸微。」以上《記病》云及「藥」乃薑、豆、附。然未能遵醫囑,繼續服用,致風痺大作,兩足蹣跚,至此方了解藥亦有毒。其二云「三千里外未歸人」,思鄉。

遜(叔寬)通判瀘南,過有送行詩。

《年表》:「遜……官奉議郎,通判瀘州潼川府。」

《斜川集》卷二《送叔寬弟通判瀘南》:「老人出鄉不得歸,西山潁水含清悲。脂車獨辦入蜀計,欒城季子真男兒。凌雲棧道三千里,屈指渡瀘五月時。想歡里門下父老,寒食上冢先嶢頤。吾弟平生得詩禮,大吾門户惟子期。巴川僰道人鄙遠,誰肯仁義變蠻夷。蜀筇蒟醬亦安用，唐蒙已死仍瘡痍。請君擕泥一丸去，持此關塞安黔黎。」作此詩時，細味首二句，似轍仍在世。遜今年淮西酒官任已滿，姑繫之於此。

是歲，《欒城第三集》編成，轍爲之引。

《欒城三集·引》叙《欒城後集》編成之後五年，「當政和元年，復收拾遺稿，以類相從，謂之《欒城第三集》。」

轍作《卜居賦》。

賦見《欒城三集》卷五，謂作於七十三歲時。

追爲武昌筦庫官。其赴官也，過送以叙。

《斜川集》卷五《送仲豫兄赴官武昌叙》：「某生最後，不及見先君少時行事也。比成人，能區別，則先君歷清華、典方面，既貴矣。然竊觀其退居於家，藐然陋巷，布衣糲食，寒士有所不能堪，而先君安焉。故能糠粃富貴，而不少貶於流落。所謂季文子相三君，家無衣帛之妾，廄無食粟之馬，殆類是矣。子孫雖不能髣髴其萬一，然清介廉苦之風，抑有類焉。故吾長兄年五十有三，不能俯仰於人，猶爲州縣吏；仲兄少不樂仕進，親戚强之，今四十有二，始爲筦庫官，又飄然遠游江湖千里之外。此其中必有遺世故而輕外物者矣。且平居里巷間，士大夫以門閥相高，炫服車馬相誇；則吾兄敝衣緼袍，刓去圭角，乘款段馬，衣野人服，與方外之士雜居而無辨。此得於先君子清介廉苦之風爲多，余不及也。夫約於奉己，則求於人也薄；故雖小官，恬然而往。進不希當世之用，退不謀三徑之資。則出處之間，無累於物，豈不超然自得於方寸乎。武昌與黄岡對壘，特限一大江耳。頃侍先君杖履，往來於樊口甚數。今三十年，江山宛然，而吾曹齒髮如此，得不爲之太息乎？昔人感髀肉生而有功名未遂之歎，吾曹則不然。白首折腰，當念蚤爲求田問舍之策。及瓜而歸，徜徉嵩少之下，以畢吾兄弟晚歲之樂，又奚恤元龍所笑哉！」

迨（仲豫）生於熙寧三年。今年四十二歲，故繫於此。

政和二年（一一一二）壬辰　蘇轍七十四歲

寫真，轍作贊。

贊乃《欒城三集》卷五《壬辰年寫真贊》。《年表》繫於本歲之初，今從。

轍作管輅（幼安）畫贊。

贊見《欒城三集》卷五；其引首謂「予自龍川歸居潁川十有三年」，知作於本年。此文原繫次《壬辰年寫真贊》後，故繫於此。贊謂輅之賢在於「明於知時，審於處己」，以能自全。

上元，轍作詩。

詩見《欒城三集》卷三。中云：「跏趺默坐聞三鼓。」習禪已成爲日功。然以下《風痺三作》

詩，云及「十年學趺坐，從此罷雀躍」，專一於趺坐，未免失之偏。

二月二十日，轍生日記懷。門人以《漁家傲》詞爲壽，至遲作於今年。轍有和。

詩見《欒城三集》卷三。末四句：「下種言非妄，開花果定圓。驅羊舊有法，視後直須鞭。」此四句似與生日無關，所言皆農事，蓋作者繫念農事也。末二句叙驅羊法，似作者生活中有此種經歷。

《欒城遺言》：「公悟悦禪定，門人有以《漁家傲》祝生日及濟川者，以非其志也，乃賡和之：『七十餘年成一夢，朝來壽斝兒孫奉，尤患已空無復痛。心不動，此間自有千鈞重。早歲文章供世用，中年禪味疑天縱，石塔成時無一縫。誰與共，人間天上隨它送。』」轍篤行禪而力行之。

轍作《白鬚》、《林筍》、《西軒種山丹》詩。

詩見《欒城三集》卷三。《白鬚》末云：「自頃閉門今十載，此生畢竟得如愚。」以「如愚」爲人生極致。《林筍》首云：「竹林遭凍曾枯死，春筍連年再發生。」性倔强，顯示不屈生命力。《西軒種山丹》中云：「山丹非佳花，老圃有深意。宿根已得土，絶品皆可寄。明年春陽升，盈尺爛如綺。」老圃善栽培。老圃不知爲蘇轍家中花工，抑當時社會有職業花工？

以下《新作南門》，有「中年出入黄門中，智巧不足稱愚忠」句。其自知甚明。

游西湖，泛潩水，轍作詩。

詩見《欒城三集》卷三。前者中云：「行過閭閻争問訊，忽逢魚鳥亦驚猜。」蓋已十年不出。後者云：「半篙春水花千片，八尺輕船酒一壺。」興致不淺。

《老學庵筆記》卷七：「蘇子由晚歲游許昌賈文元公園，作詩云：『前朝輔相終難得，父老咨嗟今亦無。』蓋謂方仁祖時，士大夫多議文元，然自今觀之，豈易得哉。其感慨如此。」「前朝」二句，即在《泛潩水》詩中。

轍作《風痹三作》詩。

詩見《欒城三集》卷三。

《韻語陽秋》卷十二：「子由誦《楞嚴經》，悟一解六亡之義，自言於此道更無疑。然其作《風痹》詩，乃有『數盡吾則行，未應墮冥漠』之句，則於理尚有礙也。而東坡乃謂子由聞道先我，何耶！」

「數盡」二句，在詩之末。

轍作《感秋扇》。孫籀亦有作。

詩見《欒城三集》卷三。首云：「團扇經秋似敗荷，丹青髣髴舊松蘿。一時用舍非吾事，舉世炎涼奈爾何！」借言扇經秋不用，爲人所棄，隱寓數十載忠心國事而爲朝廷所棄之意。第五、六句言「漢代誰令收汲黯，趙人猶欲用廉頗」，知團扇經秋尚有用。第七句「心知懷袖非安處」，似謂朝廷有人才而不用，「懷袖」謂藏團扇於袖中。第八句「重見秋風愧恨多」，似謂急需人才時而人才已不在，朝廷亦自知其非而不能改，故「愧恨多」。此詩可謂寓言詩，亦可謂諷諭詩。

《雙溪集》卷一《大父令賦舊扇》：「裁紈當團扇，當暑不離手。炎涼一推遷，委擲昏塵垢。蒙蒙縈蛛網，闇闇迷遠岫。人情逐時移，浪自分好醜。一朝被收録，已迫朱明候。開篋振浮埃，清風亦生袖。有愛必有憎，無新故無舊。可憐漢婕妤，涕泣將爲咎。賢哉楚令尹，無欣亦無詬。」

同上《大父令賦捕魚》：「寒魚不樂水，遇汕輒來依。溪邊蓑笠翁，智深魚莫知。網罟既不設，釣竿亦罷攜。蕭然徒手來，一一收無遺。幽人買魚食，心亦憐魚癡。早知烹割苦，寧如在流澌。世人豈異此，外物常見羈。好在李斯犬，當觀莊子犧。」附此。籀受轍之詩教，由以上二詩可見。

轍喜姪邁還家，作詩。

《欒城第三集》卷四《喜姪邁還家》：「一别忽忽歲五除，還家怪我白髭鬚。懷中初見孫三世，巷口新成宅一區（原注：姪房添一男孫，予亦葺成敝廬，皆别後事）。林下酒尊還漫設，牀頭

《易傳》近看無。老年遊宦真安往，南北相望結草廬。」詩作於本年。時邁年五十四歲。

《名賢氏族言行類稿》卷七《蘇軾傳》：子邁，善爲文，仕不顯。

《豫章文集》卷十二《誨子姪文》：「杜牧曰：願汝出門去，取官如驅羊。富鄭公曰：願汝出門去，錦繡歸故鄉。韓魏公曰：願汝出門去，早早拜員郎。范文正公曰：願汝出門去，翰林著文章。曾公亮曰：願汝出門去，錦繡爲肝腸。（中略）其後蘇東坡打諢，示子蘇邁曰：願汝出門去，無玷辱爺娘。」此不知爲何時事，姑附於此。

《式古堂書畫彙考·書》卷十有《蘇伯達辱書愈勤帖》原注：行草書，紙本。同卷尚有《蘇伯達台眷帖》，在《蘇氏一門諸帖册》中。

《春渚紀聞》卷六《書明光詞》作者何薳叙與邁交往。

邁不知卒於何時，故叙有關事於上。

邁所作詩，除元豐五年與父軾聯句外，尚有殘句。

與父聯句，已見元豐五年紀事。

《蘇軾文集》卷六十八《書邁詩》：『兒子邁，幼時嘗作《林檎》詩云：『熟顆無風時自脱，半腮紅日鬭先紅。』於等輩中號有思致者。今已老，無他技，但亦時出新句也。嘗作酸棗尉，有詩云：『葉隨流水歸何處，半載寒鴉過別村。』亦可喜也。」

此文云邁「已老」，則軾之作，最早當在元祐末。

邁所傳之文，已見前。

邁五子，女之可考者一人。

《軾墓誌銘》：「孫男六人，簞、符、箕、籥、筌、籌。」前三者爲邁之子。簞、符之名已見本譜。簞居長。筌、籌爲邁之第四子、第五子。符。字仲虎。紹興間，賜同進士出身。除中書舍人，爲禮部尚書。事迹詳行狀、《永樂大典》卷二千四百一引《紹興正論·蘇符傳》。符卒於紹興二十六年（一一五六）七月丁未，年七十。邁第二子。箕。《春渚紀聞》卷六《書明光詞》有「仲虎、叔平諸孫」之語。箕在諸孫間次三，叔平當爲箕之字。邁第三子。

《山谷詩集注》卷五《子瞻詩句妙一世，乃云效庭堅體……次韻道之》，作於元祐二年。末云：「小兒未可知，客或許敦厖。誠堪壻阿巽，買紅纏酒缸。」任淵注謂「意且欲爲其子求婚於蘇氏，抑東坡或嘗以此許之也」。注又云：「山谷在黔中與王瀘州帖云：『小子相，今年十四，骨氣差厖厚。』以此帖觀之，在京師時，三四歲矣。阿巽，蓋蘇邁伯達之女，東坡之孫。山谷雖有此言，其後契闊，竟不成婚。嫁范子功之孫漢，漢字箕叟。敷文學士蘇符仲虎，伯達之子也，其言云爾。」《斜川集》卷一有《與范箕叟避暑西湖》詩。此西湖在許州。子功，百禄字。本譜多處提及。

五月十九日夏至喜雨，轍作詩。

詩見《欒城三集》卷四。中云：「氣爽暫令多病喜，來遲未解老農憂。力耕僅足公家取，遺秉休違寡婦求。」蓋喜中有憂。下首《雨過》「人意共懷艱食病」，亦此意；然「終年苦樂會須勻」，雨之功不可没。

外孫文九伏中入村曬麥，轍作詩。孫籀次韻。

詩見《欒城三集》卷四。中云：「人言春旱夏當潦，入伏未保天日好。老農經事言不虛，防風防雨如防盜。」足見與老農接觸多。以下叙文九到田舍，「秋田正急車難起，汗滴肩頳愧鄰里」，與鄰里實地共同參加農業勞動，應表而出之。

《雙溪集》卷一《次韻大父曬麥》：「西郊歲種十畝麥，自笑不耕惟坐食。吾人一飽已天幸，此外何心更求得。我田長熟無旱潦，玉粒收來堅且好。豈同豪右執券契，虐取多求急於盜。我家治生無奇功，累世守此慈儉風。倉囷不滿非所恤，冒暑一曬安敢慵。長空不見纖雲起，沽酒烹鷄會鄰里。炎飈不厭塵滿身，冷餅行看冰上齒。閑居舍此一事無，徇時干禄姑舍諸。信知爲農自足樂，秦相未必賢牽盧。」

六月下旬，過出監太原府税。

據《蘇過年表》。
《年表》云：「《墓誌銘》：『初監太原府税。』過《予寓洛陽寶壇（略）作此詩别之》：『此心本洞然，六月遭怵迫。』六月始入世網。又《孫團練墓誌銘》：『政和二年六月十九日，終於太原官舍。』又曰：『過始發於太原之歲也，公已病，不及見。』」

遲赴登封丞，轍作詩送行。

詩見《欒城三集》卷四。末云：「吾兒性静默，丞邑山路口。秋暑山尚煩，冬雪山方凄。春山利游觀，安輿即迎父。」約明年春日往游。此詩次《秋後即事》後，作於秋。

八月辛亥（二十七日），轍題蔡幾先海外所集文後。

據《年表》。文已佚。味《年表》，似蔡幾先所集之文爲蘇轍之文，然不知何以謂之海外文，或謂雷州、循州之文也。蔡幾先，待考。

蘇轍作《墳院記》。墳院乃旌善廣福禪院。先是元祐六年，轍以官至尚書右丞，以故事得於父洵之墳側建刹度僧，其刹即旌善廣福禪院。崇寧五年，前執政以黜去者，皆奪刹，又二年復還，乃作記。

記乃《欒城第三集》卷十《墳院記》：「旌善廣福禪院者，先公文安府君贈司徒墳側精舍也。先公既壯而力學，晚而以德行文學名於世。夫人程氏，追封蜀國太夫人，生而志節不羣，好讀書，通古今，知其治亂得失之故。有二子，長曰軾，季則轍也。方其少時，先公、先夫人皆曰：『吾嘗有志兹世。今老矣，二子其尚成吾志乎？』轍兄弟雖少而仕，亦流落不偶，年幾五十，乃始得還朝。兄氣剛寡合，已入復出。轍碌碌無能輕重，五年而至尚書右丞，與聞國政，以故事得于墳側建刹度僧，以薦先福。墳之東南四里許，有故伽藍，陵阜相拱揖，松竹深茂。相傳唐中和中，任氏兄弟所捨也。轍以請於朝，改賜今榜，時元祐六年也。既三年，兄弟皆以罪廢，南遷海上。又六年，蒙恩北歸。兄至毗陵，以病没。轍中止潁川，不能歸。又五年，前執政以黜去者，皆奪墳上刹。又二年，上哀矜舊臣，手詔復還畀之。墳之西南十餘步有泉焉，廣深不及尋，晝夜瀵湧，清洌而甘，冬不涸，夏不溢。自轍南遷，而水日耗，至奪刹遂竭。父老來告，轍惕焉。疑獲譴于幽明，徬徨不知所爲。而手詔適至，泉亦滃然而復。山中人皆曰：『詔書乃與天通耶？』轍聞之，遡闕而拜，以膺上賜。久之，乃爲之記，使世世子孫知兹刹廢興所自，以無忘朝廷之德。政和二年壬辰九月乙卯朔六日庚申，中奉大夫護軍欒城縣開國伯賜紫金魚袋蘇轍記。」

廣福禪院僧智昕西歸，轍作詩，絶筆。

詩見《欒城三集》卷四。中云：「故山比丘僧，藹足超峨岷。歸途三千里，秋風入衣巾。」又云：「我歸要有時，久遠與子親。」未嘗忘歸。智昕，墳院之僧。

是年轍未辭世前，晚生猶及識之，衣冠儼古，語簡而色莊。

《蘆川歸來集》卷九《跋蘇黄門帖》：「蘇黄門頃自海康歸許下安居云久，政和二年，晚生猶及識之，衣冠儼古，語簡而色莊，真元祐鉅公也。已而與其外孫文驥德稱相過澶淵，出書帖富甚。今觀史侯所藏數幅，蓋中年筆札也。兵火之餘，豈易得哉！是宜什襲遺諸子孫，不妨模以墨本，流傳於世。」

自崇寧三年至辭世前，孫籀侍側。籀記轍之言，爲《欒城遺言》一卷行世。

《欒城遺言》（以下簡稱《遺言》）：「籀年十有四，侍先祖潁昌，首尾九年，未嘗暫去侍側。見公終日燕坐之餘，或看書籍而已，世俗藥餌玩好，公漠然忘懷。一日，因爲籀講《莊子》二三段訖。公曰：『顔子簞瓢陋巷，我是謂矣。所聞可追記者若干語，傳諸筆墨，以示子孫。』」凡九十三則，其散見此前各卷者不重出；其未見者見下（或數則綜述，或一則獨出，或節略），并間作簡要説明。

《遺言》：「公謂籀曰：『蘇瓌訓頲，常令衣青布襦伏於牀下，出其頸受榎楚，汝今懶惰可乎！』」勉籀力學。瓌、頲，唐人。又：「公令籀作詩文，六五年後，忽謂籀曰：『汝學來學去透漏矣。』嘗與文氏家姑言之，亦如此。」文氏姑謂轍長女適文逸民者，逸民卒，居轍家。又：「公每語籀云：『聞吾語當記之勿忘，吾死無人爲汝言此矣。』」知轍語不苟發。

《遺言》：「賈誼、宋玉賦，皆天成自然。張華《鷦鷯賦》，亦佳妙。」又：「公曰：『申包胥《哭秦庭》一章，子瞻誦之，得爲文之法。』」又：「莊周《養生》一篇，誦之如龍行空，爪趾鱗翼所及，皆自合規矩，可謂奇文。」又：「公曰：莊周多是破執，言至道無如五千文。」五千文謂《老子》。又：「公曰：班固諸叙，可以爲作文法式。」又：「公論唐人開元燕、許云：『文氣不振，倔强其間，自韓退之一變復古，追還西漢之舊。』然在許昌觀《唐文粹》，稱其碑、頌，往往愛張、蘇之作。又覽唐皇甫持正《諭業》云，所譽燕、許文極當，文奇則涉怪，施之朝廷，不須怪也。蓋亦取燕、許。」又：「唐皇甫湜論朝廷文字，以燕、許爲宗。文奇則怪矣。」又：「公言秦火後，漢叔孫通、賈誼、董仲舒諸人，以詩書禮樂彌縫其間，西漢之文，後世莫能彷彿。」提倡學兩漢文。以上各則論文。

《遺言》引轍語論李白詩：「白詩過人，其平生所擅，如浮花浪蕊，其詩云羅幃卷舒，似有人開，明月直入，無心可猜，不可及。」

《遺言》引轍語論《晉史（書）》，謂乃唐賢房、杜輩所作，議論可據。

《遺言》引轍語論讀書：讀書須學爲文，餘事作詩人耳；讀書百遍，經義自見。

《遺言》引轍語論作詩文：去陳言，初學者事也；文貴有謂，予少年聞人唱三臺，今尚記得云云，其詞至鄙俚，而傳者，有謂也；凡爲詩文不必多，古人無許多也。

《遺言》引轍語論軾詩文：東坡律詩，最忌屬對偏枯，不容一句不善者，古詩用韵，必須偶數；子瞻之文奇，予文但穩耳；子瞻諸文皆有奇氣，至《赤壁賦》彷彿屈原、宋玉之作，漢、唐諸公皆莫及也；東坡遺文流傳海内，《中庸論》上、中、下篇，……其言微妙，皆古人所未喻。

《遺言》論姪過（六郎）作詩，彷彿追前人；畫墨竹，過李康年遠矣。按，李康年，見本譜元豐五年紀事。

《遺言》謂陳瓘（瑩中）「英俊人也，但喜用《字説》尚智」。按，瓘，南劍州沙縣人，《宋史》卷三百四十五有傳。宣和六年卒，年六十五。

《遺言》謂陳恬題襄城北極觀鐵脚道人詩似韓愈。按，恬字叔易，閬中人。居陽翟潤上村，又與晁説之（以道）同隱嵩山。有《潤上丈人詩》二十卷，已佚。《遺言》所云之詩亦佚。恬與轍當有直接交往。事迹見《郡齋讀書志》卷十九《潤上丈人詩》解題。

《遺言》謂轍常云在朝所見，遺老數人而已。如歐陽修、張方平皆一世偉人，蘇頌、劉攽博學强識亦足以名世，謂「幸獲與之周旋，聽其誦説，放失舊聞，多得其詳實，其於天下事，古今得失，折衷典據甚多」。謂修讀書五行俱下，嘗近視之，「若遠視，何可當」。

《遺言》贊徐蒙獻書甚佳，但波瀾不及李廌。按，蒙當爲轍之晚輩，惜其文不傳。轍居潁昌，於晚輩不乏提攜。

《遺言》謂歐陽修「碑板，今世第一，集中《怪竹辯》乃甚無謂，非所以示後世」。按，碑板當指《集古録》之所收者；謂第一，既謂質，又謂量。

《遺言》謂黄庭堅盛稱梅堯臣詩不容口，轍曰「梅詩不逮君」，庭堅甚喜。按，轍論有見地。

《遺言》：「王介甫用事，富鄭公罷政，過南京，謂張文定公曰：『不料其如此，亦嘗薦之。』文定操南音謂公曰：『富七獨不慚惶乎？』公問：『吾丈待之如何？』文定曰：『某則不然，初見其讀書，亦頗有意於彼，既而同在試院，見其議論乖僻，自此疏之。』」按，據《宋史·宰輔表》，富弼（鄭公）罷相，乃熙寧二年十月事。弼見張方平（文定），乃此後不久事。方平與蘇轍叙及此事，乃熙寧三年轍至陳州爲陳州教授時事。方平於弼有微詞。此則紀事，有助於了解熙寧變法之微妙形勢。

《遺言》論場屋之敝：「昔南省試題官韵『於』字，舉子程文云：『何以加於。』其文中選。後詩韵有同者。或曰：『何以更加於。』大抵場屋多此類也。」又：「公言近世學問濡染陳俗却人，雖善士亦或不免。蓋不應鄉舉無以干禄，但當謹擇師友湔洗之也。」轍三子皆未應舉，以轍深知其弊，轍重力行。

《遺言》記軾、轍兄弟論《易》，謂：「《易》曰：『一陰一陽之謂道。』坡公以爲陰陽未交，公（謂轍，下同）以坡公所説爲未允，公曰：『陰陽未交，元氣也，非道也，正如云一龍一蛇之謂道也，謂之龍亦可，謂之蛇亦可。』」

《遺言》：「東坡與貢父會，語及不獲已之事。貢父曰：『充類至義之盡也。』東坡曰：『貢父乃善讀《孟子》歟！』」貢父，劉攽字。

《遺言》：「先王議事以制，不爲刑辟，東坡有人法兼用之説。公以爲敕令不可不具。二公之論不同。坡《外集》有策題一首，乃此意。」按，《蘇軾文集》卷七《私試策問》有《人與法并用》一則。《遺言》所云之《外集》今不見。「人與法并用」五字，明末茅維本《蘇文忠公全集》不見，余點校蘇軾文集時，據《經進東坡文集事略》卷二十三補。知《經進東坡文集事略》所據乃《外集》。

《遺言》：「公爲籀講《老子》數篇，曰：『高於《孟子》二三等矣。』」蓋此數篇，與轍心神契合，故如是言之。《老子》與《孟子》，思想體系不同，就整體而言，無所謂高與否。《遺言》：「公解《孟子》二十餘章，讀至『浩然之氣』一段，顧籀曰：『五百年無此作矣。』」蓋以此一段，與己心神契合也。

《遺言》：「公言：『呂吉甫、王子韶皆解三經并《字説》。介甫專行其説，兩人所作皆廢弗用。王、呂由此矛盾。』」王安石（介甫）有《字説》與經義。此則紀事，有助於了解王安石與呂惠卿（吉甫）之間之微妙關係。

《遺言》有范鎮（蜀公）、張方平（文定）軼事各一則，不録。

《遺言》引轍言謂春秋時士君子重義理，持節操，處死生之際卓然、凛然；謂伊、周以道德深妙得之，管、葛、房、杜、姚、宋以才智高偉得之；謂孔子《春秋》或是令丘明作傳以相發明；謂漢武帝所得人才皆鷹犬馳驅之才；謂以伍員比管仲猶鷹隼與鳳鸞；謂王安石《字説》穿鑿；謂《易》云精義入神以致用，不是要説脱空；謂講《論語》至「畏大人」，曰如文潞公亦須是加敬，所言當信重之。按，其中不乏精到之論。

《遺言》引轍語謂大防（微仲）性闇，邊事、河事皆乖戾，故子孫不遠。按，此未免失之迂闊。

《遺言》謂轍聞以螺鈿作茶器，曰凡事要敦簡素，不然天罰。

居潁昌期間，李之儀嘗有簡來。

《姑溪居士文集》卷十八《與蘇黄門子由》：「久不獲修記師門，雖在窮途，然竊借餘光，不忘自振。惟是耳忘目枯，求一毫髮洗濯增新，無復可得。以故繫詠搴不忘鑒寐。秋深江上，猶有暑氣，不審燕居却掃，尊體動止何似。恭惟神聽冥符，日有勝趣，萬事既不復經意，則御風忌氣，遂與造物者游矣。不腆一介，尚冀投老餘息，猶及款侍，不勝繫吝之私，更祈加愛。」據《宋史》卷三百四十四《李之儀傳》，之儀晚年謫居太平州。此簡云及「窮途」、「江上」，知作於太平州。簡云蘇轍萬事不復經意，知其時居潁昌。

壬午（二十八日），蘇轍以中大夫轉大中大夫致仕。時在病中。

壬午云云，據《年表》。

宋代官員，七十守本官致仕，不任職。未及七十，昏老不勝其任，則奏請引年致仕。又有官員不禄，先乞守本官致仕，續奏身故者。見宋趙升《朝野類要》卷五。蘇轍年早已及七十，其未守本官致仕，實以名列元祐黨人，早已閑居之故。

此外有以疾奏請致仕者。蘇軾建中靖國元年六月，即以疾告老於朝，以本官致仕。蘇轍此時奏請致仕，即以疾。

蘇轍少年時有肺疾，《蘇軾詩集》卷二十《次韵子由病酒肺疾發》一詩及之。晚年居潁昌，所苦者脾疾，或曰腹疾、胃疾，又有風痺、手戰等疾，大抵老年人常見之疾。今年緊次絶筆前所作之《省事》詩，有「煩惱消除病亦去」之句，似其時健康狀况尚可。此次發病，當在九月中旬。今年風痺已三作，其危害性已超過胃疾。加之平日嗜小酌，其影響自不能不及心血管。宿疾引發新疾，遂致不治。

十月三日，卒，年七十四。

據《年表》。

《何譜》政和八年紀事：「年八十，以病卒於潁川。」《三朝名臣言行録》卷九、《名賢氏族言行類編》皆謂轍卒於政和八年。今不從。其一：蘇轍詩篇，乃蘇轍生活紀録，其絶筆於《廣福僧智昕西歸》，歷歷可考。如轍卒於政和八年，自政和二年至八年有六年時間，轍不能無一事、不能無一詩流傳。蘇轍三子遲、适、遜，秉承家教，學皆有所成，於其父暮年此時所作，自當倍加珍惜，决不能使之散佚。其二，孫汝聽蜀人，本年《年表》所載蘇轍辭世月、日等，當出自蘇轍墓誌銘之類文章，屬第一手資料，其真實性無可懷疑。《何譜》并未明著轍卒月、日，有傳聞因素。其三，晁説之《嵩山文集》卷二十《宋故通直郎眉山蘇叔黨（過）墓誌銘》：「初監太原府税，次知潁昌府郾城縣，皆以法令罷免。」《斜川集》卷六《郾城縣遷土地祭文》：「某以乙未歲之冬奉敕宰是邑。」乙未當政和五年（一一一五）。清周在浚《晉稗》有蘇過詩一首，題作：「政和甲午孟冬休後一日，蘇過叔黨、彦明自開化甘泉至明仙，時念老禪師復出世矣，因題詩壁間。」甲午當政和四年，時在太原任中，開化在山西境内。《三集》卷三政和元年所作《十月二十九日雪四首》，過有次韵，時在潁昌。《斜川集》卷六《祭叔父黄門文》：「過也昔孤而歸公於許，奉杖履者十春。……痛里門之一訣，哭來訃於并汾。恨易簀之不見，猶及拜其冠巾。」過於崇寧元年（一一〇二）來潁昌，至今年政和二年，爲整整十春。過赴太原任，乃今年事。過在任中聞轍噩耗，即回潁昌奔喪。轍卒於政和二年，不容置疑。

轍遺命返葬眉陽。

遺命云云，據姪過、張舜民祭文，王鞏輓詞。

姪過奔喪有祭文。

《斜川集》卷六《祭叔父黄門文》：「嗚呼，天無意於世乎？曷爲畀之於人？夫既畀之，而又奪之，理何疑於大鈞。昔者仲尼、孟軻，周流天下，皇皇乎求君。蓋欲拯生民於塗炭，救將喪之斯文。然身卒困於逆旅，志壹鬱而莫信。豈道大不容於世也，抑天未欲平治於斯民。嗚呼哀哉。維我王父、皇考以及叔父，天祚有宋，篤生良臣。祖堯禹而陋秦漢，談王道於一門。公之在廟堂也，則壬人廢而蠻夷服，禮樂正而朝廷尊。排申商之充塞，非仁義而莫陳。庶幾乎虞夏之風，近樸而還淳矣。屬世故之迫隘，乃一蕕而一薰。横江潭之鱣鮪，豈溝瀆之容身。竟中道而出走，罹此郵之紛紛。然公之脱身南荒而歸也，則澹然箕山之下，潩水之濱。友巢、由於千載，追松、喬於白雲。蓋與世而相忘，默淵潛而自珍。托《春秋》以見志，戮姦宄於灰塵。公雖不用也，而天下愈尊之如泰山，歸之如鳳麟。意造物之有待，使巋然而獨存。忽山頽而梁壞，何蒼蒼之不仁。豈吾宗不祐，天實禍於縉紳。過也昔孤而歸公於許，奉杖履者十春。維二父之篤愛，推其餘於子孫。痛里門之一訣，哭來訃於并汾。恨易簀之不見，猶及拜其冠巾。恍高堂其如在，疑謦咳之或聞。誓不辱於教誨，期可見於九原。傾一奠而永已，不得執紼輓公之歸葬於西岷也。」

張舜民有祭文。

《永樂大典》卷三千四百一引張舜民《畫墁録(集)》之《祭子由門下文》:「嗚呼,請言其始。憶昔關中,嘗親伯氏。公佐宛丘,邈在千里。我掾岐府,熙寧初年。公與伯氏,免喪山川。連鑣而東,道出岐山。盤留累日,賞畫聽泉。人望入館,雅如登仙。無何南北,已困屢遷。遷仍未遠,止於江黄。不期江山,助長文章。文如綺繡,璀璨芬芳。行如珪璧,温潤而强。星霜十稔,江湖相望。直至元祐,再踐周行。入隨鷺序,出集僧房。桓珪雙植,白眉最良。已傾而晳,岳峙堂堂。雲中日下,二陸三張。壎篪間作,旗鼓相當。每於文會,繆賜稱揚。未殫城府,已簉廟堂。一言道合,澤及萬方。蘭焚以臭,玉折以剛。丹霄一跌,徑落海康。險阻艱難,亦所備嘗。五年海嶠,一日許昌。踋趺密室,閉目面墻。妻孥罕進,棟宇發光。嬰兒可復,苦海坐航。豈期大數,分甘難量。尋常書來,幾或一再,止三數張。今歲書來,前後相望。既論養生,又閔存亡。亹亹不絶,十百成行。老伴凋零,墨色未荒。始疑魄兆,終底蠱傷。嗚呼哀哉。傳聞治命,返葬眉陽。欲踐誓言,顛沛不忘。杜陵遺老,雙影孤吭。寄哀千里,奠此一觴。明年未死,丹旐西來,再拜路傍。」與舜民書已早佚。舜民約卒於此後不久。

王鞏有輓詩。

《墨莊漫録》卷三:「蘇黄門子由薨於許下,王鞏定國作輓詩三首。其一云:「憶昔持風憲,防微意獨深。一時經國慮,千載愛君心。坤道存終始,乾綱正古今。當時人物盡,惆悵獨知音。』注云：『元祐中議册后，宣仁御文德殿發册。公語余，密告吕丞相微仲，母后御前殿，茲不可啓。微仲明日留身。宣仁詔宫中本殿發册。時人無知者矣。』其二云：『已矣東門路，空悲未盡情。交親逾四紀，憂患共平生。此去音容隔，徒多涕淚横。蜀山千萬叠，何處是佳城。』注云：『公前年寄書，約予至許田，曰：有南齋，翠竹滿軒，可與定國爲十日之飲，此老年未盡之情也。』其三云：『静者宜膺壽，胡乎忽夢楹。傷嗟見行路，優典識皇情。徒記巴山路，空悲蜀道程。弟兄仁達意，千古各垂名。』注云：『公與子瞻嘗泊巴江，夜雨，相約共游蜀，竟不果歸。今子瞻葬汝，公歸眉。王祥有言：歸葬，仁也，留葬，達也。』右三詩，予在高郵於公子之處，見其遺稿，因録之，皆當時事。今公之後邈然，家集不復存，惜其亡也，因附於此。」

轍終未能歸葬眉山，參政和七年紀事。

轍與鞏書，久佚。

清馬馨增修道光《高郵州志》卷十六録孔夷《寄高郵王定國》：「世路難行肯效尤，蒲萄斗酒换涼州。春風不到仲文樹，野水猶沉夢得舟。珍重故家青玉案，徜徉鄉社紫雲裘。淮南十里鶯花老，月照關山笛裏愁。」王鞏（定國）時居高郵，録此詩以見鞏晚年生活之一斑。夷字方平，隱名爲魯逸仲，隱士。與劉攽、李廌等交游，汝州龍興人。事迹見《咸淳臨安志》卷六十六。

王鞏卒於何時，不詳。

傳劉安世爲蘇轍撰墓誌銘。

河北大學圖書館藏《蘇氏族譜》卷六劉安世撰《門下侍郎蘇公墓誌銘》：「公既卒，其家遣人走數百里來訃，予號哭不能止。及往弔，嗣君若遲、若适、若遜稽顙泣而言曰：『當先君疾，惟恨不得見先生，病且革，曰「不可待矣，知我者劉子，吾墓右之銘，其誰屬！」』嗚呼，予何足以銘公。然予生平好朋友，歷仕途，必求立朝之正人君子交，在諫職五六年，下交夫予者，固不乏人，其最篤惟蘇氏兄弟，而公遇予尤厚，方期與公談心，爲古之朋友，而公竟死。嗚呼，予何忍不銘。謹按蘇氏系出趙郡欒城，唐聖曆中遷眉州，代有聞人，逮老泉公，遂以文章顯。生子二，長曰軾，少則公也。公諱轍，字子由，號欒城，晚居於許，更號潁濱遺老。早慧，孝友天成。老泉公磊落不羈，公左右就養，相遇神明，俾曠達之懷，脱然無累。母程夫人家政甚嚴，公曲盡婉愉，每事必請，嘗曰生我者父，成我者母也。昆季之間，雍雍怡怡，且遞相勸勉，以故東坡有云：『我生二十無朋儔，當時四海一子由。』其讀書也，每留心國祚隆替所關，民生利害所繫，曰：『吾他日當爲朝廷致實用，豈能終作書生哉。』十餘歲時，賦詩即有古人風，東坡自以爲不若。東坡評公之文又有云：『子由之爲人，深不願人知之，其文如其爲人。故汪洋澹泊，有一唱三歎之聲，而其秀傑之氣，終不可没。』嘉祐丁酉，與東坡同登進士。翰林學士歐陽修知貢舉，深愛其才，嘗言此二人得志，老夫當讓一籌。閱辛丑，策賢良方正直言極諫之士，公兄弟皆在舉中，而公對切直，胡宿力請黜之。仁宗皇帝不許，曰『以直言召人奈何復以直棄之』，乃收入第四等。王安石意公右宰相專攻人主，比之谷永，不肯撰詞。韓琦曰：『此人謂宰相不足用，欲得婁師德、郝處俊而用之，尚以谷永疑之乎。』授商州軍事推官。徙大名。熙寧己酉，起爲條例司檢詳文字。時王安石用事，又有吕惠卿、章惇、曾布爲之腹心，創立新法，衆莫敢言。公獨不爲威脅。詔劉彝等八人察農田水利賦役於天下。則抗疏曰：『役人之不可不用鄉户，猶官吏之不可不用士人也。有田以爲生，故無逃亡之憂，樸魯而少詐，故無欺謾之患。今乃舍此不用，竊恐掌財者必有盜用之奸，捕盜者必有竄逸之弊。唐楊炎爲兩稅，取大曆十四年應當賦斂之數，以定兩税之額，則租、調與庸既兼之矣。今兩税如舊，奈何復取庸錢。且官品之家，復役已久，蓋古者國子俊造將用其財者，皆復其身，胥史賤吏既用於官者，皆復其家。聖人舊法，良有深意，奈何至於官户又將役之耶。』上不聽。未歲，又慮均輸之爲擾，復抗疏，略曰：『今先設官置吏，簿書廪禄，爲費已厚，非良不售，非賄不行，是官買之價，比民必貴，及其賣也，弊復如前，此錢一出，恐不可復，縱使其間薄有所獲，而征商之額，所損必多矣。』神宗方惑於安石，不納其言，然均輸法亦迄不能就。初，陝西轉運使李參以部内多戍兵而糧儲不足，令民自隱度麥粟之贏，先貸以錢，俟穀熟還官，號青苗錢。經數年，廩有餘糧。王安石與吕惠卿議，以諸路常平廣惠倉錢穀，依陝西例，民願預借者給之。令出息二分，隨夏秋税輸納。令既具，出示公曰：『此青苗法也，有不便以告，勿疑。』公言：『以錢貸民，使出息二分，本以救民，然出納之際，吏緣爲奸，雖有法不能禁。錢入民手，雖良民不免妄用。及其納錢，雖富民不免踰限。如此，則恐鞭箠必用，州縣之事不勝煩矣。唐劉晏掌國計，未嘗有所假貸，而四方豐凶貴賤，知之未嘗逾時，有賤必糴，有貴必糶，以此四方無甚貴甚賤之病。今此法現在，而患不修，誠能有意於民，舉而行之，則晏之功可立竢也。』安石曰：『君言誠有理，當徐思之。』由是逾月不言青苗。公與吕惠卿論多不合。嘗遣人使於四方求遺利，中外議其必迎合生事。公以書抵安石，力陳其不可。安石怒，將加之罪。陳升之止之，乃出爲河南府推官。越二年，遷起居郎，中書舍人。元豐己未，東坡以詩獲罪，公坐救兄謫監筠州鹽酒税。五年，移知績溪縣。尋除爲左司諫。元祐丙寅，同侍御史劉摯等連章極論蔡確在熙、豐時冤獄苛政首尾，預其間，欲固竊名位，反歸曲於先帝。又歷數吕惠卿姦狀，請投畀四裔，以禦魑魅。復奏陸師閔在成都增場摧茶，其害過於市易，皆罷去之。戊辰，代東坡爲翰林學士。明年，權吏部尚書，出使契丹，賀生辰。其國人擁躋馬前，曰：『吾等生長異域，不得識大蘇學士一面，今見天使，即吾師也。』皆羅拜於地，戀戀不忍去。公兄弟之名動海外如此。還朝，除御史中丞。時熙、豐舊臣争起邪説，以撼在位，大臣多爲自全計，吕大防、范純仁二相尤患之，欲稍引用，以平夙怨，謂之調停。宣仁太后疑不决，公面斥其非，復上疏曰：『親君子，遠小人，則主尊國安；疏君子，任小人，則主憂國殆。此理之必然。夫以小人在外，憂其不悦而引於内，是自遺患也。且君子小人，勢同冰炭，共事必争。一争之後，小人必勝，君子必敗。何者？小人貪利忍耻，擊之則難去，君子潔身重義，沮之則引退。先帝聰明聖智，疾頽靡之俗，將以綱紀四方，比隆三代。而臣下不能將順，造作諸法，上逆天意，下失民心。二聖因民所願，取而更之，上下忻慰。則前者用事之臣，今朝廷雖不加斥逐，其勢亦不能復留矣。尚賴二聖慈仁，有之於外，蓋已厚矣。而議者惑於衆説，乃欲招而納之，與之共事，此輩若返，豈肯已哉。必將戕害正人，漸復舊事，以快私忿。人臣被禍，蓋不足言，所可惜者，祖宗朝廷也。惟陛下斷自聖心，勿爲流言所惑，勿使小人一進，後有噬臍之悔，則天下幸甚。』疏入，太后曰：『轍疑吾君臣兼用邪正，其言極有理。』諸臣從而和之，調停之説遂已。拜尚書右丞。坐黨，罷知絳州，尋召還，逾年，除門下侍郎。會有旨，召内侍劉瑗、樂士宣等十人復職。公言：『陛下親政以來，未聞訪一賢臣，而所召乃先内侍，四海必謂陛下私於近習，不可。』紹聖甲戌，鄧潤甫首禍倡紹述之論，李清臣繼之。策進士題曰：『今復詞賦，而士不知勸，罷常平之官，而農不加富，可差可募之説雜而役法病，或東或北之論異而河患滋，賜土以柔遠也而羌夷之害未弭，弛利以便民也而商賈之路不通。夫可則因，否則革，惟當之爲貴，聖人亦何有必焉。』其意蓋絀元祐之政也。公慮國是變亂，乃痛哭陳詞曰：『伏見策題歷詆近歲行事，有紹復熙寧、元豐之意。臣謂先帝設施，蓋有百世不可改者。元祐以來，上下奉行，未嘗失墜。至於事或失當，何世無之。父作於前，子救於後，前後相濟，此則聖人之孝也。漢武帝外事四夷，内興宫室，財用匱竭，於是修鹽鐵搉酤均輸之政，民不堪命，幾至大亂。昭帝委任霍光，罷去煩苛，漢室乃定。光武、顯宗以察爲明，以讖决事，上下恐懼，人懷不安，章帝深鑒其失，代之寬厚愷悌之政，後世稱焉。本朝真宗天書，章獻臨御，攬大臣之議，藏之梓宫，及仁宗聽政，絶口不言。英宗濮議，朝廷洶洶者數年，先帝寢之，遂以安静。夫以漢昭、章之賢，與吾仁宗、神宗之聖，豈其薄於孝敬而輕事變易也哉。陛下若輕變九年已行之事，擢任累歲不用之人，懷私忿而以先帝爲辭，大事去矣。』哲宗皇帝覽奏，大怒曰：『安得以漢武比先帝。』公幾不免，賴范純仁從容解救，謂武帝雄才大略，史無貶詞，轍以比先帝非謗也。又謂轍所論事與時也，非人也，帝爲之少霽。然公竟因之落職出知汝州。嗚呼，諫争之道，不激切不足以起人主意，激切則近訕謗，爲人臣而有訕謗之名，此讒慝所以易乘，而人主所以不悟，天下所以卷舌吞聲而以言爲戒，公殆有不能已已者乎。公又嘗言，人苟未能忘乎榮辱，必不能忠義，不知忠義，必無經濟，其犯顔諫諍，其學問講求之力，蓋有然也。尋又貶爲少府監、分司南京。丁丑，改知來州，遷黄門侍郎。逾年，坐黨，謫化州别駕、雷州安置。不許占官舍，公因僦民屋。章惇又以强奪民居，下州追民究治，以僦券甚明乃止。余不知正人君子。何負於國，而不見容，竟如是哉。移循州。未幾徙永州，又徙岳州，既而復知衡州，旋以大中大夫奉祠。崇寧壬午，蔡京竊玩國柄，擅威福，降秩罷祠，居許州。逾年，復知汝州。甲申，力求致仕，從之。封護軍、欒城縣開國伯。自是杜門不出郡邑。有司聞其名而不得見。嘗貽書戒予曰：『名者，禍之階也，不可以令太盛。』日督課兒孫不少懈。曰：『吾志所未竟，付汝曹可也。』越數年，卒。將卒之日，自處分身後事，灑然無可憐之色。其卒也，端坐以逝。嗚呼，元祐之際，朝多君子，迄今羣賢凋喪殆盡，惟公巋然獨存，不幸又捐館，如公者得全而歸焉，復何遺憾。而予追念疇昔，握手言歡，情意浹洽，一旦風流雲散，音容渺不可接，曷勝悼歎。公生寶元戊寅十月二十日，卒政和壬辰十月廿一日，享年七十有五。贈端明殿大學士。娶史氏二娘，生康定庚辰六月初三日，卒大觀己丑十月初八日，封安義郡君。誕子三，長曰遲，元祐癸丑舉賢良，授承務郎。次曰适，知華州。少曰遜，吏部員外郎。孫男十一人。簫，紹聖經魁，授昌隆邑令；籌、筍、篪、筥、篠、簋、筬、第、策、篆。曾孫方興未艾。公著作甚多，有《古史》五十餘卷，《詩傳》、《春秋傳》、《老子解》，又有《欒城文集》，並行於世。茲於政和癸巳之孟冬，卜葬於河南汝州郟縣之小峨眉山，予爲誌而銘之，庶幾九原可作，不以予言爲諛也。銘曰：秀氣逼人蘇次公，文章克紹乎乃翁。正色立朝孰與同，難兄難弟共和衷。於茲順化而寧終，峨眉之山一坏宮。伉儷偕歸樂融融，福蔭蘭桂又何窮。政和三年十月之吉，寶文閣待制元城劉安世拜撰。」

按，此文疑處甚多，兹略舉之。

蘇洵一生，未嘗自號老泉。蘇軾兄弟亦未嘗以老泉稱其父。謂蘇洵號老泉，乃南宋時事，嗣後遂相沿。本譜卷一已考，兹不贅述。此云老泉，可疑者一。

本文云：「熙寧己酉，起爲條例司檢詳文字。……出爲河南府推官。越二年，遷起居郎，中書舍人。」據本譜此前紀事，轍未赴河南府推官，本文此處應加「未赴」二字；轍拜起居郎，權中書舍人，乃元祐元年九月十二日事，距除河南府推官，已十七年。且推官乃州府幕職，而起居郎、中書舍人，乃朝廷要員，官品懸殊甚大，豈有超躐之理。可疑者二。

本文云：「拜尚書右丞。坐黨，罷知絳州。尋召還。逾年，除門下侍郎。」據本譜，轍拜尚書右丞，爲元祐六年二月初四日事；轍除門下侍郎，爲元祐七年六月初九日事。并無知絳州事。本譜元祐六年十一月庚子（十六日）紀事：「左朝請郎監察御史安鼎知絳州。涉轍。」是以安鼎爲轍也，可疑者三。

本文云：「丁丑，改知來州。遷黄門侍郎。逾年，坐黨，謫化州别駕、雷州安置。」丁丑乃哲宗紹聖四年。本文承以上「貶爲少府監、分司南京」言。貶少府監、分司南京，乃紹聖元年事。「分司南京」之下，尚有「筠州居住」四字。少府監、分司南京乃虚授，而筠州居住，乃朝廷之明命，不得移動。今此文竟以「少府監、分司南京」爲實授，知作者不諳宋代職官制度。北宋建制，並無來州。有關地理志所載甚明。

黄門侍郎，即門下侍郎。黄門侍郎，秦官名，漢因之。唐武后光宅元年（六八四）改鸞臺侍郎，玄宗天寶元年（七四二）改門下侍郎。蘇轍元祐七年六月辛酉，除門下侍郎，而蘇頌以守尚書左僕射兼門下侍郎。頌爲宰相，轍爲副宰相。三蘇後裔不知黄門侍郎爲何物，妄以己意篡改，亦荒書之甚矣。

據本譜，蘇轍謫化州别駕、雷州安置，乃紹聖四年二月二十五日事。本文亦有誤。可疑者四。本文云：「移循州。未幾徙永州，又徙岳州，既而復知衡州，旋以大中大夫奉祠。崇寧壬午，蔡京竊玩國柄，擅威福，降秩罷祠，居許州。逾年，復知汝州。甲申，力求致仕，從之。封護軍、灤城縣開國伯。」此段文字至爲混亂。本譜元符三年二月癸亥（二十六日）紀事：「轍量移永州安置。」同年四月丁巳（二十一日）紀事：「授蘇轍濠州團練副使、岳州居住。」所云「永州安置」，即永州居住。此文，以「徙永州」、「徙岳州」與「知循州」并提，其意蓋謂蘇轍知永州、知岳州，實屬大謬。作者不諳宋代職官制度，此爲又一突出之例證。竊以爲似此類情況，當出自明、清兩代三蘇後裔之手。何以云明、清？以明、清去宋遠，宋代職官制度至爲複雜、繁瑣，非熟習之不能知，讀書不廣之士不易通。以「濠州團練副使、岳州居住」言之。「濠州團練副使」乃虚銜，即不用去濠州上任，朝廷按規定予以一定之俸禄。其重點、其要害乃「岳州居住」，唯能住岳州，而不能住他所。「濠州團練副使、岳州居住」乃一完整之概念，不可分割。以上所云「貶爲少府監、分司南京，筠州居住」同此。余於一九九七年四月二日、七日、十二日安徽《安慶日報》所發表之《蘇東坡與舒州》一文最後一節《説東坡到過舒州是錯誤的》中嘗作詳細論述。

本文云蘇轍「復知衡州」。轍之伯父涣於仁宗至和二年（一〇五五）四月知衡州，已詳本譜。轍未嘗知衡州，本文之誤當緣此而來。

本文云崇寧壬午逾年蘇轍復知汝州，甲申致仕，均誤。蘇轍自建中靖國元年歲暮抵潁昌後，即未出仕。轍之《欒城集》、《欒城第三集》俱在。

以上所云，乃可疑者五。

本文云蘇轍次子适「知華州」。今出土之《宋故承議郎眉山蘇仲南（适）墓誌銘》俱在，並未載知華州事。可疑者六。

然本文亦未可全廢。

劉安世與蘇軾交往頗多，軾稱之爲鐵人。現存蘇轍文字雖未及安世，然轍與安世有交往，則完全可以肯定。安世卒於宣和七年，年七十八，見《宋史》本傳。以安世銘轍墓，實屬至當，考之當時，未有能過之者。

安世晚年居宋都（南都、南京），宋都距潁昌不遠，本文首云「走數百里來訃」，屬情理之中事。

文中作者之抒情，有動人處，其議論亦切事理。

本文所述事父、事母、教子、傚友之生活細節，有出現存蘇轍全部資料之外者。本文所云蘇轍夫人史氏爲二娘，未見他書。

本文所云蘇轍及夫人史氏生卒，與今傳各書有不同處。所云轍孫男十一人，與孫汝聽《年表》所云九人不同；其相同者，僅篋、策二人。

以上所云不見他書之記載及記載之不同處，其始亦有所本，或爲口頭傳聞，或爲文字記録。其文字記録，或爲族譜，或爲蘇氏族中所藏之零散有關三蘇及其後裔之資料。年代久遠，輾轉相傳，而傳者文化素養不高，遂漸失其真實。余所云本文未可全廢，其故即在此。本文唯可備參考，不宜引用。

劉安世有《元城先生盡言集》十三卷傳世，爲奏議。另有《文集》二十卷，見四部叢刊本《元城先生盡言集》紹興六年王綯跋。《永樂大典》卷八千八百四十四引《劉元城盡言稿》詩一首，卷一萬三千四百五十復引同上集詩二首，知《盡言稿》即《文集》，實爲詩文合集。嗣後無著録，早佚。其墓誌銘之作，遂無可踪迹矣。

本文複印件，係河北欒城殘疾人聯合會蘇士福先生提供。士福乃味道之裔。

蘇轍有《欒城集》五十卷、《欒城後集》二十四卷、《欒城第三集》十卷、《應詔集》十二卷行世，凡九十六卷。

衢本《郡齋讀書志》卷十九、《直齋書録解題》卷十七同。

《宋史·蘇轍傳》統謂之《欒城文集》。

據上海古籍出版社出版之《欒城集》、中華書局出版之《蘇轍集》前言，國内現存之蘇轍詩文集之主要版本有：

一宋刻《蘇文定公文集》九十六卷。大字。實存四十六卷。

二宋刻遞修本《蘇文定公文集》。實存十卷。

三宋刻《欒城集》五十卷、《欒城後集》二十四卷。小字。實存二十一卷。

四明嘉靖二十年蜀藩朱讓栩所刻《欒城集》五十卷、《欒城後集》二十四卷、《欒城三集》十卷。

五明活字翻印蜀藩本。四部叢刊所據以影印者。

六明萬曆王執禮、顧天叙校清夢軒刊《蘇文定公欒城集》九十六卷。

七清道光十二年眉州三蘇祠刻《三蘇全集》（内《欒城集》四十八卷，《欒城後集》二十四卷、《欒城三集》十卷、《應詔集》十卷）。

上海古籍出版社本、中華本皆以明清夢軒刊本爲底本。此本卷首載《蘇文定公謚議》，爲研究蘇轍之重要資料。

宋刻小字本迹近初刻。如《欒城集》卷三十三《麻制·皇叔祖宗祐加恩制》「可特授依前官職」之「官職」二字，小字本作：「持節容州諸軍事、容州刺史、鞏國公、充寧遠軍節度、容州管内觀察處置等使。」似此者尚有六處。卷三十四《北京南開二股河祭河瀆星辰祝文》「維年月日」四字，小字本作：「維元祐四年歲次己巳八月戊戌朔十六日。」以下十篇祝文同。同上卷《福寧殿開啓明堂預告道場青詞》「維年月日」四字，小字本作：「維元祐四年歲次己巳八月戊戌朔十三日庚戌。」以下五篇青詞同。

宋刻大字本勝於他本。如《欒城集》卷三十七《乞黜降韓縝狀》題下小字有「十六日」三字，他本無。本卷似此者尚有八處。

以上所云「官職」、「年月日」等類文字，純自文章而言，無甚妨礙，然自歷史角度視之，則屬一大缺陷。小字本與大字本之可貴在此。

中華本附《欒城集補佚》卷，收詩三首，文三首，詞二首。

中華本尚附劉尚榮《蘇轍佚著輯考》一卷，計收文五十八首，詩十九首。

除此以外，尚有見於岳珂《寶真齋法書贊》之蘇轍與友人簡三首、《靈巖寺石刻》題跋一首，已見本譜。轍之作品已略盡於斯。

轍有《詩傳》。

《宋史·蘇轍傳》云及。《詩傳》即《詩解》、《詩集傳》。

《昭德先生郡齋讀書志》卷二一：「《蘇氏詩解》二十卷。右皇朝蘇轍子由撰。其説以《毛詩序》爲衛宏作，非孔氏之舊，止存其首一言，餘皆删去。案，司馬遷曰：『周道缺而《關雎》作。』揚雄曰：『周康之時，頌聲作乎下，《關雎》作乎上。』與今《毛詩序》之義絶不同，則知序非孔氏之舊明矣。雖然，若去字不觀，則《詩》之辭有溟涬而不可知者，不得不存其首之一言也。」

《宋史·藝文志》卷二百二著録《詩解集傳》二十卷。

《詩傳》有《兩蘇經解》、《四庫全書》、《三蘇全書》諸本。

轍有《春秋經解》。

《宋史·蘇轍傳》謂轍有《春秋傳》。即《春秋經解》、《春秋集傳》、《春秋集解》。

衢本《郡齋讀書志》卷三：「《潁濱春秋集傳》十二卷。右蘇轍子由撰。大意以世人多師孫明復，不復信史，故盡棄二傳，全以左氏爲本，至其不能通者，始取二傳、啖、趙。自熙寧謫居高安，至元符初，十數年矣，暇日輒有改定，卜居龍川而書始成。」

《直齋書録解題》卷三：「《春秋經解》。十二卷。蘇轍撰。專本《左氏》，不得已乃取二傳、啖、趙。蓋以一時談經者不復信史，或失事實故也。」

《宋史·藝文志》卷二百二著録蘇轍《春秋集傳》十二卷。

《春秋經解》有《兩蘇經解》、大梁書院《經苑》、《四庫全書》、《三蘇全書》諸本。

轍有《古史》。

《宋史·蘇轍傳》云及。

衢本《郡齋讀書志》卷七著録蘇轍《古史》六十卷，謂蘇轍因司馬遷之舊，追録聖賢之遺意以示後世，《國史》譏蘇氏之學皆機權變詐，今觀此書蓋不然，則知子由晚節爲學益精深云。

《直齋書録解題》卷四著録蘇轍《古史》六十卷，謂蘇轍：「因司馬遷之舊，上觀《詩》、《書》。下考《春秋》及秦、漢雜録，爲七本紀、十六世家、三十七列傳。蓋漢世古文經未出，戰國諸子各自著書，或增損古事，以自信其説，遷一切信之。甚者或采世俗相傳之語，以易古文舊説，故爲此史以正之。」又謂轍「稱遷淺近而不學，疏略而多信。遷誠有可議者，而以爲不學、淺近，則過矣」。

《宋史·藝文志》卷二百二著録蘇轍《古史》六十卷。

《古史》有《四庫全書》、《三蘇全書》本。

蘇轍有《老子解》。

《宋史·蘇轍傳》云及。《老子解》即《注老子》、《老子道德經解》。

《郡齋讀書志》（衢本）卷十一著録「蘇子由《注老子》二卷」。

《直齋書録解題》卷九著録蘇轍《老子新解》二卷。

《宋史·藝文志》道家類著録蘇轍《老子道德經義》二卷。

《皕宋樓藏書志》卷六十六録宋史少南《道德經注跋》：「右潁濱《老子解》四卷，蘇文定公所著也。張亭泉先生嘗得蘇公手本刻石置老翁泉，今尚無恙。此書之奇，自東坡公、黄蘗全俱已云然，無待晚輩贅贊矣。葛仙王尊師伯修既鋟諸木，又求少南爲發其義，因記《老子》二篇自文始先生河上公以降，傳之者亦已衆多，有注解，有傳疏，有正義，有章句，略之則爲略論，廣之則爲廣義，其他想爾、指歸、纂微、詣指之類，未可遽數。伯修不是之取，而顧取《蘇解》，殆有意焉。少南憂患之餘，久廢佔畢，因伯修之請，乃取《蘇解》閲之，至第十四章，作而曰：『伯修之意或在此歟！』嚮者老自老，佛自佛，各守封隅，而吾儒猶未如之何。今乃合瞿曇、老聃爲一人，所恨黄冠者流未之省耳。伯修表而出之，嘻，可畏也。因書以歸之，且以志吾之懼。伯修名道立，嘗從佛者禮獨山范無準游，今西漕趙一齋先生嘗贈以詩，稱其有老莊學云。寶祐三年臘月既望，眉山史少南書於淩雲寓舍。」

張方，字亨父，資州人，慶元進士。嘗官簡州教授。

此書，道藏收入《洞神部·王訣類》，稱《道德真經注》，四卷；《道藏舉要》第一類亦收，四卷。《寶顔堂祕笈》收入，稱《老子解》四卷。《兩蘇經解》收入，稱《潁濱先生道德經解》，二卷。又有《四庫全書》、《三蘇全書》本。

轍有《論語拾遺》。

《直齋書録解題》卷三：「《潁濱論語拾遺》一卷。蘇轍撰，於其兄之説，意有未安者凡二十七章。」

《宋史·藝文志》論語類著録蘇轍《論語拾遺》一卷。

此書收入《兩蘇經解》，一卷。又，《指海》、《清芬堂叢書》亦收。又有《四庫全書》、《三蘇全書》本。

轍有《孟子解》。

《直齋書録解題》卷三：「《潁濱孟子解》一卷。蘇轍撰。其少年時所作凡二十四章。」

《宋史·藝文志》儒家類著録蘇轍《孟子解》一卷。

此書《兩蘇經解》、《指海》均收入，一卷。又有《四庫全書》、《三蘇全書》本。

蘇轍有《龍川略志》傳世。

《龍川略志》，宋蘇轍謫居循州龍川時所撰。晁公武《郡齋讀書志》卷三下著録六卷，今北京圖書館所藏傅增湘據吴門顧逸鶴宋本影鈔之本（簡稱傅本）即爲六卷。知此書原刊本即爲六卷，《宋史·藝文志》所著録之《龍川志》六卷，即此書。

南宋時，此書有劉信刊十卷本。涵芬樓鉛印本本書（簡稱涵本），其所據叢書堂舊鈔本卷一首葉「蘇黄門龍川略志卷一」標明書名、卷次文字之第二行，有「左迪功郎新授撫州宜黄縣主簿主管學事劉信校正」二十一字，通爲一行，可證。據涵本校勘者夏敬觀跋，錢塘方氏所藏明覆宋本此書，與叢書堂本同，知劉信刊本明時尚在。南宋末左圭刊《百川學海》，有此書十卷，其所本當爲劉信本。南宋時，此書十卷本頗流行。

實則六卷本、十卷本所收皆同。以十卷本校傅本，十卷本卷一、卷二、卷十爲六卷本卷一，十卷本卷三、卷四爲六卷本卷二，十卷本卷五爲六卷本卷三，十卷本卷六爲六卷本卷四，十卷本卷七爲六卷本卷五。六卷本各卷所收篇幅畸多畸少，十卷本各卷則大體相當。六卷析爲十卷，理或在此。十卷本行世後，六卷本漸晦而不彰，傅本出而後略知其情。

本書爲歷史資料筆記，記親身經歷與見聞，與其生活之時代同步。小部屬於個人，如聞名醫單驤論三焦，如記與道者王江、趙生游。轍兄軾初仕鳳翔，開元寺僧欲授以燒金方術，軾不受，僧以其不欲受也而終授之。後爲陳希亮求而與之，軾終不用。爲軾之軼事。大部則屬時政。神宗熙寧三年（一〇七〇），轍爲制置三司條例司檢詳文字，時王安石推行新法，轍與安石屢論青苗、鹽法、鑄錢利害。並與同僚論榷河朔鹽利害、論朝廷派遣使者之四方搜訪遺利利害。元祐中，朝廷與西夏議定地界，朝中大臣意見不一，遷延歲月。北宋時，黄河爲大患。神宗元豐時，河决大吴。神宗知不可復還故道，因導之北流，元祐中，大臣之中復有力主使黄河回故道者，議論不休。元祐八年末，哲宗親政，中外賢士大夫未曾進用，而先推恩於左右近習，大臣屢疏。以上所云，皆朝廷大事，轍皆與之，并記於書中。轍之記載，於研究當時時政有重要意義，屢爲李燾《續資治通鑑長編》所引用。其他有關時政之應興、應革記載尚多，蘇轍皆據實直陳其事。

本書屬宋代史料筆記之上乘。此書有中華書局點校本。

蘇轍有《龍川别志》傳世。

《龍川别志》亦爲蘇轍謫居循州龍川時所撰。晁公武《郡齋讀書志》著録四卷，今北京圖書館所藏傳本即爲四卷。知原刊本爲四卷。《稗海》本及庫本均爲二卷。校以傳本，前後次第並無差異。蓋合卷一、卷二爲卷上，卷三、卷四爲卷下耳。

涵本稱以庫本爲底本，然不盡如是（已詳校勘記）；然涵本用力甚勤。

此書卷上記宋太祖，太宗、真宗、仁宗時事，卷下所記之事，以仁宗、英宗、神宗、哲宗爲主，間及太宗、真宗。本書卷下一則云及仁宗無子，仁宗之后慈聖曹氏養英宗於宫中。仁宗卒，英宗即位。大臣議請慈聖垂簾，時英宗有疾，於慈聖「時有不遜語」。大臣韓琦嘗奏事慈聖簾前，慈聖嗚咽流涕，具道英宗「不遜」狀。韓琦曰「此病故耳，慈聖后意不懌，曰：「皇親輩皆笑太后欲於舊渦尋兔兒（『舊渦尋兔兒』，『渦』當即『窩』之意，乃當時俗語，不知該作何解。然自聞者驚懼之表現言之，知其時英宗與慈聖隔閡甚深，皇親輩又從旁助其勢）。」聞者驚懼，皆退數步立，獨琦不動，曰：「太后不要胡思亂量。」經韓琦、歐陽修勸解，慈聖太后意和，英宗亦悟，不復言太后短。以上引號中文字，《四庫全書》文淵閣本皆删去。其意或以爲，此等文字不應出之於英宗、太后及大臣之口，出之其口，則有損於英宗、太后之尊嚴，有傷於君臣之體統，於維護皇權不利。殊不知經此一删，歷史之真實即失去，而真實乃歷史著述之生命。即此一端，足以證明蘇轍之紀述忠實於歷史，本書之價值首即在此。

此書有中華書局點校本。

傳蘇轍有《游仙夢記》。

《游仙夢記》一卷，《五朝小説》收有，此前未見著録。實爲五百餘字之短文一篇。記蘇轍夢游金泉洞天與仙人相晤事，仙人與之論長生之道。轍居張方平幕府，方平好道煉金丹，蘇轍亦好道，兄軾嘗言其學道有成，本譜俱述及。本文言蘇轍游仙，似不爲無因。然轍所習之道，旨在强身、益壽，與長生不相侔。此文顯係僞托。本文首云：「熙寧十年，余在南京幕府。」與蘇轍之經歷合。然以下云：「四月一日，以卧病方愈，忽忽不樂，因起獨步於庭。」則與蘇轍之經歷不合。其時轍在汴京，是月，與兄軾赴徐州，八月始爲幕南都。作僞者作僞之迹，終於無法掩飾。然其中：「有生，則不能無形；有形，則不能無累。故物色之際，相仍而不停；憂患之來，有進而無已。」則不失爲有道之言，不可以其爲蘇轍之僞作而廢也。

十一月乙丑（十二日），蘇轍追復端明殿學士，特賜宣奉大夫。贈少保。

十一月云云，據《年表》。

朱弁《曲洧舊聞》卷六：「元祐初，蔡京首變神宗役法，蘇子由任諫官，得其奏議，因論列其事。至崇寧末，京罷相，黨人并放還。尋有旨，黨人不得居四輔。京再相，子由獨免外徙。政和間，子由訃聞，贈宣奉大夫，仍與三子恩澤。王輔道爲予言，京以子由長厚，必不肯發其變役法事而疑其諸郎，故恤典獨厚也。」恩澤不詳。

《給事集》卷八《太中大夫致仕蘇轍追復端明殿學士贈宣奉大夫制》：「朕紹述先猷，聿懷故老，凡刑章之罣誤，悉牽復以優容。矧獨令終，可忘褒典。具官某，夙禀直諒，逮事四朝。晚歷險艱，獨秉一節。處訏謨之地，非堯、舜不陳；居退食之私，以孟、孔自樂。宜永終譽，式介壽祺。欻爾訃聞，良深震悼。超進文階之峻，寵還名殿之榮。尚其幽靈，膺此顯命。」

《蘇适墓誌銘》謂贈少保。見宣和四年紀事。少保當爲太子少保。

三蘇年譜卷六十一　餘編

政和五年(一一一五)乙未

過罷太原府監税任。歸潁昌。

據《蘇過年表》。

《年表》云:「初監太原府税」,「以法令罷」。又云:「歸潁,卜築於城南,兄弟甥姪有詩爲慶,作詩酬答。」

冬,過得敕知潁昌郾城縣。

據《蘇過年表》。

《年表》云:「過《郾城縣遷土地文》:『某以乙未歲奉敕宰是邑。』」

遠赴瀘南通判任,過作詩送行。

據《蘇過年表》。

政和六年(一一一六)丙申

過出知郾城縣。

據《蘇過年表》。

過嘗至京師，館高俅之家。

據《蘇過年表》。

《竹隱畸士集》卷六《聞蘇叔黨至京客於高殿帥之館而未嘗相聞以詩戲之》：「小坡不見二年餘，聞到都城信有諸。雪裏便回非興盡，魚中不寄是情疏。朱門但識將軍第，陋巷難逢長者車。别後欲知安否在，試憑青鳥問何如。」詩題所云高殿帥乃高俅。高俅乃蘇軾之小史，見本譜元祐八年紀事。

詩首二句有意隱約其詞，明知蘇過（叔黨）已到京師，出之以傳聞，蓋留有餘地也。第三句似云趙鼎臣嘗訪蘇過未至便回，第四句則是責蘇過不寄書，乃情疏，雖云「戲之」，實寓不滿之意。第五句所云將軍第實乃高俅府。謂蘇過眼中但有高俅，第六句補足第五句之意，謂蘇過所交往者多非長者。此二句更非戲之而乃深責之。末二句望蘇過寄書，不欲把事做絶。

同上卷二有《發潁昌留别韓次律蘇叔黨》中云：「潁川多名士，古來豪俠區。歷代愧不能，叩門韓與蘇。酌我甕頭春，舞我閨中姝。清言發談笑，嘲戲頗不無。」情分甚密。

政和七年（一一一七）丁酉

三月二十五日，轍之夫人史氏卒，同葬汝州郟城縣上瑞里。

據《年表》，據此，知轍未能返葬眉陽。自此以後數年，靖康巨變，中原板蕩，郟城爲金統治區，益不能返葬矣。

轍與史氏夫人生三子、五女。

三子：遲、适、遜。其事迹已散見此前各卷。其以後之事迹，分年略記，此不綜述。五女，文務光、王適、曹焕、王浚明、曾縱其壻也。見《年表》。已散見此前各卷。

王浚明，參本譜宣和七年紀事。

重和元年（一一一八）戊戌

宇文黄中奉祠。涉三蘇學術。

《平園續稿》卷十《跋魚計亭賦》：「蜀人宇文公黄中，以政和六年自右史除中書舍人。既兼修國史，又兼修詳定《九域志》，又修《神宗寶訓》。八年，言者疑公學術淵源蘇氏，奉祠而去。」以下言宣和間知陝州。

宇文爲華陽顯族。其著者有宇文虚中，《宋史》卷三百七十一有傳，使金不辱。又有宇文粹中、宇文時中。黄中當爲華陽人。

宣和元年（一一一九）己亥

葉夢得帥潁昌。迨、過及潁昌諸公卿後裔，與夢得有唱酬，集爲《許昌唱和集》。

《宋史》卷四百四十五《葉夢得傳》：「政和五年，起知蔡州，復龍圖閣直學士。移帥潁昌府。」

《四朝名臣言行録》：「夢得宣和初知潁昌，宣和二年提舉鴻慶宫。」

《研北雜志》卷上：「葉夢得少藴鎮許昌日，通判府事韓縉公表，少師持國之孫也，與其季父宗質彬叔皆清修簡遠，持國之風烈猶在。其伯父丞相莊敏公玉汝之子宗武文若，年八十餘致仕，耆老篤厚，歷歷能論前朝事。王文恪公樂道之子寔仲弓，浮沉久不仕，超然不嬰世故，慕嵇叔夜、陶淵明爲人。曾魯公之孫誠存之，議論英發，貫串古今。蘇翰林二子迨仲豫、過叔黨，文采皆有家法。過爲屬邑郾城令。岑穰彦休已病，羸然不勝衣，窮今考古，意氣不衰。許亢宗幹譽冲澹靖深，無交當世之志。皆會一府。其舅氏晁將之無斁，自金鄉來過，説之以道居新鄭，杜門不出，遥請入社，時相從於西湖之上，輒終日忘歸，酒酣賦詩，唱酬迭作，至屢返不已，一時冠蓋人物之盛如此！有《許昌唱和集》。」

《南㵎甲乙稿》卷十六《書許昌唱和集後》：「葉公爲許昌時，先大父貳府事，相得歡甚。……紹興甲子歲，某見葉公於福唐，嘗問詩集存亡，抵掌慨嘆，且曰：『昔與許昌諸公唱酬甚多，許人類以成編，他日當授子。』其後見公石林，得之以歸。又三十餘年矣。今年某叨守建安，蘇峴叔子爲市舶使者，會於郡齋，相與道鄉閭人物之偉，因出此集披玩，始議刻之。蓋叔子父祖諸詩亦多在也。」先大父，韓縉。峴，過孫。

《許昌唱和集》已佚。

宣和二年(一一二〇)庚子

過罷郾城任。閑居潁昌。

據《蘇過年表》。

《年表》云:「《墓誌銘》:『次知潁昌郾城縣,皆以法令罷免。』」又云:「與岑彦高、史强本諸友,吟誦抒懷。」

盛傳過依附梁師成。

據《蘇過年表》。

參宣和六年紀事。

宣和四年(一一二二)壬寅

三月,适之妻黄氏卒。

适卒,見本年以下九月紀事。

《蘇東坡與郟縣》載蘇籀《宋故孺人黄氏墓誌銘》:「嗚呼,天禍蘇氏,罰殛薦酷。宣和四年己亥,先妣孺人黄氏下世。時先人通守廣信軍,籀莅官古雍。訃聞號駭,馳至中山,則聞先人亦屬疾。及侍側,疾益亟。祈請醫藥於旁近數州。自六月至於九月,諸孤負璺,天地鬼神無所控告。先人以九月甲子竟捐官舍。嗚呼，麋身粉骨，不足以喻痛，祈於死滅，不足以塞責。顧以吾雙親窀穸大事付諸孤也。既已，護喪歸於郟城上瑞墳精舍。於是，録先人平生事迹，乞銘於伯父，而孺人行己大略，亦籀輩當紀述者。謹按，黄氏閩人，曾大父諱孝先，爲太常博士，以才章見紀於慶曆公卿間，妣夫人章氏；大父諱好謙，知潁州，娶陳氏，早没，又娶章氏，皆封碩人；考諱寔，字師是，爲寶文閣待制、定州路安撫使，陳碩人子也。爲人寬厚長者，世以馴行，孝友著稱。潁州没，章碩人性强毅，少容，師是奉養終身，未嘗違顔色。妣碩人李氏，性温良，尤執婦禮。孺人祖妣、父母，奕葉尚德，所以資之者遠，孝慈殆生知焉。年及笄，待制公擇壻，故太史張公文潛，以爲先人通經學古，可妻也。初，祖父少保與潁州俱中嘉祐二年進士第，蘇氏、黄氏故同榜，且家法趣味不遠，遂成婚。黄曰賢壻，蘇曰賢婦。孺人性莊順懿淑，小心兢兢，事舅姑，奉教約，必誠必恭。祖母嘉國夫人，治事閨門，祭祀、賓族，得良佐焉。常務濟有亡，適甘旨，一飲一食皆所調揉，勵工巧極奉養。一經一補，皆所規畫。至於自處，蔬素簡質而已。遇人平氣怡色，不見喜愠。人伏其正，而懷其順。讀《左氏春秋》與《列女傳》，聞古賢女之風，必拳拳伏膺。先人守官行道於外，孺人不忌不克，豈悌和協於内，則先人出公門入私門委蛇如也，故所至中外肅然。罷官耕養，孺人斥賣瑱珥，絶甘分少，不患得，不醜窮。訓誨諸子，其幼所誦詩書，手寫口授，逮其長，責以家學，而弗祈於富貴。撫之鞠之，無偏無頗。元祐間，嘗從嘉國入禁中，賜冠帔。先人陞朝封孺人，衆謂爲善獲報。雖期頤之壽，翟茀以朝，不爲過也，而壽止五十有三。嗚呼哀哉。天不可與慮也。素皈依西竺之教，疾革不亂。盥手燒香，誦持如平日。止諸子勿哭，曰：『無怛余化。』側身而逝。殆此心純誠，不隨物淪墜也。四子，曰籀，迪功郎；曰筥，早卒；曰範，承務郎；曰築。孫男二人。將以宣和五年十月，與先人合葬於少保墳東南之隅。籀泣血銘曰：江夏世美，仙迹參騫。夫人似之，資之者天。光於閨門，如玉在淵。婦孝母慈，三十五年。余手拮据，勤劬極焉。正念幽窔，歸於金仙。同穴祔安，蔚乎新阡。哀哉叫呼，淚落九泉。有烈其芳，萬祀之傳。」

九月，轍次子适(仲南)卒。

《文物》一九七三年第七期載《宋故承議郎眉山蘇仲南墓誌銘》，奉議郎充□州司録事蘇遲撰并書，通直郎權通判定武軍府事蘇過題蓋。文云：「先考欒城公，晚歲歸自南方，杜門宴寂，謝絶賓客，親戚故舊知其不復有意於世也，喜有賢子以紹其後，蓋謂吾弟仲南也。先人亦常嘉其有識能斷，凡商略古今之事，必與之言焉。伯父東坡公，以爲其才類我，尤喜與之論政事。雖仲南亦每自負，若將有爲於世者。先人既没，門户恃以爲重，而不得永年，天乎，可哀也已。先人三子，仲南處中焉，名适，仲南其字也。世眉山人。曾祖諱序，贈太子太傅，妣史氏，嘉國太夫人；祖諱洵，贈司徒，妣程氏，蜀國太夫人；父諱轍，門下侍郎贈少保，妣史氏，嘉國夫人。初以先人郊恩授承奉郎，任郊社局令。猾吏以其年少，易之。仲南擒縱自若，同僚莫不聳然。凡六月，改陳州糧料院，郡守知其能，委以民事。有老人與少妾處者，訴其子將不利於己。仲南驟詰之，曰：『翁年如此，而欲殺壯子乎？一陷吏議，子不得生矣。』其人流涕。再諭之，曰：『必有爲劃此計者，老而殺子，身將焉托，少妾其可恃耶！』其人益大感悟。蓋妾不得逞，欲譖去其子也。悔之，出財以嫁妾，而後父子相安矣。先人謫嶺表，不能盡室以行，則分寓潁昌，二孀姊在焉。仲南移疾而歸，求田問舍，縮衣節口，以備南北養生之具，而往來於其間。嘗投宿野人之廬。或告曰：『盜方據其處。』仲南曰：『吾不害賊，賊豈危我困厄之人哉！』微服而前，盜問知其姓，知其所詣，相告曰：『是家仁人也。』囑野人謹視之，乃長揖而去。逮先人蒙恩而歸，則有宅以居，有田以耕，中外各得其所，仲南之力爲多矣。復出守太常寺太祝。逾年，又稱疾去職，領宫祠者六年。起監西京河南倉。時方買營繕之木，部使者俾仲南預其事。仲南力言：『優其直，則事可集，而民不病。』伊陽之人，以爲有陰德於我。丁先人憂。除喪，授信陽軍司録事。淛水大溢，雨霔不止，城中惴慄。太守請告，以事付仲南。仲南倉猝不撓，命群司各守其所，令民無得竊出，闢祠廟以居老弱，鳩畚築以固堤坊。水之所向，以身先之，衆皆趨赴，城賴以完。時方廢鐵幣，小民乏食，相率遮道。仲南請發義倉以濟衆。守曰：『未白使者，不可。』仲南曰：『事不可緩也，出粟而被譴，吾任其咎。』民賴以安。

俄而被旨所在賑濟，衆始服其先識。丁嘉國夫人憂。除喪，復得請爲宫祠。未幾，以省員而罷用。中山帥趙公述美，薦通判廣信軍。時契丹衰亂，燕人歸附，金穀甲兵之務方興，仲南晝夜勤瘁，事得以濟，而疾亦作矣。加之同僚剛愎忤物，仲南亦不能堪。吏民憂其以病去，禱於祠廟者相繼。宣和四年九月八日卒於官舍，享年五十五。官至承議郎。娶黄氏，龍圖公寔之女，有賢德之行，先仲南半年而逝。以五年十月晦日，合葬於汝州郟城上瑞里先塋之東南巽隅。子四人：曰籀，迪功郎；曰筥，早卒；曰範，承務郎；曰築，未仕。孫男二人，未名。仲南少觀先人著書立言，長觀其論國事，終觀其處患難，預聞其議論也多矣。且好學廣記，貫穿圖史，能窺前人之深意，手編其可用之言，將以施於行事，而非徒習空文者也。故其爲人晚益精審。少時，喜作論事文章，詩詞至多，不自貴重，亦不樂爲章句之學。蓋勇於爲義，健於立事，能爲人之所難，足以聳動人之耳目。先人嘗患不得歸省祖塋，仲南代行者再。既至，則造石垣，建精舍，立僧規，益齋糧，爲經久之計。又舉外祖母之喪而葬之。兄弟之貧者，率於衆而周之，皆不旋踵而辦。韓公師樸在相位，數與之論事，嘗贊公□懷仁輔義，慰天下心，且曰：『子木有禍人之心，武有仁人之心，晉以勝楚，即公所長。曷師此言，他人雖有不善之意，夫何患焉。』韓公深然之。右轄范公彝叟與其弟龍圖公德孺，皆平生相知者也。其交天下賢士多至公卿，而仲南獨不偶，以至於斯，命也夫。及其没也，親族咸謂失所依□（撰者按，墓銘影印件似『向』)，朋友以謂失所諮謀，下至閭巷小人，皆咨嗟出涕，識與不識，莫不信其爲君子人也。得此以歸見先公與先夫人於地下足矣。哀哉！吾於仲南非惟手足之愛，蓋道義之交也。涕泣而志之。銘曰：嗟嗟仲南，剛毅自守。直己而行，不爲義疚。有才弗遇，爲善罔壽。念其平生，聞道也久。遺書慷慨，其言可取。生死聚散，如夜復晝。理之必然，何所歸咎。往賫此志，雖没不朽。」

墓銘文字，據《蘇東坡與郟縣》録文校。《文物》同期載有考察墓誌專文。文謂适妻黄氏墓銘之蓋「宋故孺人黄氏墓誌銘」九字，亦爲過書。文乃籀撰，過之子籥書。文謂适與黄氏合葬於三蘇墳院南門外東南一一五米，時屬茨芭公社。

宣和五年(一一二三)癸卯

七月十三日，令開封府、四川路、福建路毁蘇軾文集之板。

據《宋會要輯稿》第一百六十五册《刑法》二之八八，云：「中書省言，勘會福建等路近印造蘇軾、司馬光文集等。詔令後舉人傳習元祐學術，以違制論，印造及出賣者與同罪，著爲令。見印賣文集，在京令開封府，四川路、福建路令諸州、軍毁板。」

政和六年，朱翼中「坐書東坡詩，貶達州」。見《北山酒經》卷末題後。附此。

十二月乙未，過卒。

《嵩山文集》卷二十《宋故通直郎眉山蘇叔黨墓誌銘》：「通直郎蘇過叔黨，東坡先生之季子也。母同安郡夫人王氏。元祐五年，先生知杭州，叔黨年十有九，以詩賦解兩浙路，禮部試，下。七年，先生爲兵部尚書，任右承務郎。明年，先生出使定武，即謫知英州，繼貶惠州安置，三年，遷儋耳安置。既四年，漸徙廉州、永州居住。邈乎萬死不測之險也，獨叔黨侍先生以往來。其初爲嶺外之役，時叔黨方居母喪，有以動塗人涕泣者。或曰：先生南居而樂焉，非也。先生憂國愛君之心日加，循省而鬱結，則何敢樂？惟是叔黨於先生飲食服月，凡生理晝夜寒暑之所須者，一身百爲，而不知其難。翁板則兒築之，翁樵則兒薪之，翁賦詩著書則兒更端起拜之，爲能須臾樂乎先生者也。其初至海上也，爲文一篇曰《志隱》，效於先生前，先生攬之曰：『吾可以安於島夷矣。』先生因欲自爲《廣志隱》，以極窮通得喪之理焉。嘗命作《孔子弟子別傳》，則固有以處其子矣。當是時，叔黨之風，使蠻蜑夷獠若可以語禮義，而中癘噬毒莫爲之疾病，雖有欲殺吾親者，亦無以措其斧斤。其傳而北也，霈然起天下父子之性，則叔黨之自處者如何哉？先生還，至永州，稍還仕版，居陽羨，不幸疾不起。叔黨兄弟得占吉地於汝州郟城縣之小峨眉山以襄事，遂家於潁昌。叔黨偶從湖陰營水竹數畝，則名之曰小斜川，自號斜川居士，以視終焉之志。曰：『吾未即從先大夫於地下，則生也何事爲？』泯泯浮沉里巷。或一時至京師，自得於醉醒，而爲徜徉一世之外。所遇與談，靡不傾盡。造次大笑，謔浪間節概存焉，唯有知之者知之也。且若世未嘗有小人也，孰非士君子也哉？使叔黨以其屋峋嶁，桴溟渤之純孝，而一旦忠蓋於九德俊乂之朝，則先生之立言者，叔黨之功業也。惜乎不及使人有見於此，而暴疾卒於鎮陽行道中。年五十有二。時宣和五年十二月乙未。悲乎。諸葛孔明初不得申其所志，而躬耕南陽，卒亦崎嶇巴蜀也。幸而有子曰瞻，可以肆所志，而無邦家以容，瞻則赴魏軍以死耳。若嵇叔夜之志氣尤異，而曾不得一席以全其軀，而子紹身血亦何益於邦家？古之父子有如此忠孝兩全而可恨者，天乎不壽吾叔黨於盛世一振發之耶？叔父欒城公每稱其孝以訓宗族，且言：『遠居海上，無他，成就（原缺下文，兹從《永樂大典》卷二四〇補録）此兒能文也。』有《斜川集》二十卷，其《思子臺賦》、《颶風賦》則早行於世。而書畫之勝，亦克效似先生。人稱之曰小坡。仕宦之日少，於閑居時且多艱。初監太原府税，次知潁昌郾城縣，皆以法令罷免。晚權通判中山府，無幾何，以事如鎮陽焉。娶范氏，蜀忠文公之孫，承事郎百嘉之女。男七人：籥、籍、節、笈、簞、篴、竺，女四人，長適將仕郎常任俠。孫男二人：嶠、峴。其葬以七年四月辛酉，墓在先生兆之東南。籥等以説之有奕世之好，辱在先生薦賢中，求銘。不敢辭。銘曰：文安先生之知人，難乎其爲子也；東坡先生之事君，其爲之子者又亦不易也。《孔子弟子傳》之不成，尚何懟也。先生稱：『吾此兒若不娶，必得道。』嗚呼，有貴乎得道者，得此道滋世也。後之人觀蘇氏世世不失令名，粲然文墨之外也。」

常任俠之「俠」，《老學庵筆記》卷四作「佚」。

《宋史》卷三百三十八《蘇過傳》：「（蘇）過字叔黨。軾知杭州，過年十九，以詩賦解兩浙路，禮部試，下。及軾爲兵部尚書，任右承務郎。軾帥定武，謫知英州，貶惠州，遷儋耳，漸徙廉、永，過侍之。凡生理晝夜寒暑所須者，一身百爲，不知其難。初至海上，爲文曰《志隱》，軾覽之曰：『吾可以安於島夷矣。』因命作《孔子弟子别傳》。軾卒於常州，過葬軾汝州郟城小峨眉山，遂家潁昌，營湖陰水竹數畝，名曰小斜川，自號斜川居士。卒，年五十二。初監太原府稅，次知潁昌府郾城縣，皆以法令罷。晚權通判中山府。有《斜川集》二十卷。其《思子臺賦》、《颶風賦》早行於世。時稱爲『小坡』，蓋以軾爲『大坡』也。其叔轍每稱過孝，以訓宗族。且曰：『吾兄遠居海上，惟成就此兒能文也。』七子：籥、籍、節、笈、箪（《墓誌銘》作『篳』）、篴、箾（《墓誌銘》作『竺』）。」

《萬姓統譜》卷十二「竺」作「笙」。

籍字季文，官至荊湖南路提點刑獄公事。見《永樂大典》卷二千四百一引《紹興正論》。《吳興備志》卷二十五謂臨平廣嚴院僧普聞所藏《東坡趙令鑠唱和真迹》，有籍之題跋。

《揮麈録·後録》卷八《蘇叔黨不從賊脅通夕痛飲而卒》：「蘇過，字叔黨，東坡先生季子也。翰墨文章能世其家，士大夫以小坡目之。靖康中，得倅真定。赴官，次河北，道遇綠林，脅使相從。叔黨曰：『若曹知世有蘇内翰乎？吾即其子，肯隨爾輩求活草間耶！』通夕痛飲，翌日視之卒矣。惜乎世不知此節也。」

按：靖康中倅真定云云，誤。

《圖繪寶鑑》卷三《宋》：「蘇過，字叔黨，東坡先生季子也。善作怪石叢篠，咄咄逼翁。又畫山水，遠水多紋，依巖多屋木，皆人迹絶處，并以焦墨爲之，此出奇也。官至中山倅。」

按：此乃本宋鄧椿《畫繼》卷三《軒冕才賢》所載蘇過略傳之論。《畫繼》夾述過之事迹，文繁，故不取。

又按，《圖繪寶鑑》所云翁，乃蘇軾。

宣和六年（一一二四）甲辰

二月二十八日，太常少卿蘇元老罷，以言者論元老乃蘇軾從孫。事涉梁師成。

二月云云，據《宋會要輯稿》第一百册《職官》六九之一四；《輯稿》云與元老外任宫祠。《家世舊聞》卷下謂元老罷，有表云「與彼逐臣，别由高祖，既同譜牒，難逭刑書」，「賢士大夫少之」。《蜀中廣記》卷四十六《蘇元老傳》叙梁師成自言母常事蘇軾，有娠，見逐而生己，欲見元老，且求軾文，元老拒之。以下云：「言者遂謂元老乃軾、轍之孫，學術議論皆倣從祖，不宜在朝，罷爲提舉明道宫。元老笑曰：昔顔子以驥尾顯名，吾乃爲門第所累耶！」卷九十八著録元老

《九峯集》四十卷，謂罷歸潁昌，「未幾卒，年四十七」。集已佚。

《家世舊聞》卷下謂梁師成自幼警敏知書，敢爲大言，始自言母本文彦博侍兒，或告以貌類韓琦，因又稱韓公子，「久之，有老女醫言蘇内翰有妾出外舍，生子爲中書梁氏所乞，師成於是又盡變其説，自謂真蘇氏子。」深斥其妄。《宋史》卷四百六十八師成傳則謂：「是時，天下禁誦軾文，其尺牘在人間者皆毁去，師成訴於帝曰：『先臣何罪！』自是，軾之文乃稍出。」此亦不可没。

《朱子語類》卷一百三十：「蘇東坡子過、范淳夫子温，皆出入梁師成之門，以父事之。然以其父名其（按：應作『在』）籍中，亦不得官職。師成自謂東坡遺腹子，待叔黨如親兄弟，諭宅庫云：『蘇學士使一萬貫以下，不須覆。』叔黨緣是多散金，卒喪其身。」附此。

十月庚午，詔焚毁蘇、黄文。

《宋史·徽宗紀》本日紀事：「詔：有收藏習用蘇、黄之文者，并令焚毁，犯者以大不恭論。」

宣和七年（一一二五）乙巳

蘇迨跋張元幹（仲宗）所藏《劉夫人墓表》。

《蘆川歸來集》卷末附《宣政間名賢題跋·蘇迨跋》：「仲宗以行義之美，成於事親，溢於先祖，訪之故老，得其祖布衣時前夫人劉氏之墓表而出之，以示後昆。嚮非神宗之孝愛，格於幽明，倘故老之不存，文字之泯没，無所考據，則劉夫人之家，長翳草棘間矣，豈不悲哉。古今文人撰著甚衆，使人讀之，或至太息流涕者，以忠孝之實存焉爾。仲宗於其祖夫人之文也，豈不然哉！眉山蘇迨書。」題跋者凡三十一人。首洪芻，宣和二年二月二十七日跋；此後有徐俯、陳瓘、游酢、吕本中、楊時、汪藻、李綱；以下有劉安世，宣和六年十月二十八日跋，王銍，宣和七年二月丙午跋，以下爲蘇迨，迨之後爲張棫、李光，李光之跋作於宣和乙巳（七年）中秋後二日，則迨之跋，作於宣和七年二月至八月之間。以下有江端友，作於建炎二年十一月十七日，有王浚明；終于葉夢得，作於紹興癸亥（十三年）六月初一日。

宣和間（一一一九—一一二五）

追復蘇軾龍圖閣待制。

據《宋會要輯稿》第一百四册《職官》七六之六三。《墨莊漫録》卷三：「宣和間有旨，蘇軾追復職名。」

欽宗靖康元年（一一二六）丙午

遜（叔寬）卒。

據《年表》。遜生於神宗熙寧七年，見該年紀事，享年五十二歲。

《年表》謂遜四子，乃箹、箴、箱、簦。

迨官駕部員外郎。尋卒於離亂。迨繼娶歐陽氏。卒後，歐陽氏移家宜興。

《南澗甲乙稿》卷二十一《朝散郎祕閣修撰江南西路轉運副使蘇公（峴）墓誌銘》：「祖諱迨，朝散郎，尚書駕部員外郎。妣安人歐陽氏。……始文忠愛陽羡山水，買田欲居，僅數百畝、屋數楹也。而家於許昌，至離亂，駕部即世，歐陽夫人始居陽羡。」迨原娶歐陽棐之女，卒於元祐八年，已見該年紀事，此歐陽氏乃另一人。據此處所記，迨實卒於靖康、建炎中原板蕩之時。

《名賢氏族言行類稿》卷七《蘇軾傳》：迨，善爲文。靖康初爲駕部郎。《東都事略》卷九十七《蘇軾傳》謂「迨靖康初爲駕部員外郎」。《宋史·蘇軾傳》謂邁官駕部員外郎，誤。

籫。迨子。《南澗甲乙稿》卷二十一《朝散郎祕閣修撰江南西路轉運副使蘇公（峴）墓誌銘》謂籫爲將仕郎，累贈朝奉大夫，早卒。《銘》謂迨「嗣無後」，乃以籥之子峴爲後。則迨僅籫一子。

《排韻增廣事類氏族大全》卷三「籫」作「篓」。

迨傳世詩僅一聯。

其聯云：「吾儕歸卧髀肉裂，會有攜壺勞行役。」已見元祐六年十一月一日紀事。

高宗建炎二年（一一二八）戊申

五月十二日，追復蘇軾端明殿學士，盡還合得恩數。

《宋會要輯稿》第一百四册《職官》七六之六三引本日詔：「蘇軾立朝履歷最爲顯著，特先次追復舊官，仍與合得致仕遺表恩澤。」以孫符請於朝。《建炎以來繫年要録》卷十五本日紀事謂「追復端明殿學士，盡還合得恩數」。《經進東坡文集事略》卷首《東坡先生言行》云「靖康中復故官」。《揮麈録·後録》卷八亦云「靖康中追復元職」，中書舍人汪藻當制。按：查《靖康要録》及《建炎以來繫年要録》，靖康間，藻未嘗爲中書舍人。靖康、建炎相接，二書偶失考。

建炎四年（一一三〇）庚戌

六月十日，令蘇遲將蘇軾書上進。

《宋會要輯稿》第五十五册《崇儒》四之二〇本日紀事：「張守曰：『臣昨聞聖訓，欲就蘇遲宣取蘇軾書。遲近將到數軸，未敢投進。』上曰：『可令進來。軾書無非正論，言皆有益，朕不獨取字畫之工而已。』」

紹興元年（一一三一）辛亥

八月庚辰（十六日），特贈蘇軾資政殿學士、朝奉大夫。

據《建炎以來繫年要録》卷四十六，以孫知蜀州符言復官未盡也。

紹興九年（一一三九）己未

九月丙申（十九日），詔汝州郟城縣故資政殿學士蘇軾墳寺，以旌賢廣惠爲名。

據《建炎以來繫年要録》卷一百三十二，以孫禮部侍郎符援范鎮家賜剎例有請故也。

紹興二十五年（一一五五）乙亥

蘇遲卒。遲，轍長子。

《建炎以來繫年要録》卷一百六十八紹興二十五年三月乙丑紀事：「徽猷閣待制致仕蘇遲卒。」《年表》謂紹興二十五年卒。

遲字伯充，見《年表》。號涌泉先生，見元柳貫《待制集》卷十九《題坡翁書寄鄧道士詩》。徽宗政和二年，官登封縣丞，已見該年紀事。高宗建炎元年（一一二七）五月，以尚書工部員外郎守右司員外郎。六月，直祕閣、知高郵軍；同月，改知婺州。三年二月，奏請減本州上供羅。四年六月，爲中書門下省檢正諸房公事。九月，知泉州。十月，改太常少卿。高宗紹興元年（一一三一）十月，以集英殿修撰知處州。三年九月，權尚書刑部侍郎。十月，改權工部侍郎。五年，引年告老，乃以徽猷閣待制提舉江州太平觀。十二年五月，遷一官致仕，以引年得請。見《建炎以來繫年要録》卷五、六、二十、三十四、三十七、三十八、四十八、六十八、六十九、八十四、一百四十五。《年表》謂「官至大中大夫」。明《金華賢達傳》卷四有傳，蓋遲知婺州後，即家於婺（金華）。《宋史翼》亦有傳。

遲卒贈少傅，見本譜紹聖四年「同行至雷州途中」條。

蘇遲所作文傳世者，除《蘇适墓誌銘》外，尚有與友人簡一首。

《寶真齋法書贊》卷十二《二蘇文登趨闕二帖》第二帖（原注：行書，八行）：「遲頓首再拜。密邇雖每聞動静，而書問不繼，兹爲愧負。遲杜門與俗緣日遠，但僑寄非安，亦任運而已。小姪符自蜀趨闕，冒涉艱嶮，非晚遂至國門。遠來不知朝廷之儀，凡百有以教之，幸甚。遲頓首再拜。」

此帖之後，岳珂有跋，云：「右東坡、潁濱二蘇先生之子過字叔黨、遲字伯充《文登》、《趨闕》二帖真蹟各一卷。蘇氏文章翰墨，在本朝自爲一家，如喬崧大河，崒嵂澎湃，極天宗海，有識者皆知之。至于芝蘭流馨，肖才濟孅，各具源派，自《颶風》、《思子》之外，世固未之睹也。豈名以制義，所以示日益日損之戒，得之于趨庭者，固猶有不同耶！先君生平喜藏蘇帖，而于斜川而下無傳焉。寶慶乙酉春正月，客自眉山來，有出是帖者，得之京江，合而褾之，以繫其本。」又有贊曰：「文字之祥，厥有原委。父師昆弟，以及諸子。文兮斜川，道兮潁水。以文貫道，一家濟美。施及翰林，特游戲耳。于風味中，亦復是似。以坡爲骨，以潁爲髓。蘇門之英，來者視此。」

按，過之《文登帖》，《斜川集校注》已收入。

又按：蘇遲此簡云及「僑寄」，知作於靖康之變後僑寓金華時。

蘇遲之詩傳世者，有七律一首。

詩見《天台續集別編》卷一。

詩題云：「建炎己酉冬，自婺女攜家至臨海。歲首泛舟，憩天柱精舍，謁吴君文叟山林，感泉石之勝。歎城邑之人沈酣勢利，不知山中之樂也。」詩云：「列嶂崢嶸植翠屏，寒泉緑浄浸軒楹。衣巾清潤玻璃上，窗牖疏明圖畫成。塵世正趨名利域，山居不識鼓鼙聲。暮年憂患將何適，暫喜滄浪可濯纓。」

紹興間

治平院繪蘇洵、蘇軾、蘇轍之像，祠祀之。

郭印《雲溪集》卷五《治平院三蘇像》：「三蘇皆天人，著作浩篇簡。少讀鬢成絲，苦恨生何晚。人言筦庫卑，我自得疏散。春風牽衣裾，興發無近遠。禪堂儼真容，光炯破昏眼。父子也而處（原案：句疑有誤），天畀岷峨産。揚馬争軌躅，孔孟發關鍵。日月有盡時，斯文未埋鏟。邪説入人深，風俗頽莫返。招得戎馬來，中原恣蹂踐。緬思藥石言，禍患已先見。安得起其靈，一副蒼生願。」

詩云「中原」，知作於靖康之變後。云「先見」謂老蘇《辨姦論》。云「筦庫」，時郭印當在眉山任筦庫官。治平院，參本譜元祐三年七月十八日紀事。

印，成都人，晚號亦樂居士。政和五年進士。紹興四年前後營雲溪别業於成都，後退居於此，年八十餘尚存。階至左朝請大夫。《全宋詩》卷一六六二有傳。

孝宗乾道六年（一一七〇）庚寅

謚蘇軾爲文忠，從眉州守何耆仲之請也。

據《經進東坡文集事略》卷首《東坡先生言行》。又見《皇宋治迹統類》卷二十五。《宋會要輯稿》第四十册《禮》五八之八八至八九：「禮部尚書、端明殿學士、贈資政殿學士蘇軾謚文忠。」不著年月日。

《四川志》卷三十七孫汝聽《石雁塔題名記》：「左朝請郎盧江何公爲吾州之二年，政平訟理，風雨時叙。……念……東坡先生遭讒放逐，萬里嶺海，不死而歸。歷年滋多，節惠未立，薦紳鬱焉。公具以其事聞於朝，朝廷監（按：疑應作『鑒』）之，賜謚曰文忠。命下之日，不問高下，相顧動色，歡聲如雷，以爲數十年之墜典，爲公所先。衆皆斂手，後當牽聯得書矣。」

乾道九年（一一七三）癸巳

閏正月望日，孝宗爲蘇軾文集作序賜軾之曾孫嶠。

序見《蘇軾文集》附録（二三八五頁）。

二月丁亥（二十四日），特贈蘇軾太師。

據《宋史·孝宗紀》。《宋會要輯稿》第五十一册《儀制》一二之一九同。

《經進東坡文集事略》卷首《蘇文忠公贈太師制》：「敕。朕承絶學於百聖之後，探微言於六籍之中。將興起於斯文，爰緬懷於故老。雖儀刑之莫覿，尚簡册之可求。揭爲儒者之宗，用錫帝師之寵。故禮部尚書、端明殿學士、贈資政殿學士、謚文忠蘇軾，養其氣而剛大，尊所聞而高明。博觀載籍之傳，幾海涵而地負；遠追正始之作，殆玉振而金聲。知言自況於孟軻，論事肯卑於陸贄。方嘉祐全盛，嘗膺特起之招；至熙寧紛更，乃陳長治之策。歎異人之間出，驚讒口之中傷。放浪嶺海而如在朝廷，斟酌古今而若斡造化。不可奪者，嶤然之節；莫之致者，自然之名。經綸不究於生前，議論常公於身後。人傳元祐之學，家有眉山之書。朕三復遺編，久欽高躅。王佐之才可大用，恨不同時；君子之道闇而彰，是以論世。儻九原之可作，庶千載以聞風。惟而英爽之靈，服我衮衣之命。可特贈太師，餘如故。」制乃王淮（季海）所撰，見《困學紀聞》卷十九。

孝宗淳熙三年（一一七六）丙申

七月十三日，定蘇轍之謚爲文定。

明清夢軒本《欒城集》卷首《蘇文定公謚議》詳載之。

《謚議》載：淳熙三年二月二十四日敕，試禮部尚書兼侍讀兼給事中兼吏部尚書趙雄劄子：

「臣竊詳國朝故實，名臣既殁而不乞謚者，往往因臣寮建請，特賜徽稱。故楊徽之之謚文莊，宋綬實請之；宋祁之謚景文，張方平實請之；張方平之謚文定，蘇轍實請之。凡以尚賢報功，昭示無極。聖主之所以寵綏臣子者，於是至矣。臣伏見故門下侍郎蘇轍初以制舉對策，受知仁宗。乍起草萊，而鯁亮切直之聲，固已震耀天下。晚乃歷踐臺省，遂躋政途。其絶學長才，嘉言讜論，與夫進退終始大節，天下公論，可考不誣。而寥寥數十年，易名之恩未加，在於盛明之朝，總覈之政，誠爲闕典。況自頃歲，陛下加惠蘇軾，賜謚文忠，德音流行，天下傳誦。轍之平生梗槩與軾略同，而宦達過之。臣愚欲望聖明依軾近例，特與蘇轍賜謚，以示褒勸。臣謬司拜禮，職所當言，況有宋綬張方平建請故事，則區區僭越之罪，或可望於裁赦也。取進止。」

《謚議》載承議郎行太常博士章謙撰議：「門下蘇公殁逾六十年矣，天子始從其鄉人大宗伯之請，詔禮部奉常同議命謚。謹按謚法，道德博聞曰文，安民大慮曰定。請以是易公名。惟公挺生西蜀，毓秀山川，天材最高，資禀實厚。而又有父文安先生爲之師，有兄文忠公爲之師友。蓋其所學所行皆本原乎家傳，而文章事業卓乎可敬而仰也。嗚呼！公爲元祐名臣，行事在國史，聲名在天下，人其誰不知之？宜不待歷數以合文定之謚者，請粗陳其略。觀公少年擢兩科，與其父兄俱以文名世。而公之文汪洋澹泊，深醇温粹，似其爲人。文忠嘗稱之，以爲實勝己。其所爲詩、騷、銘、頌、書、記、論、譔，與夫代言之作，率大過人。蓋流傳於人間，散落於夷狄者，不知其幾，而所謂愛重其文則一也。嘗傳《詩》、《春秋》，訓釋先儒之未達。又注《老子》，深窮道德之旨，而發明佛老之相類。其後作《古史》，所論益廣，以刪補子長雜亂殘闕之失。書成撫之而嘆，自謂得聖賢處身臨事之微意。末復論著歷代，大抵以考古今成敗得失爲要，不務空言。此其道德博聞之淵源者，如是可不謂文乎？本朝至仁皇世，可謂極盛。公對制策，方切切然以海内窮困生民愁苦爲憂，雖賈誼痛哭流涕之書不過也。青苗八使擾民之事，其施行甚明，公與王介甫陳暘叔辯争之尤力。乃元祐新政，公居言路，首陳神宗變法本欲利民，爲社稷長久之計；而民力顧因之以凋弊者，其原皆起於大臣蔽塞聰明之所爲，由是蔡吕之徒竟皆貶竄。然新政既孚，事勢一定，大臣乃有欲引用熙豐舊臣爲自全計者。公手疏千餘言，極論君子小人之不可并處而争，小人必勝，非朝廷安静之福。蓋是時公之所争議，大者唯黄河、西邊二事，次則差雇役法也。深知黨臣之撼摇在位者，幸四弊之不去，以藉口而已。故又爲之論奏，願詔大臣正己平心，無生事要功之意；因弊修法，爲安民静國之術。民心既得，異議自消。至論詩賦經義之兼行未可遽，合祭天地之禮所當復，三司利權之不可分，皆反覆精詳，未嘗不以謀國體，便人情爲慮也。此其安民大慮之深遠者。如是可不謂定乎？自後世去古既邈，好文之士侈辭相高，連篇累牘，不出風雲月露之狀，而體益以靡。文則文矣，非所謂道德博聞之文也。清談之士，高論性命，視天下利害恝然不屑以動心，殆若木偶人者。文定則定矣，非所謂安民大慮之定也。而公則異於是，信其有功於治道，而有德於生民。文定之懿，今合以謚公，議者又何辭焉。謹議。」

《謚議》載承議郎行祕書省著作佐郎兼權考功郎官何萬覆謚議曰：「是非待謚而後定，謚於往者重也。數十年之後是非既定，命謚以寵之，謚之美惡以助勸沮，謚於來者亦重也。夫位足以經世，要有其學；才足以救時，要有其心。無其學，未發而所到可知已；無其心，禍福利害皆足以移之。傑然異於是蓋寡也。思其人可無以示勸哉？故門下侍郎蘇公轍闕不作謚。邇臣以爲請，有詔禮部太常其同定之，重是議也。按謚法，文之義十有八，道德博聞莫如公優；定之義有九，安民大慮莫如公稱，乃請謚文定。上其議考功，豈非謂其有經世之學，有救時之心，於公無愧歟？公索深綜微，得之於天；嚌真茹醇，無待乎外。上窮邃古，下至其時。廢興治亂、得失成敗之所以然，皆貫穿出入，如身歷目睹。少而對策，有愛君之言；已乃上書，陳治安之説。晚年黜不用，於是傳《詩》、《春秋》、《老子》，作《古史》，載之空辭。平生之所欲爲，與老而不得卒其所爲者，可以槩見。要其歸，在於治國平天下；遡其學，本末可考也。初，王荆公之以執政領三司條例也，公爲其屬，不爲屈，歷疏其不便，謝去。元祐初既爲諫官，取前日所爲弊與其人悉奏論之。然司馬温公爲相，欲盡變雇役法；文潞公繼之，又欲回河流於東。二公清德重望，最知公者，公亦不以爲便。蓋進退得喪，好惡怨德，一不以留胸中；而視百姓有繇此以重困失職，則惄焉若無以安也。爲侍從不粗辦一職，以塞責而止。以爲天子所使以論思天下事，當無不言。凡冬温大旱，水潦陰雪，必建言某政有闕失，某事當罷行，有罪而不誅幾人，無功而受賞又有幾。賞責已當，求言以開廣上意。乃在政府，日至上前與宰相争用人邪正，邊議曲直，與行事當否。退而批語，有不如奏，對吏辯詰。雖休謁出，而見所舉或未善，必追論之。未嘗曰事不出於我，非吾咎，不顧也。勢移事異，猶懇懇論治道，至謫逐不悔。此其心豈擇所趨避，委時於危不救者？是以九年之間，朝廷尊，公路闢，忠賢相望，貴倖斂迹，邊陲綏靖，百姓休息。君子謂公之力居多焉，信也。自公之貶，紹聖以權臣用事，崇觀以姦臣執柄，皆公昔所累疏數言，不足倚以事者。使公不去，其言用，寧有後日之禍？公之去，天也。然公身雖屈，道愈高；籍雖錮於黨人，天下愈推爲正臣鉅德。渡江之後，旌録有詔。今距公死又六十有五年矣，猶詔易名以褒之。俾爾士大夫違實飾虚，貪近忘遠，知苟榮於一日，不顧遺臭於後世者，觀公邅迴困躓，顧不若鄉世好以爲身圖者之安。然而此等泯泯就盡，餘累汙逮孫子，而公休澤顯聞，乃垂懿無窮。是則名節苟全，爵禄不足驕；公議終在，邪説不能勝，其亦庶幾知勸也。夫文定二名，豐約惟允，請如博士議。謹議。」

寧宗嘉定元年至十五年(一二〇八—一二二二)

李壁上《與蘇洵定謚劄子》。

《宋會要輯稿》第四十册《禮》五八之八七至八八:「校書郎霸州文安縣主簿編修《太常因革禮》蘇洵謚曰文。李壁與蘇洵定謚劄子:『臣竊見國朝故事,臣僚三品以上,方許賜謚。其有抱道藴德、聲實俱高者,官品雖未及,而法亦得賜。故邵雍官止校書郎,元祐二年賜謚康節;徐積宣德郎,政和六年賜謚節孝。此祖宗尊賢尚德之意,不專以品秩崇卑爲間,其旨遠矣。臣伏見故校書郎文安縣主簿編修《太常因革禮》蘇洵,學綜六藝,詞雄百家,通於王政,達於權事,方時燕安中外,以兵爲諱,洵獨著書,極論爲國之大計與制虜之長策,皆指事切理,不爲空言。故歐陽修一見太息,比之荀卿,而韓琦亦未(按:疑應爲「謂」)雖賈誼不能過。獨王安石惡其異己,指爲戰國縱横之流,天下不以爲然也。晚霑一命,訂禮容臺,浸鄉於用,不幸賫志没地。獨其書偉然配况、雄以傳,而琦尤加器重,以爲文追典誥,論極皇王。自斯言之出,學者益以尊禮,非若專門淺局之士,好高泥古於用則疏者之比也。仰惟陛下恢洪(按:疑應作「宏」)遠猷,崇尚實學,如洵之賢,宜在褒表。况軾、轍先已蒙恩,并得美謚。易名之寵,止及其子,尚遺其父,推本而言,於義爲闕。臣於慶元元年任館職日,嘗因賜對,乞將范祖禹、常安民、張廷堅等一處定謚,即蒙聖恩開可,付外施行。今者忝爾秩宗,實司邦禮,懷有未盡,不敢隱默。兼本州守臣劉光祖見行陳乞，欲望睿明特飭攸司參照邵雍、徐積體例，與洵定謚，以示朝廷尊賢尚德之意，其於治道，不爲無補。』」

按，李壁已見治平二年。壁卒於寧宗嘉定十五年（一二二二），年六十四。見《真文忠公集》卷四十一《李公神道碑》。

元成宗元貞間（一二九五——一二九七）

知汝州元拊（叔儀）修蘇軾、蘇轍墓碑，尚野作《二蘇先生墓碑記》。

記見明正德《汝州志》、《三蘇墳資料彙編》引，云：「二蘇先生俱葬汝州郟城峨眉山。至元乙酉，予倅是州，因得訪焉。聞諸父老，墓側題詠甚多，所及見者司農少卿苑中、屈子元而已。家絕展省之禮，官失樵采之禁，日月云邁，將復淪没，莫知誰何。斧斤相尋，草木已空，穴狐兔而壠風霜，見崩於紫雲之夢，顧雖馬醫夏畦之墓，尚有所主，文章、事業如二蘇公，陵夷磨滅若是，良可歎已。元貞改元，知州元公叔儀，遺山之子也，署事之餘，趨拜其下，徬徨不能去，曰：『先子學東坡《移居》詩有云：九原如可作，從公把犁鋤。其志不敢忘也。吾元氏世居太原，春陵府君別冢魯縣商余，次山從葬其處，譜牒相傳，有太原房、汝州房之稱，是汝亦吾鄉，而於東坡、潁濱有賓主之義焉。忠臣義士所當致祭修理者，莫玉局昆弟也。若今忝居長吏，其責又在我矣。』遂與達魯花赤徹里那、判官賈舜卿、從事苑才卿、官屬梁縣尹趙善甫、主簿梁文順命工修理之。新屋宇以備致祭，立門墻以限樵采，既而擘窠大字以表墓所，復請別記以告將來，且使天下之凡蘇姓而族出眉山者，知所求而或疑其處，庶幾以代曼父之母之誨乎！若夫卿所謂文章事業，史有傳，世有集，兹可略云。」

據《三蘇墳資料彙編》編者注：尚野（一二四三——一三一九），滿城人，字文蔚。至元十六年，以處士徵爲國史院編修。爲汝州判官，廉潔有爲。卒謚文懿。

又按：苑中之題詠尚存，屈子元之作已佚。

又按：叔儀名拊，見元寧宗至順元年紀事。

元寧宗至順元年（一三三〇）庚午

郟縣監縣忽欲里赤樹兩蘇先生碑於神道。孫友仁作《兩蘇先生神道碑陰記》。

《三蘇墳資料彙編》引成化《河南總志》此文，云：「至順元年秋，汝士劉端伯，捧禮部侍郎符及奎章閣學士虞中奉楷書八字下汝之所隸郟邑，爲宋眉山兩蘇公所識者。而前進士忽欲里赤來監縣董其事，樹石且屬予爲記，刻諸陰以彰不朽。愚嘗謂二先生孕天地之精英，奪眉山之秀氣，丱角知書，混然天就。始就嚴父之傳，而終造聖賢之奧。初老泉先生之未第也，閉户十年，貫穿諸子之書，研究百代之史，而二先生侍側，得於心傳面命之際，莫不自家法中出來。一日隨親赴闕，隱然名動京師，天下士子莫不知有蘇氏之學。然上方用之，而小人間之；上方通之，而小人塞之。然用舍通塞之際，豈足爲二先生病。予獨惜者，大道方行，邪氣遽入，國家因之而衰，生民因之而戚。而二先生所學，豈不有關於世之輕重歟。方先生之治汝也，地有小峨眉之名，及卒於常州也，得歸葬故里，奈道途險阻，終不獲濟，因卜厝於斯焉，而潁川先生亦預此。昔遺山子元拊統郡，蓋嘗刻石以表其墓，雖年代湮遠，而碑石猶存。今天啓斯文，皇猷焕爛，二先生之名復彰者，皆平日所學不苟故也。予竊謂世道有升降，人心無古今，數百年之間而一旦顯焕於玉振金聲之際，非二公之幸也，道之幸也。俾嘗置二公死地之人，聞之九泉之下，豈不動厚顔之赧。而感人又豈不動忠良之歎乎！友仁學問疏狂，文筆淺陋，嘗企慕二先生之塋而致奠，以動高山仰止，景行行止之思。今再際此，姑述其大概，以致平生惓惓之感云。」

按：《資料彙編》謂：孫友仁，至順中任郟縣教諭。

又按：奎章閣學士虞中奉乃虞集，其所書八字爲「眉山兩蘇先生神道」，見本譜宋徽宗崇寧元年（一一〇二）紀事。

元寧宗至順元年（一三三〇）至元順帝初

詔建廣慶寺於蘇墓，命僧居守之，置地爲祀事之費。應朝紳之請也。

詳本譜明憲宗成化十三年所引《重修三蘇祠墓記》。

元順帝至正十二年(一三五二)壬辰

三月,郟縣三蘇先生祠堂成。曹師可作記。時縣令爲楊允。

《三蘇墳資料彙編》收曹師可《三蘇先生祠堂之記》,云:「故宋三蘇先生,乃蜀之眉州人,因號眉山。自是以往,游宦四方,隨其所居而各立號焉。老泉,其父也;東坡、潁濱,其子也。俱歷仕於仁、英、神、哲之朝。其文章政事高冠於當世,炳炳焉與日月争光,巍巍焉與山岳并秀。論其志,則浩然剛大之氣塞乎天地;論其心,則粹然忠義之德動乎鬼神。真一代英哲之器、經濟之才者也。昔東坡先生由黄而來,爲汝之團練副使,默相其風土於郡治之東約六十里,鄉曰鈞臺,里曰上瑞,有山曰峨眉。其背也雄峙扈陽,其面也清流汝水,觀其形勝,適可爲兆域之佳者。至於紹聖章惇爲相,以元祐黨論謫居南海,既而詔至毗陵,因病以書囑子由曰:『吾死,葬之於汝。』既卒,由是而安厝之。厥後,潁濱先生卒,亦葬於斯焉。噫,自昔至今,歷世幾四百年矣。累累然,兩冢卧於荒烟古木之間,可勝歎哉!洪惟我皇元,以人文治天下,東漸西被朔南,暨聲教其致治之盛,則遠媲堯、舜,而高軼漢、唐矣。廷紳奏請褒崇歷代先賢。至順間,以禮部符文行下郟縣,於墳之東南僅十里有薛店,當東西衝要,樹石以表之曰:『眉山兩蘇先生神道。』然老泉不與焉。爲其捐館窀穸,不在與(撰者按:『與』疑衍)於斯故也。郟之爲縣,始於大德甲辰,設立至今五十餘年,所歷監縣、縣尹、簿、尉,不爲不多,然其間無一人惻然動念，請立祠堂爲舉。至正庚寅冬十月，縣尹楊公到任，視事三日，遍謁諸祠，行禮畢，詢諸耆舊而言曰：『吾奉朝廷選擇守令，來尹是邦，禮宜告廟，今乃縣治雖小，疆土不及百里，豈無前代之賢乎？』耆舊僉曰：『縣治西約以三十餘里，有東坡、潁濱蘇先生之墓，盍往焉？』公曰：『信。』翌日，率領僚屬躬詣致奠。至彼，四顧寂寥，惟有看墳廣慶寺在側。公召住持僧從敏，詰之曰：『古昔聖人制禮，有其墳，必有其廟。墳以安厝，廟以薦享，二者不可相無。今也既有先賢塋壙，而無先賢祠堂，可乎？然或春秋之際，朔望之薦，孰歆而孰享哉？況汝等平日衣鉢之所需，食用之所資，皆出於先賢墳地土之所供也。其不報德，可乎？』僧從敏合掌叩頭，感吾斯言。遂擇日鳩工，掄材木，陶瓴甓，巍然後起祠堂四楹於梵宮之北。塑繪老泉先生儀像，居以南面，暨東坡、潁濱兩先生，左右侍焉。故題其額曰『三蘇先生祠堂。』是堂也，經營於至正辛卯九月之秋，落成於至正壬辰三月之春。功既告成，郟之士夫咸曰：『賢矣哉，縣尹楊公也。知人所不能知謂之智，行人之所不能行謂之仁。既仁且智，抑亦能使三蘇先生之神，安居於雕題畫棟之堂，時享於犧尊蘋豆□之祭，非公之力而誰力！後之縣大夫來告來薦，未必不自此始。若不壽石以彰其德，將何以遺後世乎？於是命僧從敏求余爲文以爲記。』余曰：『嗚呼，三蘇先生，宋之大儒也。學術之淵博、德業之崇大，而其立言著書，光照簡册，則古今士君子所共知而共聞者也，奚庸余言之贅。雖然，時既無人疑斯文之在兹，義不獲辭，略爲是記。』」

按：今此碑猶存。《三蘇墳資料彙編》編者謂，「原碑殘缺太多」，其殘缺處，據明成化《河南總志》卷十五第一百四十六至一百四十七頁（葉）補。

又按：《三蘇墳資料彙編》編者謂曹師可乃進士，於泰定四年（一三二七）十二月撰主簿孔公遺愛碑文，於至正十一年九月撰重修郟縣公廨記。

又按：曹文所云蘇軾至汝州，非事實，不可據。

又按：縣尹楊公名允，見本譜明憲宗成化十三年紀事。

郟縣縣令楊允爲置蘇洵衣冠塚，自是遂有三蘇墓。

詳本譜明憲宗成化十三年所引胡謐《重修三蘇祠堂記》。

明憲宗成化十三年（一四七七）丁酉

胡謐作《重修三蘇祠墓記》。

記見明正德《汝州志》，《三蘇墳資料彙編》引，云：『宋蜀之眉山蘇氏，文忠、文定伯仲二公，其墓并在今河南汝州郟縣西北三十五里，所謂世傳蘇墳者是已。蓋文忠嘗謫汝，愛其地有山，形勝類其鄉，遂有終焉之志，因號曰『小峨嵋山』。貽書仲氏文定曰：『他日我死，貧不能歸，其葬我於是。』既而自請徙常，有田以便給養久之。建中靖國元年卒於常，其子過偕文定奉柩，即所謂小峨嵋山而葬焉，遵治命也。未幾，文定致仕居許，距小峨嵋山僅二百里而近，越幾十稔。以政和二年卒，亦葬兹山。而過始既葬其父，遂家潁昌之斜川，距兹山視許尤近，與文定子孫恒有事焉，此二墓之所由也。比宋南渡，二派之後率散處靡存，歲祀寖廢，塋域日入荒穢。逮元貞初，知州元叔儀爲之封樹築垣，稍復舊觀。至順初，監縣忽欲里赤又爲樹碑神道以表之。而朝紳且請建寺，額曰『廣慶』，命僧居守之，置地若干，贍爲祀事之費。至正間，縣尹楊允因謁廟而創祠焉。謂兩公之學，實出其父老泉先生教也，雖嵋、汝之塋相望數千里，而其精靈陟降左右，蓋未始相遠。且墓必有祠，而兩公之宜祀，當推本攸自，遂置老泉衣冠瘞兩公塚右，而肖三像，各設神主祠內，父中，子侍列焉，此又禮之以誼而起者也，汝有三蘇祠墓昉此。奈何元季寺毁，僧無定棲，地日侵於里豪，用致樵牧弗禁，塋域蕪穢，尤甚於昔。國朝雖累詔有司，視封先賢遺墓，然克遵承者鮮。天順間，蘇之鄉人吴中行準爲河南按察使，嘗檄令所司，葺封三蘇祠墓，功未就緒，而行準致仕去。成化丁酉，行準季弟今河南布政使節行驗方爲右參政，一日行部過，謁焉，欲卒成其兄之志也，遂捐俸倡所司僚屬及募富民好誼者出資，市材鳩工，命醫生李守正、義官金英董之。鼎建祠五間，左右翼西厢各三間，前竪門三間，像主整舊如新，三塚加封倍前。其垣四周以丈計，二百九十有八，高以尺計七。肇工於是年秋七月，越明年三月，工告竣。於是郏尹張廣歸里豪所侵地六頃八十畝有畸。寺僧蓺樹以株計，三萬有奇。助其役者，寶豐縣尹朱銓。始終其事者，汝前後守宋欽、張靖，倅汪楫、馬偉，郟縣尹張驥也。行驗率諸嘗有事莅之，且告慰祠墓如禮，命僧歲以地之租入供祀事。僉謂不可無文以告將來，屬謐記其顛末。惟蘇氏父子伯仲，家學之淵源與其所著述建立之雄偉卓絶駸馳而鼎峙者，千百載猶一日，雖四方庸夫竪子皆知敬慕而歆仰之，而况吾儒之流與其鄉之後進乎。是宜其體魄之所藏，精靈之攸萃，其孰不加護葺乎既廢，追瘞合享於未舉哉。此前元諸良有司與今吴氏昆季所爲汲汲相繼斯役者，亦其高山景行之思不容已焉。顧行準早歷内外臺，既急流勇退有年，今雖即世，而行驗方駸駸入柄國朝未已，蓋夙以兩公自期者，故其於兹役也，尤加之意云。」

按：《資料彙編》編者謂：胡謐，字廷慎，會稽人。天順元年進士。成化十五年至二十年，爲河南按察司副使。纂修成化《河南總志》十九卷。

明世宗嘉靖三十一年（一五五二）壬子

余承勛作《修復老蘇先生墳祠記》。

嘉慶《彭山縣志》卷五明余承勛《修復老泉先生墳祠記》：「嘉靖壬子春，臺史汝南俞公，時按部眉山，夜夢與東坡先生接，因謁三蘇祠，爲文祭之，歎曰：『東坡、潁濱葬吾鄉之汝、潁間，墓志今存也。惟老泉先生葬於眉山故墟，按歐陽公誌墓，在武陽山之可龍里，豈爲人毁滅其迹，久無所考耶！遂令其守楊侯秉和上下、眉間，求之竟弗獲。議者爲東山十里廣福寺者，相傳爲老泉敕賜守冢之寺也。即其地封爲祠焉：弗愈於終亡已乎。不然潁濱《墳院記》有云『廣福爲先公文安府君墳山之精舍也』，距墳四里許。公初卜葬，得安鎮之山，有泉曰老翁井，墳距泉西南，只十餘步耳，今之求老泉墓者，舍寺而求諸泉，近之矣。侯乃度方里以諮其泉，遂得之於石龍東岸之柳溝山中。其山壯偉環抱，坌然出於兩山之間，畜爲井。翁謂『葬書協吉，爲神之居』。其信然哉。乃復得聯槨於山楹之下，雖無埋辭，翁祭程夫人文『惟子之墳，鑿爲二室』，徵夫泉與穴，信乎爲老泉遺冢也。若石龍者，適在彭、眉界中，豈『可龍』相傳之誤耶。侯因諭居民，我弗爾罪，圖別址以徙爾居，我將治泉穴，構祠宇，乃封乃樹、申樵采之禁於守冢焉，庶幾老泉之靈爽棲於此矣。遂約其勞費，以聞於臺史，從之。未幾，祠成，侯屬承勛記其事，仰而歎曰：老翁井，僻泉也，自老泉而有聞焉，今老泉墓泯矣，據老翁井而復得之，翁之井銘曰：惟我與爾，遂終不泯，翁與泉何異世相遭之奇也哉。說者謂東坡、潁濱若歸祔翁所謂庚壬之穴，則翁之墓至今存可也，不然，老泉嘗欲卜居河南，貧不能遂，二公蓋承其先志者。今二公塋域中，亦有小眉山，西望蟇頤，風景不殊，又安知老泉之靈，不往來遨遊於汝、潁間耶。至三蘇氏之所以存者，歐陽公銘曰：偉歟明允，亦既有文，而又有子。故其父子兄弟，一時文名震京師，其終也忠愛孝悌之節，率可以表見於天下後世，其存而不朽者在是矣，又豈繫於一坏之土爲蘇氏有無輕重哉。若夫臺史之文章氣節，視蘇異代而齊光者，故其感契之深，寓諸夢寐。極意而推表之矣。嗚呼，佳城見白日，而滕公葬峽槨，墮而王果復營斂之。今老泉之廢井，亦幾五百年而遇臺史而封祠焉，非異數也乎。翁諱洵，字明允，號老泉，其詳在《宋史·傳》，兹故略。是舉也，憲伯陳公常道，楊公守約，參伯鄭公光溥，學憲陳公鎏，先後贊成之。若吾鄉苑馬少卿、吴君嘉祥憲副弟承業亦嘗與衆諮焉，謹録以爲記。」

明神宗萬曆三十六年（一六〇八）戊申

夏，知汝州事劉覲文作《重修三蘇先生墳記》。

記見《三蘇墳資料彙編》，碑今存。

記文節録於下：「〔予〕奉命守汝，東行部，得拜〔三蘇先生〕墓下。凄愴低回，益仙仙（編撰者按，疑有誤）仰止不置。已而周覽山川，麓崪蹊環，盤紆茀鬱，正坡公所謂『天中風氣清明，岡巒靡迤，四顧可挹』，又所謂『是處青山可藏骨』，是宜定爲樂丘。第上下數百年來，封域幾飾幾圮，今雖松楸不改，而斷碣殘檐，鬱湮增悼，弔古補墜，責將誰委。乃移檄郟令君修如式。郟令君割俸圖之，經營擘畫，不期而報成事。再往瞻拜，四垣巋然，祠楣楚楚，一切丘墟臺砌，視古昔更爲一新。」末署：「大明萬曆三十六年，歲次戊申，夏月之吉。賜進士出身奉直大夫知汝州事體寰劉覲文撰。賜同進士出身文林郎知郟縣事北平獻廷程大猷、縣丞丁元甲、主簿張子揚、典史楊士傑、署儒學教諭舉人董恩泮訓導郭偉民、曹嘉樂同立石。(下略)」

按:《資料彙編》謂劉覲文乃江南丹徒人,萬曆二十三年進士。

清世祖順治三年(一六四六)丙戌

秋,張篤行爲郟縣之令。篤行刻蘇軾之帖,有記叙及明末三蘇墓遭劫事。

《三蘇墳資料彙編》引順治《郟縣志》轉引張篤行《記蘇東坡石刻》:「郟治蓋有三蘇墓。甲申歲,劇賊吴宗聖等發其塚,至底無所見。老泉先生以藏衣冠處僅免。墓周元柏百有八十株悉伐去。丙戌秋,余來令郟,即購賊棄諸市。明年上巳,余往祀,一路荒涼,因口拈一絶曰:『峨眉黯黯暮雲横,樹盡碑殘野草生。莫道荒村烟火絶,山家今日是清明。』去墓半里一廢塚,誌石外露,則東坡先生孫婦。余疑曰:『兩先生之遺骨其在是歟,何盗所伐者無所見也,古人或多智耳。』遂命土人種柏數百而還。」以下言刻蘇軾《次韻伯固游蜀岡送叔師奉使嶺表》詩真迹。

同上《宋三蘇墓》:「(以上略)〔二蘇先生墓〕,明末乃爲土賊吴宗聖等發其塚,古柏悉伐去。予丙戌至,始爲封固,種柏數百,立老泉先生碑於其上。」

按：甲申當明崇禎十七年（一六四四）。

又按：謂廢塚爲東坡先生孫婦墓，非是。見本譜宋徽宗崇寧元年紀事。

順治十年（一六五三）癸巳

春，范紀綱作《修建三蘇先生佳城餉堂祠廟碑記》。

記見《三蘇墳資料彙編》，碑今存。

記文節録於下：「余奉簡駐馬汝潁，……懷先生之澤，爰拜先生之墓，而弔先生之魂。山深苔滑，墓古蘼荒，短樹蒙茸，野禽喧雜，昔之餉堂祠宇，俱以寇燹丘墟矣。并護墓之廣慶招提，亦歷落無完璧。惟山有紫雲，洞有曉烟，夢顧低回，凛凛生氣耳。經始亟成，誰爲尸之。乃秉彝之好與道義之感，有不翼脛而飛走者。維時郡守秦君樂爲之助，魯令吕君、寶令于君、伊令張君咸捐助以襄其成。郟令卜君捐俸拮据，州縣佐博及諸紳士大夫翕然景從，而兆間夫婦咸歡并子來，荷鍤畚、饋饁餉者相望，道路絡繹，原野間是。豈直先生在天之靈，司其玄感，實先生德澤沁人。」末云：「時順治十年歲次癸巳小春之吉，欽差整飭河南等處分巡兵備道按察司僉事瀋陽□□□紀綱父薰沐頓首拜。」

按：《資料彙編》編者謂此文作者爲紀綱父，非是。此文作者姓范，時爲巡憲，以下卜永升文已云。紀綱乃范某之字，其名不詳。自宋以來，文人自稱己之字後，常加父字。

又按：兆閶當爲紀綱父友人。

卜永升作《重修三蘇公餉堂記》。

記見《三蘇墳資料彙編》，碑今存。

記文節録於下：「鼎革以來，〔予〕釋褐登車，筮仕郟邑，〔東坡、潁濱〕兩先生遺塚在焉。歲事展謁，目擊祠堂賊毁，墓木斬伐，濯濯荒涼而已。低徊久之，□□□□□□□未遑及也。閲三年，請諸巡憲范公，公，予座師，相國現斗公之猶子，監司河汝，崇祀先哲，多所振舉，乃欣然臨莫，捐俸倡助，爲官民先。□□□□□□□□倅博，魯、竇、伊令與郟紳衿父老，無不樂助，共期觀成焉。予因是經營區畫，鳩工庀材，補所不給。未兩月，而享堂三楹，神厨稱是。臺樓、甬道□□□□□□□□造而一新之，植柏兩千有奇，刻石以紀。祠宇五楹，立像祀之。封其四世孫簞、符、箕、籥、筌、籌之塚於三墳之右。又神道之西，子由長子遲妻□□□□□□，梁灝曾孫女也，亦爲封識，以永其傳。規模宏敞，丹堊輝麗，視諸前構，爲加盛矣。」末云：「賜進士第文林郎知郟縣事淮安府安東縣卜東升澹庵題。」

按，此文未署年月，當與范紀綱之文作於同時。

又按：「遲妻」、「梁灝曾孫女」云云，參本譜元符元年三月二十四日引清周亮工《書影》，其所依據者爲梁氏墓誌銘。梁氏墓銘已久佚。

順治十一年（一六五四）甲午

正月十五日，卜永升作《蘇墳植柏記》。

記見《三蘇墳資料彙編》，碑今存。

記云：「歷來古木參天，材成合抱，鬱然茂林也。明末土寇砍伐一空。予任茲邑之二年，瞻謁丘壠，爲手植柏樹一千一百七十株。周圍前後皆成行列，十年後將勝舊觀矣。倘有毁折，敢望後起者，勖爲同志云。神道兩傍二十二株，餉堂前東□一百三十五株，墳東、西、北三面一千一十三株。共植柏樹一千一百七十株。順治十一年正月十五日，郟縣知縣淮安府安東縣卜永升，生員郝大年。」

清聖祖康熙四十六年（一七〇七）丁亥

戴伊任作《蘇老泉墳記》。

民國《眉山縣志》卷一《地理志·墳墓·蘇洵墓·清戴伊任記》：「老泉公之墓，由宋、元、明四百餘年，碑誌剥蝕莫可考據。據明成化中州守許公仁承中丞侍御諸當事意，於蟇頤山前後，求之弗獲，乃即廣福寺後脉樹墓以伸拜祭，後溯井求墓於石龍柳溪得之。自明季滄桑後百餘年，無人訪及，康熙四十一年壬午學正段仔文便道過之，詢一老人，遂造其地，歸與州守金公一鳳言其狀，率僚屬紳耆往謁焉。斬荆棘，芟藤蘿，見豐碑屹立，苔蘚塵封。凡碑二，一爲老泉墓碑，一爲明侍御喻公求公墓及獲公墓碑，原委井然。其一碑小而卧於側者，則爲明判官公之裔孫蘇大章贖祀田邊界碑也。塚爲偷兒穿挖，深可數尺，猶見石槨，以問世學人不保其墓如此，慨焉久之。墓前尺餘，舊有祠，瓦礫壘壘，竹茨交纏。半日乃盡開。基不甚闊，僅三楹耳。金公即捐囊，命土人封築之，極高且大，使樵牧不侵，設祭拜奠，衆紳耆咸懽忭，以爲百餘年荒穢，今一旦修治之，老泉公九泉可慰，忠、定二公在天之靈亦無憾矣。金公復以其顛末，上之撫臺熊公，撥廣福寺左後之田二十畝，爲老泉春秋祀田。康熙丁亥仲秋，戴伊任敬識以待考古者，并叙祀田之所由來，以昭金公表揚先賢之至意云。」

同上：《程夫人墓》：「據老泉祭夫人文及東坡王夫人墓銘，當是與老泉合厝。余承勛記亦有『得聯槨於山楹之下』一語，惟後人題墓，不及夫人，别於老泉墓後封土望祭云。」

清高宗乾隆十一年（一七四六）丙寅

六月，張楣作《重修三蘇先生祠墓記》。

記見《三蘇墳資料彙編》，碑今存。

記云：「宋三蘇先生，蜀人也。其葬於郟，從治命也。文忠嘗謫汝，道經郟，愛其山水類蜀，因名以小峨眉，遂有終焉之志。建中靖國元年，自儋耳歸至毗陵告終。孝公（編撰者按，疑『孝』爲『季』之誤）叔黨奉遺命扶柩葬於是。政和二年，文定卒，亦葬於是。至元至正間縣尹楊君，始推本所自，具老泉衣冠，葬於二塚之右而建祠焉，此郟三蘇墓之所由來也。自北宋、元、明以迄我朝，蓋四代矣。中間廢興屢七，難以悉數。南宋以後，愈致荒蕪。大抵爲之封樹築垣以復舊觀者，元汝州守元君叔儀也，爲薛店樹神道碑，建寺命僧居守，置地若干畝，以其租供祀事之費者，元至順初詔書也；築老泉塚，創祠設三蘇像而祀之者，元至正間郟尹楊君允也；加封三塚，繚以周垣，重整祠像，清出侵占地六頃八十餘畝歸寺者，明蘇之鄉人天順間河南按察使吴君中，成化間河南布政使吴君節昆季及郟令張君廣也。逮我國初相繼修葺者，縣令章丘張君篤行，縣令卜君永升。康熙四十七年，河南學使者□公右曾修理前餉堂三楹，齋房三楹，迄於今三十五年矣。剥蝕傾圮，詎能免乎！余素艷（編撰者按，疑應作羡）蘇墓之在郟，莅任兹邑，亟爲晉謁，見其摧頽，即慨然有興復之志，顧以俸薄力淺，庶務倥傯，有志未遂。謚於郡伯宋公，公深爲之慫恿，乃捐薄俸若干，紳士鄉民之好義者，津助若干，於是鳩工庀材，延王生三君代董其役。以其居邇蘇墳，其先人嘗有事於斯役也，故三君亡勞而樂任之，趨事欣勤。工興於八月二十日，竣於十月十五日。不數月間，而釣臺、峨眉之盛，焕然改觀矣。抑余尤有説焉，以有宋一代之偉人，德業文章，彪炳史册，焜耀古今，乃天不使之歸蜀而葬於郟嵩，豈徒侈名賢之遺蹤而已乎。必其山靈水脈，實有默相感契佑啓後人者。吾儕恪慕三蘇，豈可徒優敬禮而不圖儀型則效之實乎！高山仰止，景行行止，是則余與諸君重修蘇墓之意也。夫其監工及捐資之士，例得鎸石於後。文林郎知汝州郟城縣事鐵嶺張楣敬撰，賜進士出身之文林郎知汝州郟縣事益津劉藎刻石，邑庠生後學王聰書丹，督工人庠生王惟正、監生德淳、瑞凰，蘇墳寺焚修僧人海禄磨石。皇清乾隆十一年，歲次丙寅，六月。」

引用書目

一、本書目簡稱影印《四庫全書》文淵閣本爲庫本，《四部叢刊》初、續、三編本爲叢刊本，《叢書集成》本爲集成本，《四部備要》本爲備要本。

二、本書目於明、清地方志各該志之首，冠以年號，如嘉靖《太平府志》、乾隆《諸城縣志》，其年號即成書、刊刻之年代，今略去編纂者及刊刻年代字樣。其成書在前，刊刻在後，或屬重刊，則注明刊刻或重刻年代。

一、總集

皇朝文鑑 宋呂祖謙 叢刊本

清江三孔集 宋孔文仲等 豫章叢書本、庫本

二程集 宋程顥等 中華書局一九八四年點校本

聲畫集 宋孫紹遠 楝亭十二種本

崑山雜詠 宋龔昱 宋開禧原刊本

回文類聚 宋桑世昌 清刊本

蘇門六君子文粹 明刻本

聖宋名賢五百家播芳大全文粹 宋刊本、庫本

唐宋諸賢絶妙詞選宋黄昇　叢刊本
分門纂類唐宋時賢千家詩選宋劉克莊　楝亭十二種本
續會稽掇英集　清刊本
古今歲時雜詠宋蒲積中　庫本
成都文類宋程遇孫　庫本
三蘇全書　語文出版社二〇〇一年排印本
中州集金元好問　叢刊本
洞霄詩集元孟宗寳　知不足齋叢書本
宋文選宋佚名　庫本
兩宋名賢小集題宋陳思元陳世隆　庫本
瀛奎律髓元方回　清康熙刊本
全蜀藝文志明楊慎　民國鉛印本
補續全蜀藝文志明杜應芳　明刊本
宋六十名家詞明毛晉　備要本

歷代文選　抄本
松風餘韻清姚弘緒　清乾隆刊本
江西詩徵清曾燠　清嘉慶刊本
吴興詩存清陸心源　潜園總集本
宋代蜀文輯存傅增湘　鉛印本
全唐詩　中華書局排印本，一九六〇年第一版
全宋詞　中華書局排印本，一九八〇年第二版
全宋詞補輯　中華書局一九八一年排印本
全宋詞　中華書局繁體竪排本、簡體横排本
全宋詩　北京大學出版社排印本
全宋文　巴蜀書社排印本
增廣事聯詩苑叢珠　全宋詩引
四庫輯本别集拾遺欒貴明　中華書局一九八三年排印本

二、別集

歐陽文忠公集宋歐陽修　萬有文庫本
歐陽修全集　中華書局點校本
文潞公文集宋文彦博　明嘉靖刊本
温國文正司馬公文集宋司馬光　叢刊本
司馬文正公傳家集　清乾隆刊本
司馬光奏議　山西人民出版社一九八六年點校本
都官集宋陳舜俞　庫本
安陽集宋韓琦　庫本
趙清獻公文集宋趙抃　明嘉靖刊本
祠部集宋强至　集成本
范忠宣公文集宋范純仁　清康熙刊本
古靈集宋陳襄　庫本
景文集宋宋祁　庫本
丹淵集宋文同　叢刊本
蘇魏公文集宋蘇頌　清刊本
彭城集宋劉攽　集成本
祖龍學集宋祖無擇　宋人集本
廣陵先生集宋王令　嘉業堂叢書本
王荆文公詩宋王安石　清乾隆刊本
王臨川集宋王安石　世界書局排印本
徂徠石先生文集宋石介　中華書局一九八四年點校本
梅堯臣集編年校注　上海古籍出版社一九八〇年排印本
樂全集宋張方平　庫本
公是集宋劉敞　集成本
章安集宋楊蟠　台州叢書本
鄖溪集宋鄭獬　湖北先正遺書本
直講李先生文集宋李覯　叢刊本

范文正公集宋范仲淹　叢刊本
蔡忠惠集宋蔡襄　明刊本
王華陽集宋王珪　武英殿聚珍版本
蘇舜欽集　上海古籍出版社一九八一年校點本
嘉祐集宋蘇洵　叢刊本
嘉祐集　庫本
嘉祐集箋注　曾棗莊箋注本
蘇洵集　三蘇全書本
蘇軾詩集　中華書局點校本，一九九二年第三次印刷本
蘇軾文集　中華書局點校本，一九九二年第三次印刷本
東坡先生全集　明末刊本
東坡集　宋刊十行本
經進東坡文集事略　叢刊本
東坡樂府　上海古籍出版社一九七九年排印本

東坡樂府　彊村叢書本
注坡詞宋傅幹　抄本
注坡詞　劉尚榮校證本
重編東坡先生外集　明萬曆刊本
東坡雜著五種　明萬曆刊本
增刊校正王狀元集注分類東坡先生詩　叢刊本
蘇文忠公海外集清樊庶　清嘉慶刊本
注東坡先生詩宋施元之顧禧　宋嘉泰刊本
注東坡先生詩　影宋景定補刊本
補注東坡編年詩清查慎行　清刊本
東坡先生和陶淵明詩　宋刊本
蘇文忠詩合注清馮應榴　清光緒刊本
蘇詩選評箋釋清汪師韓　清刊本
欒城集宋蘇轍　上海古籍出版社一九八七年點校本

蘇轍集　中華書局點校本
淮海集宋秦觀　叢刊本
淮海居士長短句　上海古籍出版社一九八五年校注本
柯山集宋張耒　集成本
張耒集　中華書局一九九〇年點校本
雞肋集宋晁補之　叢刊本
豫章黄先生文集宋黄庭堅　叢刊本
山谷全書宋黄庭堅　清刊本
山谷詩集注　備要本
山谷外集詩注　備要本
山谷别集詩注　備要本
山谷琴趣外編　影宋本
山谷老人刀筆　清刊本
元豐類稿宋曾鞏　叢刊本
曾鞏集　中華書局一九八四年點校本
净德集宋吕陶　集成本
王魏公集宋王安禮　豫章叢書本
畫墁集宋張舜民　集成本
長興集宋沈括　叢刊本
西溪集宋沈遘　叢刊本
雲巢編宋沈遼　叢刊本
節孝集宋徐積　庫本
范太史集宋范祖禹　庫本
忠穆集宋吕頤浩　庫本
後山集宋陳師道　備要本
後山詩注　集成本
陶山集宋陸佃　集成本
寶晉山林集拾遺宋米芾　宋嘉泰刊本

雲莊集宋曾協　豫章叢書本
馮安岳集宋馮山　宋人集本
無爲集宋楊傑　宋人集本
元城先生盡言集宋劉安世　叢刊本
學易集宋劉跂　集成本
忠肅集宋劉摯　集成本
浮沚集宋周行己　庫本
潏水集宋李復　陝西文獻徵輯處刊本
樂静集宋李昭玘　庫本
栟櫚集宋鄧肅　清刊本
眉山唐先生文集宋唐庚　叢刊本
梅溪集宋王十朋　叢刊本
參寥子詩集宋釋道潛　叢刊本
西塘先生文集宋鄭俠　清刊本
道鄉集宋鄒浩　清道光刊本
北湖集宋吴則禮　湖北先正遺書本
寶晉英光集宋米芾　湖北先正遺書本
石門文字禪宋釋惠洪　叢刊本
慶湖遺老詩集宋賀鑄　宋人集本
太倉稊米集宋周紫芝　清抄本
跨鼇集宋李新　庫本
濟南集宋李廌　宋人集本
松隱文集宋曹勛　嘉業堂叢書本
龍雲先生文集宋劉弇　豫章叢書本
西臺集宋畢仲游　集成本
演山集宋黄裳　庫本
姑溪居士文集宋李之儀　清刊本
伐檀集宋黄庶　宋人集本

錢塘韋先生文集宋韋驤　武林往哲遺著本
嵩山文集宋晁説之　叢刊本
斜川集宋蘇過　集成本
斜川集　清抄本
斜川集校注　巴蜀書社排印本
東堂集宋毛滂　庫本
竹隱畸士集宋趙鼎臣　庫本
日涉園集宋李彭　豫章叢書本
豐清敏公遺書宋豐稷　四明叢書本
莊簡集宋李光　庫本
文定集宋汪應辰　集成本
北山集宋鄭剛中　庫本
梁溪先生全集宋李綱　清道光刊本
何博士備論宋何去非　浦城遺書本

雲溪集宋郭印　庫本
相山集宋王之道　庫本
老圃集宋洪芻　庫本
北山小集宋程俱　叢刊本
毗陵集宋張守　庫本
蘆川歸來集宋張元幹　上海古籍出版社排印本
丹陽集宋葛勝仲　常州先哲遺書本
雪溪集宋王銍　庫本
給事集宋劉安上　庫本
漢濱集宋王之望　湖北先正遺書本
青山集宋郭祥正　宋刊本
青山集　清道光刊本
鴻慶居士集宋孫覿　常州先哲遺書本
內簡尺牘宋孫覿　庫本

東牟集宋王洋　庫本
盧溪文集宋王庭珪　明刊本
東萊詩集宋吕本中　叢刊本
筠溪集宋李彌遜　庫本
陵陽先生集宋牟巘　吴興叢書本
澹齋集宋李流謙　庫本
摛文堂集宋慕容彦逢　常州先哲遺書本
北海集宋綦崇禮　庫本
陸游集（包括劍南詩、渭南文集、入蜀記）　中華書局一九七六年排印本
周益國文忠公集（包括省齋文稿、平園續稿、二老堂雜志、泛舟游山録、南歸録、奏事録）宋周必大　清咸豐刊本
南軒先生文集宋張栻　清康熙刊本
攻媿集宋樓鑰　集成本
石湖居士詩集宋范成大　叢刊本
誠齋集宋楊萬里　叢刊本
東塘集宋袁説友　庫本
雪山集宋王質　湖北先正遺書本
南澗甲乙稿宋韓元吉　集成本
雙溪集宋蘇籀　集成本
淳熙稿宋趙蕃　集成本
止齋先生文集宋陳傅良　叢刊本
北磵集宋釋居簡　庫本
昌谷集宋曹彦約　庫本
後村先生大全文集宋劉克莊　叢刊本
浮溪集宋汪藻　叢刊本
竹溪鬳齋十一稿續集宋林希逸　清抄本

南海百詠　宋方信孺　琳瑯祕室叢書本
鶴山先生大全文集　宋魏了翁　叢刊本
真文忠公集　宋真德秀　叢刊本
晦菴先生大全文集　宋朱熹　備要本
豫章文集　宋羅從彦　庫本
性善堂集　宋度正　庫本
絜齋集　宋袁燮　集成本
適安藏拙餘稿　宋武衍　抄本
遺山先生文集　金元好問　叢刊本
滹南遺老集　金王若虚　國學基本叢書本
閑閑老人滏水文集　金趙秉文　叢刊本
吴文正公文集　元吴澄　清乾隆刊本
清容居士集　元袁桷　叢刊本
秋澗先生大全文集　元王惲　叢刊本
道園學古録　元虞集　叢刊本
桐江續集　元方回　庫本
禮部集　元吴師道　庫本
雪樓集　元程鉅夫　庫本
待制集　元柳貫　庫本
宋學士文集　明宋濂　明刊本
安雅堂集　元陳旅　庫本
范德機詩集　元范梈　叢刊本
剡源戴先生文集　元戴表元　叢刊本
蘇平仲文集　明蘇伯衡　庫本
説學齋稿　明危素　庫本
東坡詞編年箋證　薛瑞生　三秦出版社排印本
蘇軾詞編年校注　鄒同慶　王宗堂　中華書局排印本

三、史書、年譜、傳記

續資治通鑑長編　上海古籍出版社影清刊本
續資治通鑑長編拾補　上海古籍出版社影清刊本
續資治通鑑　中華書局點校本
靖康要録宋佚名　集成本
東都事略宋王偁　清乾隆刊本
三朝名臣言行録宋朱熹　叢刊本
宋史全文續資治通鑑　明覆元刊本
益州名畫録宋黄休復　王氏書畫苑本
畫繼宋鄧椿　人民美術社排印本
圖畫見聞志宋郭若虛　叢刊本
圖繪寶鑑元夏文彦　國學基本叢書本
宣和畫譜　津逮祕書本
宋遼金畫家史料　文物出版社本

左傳　備要本
三國志　中華書局點校本
宋書　中華書局點校本
魏書　中華書局點校本
舊唐書　中華書局點校本
新唐書　中華書局點校本
宋史　中華書局點校本
金史　中華書局點校本
遼史　中華書局點校本
宋史大事講義　庫本
南宋書明錢士升　清嘉慶刊本
名賢氏族言行類稿宋章定　庫本
京口耆舊傳宋劉宰　守山閣叢書本
名臣碑傳琬琰之集宋杜大珪　庫本

琬琰集删存 燕京大學鉛印本

莆陽比事宋李俊甫 影宛委别藏本

羅湖野録宋釋曉瑩 庫本

禪林僧寶傳宋釋惠洪 庫本

景德傳燈録 叢刊本

續燈録 清刻本

五燈會元宋釋普濟 中華書局點校本

佛祖統紀宋釋志磬 日本大正大藏經本

禪林寶訓 庫本

指月録明瞿汝稷 明刊本

宋大詔令集 中華書局排印本

宋名臣奏議宋趙汝愚 庫本

歷代名臣奏議明楊士奇 明刊本

宋會要輯稿 中華書局影縮印本

玉海宋王應麟 清刊本

籀史宋翟耆年 守山閣叢書本

建炎以來繫年要録 國學基本叢書本

宋史紀事本末 中華書局點校本

文獻通考 商務印書館影印本

眉陽三蘇先生年譜宋何掄 中華文史論叢一九八六年第二輯王水照記蓬左文庫舊鈔本東坡先生年譜引

宋人所撰三蘇年譜彙刊王水照輯 上海古籍出版社本

東坡先生年譜宋王宗稷 萬有文庫本蘇東坡集附録

東坡先生年譜宋施宿 王水照蘇軾選集附録

東坡紀年録宋傅藻 增刊校正王狀元集注分類東坡先生詩附録

蘇文忠公詩編注集成總案清王文誥 清道光刊本

蘇潁濱年表宋孫汝聽 點校本欒城集附録

米海岳年譜清翁方綱　湖北先正遺書本
王荆公年譜考略清蔡上翔　上海人民出版社排印本
唐宋詞人年譜夏承燾　上海古典文學出版社排印本
淮海先生年譜清秦瀛　清嘉慶刊本
東坡烏臺詩案宋朋九萬　集成本
詩讞宋周紫芝　集成本
元遺山先生年譜清施國祁　清光緒刊元遺山全集附録本
元祐黨人傳清陸心源　清光緒刊本
宋元學案補遺清王梓才　四明叢書五集本
北宋經撫年表清吴廷燮　中華書局點校本
宋宰輔編年録宋徐自明　中華書局校補本
東家雜記宋孔傳　庫本
孔氏祖庭廣記元孔元措　叢刊本
太平治迹統類宋彭百川　適園叢書本

自號録宋徐光溥　影宛委別藏本
古史宋蘇轍　庫本
蘇軾在密州李增坡等　齊魯書社本
蘇東坡在黄州饒學剛　京華出版社本
蘇東坡與常州陳弼等　中國社會出版社本
蘇東坡在儋州韓國强　華夏出版社本
尋訪東坡踪迹韓國强　南海出版社本
三蘇墳資料彙編　河南大學出版社本
蘇文繫年考略吴雪濤　内蒙古教育出版社本
宋人軼事彙編丁傳靖　商務印書館鉛印本
蘇洵評傳曾棗莊　四川人民出版社本
清真先生遺事王國維　廣倉學術叢書鉛印本
蘇東坡軼事彙編顔中其　岳麓書社排印本
蘇東坡論顔中其　時代文藝出版社二〇〇二年本

四、筆記

江鄰幾雜志宋江休復　紛欣閣叢書本
湘山野録宋釋文瑩　中華書局點校本
玉壺清話宋釋文瑩　中華書局點校本
夢溪筆談宋沈括　中華書局校注本
涑水紀聞宋司馬光　集成本
龍川略志宋蘇轍　中華書局點校本
龍川别志宋蘇轍　中華書局點校本
邵氏聞見録宋邵伯温　中華書局點校本
邵氏聞見後録宋邵博　中華書局點校本
鐵圍山叢談宋蔡絛　中華書局點校本
石林燕語宋葉夢得　中華書局點校本
泊宅編宋方勺　中華書局點校本
春渚紀聞宋何薳　中華書局點校本
默記宋王銍　中華書局點校本
東軒筆録宋魏泰　中華書局點校本
元城先生語録宋馬永卿　小萬卷樓叢書本
萍洲可談宋朱彧　守山閣叢書本
畫墁録宋張舜民　影宋百川學海本
道山清話宋王暐　影宋百川學海本
避暑録話宋葉夢得　掃葉山房石印本
曲洧舊聞宋朱弁　集成本
能改齋漫録宋吴曾　上海古籍出版社標點本
侯鯖録宋趙令畤　知不足齋叢書本
甲申雜記宋王鞏　知不足齋叢書本
聞見近録宋王鞏　知不足齋叢書本
隨手雜録宋王鞏　知不足齋叢書本
呂氏雜記宋呂希哲　指海本

東京夢華録宋孟元老　古典文學出版社標點本

野老紀聞宋王大成　中華書局點校本野客叢書附録

五總志宋吴坰　知不足齋叢書本

過庭録宋范公偁　集成本

澠水燕談録宋王闢之　集成本

孫公談圃宋孫升　影宋百川學海本

書史宋米芾　影宋百川學海本

畫史宋米芾　湖北先正遺書本

孔氏談苑宋孔平仲　寶顔堂祕笈本

墨莊漫録宋張邦基　叢刊本

墨客揮犀題宋彭乘　稗海本

續墨客揮犀題宋彭乘　影宛委别藏本

濟南先生師友談記宋李廌　集成本

丞相魏公譚訓宋蘇象先　叢刊本

西溪叢語宋姚寛　中華書局點校本

家世舊聞宋陸游　中華書局點校本

老學庵筆記宋陸游　萬有文庫陸放翁集本

可書宋張知甫　明穴硯齋抄本

欒城遺言宋蘇籀　集成本（雙溪集附）

欒城先生遺言　影宋百川學海本

明道雜志宋張耒　學海類編本

高齋漫録宋曾慥　學海類編本

揮麈録宋王明清　叢刊本

夷堅志宋洪邁　中華書局標點本

容齋隨筆宋洪邁　國學基本叢書本

獨醒雜志宋曾敏行　知不足齋叢書本

梁溪漫志宋費衮　上海古籍出版社點校本

新編分門古今類事宋委心子　中華書局標點本

鶴林玉露宋羅大經　中華書局點校本
糖霜譜宋王灼　學津討原本
傷寒總病論宋龐安時　士禮居叢書本
吹劍録全編宋俞文豹　古典文學出版社校訂本
西塘集耆舊續聞宋陳鵠　集成本
吴船録宋范成大　知不足齋叢書本
澗泉日記宋韓淲　武英殿聚珍版本
却掃編宋徐度　學津討原本
齊東野語宋周密　中華書局點校本
北山酒經宋朱翼中　庫本
陳氏香譜宋陳敬　庫本
愛日齋叢鈔宋葉寘　集成本
捫蝨新話宋陳善　津逮祕書本
賓退録宋趙與時　上海古籍出版社點校本

桯史宋岳珂　中華書局點校本
愧郯録宋岳珂　集成本
雲麓漫鈔宋趙彦衛　集成本
困學紀聞宋王應麟　備要本
癸辛雜識宋周密　中華書局點校本
寓簡宋沈作喆　集成本
晁氏客語宋晁説之　學海類編本
鼠璞宋戴埴　影宋百川學海本
武林舊事宋周密　古典文學出版社標點本
游宦紀聞宋張世南　集成本
嬾真子宋馬永卿　庫本
芥隱筆記宋龔頤正　集成本
雲林石譜宋杜綰　知不足齋叢書本
樂庵語録宋李衡　庫本

西畬瑣録宋孫宗鑑　學海類編本
四朝聞見録宋葉紹翁　知不足齋叢書本
朱子語類宋朱熹　庫本
甕牖閑評宋袁文　上海古籍出版社點校本
皇朝仕學規範宋張鎡　宋刊本
吴中紀聞宋龔明之　集成本
蒙齋筆談宋鄭景望　學海類編本
深雪偶談宋方岳　學海類編本
善誘文宋陳録　影宋百川學海本
厚德録宋李元綱　影宋百川學海本
月河所聞録宋莫君陳　吴興叢書本
步里客談宋陳長方　守山閣叢書本
演繁露續集宋程大昌　學津討原本
行營雜録宋趙葵　古今説海本

黄氏日抄宋黄震　清乾隆刊本
清波雜志宋周煇　叢刊本
清波别志宋周煇　知不足齋叢書本
楊公筆録宋楊彦齡　學海類編本
朝野遺記宋佚名　學海類編本
朝野類要宋趙昇　知不足齋叢書本
貴耳集宋張端義　明刊本
麈史宋王得臣　上海古籍出版社點校本
雞肋編宋莊綽　中華書局點校本
楓窗小牘宋袁褧　寶顔堂祕笈本
蘆浦筆記宋劉昌詩　中華書局點校本
席上腐談宋俞琰　寶顔堂祕笈本
歸潛志金劉祁　中華書局點校本
捫掌録元元懷　學海類編本

錢塘遺事 元劉一清 武林往哲遺著本
研北雜志 元陸友 庫本
河朔訪古記 元迺賢 庫本
清暑筆談 明陸樹聲 寶顔堂祕笈本
青泥蓮花記 明梅鼎祚 明刊本
六硯齋筆記 明李日華 清刊本
六硯齋二筆 清刊本
六硯齋三筆 清刊本
味水軒日記 明李日華 清刊本
北窗瑣語 明余永麟 集成本
武林梵志 明吴之鯨 庫本
西湖夢尋 明張岱 武林掌故叢編本
西村日記 明史鑑 武林掌故叢編本
長安客話 明蔣一葵 北京出版社標點本
真迹日録 明張丑 庫本
求古録 清顧炎武 槐廬叢書本
因樹屋書影 清周亮工 清道光刊本
蜀道驛程記 清王士禛 王漁洋著述本
宋稗類鈔 清潘永因 清刻本
霞外攟屑 清平步青 中華書局排印本
鷗陂餘話 清葉廷琯 筆記小説大觀本
黄嬭餘話 清陳錫露 清乾隆刊本

五、詩文評

六一詩話 宋歐陽修 中華書局歷代詩話標點本
温公續詩話 宋司馬光 中華書局歷代詩話標點本
石林詩話 宋葉夢得 中華書局歷代詩話標點本
彦周詩話 宋許顗 中華書局歷代詩話標點本

紫微詩話宋吕本中　中華書局歷代詩話標點本
竹坡老人詩話宋周紫芝　影宋百川學海本
四六話宋王銍　庫本
風月堂詩話宋朱弁　清刊本
藏海詩話宋吴可　歷代詩話續編本
冷齋夜話宋釋惠洪　掃葉山房石印本
觀林詩話宋吴聿　中華書局歷代詩話續編標點本
韻語陽秋宋葛立方　中華書局歷代詩話標點本
蛩溪詩話宋黄徹　人民文學出版社校注本
二老堂詩話宋周必大　中華書局歷代詩話標點本
四六談塵宋謝伋　影宋百川學海本
庚溪詩話宋陳巖肖　中華書局歷代詩話續編標點本
竹莊詩話宋何谿汶　庫本
詩話總龜宋阮閲　叢刊本

誠齋詩話宋楊萬里　中華書局歷代詩話續編標點本
詩人玉屑宋魏慶之　古典文學出版社排印本
苕溪漁隱叢話宋胡仔　萬有文庫本
詩林廣記宋蔡正孫　中華書局點校本
碧雞漫志宋王灼　古典文學出版社排印本
吴禮部詩話元吴師道　中華書局歷代詩話續編標點本
滹南詩話金王若虚
東坡詩話録元陳秀明　學海類編本
宋詩紀事清厲鶚　萬有文庫本
宋詩紀事補遺清陸心源　清刊本
歷代詞話清王弈清　詞話叢編本
詞苑叢談清徐釚　萬有文庫本
詞林紀事清張思巖　古典文學出版社排印本
宋詩話輯佚郭紹虞　中華書局標點本

宋詩紀事續補　北京大學出版社排印本
東坡詩話集日本豐福健二　日本大和出版印刷株式會社本

六、志書

太平寰宇記　庫本
元和郡縣志　庫本
元豐九域志宋王存　中華書局點校本
新定九域志　中華書局點校本
輿地紀勝宋王象之　清咸豐刊本
方輿勝覽宋祝穆　影宋刊本
廣輿記明陸應揚　明刻本
讀史方輿紀要清顧祖禹　中華書局排印本
大清一統志　叢刊本
乾道臨安志　集成本
淳祐臨安志　武林掌故叢編本
咸淳臨安志　清刊本
淳熙三山志　庫本
嘉泰會稽志　民國影清刊本
寶慶會稽續志　民國影清刊本
寶慶四明志　影宋刊本
紹熙雲間志　清嘉慶刊本
吴郡志　影宋刻本
嘉泰吴興志　吴興叢書本
嘉定赤城志　清刊本
淳熙嚴州圖經　集成本
嘉定鎮江志　清刊本
琴川志　中華書局影印本
仙溪志　中華書局影印本

至元嘉禾志　抄本
至順鎮江志　民國刊本
齊乘元于欽　清乾隆刊本
無錫縣志元佚名　庫本
汴京遺迹志明宋濂　庫本
西湖游覽志明田汝成　上海古籍出版社排印本
西湖游覽志餘明田汝成　上海古籍出版社排印本
蜀中廣記明曹學佺　庫本
蜀中名勝記明曹學佺　國學基本叢書本
徑山志明宋奎光　明刊本
桂勝明張鳴鳳　庫本
桂故明張鳴鳳　庫本
羅浮志明陳槤　嶺南遺書本
永樂樂清縣志

弘治八閩通志
弘治太平府志
正德瓊臺志
嘉靖彰德府志
嘉靖太平府志
嘉靖廣東通志
嘉靖惠州府志
嘉靖九江府志
嘉靖惟揚志
嘉靖龍溪縣志
嘉靖建寧府志
嘉靖壽州志
浙江通志　商務印書館影印本
廣東通志　商務印書館影印本

四川通志　雍正刊本
江南通志　庫本
羅浮山志彙編　清康熙刊本
西湖志　清傅王露　清雍正刊本
丞陽典録　清嘉慶刊本
焦山志　清光緒刊本
蜀故　清彭遵泗　清光緒刊本
順治吉安府志
康熙德清縣志
康熙曲江縣志
康熙甌寧縣志
康熙太平府志
康熙揚州府志
康熙新會縣志
康熙高州府志
康熙高安縣志
康熙雷州府志
康熙徽州府志
康熙贛縣志
康熙儋縣志　抄本
康熙衢州府志　清光緒重刊本
乾隆潮州府志
乾隆漢陽縣志
乾隆浮梁縣志
乾隆莆田縣志
乾隆績溪縣志
乾隆歸善縣志
乾隆鄞縣志

乾隆濰縣志
乾隆南昌府志
乾隆晉江縣志
乾隆諸城縣志
乾隆重修鳳翔府志
乾隆漳州府志
乾隆淮安府志
乾隆泉州府志
嘉慶眉州屬志
嘉慶餘杭縣志
嘉慶瑞安縣志
嘉慶揚州府志
嘉慶上高縣志
嘉慶彭山縣志

嘉慶華陽縣志
嘉慶安陽縣志
嘉慶寧國府志
嘉慶邛州志
嘉慶耀州志
嘉慶峨眉縣志
嘉慶南平縣志
嘉慶海州直隸州志
嘉慶雷州府志
嘉慶高郵州志
道光定州志
道光肇慶府志
道光鶴山縣志
道光南雄州志

道光德興縣志

道光長清縣志

道光東陽縣志

道光嘉興縣志

道光輝縣志

道光榮縣志

道光諸城縣續志

道光儀徵縣志

道光福建通志

道光郟縣志

咸豐瓊山縣志 民國刊本

同治義寧州志

同治藤縣志

同治嘉定府志

同治襄陽府志

同治德興縣志

同治都昌縣志

同治瑞州府志

同治安福縣志

同治連州志

同治贛縣志

同治玉山縣志

同治韶州府志

光緒江西通志

光緒新寧縣志

光緒黃梅縣志

光緒滁州志

光緒蘄水縣志

光緒盱眙縣志稿
光緒上猶縣志
光緒吉安府志
光緒重刊宜興縣志
光緒興國州志
光緒清遠縣志
光緒青神縣志
光緒六合縣志
光緒臨高縣志
光緒惠州府志
民國儋縣志
民國麻城縣續志
民國犍爲縣志
民國夾江縣志
民國眉山縣志
民國丹稜縣志
民國定縣志
民國昌化縣志
民國銅山縣志
民國閩清縣志
民國東莞縣志
民國霞浦縣志
民國開平縣志
諸城市志　一九九二年排印本
曹溪通志　清刊本
中國古方志考　中華書局排印本
漢南續修郡志　清刊本
中國歷史地圖集　譚其驤主編本

安徽省地圖册 一九八四年本

七、金石、題跋書目

考古圖宋吕大臨 庫本

金石録宋趙明誠 叢刊本

靈巖寺詩刻 拓本

金石萃編清王昶 清嘉慶刊本

金石續編清陸耀遹 清道光石印本

八瓊室金石補正陸增祥 民國刻本

金石苑清劉喜海 清道光刊本

關中金石記清畢沅 經訓堂叢書本

濟南金石志清馮雲鵷 清道光刊本

粤東金石略清翁方綱 清乾隆刊本

山左金石志清阮元 清嘉慶刊本

兩浙金石志清阮元 清光緒刊本

河朔訪古新録顧燮光 鉛印本

河朔金石目顧燮光 鉛印本

湖北金石志楊守敬 民國刊本

台州金石録清黄瑞 嘉業堂叢書本

潛研堂金石文跋尾清錢大昕 清嘉慶刊本

德隅堂畫品宋李廌 庫本

硯箋宋高似孫 楝亭十二種本

雲烟過眼録宋周密 抄本

古今畫鑒元湯垕 人民美術出版社排印本

石墨鐫華明趙崡 庫本

趙氏鐵網珊瑚明趙琦美 庫本

名迹録明朱珪 庫本

清和書畫舫明張丑 清乾隆刊本

大觀録清吴升　民國鉛印本

式古堂書畫彙考清卞永譽　清刊本

古緣萃録清邵松年　清光緒刊本

金石文考略清李光瑛　庫本

佩文齋書畫譜　中國書店影印本

三希堂法帖　北海公園閲古樓石刻

御刻三希堂石渠寶笈法帖釋文

鳳墅帖　湖北美術出版社二〇〇二年影印本

晚香堂蘇帖　影印本

蘇東坡書法精選　影印本

眉山蘇氏三世書翰　影印本

蕚輝堂法帖　國家圖書館拓本

景蘇堂帖　影印本

禱雨帖　日本豐福健二東坡詩話録引

巴慰祖摹古帖　國家圖書館拓本

十百齋書畫録　故宫博物院抄本

翰香館法書　國家圖書館拓本

渤海藏真帖　國家圖書館拓本

大玉烟堂帖　國家圖書館拓本

石渠寶笈清張照　庫本

壯陶閣書畫録裴景福　民國鉛印本

鬱孤臺法帖　上海書店影印本

湖北金石詩清嚴觀　集成本

寶鐵齋金石文跋尾清韓崇　集成本

山東蓬萊閣蘇東坡真迹刻石

寰宇訪碑録清孫星衍　集成本

宋祕書省續編到四庫缺書目　影清刊本

昭德先生郡齋讀書志宋晁公武　影宋刊本

昭德先生郡齋讀書志　影衢州刊本
遂初堂書目宋尤袤　集成本
直齋書録解題宋陳振孫　國學基本叢書本
文淵閣書目　讀畫齋叢書本
四庫全書總目提要清紀昀　萬有文庫本
四庫提要辯證余嘉錫　北京科學出版社排印本
皕宋樓藏書志　中華書局影印本

八、類書及其他

宋代事實類苑宋江少虞　上海古籍出版社排印本
事類統編　石印本
古今事文類聚宋祝穆　明刊本
古今合璧事類備要宋謝維新　庫本
古今事文類聚外集元富大用　明刊本

婚禮新編宋丁昇之　宋刻元修本
説郛　宛委山堂本
説郛　涵芬樓鉛印本
説郛　庫本
説郛續編　上海古籍出版社影印本
永樂大典　中華書局影印本
詩淵　影明抄本
排韻增廣事類氏族大全元佚名　庫本
潁濱先生道德經解宋蘇轍　明刻本
春秋集傳宋蘇轍　庫本
蘇軾著作版本論叢劉尚榮　巴蜀書社排印本
辨姦論真僞考信編王昊　吉林人民出版社本
太上玄靈北斗本命延生真經注解道藏本
淵鑒類函　石印本